本文集由晨讯科技集团、暨南大学211工程第三期项目赞助出版

鄧喬彬學術文集

第五卷

唐宋词艺术发展史（下）

邓乔彬　著

安徽师范大学出版社

责任编辑:潘　安　祝凤霞
装帧设计:丁奕奕

图书在版编目(CIP)数据

唐宋词艺术发展史.下/邓乔彬著.—芜湖:安徽师范大学出版社,2013.8
(邓乔彬学术文集;5)
ISBN 978-7-5676-0147-5
Ⅰ.①唐… Ⅱ.①邓 Ⅲ.①唐宋词—词曲史—研究 Ⅳ.①I207.23

中国版本图书馆CIP数据核字(2013)第300302号

唐宋词艺术发展史.下
邓乔彬　著

出版发行:安徽师范大学出版社
芜湖市九华南路189号安徽师范大学花津校区　　邮政编码:241002
网　　址:http://www.ahnupress.com/
发 行 部:0553-3883578　5910327　5910310(传真)　　E-mail:asdcbsfxb@126.com
经　　销:全国新华书店
印　　刷:安徽芜湖新华印务有限责任公司
版　　次:2013年8月第1版
印　　次:2013年8月第1次印刷
规　　格:787×1092　1/16
印　　张:26.75　插　页:4
字　　数:583千
书　　号:ISBN 978-7-5676-0147-5
定　　价:53.00元(平装)　63.00元(精装)

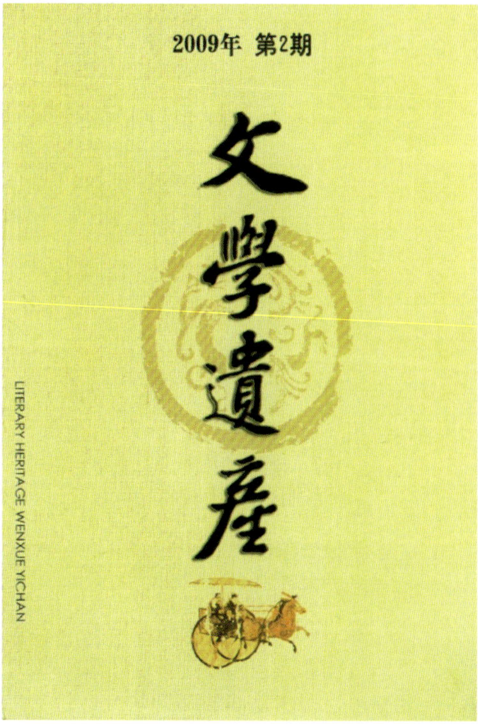

本书出版前，部分内容先刊于《文学遗产》等

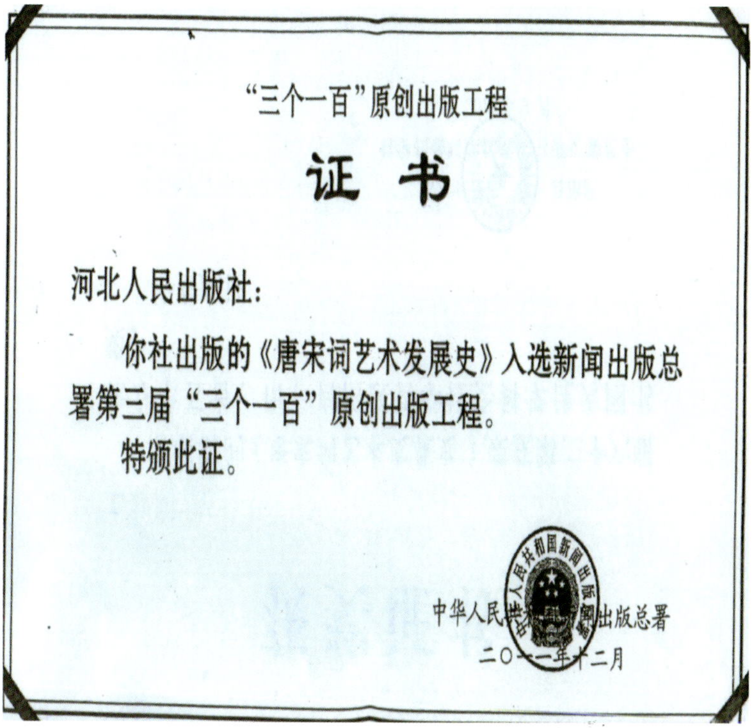

"三个一百"原创出版工程

证 书

河北人民出版社：

你社出版的《唐宋词艺术发展史》入选新闻出版总署第三届"三个一百"原创出版工程。

特颁此证。

中华人民共和国新闻出版总署

二〇一一年十二月

本书入选"三个一百"原创出版工程

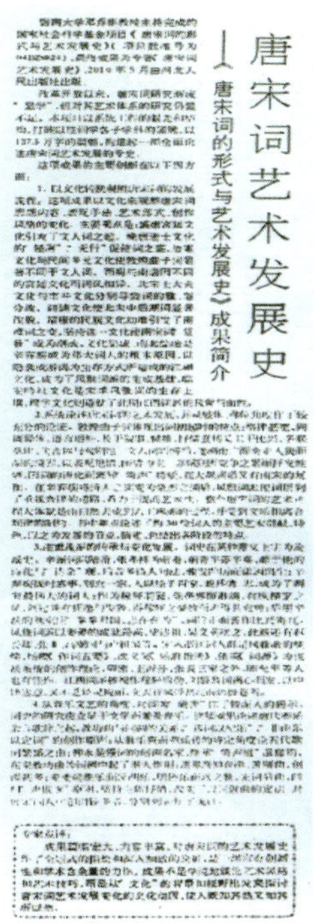

《光明日报》的介绍

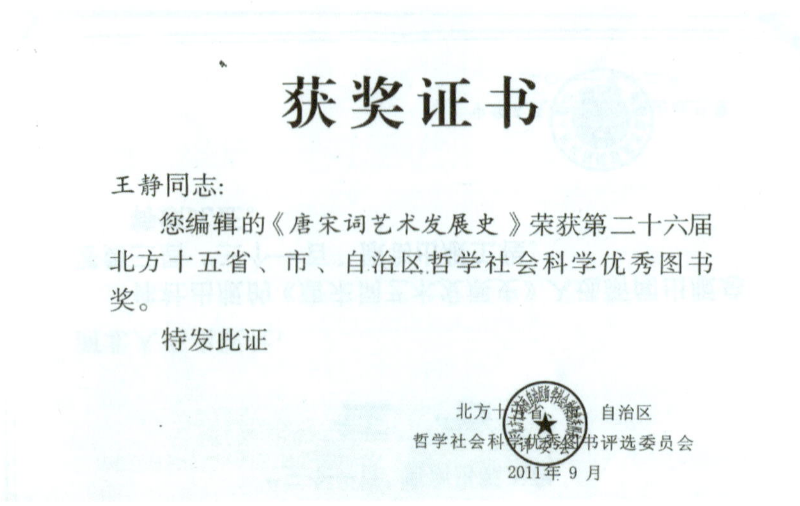

获奖证书

王静同志:

您编辑的《唐宋词艺术发展史》荣获第二十六届北方十五省、市、自治区哲学社会科学优秀图书奖。

特发此证

北方十五省、市、自治区
哲学社会科学优秀图书评选委员会
2011年9月

2008年

2008年,内蒙古,与孙维城教授

2009年,广东从化

2011年,恩施腾龙洞

总 序

孔子说："吾十有五而志于学，三十而立，四十而不惑，五十而知天命，六十而耳顺，七十而从心所欲，不逾矩。"我今年七十周岁，应以之对照反省并思考其中原因了。

孔子以六艺授徒，实行全才式教育，我于1956年考入华东师大附中，勉强可算"十有五而志于学"，却已开始偏科。试前突击可考数、理、化优良，日常所好却为文哲、史地与艺术。高中再入师大附中，不久就被调到区体校，虽安排就读于同是名校的复兴中学，兴趣使然，偏科更为严重。直到高三，情况始变：体校为兼顾运动会得分和高考录取率，全班仅剩十七人，在最小的教室上课，一流老师讲课，我虽近视未戴眼镜，仍看得清又听得明，能集中思想学习。我不仅是文、史课代表，空间解析几何、有机化学等课程的测验、考试也几为全优。学业之进，使我误以为自己能做到文理兼长，因看到了历年对《红楼梦》研究、对胡适思想、对诸多文艺现象和人物的批判，深感"文科危险"，于是，在高考的选择上，决定报考理工科。我有绘画之长，又爱制作船模，原欲报考同济大学建筑系或上海交大造船系，后来却突然生变。原因是：在六月举行的上海市中学生运动会体校组比赛中，我获得跳高冠军和三项全能亚军，被观战的华东师大体育老师相中，劝我报考师大。他告以师大物理系毕业生多分配至高校或科研单位，到中学的仅百分之五。而因经济困难，我曾对父母许诺读大学不要家里负担，师范生由国家提供膳食，能不爽所约，故而听从所劝，改以华东师大物理系为第一志愿，并被录取。

入学后，开始还信心满满，但随着时间推移，却对学习越来越不感兴趣。尤其是高等数学，常布置几十道题，有时竟然半天也解不了一题，使我深感烦恼。有次实验，一女同学失手损坏了仪器配件，被命赔偿，她的痛哭使我难以平静，就此视实验为畏途。我住在运动员宿舍，见文科生毫无作业、实验负担，同室一位羽毛球队员读中文系，是印尼归侨，曾说："我们的同学真厉害，高中就读过《三国演义》、《水浒传》、《红楼梦》！"听此叹慕，我心中暗笑："这些小说，鄙人小学时就读过了，岂止读过，人物和情节都能随口说出！”我深感文理科的苦乐不同，心想：“毕业后拿一样的工资，何必要读物理系？学得如此之苦！”为此，因高考弃长取短、选择了理科而后悔，开始有转系之念。

那时的高校，转系极难。我先向物理系提出转读中文系的申请，未得理睬。后听说，有一数学系转中文系的学生，曾向市委书记柯庆施写信，历尽周折才得批准，且必须从一年级读起。我当然不愿去中文系“留级”，更不愿在物理系勉强升级，决定破釜沉舟、“舍命”一搏。于是，所有的专业课都亮起“红灯”，以证我不宜在物理系学习；同时，正式提出转读中文系二年级的申请。在受阻于物理系、教务处之后，我决定写信给校党委书记兼副校长常溪萍，申明要求转系的理由。常溪萍抗战时入党，曾是山东的模范专员，保持老八路本色，经常出现在学生宿舍、食堂和运动场，爱打篮球，曾多次看我跳高，认识我。我刚入学，就在新生运动会上破了校纪录。1963 年参加高校运动会，所有高度都一次过杆，最有希望夺冠，却在跳 1 米 86 时，心想过此高度将集冠军、高校纪录和一级运动员于一身，杂念一生，三跳失败，仅获亚军。虽如此，我仍是华东师大田径队的“希望之星”。我候在丽娃河桥畔，见他经过，把信交他手上，只说：“常校长，这是我要求转系的信。”转身就走。不久，教务处约我谈话，认真听取我要求转系的理由，后又同意我参加中文系考试，以决定能否转读二年级。事后得知，这是奉常校长所命而办，而常校长之所以同意我转系，主要不在于我是学校的优秀运动员，而是通过查阅高考作文卷，知我所写《雨后》一文似是得了理科生的最高分，这是可以转读中文系的重要理由和依据。

因期终考试已过，我被安排参加中文系一年级的补考，所有课程都通过，优多良少，我终于没成为“留级生”，在 1963 年下半年转到中文系二年级就读。这年冬天，成为一级运动员，自感学习上驾轻就熟，大有余力读书。次年春，我以 1 米 92 打破 1 米 86 的上海高校跳高纪录，距新的运动健将标准仅 3 厘米，是全校最有希望成为健将的人选。我开始酝酿学习与体育双优的计划，期待毕业能留校工作，走上高校教学和文学研究的道路。

但是，在中文系仅读了一年，1964 年 10 月，全年级同学就被命参加“社教”工作队，到安徽农村搞“四清”。先是“访贫问苦”、“扎根串连”，后是“整那些走资本主义道路的当权派”，从全椒县到定远县，先后参加了三期运动。1966 年 5 月，结束“社教”，恢复了大学生身份，回到学校。但随即“五一六”通知下达，“无产阶级文化大革命”真正拉开序幕，我在无“学”、不“学”的大学度过了“乱也看惯了，篡也看惯了”的两年多。好不容易在被拖一年后，于1968年毕业分配。五年制的大学六年毕业，我实际上只读了一年物理系，一年中文系，在“四面向”（厂矿、农村、基层、边疆）的潮流中，被分到甘肃永登水泥厂。服从建材部安排，我于1968年9月到江苏南通长江边的东方红农场，接受解放军的再教育。战天斗地，劳动一年半，于1970年3月结束锻炼。5月初到甘肃永登水泥厂报到，开始在黄土高原的山沟接受工人阶级的永久性再教育。

我先被安排随政工组挖防空洞，后到原料车间，每天推小车，数月后，再被分到班组，当了三班倒工人。一年多后，职工子弟小学一位体育教师调回老家，厂政工组找我谈话，令去学校顶缺，理由是我不久前获兰州市首届运动会跳高冠军，教体育很合适。我认为自己虽能当专业教练却教不了小学体育，在压力之下还是顺从了。每天面对小麻雀般的一二年级小学生，和“我们今天玩什么”的发问，我只能摇头苦笑，唯求不出意外，何有教学可言！一年后，我改任职工子弟中学的军体课，课馀还曾满怀热忱训练学生田径队。后被同事告知：校长对我教体育穿运动鞋和运动服、戴太阳帽（均自费购置）很不满，认为是资产阶级作风，差点过不了转正一关。在教了近两年军体课后，我“归队”当语文教师，而因“阶级”的嫌疑，冷却了对学校体育事业的热心。

很快就到了“而立”之年。难出于时代之外，此时的我是不“学”又未“立”。应付每周十二节语文课兼一个班的班主任，每周三个晚上的学习毛选、马列，是极其容易的。在“知识越多越反动”的年代，不必“给人一杯水，自己要有一桶水”，此时除了马列、毛选，实在无书可读，我仅是利用为厂文艺宣传队创作节目的机会，借口找参考书，在厂图书馆发现了几本藏在角落的外国小说，读了以前未读过的梅里美《嘉尔曼》、《高龙巴》等书。

黄土高原的杨树叶生生落落，我的生活在“看人儿女大，为客岁年长”中循环……终于到了1976年，周恩来、朱德先后逝世，唐山大地震，毛泽东逝世……不久，传来了一举粉碎“四人帮”的消息，举国欢庆之后，很快就是一系列的拨乱反正。终于，在1977年听到了恢复高考的喜讯，不久又传来研究生招生的消息。“伤痕文学”的出现，促使人们反思“文革”，陈景润攻克“哥德巴赫猜想”的报告文学，更鼓舞了许多人，“志于学”的时代终于来临了！我在1978年春报考了古代文学研究生，以母校华东师大为第一志愿，在永登县城参加考试，除俄语外，其他三门课自感较好。在等待中得到了复试通知，却因夏天的洪水冲断宝天铁路，只能向厂领导申请乘飞机回沪，且不顾只准飞兰州到西安的批示而直飞上海，参加复试。9月，收到录取通知，我成为了“文革”后“黄埔一期”研究生，得以从中年开始“志于学”。

三年研究生，是我真正的读书期。深感本科六年、毕业十年的无学，蹉跎岁月之痛，激起了学习的热情。我尽废以前所好，停止了体育锻炼，渐入学术之门。1981年，研究生毕业，留校工作，既是我学术研究的继续，又是逐渐开拓的起始。很快就进入“不惑”之年，对于人生之途自无所“惑”，而对学术问题则“惑”者甚多，因之而兴趣渐广。我先是为写研究吴梅的硕士论文而用力于戏曲和曲论，后因兴趣主要在词而转向唐宋词与词学批评，以上研究领域的相关成果分别是《吴梅研究》与《唐宋词美学》二书及参撰的《中国词学批评史》，还有多篇词学论文。而因唐宋词与词学批评分别被同事设为选修课，且作为科研主攻方向，我就避之而将研究转到了古代诗画比较。这一转向并非有意作跨界研究，而是或因我青年时对诗画皆有所好的“情结”所致，此时因浸淫学术而多了几分中年的理性，虽未能用力于诗画创作，却对研究二者尤其是比较其异同感兴趣。遂从钱锺书先生的两篇论文及所提出的问题出发，写出了古代诗画比较的讲稿，以此稿开了多年的选修课，并据此而写成、出版了《有声画与无声诗》一书。此书被一书评称为“中国的《拉奥孔》”，虽或过誉，但也确是点出了构建中国古代诗画比较理论体系，揭示民族特色的意旨。

《吴梅研究》初稿成于1981年，出版于1990年底，历时近十年；《有声画与无声诗》成稿五年后，才于1993年出版。《唐宋词美学》1993年出版，《中国词学批评史》1994年出版。以上四种著作，都出在五十岁左右。而因前两者的出版历尽艰难，使我真正懂得学术研究成果的面世受制于市场，这就改变了以前的观念，大概可算是我的“五十而知天命”了！

虽然上述的专著、合著都出版于二十世纪九十年代，却是我八十年代“学”之所成，所以这十年之所“治”，主要是词曲与诗画之学。

1988年起，我受命参与华东师大文科第一个复合型硕士专业的筹建，开始指导这一名为“中国文化建设”方向的硕士生，又有授课的任务，遂用了很多时间阅读文化学、文化史著作，结合我国古代的文学与艺术，写成《中国文化与文艺》讲稿。除了为这一方向的硕士生授课外，又在中文系各层次、范围的学生中以选修课讲过多次。在讲述十年后，写成《古代文艺的文化观照》一书，作为我主持的教育部项目成果，在2003年出版。在研读文化学、文化史的过程中，我一度对图腾、民俗颇感兴趣，曾费时费力地借助放大镜阅读影印版《二十五史》，企图从古史记载中寻找图腾制的遗迹，欲写《中国图腾艺术史》。此事虽未行，却因对文化学、文化史及中国古代史著作的阅读，引发出对史前文艺与神话研究的兴趣。适逢中文系有人主持撰写二十世纪中国美学研究丛书，以人为题，确定了十位对象，将其中的闻一多研究交给我，我虽因读了俞兆平的《闻一多美学思想论稿》而自感难以再作全新之论，却因对闻一多用文化人类学方法研究神话、《诗经》的兴趣，而将论题扭转到对闻氏的古代文学研究作文化的观照，与赵晓岚合作，写成了《学者闻一多》。

与上述研究几乎同时，我又延续了对诗、画的研究兴趣。《有声画与无声诗》出版后，因感到西方是力图拉开诗与画的距离，而我国古代却着力于诗画的融合，可是，诗与画毕竟所属不同，艺术介质、手段有异，虽可比又不可比，为此而生分写《中国诗歌思想史》与《中国绘画思想史》之念。我以先生后熟为原则，先作后者，全书百万字，始于1994年，因有集体项目和教学任务，主要用暑假写作，耗时四年才完成，也同《有声画与无声诗》一样，经历了曲折的过程，才在成稿三年多后出版。此时，已入新世纪，同事萧华荣的《中国诗学思想史》已出多年，使我只能将另一选题调整为《中国诗歌艺术思想史》，却因对能否出版的疑虑，令我不敢贸然动笔。而因2002年接受暨南大学之邀担任古代文学学科带头人，则更使我的生活发生了很大改变，这一写作计划终未能实施。近十年之后，出版拙著《中国绘画思想史》的贵州人民出版社要我自报选题，争取国家出版基金资助，而此时经历了一场大病，我的健康状况已不允许再写大部头著作。于是，我的诗画之学就只能终止于这种跛腿的状态了。

九十年代的十年，我的治学既延续了诗画之学而偏在绘画，又新辟了文化与文艺的宏观关系研究，还在学术史范畴以学者为对象继作“研究之研究”。以上三方向的成果，就是分别出版于2001年的《中国绘画思想史》，2003年的《古代文艺的文化观照》，2001年的《学者闻一多》。三著的出版，在我六十岁左右，此时的辨识力已较前为高，虽非和光同尘，却听到的多能泰然入耳，看到的也见怪不怪，虽无反潮流的勇气，却能不跟风而动，此或为我的“六十而耳顺”之义。

2002年底，为申报古代文学博士点及中文一级学科博士点，我被借调到暨南大学，担任学科带头人，次年，前者得批，后者未就，我正式调入暨大。河南大学出版社的《宋代研究丛书》已出多种，或因我有《中国绘画思想史》之作，向我约写《宋代绘画研究》。成约于2002年6月，而因我的调动，应对多事，虽只用了半年多撰稿，成书却已在2004年8月，出版则是2006年10月了。我的学术兴趣屡转，虽不怕“学书不成学画，学画不成学塑”之讥，却因只问耕耘、不问收获，从未在各界求取认同，故似只有词学界还将我看作“自己人”，因此而有回归词界之想。我先应上海古籍出版社之约写了《宋词与人生》，又在该社出了《词学廿论》，在齐鲁书社再版了《唐宋词美学》，以维持先入为主的词学学者形象。2004年，国家社科基金项目“唐宋词的形式与艺术发展史”获批，为应对考核而发表了30多篇论文后，我在2007年一年内完成了《唐宋词艺术发展史》的百万字书稿，三年后正式出版。

我曾有二十年的体育锻炼和体力劳动史，自三十五岁重回大学以来，为追回岁月，就停止了锻炼，虽自感体能退化，却无明显的不适，为之还自我调侃：“青年时应是狮子老虎，老年时要像乌龟王八。”而实际上我不应提前进入“乌龟王八”状态，故从中年起已因久坐不动而疾病暗生。1999年，第一个验血指标高出临界，此后各指标逐年飘红，渐成“三高”人员，本应重启体育锻炼，却停不下高强度研究的脚步。因多年的连轴转，健康严重透支，终在2009年大病一场，躺上了手术台。此时，我才意识到体育锻炼确应是一生之事，对于运动员出身的人尤应如此。悔之晚矣，亡羊补牢，却已非其时！我只能停止了将要进行的研究，为自己的学术生涯不情愿地划上休止符。

从前曾流行过“为祖国健康工作五十年”的口号，我的真正为学始于三十五岁，应工作到八十五岁，但因健康亮起红灯，身患多种疾病，我只能止于七十。这本是“从心所欲，不逾矩”之年，我虽不逾法度规矩，却受制于健康而不能从心所欲了。有了这一清醒认识，我只能中止原先计划，仅在出版《唐宋词艺术发展史》后，于2011年再版了《中国绘画思想史》插图本，旋即开始整理三十多年的著作、论文，拟在七十周岁时出版自己的学术文集，就此将“换一种活法”，以度余生。这样，原先计划要写的几种著作都不能付之实施了。按先后，这些著作是：《进士文化与唐诗》、《中国诗歌艺术思想史》、《中国韵文学概论》，以及力图构建新体系、体现“一代之所胜”的《中国文化史纲》，此外，还有一或两种词籍别集的校笺。

新著写作未成，旧作整理已就，如今，名之为《邓乔彬学术文集》的十二卷本将正式出版。十二卷文集分别是：

第一卷：《文化与文艺》，包括专著《古代文艺的文化观照》和相关论文七篇。

第二卷：《比较诗学》，包括平行比较与影响比较两个专题。前者是：专著《有声画与无声诗》，古代诗画比较论文一篇，中外比较诗学论文六篇。后者是：与陈学祖合作的影响比较研究书稿《现代新诗与古典诗词》三章。

第三卷：《文化诗学》，包括四组论文：文化与诗，十二篇论文；进士文化与唐诗，十二篇论文；诗歌美学，十篇论文；曲学及其他，十一篇论文。

第四卷：专著《唐宋词艺术发展史（上）》。

第五卷：专著《唐宋词艺术发展史（下）》。

第六卷：《词学三著》，分别是《唐宋词美学》、《宋词与人生》、《爱国词人辛弃疾》。

第七卷：《词学论文集》，包括：词学总论，十三篇；词人词作论，十三篇；词论研究，十篇；其他，八篇。

第八卷：专著《中国绘画思想史（上）》。

第九卷：专著《中国绘画思想史（下）》。

第十卷：《宋画与画论》，包括《宋代绘画研究》及研究绘画与画论的论文六篇，访谈一篇。

第十一卷：《学者研究》，包括《吴梅研究》与《学者闻一多》二著，及论述二人学术成就或研究方法的论文二篇。

第十二卷：《杂缀集》，包括六部分：第一部分是为古代六十种画论著作所写的提要，第二部分是九十二篇古文的提要，第三部分为序跋后记，第四部分为学习笔谈，第五部分为发言、讲座稿，第六部分为作品赏析。最后附有作者分年度的著作、论文、文章目录。

回顾七十年的人生，恰以1978年三十五周岁为界：此前是在中学、大学偏科、移易的“志于学”与不能“学”之十多年，学工、学农、学军的数年，不能给人以学、自己亦不能学的工厂子弟学校教师的七年；

此后则是真正在高校的为学、治学，经历了不惑、知天命、耳顺、从心所欲而不逾矩的生命历程、节点。十多年的蹉跎岁月，即使放弃体育锻炼及诸般爱好，也难以追回！若老天能再给我以十多年的健康岁月，本应有逾千万的文字用于结集的，如今却只能止于古稀之年而仅得六百多万字。不过，人们常说，学问是做不完的，念此也就不必自责、自叹了。

本文集的出版，先得暨南大学第三期211工程经费的资助，所缺的大半费用由晨讯科技董事长杨文瑛女士赞助，在我筹款无门、不得已而向这位从无联系的初中同学求助时，立即就得到她的无条件应允，随即将钱款打入出版社账户。对此，实在是难以表达我内心的感激之情！本文集的整理、出版，得我沪、穗两地历届的博士生、博士后助力甚多，分别负责各卷的整理、校核者是：

第一卷：刘兴晖、金国正

第二卷：陈学祖

第三卷：彭国忠

第四、五卷：刘兴晖、昌庆志

第六卷：吴思增、王毅

第七卷：杨柏岭、仲冬梅

九卷：李杰荣、刘兴晖、王嘉、陈建穰

第十卷：何平华、汪涤

第十一卷：李俊（委托刘晓亮）

第十二卷：程刚、夏令伟

文集能顺利出版，衷心感谢他们！

安徽师范大学出版社将本文集列为重点图书，社领导统筹安排，诸位编辑兢兢业业，特此致谢！

围绕为学主题，回顾五十多年人生历程，权以为序。啰嗦之至，望读者谅之！

邓乔彬

2013年5月22日

本卷提要

本卷收录《唐宋词艺术发展史》的后面部分。

第一章，南渡词及其因革变化。

靖康事变促使了南渡词之变，多表现真情，感慨悲凉。待到绍兴和议签订，高宗“中兴”局面形成，则有“复雅”之倡，供奉之作亦见。南渡名臣李纲、赵鼎等人所作，是“变风之时，小雅之才”的体现，向子諲“步趋苏堂”，张元幹从妩秀变为悲愤。朱敦儒为“三变”之一，其词本多尘外之想，风格清隽谐婉，南渡后忧时念乱而见悲凉壮慨，后期人以道释思想，多有名理禅机。此期最为当行本色的词人是李清照，她在南渡后虽未必全遵循自己的论词标准，但仍属词之正宗，以妍婉隽雅见长，既是闺阁中苏辛，具有“丈夫气”，又能独辟门径，成卓然名家。其他南渡词人尚有苏庠、周紫芝、陈与义、吕本中、徐俯、洪皓、蔡伸、李弥逊、王以宁等人。高宗、孝宗之交多颂谀词与大曲，南渡后期有范成大、杨万里等的诗人之词，朱淑贞则是优秀的女词人。

第二章，辛弃疾及辛派词。

陆游与张孝祥是稼轩风的前奏，前者兼有雅致与冶艳，呈半苏半秦的特点，根源于他的诗化与“诗余”观，又因多隐逸之作，人以之有道家风味；后者追踪苏轼，词多诗人句法，既骏发踔厉，又潇洒出尘。辛弃疾是出将入相的人物，以词为“陶写之具”，所作抚时感事，别立一宗，人以经子百家，体现了文化集成，因综融南北、兼具情志，成为了两宋最伟大的词人。稼轩以文为词，发不平之鸣，似韩愈的“气盛言宜”，有雄深雅健之概；又抒忧娱悲、解嘲谐谑。立屈骚之旨，承“美人香草”传统，分有以物比人、以古比今、以仙比俗、以男女比君臣之词，兼有慷慨纵横与温婉悲凉风格，具多样风貌。陈亮与刘过是稼轩之羽翼，陈亮词感慨淋漓，有纵横家之风，又因比兴而见幽秀疏宕之风；刘过词多壮语，兼有狂逸与俊致，得稼轩之豪放，而未得其宛转。后期辛派有戴复古和刘克庄，后者“拳拳君国，志在有为”，词旨正而有感情，善作比兴寄托。

第三章，风雅词派及其艺术独创。

风雅词派形成文化基础是：江浙地区的“民物康阜”，士人追求寄兴适情，才子崇尚晋人风雅，因地狭人稠，为官不易，造成了江湖文化，以隐逸或游谒为生存方式。此派以姜夔的创作成就最高，姜夔尚雅乐而反胡乐，明俗乐而求之雅，自作先词后曲，回归于“声依永”原则，坚持主体抒情，改变了以词就曲的定法，其词“清空”、“骚雅”，前者得益于晚唐诗的风神与江西派的瘦硬，因于其为人的襟怀洒落，故所作不涉嫣媚，境象空疏、遗貌得神；后者深得比兴之义，温柔敦厚，怨悱不乱。史达祖之词妥贴轻圆、辞情俱到，兼有瑰奇警迈与沉痛悲凉的风格。被喻为“七宝楼台”的吴文英词，貌雕缋满眼而潜气内转、运意深远，绵密曲折而善作“空际转身”，多使事运典、隽句艳字，风格芬菲铿丽，善营仙思鬼境，被拟为词中的玉溪、长吉。其他可列入风雅派的词人还有赵长卿、张镃、高观国与卢祖皋等人。

第四章，宋季风雅词的艺术总结与辛派嗣响。

宋末词具有鲜明的地域文化色彩，浙江词人群是风雅派的继续，以杨瓒《作词五要》、沈义父《乐府指迷》、张炎《词源》为代表，体现了系统的创作理论。周密是沟通此派前后期词人的领袖，宋亡前之词尽洗靡曼而独标清丽，宋亡后寄托遥深、比兴精切，因与众多词人深有切劘，故亦杂众长。咏物词家王沂孙所作多有身世之感、君国之忧，因借物言志，虽气清而妍和，却言近指远、赋情独深。张炎为白石后劲，词史上并称姜张，所作清远蕴藉、凄怆缠绵，兼有清丽圆转与清超壮阔之长，却稍逊沉厚。三大家之外，陈允平取法清真，所作清丽芊绵，余如李彭老、张枢、杨缵、施岳、仇远、唐珏，也有佳作。另外一群是被视作稼轩后劲的江西词派，其中刘辰翁词满心而发，以中锋达意，又不乏轻灵婉丽。民族英雄文天祥所作风骨甚高而语极苍秀，其他江西词人因受理学家影响，多有根于血性之词。宋季入元的词人中，蒋捷是难以归入流派的独行者，其词不乏托兴遥深之作，语多创获而兼有众长，是词中的诚斋体，又具有元曲风味。

本书后附有第四、五卷主要参考文献。

目 录

第一章 南渡词及其因革变化

从高宗建炎元年(1127)至帝昺祥兴二年(1279),南宋共一百五十三年。其中宋高宗统治三十六年,孝宗二十七年,光宗五年,宁宗三十年,理宗四十年,度宗十年,恭帝、端宗、帝昺皆短命王朝,共五年。高宗、孝宗、宁宗、理宗在位时期都很长,南宋的文艺发展,却不与各皇帝的执政期同步,而大体与宋金、宋元间的和战相关。

笔者认为,对南宋词应结合和战形势,及相关而形成的流派风格来划分。如此,则历史阶段并不明显,而流派的特点则为之凸显。因此,结合历史与流派,拟将南宋词分作四章来论述:第一,从靖康事变的北宋之亡,经南宋建立的初期,到宋高宗与金朝签订绍兴和议止,为战乱时期,是南宋词的第一阶段,可命名为"南渡词"。此期词重在历史,词亦反映社会史、心灵史,多为动乱生活的写照,社稷存亡的忧愤。高宗签订绍兴和议后,宋金二十年没有战争,南渡词渐变,成为下一高潮到来前的过渡阶段。第二,完颜亮南侵很快结束,随之是高宗退位,孝宗之立。孝宗"北伐"失败,隆兴和议签订,随之是四十年的和平期。经绍兴和议后二十年中"忧时"、"避世"、应制之词并行的过渡,到孝宗时期,因"恢复"难行,壮志被抑,以辛弃疾为代表,创作出一批相关之词,形成了以愤激悲凉为主体风格的流派。第三,与辛弃疾同时而又稍后,主要在孝宗、宁宗时期,和平日久,文艺发达,词坛形成了追求典雅精工的艺术风尚,继承、发展、变化周邦彦的艺术手段,出现了以布衣词人为创作主体,以姜夔为代表的"风雅"词派(又称格律词派)。第四,风雅词派从理宗时期延续到南宋末,以浙江词人为主,以杭州为创作中心,继续在推敲声律、钻研法度中发展,将词推到了"精能"之极致;而在宋元之交,此派词人目睹国亡,身丁离乱,引起了词风之变,可谓"亡国之音哀以思"。同时,以江西词人为主,稼轩一派为之延续,虽亦亡国之音,却为"悲而愤"之作。

本章所要论述的南渡词坛,其历史基础实际上包含两个时间段:一是宋室南渡时期,二是南宋初期,即宋高宗与金朝签订绍兴和议之前。从靖康二年(1127)四月的徽钦二帝被掳北,北宋亡,到绍兴十一年(1141)十一月,和议签订,两个时间点之间共计十四年半稍多。而南渡词则不能作如此的机械划分,还应分别向两端延伸。北宋后期词人甚众,而将其中的一部分作为南渡词人来论述,当取决于其创作。其中又有两种情况:一种是主要生活在北宋时期,但创作期跨越北、南宋,且大体相等;一种是创作主要在南渡之后,或其作品的影响主要产生在南渡以后。因此,南渡词实际上包括部分的北宋词,是跨越北、南宋时期的创作,而非全为南宋之作。

从签订第二次绍兴和议,到金海陵王完颜亮以政变登上皇位,于绍兴三十一年(1161)秋发动第三次宋金战争,在南北对峙的两个政权之间,有了二十年的和平。高宗朝廷偏安一隅,恢复和发展经济,社会较为安定,逐渐造就出"中兴"的局面。这一阶段可作为后南渡时期，一并列入本章论述。

在靖康事变中，不仅政权被颠覆，宋人引以为自豪的、高度发达的文化，惨遭落后民族的暴力蹂躏，社会经济和人民生活都遭到很大破坏，从上到下都饱尝颠沛流离之苦，从感情到观念都发生了很大的变化，从而也影响到文艺创作。对于词来说，此期的创作主潮也确实是与时而变：因国变家亡，自难继续浅斟低唱、花前月下的传统，也无法推敲字面、钻研声律，使词既突破了狭义的"缘情"，又难顾其倚声而唱的性质，使得被大晟词人所规范过的词风，不期然而然地向苏轼的"以诗为词"转化。女词人李清照一弃其《词论》中确立的标准，南渡后所作发生了根本性的变化；无论是以"四名臣"和张元幹为代表的愤慨词，还是被《碧鸡漫志》称为"佳处亦各如其诗"[①]的陈与义、吕本中、朱敦儒等人，都因事因时而发，为词提供了新质。而在南渡后期，随着和平的到来，宋高宗驻跸临安，在恢复社会秩序、发展经济同时，也逐渐着手礼乐建设。高宗赵构"恭俭仁厚，以之继体守文则有馀，以之拨乱反正则非其才"[②]，但"资性朗悟，博学强记，读书日诵千馀言"[③]，与乃父相似，也喜好书画文艺，亦有作词之长。于是，很快就在他身边出现了一个供奉词人群，所作或延柳永之风，或学大晟词人。

南渡词因时势而变，艺术上也先"革"而后"因"，承上启下，在宋词的由北转南过程中，是重要的过渡时期。

第一节　南渡词之变

靖康事变似乎是一场突如其来的噩梦。

宋徽宗早在崇宁元年(1102)，就命童贯置苏、杭二州制作局，专门从事金银、象牙、犀角、玉器、雕刻、织绣、竹藤、装裱等工艺，工匠有数千人之多。三年多后，为扩建皇宫、兴修苑囿，再命朱勔在苏州领苏杭应奉局，江浙官民家中能观赏的木石为之一空，运粮的纲船，民用的商船，都被用作运花石，十船一纲，称为花石纲。政和元年(1111)，又以杨戬、李彦主"西城括田所"事，大肆掠夺民田，人民不堪其害。花石纲和括公田分别引发了方腊、宋江起义，宋徽宗不得已而下罪己诏，撤除应奉局。而待到起义被平息，立即恢复这些搜刮机构，宋徽宗写《艮岳记》，以庆延福宫和艮岳建成，"凡天下之美，古今之胜在焉"[④]。他沉迷于书画、音乐和蹴鞠，自以为可以长作风流天子。而蔡京、王黼、童贯、杨戬、朱勔等，则公开卖官鬻爵，以至民间流传"三千索，直秘阁。五百贯，擢通判"[⑤]之说。

宋徽宗高兴没多久，国家就发生了翻天覆地的变化。在宋廷君臣一味享受之时，

---

① 王灼著，岳珍校正：《碧鸡漫志校正》卷二，巴蜀书社2000年版，第34页。(版本后同)
② 脱脱等：《宋史》卷三二《高宗本纪》，《二十五史》，中华书局版，第5255页。(版本后同)
③ 脱脱等：《宋史》卷二四《高宗本纪》，《二十五史》，中华书局版，第5235页。(版本后同)
④ 王称：《东都事略》卷一〇六，文海出版社1967年版，第1630页。
⑤ 朱弁：《曲洧旧闻》卷十，《宋元笔记小说大观》，上海古籍出版社2007年版，第3027页。(版本后同)

北方女真族建立的金政权很快就发展起来了。1115年完颜阿骨打称帝建元,金国正式建立,当年秋攻占了辽的黄龙府,继而又攻占了许多军事据点,在打败了率军亲征的辽天祚帝以后,辽金间的军事实力对比更不可逆转。此后,金兵屡败辽军,1120年攻占辽的上京临潢府。金兵获胜的消息频传,宋廷以辽国必亡,遂于宣和二年(1120)订立了宋金夹击辽的"海上盟约"。宋军两次攻燕京均告失败,后由金兵从居庸关进军,攻占了燕京。金以胜利者姿态改变了原来的两国所议,宋廷只能以高昂的代价换取几座空城。1125年,金兵俘获了逃往党项途中的天祚帝,辽亡。金国在对辽作战中已看清了宋朝军事上的虚弱,又在燕云的交割中看透了宋朝政治上的无能,辽国一亡,立即挥师南下。宋徽宗听到金兵来犯的消息,自无统兵御敌的勇气,只能急忙传位给儿子赵桓,是为宋钦宗。

金兵长驱直入,很快就包围了开封,李纲、仲师道建议增兵扼守黄河,断绝金兵的粮道和退路,勤王之师及起义军也纷纷来到,准备邀击金兵,使之不得不准备退兵。宋廷最高统治集团极其怯懦,又不能判断形势,竟答应割地赔款,遣返了各路勤王之师和民兵。金兵撤退后,河北人民纷起保卫乡土,金国遂又向北宋政府施加压力,朝廷对割地尚议论未定,金兵已在靖康元年(1126)分东西两路同时南下。宋军不作抵抗,金兵渡过黄河,打破开封,扣押徽钦二帝,大肆搜掠府库和官民的金银币帛。次年四月初一,更将二帝及后妃、皇子、皇女、宗室、贵戚等,共三千多人掳掠北上,"凡法驾、卤簿,皇后以下车辂、卤簿、冠服,礼器、法物、大乐、教坊乐器、祭器、八宝、九鼎、圭璧、浑天仪、铜人、刻漏、古器,景灵宫供器,太清楼、秘阁、三馆书,天下府、州、县图及官吏、内人、内侍、伎艺工匠、倡优,府库畜积,为之一空"[①]。

建立了一百六十多年的北宋政权,在顷刻中为之覆灭。于是,中国历史展开了自"五胡乱华"、晋室南渡后的又一次大规模中州士女南迁。词人加入了难民的队伍中,饱受颠沛流离之苦,亲尝亡国之痛,宋代词史也翻开了充满血泪的一页。

一、繁华梦碎　感慨悲凉

前面已说,宋徽宗统治时期,正逢辽、夏国势衰落,而金则在兴起之中,没有前代的边患,经长期的生产发展,财富积累,也确实出现了较为繁荣的景象,举国上下,皆以为正当承平之世。开封是当时世界上最为繁华的城市,"举目则青楼画阁,绣户珠帘,雕车竞驻于天街,宝马争驰于御路,金翠耀目,罗绮飘香。新声巧笔于柳陌花衢,按管调弦于茶坊酒肆"。百姓们只见"太平日久,人物繁阜",所以"垂髫之童,但习鼓舞,班白之老,不识干戈"[②]。突如其来的靖康事变,将从上到下的繁华梦击得粉碎。城破之后,徽、钦二帝及上至后妃、皇族,下至内侍、倡优,皆被劫北行。政权既被颠覆,金银、礼器、冠服、法物、图籍亦被劫夺,十多万百姓被掳掠为奴,黄河数百里间人

---

① 陈邦瞻:《宋史纪事本末》卷五七,中华书局1997年版,第601页。(版本后同)

② 孟元老:《东京梦华录序》,孟元老等《东京梦华录》(外四种),中华书局1962年版,第3页。(版本后同)

烟灭绝，淮泗间村落荡然。这无疑是一场历史的大劫难！

“文变染乎世情，兴废系乎时序”[①]，任何文艺创作都受这一规律的制约，宋词也莫能其外，世换而文移，时势之变必然造成创作宗风之改。词人也从伤春悲秋、怨离言别，或歌咏太平、节令风俗中猛醒，时势与政局阑入其中，甚多身世之感、君国之叹。

风流皇帝赵佶，原来不仅立大晟府，令词人按月进律，创作颂谀或唯美之词，而且自己所作也是幽美轻倩。如《探春令》：

帘旌微动，峭寒天气，龙池冰泮。杏花笑吐香犹浅。又还是、春将半。清歌妙舞从头按。等芳时开宴。记去年、对著东风，曾许不负莺花愿。

宣和七年(1125)，金兵进逼汴京，他逊位避走亳州，作《临江仙》，风格大变，其下片云：

古寺幽房权且住，夜深宿在僧居。梦魂惊起转嗟吁。愁牵心上虑，和泪写回书。

待到失国为俘而北上，写《眼儿媚》，很见凄婉：

玉京曾忆昔繁华。万里帝王家。琼林玉殿，朝喧弦管，暮列笙琶。花城人去今萧索，春梦绕胡沙。家山何处，忍听羌笛，吹彻梅花。

《燕山亭》更是惨痛：

裁翦冰绡，打叠数重，冷淡燕脂匀注。新样靓妆，艳溢香融，羞杀蕊珠宫女。易得凋零，更多少、无情风雨。愁苦。闲院落凄凉，几番春暮。 凭寄离恨重重，这双燕，何曾会人言语。天遥地远，万水千山，知他故宫何处。怎不思量，除梦里、有时曾去。无据。和梦也、有时不做。

杨慎说：“词极凄惋，亦可怜矣。”并录其《在北遇清明日》诗，以之对读：“茸母初生认禁烟，无家对景倍凄然。帝城春色谁为主，遥指乡关涕泪连。”[②]沈际飞《草堂诗馀正集》以十二字评之：“猿鸣三声，征马踟蹰，寒鸟不飞。”贺裳认为，从李后主《浪淘沙》的“梦里不知身是客，一晌贪欢”到此词的“无据。和梦也、有时不做”是“其情更惨矣。呜呼，此犹麦秀之后有黍离也”[③]。

---

① 刘勰著，范文澜注：《文心雕龙注》，人民文学出版社1958年版，第675页。
② 杨慎：《词品》卷五，《渚山堂词话·词品》，上海古籍出版社2009年版，第133页。(版本后同)
③ 贺裳：《皱水轩词筌》，《词话丛编》，中华书局2005年版，第702-703页。(版本后同)

如果说赵佶如同李煜，其特殊身份具有不可重复性，那么，众多的官员和民众，则不是被劫北去，而是因靖康事变这一突如其来的民族大劫难，不得不加入南渡的流民队伍中。这一巨大的历史事件，不仅使国家覆亡，习惯于和平、安逸的宋人，其人生也发生了极大的变化。南渡名臣赵鼎的《鹧鸪天》(建康上元作)，所表的是繁华梦醒的悲凉，因今而思昔，重心落在了过去：

客路那知岁序移。忽惊春到小桃枝。天涯海角悲凉地，记得当年全盛时。　花弄影，月流辉。水精宫殿五云飞。分明一觉华胥梦，回首东风泪满衣。

朱敦儒自称是“清都山水郎”，而到此时，“诗万首，酒千觞”的日子已成为过去，他随着难民队伍一路南逃。其《水龙吟》自谓“念伊嵩旧隐，巢由故友，南柯梦，遽如许”，面对着这样的形势，不由得感叹“回首妖氛未扫，问人间英雄何处”。而自己只能在南行中“但愁敲桂棹，悲吟梁父，泪流如雨”。其《水调歌头》(淮阴作)是避地淮阴所作，今昔生活对比显著：

当年五陵下，结客占春游。红缨翠带谈笑，跋马水西头。落日经过桃叶，不管插花归去，小袖挽人留。换酒春壶碧，脱帽醉青楼。　楚云惊，陇水散，两漂流。如今憔悴，天涯何处可销忧。长揖飞鸿旧月。不知今夕烟水，都照几人愁。有泪看芳草，无路认西州。

《雨中花》(岭南旧作)亦然：

故国当年得意，射麋上苑，走马长楸。对葱葱佳气，赤县神州。好景何曾虚过，胜友是处相留。向伊川雪夜，洛浦花朝，占断狂游。　胡尘卷地，南走炎荒，曳裾强学应刘。空漫说螭蟠龙卧，谁取封侯。塞雁年年北去，蛮江日日西流。此生老矣，除非春梦，重到东周。

张元幹《兰陵王》(春恨)回忆汴京的浪漫生活，认为眼下的飘泊实出意外：“寻思旧京洛。正年少疏狂，歌笑迷著。障泥油壁催梳掠。曾驰道同载，上林携手，灯夜初过早共约。又争信飘泊？”所以，感慨国运多艰，抒发“黍离之悲”，写流离飘泊之苦，几乎成为了南渡词的主调。如赵鼎《满江红》(丁未九月南渡，泊舟仪真江口作)云：

惨结秋阴，西风送、霏霏雨湿。凄望眼、征鸿几字，暮投沙碛。试问乡关何处是，水云浩荡迷南北。但一抹、寒青有无中，遥山色。　天涯路，江上客。肠欲断，头应白。空搔首兴叹，暮年离拆。须信道消忧除是酒，奈酒行有尽情无极。便挽取、长江入尊罍，浇胸臆。

张元幹《石州慢》(己酉秋吴兴舟中作)云:

雨急云飞,惊散暮鸦,微弄凉月。谁家疏柳低迷,几点流萤明灭。夜帆风驶,满湖烟水苍茫,菰蒲零乱秋声咽。梦断酒醒时,倚危樯清绝。　心折。长庚光怒,群盗纵横,逆胡猖獗。欲挽天河,一洗中原膏血。两宫何处?塞垣只隔长江,唾壶空击悲歌缺。万里想龙沙,泣孤臣吴越。

连后来成为秦桧门下"十客"之一的康与之,也写过《喜迁莺》(秋夜闻雁),词中云:

回首塞门何处,故国关河重省。汉使老,认上林欲下,徘徊清影。

孟元老说:"出京南来,避地江左,情绪牢落"①,而这应是普遍的现象。吕本中既有《兵乱后杂诗》:

晚逢戎马际,处处聚兵时。后死翻为累,偷生未有期。积忧全少睡,经劫抱长饥。欲逐范仔辈,同盟起义师。(自注:近闻河北布衣范仔起义师。)

万事多翻覆,萧兰不辨真。汝为误国贼,我作破家人。求饱羹无糁,浇愁爵有尘。往来梁上燕,相顾却情亲。

蜗舍嗟芜没,孤城乱定初。篱根留敝屦,屋角得残书。云路惭高鸟,渊潜羡巨鱼。客来缺佳致,亲为摘山蔬。

又有《南歌子》词:

驿路侵斜月,溪桥度晓霜。短篱残菊一枝黄。正是乱山深处、过重阳。旅枕元无梦,寒更每自长。只言江左好风光。不道中原归思、转凄凉。

"只言江左好风光。不道中原归思、转凄凉"可谓南渡者的共同体会。

吕本中所写是乱山深处过重阳节,无独有偶,陈与义也有避乱途中过节之词,而比吕本中写得更为深隐。且看其《临江仙》:

高咏楚词酬午日,天涯节序匆匆。榴花不似舞裙红。无人知此意,歌罢满帘风。　万事一身伤老矣,戎葵凝笑墙东。酒杯深浅去年同。试浇桥下水,今夕到湘中。

① 孟元老:《东京梦华录序》,孟元老等《东京梦华录》(外四种),第3页。

此词是作者在南渡后流寓湖南时所写。正值国家多难、兵荒马乱的日子,恰逢端午节,此时凭吊屈原,尤多感慨。特别是下片的"万事一身伤老矣",在身世之感的背后又有难以言尽的时世之叹。

至于被掳北上的女子,命运更为不幸,如蒋兴祖女,其《减字木兰花》(题雄州驿),兼写身世与乡关之悲,沉痛更甚于南渡的臣民:

朝云横度。辘辘车声如水去。白草黄沙。月照孤村三两家。　飞鸿过也。万结愁肠无昼夜。渐近燕山。回首乡关归路难。

在当时的词人中,向子諲是很有代表性的一位。他是南宋初年的主战派大臣,靖康之难,他请康王赵构率兵渡河,出其不意地打击敌人,以求救出徽、钦二帝。建炎三年(1129),金兵进攻湖南、围困长沙,他率领军民血战八昼夜。后因忤秦桧而致仕,归隐山林。他写过《阮郎归》(绍兴乙卯大雪行鄱阳道中):

江南江北雪漫漫。遥知易水寒。同云深处望三关。断肠山又山。　天可老,海能翻。消除此恨难。频闻遣使问平安。几时鸾辂还。

此词伤二帝北狩,因封建社会的家国一体观念,加上作者的皇亲特殊身份,而尤见沉痛。又《秦楼月》:

芳菲歇,故园目断伤心切。伤心切。无边烟水,无穷山色。　可堪更近乾龙节[①]。眼中泪尽空啼血。空啼血。子规声外,晓风残月。

词中的"芳菲歇,故园目断伤心切"可看成当时人民共同的感受。生活发生了激烈的变化,也带来了词坛的巨大变化。

二、表现真情　破体为词

靖康事变中,金人按赵氏牒谱掳走了皇室的全部男女老少,徽宗第九子康王赵构是唯一的幸免者,他当时被封为天下兵马大元帅,正在河北组织军队,建立帅府。金兵撤退后,为金所立的伪楚"皇帝"张邦昌自知毫无政治基础,宣布退位,赵构得宋廷旧臣拥戴,于靖康二年(1127)五月即皇帝位,改元建炎,庙号宋高宗。

高宗起先尚能用主战派李纲为相,但仅七十多天即罢之,他令宗泽为东京留守,自己带着小朝廷从应天府逃往扬州。宗泽病死,新任东京留守杜充措置失当,金兵轻骑突袭扬州,高宗经镇江逃到杭州。先是被迫退位,旋即复辟,因金兵南下,逃到越州

---

① "乾龙节"指宋钦宗赵桓的生日。

(今浙江绍兴),继而明州(今浙江宁波)、温州(今属浙江)。高宗以"狡兔三窟"之技与金人周旋,轮流居于临安府(今杭州)、平江府(今苏州)和建康府(今南京)。绍兴九年(1139),签订了对金称臣的第一次绍兴和约,第一次宋金战争宣告结束,遂于绍兴十年定都临安。

第一次绍兴和议规定:宋对金称臣,每年向金纳岁币二十五万两白银,二十五万匹绢;而金则将陕西、河南归还给宋,并同意将宋钦宗、高宗母韦氏及宋徽宗的灵柩送还。因次年金朝发生政变,主战派把持朝政,撕毁和约,重又对南宋开战。南宋军队英勇反击,在许多主要战场上重创敌兵,并逐步掌握了主动权。然而,宋高宗却下令岳飞等将领班师,解除岳飞、韩世忠、张俊三大将兵权。宋高宗、秦桧集团于绍兴十一年十一月,又与金朝签订屈辱的第二次绍兴和约。和约规定南宋对金称臣,由金朝册封宋高宗为帝;宋金两国的疆界东起淮河中流,西至大散关,南宋割让唐、邓二州全部和商、秦二州大部给金朝;南宋每年向金朝交纳岁币银二十五万两,绢二十五万匹。金朝虽将高宗的母亲放回,却未放还钦宗。在和约签订后不久,岳飞、岳云和张宪以"莫须有"的罪名被杀害。此后十多年中,宋高宗和秦桧一直实行打击、压制主战派和钳制舆论的政策,以求偏安的局面能得以维持。

前面说,南渡词的时间段起自靖康事变,大体终于第二次绍兴和议签订,实际上包括两部分:南渡时期与南宋初期。而随着政治形势之变,南渡词也发生了变化,从初时较为单一的今昔对照、悲凉感慨,发展出伤感、愤慨、避世、叹世等四类主要的内容题材,而共同点,则在于都表达了真情实感。

伤感之词已如上述,其间也有不同。如陈与义,其词多作感伤语,但"笔意超旷,逼近大苏"[①]。由于个人生活的遭际以及特殊的身份、才情,伤感词当以李清照成就最高,此在后面再论。而李纲等南宋名臣,民族英雄岳飞,以及张元幹等,则是愤慨词的代表。叶梦得"晚岁落其华而实之,能于简淡时出雄杰"[②],向子諲的《江南新词》自有忧国之音,但由于秦桧专政,他只能"超然物外,自适其适",二人基本上属于学习苏轼而走上旷达的一路。朱敦儒则是从"清都山水郎",经历了靖康之变,如失群的孤雁,"南走炎荒",后在嘉禾过着隐居生活,其叹世之作也颇有特色。

无论是何种内容,共同点都在真实。如李纲以史事作组词,借古言今,希望赵构能向古代有作为的帝王学习,奋起抗击金兵。但终因救国之愿难遂,其《永遇乐》(秋夜有感)的下片写道:"江湖倦客,年来衰病,坐叹岁华空逝。往事成尘,新愁似锁,谁是知心底。五陵萧瑟,中原杳杳,但有满襟清泪。烛兰缸,呼童取酒,且图径醉。"决非无病呻吟。《念奴娇》(中秋独坐)云:"误缚簪缨遭世故,空有当时胸臆。苒苒流年,春鸿秋燕,来往终何益。云山深处,这回真是休息。"直言以道,难说有多高的艺术性,但却是真情的自然流露。赵鼎一直被贬至吉阳军(今海南三亚),曾写有《行香子》:"草

---

① 陈廷焯著,屈兴国校注:《白雨斋词话足本校注》卷一,齐鲁书社1983年版,第89页。(版本后同)
② 关注:《题石林词》,《词籍序跋萃编》,社会科学出版社1994年版,第133–134页。(版本后同)

色芊绵。雨点阑斑。糁飞花、还是春残。天涯万里,海上三年。试倚危楼,将远恨,卷帘看。举头见日,不见长安。谩凝眸、老泪凄然。山禽飞去,榕叶生寒。到黄昏也,独自个、尚凭阑。"其心绪之凄凉不难窥见,难怪终致在此绝食而亡。张元幹送李纲、胡铨的两首《贺新郎》,"慷慨悲凉,数百年后,尚想其抑塞磊落之气"①。而前者的"十年一梦扬州路。倚高寒、愁生故国,气吞骄虏。要斩楼兰三尺剑,遗恨琵琶旧语。谩暗涩、铜华尘土",后者的"梦绕神州路。怅秋风、连营画角,故宫离黍。底事昆仑倾砥柱,九地黄流乱注?聚万落、千村狐兔。天意从来高难问,况人情、老易悲如许。更南浦,送君去",都见真情郁勃,绝非浮言虚语。至如李清照的自言晚景凄凉,孤独无依,岳飞的或慷慨激烈,或自叹知音甚少,虽二人刚柔有别,所抒发者为真情,却属一致。

"真字是词骨",抒发真情成为第一位,就势必会走上破体为词一路。纵观词史的发展,历经温庭筠、柳永、苏轼、周邦彦等的努力,分别借助画、赋、诗以入词,而使词的美学品格、艺术表现手法渐为丰富。如果说旁借于画与赋,主要是发展、丰富了词的表现艺术,那么,苏轼的以诗为词,则在题材、意格上"指出向上一路"②。南渡词的变化,主要在于"道"而不在于"技",或者说是重在"道"而及之于"技",而近于苏轼。

笔者以为,南渡词"破体"的主要涵义是:

第一,既将词的传统题材从花前月下、男欢女爱、相思离别,转到了表达自身的生存感受,对国家、民族命运的关切。在"为情造文"、表现真情实感同时,可谓是不自觉地拓展了词之"缘情"范畴,将"情"从狭义推之为广义,而援大事入词,则近于诗之"言志"。在词的范型选择上,明显倾向了苏轼以诗为词一派,而不是二晏、柳秦、大晟一派。

第二,与此同时,突破了起于"花间"、相沿于北宋、成于秦周的主流创作法,及其艺术特色,在改变了传统题材的同时,字面、章法等艺术性因素也被置于次要地位,正宗的轻、巧、小、曲、狭、丽、隐的特色、风格,也较多地变为重、拙、大、直、阔、朴、显。因此,在词的传统艺术表现手法、风格发生变化同时,也改变了"词性",使之近于诗之境界,赋之直言。

第三,突破了徽宗朝经大晟词人所建立起的创作规范,尤其因靖康事变,大晟乐不传,伶人星散,与音乐密切相关的词遂有了脱离音乐的可能,这是南渡初期词"诗化"的音乐原因。"周、柳、万俟等之制腔造谱,皆按宫调,故协于歌喉,播诸弦管"。③"发妙旨于律吕之中,运巧思于斧凿之外,平而工,和而雅"。④"所制诸调,不独音之平仄宜遵,即仄字中上、去、入三音亦不容相混。所谓分刌节度,深契微芒"。⑤都因时势之变,抒发真情之需,发生了改变,会不同程度地被突破。

---

① 永瑢等:《四库全书总目》卷一九八,第1814页。
② 王灼著,岳珍校正:《碧鸡漫志校正》卷二,第36页。
③ 万树:《词律·发凡》,第14页。
④ 黄昇:《花庵词选·唐宋诸贤绝妙词选》卷七,国家图书馆出版社2011年版,第122页。(版本后同)
⑤ 永瑢等:《四库全书总目》卷一九八,第1811页。

此词仅举一例。如李清照，在南渡之前，其词作的艺术观较全面地表现在《词论》中，她提出了协音律为词之最要，即五音、五声、六律、清浊轻重之分，此外，又通过对各词家的评论，提出了铺叙、典重的要求，以及对“专主情致，而少故实”，“虽极妍丽丰逸，而终乏富贵态”的辩证之批评[①]。且不说协音律一道如何，李清照本人在北宋时期的词，是基本做到其他几点的，但南渡后所作，常见满纸愁情，实在是难以典重、故实相求，而尤乏妍丽丰逸和富贵态。但是，谁不会因其南渡后的遭遇而为之同情？不会为其词中所表的真情所感动？而因其未能始终践行自己所定标准，而执此訾议呢！

三、复雅之倡　供奉之作

宋高宗奉行屈辱的投降政策，与金人签订了绍兴和议，但由于偏安局面的形成，经济得以逐渐恢复和发展，宋高宗又开始着力于重建封建统治的秩序，其中自然也包括礼乐建设。因靖康之变，朝廷下诏禁乐，在第二次绍兴和议签订后的次年，即绍兴十二年(1142)，开天下之乐禁，禁乐十六年宣告结束。两年后，复置教坊。鲖阳居士在禁乐结束后编成《复雅歌词》五十卷，收唐、北宋词多达四千三百多首，此书久佚，赵万里辑本仅得十则。其序亦佚，祝穆《新编古今事文类聚》续集收录之，题为《复雅歌词序略》，疑非全文，故题作“序略”，然而从文中可见论词的祈向。《复雅歌词序略》指出：

> ……更五胡之乱，北方分裂，元魏、高齐、宇文氏之国，咸以戎狄强种，雄踞中夏，故其讴谣，淆杂华夷，焦杀急促，鄙俚俗下，无复节奏，而古乐府之声律不传……迨于开元、天宝间，君臣相与为淫乐，而明宗尤溺于夷音，天下薰然成俗。于是才士始依乐工拍弹之声，被之以辞，句之长短，各随曲度，而愈失古之“声依咏”之理也。温、李之徒，率然抒一时情致，流为淫艳猥亵不可闻之语。
>
> 吾宋之兴，宗工巨儒文力妙天下者，犹祖其遗风，荡而不知所止，脱于芒端，而四方传唱，敏若风雨，人人歆艳咀味于朋游尊俎之间，以是为相乐也。其蕴骚雅之趣者，百一二而已……[②]

鲖阳居士针对“孟子尝谓‘今之乐犹古之乐’。论者以为今之乐，郑、卫之音也，乌可与韶、夏、濩、武比哉！孟子之言，不得无过”，明确表其“此说非也”[③]的看法。他在论证了诗乐互为表里的发展史后，明确地贬斥胡乐，既然词乐源于“夷音”而变，那么“复雅”而以“今之乐犹古之乐”相观，则音乐指向当在回复于华夏。而对“宗工巨儒文力妙天下者”“荡而不知所止”的批评，则应包括欧阳修等人在内；“其蕴骚雅之趣者，

---

① 李清照：《词论》，《李清照集校注》，人民文学出版社1979年版本，第194–195页。
② 鲖阳居士：《复雅歌词序略》，《词籍序跋萃编》，第658页。
③ 鲖阳居士：《复雅歌词序略》，《词籍序跋萃编》，第658页。

百一二而已”,不能说是精确的统计,但这一大致比例,是词作为“诗馀”、“小道”,功能主于“侑觞”的必然。因此,在总结溺夷音而荒政的历史教训同时,作者表达了以“复雅”求宋词以至国事的中兴之愿。而“蕴骚雅之趣”则明确表达了“复雅”主张的历史指向是《楚辞》、《诗经》意蕴的归返,这才是“今之乐犹古之乐”的真正意义。

从高宗的绍兴后期,一直延续到孝宗的乾道时期,以雅词为名的词集纷纷出现,相关的理论阐发也不少。如曾慥编定《乐府雅词》,作于绍兴十六年(1146)的《乐府雅词序》表明了“涉谐谑则去之”的原则,为“欧公一代儒宗,风流自命”,“当时小人,或作艳曲,谬为公词”辩解,采取了“今悉删除”[①]的处理方法。在绍兴年间的《复雅歌词》和《乐府雅词》二书出后,以“雅词”为名的别集继有所出,如张孝祥的《紫微雅词》、程垓的《书舟雅词》、赵彦端的《介庵赵宝文雅词》等。显然,这些无疑都起自于绍兴后期,亦即前说的南渡词后期。编者、论者较北宋时期作出理论上的论述更多,且多有由词上追乐府、风雅的祈向。至于词论,虽未必明确以雅词相称,然而如关注《题石林词》(1147),认为叶梦得“晚岁落其华而实之,能于简淡时出雄杰,合处不减靖节、东坡之妙,岂近世乐府之流哉!”[②]曾慥《东坡词拾遗跋》(1151),称苏轼“江山秀丽之句,樽俎戏剧之词,搜罗几尽矣”[③],亦为“雅”之涵义。当然,更应关注的是王灼的《碧鸡漫志》,此书既从音乐上论雅郑之别,更在系统、全面的评论北宋词中,一直贯注了此书卷一提出的“中正则雅,多哇则郑”[④]批评准则,且提倡苏轼一派词,屡陈扬苏抑柳之见。

孝宗时期,汤衡为张孝祥词作《张紫微雅词序》,指出唐末词人“镂玉雕琼,裁花剪叶”之作,以粉泽之工而反累正气,自东坡而变,“其后元祐诸公,嬉弄乐府,寓以诗人句法,无一毫浮靡之气”,而张孝祥亦“同一关键”[⑤],颇以雅化为“诗化”。陈应行《于湖先生雅词序》与上序作于同一年(1171),却能进一步以张孝祥词“托物寄情,弄翰戏墨,融取乐府之遗意,铸为毫端之妙词”[⑥],已将一般的“诗人句法”上追“乐府之遗意”。所以,绍兴时期的复雅之倡,其影响是极大的,且成为了南宋词论的主导,一直贯穿至南宋末。

至于词的创作,也显著地摈弃了淫艳、软媚、俚俗之风,终于逐渐形成了分别以辛弃疾和姜夔为领袖,虽内容与艺术不同,却在一定意义上又同归于风雅的两大词派。

复雅为绍兴词坛所兴的潮流,稍后,则因乐禁结束,教坊再置,如同徽宗朝之出现大晟词,也逐渐有供奉词人的出现,康与之与曹勋为其中的代表。

康与之(生卒年不详),字伯可,号顺庵,滑州(今属河南)人。曾从晁以道学。高宗建炎初,上《中兴十策》,名震一时。后谄事秦桧,为桧门下十客之一。绍兴十五年

---

① 曾慥:《乐府雅词序》,《词籍序跋萃编》,第651页。
② 关注:《题石林词》,《词籍序跋萃编》,第133–134页。
③ 曾慥:《东坡词拾遗跋》,《词籍序跋萃编》,第61页。
④ 王灼著,岳珍校正:《碧鸡漫志校正》卷一,第28页。
⑤ 汤衡:《张紫微雅词序》,《词籍序跋萃编》,第213页。
⑥ 陈应行:《于湖先生雅词序》,《词籍序跋萃编》,第212–213页。

(1145)，监尚书六部门，专作应制歌词。十七年擢军器监丞。桧死后，编管钦州，二十八年，移雷州，再移新州牢城。有《昨梦集》，词集名《顺庵乐府》。

《词林纪事》引《鹤林玉露》："伯可专应制为歌词，谀艳粉饰，于是声名扫地，世但以比柳耆卿辈矣。"①黄昇云："渡江初有声乐府，受知秦审王，王荐于太上皇帝，以文词待诏金马门。凡中兴粉饰治具，及慈宁归养，两宫欢集，必假伯可之歌咏，故应制之词为多。"②录其《瑞鹤仙》（上元应制）：

瑞烟浮禁苑。正绛阙春回，新正方半。冰轮桂华满。溢花衢歌市，芙蓉开遍。龙楼两观。见银烛、星球有烂。卷珠帘、尽日笙歌，盛集宝钗金钏。　堪羡。绮罗丛里，兰麝香中，正宜游玩。风柔夜暖。花影乱，笑声喧。闹蛾儿满路，成团打块，簇著冠儿斗转。喜皇都、旧日风光，太平再见。

《汉宫春》（慈宁殿元夕被旨作）：

云海沉沉，峭寒收建章，雪残鳷鹊。华灯照夜，万井禁城行乐。春随鬓影，映参差、柳丝梅萼。丹禁杳，鳌峰对耸，三山上通寥廓。　春衫绣罗香薄。步金莲影下，三千绰约。冰轮桂满，皓色冷浸楼阁。霓裳帝乐，奏升平、天风吹落。留凤辇、通宵宴赏，莫放漏声闲却。

《忆少年令》（元夕应制）：

双龙烛影，千门夜色，三五宴瑶台。舞蝶随香，飞蝉扑鬓，人自蕊宫来。　太平箫鼓宸居晓，清漏玉壶催。步辇归时，绮罗生润，花上月徘徊。

这些词，都在和平不久，"中兴"始见之时，表达相同的"喜皇都、旧日风光，太平再见"颂谀主题，难怪人以其"谀艳粉饰，于是声名扫地"。尤其是为秦桧祝贺生日所写《喜迁莺》，竟然称颂秦桧"帝遣阜安宗社，人仰雍容廊庙。尽总道，是文章孔孟，勋庸周召"，真可谓无耻之尤。

颂谀之外，康词的题材与风格较丰富，此处再看其他类型之作。先录其谐谑词《望江南》：

重阳日，四面雨垂垂。戏马台前泥拍肚，龙山路上水平脐。淹浸倒东篱。

---

① 张宗橚：《词林纪事》卷九，张宗橚编，杨宝霖补正《词林纪事·词林纪事补正》，上海古籍出版社1998年版，第588页。

② 黄昇：《花庵词选·中兴以来绝妙词选》卷一，第161页。

茱萸胖,黄菊湿斎斎。落帽孟嘉寻蒻笠,漉巾陶令买蓑衣。都道不如归。

再录其怀古词。《诉衷情令》(登郁孤台,与施德初同读坡诗作):

郁孤台上立多时。烟晚暮云低。山川城郭良是,回首昔人非。　今古事,只堪悲。此心知。一尊芳酒,慷慨悲歌,月堕人归。

《诉衷情令》(长安怀古):

阿房废址汉荒丘。狐兔又群游。豪华尽成春梦,留下古今愁。　君莫上,古原头。泪难收。夕阳西下,塞雁南飞,渭水东流。

《菩萨蛮令》(金陵怀古):

龙蟠虎踞金陵郡。古来六代豪华盛。缥凤不来游。台空江自流。　下临全楚地。包举中原势。可惜草连天。晴郊狐兔眠。

以及以杭州西湖为背景的情词《长相思》(游西湖):

南高峰。北高峰。一片湖光烟霭中。春来愁杀侬。　郎意浓。妾意浓。油壁车轻郎马骢。相逢九里松。

长调《满庭芳》(冬景):

霜幕风帘,闲斋小户,素蟾初上雕笼。玉杯醽醁,还与可人同。古鼎沉烟篆细,玉笋破、橙橘香浓。梳妆懒,脂轻粉薄,约略淡眉峰。　清新,歌几许,低随慢唱,语笑相供。道文书针线,今夜休攻。莫厌兰膏更继,明朝又、纷冗匆匆。酩酊也,冠儿未卸,先把被儿烘。

康与之与柳永并称,张炎谓之"自批风抹月中来"[①],沈义父说二人"音律甚协,句法亦多有好处。然未免有鄙俗语"[②]。而如清人李调元则尤斥其"无行"[③],董士锡也鄙其词品。从艺术而言,笔者以为况周颐所说较为可取:"宋倚声家如曹元宠、康伯可

① 张炎:《词源》,《词源注·乐府指迷笺释》,人民文学出版社1963年版,第33页。(版本后同)
② 沈义父:《乐府指迷》,《词源注·乐府指迷笺释》,第46页。
③ 李调元:《雨村词话》卷二,《词话丛编》,中州古籍出版社2003年版,第1412页。(版本后同)

辈，专工应制之作。其词有诵无规，亦无庸寄托感慨，所谓和声鸣盛，雍容揄扬，亦复有独到处。”①

曹勋(1098—1174)，字公显，亦作功显，号松隐，曹组子，阳翟(今河南禹县)人。以父恩补承信郎。宣和五年(1123)赐同进士出身。靖康初，从徽宗北迁，奉密令回到南宋，因建议入金奉徽宗从海上归，为执政所难，九年不迁，后出使金，因忤秦桧而奉祠闲居十年，孝宗朝，授太尉。赠少保，谥忠靖。

曹勋曾折冲樽俎，感动敌庭，得请徽宗及两后梓宫并慈宁太后以归，为人忠而有节，故扼于权奸且二十年，自非康与之一流人物。但是，他也有不少供奉性质之词，颂圣贡谀不下于康与之。如《玉连环》(天申寿词)：

> 庆云开霁，清华明昼，殿阁风度薰弦。电虹敷瑞，应炎运当千。端景命、符圣德，三阶正、万国归化，远胜文思睿藻，问寝格中天。　　深严。邃启芳筵。正花拥绛扆，瑶殿神仙。缓闻钧韶奏下，歌舞云边。宫闱馨和气，浃南山。罩翠霭、上寿烟。祝无疆御历万万年。

《夏云峰》(圣节)：

> 绍洪基，抚万宇，中兴宝运符千。枢电瑞绕，景命燕及云天。挺生真主，平四海、复禹山川。班列立、瞻云就日，职贡衣冠。　　欢均鳌禁鹓鸾。望花城粉黛，金兽祥烟。笙箫缓奏，化国日永留连。宝觞亲劝，须纵饮、歌舞韶妍。都是祝、南山圣寿，亿万斯年。

《安平乐》(圣节)：

> 圣德如尧，圣心如舜，欣逢出震昌期。中兴继体，抚有寰瀛，三阳方是炎曦。万国朝元，奉崇严宸扆，咫尺天威。瑞色满三墀。渐嵩呼、均庆彤闱。　　正金屋妆成，翠围红绕，香霭高散狻猊。东朝移雕辇，与坤仪、同奉瑶卮。阖殿花明，亿万载、咸歌寿祺。视天民，永祈宝历，垂衣端拱无为。

这几首都是为庆贺宋高宗诞辰而作②，词中的“端景命、符圣德，三阶正、万国归化”，“绍洪基，抚万宇，中兴宝运符千”，“挺生真主，平四海、复禹山川”等语，显然过于夸张，至于“圣德如尧，圣心如舜”，更是颂谀以至肉麻。

---

① 况周颐：《历代词人考略》卷二五，《蕙风词话·广蕙风词话》，第308页。

② 天申节为宋高宗诞辰日。《宋史》卷一一二《礼六五》云：“建炎元年(1127)五月，宰臣等上言，请以五月二十一日为天申节……”《二十五史》，第5538页。

曹勋使金时颇有以真情感人之作,如《玉蹀躞》(从军过庐州作):

红绿烟村惨淡,市井初经虏。舍馆人家,凄凄但尘土。依旧春色撩人,柳花飞处,犹听几声莺语。　黯无绪。四马三游西楚。行路漫怀古。可惜风月,佳时尚羁旅。归处应及荼蘼,与插云鬟,此恨醉时分付。

《念奴娇》(持节道京城中秋日):

五门照日,是真人膺箓,炎图家国。二百年来,抚四海安乐,六服承德。虎旅横江,胡尘眯眼,恨有中原隔。宫城缺处,望来消尽金碧。　征辔暂款神州,期宽北顾,且驰驱朝夕。皓彩流天宁忍见,双阙笼秋月色。欲饮无憀,还成长叹,清泪空横臆。请缨无路,异时林下犹忆。

《饮马歌》(此腔自虏中传至边,饮牛马即横笛吹之,不鼓不拍,声甚凄断。闻兀术每遇对阵之际,吹此则鏖战无还期也):

边头春未到。雪满交河道。暮沙明残照。塞烽云间小。断鸿悲。陇月低。泪湿征衣悄。岁华老。

康、曹开南渡后期"中兴"颂谀的风气,孝宗朝的曾觌、张抡等人,也多作应制词,使得徽宗时期的风气为之重现。如果说南渡初期词是"变"与"革"为多,那么后期的供奉、颂谀词再起,则是对大晟颂圣贡谀词风的"因"与"袭"了。

第二节　南渡名臣与张元幹

这里所说的南渡名臣,包括南渡四名臣赵鼎、李光、李纲、胡铨,以及叶梦得、向子諲、岳飞等人。前四人因以斥秦桧、见气节著称,故有《南宋四名臣词集》之辑。叶梦得以经术文章显,出仕哲宗、徽宗、高宗三朝,绍兴年间抗击金兵,存词较多。向子諲与四名臣相类似,亦曾反和议、忤秦桧而致仕,退居十五年,其词有明显的"新、旧"之别。张元幹不仅存词较多,所作艺术性也较高。岳飞是著名的民族英雄,词虽少,影响却大。因以上诸人之词多有感时感事之作,立身行事亦有共同之处,故将他们置于同一节中论述。

一、变风之时　小雅之才

对于赵鼎(1085—1147)、李光(1078—1159)、李纲(1083—1140)与胡铨(1102—1180),李慈铭云:

四公者，居南北宋之间，未尝以词名。所为文章，忠义奋发，振厉一世，而其立论皆和平中正，字字近情。与朋友言尤往复三叹，不胜其气下而词敛。间为长短句，皆曲折如志，务尽其所欲言。①

从为人为文概言四人之共性，又认为他们“间为长短句，皆曲折如志，务尽其所欲言”。如果说李慈铭所云还较简单，那么王鹏运所作跋语，则能详尽道出他们词的背景和特点：

……其身系乎长消安危，其人又系乎用与不用。用之而不终用之也，于是则悲天运，悯人穷，当变风之时，自托乎小雅之才，而词作焉。其思若怨悱而情弥哀，颟号幽明，剖通精诚，又不欲以为名也，于是则摧刚藏棱，蔽遏掩抑，所为整顿缔造之意，而送之以馨香芬芳之言，与激昂怨慕不能自殊之音声，盖至今使人读焉而悲，绎焉而慨伉，真洞然大人也。故其词深微浑雄而情独多。②

以“当变风之时，自托乎小雅之才”二语论四名臣词，是非常恰当的。《毛诗序》云：

……至于王道衰，礼义废，政教失，国异政，家殊俗，而变风、变雅作矣。国史明乎得失之迹，伤人伦之废，哀刑政之苛，吟咏情性，以风其上，达于事变而怀其旧俗者也……是以一国之事，系一人之本，谓之风；言天下之事，形四方之风，谓之雅。雅者，正也，言王政之所由废兴也。政有大小，故有小雅焉，有大雅焉。③

靖康事变所造成的岂不是“王道衰，礼义废，政教失，国异政，家殊俗”？岂不是“变风、变雅作矣”之时？四名臣等人所作，也如同“国史”所肩负起的责任，近于“明乎得失之迹，伤人伦之废，哀刑政之苛，吟咏情性，以风其上，达于事变而怀其旧俗者也”。他们的词，因巨大的历史事件，波及全民族的灾难，而越出个人生活、情感的范围，“言天下之事”，“言王政之所由废兴”，给这传统的富贵香艳园地，带来了血与火、生与死的沉重，有强烈的现实性与历史感。

李光在绍兴八年拜参知政事，因与秦桧不合，九年，出知绍兴府，改提举洞霄宫，后贬、移十多年，直到秦桧死后才内迁，后复为左朝奉大夫，不久卒。其《水调歌头》（罢政东归，十八日晚抵西兴）一词，作于绍兴九年（1139）罢知绍兴府时。词云：

晚渡呼舟疾，寒日正苍茫。西兴浦口云树，真个是吾乡。闻□蜗庐好在，小

---

① 李慈铭：《南宋四名臣词序》，《词籍序跋萃编》，第176页。
② 王鹏运：《南宋四名臣词跋》，《词籍序跋萃编》，第175页。
③ 阮元校刻：《十三经注疏·毛诗正义》卷一，中华书局1980年版，第271–272页。（版本后同）

圃犹存松菊，三径未全荒。收拾桑榆景，蓑笠换金章。　珥金貂，拥珠履，在岩廊。回头万事何有，一枕梦黄粱。十载人间忧患，赢得萧萧华发，清镜照星霜。醉倒休扶我，身世永相忘。

此词皆为直言，上片借陶渊明语，言“归去来”之意，并作好了晚年“收拾桑榆景，蓑笠换金章”的准备。虽因遭受打击而在下片流露出“回头万事何有，一枕梦黄粱”的消极，但是，“十载人间忧患，赢得萧萧华发，清镜照星霜”，则孤忠自现，且道出十年来的人间忧患，其政治家的本色可见。

《水调歌头》(过桐江，经严濑，慨然有感。予方力丐宫祠，有终焉之志，因和致道水调歌头，呈子我、行简)则更见“变风”、“小雅”之意：

兵气暗吴楚，江汉久凄凉。当年俊杰安在，酌酒酹严光。南顾豺狼吞噬，北望中原板荡，矫首讯穹苍。归去谢宾友，客路饱风霜。　闭柴扉，窥千载，考三皇。兰亭胜处，依旧流水绕修篁。傍有湖光千顷，时泛扁舟一叶，啸傲水云乡。寄语骑鲸客，何事返南荒。

据此词小序，“力丐宫祠，有终焉之志”，应是知绍兴府而改提举洞霄宫之间所作，距上词写作时间甚近。虽下片有不得已而隐居之志，但词开头即以“兵气暗吴楚，江汉久凄凉”点明了十年来金人南侵战争所造成的结果，“南顾豺狼吞噬，北望中原板荡，矫首讯穹苍”，则见词人的忧国忧民之心，“变风”之时势，言天下事、形四方风的“大小雅”精神，亦于此可见之。

李纲在靖康元年金兵逼近汴京时，以尚书右丞为亲征行营使，极力主战，被贬。高宗即位，拜尚书右仆射兼中书侍郎，坚主抗金，在相位仅七十五日即被罢。绍兴二年除湖广宣抚使兼知潭州，不久，罢。后又除江西安抚制置大使、荆湖南路安抚大使。曾开誉之为“追数中兴相，公居第一人”[①]。

李纲以史事为组词，意欲引古代奋发有为的君主作榜样，以激发赵构的斗志。从现存七首的主题而言，可分为三类：借古代对外族斗争的胜利表抗击外侮之志，用中兴史事勉励宋高宗作真正的中兴之主，以唐明皇荒政误国、逃往西蜀为鉴戒、教训。

第一类有《念奴娇》(汉武巡朔方)：

茂陵仙客，算真是、天与雄才宏略。猎取天骄驰卫霍，如使鹰鹯驱雀。鏖战皋兰，犁庭龙碛，饮至行勋爵。中华强盛，坐令夷狄衰弱。　追想当日巡行，勒兵十万骑，横临边朔。亲总貔貅谈笑看，黠虏心惊胆落。寄语单于，两君相见，何苦逃沙漠。英风如在，卓然千古高著。

---

① 曾开：《李伯纪丞相挽诗》，李纲著，王瑞明点校《李纲全集・附录三》，岳麓书社2004年版，第1757页。

此词题为“汉武巡朔方”，实际上是在“猎取天骄驰卫霍”的战争铺叙中，再特写其“勒兵十万骑，横临边朔”之事，通过歌颂其雄才大略，而分别在上下结句点题，无论是“中华强盛，坐令夷狄衰弱”，还是“英风如在，卓然千古高著”，都是对国与君的衷心期待。

《喜迁莺》(晋师胜淝上)：

长江千里。限南北、雪浪云涛无际。天险难逾，人谋克壮，索虏岂能吞噬。阿坚百万南牧，倏忽长驱吾地。破强敌，在谢公处画，从容颐指。　奇伟。淝水上，八千戈甲，结阵当蛇豕。鞭弭周旋，旌旗麾动，坐却北军风靡。夜闻数声鸣鹤，尽道王师将至。延晋祚，庇烝民，周雅何曾专美。

谢安从容指挥，谢玄等以八千精兵渡淝水，打败数十倍于己的敌人，取得了战争胜利。通过这一典故，借古喻今，希望南宋也能“人谋克壮”，“旌旗麾动，坐却北军风靡”，延宋祚而“庇烝民”。

第二类有《水龙吟》(光武战昆阳)：

汉家炎运中微，坐令闰位馀分据。南阳自有，真人膺历，龙翔虎步。初起昆城，旋驱乌合，块然当路。想莽军百万，旌旗千里，应道是、探囊取。　豁达刘郎大度。对勍敌、安恬无惧。提兵夹击，声喧天壤，雷风借助。虎豹哀嗥，戈铤委地，一时休去。早复收旧物，扫清氛祲，作中兴主。

显然是希望高宗似光武帝那样，在“汉家炎运中微”之时，能通过不懈的努力，真正的“早复收旧物，扫清氛祲，作中兴主”。《念奴娇》(宪宗平淮西)的主题亦见于结语：“明堂坐治，中兴高映千古。”《喜迁莺》(真宗幸澶渊)写本朝事：在对辽斗争，“庙堂折冲无策”之时，“叱群议，赖寇公力挽，亲行天讨”，终于“日照金戈，云随黄伞，径渡大河清晓”，实现了“誓书来，从此年年修好”。

《苏武令》是李纲所创调，传于绍兴间，是作者忠君报国之志的全副表露。词云：

塞上风高，渔阳秋早。惆怅翠华音杳。驿使空驰，征鸿归尽，不寄双龙消耗。念白衣、金殿除恩，归黄阁、未成图报。　谁信我、致主丹衷，伤时多故，未作救民方召。调鼎为霖，登坛作将，燕然即须平扫。拥精兵十万，横行沙漠，奉迎天表。

李纲希望高宗能成为当代的真宗，自己也有寇准、范、韩之志，但事实上却连遭贬逐，于是《永遇乐》(秋夜有感)下片云：

江湖倦客，年来衰病，坐叹岁华空逝。往事成尘，新愁似锁，谁是知心底。五陵萧瑟,中原杳杳,但有满襟清泪。烛兰缸,呼童取酒,且图径醉。

《江城子》(新酒初熟)甚而流露出“醉倒不知天地大,浑忘却,是和非”的消极情绪,《望江南》亦云:“顾我老方齐物论,与君同作醉乡游。万事总休休。”《江城子》(九日与诸季登高)虽有“回首中原何处是”之问,却无奈中只能自劝:“左倾醪。右持螯。莫把闲愁,空使寸心劳。会取八荒皆我室,随节物,且游遨。”

况周颐曾说李纲词“大都委心安遇,陶情适性之作,略无抑塞磊落、牢骚不平之气,足征学养醇至,襟抱坦夷乃至”①。不过,还是终难掩其“变风之时”的“悲天运,悯人穷”,“其思若怨悱而情弥哀”。如《望江南》(过分水岭):

征骑远,千里别沙阳。泛碧斋旁凝翠阁,栖云寺里印心堂。回首意茫茫。分水岭,烟雨正凄凉。南望瓯闽连海峤,北归吴越过江乡。极目暮云长。

《六么令》(次韵和贺方回金陵怀古,鄱阳席上作):

长江千里,烟澹水云阔。歌沉玉树,古寺空有疏钟发。六代兴亡如梦,苒苒惊时月。兵戈凌灭。豪华销尽,几见银蟾自圆缺。　潮落潮生波渺,江树森如发。谁念迁客归来,老大伤名节。纵使岁寒途远,此志应难夺。高楼谁设。倚阑凝望,独立渔翁满江雪。

都确能“使人读焉而悲,绎焉而慨伉”,原因正在于“其词深微浑雄而情独多”。

赵鼎在绍兴四年(1134)召为参知政事,迁知枢密院,半年后拜右仆射同平章事兼知枢密院,次年加都督诸路军马,但在绍兴八年以反对和议为秦桧忌,罢相,一再贬谪。

赵鼎虽中兴名相,却词多婉媚,人以为不减《花间集》。如以下二词可证:

宝鉴菱花莹。孤鸾慵照影。鱼书蝶梦两浮沉,恨恨恨。结尽丁香,瘦如杨柳,雨疏云冷。　宿醉厌厌病。罗巾空泪粉。欲将远意托湘弦,闷闷闷。香絮悠悠。画帘悄悄,日长春困。 ——《怨春风》(闺怨)

香冷金炉,梦回鸳帐馀香嫩。更无人问。一枕江南恨。　消瘦休文,顿觉春衫褪,清明近。杏花吹尽。薄暮东风紧。 ——《点绛唇》(春愁)

然而,国变之时,其所作亦变,前引《满江红》(丁未九月南渡,泊舟仪真江口作),《鹧鸪天》(建康上元作)可见。在贬谪之时,赵鼎虽多思归之意,如:

---

① 况周颐:《历代词人考略》卷二一,《蕙风词话·广蕙风词话》,第278页。

归去来。归去来。昨夜东风吹梦回。家山安在哉。　酒一杯。复一杯。准拟愁怀待酒开。愁多肠九回。——《琴调相思令》(思归词)

雨馀风露凄然。月流天。还是年时今夜、照关山。　收别泪。持杯起。问婵娟。问我扁舟流荡、几时还。——《乌夜啼》(中秋)

但《花心动》(偶居杭州七宝山国清寺冬夜作),仍超越个人的悲伤,感叹国运而慨念少时,即使表归欤之志,实亦出于无奈:

江月初升,听悲风、萧瑟满山零叶。夜久酒阑,火冷灯青,奈此愁怀千结。绿琴三叹朱弦绝,与谁唱、阳春白雪。但遐想、穷年坐对,断编遗册。　西北欃枪未灭。千万乡关,梦遥吴越。慨念少年,横槊风流,醉胆海涵天阔。老来身世疏篷底,忍憔悴、看人颜色。更何似、归欤枕流漱石。

《洞仙歌》作于岭南贬所:

空山雨过,月色浮新酿。把盏无人共心赏。漫悲吟、独自捻断霜须,还就寝、秋入孤衾渐爽。　可怜窗外竹,不怕西风,一夜潇潇弄疏响。奈此九回肠,万斛清愁,人何处、邈如天样。纵陇水、秦云阻归音,便不许时闲,梦中寻访。

最后数句或为拟朝廷、喻秦桧的比兴,但全首还是以赋为主。王鹏运所说的"其思若怨悱而情弥哀……摧刚藏棱,蔽遏掩抑",揆之而正合,也确实"使人读焉而悲,绎焉而慨伉"。

胡铨因反对和议,上书赵构,乞斩秦桧、王伦、孙近,以"狂妄凶悖,鼓众劫持"①的罪名被编管、押配两广地区,然多年后赋《好事近》,仍真情流露,对秦桧等人作强烈讥刺:

富贵本无心,何事故乡轻别。空使猿惊鹤怨,误薜萝风月。　囊锥刚要出头来,不道甚时节。欲驾巾车归去,有豺狼当辙。

据说,"胡铨以上书论王伦、秦桧,谪吉阳军,又贬新州。张棣曰:'铨何故未过海。'铨偶为词云:'欲驾巾车归去,有豺狼当辙。'棣即迎桧意,奏铨怨望,于是送南海编管。流落几二十年"。②相较而言,胡铨之词与"当变风之时,自托乎小雅之才"较远,却有清雄之作。如《转调定风波》(和答海南统领陈康时):

---

① 脱脱等:《宋史》卷三七四《胡铨传》,《二十五史》,第6480页。
② 王奕清:《历代词话》卷七引《宋名臣言行录》语,《词话丛编》,第1228页。

从古将军自有真。引杯看剑坐生春。扰扰介鳞何足扫。谈笑。纶巾羽扇典刑新。　试问天山何日定。伫听。雅歌长啸静烟尘。解道汾阳是人杰。见说。如今也有谪仙人。

《朝中措》(黄守座上用六一先生韵):

崖州何有水连空,人在浪花中。月屿一声横竹,云帆万里雄风。　多情太守,三千珠履,二肆歌钟。日下即归黄霸,海南长想文翁。

二、步趋苏堂　苍凉悲壮

本小节论叶梦得、向子諲、岳飞与胡世将。

叶梦得(1077—1148),字少蕴,号石林居士,吴县(今江苏苏州)人。大观二年(1108)迁翰林学士,后历知诸州。高宗建炎二年(1128)为翰林学士兼侍读,次年罢归湖州。绍兴元年(1031)起为江东安抚大使兼知建康府,兼六州宣抚使,抗击金兵。十二年冬,移知福州,兼福建安抚使。著作繁多,有《石林词》。

叶梦得词风较近苏轼。关注指出其词的前后期变化:"味其词,婉丽绰有温李之风,晚岁落其华而实之,能于简淡时出雄杰,合处不减靖节、东坡之妙,岂近世乐府之流哉!"①王灼云:"后来学东坡者,叶少蕴、蒲大受亦得六七,其才力比晁、黄差劣。"②冯煦亦云:"叶少蕴主持王学,所著《石林诗话》,阴抑苏黄;而其词顾挹苏氏之馀波。岂此道与所问学,固多歧出邪?"③《四库全书总目提要》对关注所说作了考辨,指出:"考倚声一道,去古诗颇远。集中亦惟《念奴娇》(故山渐近)一首杂用陶潜之语,不得谓之似陶。注所拟殊为不类。至于'云峰横起'一首,全仿苏轼'大江东去',并即参用其韵。又《鹧鸪天》(一曲青山)后阕,且直用轼诗语足成。是以旧刻颇有与东坡词彼此混人者。则注谓梦得近于苏轼,其说不诬。梦得著《石林诗话》,主持王安石之学,而阴抑苏、黄,颇乖正论。乃其为词,则又挹苏氏之馀波。所谓是非之心有终不可澌灭者耶。"④所说最为可取。

《贺新郎》为石林得意之作:

睡起啼莺语。掩青苔、房栊向晚,乱红无数。吹尽残花无人见,惟有垂杨自舞。渐暖霭、初回轻暑。宝扇重寻明月影,暗尘侵、尚有乘鸾女。惊旧恨,遽如许。　江南梦断横江渚。浪粘天、葡萄涨绿,半空烟雨。无恨楼前沧波意,谁

---

① 关注:《题石林词》,《词籍序跋萃编》,第133-134页。

② 王灼著,岳珍校正:《碧鸡漫志校正》卷二,第34页。

③ 冯煦:《蒿庵论词》,《介存斋论词杂著·复堂词话·蒿庵论词》,人民文学出版社1959年版,第61-62页。

④ 永瑢等:《四库全书总目》卷一九八,第1812页。

采蘋花寄取。但怅望、兰舟容与。万里云帆何时到，送孤鸿、目断千山阻。谁为我，唱金缕。

起头三句，言睡起见闻，境界幽静，“吹尽”二句，写庭院无人，“渐暖霭”以下，言因暖而寻扇，引出乘鸾女以及旧恨。下片“江南”三句，写江天之景，“无限”二句，写去路遥远，难以寄意，“但怅望”三句，写山川阻隔，末句为无人歌唱而惆怅，振起全篇。张侃云：此词“名振一时，虽游女亦知爱重”，“后人亦取金缕二字名词。虽然豪逸而迫近人情，纤丽而摇动闺思。二公（按，指苏轼与叶梦得）之名俱不朽，识者盍深考焉”[①]。此词确实是合豪逸与纤丽为一，“人人能道之，集中未有胜此者”[②]。黄苏说：“梦得理学名臣，晚年致政家居而作。此词自有所指，可细玩之。《文选》：‘裁为合欢扇，团圆似明月。’《龙城录》：‘八月望日，明皇游月宫，见素娥千馀人，皆皓衣，乘白鸾。’李太白诗：‘离恨满沧波。’柳子厚诗：‘春风无限潇湘意，欲采蘋花不自由。’采蘋花，即《离骚》撷芳草之意也。”[③]不仅言其用语之所出，且暗点其有所托意。而陈廷焯则明确说出：“低回哀怨，寄托遥深。”[④]而细味词意，难说有所寄托，而应是早年所作。

《虞美人》（雨后同干誉、才卿置酒来禽花下作）词风婉约，却近于东坡而非温韦：

落花已作风前舞。又送黄昏雨。晓来庭院半残红，惟有游丝千丈、罥晴空。　　殷勤花下同携手。更尽杯中酒。美人不用敛蛾眉，我亦多情无奈、酒阑时。

上片写景，因昨晚风雨，一早见花已零落，堆满庭院，只有游丝飞舞。下片抒情，写花下携手饮酒之乐，末句云：若美人乐，我亦自乐，若美人不乐，我亦无欢。沈际飞《草堂诗馀正集》尤赏其结句：“下场头话偏自生情生姿，颠播妙耳。”沈雄《古今词话》载彭孙遹语云：“词以自然为宗，但自然不从追琢中来，则亦率易无味。如所云绚烂极致，仍归平淡。若使语意淡远者，稍加刻划，镂金错彩者，渐近天然，则骎骎乎绝唱矣。”并以“美人不用敛蛾眉，我亦多情无奈酒阑时”为“自然而然者也”[⑤]。

《水调歌头》（濠州观鱼台作）演《庄子》而近于苏轼之檃括词，最后的感叹亦近于苏轼对庄子的领悟：

渺渺楚天阔，秋水去无穷。两淮不辨牛马，轻浪舞回风。独倚高台一笑，围囿游鱼来往，还戏此波中。危槛对千里，落日照澄空。　　子非我，安知我，意真

---

① 张侃：《拙轩词话》，《词话丛编》，第191页。

② 黄昇：《中兴词话》，《词话丛编》，第211页。

③ 黄苏：《蓼园词评》，《词话丛编》，第3092页。

④ 陈廷焯：《词则·别调集》卷二，第611页。

⑤ 沈雄：《古今词话·词品》下卷，《词话丛编》，第851-852页。

同。鹏飞鲲化何有,沧海漫冲融。堪笑磻溪遗老,白首直钩溪畔,岁晚忽衰翁。功业竟安在,徒自兆非熊。

叶梦得有抗击金兵的经历,而《石林词》中却较少涉及国事与时政,王灼谓之十有六七近于苏,主要是意旷而境清。与抗金大业直接或间接相关者仅得数首。如《水调歌头》(九月望日,与客习射西园,余偶病不能射):

霜降碧天静,秋事促西风。寒声隐地,初听中夜入梧桐。起瞰高城回望,寥落关河千里,一醉与君同。叠鼓闹清晓,飞骑引雕弓。　岁将晚,客争笑,问衰翁。平生豪气安在,沉领为谁雄。何似当筵虎士,挥手弦声响处,双雁落遥空。老矣真堪愧,回首望云中。

此词上片写九月望日的夜饮,碧天霜降,西风骤起,寒声吹入梧桐,登高远眺,关河寥落,望中自应有失陷的北方之地。因此,醉饮而至清晓,鼓声阵阵,飞骑追逐,雕弓满引,与众习射,其背后的抗敌御侮之志隐然可见。下片从骑射已了,转入客人“平生豪气安在”、“沉领为谁雄”的连连发问,作者感叹“老矣真堪愧”,结于“回首望云中”,因云中郡是魏尚、李广抗击匈奴之地,作者“堪愧”之意亦出。词中不仅明中塑造了“挥手弦声响处,双雁落遥空”的“当筵虎士”形象,也暗中见出了“起瞰高城回望”,“回首望云中”的自我形象,二者交相辉映,英雄主义精神也为之凸现。

另一《水调歌头》词意更显,风格亦与苏轼尤近:

秋色渐将晚,霜信报黄花。小窗低户深映,微路绕欹斜。为问山翁何事,坐看流年轻度,拚却鬓双华。徙倚望沧海,天净水明霞。　念平昔,空飘荡,遍天涯。归来三径重扫,松竹本吾家。却恨悲风时起,冉冉云间新雁,边马怨胡笳。谁似东山老,谈笑静胡沙。

上片在秋色黄花、小窗低户的环境中,出现了一位鬓发双华、徙倚远望、轻度流年的“山翁”形象。下片由自己的归隐山中、飘荡无成而生出恨意,因为作者所关注的还是边马胡笳,很希望能如谢安那样东山再起,谈笑间洗静胡沙。叶梦得曾随高宗南下,任户部尚书,陈述战守之策,得到信任,后又两任建康知府,为抗金而建树尤多,却因高宗、秦桧一意求和,岳飞被害,赵鼎被贬,作者亦迫于形势而离任。所以,因情而生文,词中的所思所慨是兼得飞扬与沉郁。

《八声甘州》(寿阳楼八公山作)借历史而写现实:

故都迷岸草,望长淮、依然绕孤城。想乌衣年少,芝兰秀发,戈戟云横。坐看骄兵南渡,沸浪骇奔鲸。转盼东流水,一顾功成。　千载八公山下,尚断崖草木，遥拥峥嵘。漫云涛吞吐，无处问豪英。信劳生、空成今古，笑我来、何事怆遗情。东山老，可堪岁晚，独听桓筝。

此首作于绍兴前期，当时作者遭受排挤而出朝，任江东安抚使，兼知建康府并六州宣抚使。寿春北有八公山，淝水流其下，著名的淝水之战就发生在这里。作者所宣抚的六州，就包括寿春，故借当地历史，写著名战役，以寄托自己的情怀。上片写当年"芝兰玉树"的谢氏子弟，一举击败南渡的骄兵悍将。下片面对八公山的断崖草木，战争陈迹，碍于朝中主和派当权的形势，用曲笔表达自己的感触。

《点绛唇》(绍兴乙卯登绝顶小亭)，注明作年，乙卯即绍兴五年(1135)，此时词人去任居于吴兴西北的卞山。词云：

缥缈危亭，笑谈独在千峰上。与谁同赏。万里横烟浪。　　老去情怀，犹作天涯想。空惆怅。少年豪放。莫学衰翁样。

词中"万里横烟浪"，"犹作天涯想"，都不能轻易放过，因为这是作者虽退居而仍然心忧天下、关注北方失地的曲折表现，"少年豪放。莫学衰翁样"，则是对自己儿辈的激励。

绍兴八年(1138)，叶梦得任江东安抚制置大使兼知建康府，作《念奴娇》：

云峰横起，障吴关三面，真成尤物。倒卷回潮目尽处，秋水黏天无壁。绿鬓人归，如今虽在，空有千茎雪。追寻如梦，漫馀诗句犹杰。　　闻道尊酒登临，孙郎终古恨，长歌时发。万里云屯瓜步晚，落日旌旗明灭。鼓吹风高，画船遥想，一笑吞穷发。当时曾照，更谁重问山月。

因绍兴元年作者已在此地任此职，八年后重来旧地，"绿鬓人归，如今虽在，空有千茎雪"，感慨良多。此词可能系登镇江北固山所作，借历史而写现实，孙策未能澄清天下之恨，亦即自己不能"一笑吞穷发"、直捣黄龙府之恨。此词用东坡原韵，其纵观江山与历史，感慨功业无成，人已老去，亦与东坡原作之意甚近，所不同者，则在时代与时局。

叶梦得"合处不减""东坡"[①]，"得其六七"[②]，而向子諲则是"步趋苏堂"[③]的词人。

向子諲(1085—1152)，字伯恭，先世为开封人，后徙临江(今江西清江)。神宗向皇后再从侄，徽宗时以恩补官，忤上司，勒停。宣和初仕至江淮转运副使兼发运副使。

---

① 关注：《题石林词》，《词籍序跋萃编》，第134页。
② 王灼著，岳珍校正：《碧鸡漫志校正》卷二，第34页。
③ 胡寅：《酒边集序》，《词籍序跋萃编》，第169页。

建炎元年率兵勤王，迁直龙图阁，江淮发运副使，历知数州，后以徽猷阁直学士出知平江府。因反对和议，忤秦桧，致仕，退居十五年。有《酒边词》，以南渡后所作为《江南新词》，此前作为《江北旧词》，合为一卷。

向子諲以令词为多，长调较少，《江北旧词》多伤春怨别、听歌看舞，以及节令庆典之作，《江南新词》颇多表现人生知足、道家思想者，不过亦有近于"变风""小雅"之作。前者举一例。《鹧鸪天》(宣和己亥代人赠别)：

斗帐欢盟不计年。谁知蓦地远如天。何曾一霎离心上，怎得而今在眼前。
鱼不断，雁相连。可无小字寄芳笺。薄情已是抛人去，更与新愁到酒边。

后者除前已引的《秦楼月》(芳菲歇)一首，表现了极其悲恸的感情外，其馀作品亦多对故土的萦念，可见南渡后之悲。如《水龙吟》(绍兴甲子上元有怀京师)，以大半篇幅写京师上元的繁盛景象，而以"醉失桃源，梦回蓬岛，满身风露"转接，结于"到而今江上，愁山万叠，鬓丝千缕"。另一相同题材的《鹧鸪天》(有怀京师上元，与韩叔夏司谏、王夏卿侍郎、曹仲谷少卿同赋)云：

紫禁烟花一万重。鳌山宫阙倚晴空。玉皇端拱彤云上，人物嬉游陆海中。
星转斗，驾回龙。五侯池馆醉春风。而今白发三千丈，愁对寒灯数点红。

不似上词《水龙吟》那样有较多的铺叙，而是用简洁的语言、意象作概括，词中有较多的数字对比，尤其是开头的"紫禁烟花一万重"，与当下的"愁对寒灯数点红"，形成了鲜明对照。而《虞美人》(与赵正之宛丘执别，俯仰十有馀年。匆邊相逢，又尔语别，作是词以送之。时正之被召)写与故友别而重逢，却又作送别：

淮阳堂上曾相对。笑把姚黄醉。十年离乱有深忧。白发萧萧同见、渚江秋。　履声细听知何处。欲上星辰去。清寒初溢暮云收。更看碧天如水、月如流。

上片写"笑把姚黄醉"的过去，下片有清丽空明的诸多景物描写，而仅"十年离乱有深忧"一语，"白发萧萧"的此时形象，已见南渡以来的人生变化，味之使人倍感沉痛。

《西江月》有一较长之序："政和间，余卜筑宛丘，手植众芗，自号芗林居士。建炎初，解六路漕事，中原俶扰，故庐不得返，卜居清江之五柳坊。绍兴癸丑，罢帅南海，即弃官不仕。乙卯起，以九江郡复转漕江东，入为户部侍郎。辞荣避谤，出守姑苏。到郡少日，请又力焉，诏可，且赐舟曰泛宅，送之以归。己未暮春，复还旧隐。时仲舅李公休亦辞春陵郡守致仕，喜赋是词。"从序中可见，此词是作者第二次辞官回清江五柳坊后所作。词云：

> 五柳坊中烟绿，百花洲上云红。萧萧白发两衰翁。不与时人同梦。　抛掷麟符虎节，徜徉江月林风。世间万事转头空。个里如如不动。

此词似是以隐逸闲居的生活为自得，实际上闲适中蕴有愤懑，表明了远奸佞而求高洁之志。作者之所以“抛掷麟符虎节”，即宁愿弃去调兵遣将之大权，而选择了“徜徉江月林风”，是因为不愿与主和派为伍，其凛然正气，忠肝义胆，可昭日月，故最后借佛家语表其对禄位的轻视。

《水调歌头》亦有一较长之序，结合序与词，不仅充满了人世沧桑之感，更是对故土沉沦的沉痛凭吊，读来使人深感抑郁。序曰：“大观庚寅闰八月秋，芗林老、顾子美、江彦章、蒲庭鉴，时在诸公幕府间。从游者，洪驹父、徐师川、苏伯固父子、李商老兄弟。是夕登临，赋咏乐甚。俯仰三十九年，所存者，余与彦章耳。绍兴戊辰再闰，感时抚事，为之太息。因取旧诗中师川一二语，作是词。”词云：

> 闰馀有何好，一年两中秋。补天修月人去，千古想风流。少日南昌幕下，更得洪徐苏李，快意作清游。送日眺西岭，得月上东楼。　四十载，两人在，总白头。谁知沧海成陆，萍迹落南州。忍问神京何在，幸有芗林秋露，芳气袭衣裘。断送馀生事，惟酒可忘忧。

胡寅在其著名的《酒边集序》中，先赞苏轼“一洗绮罗香泽之态……”，紧接着就说向子諲是“步趋苏堂而哜其胾者也。观其退江北所作于后，而进江南所作于前，以枯木之心，幻出葩华，酌元酒之尊，而弃醇味，非染而不色，安能及此”①。《四库全书简明目录》认为因“老境渐归平淡”②，才有新旧之分、进退之举，笔者以为这样认识是不够的，还应是作者对靖康事变这一重大历史转折，及自己思想、作品的转变而改变的。郭麐说，《酒边词》“赠伎之作最多”，“所谓承平王孙故态”③，而《江南新词》发生了显著改变，应能证上面所说。

岳飞是著名的民族英雄，《满江红》一词虽有人以为并非其所作，但长期以来已经被认可，难以推翻成说。词云：

> 怒发冲冠，凭栏处、潇潇雨歇。抬望眼，仰天长啸，壮怀激烈。三十功名尘与土，八千里路云和月。莫等闲、白了少年头，空悲切。　靖康耻，犹未雪。臣子恨，何时灭。驾长车踏破，贺兰山缺。壮志饥餐胡虏肉，笑谈渴饮匈奴血。待从头收拾旧山河，朝天阙。

---

① 胡寅：《酒边集序》，《词籍序跋萃编》，第169页。
② 永瑢等：《四库全书简明目录》卷二〇，第892页。
③ 郭麐：《灵芬馆词话》卷二，《词话丛编》，第1531页。

岳飞先得朝廷所授“神武后军”，后屡败伪齐，收复襄阳六郡，年仅三十二就被擢升为清远军节度使。绍兴五年春，镇压了洞庭湖的杨幺军，兵力大增，次年，在较大规模的北伐中，又取得胜利。绍兴七年，宋高宗准备大举北伐，因遭反对而取消成命，岳飞一度愤而辞职。次年，第一次宋金战争结束，达成了第一次绍兴和议，岳飞坚决反对和议，不但引起了秦桧的极度痛恨，也导致高宗不满。不久，宋金第二次战争爆发，岳飞接高宗下达的北伐命令，立即统兵北上，再次开始了对金战争。从此词的内容、口气看，很可能作于绍兴七年或稍后。“怒发冲冠”、“仰天长啸”、“壮怀激烈”等语，都可看出因北伐受阻而激起的悲愤，转战“八千里路云和月”，却换来“三十功名尘与土”，而“等闲”、“白了少年头”、“空悲切”等语，可见作者内心的失望。换头重提靖康之耻，并表自己之恨，以下即是打败敌人、重整河山之愿的尽情倾诉。岳飞忠君爱国，却因坚决反对议和，坚持北伐，遭秦桧、甚至高宗之大忌，被诬谋反，以“莫须有”的罪名被处死，卒年仅三十九岁，令人惋叹。而此词所抒发的强烈民族感情，却在后世(如抗日战争中)不断焕发出新的生命，新的精神。

《小重山》是岳飞所存三首词之一，风格与前者显著不同：

昨夜寒蛩不住鸣。惊回千里梦，已三更。起来独自绕阶行。人悄悄，帘外月胧明。　　白首为功名。旧山松竹老，阻归程。欲将心事付瑶琴。知音少，弦断有谁听。

此词以主张抗金之大事，托之于弹琴而少知音。詹安泰说：“岳鹏举(飞)之《满江红》……悲愤之怀，壮烈之志，和盘托出，绝无隐蓄，此不关乎寄托也；至其《小重山》词……则真有寄托之作也。故国怕回首，而托诸惊梦；所愿不得偿，则托诸空阶明月；咎忠贞不见谅于当轴，致坐失机宜，而托诸瑶琴独奏，赏音无人，盖托体比兴也。陈藏一(郁)《话腴》谓：‘欲将心事付瑶琴，知音少，弦断有谁听？盖指和议之非。’斯言得之。故求寄托于词中者，当在此而不在彼……岳鹏举《满江红》词一阕，非不慷慨激昂，可歌可泣，顾其耐人寻味之程度，殊不若其《小重山》也，故从词之本身论，则以《小重山》为高格。”[①]陈廷焯言其风格甚当：“苍凉悲壮中亦复风流儒雅。”[②]龙榆生《唐五代宋词选》说：“一种激昂忠愤之气，读之使人慷慨。推其志，虽与日月争光可也。”都表达了对岳飞此词的理解、赞赏。

胡世将在绍兴初为监察御史，福建路抚谕使，历官兵部侍郎等，后又以宝文阁学士为川陕宣抚副使，曾收复失地，颇振军威。仅存《酹江月》(秋夕兴元使院作，用东坡赤壁韵)一词：

---

① 詹安泰著，汤擎民整理：《詹安泰词学论稿》，广东人民出版社1984年版，第122-123页。(版本后同)

② 陈廷焯：《词则·放歌集》卷一，上海古籍出版社1984年版，第306页。(版本后同)

神州沉陆，问谁是、一范一韩人物。北望长安应不见，抛却关西半壁。塞马晨嘶，胡笳夕引，赢得头如雪。三秦往事，只数汉家三杰。　试看百二山河，奈君门万里，六师不发（自注：朝议主和）。阃外何人回首处，铁骑千群都灭（自注：富平之败）。拜将台欹，怀贤阁杳，空指冲冠发。阑干拍遍，独对中天明月。

此词作于绍兴九年(1139)，因川陕宣抚使吴玠卒，胡世将代为领职，继续统军与金对垒，词即因此而作。因上一年赵构、秦桧与金议和，丞相赵鼎因反对议和被罢黜，胡铨上书请斩秦桧，被谪岭外，故此词之表示反对议和，可谓十分难得。词上片以发问提起，实为世无范仲淹、韩琦之意，而此地历史上的“三秦往事”，则令人想起张良、萧何、韩信这“汉家三杰”。张浚虽极力主战，并自请宣抚川陕，却志大才疏，与金兵战于富平而大败，失去关、陕。作者思张浚之败，和议之行，内心忧愤难平而有此作。此词用东坡赤壁词之韵，对现实而思历史，复归于现实，“拜将台欹，怀贤阁杳，空指冲冠发。阑干拍遍，独对中天明月”的直赋，与岳飞“知音少，弦断有谁听”(《小重山》)的比兴写法不同，爱国情怀却甚为一致。

向子𬤇词“步趋苏堂”，胡世将《酹江月》用东坡赤壁词之韵，“步趋”亦紧，岳飞《满江红》虽激烈粗豪，《小重山》却与苏轼近。因所处在变风之世，出小雅之言，且他们既同是主战派，又因主和势力极大而其道难行，故在同趋苏堂同时，除叶梦得的清旷近于苏轼外，其他都较苏词更为苍凉悲壮，这也是世换文移的必然结果。

三、从妩秀之致到长于悲愤

张元幹(1091—1161)，字仲宗，号芦川居士、芦川老隐等，永福(今福建永泰)人。政和初，为太学上舍生。宣和七年(1125)任陈留县丞。靖康元年(1126)为李纲行营幕僚，李纲罢，遭逐。绍兴元年(1131)以右朝奉郎、将作少监致仕。因送胡铨、寄李纲词为秦桧忌，于绍兴二十一年(1151)追赴大理寺，除名削籍。漫游江浙各地，客死他乡。有后人所辑《芦川归来集》，词集《芦川词》。

蔡戡云：张元幹“喜作长短句，其忧国爱君之心，愤世嫉邪之气，间寓于歌咏。绍兴议和，今端明胡公铨志在复仇，上书请剑，欲斩议者，得罪权臣，窜谪岭海，平生亲党，避嫌畏祸，唯恐去之不速。公作长短句送之，微而显，哀而不伤，深得三百篇讽刺之义。非若后世靡丽之词，狎邪之语，适足劝淫，不可以训”[①]。肯定其词的“忧国爱君之心，愤世嫉邪之气”，以及“微而显，哀而不伤，深得三百篇讽刺之义”。

毛晋云：“仲宗别号芦川居士，三山人，平生忠义自矢，不屑与奸佞同朝，飘然挂冠。绍兴辛酉(按，应作戊午)，胡澹庵上书乞斩秦桧，被谪，作《贺新郎》一阕送之，坐是与作诗王民瞻同除名。兹集以此词压卷，其旨微矣。人称其长于悲愤，及读花庵、

---

① 蔡戡《芦川居士词序》，《定斋集》卷一三，四库全书本。

草堂所选，又极妩媚之致，真堪与片玉、白石并垂不朽。”[①]《四库全书总目提要》辨其送胡铨、李纲二词，皆作于戊午年十一月，且云：“今观此集，即以此二阕压卷，盖有深意。其词慷慨悲凉，数百年后，尚想其抑塞磊落之气。然其他作，则多清丽婉转，与秦观、周邦彦可以肩随。毛晋跋曰：‘人称其长于悲愤，及读花庵、草堂所选，又极妩秀之致。’可谓知言。”[②]

张元幹词确实是有一个从“妩秀”到“悲愤”的转化过程，这自与靖康之变、宋室南渡有关。张元幹固然是将“其忧国爱君之心，愤世嫉邪之气，间寓于歌咏”，但又不能以偏概全，应看到其集子中应酬之作及寿词也较多。

《芦川词》中妩秀之作不少。如《兰陵王》：

绮霞散，空碧留晴向晚。东风里，天气困人，时节秋千闲深院。帘旌翠波飐，窗影残红一线。春光巧，花脸柳腰，勾引芳菲闹莺燕。　闲愁费消遣。想蛾绿轻晕，鸾鉴新怨。单衣欲试寒犹浅。羞衾凤空展，塞鸿难托，谁问潜宽旧带眼，念人似天远。　迷恋，画堂宴。看最乐王孙，浓艳争劝。兰膏宝篆春宵短。拥檀板低唱，玉杯重暖。众中先醉，谩倚槛、早梦见。

《祝英台近》：

枕霞红，钗燕坠。花露殢云髻。粉淡香残，犹带宿酲睡。画檐红日三竿，慵窥鸾鉴，长是倚、春风无力。　又经岁。玉腕条脱轻松，羞郎见憔悴。何事秋来，容易又分袂。可堪疏雨梧桐，空阶络纬，背人处、偷弹珠泪。

《南歌子》：

桂魄分馀晕，檀香破紫心。高鬟松绾鬓云侵，又被兰膏香染、色沉沉。　指印纤纤粉，钗横隐隐金。更阑云雨凤帷深，长是枕前不见、殢人寻。

《长相思令》：

香暖帏，玉暖肌。娇卧嗔人来睡迟，印残双黛眉。　虫声低，漏声稀。惊枕初醒灯暗时，梦人归未归。

以上数首，题材不同，风格也或秾艳明媚，或鲜丽婉转，而都可归于“妩秀”。但由

① 毛晋：《芦川词跋》，《词籍序跋萃编》，第188页。
② 永瑢等：《四库全书总目》卷一九八，第1814页。

于“花间”以来，此类词经众多作者之手，艺术上已很成熟，张元幹所作实难见出自己的特色。

相较而言，其“悲愤”之作不仅与时代风云相关，而且能体现其创作个性、特点。如集中“压卷之作”的寄李纲、胡铨的两首《贺新郎》，就是芦川词长于悲愤的代表，二者慷慨悲凉，怨愤满怀，为人所称道。

先看《贺新郎》(寄李伯纪丞相)：

> 曳杖危楼去。斗垂天、沧波万顷，月流烟渚。扫尽浮云风不定，未放扁舟夜渡。宿雁落、寒芦深处。怅望关河空吊影，正人间、鼻息鸣鼍鼓。谁伴我，醉中舞？　十年一梦扬州路。倚高寒、愁生故国，气吞骄虏。要斩楼兰三尺剑，遗恨琵琶旧语。谩暗涩、铜华尘土。唤取谪仙平章看，过苕溪、尚许垂纶否？风浩荡，欲飞举。

上片写登高所见的江中夜景，引起众醉而独醒的孤寂之感。下片表达对朝廷所行议和政策的强烈不满，对李纲致以钦敬之意。词中的“十年一梦扬州路”，“要斩楼兰三尺剑”，“遗恨琵琶旧语”，“唤取谪仙平章看”，分别用杜牧《遣怀》诗、《汉书·傅介子传》、杜甫《咏怀古迹》诗，及以李白比李纲。因李纲《和渊明〈归园田居〉六首》小序曾说“余既居梁溪，有田园可乐，又生平爱钱塘湖山之胜……往来苕、霅间”[①]，故词中有云“过苕溪、尚许垂纶否”，是希望李纲不要退隐，而应担起抗金之责。词中如此使事用典，不仅能增加容量，还能委婉其词。

再看《贺新郎》(送胡邦衡谪新州)：

> 梦绕神州路。怅秋风、连营画角，故宫离黍。底事昆仑倾砥柱，九地黄流乱注？聚万落、千村狐兔。天意从来高难问，况人情、老易悲难诉。更南浦，送君去。　凉生岸柳催残暑。耿斜河、疏星淡月，断云微度。万里江山知何处？回首对床夜语。雁不到、书成谁与？目尽青天怀今古，肯儿曹、恩怨相尔汝！举大白，听金缕。

作者为西风吹拂、画角连营而怅惘，想象汴京的故宫已是“彼黍离离”，忍不住悲愤填膺而发问：为什么会昆仑倾倒，砥柱崩塌？为什么黄河会在九州大地上乱流？而千村万落竟然都是不见人烟，狐兔横行。这“狐兔”二字，既应是实写，又应是对侵略者的拟喻。词中将浪漫主义的手法，与使事用典、比喻象征相结合，以增加容量和感情的分量。虽结构较直，但不是一发无馀，上片写时事见苍凉悲愤，下片叙别情见深挚诚笃，风格悲壮而不衰飒。陈廷焯云：“二帝蒙尘，偷安南渡，苟有人心者，未有不拔

---

① 李纲著，王瑞明点校：《李纲全集》卷二一，岳麓书社2004年版，第276页。

剑斫地也。南渡后词……张仲宗《贺新郎》云:(略)此类皆慷慨激烈,发欲上指,词境虽不高,然足以使懦夫有立志。"[1]张德瀛亦云:"词有与风诗意义相近者,自唐迄宋,前人钜制,多寓微旨……张仲宗梦绕神州,雨雪思携手也。"[2]又说:"张仲宗《贺新郎》:'天意从来高难问,况人情易老悲难诉。'皆所谓拔地倚天,句句欲活者。"[3]这些评论,对于这两首词都是适用的。

又,前已引的《石州慢》(己酉秋吴兴舟中作),作于建炎三年(1129)秋天的吴兴舟中。是年春,金兵大举南下,进攻扬州,宋高宗渡江南逃,作者也避乱而行舟夜泛,写下此词。词中上片写景,愤激之情逐渐积累。过片"心折"二字,如变徵之声,过渡而转为下片抒情。作者愤逆胡猖獗,伤中原沦陷,悲两宫北狩,高歌而敲缺唾壶,遥想而作孤臣之泣。全词由景而情,浑然一体,孤愤激烈,有极大的感情力度。

另一类虽非如以上诸作那样激愤,而是较为从容,却仍能体会其内敛的忧愤。如《水调歌头》(同徐师川泛太湖舟中作)

落景下青嶂,高浪卷沧洲。平生颇惯,江海掀舞木兰舟。百二山河空壮,底事中原尘涨,丧乱几时休!泽畔行吟处,天地一沙鸥。　想元龙,犹高卧,百尺楼。临风酹酒,堪笑谈话觅封侯。老去英雄不见。惟与渔樵为伴,回首得无忧。莫道三伏热,便是五湖秋。

此词系与徐俯同游太湖而作。徐俯为黄庭坚之甥,高宗建炎元年,张邦昌称帝,徐俯弃官,后曾任高宗朝右谏议大夫、翰林学士等,绍兴四年,因议事不合而提举洞霄宫。可见也应是反对和议、与张元幹志同道合之人。故词中有"百二山河空壮,底事中原尘涨,丧乱几时休"诸语,仍表现出对国事、民生的关怀,而下片写陈登高卧诸语,及老去英雄与渔樵为伴,则见志士的无奈。外现的词与其内心的感情,似较为平静的水面,下面却是滚滚漩涡。

《水调歌头》(送吕居仁召赴行在所),据词题即知系为吕本中被召行在而作。词云:

戎虏乱中夏,星历一周天。干戈未定,悲咤河洛尚腥膻。万里两宫无路,政仰君王神武,愿数中兴年。吾道尊洙泗,何暇议伊川。　吕公子,三世相,在凌烟。诗名独步,焉用儿辈更毛笺。好去承明说论,照映金猊带稳,恩与荔枝偏。回首东山路,池阁醉双莲。

吕本中为吕蒙正之后,其祖上吕蒙正、吕夷简、吕公著三世为相,本人忤秦桧,与

---

① 陈廷焯著,屈兴国校注:《白雨斋词话足本校注》卷八,第595–597页。
② 张德瀛:《词徵》卷一,《词话丛编》,第4079页。
③ 张德瀛:《词徵》卷五,《词话丛编》,第4161页。

赵鼎相善，其政治择向自明。由此词的“星历一周天”可知，词当作于绍兴六年(1136)，此时距靖康之变将近一纪，即十二年。词中的“政仰君王神武，愿数中兴年”，及“好去承明谠论”，可见对高宗和吕本中的期待。虽因吕氏被召而送行，词多颂赞祈愿之意，但上片直言戎虏乱华、干戈未定、河洛腥膻、两宫无路，则可见词人的系心国事，忧心如焚，无改其“长于悲愤”的根本特点。

《水调歌头》(追和)作于词人的晚年，虽经历史淘洗，思念故国的悲愤之情仍然难抑：

举手钓鳌客，削迹种瓜侯。重来吴会三伏，行见五湖秋。耳畔风波摇荡，身外功名飘忽，何路射旄头。孤负男儿志，怅望故园愁。　梦中原，挥老泪，遍南州。元龙湖海豪气，百尺卧高楼。短发霜粘两鬓，清夜盆倾一雨，喜听瓦鸣沟。犹有壮心在，付与百川流。

词中首句以李白的自称“海上钓鳌客”自拟，写当年的壮志，次句即转为以秦东陵侯邵平入汉后种瓜为生，写自己后来的被迫而隐。重来故地，在太湖的烟波之上，想起李白“射旄头”之志，喻自己当年抗金之举，而后来孤负此志，只能怅望故园而生愁，过片九字，承“怅望”而尤见悲愤，最后虽言壮心犹在，然而其激愤、慨叹仍能隐见之。

《石州慢》写离愁别恨，而其中实蕴有他意：

寒水依痕，春意渐回，沙际烟阔。溪梅晴照生香，冷蕊数枝争发。天涯旧恨，试看几许消魂，长亭门外山重叠。不尽眼中青，是愁来时节。　情切。画楼深闭，想见东风，暗销肌雪。辜负枕前云雨，尊前花月。心期切处，更有多少凄凉，殷勤留与归时说。到得却相逢，恰经年离别。

黄苏云：“仲宗於绍兴中，坐送胡铨及李纲词除名，是其忧国之心，不肯附秦桧之和议可知矣。际国事孔棘之时，因思同心之友，远谪异域，此心之所以耿耿也。起首六语，是望天意之回。寒枝竞发，是望谪者复用也。‘天涯旧恨’至黄昏节，是目望中原又恐不明也。想东风消雪，是远念同心者，应亦瘦损也。负枕前云雨，是借夫妇以喻朋友也。因送友而除名，不得已而托于思家，意亦苦矣。”①虽字比句附，割裂整体形象，其方法并不可取，但词中托意并非外加的。言“愁”与“凄凉”，虽非悲愤，却也是敛约而转化的结果。

《瑞鹧鸪》一词，前有小序：“彭德器出示胡邦衡新句次韵”，据此而可知系为胡铨而写：

白衣苍狗变浮云，千古功名一聚尘。好是悲歌将进酒，不妨同赋惜馀春。

① 黄苏：《蓼园词评》，《词话丛编》，第3083页。

风光全似中原日,臭味要须我辈人。雨后飞花知底数,醉来赢取自由身。

胡铨被贬新州后,仍写感慨国事之作,经彭德器相传,张元幹得以见到,读后,感慨良多,遂写下这首和韵之作。开头化用杜诗《可叹》,表其对世事变幻的感慨,"千古功名"指反对和议,"一聚尘"出寒山子诗,可见词人内心的激愤!无奈中只能悲歌《将进酒》,借《惜馀春》赋"试登高而望远,极云海之微茫",表达对胡铨的思念,和"春不留兮时已失,老衰飒兮情逾疾"的感慨。换头令人想起"风景不殊,正自有河山之异"的"新亭"之叹,"臭味(即气味)要须我辈人"则是同志的勉励,"雨后飞花知底数",化用杜甫《曲江》句,呼应"惜馀春",还让人想起南宋政权的前景。结句是对已被编管的胡铨的安慰,只有在醉时还能忘却现实,这样的安慰也足见沉痛了。

张元幹亦有近于苏轼风格之词。如《水调歌头》(丁丑春与钟离少翁、张元鉴登垂虹):

拄策松江上,举酒酹三高。此生飘荡,往来身世两徒劳。长羡五湖烟艇,好是秋风鲈鲙,笠泽久蓬蒿。想像英灵在,千古傲云涛。　俯沧浪,吞空旷,恍神交。解衣盘礴,政须一笑属吾曹。洗尽人间尘土,扫去胸中冰炭,痛饮读《离骚》。纵有垂天翼,何用钓连鳌。

《浣溪沙》:

山绕平湖波撼城,湖光倒影浸山青。水晶楼下欲三更。　雾柳暗时云度月,露荷翻处水流萤。萧萧散发到天明。

或清雄,或明爽,可见对苏轼有相当的继承。而其词的感慨,长于使事用典,则又开稼轩之先。因此,可以认为,张元幹应是苏、辛间的过渡人物。

第三节 "三变"之一朱敦儒

朱敦儒(1081—1159),字希真,号岩壑,又称伊水老人、洛川先生等,河南(今河南洛阳)人。早岁隐居,志行高洁,负朝野之望,屡荐不就。南渡初年,流寓两广,屡辞荐辟。绍兴三年,经友人力劝,应诏出仕,赐进士出身,为秘书省正字,兼权兵部郎中,后迁浙东提点刑狱。十六年(1146)因"专立异论,与李光交通"[①],罢职,主管台州崇道观。十九年致仕,归嘉禾。二十五年,秦桧用敦儒子为删定官,复除敦儒鸿胪少卿,惧祸,不敢辞,桧死,复致仕。《宋史》有传。工诗,有《岩壑老人诗文》一卷,已佚。词集名

① 脱脱等:《宋史》卷四四五《朱敦儒传》,《二十五史》,第6662页。

《樵歌》。

笔者以为，无论是古代、近代还是当代，论家对朱敦儒都注意不够，而实际上他是宋词转变的关键之一，故以专节论之。

一、忧时念乱　尘外之想

论朱敦儒词的艺术，当先看其词的题材、内容，较之前人有何新意。南宋时，汪莘即云：

> 唐宋以来，词人多矣。其词主乎淫，谓不淫非词也。余谓词何必淫，顾所寓何如耳。余于词，所爱喜者三人焉：盖至东坡而一变，其豪妙之气，隐隐然流出言外，天然绝世，不假振作。二变而为朱希真，多尘外之想，虽杂以微尘，而其清气自不可没。三变而为辛稼轩，乃写其胸中事，尤好称渊明。此词之三变也。[①]

视朱敦儒为“三变”中的一变，与苏辛相并，似为太过。然而，前面曾引王世贞“颂酒赓色，默启词端”一说，说明词自“出生”之前及此后，都与酒、色二者相关，其侑觞佐欢的功能，独重女音的演唱，一直都强化了这二者，“词为艳科”更说明其特点之所在。汪莘所说的词之三变，实际上都是对酒色、艳科之变，如果说苏轼为诗人之词，稼轩为豪杰之词，那么，朱敦儒的“多尘外之想”，以清气见长，则是高人隐士之词。因此，从对词的本质之离异来看，以苏、朱、辛为三变，亦无不妥。朱敦儒为南渡大宗，有“樵歌体”之号，能被人认作一“体”，其地位可见。而其词之能成“体”，很大程度上取决于内容。朱敦儒存词约二百五十首，除少数年代可确考外，多数不能定，大致可分为南渡前、南奔时、为宦期、致仕后四个阶段。第一期作品主要写纵乐生活，亦有表达对国事的隐忧者；第二期虽仅五年，却写下很多悲恸感人之作；第三期多写对现实的不满，为官的苦闷；第四期在隐逸之乐中反思人生，表现了对世事的彻悟。这四期之中，一头一尾，大体都与汪莘所说的“多尘外之想”，“清气自不可没”相合，也是“樵歌体”的主要特征所在。

“尘外之想”虽是《樵歌》的主体，却不是全部。纵观朱敦儒所作，尘外之想与忧时念乱构成了不对等的两翼，前者体现了他的创作独特性，后者则是南渡词的共性尤见于其词之处。先录“多尘外之想”的词：

《念奴娇》(垂虹亭)：

> 放船纵棹，趁吴江风露，平分秋色。帆卷垂虹波面冷，初落萧萧枫叶。万顷琉璃，一轮金鉴，与我成三客。碧空寥廓，瑞星银汉争白。　深夜悄悄鱼龙，灵旗收暮霭，天光相接。莹澈乾坤，全放出、叠玉层冰宫阙。洗尽凡心，相忘尘世，

---

① 汪莘：《方壶诗馀自序》，《词籍序跋萃编》，第270页。

梦想都销歇。胸中云海，浩然犹浸明月。

此词由垂虹亭周围的吴江秋色、碧空寥廓，写到夜间的天光相接、一片莹洁，沉浸于其中，未免物移人情，俗念不存，心胸得到极大的净化，故“洗尽凡心，相忘尘世”，“胸中云海，浩然犹浸明月”。

《鹧鸪天》是幽居生活的写照：

竹粉吹香杏子丹，试新纱帽纻衣宽。日长几案琴书静，地僻池塘鸥鹭闲。寻汗漫，听潺湲，澹然心寄水云间。无人共酌松黄酒，时有飞仙暗往还。

虽结尾的“松黄酒”、“飞仙”露出了仙道气息，但全词的基调并未离开人寰，而是因幽居地僻、远离尘嚣、其心澹然，而在云水之间得尘外之趣。

《诉衷情》也是平日的闲逸生活：

青垂柳线水平池，芳径燕初飞。日长事少人静，山茧换单衣。　箫鼓远，篆香迟，卷帘低。半床花影，一枕松风，午醉醒时。

那种春日迟迟、雏燕初飞、事少人静的生活，半床花影、一枕松风、与世无涉的享受，较之于尘寰之中的名利争扰，又是何等的平静。

《朝中措》：

先生筇杖是生涯，挑月更担花。把住都无憎爱，放行总是烟霞。　飘然携去，旗亭问酒，萧寺寻茶。恰似黄鹂无定，不知飞到谁家。

此词之动虽与前者之静有异，但因所去不是闹市、官场，而“放行总是烟霞”，所以旗亭问酒、萧寺寻茶不仅是雅事，也是闲情，是虽处身人世之中，却出于尘世之外。

朱敦儒虽词常有道佛、游仙之语，却不是虔诚的教徒，他所留连的还是人世的生活，只不过是红尘之外、清幽闲逸的生活而已。看其另一《朝中措》(晓起看雪)：

夜来听雪晓来看，惊失却尘寰。摇撼琼林玉树，心疑身是仙官。　乘风缥缈，凌空径去，不怕高寒。却被孤鸿相劝，何如且在人间。

因一夜大雪，晓来眺望，一片洁白之中，失却尘寰，置身琼林玉树之中，怀疑身在人世之外，如此纯洁的美景，令人起飞升天界之想，而最后却用孤鸿之劝留，表其之所追求。

朱敦儒不仅有诸多的单首之词写其尘外之想，也有如《好事近》(渔父词)这样多角度、多侧面写隐逸生活与情趣的同调组词。如其中之一云：

眼里数闲人，只有钓翁潇洒。已佩水仙宫印，恶风波不怕。　此心那许世人知，名姓是虚假。一棹五湖三岛，任船儿尖耍。

在南渡词人之中，朱敦儒忧时念乱之作甚多。他本以“清都山水郎”自居，突来的战乱使他告别了“射麋上苑，走马长楸”，“伊川雪夜，洛浦花朝，占断狂游”（《雨中花·岭南作》）的生活，而经历了五年多的南奔。故此词下片说的是：金兵南侵，自己不得已而避难南荒之地，当年清高自傲，如今却只能曳裾侯门，如汉末依附曹操的应瑒、应璩兄弟和刘桢，还能说什么卧龙之举、封侯之志！看着年年的塞雁北去、蛮江西流，只能感受人之老去，只能梦中返回家山了。

朱敦儒的南渡词，构成了较完整的系列。他的《卜算子》以雁喻人，寄托自己对漂泊生涯的体验及情怀：

旅雁向南飞，风雨群初失。饥渴辛勤两翅垂，独下寒汀立。　鸥鹭苦难亲，矰缴忧相逼。云海茫茫无处归，谁听哀鸣急。

此词或因南逃过程中见大雁南飞，有所感发而写。大雁失群而孤，与许多结伴南逃者的遭遇相类，饥渴劳累，难以振翅高飞，只能垂翼而独下寒汀。鸥鹭虽也是栖息汀渚的鸟类，却不是大雁的同类，故此“苦难亲”，既已是孤单，还有被弓箭射中的性命之忧，云海茫茫，又有谁听见这哀鸣声呢！虽以物喻人，不是直写，而难民的境遇不难体会。

《水调歌头》（淮阴作）明言是作于南下过程中的淮阴，前面第一节已引，其“有泪看芳草，无路认西州”的结尾，透出了心中的沉痛。《采桑子》（彭浪矶）也可知是南奔至江西彭泽，在长江边的彭浪矶而写：

扁舟去作江南客，旅雁孤云。万里烟尘，回首中原泪满巾。　碧山相映汀洲冷，枫叶芦根。日落波平，愁损辞乡去国人。

词开头交代事由，而“去作江南客”并非轻松的旅游，自己如同旅雁孤云，在天地间漂泊，在大江之边，长天之下，回首北方，望中或可见或不得而见，只是万里烽烟，不由得泪流满巾。换头云“碧山相映汀洲冷”，彭浪矶与长江中的大姑山、小姑山相对，故有此说，至于“冷”，不仅是晚天风凉，更应是心情所致，面对着平波落日、枫叶芦根的美丽秋景，却只有去国之人的满怀愁绪。全词一气流转却又沉郁顿挫。

作者一路南奔，而直到岭南，《浪淘沙》（中秋阴雨，同显忠、椿年、谅之坐寺门作），就是在浪迹岭南生活中的一个特写：

圆月又中秋。南海西头。蛮云瘴雨晚难收。北客相逢弹泪坐,合恨分愁。无酒可消忧。但说皇州。天家宫阙酒家楼。今夜只应清汴水,呜咽东流。

中秋本是团圆之日,可词人却在远离故乡的南海西头,坐在寺门过节,“北客相逢弹泪坐,合恨分愁”,无须多言,已将国难与乡愁托出。下片更是因无酒可消忧,而与同是“北客”之人回忆皇州的“天家宫阙酒家楼”,可回忆带来的只能是更加痛苦,故最后结情于景,以清汴的呜咽流水寄托自己的无尽哀愁。

再看其《柳梢青》:

狂踪怪迹,谁料年老,天涯为客。帆展霜风,船随江月,山寒波碧。　如今著处添愁,怎忍看参西雁北。洛浦莺花,伊川云水,何时归得?

据词意,以“年老”自称,当是南奔结束多年之后所作,但依然带着乡愁,带着悲伤,这既是南渡的最终结果,也是北人南下而挥之不去的故土情结,更是对高宗“中兴”而忘却北方失地的无言批判。

二、名理禅机　辞浅意深

汪莘以朱敦儒“多尘外之想,虽杂以微尘,而其清气自不可没”,其他论家对朱敦儒的评论也近于此说。如黄昇云:

朱希真,名敦儒。博物洽闻,东都名士。南渡初,以词章擅名。天资旷远,有神仙风致。其《西江月》二曲,辞浅意深,可以警世之役役于非望之福者。①

“天资旷远,有神仙风致”,与“尘外之想”、“清气”近义,尤应注意的是此处对朱敦儒“警世”之作的特为拈出。

前面在论秦观词之时,曾引用《苕溪渔隐丛话》的“情钟世味,意恋生理”②一语,虽是对秦观所说,却普遍适用于唐宋词。词起于宫廷,行于文人和民间,所写有多少出于“世味”“生理”之外?汪莘以朱敦儒为词的“三变”之一,主要原因就在其一反传统,表尘外之想,变“世味”为“清气”。且又非止于此,在此基础上,还有词所未见或罕见的“警世”之作。王鹏运四印斋本《樵歌》的“识语”,对朱敦儒词的内容有一很好的判断,较黄昇所说又进了一步:

希真词于名理禅机,均有悟入,而忧时念乱,忠愤之致,触感而生,拟之于诗,

① 黄昇:《花庵词选·中兴以来绝妙词选》卷一,第179页。
② 胡仔:《苕溪渔隐丛话》后集卷三,第21页。

前似白乐天，后似陆务观。[1]

忧时念乱的忠愤之词，前已论，此处再看其名理禅机之作。朱敦儒生活期跨越南北宋，《宋史》本传谓之"有文武才"[2]，其《鹧鸪天》（西都作）以"诗万首，酒千觞，几曾著眼看侯王"自表志趣，孤傲之气不难见出。但由于"靖康之变"，"清都山水郎"遂"胡尘卷地，南走炎荒"，一直逃到广东南雄州，再到南海（今广州），在两广地区三年多。后得诸人赞誉，皇帝赏识，赐进士出身且授官，连宋高宗都说："此人朕用橐荐以隐逸命官。"[3]如他自己的《苏幕遮》所说："有奇才，无用处。壮节飘零，受尽人间苦。欲指虚无问征路。回首风云，未忍辞明主。"十多年后，罢官归隐。他本可以安定地过隐居生活的，却有秦桧强起之为鸿胪少卿一事，仅二十馀日，秦桧死即致仕，再度隐居。即便如此，已因失节于大奸而遭物议，有人借其《鹧鸪天》讥其晚节不保，写诗讽刺："少室山人久挂冠，不知何事到长安。如今纵插梅花醉，未必王侯著眼看。"连后来的张德瀛亦云："朱希真词品高洁，妍思幽窅，殆类储光羲诗体，读其词，可想见其人。然希真守节不终，首鼠两端，贻讥国史，视魏了翁、徐仲车诸人，相距远矣。"[4]长年隐居的高节妙士，仅仅因为爱其子而畏惧秦桧，怕不从命会遭窜逐，最后未能咬紧牙关，落得个前功尽弃，遭人讥讪。这当然使之后悔不已，所以他的晚年作品多看穿世道之语。

朱敦儒有一首《临江仙》，表达了在历尽沧桑之后，对人世的反思：

堪笑一场颠倒梦，元来恰似浮云。尘劳何事最相亲。今朝忙到夜，过腊又逢春。　流水滔滔无住处，飞光忽忽西沉。世间谁是百年人。个中须著眼，认取自家身。

头两句是说人生好似一场颠倒的梦，又如天上的浮云飘忽不定，在尘世之中辛劳不已，只见一天天从早忙到夜，过了腊月又到春时。过片用流水之逝、太阳如轮，以比时间之去。孔子曾说："逝者如斯，不舍昼夜。"庄子也说："人生天地之间，若白驹之过隙，忽然而已。"都是对时间飞逝、生命难久的体会。既然"人生七十古来稀"，作者当然也可以发问："世间谁是百年人。"于是最后点题，警示一定要注意看准，在人生中必须要认清自己的立足点！

《樵歌》中的《西江月》不止二首，而是参透人生的组词，兹录三首。头一首总冒全组：

---

① 王鹏运：《樵歌跋》，《词籍序跋萃编》，第185页。

② 脱脱等：《宋史》卷四四五《朱敦儒传》，《二十五史》，第6662页。

③ 周必大：《二老堂诗话》上，《周益公全集》卷一七七，舒大刚主编《宋集珍本丛刊》第50册，线装书局2004年版，第597页。

④ 张德瀛：《词徵》卷五，《词话丛编》，第4163页。

元是西都散汉，江南今日衰翁。从来颠怪更心风，做尽百般无用。 屈指八旬将到，回头万事皆空。云间鸿雁草间虫，共我一般做梦。

从过去的西都散汉，到现在年近八旬的江南衰翁，品尝了诸般人生况味，积累了太多的经验教训，在行将就木之时，作“回头万事皆空”之语，又以“云间鸿雁草间虫，共我一般做梦”足其意，确实是“于名理禅机均有悟入”。

再看二首《西江月》：

世事短如春梦，人情薄似秋云。不须计较苦劳心，万事原来有命。 幸遇三杯酒美，况逢一朵花新。片时欢笑且相亲，明日阴晴未定。

日日深杯酒满，朝朝小圃花开。自歌自舞自开怀，且喜无拘无碍。 青史几番春梦，红尘多少奇才。不须计较与安排，领取而今现在。

世事短而人情薄，万事原来有命，历史的风云真如春梦，又何必机关算尽，计较安排、劳心伤神呢？还是采取“当下即是”的态度，抓紧享受可以得到的平凡生活，自歌自舞，无拘无碍。这岂非黄昇所说的“辞浅意深，可以警世之役役于非望之福者”？

汪莘将朱敦儒与苏辛相比，确实因三人具有一定的可比性。苏轼在被贬时多借助庄禅来解脱，辛弃疾也多有慕庄羡陶之作，而朱敦儒也善作解脱之道。《樵歌》中有些作品写得很有禅悦味，如《临江仙》：

信取虚空无一物，个中着甚商量。风头紧后白云忙。风元无去住，云自没行藏。 莫听古人闲话语，终归失马亡羊。自家肠肚自端详。一齐都打碎，放出大圆光。

上片用形象来表现佛家教义，风无去住，云没行藏，即众生所见皆幻象之意，亦即是对“虚空无一物”的“信取”。下片说不要执著于塞翁失马与亡羊补牢的得失祸福，而要打破一切成说，跳出三界之外，在佛家的经义中求得解脱。显然，这不像苏轼那样以消极见积极，他的精神解脱是消极的。相近的还有《风蝶令》：

试看何时有，元来总是空。丹砂只在酒杯中，看取乃公双颊照人红。 花外庄周蝶，松间御寇风。古人漫尔说西东，何以自家识取卖油翁。

相比之下，他的《感皇恩》所阐发的解脱之道更可取些。词云：

一个小园儿，两三亩地。花竹随宜旋装缀。槿篱茅舍，便有山家风味。等闲池上饮，林间醉。 都为自家，胸中无事，风景争来趁游戏。称心如意，剩活人间几岁。洞天谁道在，尘寰外。

词写得“有山家风味”，通俗易懂，从“等闲池上饮，林间醉”，可看出从容自在的生活，和不为人间诸事所困的逍遥心态。过片“都为自家，胸中无事，风景争来趁游戏”是全词的点睛之笔。一个人如果能忘却营营世念，不为名利得失困扰，就能以审美的态度来对待人生。这是一种类似于“万物静观皆自得，四时佳兴与人同”（程颐《秋日偶成二首》）的认识，有了这样的认识，就能在“剩活人间几岁”的馀生中过得“称心如意”，不必再寻洞天福地来解脱人世间的烦恼了。

朱敦儒从青年时的“清都山水郎”，到老年的归于隐居，亲近自然，人生的轨迹似乎回到了出发点。《满庭芳》较能全面表现其晚年生活及态度、认识：

鹏海风波，鹤巢云水，梦残身寄尘寰。老来穷健，无闷也无欢。随分饥餐困睡，浑忘了、秋热春寒。清平世，闲人自在，乘兴访溪山。　渔竿，要老伴，浮江载酒，舣棹观澜。倩轻鸥假道，白鹭随轩。直到垂虹亭上，惊怪我、却做仙官。中秋月，披襟四顾，不似在人间。

虽如禅宗悟道所举例子，经过了第二阶段的“看山不是山，看水不是水”，依然如同初阶的“看山是山，看水是水”，但是，从青年的狂放，到此时的无闷无欢，忘却秋热春寒，对人生意义的悟入、参透，决不是回归原点的“圆圈游戏”。

黄昇以朱敦儒的《西江月》二首“辞浅意深”，其实他的许多警世词都有这一特点。如《减字木兰花》组词中的：

年衰人老，矍铄支离君莫笑。白日青天。我自心情胜少年。　超凡入妙，游戏神通随意到。酒圣诗颠。舞棹虚空驾铁船。

虚空无碍，你自痴迷不自在。撒手但行，到处笙歌拥路迎。　天然美满，不用些儿心计算。莫听先生，引入深山百丈坑。

都写得通俗易懂，虽有说教意味，却极其形象，并不枯燥。《念奴娇》不仅以杂剧拟人生，所用语言亦如杂剧之俚俗：

老来可喜，是历遍人间，谙知物外。看透虚空，将恨海愁山，一时挼碎。免被花迷，不为酒困，到处惺惺地。饱来觅睡，睡起逢场作戏。　休说古往今来，乃翁心里，没许多般事。也不修仙不佞佛，不学栖栖孔子。懒共贤争，从教他笑，如此只如此。杂剧打了，戏衫脱与呆底。

《樵歌》中写参透人生的自在生活者，亦用极其平直的结构，非常本色的语言，具

有"蒜酪味"而开北曲的散曲、杂剧之先。如《朝中措》:

先生馋病老难医,赤米餍晨炊。自种畦中白菜,腌成瓮里黄齑。　肥葱细点,香油慢炒,汤饼如丝。早晚一杯无害,神仙九转休痴。

《苏幕遮》:

瘦仙人,穷活计。不养丹砂,不肯参同契。两顿家餐三觉睡。闭着门儿,不管人间事。　又经年,知几岁。老屋穿空,幸有天遮蔽。不饮香醪常似醉。白鹤飞来,笑我颠颠地。

《好事近》:

我不是神仙,不会炼丹烧药。只是爱闲湛酒,畏浮名拘缚。　种成桃李一园花,真处怕人觉。受用现前活计,且行歌行乐。

不过,凡事过犹不及,朱敦儒的名理禅机之词,未免写得太多,说得过直,多少开金元道教词的说教之先。饶宗颐《词集考》卷三对其白话词有所辨正,意甚可取,兹录之:

《宋史》以婉丽清畅称其诗词,阮元又称其音律谐缓,情至文生。然引《贵耳集》举其《念奴娇·月》词为不食烟火人语;不知胡仔正疵此首收拾不佳,远逊晁无咎《洞仙歌》之善救首尾。近人歌颂朱敦儒词者,每立为白语赤帜。不知词之佳与不佳,系于内蕴之精神,与表达之技术,其分野并不在文言与白话也。如朱词"指荥河峻岳,锁胡尘,几经秋",何尝以"荥河"(《尚书·中候》:"帝尧即政,荣光出河。"陆游诗屡用"荣河温洛"字,又见刘勰《文心雕龙》)是僻典而减其悲壮。又如"明朝尘世,记取休向人说",则胡仔讥为全无意味矣。

三、清隽谐婉　悲凉壮慨

对于朱敦儒词的艺术风格,《宋史》称:"敦儒素工诗及乐府,婉丽清畅。"[①]陈廷焯《云韶集》卷五云:"希真词,清隽名贵,不减竹坡。"[②]王鹏运亦云:"希真词清隽谐婉,犹是北宋风度。"[③]郑骞《成府谈词》所说较详:

---

① 脱脱等:《宋史》卷四四五《朱敦儒传》,《二十五史》,第6662页。
② 陈廷焯:《云韶集》卷五,转引自《白雨斋词话足本校注》,第91页。
③ 王鹏运:《樵歌拾遗跋》,《词籍序跋萃编》,第185页。

> 《樵歌》行世甚晚，故诸家词话多不之及。集中如《鹧鸪天》"曾为梅花醉不归"、《朝中措》"登临何处自消忧"、《减字花木兰》听琵琶二首、《相见欢》"东风吹尽江梅"、又"金陵城上西楼"诸作，悲凉壮慨中，仍饶清丽之致；盖缘生长太平，中年经乱，又以北人初至江南，身世环境有以酝酿之也。①

笔者以为，由于与同时代人相较，其词尤以忧时念乱和尘外之想为特点，与之相关，概括诸人上说，也就相应形成了朱敦儒清隽谐婉与悲凉壮慨的主体风格。但二者有时又难以截然区分，如郑骞所说，是"悲凉壮慨中，仍饶清丽之致"。其原因是"盖缘生长太平，中年经乱，又以北人初至江南，身世环境有以酝酿之也"。

《鹧鸪天》（西都作）是狂放中见清隽之作：

> 我是清都山水郎。天教分付与疏狂。曾批给雨支风券，累上留云借月章。诗万首，酒千觞，几曾著眼看侯王。玉楼金阙慵归去，且插梅花醉洛阳。

朱敦儒"志行高洁，虽为布衣而有朝野之望"，北宋时，隐居避世，靖康年间，钦宗将他召至京师，欲授以学官，他自称"麋鹿之性"，"爵禄非所愿"②，固辞而还山，此词堪称是他前期生活的写照。词以"我是清都山水郎"开局，就透露出傲岸之气，"清都"出于《列子·周穆王》："清都紫微，钧天广乐，帝之所居。"作者竟然宣称自己是天帝身边主管山水的侍从，所以连"疏狂"都是"天教分付"的。非但如此，"山水郎"还对下"曾批给雨支风券"，对上"累上留云借月章"，这一浪漫的"自我设计"将"疏狂"表现得极其生动。下片回到了现实，"诗万首，酒千觞"是自己诗酒风流的生活，"几曾著眼看侯王"则再度表现出于极度自尊、自傲的"疏狂"本性。最后说，我连天上的玉楼金阙都懒得归去，更何况人间的官衔？还是在洛阳且插梅花以图一醉吧。此词的"眼目"是"疏狂"二字，而最见光彩的是"诗万首，酒千觞，几曾著眼看侯王"。有了这样的傲骨，就不会为富贵、贫贱而烦心，能以高尚的志行、无垢的胸襟对待人生、社会。所以，"清"虽属风格，却更是人格，"风格即人"于此可见。

《好事近》（渔父词）这一组词，作于绍兴十九年（1149）离开朝廷寓居嘉禾（今浙江嘉兴）时。皆洋溢着清隽之气，如《艺蘅馆词选》引梁启超语所云："五词飘飘有出尘想，读之令人意境翛远。"③录一首：

> 摇首出红尘，醒醉更无时节。活计绿蓑青笠，惯披霜冲雪。　晚来风定钓丝闲，上下是新月。千里水天一色，看孤鸿明灭。

① 郑骞：《成府谈词》，《词学》第十辑，第151页。
② 脱脱等：《宋史》卷四四五《朱敦儒传》，《二十五史》，第6662页。
③ 梁令娴：《艺蘅馆词选》，广东人民出版社1981年版，第87页。

此词首句的“摇首”二字，极其形象地写出作者的态度，虽不作一语，已见挣脱尘世樊笼的坚决，次句写离开官场、起居醉醒无时的自由，三四句写渔父生活。下片特写晚来风定之时，上下新月、水天一色之景，钓丝静而不动，远看孤鸿明灭，远离尘嚣，所享受的是自然美景，身心一片澄澈。

再举《好事近》一例：

失却故山云，索手指空为客。莼菜鲈鱼留我，住鸳鸯湖侧。　　偶然添酒旧葫芦，小醉度朝夕。吹笛月波楼下，有何人相识。

陈廷焯评之曰：“想落尘外，仙乎，仙乎！‘有何人相识’正与第二章‘只共钓竿相识’映射。”①又云：“希真《渔父》诸篇，清绝，高绝！真乃看破红尘烟波钓徒之流亚也。”②其《词则》亦有近似说法：“希真《渔父》五篇，自是高境，虽偶杂微尘而清气自在，烟波钓徒流亚也。”③梁启勋则说：“用轻描淡写之笔，而能使风景、人物、情致、神韵，一齐活跃于纸上者，吾唯见朱希真小令……六首《好事近》，题曰‘渔父’，活画一题中人，呼之欲出，轻描淡写，毫不费力，不见斧凿痕，又无烟火气，真可谓天然去雕饰者矣。试读‘晚来风定钓丝闲，上下是新月’、‘昨夜一江风雨，都不曾听得’及‘悔不当时描得，如今何处寻觅’等句，是何等意境。”④“轻描淡写”、“天然去雕饰”之评，皆得其要。作者用清丽明白的语言，塑造了清澄高远之境，其寓情于景的写法，用入声韵却又谐婉和雅的音节，在诸多的渔父词中自饶特色。梁启勋之说并不为过。

《鹊桥仙》是咏梅词，亦以清隽谐婉见长：

溪清水浅，月胧烟淡，玉破梅梢未遍。横枝纤瘦有如无，但空里、疏花数点。　　乘风欲去，凌波难住，谁见红愁粉怨。夜深青女湿微霜，暗香散、广寒宫殿。

此词上片将梅花置于清溪之旁，烟月之下，写其影而传其香，不重外在而极得其神。下片进而作拟人化的动态描写，回到夜深之时，写秋神洒下微霜，梅花的暗香散至月宫，夸饰而不失度，更难得的是营造出的极清幽之环境氛围。张端义云：“朱希真，南渡以词得名……赋梅词如不食烟火人语。‘横枝销瘦一如无，但空里、疏花数点。’语意奇绝。”⑤朱彝尊排比古今咏梅诗词多例，以此词得梅花之神：“咏物诗最难工，而梅尤不易，林君复‘雪后园林才半树，水边篱落忽横枝。’此为绝唱矣。他如：‘疏

① 陈廷焯：《云韶集》卷五，转引自《白雨斋词话足本校注》，第14页。
② 陈廷焯：《云韶集》卷五，转引自《白雨斋词话足本校注》，第13页。
③ 陈廷焯：《词则·大雅集》卷二，第79页。
④ 梁启勋：《词学》下编，中国书店1985年版，第35–37页。
⑤ 张端义：《贵耳集》卷上，《宋元笔记小说大观》，上海古籍出版社2007年版，第4273页。(版本后同)

影横斜水清浅,暗香浮动月黄昏',仅易江为二字,以'竹'、'桂'为'疏'、'暗',是妙于点染者。馀则苏子瞻'竹外一枝斜更好。'高季迪'薄暝山家松树下。'亦见映带之工。高续古绝句云:'舍南舍北雪犹存,山外斜阳不到门。一夜冷香清入梦,野梅千树月明村。'可谓传神好手。朱希真词:'横枝清瘦只如无,但空里疏花数点。'李易安词'要来小酌便来休,未必明朝风不起?'皆得此花之神。"①邓廷桢亦有相似之见:"评梅花诗者,以庾子山之'枝高出手寒',苏子瞻之'竹外一枝斜更好',林君复之'疏影横斜水清浅,暗香浮动月黄昏'为千古绝调。余谓词亦有之。朱希真之'引魂枝消瘦一如无,但空里疏花数点',姜石帚之'长记曾携手处,千树压西湖寒碧',一状梅之少,一状梅之多,皆神情超越,不可思议,写生独步也。"②

朱敦儒的悲凉壮慨之风,主要体现在南渡词中。除前面已论者外,此处再举几例。如南行到金陵所写的《相见欢》:

> 金陵城上西楼,倚清秋。万里夕阳垂地大江流。　　中原乱,簪缨散,几时收。试倩悲风吹泪过扬州。

登上了金陵城的西楼,望中是万里夕阳垂地、大江东流的壮阔之景,可是作者并无欣赏的兴致,因为自己南逃至此,登楼北眺,所想到的是中原之乱,贵族平民都纷纷逃散,何时才能收回故土呢?如今故土难回,只有请悲风吹泪,吹过扬州、越过淮河,吹到老家了。此词虽小令,却境界开阔,沉郁悲凉。

《水龙吟》似写于由水路南奔的途中:

> 放船千里凌波去,略为吴山留顾。云屯水府,涛随神女,九江东注。北客翩然,壮心偏感,年华将暮。念伊嵩旧隐,巢由故友,南柯梦,遽如许。　　回首妖氛未扫,问人间英雄何处。奇谋报国,可怜无用,尘昏白羽。铁锁横江,锦帆冲浪,孙郎良苦。但愁敲桂棹,悲吟梁父,泪流如雨。

船凌波千里而去,所展开的是一个非常开阔的画面,然而作者却无心欣赏,因为这是避难南奔,"北客翩然"似乎很是轻快,却以"壮心偏感,年华将暮"相接,在曹操"烈士暮年,壮心不已"的诗意中,伤时念乱与人生之感为之凸现,然后再转到了对"伊嵩旧隐,巢由故友"的怀念,因现实中的动乱将这些都击得粉碎,故有"南柯梦,遽如许"之叹。换头直击"回首妖氛未扫"的主题,以下呼唤救国英雄,而以诸葛亮出师不利,孙皓以铁锁横江却终于亡国的三国历史,隐约透出对南宋小朝廷的担忧,最后的

---

① 朱彝尊著,姚祖恩编,黄君坦校点:《静志居诗话》卷一八,人民文学出版社1990年版,第557–558页。(版本后同)

② 邓廷桢:《双砚斋词话》,《词话丛编》,第2527页。

敲桨悲吟、泪流如雨,是凝结了家国之痛所致。因个人的遭遇与国家命运相结合,故写得极其深厚沉重。

《临江仙》虽作于因靖康事变而南奔的十多年后,却仍然因当年的家破而离愁未去,国仇难泯,透出沉重的悲凉感慨:

直自凤凰城破后,擘钗破镜分飞。天涯海角信音稀。梦回辽海北,魂断玉关西。月解重圆星解聚,如何不见人归。今春还听杜鹃啼。年年看塞雁,一十四番回。

词以"直自"二字陡然而起,贯下而通全篇。虽未明言事变前的美好生活,但因"直自"汴京城破,人生就发生了极大的变故。"擘钗"用"钗留一股合一扇,钗擘黄金合分钿"(白居易《长恨歌》),"破镜"用徐德言与乐昌公主事:二人在亡国前破镜,各执一半,以作今后侥幸相见的信物[1],"分飞"自是家破人离之意。如今在天涯海角,音信稀见,或许失散的亲人被掳掠到了金人的"辽海北",因而只能梦中相见,相隔遥远,故用"魂断玉关西"以状其远。过片以月亮虽缺又圆、牛郎织女虽离又聚,来问人为何不能重逢,在此悲慨的基础上,再益以杜鹃泣血之啼,十四番的塞雁飞回,其忧愤之深广,感情之悲凉,令人读后倍觉沉重。

如郑骞所说,朱敦儒词"悲凉壮慨中,仍饶清丽之致",而有些作品,则可见今昔对比中,由清丽转为悲凉壮慨,如《水调歌头》(淮阴作)、《雨中花》(岭南作)皆是。另有一类,则是由他人之欢,转为自己之悲,如《风流子》:

吴越东风起,江南路,芳草绿争春。倚危楼纵目,绣帘初卷,扇边寒减,竹外花明。看西湖画船轻泛水,茜幄稳临津。嬉游伴侣,两两携手,醉回别浦,歌遏南云。　　有客愁如海,江山异,举目暗觉伤神。空想故园池阁,卷地烟尘。但且恁痛饮狂歌,欲把恨怀开解,转更销魂。只是皱眉弹指,冷过黄昏。

上下片对比,显然欢戚不同,"有客愁如海,江山异,举目暗觉伤神。空想故园池阁,卷地烟尘"。写来极其沉痛。虽"痛饮狂歌,欲把恨怀开解",却"以酒销愁愁更愁",而"转更销魂",只能孤独地"皱眉弹指,冷过黄昏"。这种清丽饶悲凉的作品,用郑骞所说来解释是很恰当的,因为对于朱敦儒来说,确实是"盖缘生长太平,中年经乱,又以北人初至江南,身世环境有以酝酿之也"。

第四节 当行本色的李清照

在我国词史上,能以"体"相称的词人很少,然而在南渡时期,却有朱敦儒的"樵歌

① 孟棨:《本事诗·情感第一》,《唐五代笔记小说大观》,第1238页。

体”和李清照的“易安体”并称一时。

李清照(1084—1155?),号易安居士,济南章丘(今属山东)人,李格非之女。十八岁嫁吏部侍郎赵挺之之子太学生赵明诚。因李格非为元祐后四学士之一,名在元祐党人中,清照曾上诗赵挺之以救父。大观元年(1107),蔡京复为相,赵挺之卒,蔡京陷之,追夺所赠官。赵明诚携清照居青州(今属山东)十三年之久。宣和三年(1121),蔡京致仕,赵明诚起知莱州,七年,移淄州,清照皆随任。建炎三年,赵明诚中暑卒于江宁府任上。金兵南下,清照避兵入浙,历数州。晚年来往金华、临安间,卒年七十馀。有诗文及《漱玉词》一卷。

在只有男性话语权的古代,李清照的词却得到普遍认可、赞誉。王世贞以其为词之正宗:“花间以小语致巧,世说靡也。草堂以丽字取妍,六朝隃也。即词号称诗馀,然而诗人不为也。何者,其婉娈而近情也,足以移情而夺嗜。其柔靡而近俗也,诗啴缓而就之,而不知其下也。之诗而词,非词也。之词而诗,非诗也。言其业,李氏、晏氏父子、耆卿、子野、美成、少游、易安至矣,词之正宗也。温韦艳而促,黄九精而险,长公丽而壮,幼安辨而奇,又其次也,词之变体也。”[①]王士禛誉之为婉约之宗主:“张南湖论词派有二:一曰婉约,一曰豪放。仆谓婉约以易安为宗,豪放惟幼安称首,皆吾济南人,难乎为继矣。”[②]李慈铭以之为唐宋最杰出的词人之一:“余于词非当家,所作者真诗馀耳,然于此中颇有微悟,盖必若近若远,忽去忽来,如蛱蝶穿花,深深欸欸。又须于无情无绪中,令人十步九回,如佛言食蜜中边皆甜。古来得此旨者,南唐二主、六一、安陆、淮海、小山及李易安《漱玉词》耳。”[③]

“男中李后主,女中李易安,极是当行本色”。[④]李清照不仅是公认的婉约词人代表,且有《词论》一篇传世,在词的批评史上是重要的理论文献。作为南渡词人,经历了南奔、夫亡、避乱、金石及书籍散失殆尽的变故,李清照词的内容和风格也有前后期之别,带着时代的投影,尤具心灵史的价值。

一、词之正宗　妍婉隽雅

为何李清照能被认为是词之正宗呢?王世贞其实已经说得很清楚,“之诗而词,非词也。之词而诗,非诗也”,文各有体,“诗庄词媚”[⑤],而诗词之别,固然是艺术风貌之别,更是题材、内容所决定的。那么,何者宜于入词呢?我们不妨先作“排除法”。沈祥龙云:“题有不宜于词者,如陈腐也、庄重也、事繁而词不能叙也、意奥而词不能达也。几见论学问、述功德而可施诸词乎?几见如少陵之赋北征,昌黎之咏石鼓而可以

① 王世贞:《艺苑卮言》,《词话丛编》,第385页。
② 王士禛:《花草蒙拾》,《词话丛编》,第685页。
③ 李慈铭著,由云龙辑:《越缦堂读书记》,上海书店出版社2000年版,第1230页。(版本后同)
④ 沈谦:《填词杂说》,《词话丛编》,第631页。
⑤ 王又华:《古今词论》引李东琪语,《词话丛编》,第606页。

词行之乎。”[①]以上不宜,再作正面的肯定。谢章铤云:“词多发于临远送归,故不胜其缠绵恻悱。即当歌对酒,而乐极哀来,扪心渺渺,阁泪盈盈,其情最真,其体亦最正矣。他如咏物而必多寄托,怀古则别有流连,歌者有怀,劳人思息,安能尽如郊祀之矜庄,铙吹之扬厉哉。”[②]缪钺《论词》一文简化为词宜于表现“人生情思意境之尤细美者”[③]。题材决定了风格,清戴熙《习苦斋画絮》言诗词之别曰:“高山大河,长松怪石,诗人之笔也。烟波云岫,路柳垣花,词人之笔也。旖旎风光,正须词人写照耳。”[④]

在论述了诸多词人之后,再论词的特点,似是多馀之事。其实不然。因为前有柳、苏诸大家,近有朱敦儒,都或“过”或“变”,难入“正宗”,因此,极有必要补上关系词之正宗与否这一笔。

李清照词被视为婉约正宗、当行本色,自与其内容题材相关。李清照本人有严格的诗词界限意识,观其诗,仅由题目即可知内容,如《浯溪中兴颂诗和张文潜》二首、《感怀》、《咏史》、《上枢密韩公工部尚书胡公》等,与其词形成了清晰的界域。短诗如“学语三十年,缄口不求知。谁遣好奇事,相逢说项斯”(《分得知字》),“两汉本继绍,新室如赘疣。所以嵇中散,至死薄殷周”(《咏史》),“生当作人杰,死亦为鬼雄。至今思项羽,不肯过江东”(《乌江》),评说历史人物而有所寄寓,与其词全然不同。而“往来有愧先生德,特地通宵过钓台”(《夜发严滩》),“水通南国三千里,气压江城十四州”(《题八咏楼》)等,格调、气势亦与其词判然有别。

李清照之词如何呢?王灼所作的是负面评价:“能曲折尽人意,轻巧尖新,姿态百出,闾巷荒淫之语,肆意落笔,自古搢绅之家能文妇女,未见如此无顾籍也。”[⑤]“能曲折尽人意”的“闾巷荒淫之语”,即其词之题材。试看《减字木兰花》:

> 卖花担上,买得一枝春欲放。泪染轻匀,犹带彤霞晓露痕。　怕郎猜道、奴面不如花面好。云鬓斜簪,徒要教郎比并看。

此词当作于靖中建国年间初嫁赵明诚时。上片写买花,状鲜花之美艳,下片写戴花,揣度对方,实写自己心理,最后的娇痴之状,足见闺房之乐。近似的还有《浣溪沙》(闺情):

> 绣面芙蓉一笑开,斜飞宝鸭衬香腮,眼波才动被人猜。　一面风情深有韵,半笺娇恨寄幽怀,月移花影约重来。

---

① 沈祥龙:《论词随笔》,《词话丛编》,第4050页。
② 谢章铤:《赌棋山庄词话》卷十,《词话丛编》,第3451–3452页。
③ 缪钺:《诗词散论》,陕西师范大学出版社2008年版,第56页。
④ 戴熙:《习苦斋画絮》卷三,《续修四库全书》第1084册,第729页。
⑤ 王灼著,岳珍校正:《碧鸡漫志校正》卷二,第41页。

词中的“眼波才动被人猜”不仅被论者赞为本色语，吴衡照以之“矜持得妙”，“善于言情”[①]。龙榆生《漱玉词叙论》曾辨此词是否伪托，认为“要之明诚在日，易安固一风流蕴藉之人物，言语文字之间，亦复何所避忌？”[②]所言甚是。

此类词本写青年夫妇之情，出于女性之手，是极其正常，写得极其传神的，王灼所评，未免带道学眼光。而由于温庭筠所奠定的“花间”传统，多为“男子而作闺音”[③]，未免隔了一层，所以李清照所作，是写自己所感所思，不必作角色移位，对于词这种女性文学而言，无论是题材还是作者，都最见“本色”。李清照严分诗词畛域，从不作“破体”、“越界”，其词所写多为“人生情思意境之尤细美者”，不似其诗之多有庄重、事繁、意奥，或论学问、述功德，足称“其情最真，其体亦最正”，因之亦最为“当行”，最是“正宗”。笔者以为，以李清照最为当行，是词之正宗，还应有一义，即表达的自然、本色（包括构思和语言）。前引李慈铭所取的七位词人，不包括豪放一派，而所肯定者，除李清照外，皆为五代北宋人，且未将“词中老杜”的周邦彦纳入，笔者以为，这不是一时的疏忽，而因周邦彦是由自然转精能、由北开南的宗主。因此，李清照虽在周邦彦之后，但从词风转变的角度言，却属于以自然、本色见胜的北宋一派。

词确乎有自己的传承体系，人们的观念中亦有“正”“变”之分，词的功能为“缘情”，论家遂多以婉约为正宗。纵观词史，王士禛以李清照同秦观并为“正调”之极致：“凡为诗文，贵有节制，即词曲亦然。正调至秦少游、李易安为极致，若柳耆卿则靡矣。变调至东坡为极致，辛稼轩豪于东坡而不免稍过，若刘改之则恶道矣。学者不可以不辨。”[④]王士禛以正变观作评论，兼及两个系统，一是词分正、变之调，二是正、变调内各有最合与太过之别。显然，他的评论体现了孔子倡“中行”的思想，对于词而言，秦、李于“中道”最合，是“正调”的典范，柳永太过则“靡”；而苏轼是“变调”之极致，辛弃疾因“豪”而稍过，刘过则太过而入恶道。词自其起始之时，就与言志载道的诗文判然有别，先入为主，苏轼的以诗为词的改革自是变调，应该说，王士禛所论是很有道理，也是较为可取的。而不少论者也多少具有这一意识，只是正变之间还难以构成对等关系而已。

那么，李清照词既入正宗，又如何认定其艺术特点呢？宋征璧《倚声前集初编》卷二兼容正变，列举七人而概括之：

> 吾于宋词得七人焉：曰永叔，其词秀逸；曰子瞻，其词放诞；曰少游，其词清华；曰子野，其词娟洁；曰方回，其词新鲜；曰小山，其词聪俊；曰易安，其词妍婉。

虽该说并非全部准确，然而以“妍婉”论李清照却是很可取的。此外，如陆昶《历朝名

---

① 吴衡照：《莲子居词话》卷二，《词话丛编》，第2423页。
② 龙沐勋：《词学季刊》第三卷第一号，开明书店1936年版，第4页。
③ 田同之：《西圃词说》，《词话丛编》，第1449页。
④ 王士禛：《分甘馀话》卷二，中华书局1989年版，第28页。

媛诗词》卷七所说：

清照诗[1]不甚佳，而善于词，隽雅可诵。即如《春残》绝句“蔷薇风细一帘香”，甚工致，却是词语也。

近似的还有沈祥龙所说：“绵婉宜学耆卿、易安，然不可失于纤巧。”[2]合以上所论，“妍婉隽雅”四字差可概括李清照词的主要特色。

试看《一剪梅》：

红藕香残玉簟秋，轻解罗裳，独上兰舟。云中谁寄锦书来，雁字回时，月满西楼。　花自飘零水自流，一种相思，两处闲愁。此情无计可消除，才下眉头，却上心头。

元人伊世珍云：“易安结缡未久，明诚即负笈远游。易安殊不忍别，觅锦帕书《一剪梅》词以送之。”[3]证以易安《金石录后序》，此说可信。词写得很浅显明白，而杨慎《草堂诗馀》卷三却说：“离情欲泪。读此始知高则诚、关汉卿诸人，又是效颦。”王士禛论其警句，指出虽从范仲淹脱胎，却能“特工”：“俞仲茅小词云：‘轮到相思没处辞。眉间露一丝。’视易安‘才下眉头，却上心头’，可谓此儿善盗。然易安亦从范希文‘都来此事，眉间心上，无计相回避’语脱胎。李特工耳。”[4]笔者以为，李词虽从范词出，却较之更为自然直观，更为本色口语，也更见妍婉。而陈廷焯尤赏其起句：“易安佳句，如《一剪梅》起七字云：‘红藕香残玉簟秋。’精秀独绝，真不食人间烟火者。”[5]其佳处则在隽雅。

再看《蝶恋花》(离情)：

暖雨晴风初破冻，柳眼梅腮，已觉春心动。酒意诗情谁与共？泪融残粉花钿重。　乍试夹衫金缕缝，山枕斜欹，枕损钗头凤。独抱浓愁无好梦，夜阑犹剪灯花弄。

此词明确标出“离情”：在初春雨暖、风和、破冻时节，柳芽初绽，梅花浅红，万物复苏，自己也春心萌动。但又能与谁分享这酒意、诗情呢？孤苦自怜，眼泪模糊了妆粉，花钿也变得沉重。初试金缕春衫，却不能“女为悦己者容”，无聊中倚枕而睡，却仍无

---

① 宋征璧：《倚声前集初编》卷二，转引自贺铸撰，钟振振校注《东山词》，上海古籍出版社1989年版，第559页。
② 沈祥龙：《论词随笔》，《词话丛编》，第4058页。
③ 伊世珍：《瑯嬛记》卷中，丛书集成初编本，第80页。
④ 王士禛：《花草蒙拾》，《词话丛编》，第679–680页。
⑤ 陈廷焯著，屈兴国校注：《白雨斋词话足本校注》卷二，第218页。

好梦，睡而又醒，深夜还剪着灯花，再无睡意。这里虽无思念的直白，此意已出。词虽闺阁气很浓，却既妍又婉，而酒意诗情之语，夜阑剪灯之事，又不失其隽雅。

再举长调一例，《念奴娇》：

萧条庭院，又斜风细雨、重门须闭。宠柳娇花寒食近，种种恼人天气。险韵诗成，扶头酒醒，别是闲滋味。征鸿过尽、万千心事难寄。　楼上几日春寒，帘垂四面，玉阑干慵倚。被冷香消新梦觉，不许愁人不起。清露晨流，新桐初引，多少游春意。日高烟敛，更看今日晴未。

此亦前期作品，亦写春日离情。上片写所在环境，及自己在诗酒之后的心情，下片继写无聊慵懒，最后拓开而稍振起。其题旨与章法如黄苏所说："只写心绪落漠，遇寒食更难遣耳。陡然而起，便尔深邃。至前阕云'重门须闭'，次阕云'不许''不起'，一开一合，情各戛戛生新。起处雨，结句晴，局法浑成。"[①]杨慎批《草堂诗馀》卷四评之曰"情景兼至，名媛中自是第一"。妍婉固是其基调，而语言上尤见隽雅。杨慎指出："欧阳公词：'草薰风暖摇征辔'，乃用江淹《别赋》'闺中风暖，陌上草薰'之语也。苏公词：'照野弥弥浅浪，横空暧暧微霄'，乃用陶渊明'山涤馀霭，宇暖微霄'之语也。填词虽于文为末，而非自选诗、乐府来，亦不能入妙。李易安词：'清露晨流、新桐初引。'乃全用世说语。女流有此，在男子亦秦、周之流也。"[②]沈祥龙也说："用成语，贵浑成，脱化如出诸己。贺方回'旧游梦挂碧云边，人归落雁后，思发在花前'，用薛道衡句，欧阳永叔'平山栏槛倚晴空。山色有无中'，用王摩诘句，均妙。李易安'清露晨流，新桐初引'，用《世说新语》，更觉自然。"[③]相较而言，用隋唐诗易于入词，而用《世说新语》不啻是跨出了一大步，难得的是"更觉自然"。而彭孙遹则赏其闺情语："李易安'被冷香销新梦觉，不许愁人不起'，'守着窗儿，独自怎生得黑'，皆用浅俗之语，发清新之思，词意并工，闺情绝调。"[④]能做到既传情又清新，较之用"世说"语，不失为另一种隽雅。

因生活之变，李清照的南渡词也随之而变，而妍婉隽雅却没根本改变。如《蝶恋花》(上巳召亲族)：

永夜恹恹欢意少。空梦长安，认取长安道。为报今年春色好。花光月影宜相照。　随意杯盘虽草草。酒美梅酸，恰称人怀抱。醉莫插花花莫笑。可怜春似人将老。

此词被认为是写在建炎三年(1129)，时在建康(今南京)，表达了上巳日与亲族聚

① 黄苏：《蓼园词评》，《词话丛编》，第3075页。
② 杨慎：《词品》卷一，《渚山堂词话·词品》，上海古籍出版社2009年版，第62页。(版本后同)
③ 沈祥龙：《论词随笔》，《词话丛编》，第4059页。
④ 彭孙遹：《金粟词话》，《词话丛编》，第721页。

会时的感触。长夜安静,“欢意少”三字,将伤时忧国之情,及个人的失落感略略点出。“空梦长安,认取长安道”,表明了对汴京陷落的悲哀。心情不佳,无心观照外界风光,故“为报”两句,并不能救转“欢意少”。过片化用王安石诗“草草杯盘供笑语,昏昏灯火话平生”(《示长安君》),表自己无心准备节日,“虽”字与下“酒美梅酸”相应,“酸”的“恰称人怀抱”,是此时此刻人与梅的一致,可见哪来好心情?最后说,人已将老,插花已是不宜,而春天也似人之快要衰老。虽言愁绪,却较有节制,说得婉转而语言不失隽雅。

即使是赵明诚卒后,流落在金华时所作的《武陵春》(春晚),也写得哀而不伤,直而犹婉:

> 风住尘香花已尽,日晚倦梳头。物是人非事事休,欲语泪先流。　闻说双溪春尚好,也拟泛轻舟。只恐双溪舴艋舟,载不动、许多愁。

首句写春尽,次句写无心梳洗,第三句才出“物是人非”之语,再点出此时自己“欲语泪先流”的悲苦。过片推开而说出游之想,却突作跌宕起伏,以舟轻愁重的比喻作结,并回应前面所说之悲。虽短短小词,也写得一波三折,一转一深,却不是质言朴语,直接道出,而用虚字连接,作拟想推测,婉转有致,拟喻见雅。

杨慎说:“宋人中填词,李易安亦称冠绝。使在衣冠,当与秦七、黄九争雄,不独雄于闺阁也……山谷所谓‘以故为新,以俗为雅’者,易安先得之矣。”①较之秦、黄学柳之太俗,应该说李清照在以俗为雅上是做得更为成功的。故刘体仁也以之“深妙稳雅,不落蒜酪,亦不落绝句,真此道本色当行第一人也”②。

二、骚情诗意　格律绝高

陈廷焯云:“易安格律绝高,不独为妇人之冠,几欲与竹屋、梅溪分庭抗礼。”又说:“易安词骚情诗意,高者入方回之室,次亦不减叔原、耆卿。两宋妇人能词者不少,无出其右矣。”③“骚情诗意”即使在男性词人中也不多见,能属之于李清照,确实可称“格律绝高”,也因此而形成了易安词的又一特点。《漱玉词》固然以“缘情”为本位,以妍婉隽雅见长,但又不止于此,由于李清照的学养、经历、兴趣,使之由“隽雅”而入“骚情诗意”,其实也是逻辑的必然,也必然因之而“格律绝高”。

李清照出身于诗书官宦之家,有深厚的文化修养和杰出的文学才能,善文、工诗、能书、能画、尤以词名。尽管有父亲成为“党人”的不幸,且致诗公公以救父而未成,但丈夫赵明诚开始踏上仕途,不久又毁《元祐党人碑》,赦天下,除党人之禁,所以李清照

① 杨慎:《词品》卷二,《渚山堂词话·词品》,第76页。
② 刘体仁:《七颂堂词绎》,《词话丛编》,第622页。
③ 陈廷焯:《云韶集》卷十,转引自《白雨斋词话足本校注》,第216页。

前期的生活还是安定、幸福的。也因其家庭背景，丈夫的情趣，受到当时士大夫喜爱雅文化的影响，给其词贯注了骚情诗意。

南宋赵希鹄《洞天清禄集》表现了文人对书斋清玩雅趣的欣赏："明窗净几，罗列布置，篆香居中，佳客玉立相映，时取古人妙迹，以观鸟篆蜗书、奇峰远水。摩挲钟鼎，亲见商周。端砚涌岩泉，焦桐鸣玉佩，不知身居人世，所谓受用清幅，孰有逾此者乎！"[①] 李清照在十八岁时与赵明诚结婚，赵在婚后曾任莱州、淄川等地太守，清照随任，因夫妻二人都爱好文学，经常诗词唱和，又都酷爱金石图书，努力于收藏，赵明诚撰写《金石录》，李清照也参与其事，夫妻相得，其乐融融。李清照《金石录后序》曾道及当年与赵明诚共同"雅玩"的美好情趣："得书、画、彝、鼎，亦摩玩舒卷，指摘疵病，夜尽一烛为率……每饭罢，坐归来堂，烹茶，指堆积书史，言某事在某书、某卷、第几叶、第几行，以中否角胜负，为饮茶先后。中即举杯大笑，至茶倾覆怀中，反不得饮而起。"[②]夫妻之间并不只是缠缠绵绵，而是充满了文人士大夫的雅趣。

李清照是女性词人，却具有文人士大夫的情趣，作诗填词固然是其所长，读书论文、赏玩金石、饮酒看花也是她的重要生活内容。她从不满足于仅做闺阁女子，除相思离别的内容外，其词又常透出与士大夫情趣有关的文人气，富有深厚的诗情。

其一是风景游赏。钟情于风景本是文人士大夫之事，宋词中女性所参与的活动，多见于节令词。而李清照却将其诗情寄于风景词中，如《怨王孙》：

> 湖上风来波浩渺，秋已暮、红稀香少。水光山色与人亲，说不尽、无穷好。
> 莲子已成荷叶老，清露洗、蘋花汀草。眠沙鸥鹭不回头，似也恨、人归早。

此词写秋日风景，境界很开阔，一开头就展示了秋风吹过、湖波浩渺的景色，然后以"红稀香少"总括秋色已暮，不说人之移情于自然，而是倒转来说水光山色与人相亲，然后再用"说不尽、无穷好"来补足。换头既是自然的实景，但荷叶老、莲子成又何尝不为诗人所惯用、所寓意呢？李清照虽因女子的身份，而迟暮之感因景而生，应该也是很自然的。以下突出秋天的露水洗净了蘋花汀草，再转到湖中的鸥鹭，它们"似也恨、人归早"，呼应前面"与人亲"的山光水色，实际上是作者自己的留连难舍。较之惯见的"男子而作闺音"，其诗情雅意能多少给人以性别"越位"之感。

其二是茶事入词。北宋士大夫以茶为雅饮，喜作茶词，尤其是黄庭坚，所作甚多。李清照也多次在词中写到茶事。如《小重山》：

> 春到长门春草青，江梅些子破，未开匀。碧云笼碾玉成尘，留晓梦，惊破一瓯春。　　花影压重门，疏帘铺淡月，好黄昏。二年三度负东君，归来也，著意

① 赵希鹄：《洞天清禄集·序》，丛书集成初编本，第1页。
② 李清照：《金石录后序》，《李清照集校注》，人民文学出版社1979年版，第178页。（版本后同）

过今春。

开头借用薛昭蕴《小重山》成句,不是写汉武帝时陈皇后的宫怨,而与下面二句合在一起,以写春天的到来。青草已青,小梅著花却未开匀,正是初春景象。"碧云"以下写饮茶:从茶笼(储茶之具)中取出像青碧云彩的茶饼,用茶碾碾碎,煮成茶汤,晓梦初醒,取茶而饮,可以醒脑除梦。唐人郑谷有诗句"顾渚(地名,宋时在浙江长兴县,产名茶,以充贡品)一瓯春有味",李清照取而用之。下片将笔触伸到了黄昏时候,赞美"花影压重门"和"疏帘铺淡月"的朦胧美景。最后说自己竟然会在两年之中有三度辜负了大好的春光,这是多么的可惜!正因为有此遗憾,所以这次归来,就一定要好好地享受美丽的春天,"著意"二字,表明了自己的决心。此词赏早春的草青梅破,赞黄昏的重门花影、疏帘淡月,再加之以"碧云笼碾玉成尘。留晓梦,惊破一瓯春"的品茶啜茗,使这种闲适生活更增添了几分诗情雅趣。

其三是读书与观景的结合。宋人读书或就读于官学,或从学于私学,前者如太学,后者为书院。书院教育起源于魏晋以来的山林讲学传统,延续于唐,发扬于宋。古时的山林讲学,多选择风景清幽处,宋代的书院也多在风景名胜地,读书与赏景结合为生活中的一种雅趣。从学于书院只是男性之事,李清照不能跨越这道门槛,但她读书结合赏景的生活,却具有这种文人的雅趣诗情。如《摊破浣溪沙》:

> 病起萧萧两鬓华,卧看残月上窗纱。豆蔻连梢煎熟水,莫分茶。　枕上诗书闲处好,门前风景雨来佳。终日向人多蕴藉,木犀花。

此词是李清照晚年流寓越中时所作。虽经历了夫亡家破、流离南迁之苦,但她依然没有失去对生活中诗情雅趣的感受。词中先说自己病后的变化,两鬓萧萧,头发花白,体衰无力,卧看残月渐渐爬上窗纱。《事林广记》说,白豆蔻拣净壳后,可放入开水中浸泡饮用,性温去寒,病后不宜饮茶,因茶性凉,故云"豆蔻连梢煎熟水,莫分茶"。纵然是病后,还是以读书为休闲,看看书,再看看门前风景,风景以雨时更好,窗外的桂花,透出淡淡的香气,真如朋友给人以关怀。此词虽写一时一地的感受,但"枕上诗书闲处好,门前风景雨来佳"两句,却足以见其富有诗情的生活,也流露出词的雅韵。

其四是以花寓托情怀。李清照虽为女性,却具有男性文人的情趣,也接受了诗歌"美人芳草"传统的影响,在以花入词中有所寄托。她的词中,有数首咏梅,如果说梅花是宋人写得最多的花卉,那么,李清照的咏桂之词,则寓意尤新,且与"骚情"最近。看其《鹧鸪天》:

> 暗淡轻黄体性柔,情疏迹远只香留。何须浅碧轻红色,自是花中第一流。
> 梅定妒,菊应羞,画栏开处冠中秋。骚人可煞无情思,何事当年不见收。

桂花没有轻柔的花瓣，艳丽的色彩，多变的花容，不像一般的花，有显见的含苞、初绽、盛开过程，给人以渐增的欣喜与视觉、嗅觉享受。桂花实在是太不像花，它的盛开不以"姿""色"相炫，人们只是通过浓郁的香气，才发现其脚步已随秋天而来。如此的不事张扬，悄无声息，李清照怎样写它呢？此词开头十四字，准确地抓住了特征：桂花被遮蔽于桂树叶中，"暗淡轻黄"是它形神兼备的视觉形象，"柔"之一字，则是它的主要体性特点。词人由此而发议论：桂花有如此的品性，只留其香，不炫其色，有君子、佳人情怀疏远之风，自以其德树起了"花中第一流"的形象，又要什么"浅碧深红"的好颜色呢！下片进而展开又一轮议论。李清照爱梅，也爱菊，对之不乏吟哦、赞美，但为了突出桂花，此处借宾定主，出以"梅定妒，菊应羞"。尤其从节令而言，桂花更以其"画栏桂树悬秋香"（李贺《金铜仙人辞汉歌》）成为中秋时分的花中之冠。桂花既如此高洁，花中一流的地位是不应该被疏忽、被遗忘的。然而事实上并非如此。为此，女词人再次振笔议论，且直接质问伟大的诗人屈原："骚人可煞无情思，何事当年不见收。"《离骚》以美人喻君主，以芳草花卉喻贤才，形成了"美人芳草"的比兴手法和象征体系，而花草中又尤其钟情于春兰秋菊，他尽管写及很多的花卉，却没有桂花，所以李清照才会大胆地讥刺他"无情思"，且又反问：若非如此，为什么当年没把它收进去呢！若从惯用的以花拟女而言，桂花堪称无色无貌，却有品有质。李清照继承了"比德"传统，为桂花传神写照，与其个人的禀性大有关系。她年轻时目睹激烈的党争，从父亲的受牵连而亲感其害，又以公公"炙手可热心可寒"，所以，她后来与丈夫埋首金石书画有十年左右。在她看来，文艺与学问、亲情与平常生活，要比官场重要。在桂花"暗淡轻黄"、"情疏迹远"的形象和精神中，不是可以得到对应吗？

宋室南渡前后，咏桂词不少。如："月窟蟠根，云岩分种，绝知不是尘凡。瑠璃剪叶，金粟缀花繁。黄菊周旋避舍，友兰蕙、羞杀山樊。清香远，秋风十里，鼻观已先参。"（向子諲《满庭芳》）"前身应是江梅，黄姑点破冰肌。只有暗香犹在，饱参清似南枝。"（朱敦儒《清平乐》）"木似文犀感月华。寸根移种自仙家，春兰秋菊浪矜夸。玉露初零秋夜永，幽香直入小窗纱。此时风月独输他。"（蔡伸《浣溪沙》）都各有特色。可相比之下，似都未能把握住"情疏迹远"的本质。倒是陈与义《清平乐》"黄衫相倚。翠葆层层底"，能得桂花形象之要，而"楚人未识孤妍。《离骚》遗恨千年"与李清照所论相同，显示出另一副眼光。

咏物毕竟不只是写生，人生的理想和体验起着很重要的作用，手眼的高低取决于胸襟、识见。李清照是女流辈，却有不凡的士大夫气，因此，她在咏桂时能明确宣称"自是花中第一流"，并大胆追问"骚人可煞无情思"，以自己对桂花的理解来见证"骚情"。

以上从四方面分论李清照词的诗意骚情，而有些则是综合性的体现。如《鹧鸪天》：

寒日萧萧上琐窗，梧桐应恨夜来霜。酒阑更喜团茶苦，梦断偏宜瑞脑香。

秋已尽，日犹长。仲宣怀远更凄凉。不如随分尊前醉，莫负东篱菊蕊黄。

此词作于晚年流寓越中之时，秋日本易令人起愁，孤单寂寞中因之以乡愁，就使愁闷为之更甚了，如果说饮酒是为了浇愁，喝茶是为了解酒，并非有意追求诗情，那么下片则有所变化。言乡愁而用王粲登楼怀远事，悲中已略带诗意，而为解脱愁苦，以陶渊明赏菊饮酒自劝，则是有意于用美的观照来化解现实生活的不足，即使在悲愁中也不忘“诗意的栖居”了。

三、闺阁中苏辛 倜傥丈夫气

在历来对李清照的评论中，有一见解很值得注意，此即沈曾植所说的：“易安倜傥有丈夫气，乃闺阁中之苏、辛，非秦、柳也。”[①]又说：“易安跌宕昭彰，气调极类少游，刻挚且兼山谷，篇章惜少，不过窥豹一斑。闺房之秀，固文士之豪也。才锋大露，被谤殆亦因此。自明以来，堕情者醉其芬馨，飞想者赏其神骏，易安有灵，后者当许为知己。渔洋称易安、幼安为济南二安，难乎为继。易安为婉约主，幼安为豪放主，此论非明代诸公所及。”[②]郑骞《成府谈词》对此表示赞同，在引述沈氏所说后指出：“自来论易安词，未有如此深透者，拈出神骏二字，尤为特识；故云易安当许后者为知己也。易安词如《南歌子》‘天上星河转’、《临江仙》‘庭院深深深几许’、《渔家傲》‘天接云涛连晓雾’诸首，皆所谓刻挚神骏之作。他如《浣溪沙》‘淡荡春光寒食天’、《滩破浣溪沙》‘病起萧萧两鬓华’、《醉花阴》‘薄雾浓云愁永昼’诸首，亦皆于芳馨之中寓神骏之气。若夫《声声慢》、《如梦令》诸传诵作品，实非易安极诣。周介存论易安云：‘闺秀词惟清照最优，究苦无骨。’盖先存一闺秀作品无骨之成见，又仅就《声声慢》一类词立论耳。尝疑周氏所见易安词恐只《声声慢》、《如梦令》、《武陵春》、《凤凰台上忆吹箫》等数首。”[③]

比起男子来，李清照自有她毫不逊色的才情，“在士大夫中已不多得”[④]。她的《乌江》诗历来为人所传唱，而“南渡衣冠欠王导，北来消息少刘琨”，也可见出她对历史及时人的评判。李清照对于词，有着“别是一家”[⑤]的认识，故其词见不到此类内容，而多个人的情感抒发和生活感受。周济言“词史”，又或受所见拘限，故以清照之词“究苦无骨”[⑥]。而实际上，李清照虽严分诗词畛域，其词仍时带“丈夫气”，“闺阁中之苏、辛”一说并不为过。我们不妨就郑骞所例举者，依前后期顺序，循迹以观之。

在李清照的前期词中，《醉花阴》堪称为表现相思之情的名篇。据元代伊世珍所

① 沈曾植：《菌阁琐谈》，《词话丛编》，第3605页。
② 沈曾植：《菌阁琐谈》，《词话丛编》，第3608页。
③ 郑骞：《成府谈词》，《词学》第十辑，华东师范大学出版社1992年版，第152页。(版本后同)
④ 王灼著，岳珍校正：《碧鸡漫志校正》卷二，第41页。
⑤ 李清照：《词论》，《李清照集校注》，第195页。
⑥ 周济：《介存斋论词杂著》，《介存斋论词杂著·复堂词话·蒿庵论词》，人民文学出版社1959年版，第11页。(版本后同)

说，清照曾将此词寄给赵明诚，赵看后，自叹不如，却又想胜出，闭门谢客、废寝忘食三昼夜，共写得五十首，然后将妻子所作夹在其中示予友人陆德夫，陆再三细看，最后说只有三句写得最好，而这三句却是李清照所作①。此词写道：

薄雾浓云愁永昼，瑞脑销金兽。佳节又重阳，玉枕纱橱，半夜凉初透。东篱把酒黄昏后，有暗香盈袖。莫道不消魂，帘卷西风，人比黄花瘦。

词中先说天气，天从早到晚被薄雾浓云所笼罩，使人发愁，看着香料在兽形的铜香炉内渐渐燃尽。不觉又到了重阳佳节，天气转凉，半夜时，睡在碧纱橱内，枕着瓷枕，只觉得一阵阵凉意袭来。重阳时节，应该赏菊饮酒，如今自己一人独对篱畔菊花，把着酒杯，孤独中只觉得菊花的暗香充盈到衣袖之内。江淹《恨赋》云："黯然销魂者，惟别而已矣"，此时此刻，为别情所扰，能说不消魂吗？于是再无心思品酒赏菊了，可回到房中，西风还是吹开门帘，钻了进来，倘与菊花对照，相思中的人应是比这黄花还要消瘦吧！

重阳佳节本是亲人团聚的日子，王维《九月九日忆山东兄弟》一诗写道："独在异乡为异客，每逢佳节倍思亲。遥知兄弟登高处，遍插茱萸少一人。"兄弟如此，何况夫妻？李清照对于离别可能已有较长时间的感受，故有"佳节又重阳"的"又"字。"有暗香盈袖"一句，并不只是写菊花，而是出于《古诗十九首》的"馨香盈怀袖，路远莫致之"，暗含路远而难通音信与情愫之意。由于赵明诚与李清照夫妇间有着共同的情趣、爱好，情感甚笃，对于分离之苦，感受自不同于他人。然而词中所写，不是温庭筠式的思妇无眠，把酒东篱、人比黄花，出于闺阁之外，又不失其芬馨之致。

论者最赏此词结句。虽茅暎说："但知传诵结语，不知妙处全在'莫道不消魂'。"②但仍是赞其结句者为多，如《古今词统》云："康词：'比梅花、瘦几分'，一婉一直，两得其宜。"③王世贞云："词内'人瘦也，比梅花，瘦几分'，又'天还知道，和天也瘦'，又'莫道不消魂，帘卷西风，人比黄花瘦'，三瘦字俱妙。"④毛先舒引柴虎臣语云："指取温柔，词归蕴藉。昵而闺帷，勿浸而巷曲。浸而巷曲，勿堕而村鄙。"又引其所例举者："语境则'咸阳古道'、'汴水长流'，语事则'赤壁周郎'、'江州司马'，语景则'岸草平沙'、'晓风残月'，语情则'红雨飞愁'、'黄花比瘦'，可谓雅畅。"⑤沈祥龙云："写景贵淡远有神，勿堕而奇险。言情贵蕴藉有致，勿浸而淫亵。晓风残月，衰草微云，写景之善者也。红雨飞愁，黄花比瘦，言情之善者也。"⑥又说："词之用字，务在精择。腐者、哑者、笨

---

① 伊世珍：《琅嬛记》卷中，丛书集成初编本，中华书局1985年版，第81页。(版本后同)

② 茅暎辑评：《词的》，《四库未收书辑刊》第8辑第30册，北京出版社1997年版，第496页。(版本后同)

③ 卓人月、徐士俊辑：《古今词统》卷七，《续修四库全书》第1728册，上海古籍出版社2002年版，第589页。(版本后同)

④ 王世贞：《艺苑卮言》，《词话丛编》，第390页。

⑤ 毛先舒：《诗辨坻》卷四，《四库全书存目丛书补编》第45册，齐鲁书社2001年版，第219页。

⑥ 沈祥龙：《论词随笔》，《词话丛编》，第4057页。

者、弱者、粗俗者、生硬者、词中所未经见者，皆不可用。而叶韵字尤宜留意，古人名句，末字必新隽响亮，如‘人比黄花瘦’之瘦字、‘红杏枝头春意闹’之闹字皆是。然有同此字，而用之善不善，则存乎其人之意与笔。”①

在李清照的前期词中，虽有因丈夫远宦、两下分离的思念，以至于“人比黄花瘦”，但并未出于闺怨范畴。可当靖康之难起，只得与丈夫渡淮南逃，成了难民，多年搜集的金石书画大都丧失。建炎三年(1129)八月，赵明诚病死于建康(今南京)，此后，李清照就辗转流落于杭州、越州、台州、金华一带，在颠沛流离中度过了孤苦无依的后半生。

建炎三年，是宋室南渡后的第三个年头，此年初春，赵明诚尚在，李清照写了《临江仙》：

> 庭院深深深几许？云窗雾阁常扃。柳梢梅萼渐分明。春归秣陵树，人客建安城。　感月吟风多少事，如今老去无成。谁怜憔悴更凋零。试灯无意思，踏雪没心情。

因为主战的李纲早已被罢相，宋高宗任用奸佞黄潜善、汪伯彦等人，岳飞上书奏请恢复中原，斥黄、汪辈误国，获越职言事罪而被罢官。为此，李清照深感中原的恢复无望，遂有“春归秣陵树，人客建安城”的感叹。下片“感月吟风多少事，如今老去无成”是今昔对照，过去过的是吟风弄月的风流生活，如今只能看着岁月空去人欲老，将是一事无成。即使是元宵前的试灯，也觉得引不起兴趣，往日踏雪寻诗之类的雅事，也没有心情去做了。对生活中诗意的无心寻觅，不是诗心的佚失，而能在“人老建康城”中透出对国事的隐忧，体会出其中的倜傥、刻挚之气，决不是词中惯见的儿女情怀而已。

李清照晚年所写的《南歌子》，可谓准确传递出她历尽沧桑后的情怀：

> 天上星河转，人间帘幕垂。凉生枕簟泪痕滋。起解罗衣，聊问夜何其？翠贴莲蓬小，金销藕叶稀。旧时天气旧时衣，只有情怀、不似旧家时！

词中以“天上”与“人间”相对照，帘幕中的自己若非长夜未睡，又怎能看到星河在天幕上旋转呢!“天上”与“人间”也并不是简单的用词对偶，而应有今昔对比犹如天上人间，自己与丈夫已是天人永隔之潜在意义。所以才会“凉生枕簟泪痕滋”，不知夜之深浅，“起解罗衣，聊问夜何其”。换头两句应上“罗衣”而写衣上变化：用翠羽贴成的莲蓬已变小，以金线嵌锈的莲叶也已变稀。还是这旧时的天气，还是这旧时的衣服，但岁月已经流走，衣服也已穿旧，我的情怀当然也不像旧时了。“旧时天气旧时衣，只有情怀不似旧家时”，淡语深情，背后又有多少沧桑之感！词中少游的气调与山谷的

① 沈祥龙：《论词随笔》，《词话丛编》，第4052页。

刻挚,可以细心体会而得。

李清照晚年所作,还表现出对故乡的深沉怀念。如《菩萨蛮》:

风柔日薄春犹早,夹衫乍著心情好。睡起觉微寒,梅花鬓上残。　　故乡何处是,忘了除非醉。沉水卧时烧,香消酒未消。

此词是作者晚年流寓越中时所作。在经过了一冬,春天即将到来之时,心情总是比较愉快的。感受着柔和的风儿和微弱的阳光,可知道春天的脚步已经悄悄地临近了,换去冬衣,刚穿上夹衫,心情是特别得好。毕竟还是早春,早上睡起还觉得微微的寒意,插戴在鬓发上的梅花已经凋残。早春犹寒,可梅花已残,真正的春天很快就要降临人间,但词人心中的欢乐却是转瞬即逝,为什么呢?因为想起了故乡。现在孤身一人流落在南方,故乡的桑梓,父母的坟茔,儿时的欢乐,青年时的幻想,都多么令人难以忘怀!多少次引领眺望,又是多少次的失望!故乡铭刻在心中,是永远无法从记忆中抹去的,要想忘了她,除非是喝醉了酒,"借酒浇愁愁更愁",在醉乡中可以暂时忘掉故乡,但醒来后却会更加想念。明知如此,又不得不用酒来麻醉自己,可不?睡时点着的沉香,烧了很久,现在香已烧完,但酒还没醒。这样,可看出对故乡反反复复的思念之情。

战争、动乱给李清照原本幸福、和美的家庭带来了灾难和痛苦,与丈夫已成天人永隔,与故乡也相见无期。词中沉重的"气调"颇类秦观,而表达之沉郁则近于稼轩。

相较而言,李清照词近于少游,"堕情者醉其芬馨"者多,而"飞想者赏其神骏"者,则相对较少。《渔家傲》属于后一类:

天接云涛连晓雾,星河欲转千帆舞。仿佛梦魂归帝所,闻天语,殷勤问我归何处。　　我报路长嗟日暮,学诗谩有惊人句。九万里风鹏正举,风休住,蓬舟吹取三山去。

此首写梦境,而对于梦境的产生,古语有"日有所思,夜有所梦"之说,即使并非如此,梦境也不是全然荒诞无稽的,弗洛伊德等西方心理学家,对于梦的解释,常以之与现实生活、个人经历相联系,是有科学根据的。建炎三年十二月,金人犯越州,四年正月犯明州,宋高宗南逃入海,李清照携金石铜器"欲走外廷投进"①,一路追随御舟,从海上至温州,再至越州,其《金石录后序》曾言及这段经历。而词中所写,实在就是这一经历的折射。词中起头二句以天写海,概括了天与海之所见,云涛、晓雾、星河、千帆,在动态中写时间的转换,极有气势。"仿佛"以下三句,写梦境:经历了海上航行后,仿佛一缕梦魂升到了天上,天帝慈祥发问,流露出殷切的关怀。下片不仅意脉不断,

① 李清照:《金石录后序》,《李清照集校注》,第181页。

而且紧接上片，展开了与天帝的对答。路长而日暮，既见此时的孤独无依，又有《离骚》"日忽忽其将暮"、"路漫漫其修远"之意，"上下求索"之意亦出，而"学诗谩有惊人句"，则是借助与天帝的对话，表达自己空有才华却无以致用的苦闷。最后三句略为宕开，用庄子《逍遥游》鲲鹏形象，借其风力而将快舟吹到三山(蓬莱、方丈、瀛洲)，呼应开头，表自己归宿仙居之愿。此词合《离骚》、《逍遥游》与神话于一体，意境开阔雄奇，极有动感和气势，故梁令娴引梁启超语说："此绝似苏辛派，不类《漱玉集》中语。"[①]

四、独辟门径　卓然一家

李清照的《词论》持"别是一家"之说，对名家多有批评，虽如胡仔认为"历评诸公歌词，皆摘其短，无一免者，此论未公，吾不凭也"[②]。夏承焘也说："……但易安好为高论，据其今存各词，校其所说，未必尽合。其同时人论词，亦无有及此者。"[③]但如吴梅虽认为"大抵易安诸作，能疏俊而少沉着"，却又说"惟其论词语绝精……其讥弹前辈，能切中其病，世不以为刻论也"[④]。

李清照以词"别是一家"，所作也能开径自行。李调元对之极为推崇："易安在宋诸媛中，自卓然一家，不在秦七、黄九之下。词无一首不工。其炼处可夺梦窗之席，其丽处真参片玉之班。盖不徒俯视巾帼，直欲压倒须眉。"[⑤]陈廷焯也说："李易安词，独辟门径，居然可观，其源自从淮海、大晟来，而铸语则多生造，妇人有此，可谓奇矣。"[⑥]又说："两宋词家各有独至处，流派虽分，本原则一。惟方外之葛长庚，闺中之李易安，别于周、秦、姜、史、苏、辛外，独树一帜，而亦无害其为佳，可谓难矣。然毕竟不及诸贤之深厚，终是托根浅也。"[⑦]我们可以不辨是否"不及诸贤之深厚，终是托根浅"，其独辟门径、独树一帜却是陈廷焯所承认的。

从词史上能对李清照作出这样的定位，除了前述的三点之外，还能以其《词论》观照之。平心而论，《漱玉词》虽未能在协律、铺叙、典重、情致、故实五者上极尽神明变化，但其所作，却是能力避各家之病，基本合于五条标准。此外，其独到之处，若简括之，即俞平伯所说的："擅长白描，善用口语，不艰深，也不庸俗。"[⑧]因此，能拒绝"以诗为词"，在体现"词性"的同时，独辟门径，卓然成家。

《如梦令》是李清照早期之作：

昨夜雨疏风骤。浓睡不消残酒。试问卷帘人，却道海棠依旧。知否、知否？

---

① 梁令娴:《艺蘅馆词选》，广东人民出版社1981年版，第91-92页。(版本后同)
② 胡仔:《苕溪渔隐丛话》后集卷三三，第255页。
③ 夏承焘:《唐宋词字声之演变》，《夏承焘集》第2册，浙江古籍出版社1980年版，第79页。(版本后同)
④ 吴梅:《词学通论》，江苏文艺出版社2004年版，第76页。(版本后同)
⑤ 李调元:《雨村词话》卷三，《词话丛编》，第1431页。
⑥ 陈廷焯著，屈兴国校注:《白雨斋词话足本校注》卷二，第215页。
⑦ 陈廷焯著，屈兴国校注:《白雨斋词话足本校注》卷八，第585页。
⑧ 俞平伯:《唐宋词选释·前言》，《俞平伯全集》第4卷，花山文艺出版社1997年版，第155页。(版本后同)

应是绿肥红瘦。

短短小令，从昨夜跨越到今晨，在词人自己的观察后，又展开了对答。纯然白描，全是口语，写"情致"却又含蓄蕴藉：词中未见怀人字句，从女主人怜春惜春与侍女木然不觉的对照中，却可以就其伤春品味出背后的伤别。张綖指出其所本，却又作了充分的肯定："韩偓诗云：'昨夜三更雨，今朝一阵寒。海棠花在否？侧卧卷帘看。'此词盖用其语点缀，结句尤为委曲精工，含蓄无穷之意焉，可谓女流之藻思者矣。"[①]（按：韩偓诗第二句，据《香奁集》应是"临明一阵寒"。此误引。）沈际飞赏其结句："'知否'二字，叠得可味。'绿肥红瘦'创获自妇人，大奇。"[②]用俞平伯的评价便是"全篇淡描，结句着色，更觉浓艳醒豁"[③]。王士禛以其特点在于自然本色："前辈谓史梅溪之句法，吴梦窗之字面，固是确论。尤须雕组而不失天然如'绿肥红瘦'、'宠柳娇花'，人工天巧，可称绝唱。若'柳腴花瘦，蝶凄蜂惨'，即工，亦巧匠琢山骨矣。"[④]而作为词，前不同于诗，后有异于曲，最主要点在于曲折有致，所以黄苏说得很全面："按一问极有情，答以'依旧'，答得极淡，跌出'知否'二句来。而'绿肥红瘦'，无限凄婉，却又妙在含蓄。短幅中藏无数曲折，自是圣于词者。"[⑤]陈廷焯卷十也说："只数语中，层次曲折有味。世徒称其'绿肥红瘦'一语，犹是皮相。"[⑥]

再看其《凤凰台上忆吹箫》：

> 香冷金猊，被翻红浪，起来慵自梳头。任宝奁尘满，日上帘钩。生怕离怀别苦，多少事、欲说还休。新来瘦，非干病酒，不是悲秋。　休休！这回去也，千万遍阳关，也则难留。念武陵人远，烟锁秦楼。惟有楼前流水，应念我、终日凝眸。凝眸处，从今又添，一段新愁。

此词叙述别情，属有"情致"而又善铺叙之作。起三句，言懒于起床和梳头，"任宝奁"句，补充"慵"字，言起身之迟，"生怕"二句，点出离别之意及其苦，"欲说还休"，凄婉可见，"新来瘦"三句，谓别离之苦，较病酒悲秋尤甚。换头叹人去而难留，"念武陵"四句，谓人去楼空，因水而言人，寄其深情厚意，末句补足前面，语尽而情意不尽。

此词很合作者协律、铺叙、典重、情致、故实的五项标准，前四者不用说，"千万遍阳关，也则难留。念武陵人远，烟锁秦楼"，即为"故实"。五者和谐组合，且"擅长白描，善用口语，不艰深，也不庸俗"。故很得前人好评。沈际飞《草堂诗馀正集》卷三

---

① 张綖：《草堂诗馀别录》，《李清照集校注》，第9页。
② 沈际飞：《草堂诗馀正集》卷一，《李清照集校注》，第10页。
③ 俞平伯：《唐宋词选释》，《俞平伯全集》第4卷，第263页。
④ 王士禛：《花草蒙拾》，《词话丛编》，第683页。
⑤ 黄苏：《蓼园词评》，《词话丛编》，第3024页。
⑥ 陈廷焯：《云韶集》卷十，转引自《白雨斋词话足本校注》，第629页。

简析并赞叹曰:“顺说出妙。瘦为甚的,尤妙。‘千万遍’,痛甚。转转折折,忤合万状。清风朗月,陡化为楚雨巫云;阿阁洞房,并变成离亭别墅,至文也。”《古今词统》云:“亦是林下风,亦是闺中秀。”①陈廷焯《云韶集》卷十则说:“此种笔墨,不减耆卿、叔原,而清俊疏朗过之。”又说:“‘新来瘦’三语,婉转曲折,煞是妙绝。”又:“笔致绝佳,馀韵尤胜。”

李清照在丈夫死后流寓浙江,晚年有不少作品在表现自己孤苦无依的同时,表达了对过去北方生活的思念。如《永遇乐》:

> 落日镕金,暮云合璧,人在何处。染柳烟浓,吹梅笛怨,春意知几许。元宵佳节,融和天气,次第岂无风雨。来相召,香车宝马,谢他酒朋诗侣。　中州盛日,闺门多暇,记得偏重三五。铺翠冠儿,捻金雪柳,簇带争济楚。如今憔悴,风鬟霜鬓,怕见夜间出去。不如向,帘儿底下,听人笑语。

尽管李清照丈夫已死,无儿无女,景况凄凉,但因她文才出众,家世显赫,在临安过元宵节,还有不少贵族妇女作为她的酒朋诗侣,乘着宝马香车来邀她参加元宵的诗酒盛会。而此时的李清照却转向了对过去汴京繁华的回忆,因闺门闲暇,故特别重视正月十五的元宵佳节。这一天的晚上,会与闺中的女伴一起,戴上插着翠鸟羽毛的帽子,以及用金线捻丝制成的、状为雪柳的头饰,打扮得整整齐齐地上街游赏了。在历尽家国之痛以后,不仅已从“簇带争济楚”的昔日爱俏少女,变成了今天“风鬟霜鬓”的憔悴老妇,而且还从过去的争着上街看热闹,变为今天的“怕见夜间出去”,只是躲在帘子后听人家的欢声笑语。这种心态的衰老,并非仅仅因为年老的原因,而是时代巨变、家国沧桑的影响所致。近人虽以此词有所不足,如吴梅以之“质率”②,吴世昌指出其“多处不协律”③,但白描、口语等仍是其一贯风格。而因其家国沧桑之感的悲切,使后来的刘辰翁诵之而涕下,且三年来“每闻此词,辄不自堪”(《永遇乐·元宵》),而有和作。

李清照随赵明诚南渡后不久,就成了寡妇。如果说她以前所写的是伤春悲秋,是恨离怨别,是对时序变换的敏感,是生离的难堪,是暂时的空虚,是有所期待,是渴望团圆;那么现在就是死别的凄然,是永恒的寂寞,是不可期待,是无法重逢。个人的痛楚同国家的苦难交织在一起,遂有《声声慢》一词:

> 寻寻觅觅,冷冷清清,凄凄惨惨戚戚。乍暖还寒时候,最难将息。三杯两盏淡酒,怎敌他晚来风急。雁过也,正伤心,却是旧时相识。　满地黄花堆积,憔

---

① 卓人月、徐士俊:《古今词统》卷一二,《续修四库全书》第1729册,第55页。

② 吴梅:《词学通论》,第76页。

③ 吴世昌:《词林新话》,《吴世昌全集》第6册,河北教育出版社2003年版,第173页。

悴损,如今有谁堪摘。守着窗儿,独自怎生得黑。梧桐更兼细雨,到黄昏、点点滴滴。这次第,怎一个、愁字了得!

这首词写得文浅情深,沉痛无比,因开头的十四个叠字非凡手可出,所以被称为“公孙大娘舞剑手”[①]。这十四个叠字,是艺术上的新奇创造,更是心理感受的逼真表现。“寻寻觅觅”正是“怅然若失”之状,因空虚孤苦,不能希求,不敢追忆,无所寄托,难于排遣,起而又坐,止而又行,就形成了这种“寻寻觅觅”的状态。因如有所失,欲有所觅,旧欢不来,新愁又至,袭上心头的惟有孤独之感,所以觉得“冷冷清清”。如果“寻寻觅觅”是由内至外的神态,“冷冷清清”则是由外境引起的内情。这内情由冷清而加剧,变成了“凄凄惨惨戚戚”,由轻转重,由浅入深,复又由“戚戚”的较淡转出。以上七组叠字分三层意思,可谓文情并茂。遭遇既苦,心情又坏,值此秋天“乍暖还寒”之时,自己这因愁而损的身体更觉得难以将养了。两三杯淡而寡味的酒,怎能抵得住晚上急风带来的寒意呢?雁飞高空,鸣唳不止,使人伤心,在大雁是因为避寒就暖,而我的由北而南,与“旧时相识”会于此地,却是由于国难所致。这种伤心似淡却浓,可谓刻骨铭心。下片说,北雁南飞之时,正是满地黄花之日,缤纷的落英,憔悴伤损,任其堆积,倘在承平之时,菊花应插满头,现在谁有雅兴摘花呢?愁是酒浇不去,风又吹个不停,征雁飞,落花积,自己一人闷坐在窗前,怎样打发这时光呢?时间给人的是折磨,而不是享受,此时,黄昏渐临,细雨梧桐,淋淋漓漓,点点滴滴,更增人愁思。而因愁人的敏感,才更觉得雨声点点滴滴的清晰。以上种种,终于逼出了“这次第,怎一个、愁字了得”。

此词开头的十四个叠字自是一大创造,故颇能得人称道。罗大经云:“诗有一句叠三字者,如吴融《秋树》诗云‘一声南雁已先红,槭槭凄凄叶叶同’是也。有一句连三字者,如刘驾云‘树树树梢啼晓莺,夜夜夜深闻子规’是也。有两句连三字者,如白乐天云‘新诗三十轴,轴轴金玉声’是也。有三联叠字者,如古诗云‘青青河畔草,郁郁园中柳。盈盈楼上女,皎皎当窗牖。娥娥红粉妆,纤纤出素手’是也。有七联叠字者,昌黎《南山》诗云‘延延离又属,夬夬叛还遘。喁喁鱼闯萍,落落月经宿。暗暗树墙垣,巘巘架库厩。参参削剑戟,焕焕衔莹琇。敷敷花披萼,闟闟屋摧霤。悠悠舒而安,兀兀狂以狃。超超出犹奔,蠢蠢骇不懋’是也。近时李易安词云:‘寻寻觅觅,冷冷清清,凄凄惨惨戚戚。’起头连叠七字,以一妇人,乃能创意出奇如此。”[②]茅暎云:“连用十四叠字,后又四叠字,情景婉绝,真是绝唱。后人效颦,便觉不妥。”[③]陆蓥说:“叠字之法最古,义山尤喜用之。然如菊诗:‘暗暗淡淡紫,融融冶冶黄。’转成笑柄。宋人中易安居士,善用此法。其《声声慢》一词,顿挫凄绝。词曰:‘寻寻觅觅,冷冷清清,凄凄惨惨戚

① 张端义:《贵耳集》卷上,《宋元笔记小说大观》,第4273页。
② 罗大经:《鹤林玉露》乙编卷六,《宋元笔记小说大观》,第5308页。
③ 茅暎:《词的》,《四库未收书辑刊》第8辑第30册,第525页。

戚。乍暖还寒时候,最难将息。'又云'梧桐更兼细雨,到黄昏、点点滴滴'二阕,共十馀个叠字,而气机流动,前无古人,后无来者,可为词家叠字之法。"①周济则从双声叠韵角度言之:"双声叠韵字,要著意布置,有宜双不宜叠,宜叠不宜双处。重字则既双且叠,尤宜斟酌。如李易安之'凄凄惨惨戚戚'三叠韵、六双声,是锻炼出来,非偶然拈得也。"②还应指出,此首的十四个叠字是宋词中的一大创造,也是情至而文生的结果。如刘永济云:"一个愁字不能了,故有十四个叠字,十四个叠字不能了,故有全首。总由生活痛苦,不得不吐而出之,绝非无此生活而凭空想写作者可比也。"③

此词可谓内容与形式达到高度的谐合。夏承焘《唐宋词字声之演变》一文,论其全词所用舌音和齿声,指出它们对表情达意的作用:"易安词确有用双声甚多者,如《声声慢》一首,用舌声共十六字:难、淡、敌他、地、堆、独、得、桐、到、点点滴滴、第、得;用齿声多至四十一字,有连续至九字者:寻寻、清清凄凄惨惨戚戚乍、时、最、息三、盏、酒怎、正伤心、是时、识、积憔悴损、如、谁、守、窗、自怎生细、这次、怎、愁字。全词九十七字,而此两声凡五十七字,占半数以上。当是有意以啮齿丁宁之口吻,写其郁伊倘怳之情怀。宋词双声之例,此为仅见矣。"④所说非常在理。

万树言《声声慢》一调,对此词的音韵、句法论述颇详,所辨甚精:"用仄韵。从来此体,皆收易安所作,盖其遒逸之气,如生龙活虎,非描塑可拟。其用字奇横而不妨音律,故卓绝千古。人若不及其才而故学其笔,则未免类狗矣。观其用上声、入声,如惨字、戚字、盏字、点字、滴字等,原可作平,故能谐协,非可泛用仄字而以去声填入也。其前结'正伤心,却是旧时相识',于'心'字豆句,然于上五下四者,原不拗,所谓此九字一气贯下也。后段第二三句'憔悴损,如今有谁堪摘',句法亦然。"⑤

刘体仁则称道其语言:"柳七最尖颖,时有俳狎,故子瞻以是呵少游。若山谷亦不免,如我不合太撋就类,下此则蒜酪体也。惟易安居士'最难将息'、'怎一个、愁字了得',深妙稳雅,不落蒜酪,亦不落绝句,真此道本色当行第一人也。"⑥此类语言正所谓上不似诗而下不似曲,因本色而见当行,也是她"别是一家"说的实践体现。

以上从四个方面论述了李清照词的艺术,而要把握其最为本质、最见特色者,还是得回过头来重温王世贞所说:"之诗而词,非词也。之词而诗,非诗也。"《漱玉词》固无柳永变旧声作新声之功,亦无苏轼以诗为词、开拓词境之变,也未得周邦彦变自然为精能、由北开南之力,但她对诗词之界把握得当,所作多能体现自己提出的五项标准,言浅意深,质而不俚,雅而不俗,以其为词中的本色当行、婉约正宗是非常恰当的。

---

① 陆蓥:《问花楼词话》,《词话丛编》,第2545页。
② 周济:《宋四家词选目录序论》,《介存斋论词杂著·复堂词话·蒿庵论词》,第15页。
③ 刘永济:《唐五代两宋词简析》,上海古籍出版社1981年版,第63页。
④ 夏承焘:《唐宋词字声之演变》,《夏承焘集》第2册,第78–79页。
⑤ 万树:《词律》卷十,第241页。
⑥ 刘体仁:《七颂堂词绎》,《词话丛编》,第622页。

第五节　其他南渡词人

南渡词人在艺术上成就最高的是李清照、朱敦儒，此外，前面所论各人也被作了不同的分类，馀下较为重要、在艺术上较有创造的词人，难以再作组合，故置于一节以论之。

王灼说："陈去非、徐师川、苏养直、吕居仁、韩子苍、朱希真、陈子高、洪觉范，佳处亦各如其诗。"①以诗观词论词，颇能给人以启示。其中的陈与义（去非）、徐俯（师川）、吕本中（居仁）、韩驹（子苍）都是江西诗派诗人。陈克（子高）、惠洪（觉范）上一章已论，韩驹不以词称，朱敦儒（希真）本章已论，故本节拟论这一名单中的其他词人。除以上诸人外，还有一些人活动年代稍后，或与时代之变、政治风云稍远，这是以诗观词之外的，将他们置于同一节的另一原因。

一、苏庠与周紫芝

苏庠（1065—1147），字养直，因病目而自号眚翁。澧州（今湖南澧县）人，后徙居润州丹阳（今属江苏）之后湖，改称后湖病民、后湖居士。早年中举，因犯讳被黜。高宗绍兴中，居庐山，累召不起。有《后湖集》十卷，已佚，现存《后湖词》。

苏庠因长寿而跨越两宋，可列入南渡期，其存词全为小令。张元幹《苏养直诗帖跋尾》（丁卷）称其"自有一种风味，真所谓飘飘然凌云之志"②。其词不见时代风云，与其世外之人的生活有关，而在艺术上能得小令创作之要谛。如《鹧鸪天》：

枫落河梁野水秋。淡烟衰草接郊丘。醉眠小坞黄茅店，梦倚高城赤叶楼。天杳杳，路悠悠。钿筝歌扇等闲休。灞桥杨柳年年恨，鸳浦芙蓉叶叶愁。

此词所展示的是秋日背景，作者来到荒郊野店，醉眠于此，梦中来到城中高楼，一觉醒来，现实中自己的所在与之天杳路远，钿筝歌扇亦复不存，留下的只是离恨，感触的是年华的老去。唐宋士人多有与歌妓交往的经历，此词实是对这一浪漫生活的追忆、感叹，却借用梦的形式出之，写得隐约而富有美感，语言雅致，构境幽美，与晏几道等人所作不同，有自己的独特风貌。

又如《菩萨蛮》（宜兴作）：

北风振野云平屋。寒溪淅淅流冰谷。落日送归鸿。夕岚千万重。　荒坡垂斗柄。直北乡山近。何必苦言归。石亭春满枝。

---

① 王灼著，岳珍校正：《碧鸡漫志校正》卷二，第34页。
② 张元幹：《芦川归来集》卷九，上海古籍出版社1978年版，第174-175页。

词中写冬天景色，开头即通过风与云之势，写出冬日的典型画面，起笼罩全篇的作用，次句特写冰谷流溪，三四句转为落日时分的归鸿与夕岚，诸个画面可谓点、线、面俱全，动静相交替，无色而有色。下片仍是开阔场景，荒坡之上，北斗低垂，可知时间是承上而来，由夕而夜，北斗直北所指，就是乡山了，归家的喜悦应冲淡行旅之劳。写至此，突然转出别意：何必这样苦于言归呢？不见石亭的春色满枝吗！作者在宜兴，却要归丹阳，故有此说，春满枝自非实景，词中应是有“此心安处是吾乡”（苏轼《定风波》）之意的。

苏庠其他的词也多有幽人隐士况味，或具宋代山水画意境。如《木兰花》：

江云叠叠遮鸳浦。江水无情流薄暮。归帆初张苇边风，客梦不禁篷背雨。

渚花不解留人住。只作深愁无尽处。白沙烟树有无中，雁落沧洲何处所。

而《鹧鸪天》却是充满动感与美感：

秋入蒹葭小雁行。参差飞堕水云乡。直须银甲供春笋，且滴糟床覆羽觞。

风压幕，月侵廊。江南江北夜茫茫。悬知上马啼鹃梦，一夜惊飞宝鸭香。

如俞平伯《读词偶得》说飞卿词：“无论识与不识，解与不解，都知是好言语矣。”①

周紫芝（1082—1155），字少隐，自号竹坡居士、二妙老人等，宣城（今属安徽）人。少从张耒、李之仪游。高宗建炎元年（1127），曾应诏上书。绍兴十二年进士，时六十一岁。绍兴十七年（1147）为右迪功郎，敕令所删定官，迁枢密院编修官，兼权实录院检讨官。自兴国守罢归庐山以卒。著作多种，有《竹坡词》一卷。

竹坡之词，题材、内容都较为丰富，多少折射出时代与世风之变。《水调歌头》（丙午登白鹭亭作）为怀古之作：

岁晚念行役，江阔渺风烟。六朝文物何在，回首更凄然。倚尽危楼杰观，暗想琼枝璧月，罗袜步承莲。桃叶山前鹭，无语下寒滩。　潮寂寞，浸孤垒，涨平川。莫愁艇子何处，烟树杳无边。王谢堂前双燕，空绕乌衣门巷，斜日草连天。只有台城月，千古照婵娟。

此词为惯见的金陵怀古主题。丙午是靖康元年（1126），词中的景物描写未见显著的季节特色，应是作于靖康事变前。“钟阜龙盘，石城虎踞”，但此词并无帝王之都的气象，而是笼罩在空寂荒寒的氛围中，大量演用与金陵相关的事典，贯注着“六朝文物何在，回首更凄然”的主题，作者所暗想的琼枝璧月、罗袜承莲，为梁陈宫体诗所见，

① 俞平伯：《读词偶得》，《俞平伯全集》第4卷，第15页。

“凄然”之中，于此可略见借历史以针砭现实之意。

《沙塞子》（席上送赵戒叔，时东南方扰）为送别词，未注明作期，“东南方扰”或指方腊起义一事。词云：

> 玉溪秋月浸寒波。忍持酒、重听骊歌。不堪对、绿阴飞阁，月下羞娥。夜深惊鹊转南柯。惨别意、无奈愁何。他年事、不须重问，转更愁多。

词中充满了离别的愁绪，秋月寒波，持酒送别，骊歌声起，此时真令人不堪面对绿阴下的楼阁飞檐，如蛾眉的渐下之新月。换头化用曹操《短歌行》的“月明星稀，乌鹊南飞”，以下由此时的惨别，再到对他年的设想，“转更愁多”一语，自应是因“东南方扰”而起，这样，别情结合国事，就显得更为沉重了。

另一送别的《临江仙》（送光州曾使君），由词中“六年往事堪惊”，及“铁马红旗”、“边城”诸语，可知应作于南渡之后，亦透出时代的风云：

> 记得武陵相见日，六年往事堪惊。回头双鬓已星星。谁知江上酒，还与故人倾。　　铁马红旗寒日暮，使君犹寄边城。只愁飞诏下青冥。不应霜塞晚，横槊看诗成。

《汉宫春》（己未中秋作）作于绍兴九年，身世之感、离别之慨中，也浸染着时代之悲：

> 秋意还深，渐银床露冷，梧叶风高。婵娟也应为我，羞照霜毛。流年老尽，漫银蟾、冷浸香醪。除尽把，平生怨感，一时分付离骚。　　伤心故人千里，问阴晴何处，还记今宵。楼高共谁同看，玉桂烟梢。南枝鹊绕，叹此生、飘转江皋。须更约，他年清照，为人常到寒霄。

《踏莎行》亦写离别：

> 情似游丝，人如飞絮。泪珠阁定空相觑。一溪烟柳万丝垂，无因系得兰舟住。　　雁过斜阳，草迷烟渚。如今已是愁无数。明朝且做莫思量，如何过得今宵去。

起头以游丝飞絮为喻，状离人之神魂不定，泪珠阁定眼中，空有相觑，无言而见离别之惨。“一溪”两句，怨柳丝不系行舟，无理而见情深。换头写晚景，虽推开而见大境，却情景合一，生愁而至“无数”，最后言莫问明朝，今宵且难遣，可见愁情之深婉。

周紫芝也有应制之词。如《水龙吟》（天申节祝圣词）：

黄金双阙横空，望中隐约三山眇。春皇欲降，渚烟收尽，青虹正绕。日到层霄，九枝光满，普天俱照。看海中桃熟，云幡绛节，冉冉度、沧波渺。　遥想建章宫阙，□薰风、月寒清晓。红鸾影上，云韶声里，蒙天一笑。万国朝元，百蛮款塞，太平多少。听尧云深处，人人尽祝，似天难老。

天申节为宋高宗的生日，词中自是颂圣贡谀的套话，而"万国朝元，百蛮款塞，太平多少"，对于以屈辱的条约换取和平，在半壁江山图"中兴"的赵构来说，也实在是太过了。周紫芝曾谄事秦桧，多作献谀之诗，以至秦桧怀疑其诗意在讥刺，将其出知兴国军。看来，其人对君相的颂谀，都因话说得过头，而并不高明。

《四库全书总目》说，《竹坡词》"集中《鹧鸪天》凡十三阕。后三阕自注云：'予少时酷喜小晏词，故其所作，时有似其体制者。此三篇是晚年歌之不甚如人意，聊载乎此'云云。则紫芝填词，本从晏几道入，晚乃刊除秾丽，自为一格。兢序称其少师张耒，稍长师李之仪者，乃是诗文之渊源，非词之渊源也"[①]。其词确有从晏几道入的特点，如《鹧鸪天》：

一点残红欲尽时。乍凉秋气满屏帏。梧桐叶上三更雨，叶叶声声是别离。　调宝瑟，拨金猊。那时同唱鹧鸪词。如今风雨西楼夜，不听清歌也泪垂。

此首不在其所指的三篇之内，而内容与格调都很像小晏。词中写听雨有感，开头点明夜凉灯残之时，以下用温庭筠词意写夜雨，换头回忆旧时的欢乐，最后折回到现在，结句"不听清歌也泪垂"，情可思而语甚哀。故陈廷焯云："从愁人耳中听得。"[②]

《醉落魄》是游子思归怀人之作，艺术性较高：

江天云薄。江头雪似杨花落。寒灯不管人离索。照得人来，真个睡不着。　归期已负梅花约。又还春动空飘泊。晓寒谁看伊梳掠。雪满西楼，人在阑干角。

上片写江天雪下，如杨花之飘飞，寒灯照人，难以成眠。下片写游子之所思，点出了归期已过，有负与伊人之约，如今已过梅花开时，春天萌动，自己还在外面漂泊，想象她无人相傍梳掠，当是"首如飞蓬"之状，在晓寒之中，雪满西楼之时，靠着阑干一角，远望而遐思。词中以此地与彼地，现时之实况与想象中的情景，作时空的调动，又共处于雪天之下，一片雪飞而两心皆同，写出了感怀的真情。此词感情深婉，转换虽大而出之自然，语言朴实而清新，虽前人已有诸多此类作品，作者在艺术上的创造还

① 永瑢等：《四库全书总目》卷一九八，第1814页。
② 陈廷焯：《词则·闲情集》卷一，第899页。

是显见的。

其《品令》一词，甚得吴梅欣赏，词有题序："九日寓居招提，旅中不复出，步上西庵绝顶，撷黄菊一枝，凄然有感，复作此歌。"词云：

霜蓬零乱。笑绿鬓、光阴晚。紫茱时节，小楼长醉，一川平远。休说龙山佳会，此情不浅。　黄花香满。记白苎、吴歌软。如今却向，乱山丛里，一枝重看。对着西风搔首，为谁肠断。

此词下片亦如晏几道之善作过去与今日对比，却又有所不同，吴梅评之曰："沉着雄快，似非小山所能也。"[①]"沉着痛快"四字，确是其不同于小山之处。

冯煦在辨析周紫芝词是否有类于小山时，有云："……盖少隐误认几道为清倩一派，比其晚作，自觉未逮。不知北宋大家，每从空际盘旋，故无椎凿之迹。至竹坡、无住诸君子出，渐于字句间凝炼求工，而昔贤疏宕之致微矣。此亦南北宋之关键也。"[②]以冯煦所见，由北宋大家的"每从空际盘旋，故无椎凿之迹"，到周紫芝、陈与义等人的"渐于字句间凝炼求工"，是由北转南的关键。此说与前论周邦彦由北开南、从自然转精能为近，如果说清真词此点主要体现在长调上，那么竹坡、无住则在令词，此当为其间的不同。

二、陈与义、吕本中与徐俯

陈与义、吕本中与徐俯都是江西诗派诗人，他们的诗无江西主流重学、奥博、艰涩之病，或明净，或轻松，或平易，他们的词亦近于诗。

陈与义(1090—1130)，字去非，号简斋，其先京兆(今陕西)人，后迁洛阳。徽宗政和三年(1113)登上舍甲科，授开德府教授，累迁太学博士，以《墨梅》诗见赏于徽宗，除秘书省著作佐郎，后擢符宝郎。靖康中辗转襄、汉、湘、桂，后召为兵部员外郎。绍兴元年至会稽行在，绍兴六年拜翰林学士知制诰，七年正月参知政事。明年，以疾终。《宋史》有传。为江西诗派"三宗"之一，有《简斋集》、《无住词》。

历来对陈与义词均评价甚高。如黄昇谓之"词虽不多，语意超绝，识者谓其可摩坡仙之垒也"[③]。元好问将其纳入苏轼以来的发展统系而论之："东坡圣处，非有意于文字之为工，不得不然之为工也。坡以来，山谷、晁无咎、陈去非、辛幼安诸公，俱以歌词取称。吟咏情性，留连光景，清壮顿挫，能起人妙思。亦有语意拙直，不自缘饰，因病成妍者，皆自坡发之。"[④]

第一节已录之《临江仙》(高咏楚词酬午日)，如唐圭璋所析，是"感时伤老，吐语峻

① 吴梅：《词学通论》，第57页。
② 冯煦：《蒿庵论词》，《介存斋论词杂著·复堂词话·蒿庵论词》，第65页。
③ 黄昇：《花庵词选·中兴以来绝妙词选》卷一，第167页。
④ 元好问：《新轩乐府引》，《元好问全集》卷三六，山西古籍出版社2004年版，第756页。(版本后同)

拔。一起言时光之速，景物之异，感喟不尽。‘无人’两句亦高朗，所谓此意，亦羁旅之感也。下片，大笔包举，劲气直达。‘万事’两句，沉痛。‘酒杯’三句，抒怀念之意。”[1]

《临江仙》(夜登小阁，忆洛中旧游)，亦为《无住词》名篇：

忆昔午桥桥上饮，坐中多是豪英。长沟流月去无声。杏花疏影里，吹笛到天明。　　二十馀年如一梦，此身虽在堪惊。闲登小阁看新晴。古今多少事，渔唱起三更。

此词上片言昔日事，下片言今日情。黄苏云：“按‘长沟流月’，即‘月涌大江流’之意。言自去滔滔，而兴会不歇。首一阕是忆旧，至第二阕则感怀也。”[2]张炎论小令的创作，以之为榜样：“……至若陈简斋‘杏花疏影里，吹笛到天明‘之句，真是自然而然。”[3]刘辰翁《须溪评点简斋诗集》则赞其“词情俱尽，俯仰如新。”沈际飞《草堂诗馀正集》以之“意思超越，腕力排奡，可摩坡仙之垒。”又说：“流月无声巧语也，吹笛天明爽语也，渔唱三更冷语也，功业则歉，文章自优。”“三语”之说得其要领，能发人深思。王世贞亦作“三语”之说，并以之与苏轼并论：“子瞻‘与谁同坐，明月清风我’，‘明月几时有，把酒问青天’，快语也。‘大江东去，浪淘尽、千古风流人物’，壮语也。‘杏花疏影里，吹笛到天明’……爽语也。其词浓与淡之间也。”[4]沈雄《古今词话》载彭孙遹语曰：“词以自然为宗，但自然不从追琢中来，则亦率易无味。如所云绚烂极致，仍归平淡。若使语意淡远者；稍加刻划，镂金错采者，渐近天然，则骎骎乎绝唱矣。”这样得来的自然就譬如“无住词之‘杏花疏影里，吹笛到天明’，石林词之‘美人不用敛蛾眉，我亦多情无奈酒阑时’，自然而然者也。”[5]

元好问将陈与义这两首《临江仙》，同黄庭坚《渔父词》并论道：“如此等类，诗家谓之言外句。含咀之久，不传之妙，隐然眉睫间。惟具眼者乃能赏之。古有之：人莫不饮食，鲜能知味，譬之嬴狞老瓶，千煮百炼，椒桂之香逆于人鼻，然一吮之后，败絮满口，或厌而吐之矣。必若金头大鹅，盐养之再宿，使一老奚知火候者烹之，肤黄肪白，愈嚼而味愈出，乃可言其隽永耳。”[6]对于其词之为何可称“隽永”，解释得非常形象。

《虞美人》(大光祖席醉中赋长短句)为避乱时所作：

张帆欲去仍搔首。更醉君家酒。吟诗日日待春风。及至桃花开后、却匆

① 唐圭璋：《唐宋词简释》，第149页。
② 黄苏：《蓼园词评》，《词话丛编》，第3050页。
③ 张炎：《词源》，《词源注·乐府指迷笺释》，第25页。
④ 王世贞：《艺苑卮言》，《词话丛编》，第388页。
⑤ 沈雄：《古今词话·词品》下卷，《词话丛编》，第851-852页。
⑥ 元好问：《遗山自题乐府引》，《元好问全集》卷四二，第972页。

> 匆。　歌声频为行人咽。记著尊前雪。明朝酒醒大江流。满载一船离恨、向衡州。

大光名席益，字大光，与陈与义皆为洛阳人。此词上片写别筵所生之别情，在张帆欲去之时，搔首踟蹰难去，还是不停地喝酒，回想天天与朋友一起吟诗的日子，等待春风的到来，而等到春风吹拂、桃花开后之时，却匆匆踏上征程了，虽未明言离情，其情已出。下片就歌声继写别筵，歌妓亦为行人哽咽，以致歌声难以连贯，也让人记住了唱歌的雪儿。明天酒醒之后，就要跨上船儿，随湘江而去，最后化用苏轼在扬州别秦观之词："无情汴水自东流，只载一船离恨向西州"(《虞美人》)，点出了此行的目的地，离别的惆怅自见。

《点绛唇》(紫阳寒食)亦作于避乱湖南之时：

> 寒食今年，紫阳山下蛮江左。竹篱烟锁。何处求新火。　不解乡音，只怕人嫌我。愁无那。短歌谁和。风动梨花朵。

紫阳山在湖南武冈县东一百五十里处，词的开头点出，今年过寒食在蛮江之左的紫阳山下，自己虽带着北人的习惯，而此处只见烟锁竹篱，无处可求新火，可见"蛮江"居民与中原习俗不同，虽未出感慨之言，写事已见其意。下片说，因为自己不解乡音，只怕会引起人家之嫌，也不宜相问，烦愁之中，无人可和我的短歌，只有风吹动着枝头的梨花。虽世乱可避，而对中原与"蛮江"文化差异的感受，则透出深深的寂寞。

《虞美人》一词，有小序，记载了此词写作的事由："余甲寅岁，自春官出守湖州。秋杪道中，荷花无复存者。乙卯岁，自琐闼以病得请奉祠。卜居青墩。立秋后三日行，舟之前后，如朝霞相映，望之不断也。以长短句记之。"词云：

> 扁舟三日秋塘路。平度荷花去。病夫因病得来游。更值满川微雨、洗新秋。　去年长恨拏舟晚。空见残荷满。今年何以报君恩。一路繁花相送、过青墩。

词可与序互证，虽以赋为主，写得很平实，而轻快的心情，与一路的繁花相送，达到高度的谐合，其清丽明畅的风格确与苏轼极为相似。

《四库全书总目》综合前人所论，总结《无住词》的特色云：

> 与义诗师杜甫，当时称陈、黄之后无逾之者。其词不多，且无长调，而语意超绝。黄昇《花庵词选》称其"可摩坡仙之垒"。至于《虞美人》之"及至桃花开后、却匆匆"，《临江仙》之"杏花疏影里，吹笛到天明"等句，胡仔《渔隐丛话》亦称其"清

婉奇丽”。盖当时绝重其词也。此本为毛晋所刊,仅十八阕。而吐言天拔,不作柳亸莺娇之态,亦无蔬笋之气,殆于首首可传,不能以篇帙之少而废之。方回《瀛奎律髓》称杜甫为一祖,而以黄庭坚、陈师道及与义为三宗。如以词论,则师道为勉强学步,庭坚为利钝互陈,皆迥非与义之敌矣。①

“吐言天拔,不作柳亸莺娇之态,亦无蔬笋之气”,所说较为准确,而“语意超绝”则与其诗相近。钱锺书先生说,陈与义诗“尽管意思不深,可是词句明净,而且音调响亮,比江西派的讨人喜欢。”②亦见于其词,可见王灼的以诗言词是颇有道理的。

吕本中(1084—1145),初名大中,字居仁,学者称东莱先生。先世莱州(今属山东)人,后居洛阳(今属河南)。先祖数辈皆为显宦。少从理学家杨时、游酢诸人游,以吕公著遗表恩授承务郎。历官秦州士曹掾、枢密院编修等。绍兴六年(1136)召赴行在,赐进士出身,擢起居舍人兼权中书舍人,后迁中书舍人兼侍讲,兼权直学士院,忤秦桧,罢职。卒谥文清。《宋史》有传。有《东莱先生诗集》、《紫薇词》。

吕本中的《采桑子》一词,写游宦中对别离的体验,极富民歌风味:

恨君不似江楼月,南北东西。南北东西。只有相随无别离。　　恨君却似江楼月,暂满还亏。暂满还亏。待得团团是几时。

上片以月比人,因自己游宦不定,“君”(当指妻子)无法像月亮一样追随。下片同以月亮为喻,却谓之暂满还亏,短暂的相见后又不知何时团圆。短短小词,多次复叠,有民歌重章叠句之妙,又充分利用“喻之二柄”、“喻之多边”③,使其修辞功能很好地服从于抒情的需要,加以语言通俗清新,可谓特色显见。

《长相思》也是很有民歌风的作品:

要相忘。不相忘。玉树郎君月艳娘。几回曾断肠。　　欲下床。却上床。上得床来思旧乡。北风吹梦长。

此词上片写郎才女貌的恋人,在相恋中的痛苦,下片写思乡难归、入梦不忘之情。亦用复叠的句式,浅直的语言,收得语浅情深的抒情效果。

《减字木兰花》善于用时空转移、对比来抒发感情:

去年今夜。同醉月明花树下。此夜江边。月暗长堤柳暗船。　　故人何

---

① 永瑢等:《四库全书总目》卷一九八,第1813页。
② 钱锺书:《宋诗选注》,北京三联书店2002年版,第221页。
③ 钱锺书:《管锥编》(一)上卷,北京三联书店2001年版,第76页。

处。带我离愁江外去。来岁花前。又是今年忆去年。

上片先回忆去年今夜，同醉于明月花树之下的美好情景，三四句转换场景，同样是月夜，却是“月暗长堤柳暗船”的离别。过片承上而写，表达对故人别去的离愁，最后设想来年春日相逢之时，当又作回忆。在时空的腾挪中，感情跌宕起伏，其构思方法虽近于李商隐的《夜雨寄北》，而表达却更见曲折多变，句意（而非句式）有上下勾连之妙。陈廷焯对其特点概括甚好：“数十字中纡徐反复，道出三年间事，有虚有实，运笔甚圆矣。”①

本章第一节所引的《南歌子》（驿路斜侵月），是词人南渡流寓江左时所作，是特殊时期的节令词，所表的中原归思之情，由外景而内心，层转而层进，最后揭出题旨，伤感的气息与清新的语言，结合成凄然而清丽的风格。

《满江红》是作者自道隐居乐趣和生活态度之作：

东里先生，家何在、山阴溪曲。对一川平野，数间茅屋。昨夜冈头新雨过，门前流水清如玉。抱小桥、回合柳参天，摇新绿。　　疏篱下，丛丛菊。虚檐外，萧萧竹。叹古今得失，是非荣辱。须信人生归去好，世间万事何时足。问此春、春酝酒何如，今朝熟。

上片写住处风景，下片继续写景，然后表乐天知命的思想。杨慎以此词与他人所作另三词相并，认为“每独行吟歌之，不惟有隐士出尘之想，兼如仙客御风之游矣。昔人谓‘诗情不如曲情多’，信然”②。黄苏说：“写村居乐趣，骨秀神清，玲玲高韵，由其天机胜也。朗吟一过，觉陶渊明归去来词后，有此杰作。”③因“天机”胜而有骨秀、神清、韵高之长，确是此词的特点。

曾季貍云：“东莱晚年长短句尤浑然天成，不减唐《花间》之作。”④如准确一些讲，他的词若以“花间”相比，近于由韦庄所开的清疏一派，而不是温庭筠的秾丽工致。钱锺书论其诗，说“他的诗始终没摆脱黄庭坚和陈师道的影响，却还清醒轻松，不像一般江西派的坚涩”⑤。对于吕本中，也是应能作以诗观词的。

徐俯（1075—1141），字师川，洪州分宁（今江西修水）人。神宗元丰末，因父死于国事，授通直郎，累迁司门郎中。绍兴时，累迁翰林学士，擢端明殿学士，兼签书枢密院事，后兼权参知政事，因议事不合罢，提举洞霄宫，再知信州。《宋史》有传。诗入江西派，《乐府雅词》卷中存其词十七首。

---

① 陈廷焯：《词则·别调集》卷二，第612页。

② 杨慎：《词品》卷二，《渚山堂词话·词品》，第87页。

③ 黄苏：《蓼园词评》，《词话丛编》，第3067页。

④ 曾季貍：《艇斋诗话》，《历代诗话续编》，中华书局2006年版，第304页。（版本后同）

⑤ 钱锺书：《宋诗选注》，北京三联书店2002年版，第191页。

以王灼所论的由诗观词,徐俯词应似于其晚年摆脱江西派,追求平易自然之诗。《卜算子》所表者为离愁,末句用衬字:

天生百种愁,挂在斜阳树。绿叶阴阴占得春,草满莺啼处。　不见生尘步。空忆如簧语。柳外重重叠叠山,遮不断、愁来路。

黄苏以之为"忧时而作",有"离骚美人之旨"①。而不少论者则指出此词末句之妙,如沈谦云:"徐师川'柳外重重叠叠山,遮不断、愁来路',欧阳永叔'强将离恨倚江楼,江水不能流恨去',古人语不相袭,又能各见所长。"②

再录其《鹧鸪天》一首,亦见风格平易清畅:

绿水名园不是村。淡妆浓笑两生春。笛中已自多愁怨,雨里因谁有泪痕。　香旖旎,酒氤氲。多情生怕落纷纷。旧来好事浑如梦,年少风流付与君。

三、洪皓、蔡伸、李弥逊、王以宁等

南渡词人是个极大的创作群体,除上面已论者外,还有多人值得一提。本小节再简论洪皓、蔡伸、李弥逊、王以宁、杨无咎、赵构、康与之等人。

洪皓(1086—1155),字光弼,饶州鄱阳(今江西波阳)人。政和五年进士,宣和中为秀州司隶,建炎三年(1129)以徽猷阁待制、假礼部尚书使金,坚拒仕刘豫之逼,被留。绍兴十三年(1143)还宋,除徽猷阁直学士、提举万寿观兼权直学士院,忤秦桧,罢。责濠州团练副使,安置英州,居九年,内徙南雄州。卒谥忠宣。

洪皓在奉命出使金国时,完颜宗翰(粘罕)逼他仕刘豫,坚决不从,在经历了死亡的威胁和富贵的利诱后,被流放至冷山,后转至燕京,力拒金人官职,并多次派人密奏金朝政情,意在"复故疆,报世仇",前后留金凡十五年,备尝艰辛。洪皓在留金的日子里,曾写过不少怀念家国的词。如:"无偏。故国迢迢,千万里、共婵娟。但陟屺瞻驰,高楼念远,宁不凄然。"(《木兰花慢·中秋》)"茫茫。去国三年,行万里、过重阳。奈眷恋庭闱,矜怜幼稚,堕泪回肠。凭栏处空引领,望江南、不见转凄凉。羁旅登高易感,况于留滞殊方。"(《木兰花慢·重阳》)"冷落天涯今一纪,谁怜万里无家。三间憔悴赋怀沙。思亲增怅望,吊影觉欹斜。"(《临江仙·怀归》)表现了身处异域之人对祖国、家庭和亲人的怀念,词不以艺术技巧见长,而以真情实感胜。

1142年,宋金和议成,高宗明确放弃淮河以北土地,对金称臣,岁贡银绢,金则同意送回徽宗的棺木及高宗母亲韦后。在留金十四年之际的冬至日,洪皓听到迎接韦

---

① 黄苏:《蓼园词评》,《词话丛编》,第3031-3032页。
② 沈谦:《填词杂说》,《词话丛编》,第632页。

后等的使者将至，并有感于在别人家宴上听到歌女唱《江梅引》，夜不能寐，追和四章。词有长序云："顷留金国，四经除馆。十有四年，复馆于燕。岁在壬戌，甫临长至，张总侍御邀饮。众宾皆退，独留少款。侍婢歌江梅引，有'念此情、家万里'之句，仆曰：此词殆为我作也。又闻本朝使命将至，感慨久之。既归，不寝，追和四章，多用古人诗赋，各有一笑字，聊以自宽。如暗香、疏影、相思等语，虽甚奇，经前人用者众，嫌其一律，故辄略之。卒押吹字，非风即笛，不可易也。此方无梅花，士人罕有知梅事者，故皆注所出。"此处录三首。第一首《忆江梅》：

天涯除馆忆江梅。几枝开。使南来。还带余杭、春信到燕台。准拟寒英聊慰远，隔山水，应销落，赴愬谁。　　空凭遐想笑摘蕊，断回肠，思故里。漫弹绿绮。引三弄、不觉魂飞。更听胡笳、哀怨泪沾衣。乱插繁花须异日，待孤讽，怕东风，一夜吹。

此词上片说，自己作为被羁北方的宋臣，非常向往南方的红梅，期盼着南宋的使者能将载有杭州春信的梅花带来，但想到路途遥远，花会凋落，心中的话也无从诉说了。下片表达思念故乡之情，抚着绿绮琴弹奏《梅花三弄》，好像魂灵回到了故乡，但耳边传来的胡笳声又告诉自己，还是在金朝，满腔的哀怨化作泪水打湿了衣襟。想满插梅花须待来日，要一人吟诗，就怕一夜风吹，花也飘零，美好的期盼将化作泡影。

第二、三首不作论析，仅逐录之。《访寒梅》：

春还消息访寒梅。赏初开。梦吟来。映雪衔霜、清绝绕风台。可怕长洲桃李妒，度香远，惊愁眼，欲媚谁。　　曾动诗兴笑冷蕊。效少陵，惭下里。万株连绮。叹金谷、人坠莺飞。引领罗浮、翠羽幻青衣。月下花神言极丽，且同醉，休先愁，玉笛吹。

《怜落梅》：

重闺佳丽最怜梅。牖春开。学妆来。争粉翻光、何遽落梳台。笑坐雕鞍歌古曲，催玉柱，金卮满，劝阿谁。　　贪为结子藏暗蕊。敛蛾眉，隔千里。旧时罗绮。已零散、沈谢双飞。不见娇姿、真悔著单衣。若作和羹休讶晚，堕烟雨，任春风，片片吹。

洪皓留金时所作，除前引者外，还有念国思亲，或感叹时事之作，能以真情动人。前者如《浣溪沙》（排闷）：

丧乱佳辰不易攀。四逢寒食尽投闲。踏青无处想家山。　　麟殿阻趋陪内宴,萱堂遥忆侍慈颜。感时双泪滴潺潺。

后者如《浣溪沙》(闻王侍郎复命):

南北渝盟久未和。斯民涂炭死亡多。不知何日戢干戈。　赖有兴王如世祖,况闻谋帅得廉颇。蔺卿全璧我蹉跎。

蔡伸(1088—1156),字伸道,自号友古居士,莆田(今属福建)人。蔡襄孙。徽宗政和五年(1115)进士,宣和中为太学博士,知北海县,通判徐州。南渡后通判真州,历知滁州、徐州、和州等。官至左中大夫,提举台州崇道观,卒。有《友古词》。

蔡戡谓蔡伸"字画遒正,得端明用笔意,喜为诗词,通音律,遇酒慷慨,浩歌长啸,时以自娱"[1]。虽为自娱,《友古词》却颇有言情深婉之作。

《苏武慢》为蔡伸的代表作。词云:

雁落平沙,烟笼寒水,古垒鸣笳声断。青山隐隐,败叶萧萧,天际暝鸦零乱。楼上黄昏,片帆千里归程,年华将晚。望碧云空暮,佳人何处,梦魂俱远。　忆旧游、邃馆朱扉,小园香径,尚想桃花人面。书盈锦轴,恨满金徽,难写寸心幽怨。两地离愁,一尊芳酒,凄凉危栏倚遍。尽迟留,凭仗西风,吹干泪眼。

此首写羁旅中的伤离之情,起于北方边地的秋景暮色,继而在山水描写中渐入别情,时在黄昏,年华将晚,归程在千里之外,化用江淹诗"日暮碧云合,佳人殊未来",叹情人之阻隔,思归之旨渐出。下片转为回忆旧游,邃馆朱扉,小园香径,美好的春景与桃花人面织成了温馨的情网,"书盈"以下,皆从女方着笔,表其幽怨。然后回到眼前,点明离愁关涉两地,只能以酒排解,终又难解而倚栏远眺,任西风吹干泪眼。陈廷焯论此词,所见甚精:"上半写景,'碧云'三句寄情,递到下阕,下半言情,'西风'三句又于情中带景,映合上面。结构精工,寓意深远。'佳人'改作'美人',则更雅矣。古诗:'日暮碧云合,佳人殊未来。'恰到好处,词则不必泥同。"[2]

《虞美人》(甲辰入燕)标明作期,甲辰为宣和六年(1124),因入燕而见北地景色,借之以抒发离情:

彩旗摇曳樯乌转。鹢首征帆展。高城楼观暮云平。叠鼓凝笳都在、断肠声。　绿窗朱户空回首。明月还依旧。乱山无数水茫茫。谁念塞垣风物、瞰恓惶。

---

① 蔡戡:《大父行状》,《定斋集》卷一五,四库全书本。
② 陈廷焯:《词则·别调集》卷二,第610页。

《蓦山溪》(登历阳城楼)上结化用杜牧诗,下结用李白词意,亦表羁怀、离情:

孤城暮角,落日边声静。醉袖拂危阑,对天末、孤云愁凝。吴津楚望,表里抱江山,山隐隐,水迢迢,满目江南景。　　羁怀易感,往事伤重省。罗袂浥残香,鬓星星、忍窥清镜。琼英好在,应念玉关遥,凝泪眼,下层楼,回首平林暝。

其《苍梧谣》仅十六字,却以月写情,幽婉深沉,意在言外:

天。休使圆蟾照客眠。人何在,桂影自婵娟。

若谓上面数词为伤别之作,《柳梢青》则重在伤春:

数声鶗鴂。可怜又是,春归时节。满院东风,海棠铺绣,梨花飘雪。　　丁香露泣残枝,算未比、愁肠寸结。自是休文,多情多感,不干风月。

《友古词》的主体风格与柳永、周邦彦近,故冯煦云:"考其所作,不独《菩萨蛮》'花冠鼓翼'一首,雅近南唐;即《蓦山溪》之'孤城暮角'、《点绛唇》之'水绕孤城'诸调,与《苏武慢》之前半,亦几几入清真之室。恐子諲且望而却步,岂惟伯仲间耶?"[①]而蔡伸也有作品或近于民歌之清新,或近于山谷之俚俗。前者如《长相思》:

村姑儿。红袖衣。初发黄梅插稻时。双双女伴随。　　长歌诗。短歌诗。歌里真情恨别离。休言伊不知。

后者如《踏莎行》(泰妓胡芳来常隶籍,以其端严如木偶,人因目之为佛,乃作是云):

如是我闻,金仙出世。一超直入如来地。慈悲方便济群生,端严妙相谁能比。　　四众归依,悉皆欢喜。有情同赴龙华会。无忧帐里结良缘,摩诃修哩修修哩。

陈锐说:"读《友古词》,而后叹淮海之清。"[②]虽皆多写离情,毕竟蔡伸无秦观的"身世之感打并入艳情",二人也就不在同一条水平线上了。

以上诸人以外,南渡词人中作品较多的还有李弥逊、吕渭老、王之道、杨无咎等人,因艺术成就不高,此处简论之。

---

① 冯煦:《蒿庵论词》,《介存斋论词杂著·复堂词话·蒿庵论词》,第64页。
② 陈锐:《褒碧斋词话》,《词话丛编》,第4197页。

李弥逊(1089—1153),字似之,号筠溪居士,连江(今属福建)人,居吴县(今江苏苏州)。徽宗大观三年(1109)进士。绍兴间历官至中书舍人、户部侍郎,忤秦桧,以徽猷阁直学士知端州、漳州,后归隐连江西山。十二年,反对议和,落职。《宋史》有传。有《筠溪集》、词集《筠溪乐府》。

沈雄引《柳塘词话》认为李弥逊咏桂词"粗莽"[①],《四库全书总目》以之"长调多学苏轼,与柳、周纤秾别为一派,而力稍不足以举之,不及轼之操纵自如,短调则不乏秀韵矣"[②]。录其《菩萨蛮》一首:

> 江城烽火连三月。不堪对酒长亭别。休作断肠声。老来无泪倾。　风高帆影疾。目送舟痕碧。锦字几时来。薰风无雁回。

吕渭老(生卒年不详),一作滨老,字圣求,嘉兴(今属浙江)人。北宋末以诗名。曾为官,后归老,绍兴中尚在。有《圣求词》。

赵师岌以其词"婉媚深窈,视美成、耆卿伯仲耳"[③]。杨慎认为其所作《醉蓬莱》、《扑蝴蝶近》、《惜分钗》、《薄倖》、《选冠子》、《百宜娇》、《豆叶黄》、《鼓笛慢》,"佳处不减秦少游"[④]。而冯煦辨前人所论云:"谓其'婉媚深窈,视美成耆卿伯仲'。实只其《扑蝴蝶近》之上半在周柳之间,其下阕已不称,此外佳构,亦不过《小重山》、《南歌子》数篇,殆又出(方)千里下矣。"[⑤]录其《扑蝴蝶近》:

> 分钗绾髻,洞府难分手。离觞短阕,啼痕冰舞袖。马嘶霜滑,桥横路转,人依古柳。晓色渐分星斗。　怎分剖。心儿一似,倾入离愁万千斗。垂鞭伫立,伤心还病酒。十年梦里婵娟,二月花中豆蔻。春风为谁依旧。

《南歌子》:

> 片片云藏雨,重重雾隐山。可怜新月似眉弯。今夜断肠凝望、小楼寒。
> 梦断云房远,书长蜡炬残。夜妆应罢短屏间。都把一春心事、付梅酸。

《小重山》:

> 雨洗檐花湿画帘。知他因甚地,瘦厌厌。玉人风味似冰蟾。愁不见,烟雾晓

① 沈雄:《古今词话·词品》下卷,《词话丛编》,第875页。
② 永瑢等:《四库全书总目》卷一九八,第1812页。
③ 赵师岌:《吕圣求词序》,《词籍序跋萃编》,第321页。
④ 杨慎:《词品》卷一,《渚山堂词话·词品》,第64页。
⑤ 冯煦:《蒿庵论词》,《介存斋论词杂著·复堂词话·蒿庵论词》,第63页。

来添。　　烦恼旧时语。新来一段事，未心甘。满怀离绪过春蚕。灯残也，谁见我眉尖。

王之道（1093—1169），字彦猷，无为（今属安徽）人。宣和六年（1124）进士。靖康初，摄历阳令，建炎初率乡人抗金，绍兴二年（1132）进承奉郎、镇抚司参谋官。八年，通判徐州。以反和议忤秦桧，被废二十年。卜居相山。二十三年，起通判安丰军。绍兴末，擢湖南转运判官。以朝奉大夫致仕。有《相山集》，词名《相山词》。

录其长短调各一。《水调歌头》（追和东坡）：

湖上有佳色，黄菊傲霜秋。一尊相属，谈咏彼此得无愁。何处鲈鱼初荐，错俎金齑点鲙，令我忆东州。双鹭带斜日，飞下白蘋洲。　　晚风劲，吹残酒，袅破裘。故人俱在，江左底事独淹留。归去草堂侵夜，一点青荧灯火，得句可忘忧。欲识无穷意，终日倚城楼。

《如梦令》（江上对雨）：

一饷凝情无语。手捻梅花何处。倚竹不胜愁，暗想江头归路。东去。东去。短艇淡烟疏雨。

杨无咎（1097—1071），杨或作扬，字补之，自号逃禅老人、清夷长者，清江（今属江西）人。高宗朝因不满秦桧所为，屡征不起。以画梅名世。有《逃禅词》。

刘克庄谓之“所制梅词《柳梢青》十阕，不减《花间》、《香奁》及小晏、秦郎得意之作”[①]。《四库全书简明目录》以其“词格殊高，无绮罗脂粉之气”[②]。录其《柳梢青》二首：

傲雪凌霜。平欺寒力，搀借春光。步绕西湖，兴馀东阁，可奈诗肠。　　娟娟月转回廊。诮无处、安排暗香。一夜相思，几枝疏影，落在寒窗。

日转墙东。几枝寒影，一点香风。清不成眠，醉凭诗兴，起绕珍丛。　　平生只个情钟。渐老矣、无愁可供。最是难忘，倚楼人在，横笛声中。

而《玉抱肚》却是“语多俚质似曲，词家不可为式”[③]：

同行同坐。同携同卧。正朝朝暮暮同欢，怎知终有抛弹。记江皋惜别，那堪

---

① 刘克庄：《题杨补之词画》，《词籍序跋萃编》，第299页。
② 永瑢等：《四库全书简明目录》卷二〇，第893页。
③ 李佳：《左庵词话》卷下，《词话丛编》，第3173页。

被、流水无情送轻舸。有愁万种,恨未说破。知重见、甚时可。　见也浑闲,堪嗟处、山遥水远,音书也无个。这眉头、强展依前锁。这泪珠、强拄依前堕。我平生、不识相思,为伊烦恼忒大。你还知么。你知后、我也甘心受摧挫。又只恐你,背盟誓、似风过。共别人、忘著我。把洋澜左,都卷尽与,杀不得、这心头火。

此调当为杨无咎所创。虽张德瀛云:"此类实为曲家导源,在词则乖风雅矣。"①而此词继承柳永、欧阳修、黄庭坚、秦观等人的俗词创作,还是值得一提。

另有些词人,作品不多,却有一定影响,亦简论之。

王以宁(1090—1146),一名以凝,字周士,湘潭(今属湖南)人。以太学生入鼎澧帅府,宣和三年(1121)以承忠郎换文资为从事郎。靖康初为李纲幕官。建炎初以枢密院编修官知定州,四年为京西制置使。绍兴初落职,二年责永州别驾,潮州安置。五年,许自便。十年复右朝奉郎。有《王周士词》。

录其《满庭芳》(邓州席上):

千古南阳,刘郎乡国,依约楚俗秦风。英姿豪气,耆旧笑谈中。珰佩来从帝所,许洲花、潭菊从容。霜秋晓,凉生日观,极目送飞鸿。　主公。天下士,挥毫万字,一饮千钟。醉高歌起舞,唤醒人龙。我自人间漫浪,平生事、南北西东。辞公去,寒眸激电,曾识小安丰。

宋高宗赵构(1107—1187),存《渔父词》十五首。有小序云:"绍兴元年七月十日,余至会稽,因览黄庭坚所书张志和渔父词十五首,戏同其韵,赐辛永宗。"录第一首:

一湖春水夜来生。几叠春山远更横。烟艇小,钓丝轻。赢得闲中万古名。

陈廷焯称其"尚有逸致"②,况周颐以之"几驾原唱(指张志和词)而上之……徽、钦所作含思凄婉,声调呜咽,若高宗《渔父词》则调高韵远,是诚中兴气象也"③。

黄公度(1109—1156),字师宪,号知稼翁,莆田(今属福建)人。绍兴八年(1138)进士第一,授签书平海军节度判官,迁秘书省正字。忤秦桧,罢为主管台州崇道观,更贬通判肇庆府。桧死,召为考功员外郎兼金部员外郎。有《知稼翁集》,词名《知稼翁词》。

曾丰认为,黄公度的词"凡感发而输写,大抵清而不激,和而不流;要其情性则适,揆之礼义而安。非能为词也,道德之美,腴于根而盎于华,不能不为词也"④。陈廷焯

① 张德瀛:《词徵》卷一,《词话丛编》,第4086页。
② 陈廷焯:《词则·别调集》卷一,第571页。
③ 况周颐:《历代词人考略》卷七,《蕙风词话·广蕙风词话》,第221页。
④ 曾丰:《知稼翁词集序》,《词籍序跋萃编》,第195页。

谓之“词气和音雅，得味外味”[①]，“气格高远，语意浑厚，直合东坡、碧山为一手”[②]。录其二词而舍其长序。《点绛唇》：

嫩绿娇红，砌成别恨千千斗。短亭回首。不是缘春瘦。　一曲阳关，杯送纤纤手。还知否。凤池归后。无路陪尊酒。

《青玉案》：

邻鸡不管离怀苦。又还是、催人去。回首高城音信阻。霜桥月馆，水村烟市，总是思君处。　褭残别袖燕支雨。谩留得、愁千缕。欲倩归鸿分付与。鸿飞不住。倚栏无语。独立长天暮。

第六节　高、孝之交词坛

从完颜亮南侵到宋高宗传位孝宗，是后南渡时期，词的创作似乎相对陷入低潮。由于靖康的丧乱已经过去，哀怨不再，“骚人”不起，“变风”、“小雅”之声沉寂无闻；南渡的移居已经习惯，水软山温，云痴月倦，汴京享乐之风再现。随着老一辈词人的辞世，词在一定程度上似又回到创作的旧轨，且体现出以下三个主要特点：

第一，由于完颜亮发动的南侵历时不久，从第二次绍兴和议到隆兴和议的签订，宋金之间有较长时期的和平，南宋的半壁江山形成了“中兴”局面，颂谀词的创作又成为风气，且随着相关制度的完备，大曲之作也进入繁盛期，出现了不少代表性作品。第二，与南渡时期“佳处亦各如其诗”的诗人之词不同，此期的诗人似乎具有较强的文体意识，词与诗具有不同的题材与风貌，“中兴四大诗人”中，陆游与范成大均作词较多，诗词之别显见，体现出在题材风格与范型选择上的退回婉约之势。第三，南渡时期的女性词人创作甚盛，至此而继续这一势头，她们自诉性的词较多，朱淑贞更成为了李清照之后最优秀的女词人。

陆游较范成大年长一岁，由于他有部分词上承苏轼、下接辛弃疾，人们一般将其作为辛派，且享寿较长，故列入下一节，与之年龄相近的范成大、杨万里则置于本节。

一、颂谀词与大曲

宋孝宗时期，曾觌、张抡等人的应制、颂谀之词，与康与之、曹勋一脉相承。

曾觌（1109—1180），字纯甫，号海野老农，开封（今属河南）人。以父任补官。绍

① 陈廷焯：《词则·大雅集》卷二，第89页。
② 陈廷焯著，屈兴国校注：《白雨斋词话足本校注》卷十，第750页。

兴三十年(1160),以寄班祗候为建王(后为宋孝宗)内知客。孝宗即位,权知合门事兼皇城司,与知合门事龙大渊恃宠弄权,世号“曾龙”。乾道初出为淮西总管,迁浙东。淳熙元年(1174)除开府仪同三司。六年加少保、醴泉观使。用事近二十年,权倾中外。有《海野集》、《海野词》。

曾觌的应制颂谀词较多,此处录三首。《醉蓬莱》(侍宴德寿宫应制赋假山):

向逍遥物外,造化工夫,做成幽致。杳霭壶天,映满空苍翠。耸秀峰峦,媚春花木,对玉阶金砌。方丈瀛洲,非烟非雾,恍移平地。　　况值良辰,宴游时候,日永风和,暮春天气。金母龟台,傍碧桃阴里。地久天长,父尧子舜,灿绮罗佳会。一部仙韶,九重鸾仗,年年同醉。

《蝶恋花》(三月上巳应制):

御柳风柔春正暖。紫殿朱楼,赫奕祥光远。十二玉龙迎凤辇。香腾锦绣闻弦管。　　扇却双鸾开宝宴。绿绕红围,宣劝金卮满。万岁千秋流宠眷。此身欲备昭阳燕。

《鹧鸪天》(选德殿赏灯,先宴梅堂,侍两宫,沾醉口占):

龙驭亲迎玉辇来。江梅枝上雪培堆。东风上苑春光到,更放金莲匝地开。腾凤吹,进瑶杯。两宫交劝正欢谐。父慈子孝从今数,准拟开筵一万回。

曾觌有的应制词写得较有艺术性。如《阮郎归》(上苑初夏侍宴,池上双飞新燕掠水而去,得旨赋之)是真正的奉旨所填:

柳阴庭馆占风光。呢喃清昼长。碧波新涨小池塘。双双蹴水忙。　　萍散漫,絮飘飏。轻盈体态狂。为怜流去落红香。衔将归画梁。

据周密《武林旧事》卷七载,乾道三年(1167)三月初十,宋孝宗陪同太上皇至后苑看花,适见双燕掠水飞过,传旨令曾觌赋之,遂进此作[①]。此词很好地体现了神似和用意的原则,黄苏还认为末二句“大有寄托忠爱之心,婉然可想”[②]。

除了歌颂高宗与孝宗“父尧子舜”、“父慈子孝”、“两宫交欢”等以外,曾觌所作,亦有如黄昇所说的“东都故老,及见中兴之盛者。词多感慨,如《金人捧露盘》、《忆秦娥》

① 周密:《武林旧事》卷七,孟元老等《东京梦华录》(外四种),第422–423页。
② 黄苏:《蓼园词评》,《词话丛编》,第3036页。

等曲,凄然有黍离之悲"[1]。录其《金人捧露盘》(庚寅岁春奉使过京师感怀作):

记神京、繁华地,旧游踪。正御沟、春水溶溶。平康巷陌,绣鞍金勒跃青骢。解衣沽酒醉弦管,柳绿花红。　　到如今、馀霜鬓,嗟前事、梦魂中。但寒烟、满目飞蓬。雕栏玉砌,空锁三十六离宫。塞笳惊起暮天雁,寂寞东风。

《忆秦娥》(邯郸道上望丛台有感):

风萧瑟。邯郸古道伤行客。伤行客。繁华一瞬,不堪思忆。　　丛台歌舞无消息。金尊玉管空尘迹。空尘迹。连天草树,暮云凝碧。

这两首词都是曾觌在出使金国途中所作。宋孝宗乾道五年(1169)冬,曾觌被任命为贺金正旦副使,与正使汪大猷一起出使金国,经过邯郸道,又在归途中经过汴梁。虽陈廷焯认为:"《黍离》、《麦秀》之悲,暗说则深,明说则浅。曾纯甫词,如'雕栏玉砌,空馀三十六离宫。'又云:'繁华一瞬,不堪思忆。'又云:'丛台歌舞无消息,金尊玉管空陈迹。'词极感慨,但说得太显,终病浅薄。碧山咏物诸篇,所以不可及。"[2]但因作者在事隔四十多年后重见汴梁和邯郸、丛台,记忆与现实对比显然,真情难抑,仍不失为好词。

曾觌也有风格沉雄豪迈之作。录二首。《水调歌头》:

图画上麟阁,莫使鬓先秋。壮年豪气,无奈黯黯阵云浮。常记青油幕下,一矢聊城飞去,谈笑静边头。勋业出无意,非为快恩仇。　　卷龙韬,随凤诏,与时谋。朱旛皂盖南下,聊试海山州。邂逅故人相见,俯仰浮生今古,蝼蚁共王侯。万事偶然耳,风月恣嬉游。

《沁园春》(初冬夜坐闻淮上捷音次韵):

更漏迢迢,乍寒天气,画烛对床。正井梧飘砌,边鸿度月,故人何处,水远山长。老去功名,年来情绪,宽尽寒衣销旧香。除非是,仗蛮笺象管,时伴吟窗。　　词章。莫话行藏。且喜见捷书来帝乡。看锐师云合,妖氛电扫,随堤宫柳,依旧成行。梦绕他年,青门紫陌,对酒花前歌正当。空成恨,奈潘郎两鬓,新点吴霜。

---

① 黄昇:《花庵词选·中兴以来绝妙词选》卷一,第172页。

② 陈廷焯著,屈兴国校注:《白雨斋词话足本校注》卷八,第643-644页。

《四库全书总目》说，曾觌“虽与龙大渊朋比作奸，名列《宋史·佞倖传》中，为谈艺者所不齿，而才华富艳，实有可观”[①]。这一评价还是较为公允的。

张抡(生卒年不详)，字才甫，自号莲社居士，开封(今属河南)人。娶宗室女。绍兴间官至两浙西路马步兵副都统总管，迁知合门事。淳熙五年(1178)进宁武军承宣使。有《道情鼓子词》百首，后人辑其词为《莲社词》。

录其颂谀词二首。《临江仙》(车驾朝享景灵宫，久雨，一夕开霁)：

闻道彤庭森宝仗，霜风逐雨驱云。六龙扶辇下青冥。香随鸾扇远，日射赭袍明。　帘卷天街人隘路，满城喜望清尘。欢声催起岭梅春。欲知天意好，昨夜月华新。

《壶中天慢》：

洞天深处赏娇红，轻玉高张云幕。国艳天香相竞秀，琼苑风光如昨。露洗妖妍，风传馥郁，云雨巫山约。春浓如酒，五云台榭楼阁。　圣代道洽功成，一尘不动，四境无鸣柝。屡有丰年天助顺，基业增隆山岳。两世明君，千秋万岁，永享升平乐。东皇呈瑞，更无一片花落。

高宗与孝宗之交，法曲、大曲之作较为兴盛，成为当时一道独特的风景。张炎云：“法曲有散序、歌头，音声近古，大曲有所不及”，“其源自唐来”[②]。曹勋的《法曲》(道情)，叙道家修练之事，共十一首，分为散序、歌头、遍、入破、煞。兹摘录之。《散序》：

飞金走玉常奔驰。日上还西。自古待着长绳系。算尘心、谩劳役堪悲。盘古到此际。桑田变海，海复成陆高低。噫嘻。下土是凡质容仪。寿考能消，几日支持。念一世。真若朝荣暮落难期。幸有志、日传得神仙希夷。希夷。堪为千古人师。

《遍第三》：

珠星璧月，昼景夜色相催。正阳炎序火府，龙珠蕴照，冰海融澌。洞天春常好，日日琪花，琼蕊芳菲。绛景无别，惟似琉璃。平地环绕清泚。火中生莲，会成真物，更取海底龟儿。胜热涤暑风，全形莹若冰肌。常存道意。铄石流金无畏。共协混元一气。入冲极。觉自己。乾体还归。

---

① 永瑢等：《四库全书总目》卷一九八，第1816页。
② 张炎：《词源》，《词话丛编》，第256页。

《入破第四》:

黄钟正严凛,飞舞屑琼瑰。清赏丰年瑞。云液喜传杯。阴爻会见复,动一阳、生浩气。谁问添宫线,炼功在金液。晴檐试暖,表里莹如无疵。庭柳漏春信,更萱色、侵苔砌。优游岁向晚,叹人间时序疾。还捧椒觞,羽衣礼无极。

《第五煞》:

多景推移。便似风灯里。将尘寰喻,尘里白驹过隙。今世过却,来生何处觅。失时节。生死到来嗟何及。勤而行之。竞力待与、钟吕相期。三千行满,连环脱下已。驾青鸾素鹤朝太微。

大曲为大型的音乐歌舞,其结构体例,沈括《梦溪笔谈》、陈旸《乐书》、王灼《碧鸡漫志》的说法不同,一般认为分作三大部分,每部分又由若干"遍"或"片"、"叠"组成,第一部分为散序,为器乐曲,无歌、不舞,第二部分称"中序"或"拍序"、"歌头",以歌为主,舞队不出场,第三部分称"破"或"入破",以舞为主,或说纯为舞曲,无歌。《乐府雅词》曾收录董颖咏西施的《道宫薄媚·西子词》十遍,曾布咏冯燕的《水调歌头》七遍,均为摘遍形式。而孝宗朝史浩所作,则有所改变。

史浩(1106—1194),字直翁,自号真隐居士,明州鄞县(今属浙江)人。绍兴十五年(1145)进士,调余姚尉,历温州教授、太学正、国子学博士,为建王府教授。孝宗即位,以中书舍人迁翰林学士、知制诰,除参知政事。隆兴元年(1163)拜尚书右仆射、同中书门下平章事兼枢密使。以不附张浚北伐,被论罢,出知绍兴府,后奉祠归。乾道间起知绍兴府、浙东安抚使。淳熙五年(1178)复拜右相,寻以事罢。谥文惠,改谥忠定,追封越王。有《鄮峰真隐大曲》、《鄮峰真隐词曲》。

对于史浩所作,吴梅跋云:"《鄮峰大曲》二卷,有歌词,有乐语。且诸曲之下,各载歌演之状,尤为欧、苏、郑、董诸子所未及。宋人大曲之详,无有过于此者。"①其《采莲》(寿乡词)共八首,录其中三首:

《延遍》:

霞霄上,有寿乡广袤无际。东极沧海,缥缈虚无,蓬莱弱水。风生屋浪,鼓楫扬旍,不许凡人得至。甚幽邃。　　试右望金枢外。西母楼阁,玉阙瑶池。万顷琉璃。双成倩巧,方朔诙谐。来往徜徉,霓裳飘摇宝砌。更希奇。

《攧遍》:

---

① 吴梅:《鄮峰真隐大曲跋》,《词籍序跋萃编》,第221页。

南邻幄丹宫,赤伏显符记。朱陵曜绮绣,箕翼炯、瑞光腾起。每岁秋分老人见,表皇家、袭庆迎祺。　天子当膺,无疆万岁。北窥玄冥,魁杓拥佳气。长拱极、终古无移。论南北东西。相直何啻千万里。信难计。

《煞衮》:

吾皇喜。光宠无贰。玉带金鱼荣贵。或者疑之。岂识圣明,曾主斯乡,尝相与尽缱绻,胶漆何可相离。今日风云合契。此实天意。吾皇圣寿无极,享晏粲千载相逢,我翁亦昌炽。永作升平上瑞。

另有《采莲舞》、《太清舞》、《柘枝舞》、《花舞》、《剑舞》、《渔父舞》等。史浩的词不少,多为寿词、与宴、酬酢、节令、游赏、隐居之作,自然也有颂谀词。录其《喜迁莺》(癸酉岁元宵与绍兴守曹景游):

征鸿回北。正雪洗烧痕,千岩匀绿。鱼纵新漪,梅繁断岸,春到鉴湖一曲。满城绣帘珠幌,暖响聒天丝竹。渐向晚,放芙蕖千顷,交辉华烛。　贤牧。棠阴静,康阜政成,褒诏来黄屋。玉笋光寒,紫荷香润,人道此装须趣。且出催花银漏,恣饮宝觥醽醁。向明岁,看传柑归去,腰横金粟。

此期有些不属法曲,亦非大曲之作,而近于毛滂所作《调笑令》,即联章以成"转踏",一诗一词,用作演唱者。洪适所作即属此类。

洪适(1117—1184),字景伯,号盘洲。鄱阳(今江西波阳)人,洪皓长子。初以皓出使,补修职郎,调严州录事参军。绍兴十二年(1142),中博学宏词科,除敕令所删定官,改秘书正字,出通判台州。洪皓自金归,忤秦桧,亦被罢。后起知荆门军,改知徽州。孝宗即位,迁司农少卿,历中书舍人,迁翰林学士兼中书舍人、参知政事,拜尚书右仆射、同中书门下平章事兼枢密使。罢而复起为浙东安抚使、知绍兴府。再奉祠,闲居十六年,以著述自娱。谥文惠。有《盘洲集》八十卷,《彊村丛书》据文集辑《盘洲乐章》三卷。

洪适作有《隆兴二年南郊鼓吹曲》,由《六州歌头》、《十二时》、《奉禋歌》、《降仙台》、《正宫导引》组成,且注明前三曲"严更警场作",《降仙台》为"曲礼毕皇帝降坛作",《正宫导引》为"皇帝还宫作"。其《番禺调笑》写广州名胜,前为《句队》,总叙缘起,中有《羊仙》、《药州》等十景,每一景皆用四平韵四仄韵的七言诗八句,然后以诗的末句为词之首,大致诗为徒诵,词则歌唱,最后为《破子》,用《遣队》收场。此摘录之。《句队》:

盖闻五岭分疆,说番禺之大府;一尊属客,见南伯之高情,摭遗事于前闻,度新词而屡舞。宫商递奏,调笑入场。

《羊仙》:

黄木湾头声哄然。碧云深处起非烟。骑羊执穗衣分锦,快睹浮空五列仙。腾空昔日持铜虎。嘉瑞能名灼前古。羽人叱石会重来,治行于今最南土。

南土。贤铜虎。黄木湾头腾好语。骑羊执穗神仙五。拭目摩肩争睹。无双治行今犹古。嘉瑞流传乐府。

《海山楼》:

高楼百尺迩严城。披拂雄风襟袂清。云气笼山朝雨急,海涛侵岸暮潮生。楼前箫鼓声相和。戢戢归樯排几柁。须信官廉蚌蛤回,望中山积皆奇货。

奇货。归帆过。击鼓吹箫相应和。楼前高浪风掀簸。渔唱一声山左。胡床邀月轻云破。玉尘飞谈惊座。

《遣队》:

十眉争艳眼波横。霓袖回风曲已成。绛蜡飘花香卷穗,月林乌鹊两三声。歌舞既终,相将好去。

洪适还有《句降黄龙舞》、《句南吕薄媚舞》、《渔家傲引》等。其词《生查子》(盘洲曲)咏一年十二个月,加上首一曲,尾为一岁的总结,共十四首,属于欧阳修《渔家傲》鼓子词一类。其单首的词虽不少,然特色不明显,不及在多种形式上的尝试探索。

二、诗人之词:范成大、杨万里、王质

后南渡时期,诗人为词者不少,沈曾植论其变化云:"南渡初以至光、宁,士大夫涉笔诗馀者。标尚如此,略如诗有江西派。然石湖、放翁,润以文采,要为乐而不淫,以自别为诗人旨格。曾端伯乐府雅词,是以此意裁别者。白石老人,此派极则,诗与词几合同而化矣。"[①]此期有"中兴四大诗人",擅词者仅陆游、范成大,杨万里词亦有可观。陆游下章再论,此处论范成大、杨万里。

范成大(1126—1193),字致能,号石湖居士,吴县(今江苏苏州)人。绍兴二十四年(1154)进士,授徽州司户参军,历官枢密院编修、吏部郎官等。乾道六年(1170)假资政殿大学士充金祈请国信使。使还,任中书舍人,出知静江府、广南西道安抚使,迁

① 沈曾植:《菌阁琐谈》附录《海日楼丛钞》,《词话丛编》,第3613页。

敷文阁待制、四川制置使，召除权吏部尚书，拜参知政事，不久，奉祠。淳熙七年(1180)，起知明州，除端明殿学士，帅金陵，以病请闲。十年，进资政殿学士领洞霄宫，绍熙三年(1192)加大学士，次年卒，谥文穆。《宋史》有传。有《石湖大全集》，已佚。今存《石湖诗集》、《石湖词》。

范成大词的主要特点，如陈廷焯《云韶集》卷六所说："石湖词音节最婉转，读稼轩词后读石湖词，令人心平气和。"范成大是最著名的田园诗人，其词亦写田园生活，纵观南北宋，除范成大外，也仅有苏轼、辛弃疾有此类词。其《蝶恋花》是此类词的代表，带有特殊的田园诗笔法，写得明净清新，充满恬静平和的农家气息：

> 春涨一篙添水面。芳草鹅儿，绿满微风岸。画舫夷犹湾百转。横塘塔近依前远。　　江国多寒农事晚。村北村南，谷雨才耕遍。秀麦连冈桑叶贱。看看尝面收新茧。

《鹧鸪天》则写春日景色及客游之思，虽略微透出时光催人之感，却仍因其婉转平和而不令人伤感幽怨：

> 嫩绿重重看得成。曲阑幽槛小红英。酴醾架上蜂儿闹，杨柳行间燕子轻。
> 春婉娩，客飘零。残花浅酒片时清。一杯且买明朝事，送了斜阳月又生。

范成大也写爱情词，虽情深而不出直语、痛语，可谓怨而不伤。如《南柯子》：

> 怅望梅花驿，凝情杜若洲。香云低处有高楼。可惜高楼、不近木兰舟。
> 缄素双鱼远，题红片叶秋。欲凭江水寄离愁。江已东流、那肯更西流。

开头二句用陆凯赠范晔诗之典，及《楚辞·九歌·湘君》句意，三四句有勾连接续之妙，以物写情，感叹中两情可见。过片分用汉魏古诗语典及唐诗事典，江水难寄离愁，既已东流，又怎能返回西向而流呢？词中实事虚说，缠绵秾挚之情化为清远空明之境。

《秦楼月》亦如此：

> 楼阴缺。阑干影卧东厢月。东厢月。一天风露，杏花如雪。　　隔烟催漏金虬咽。罗帏暗淡灯花结。灯花结。片时春梦，江南天阔。

此词写闺中少妇春夜怀人，而上片却仅以景传情，换头写少妇离愁，再由灯花结而入江南春梦，全词始终不见写人，境界清明而悠远，空灵而雅洁，洗尽铅华，又不失其清丽。

《霜天晓角》咏梅而又写人，怀人之意见于下片，仍是淡景浓情、寓密于疏，虽明说"愁绝"，孤寂况味可品，却仍因出之委婉而不哀怨：

晚晴风歇。一夜春威折。脉脉花疏天淡，云来去、数枝雪。　胜绝。愁亦绝。此情谁共说。惟有两行低雁，知人倚、画楼月。

范成大很善于以景起情，以景拟情、写情，用实写虚。又善于寄情于景，在极其清幽的景色中，传递其毋用明言的某种情感体验。前者如表现途中春困的《眼儿媚》(萍乡道中乍晴，卧舆中，困甚，小憩柳塘)，黄昇称之"词意清婉，咏味之如在画图中"①：

酣酣日脚紫烟浮。妍暖破轻裘。困人天色，醉人花气，午梦扶头。　春慵恰似春塘水，一片縠纹愁。溶溶泄泄，东风无力，欲皱还休。

后者如《醉落魄》，自写退隐后的生活，对红尘中人来说，其清净无欲的生活是难以体验的：

栖乌飞绝。绛河绿雾星明灭。烧香曳簟眠清樾。花久影吹笙，满地淡黄月。　好风碎竹声如雪。昭华三弄临风咽。鬓丝撩乱纶巾折。凉满北窗，休共软红说。

范成大曾使金，因有这一经历，其词也难免会跳出"令人心平气和"之外。如《水调歌头》(燕山九日作)：

万里汉家使，双节照清秋。旧京行遍，中夜呼禹济黄流。寥落桑榆西北，无限太行紫翠，相伴过芦沟。岁晚客多病，风露冷貂裘。　对重九，须烂醉，莫牢愁。黄花为我，一笑不管鬓霜羞。袖里天书咫尺，眼底关河百二，歌罢此生浮。惟有平安信，随雁到南州。

另一《水调歌头》更近于豪放风格：

万里筹边处，形胜压坤维。恍然旧观重见，鸳瓦拂参旗。夜夜东山衔月，日日西山横雪，白羽弄空晖。人语半霄碧，惊倒路傍儿。　分弓了，看剑罢，倚阑时。苍茫平楚无际，千古锁烟霏。野旷岷嶓江动，天阔崤函云拥，太白暝中低。老矣汉都护，却望玉关归。

① 黄昇：《中兴词话》，《词话丛编》，第212页。

但范成大词的基本风格还是委婉含蓄的,有时甚至难以知其真意之所在。如《鹧鸪天》:

休舞银貂小契丹,满堂宾客尽关山。从今袅袅盈盈处,谁复端端正正看。模泪易,写愁难。潇湘江上竹枝斑。碧云日暮无书寄,寥落烟中一雁寒。

此词作于离广西将赴成都任四川制置使时。"银貂小契丹"是一种穿白色貂裘和绣靴的少数民族舞蹈,之所以"休舞",是因如王勃《滕王阁序》所说:"关山难越,谁悲失路之人;萍水相逢,尽是他乡之客。"客中送客使离愁更重。带着离愁而去,谁还能欣赏这袅袅盈盈的舞蹈,认认真真地看演出呢?下片说,写出流泪容易,要写出心中的愁绪就难了,"碧云日暮无书寄"化用江淹的"日暮碧云合,佳人殊未来"(《拟休上人怨别》),意谓今后难以收到你们的信了,只能看着日暮碧云,空中寒烟,和寥落、孤单的大雁。此词写别情,而在欣赏"银貂小契丹"的舞蹈时,难道不会想起契丹民族曾有过的强盛?"从今袅袅盈盈处,谁复端端正正看",似乎也隐藏着对国事的隐忧,今天的契丹或就是明天的南宋?对于一个政治家来说,此意不应是外加的,但因其敛约不显,痕迹极轻而难寻,不能说不是一个缺点。

范成大兼通释道,其《白玉楼步虚词六首》(并序)为涉道之作,其序长近五百字,此处录二首:

珠霄境,却似化人宫。梵气弥罗融万象,玉楼十二倚清空。一片宝光中。

浮黎路,依约太微间。雪色宝阶千万丈,人间遥作白虹看。幢节度高寒。

杨万里(1127—1206),字廷秀,号诚斋。吉州吉水(今江西吉安)人。绍兴二十四年(1154)进士,授赣州司户参军,调永州零陵丞。张浚为相,荐于朝,先后为国子博士、少作监等,出知漳州、常州等。淳熙十一年(1184)召为吏部员外郎,历官至秘书少监,以直秘阁出知筠州。光宗即位,为秘书监,出为江东转运副使,继除秘阁修撰。宁宗时以宝文阁待制致仕。卒赠光禄大夫,谥文节。《宋史》有传。有《诚斋集》、词集《诚斋乐府》。

杨万里的诗被称为"诚斋体",清新、活泼、自然、灵动,有特别的格调。词不多,与其诗也有近似之处。如《好事近》(七月十三日夜登万花川谷望月作):

月未到诚斋,先到万花川谷。不是诚斋无月,隔一林修竹。　如今才是十三夜,月色已如玉。未是秋光奇绝,看十五十六。

白描而极其朴素,却不是泥定一者来写,"透脱"而见"活法",在肯定与否定的对比演进中,充分调动人的想象,很经得起品味。又《昭君怨》(咏荷上雨):

午梦扁舟花底。香满西湖烟水。急雨打篷声。梦初惊。　却是池荷跳雨。散了真珠还聚。聚作水银窝。泻清波。

上片写梦中西湖、扁舟花底的美景，却被急雨打篷的声音惊醒。下片回过头写致梦之由是池荷跳雨，现在看到的荷上雨，如珍珠散了又聚起，聚成如水银窝，还像水银一样泻入清波。此词显见作者之善写动态之景，将瞬间凝成笔墨下的美景，使人领会其诗之“别才”如何转换为词中的“奇致”。

杨万里还有《归去来兮引》，化用陶渊明原作而自有创造，不同于他人的檃括之作。其《念奴娇》（上章乞休致，戏作念奴娇以自贺）则是幽默中更有谐谑，别有一种风味：

老夫归去，有三径、足可长拖衫袖。一道官衔清彻骨，别有监临主守。主守清风，监临明月，兼管栽花柳。登山临水，作诗三首两首。　休说白日升天，莫夸金印，斗大悬双肘。且说庐陵传盛事，三个闲人眉寿。拣罢军员，归农押录，致政诚斋叟。只愁醉杀，螺江门外私酒。

此期的诗人中，钱锺书对王质颇为欣赏，认为他的朋友张孝祥虽也像他一样以第二个苏轼自命，“名声比他响得多，而作品笨拙，远不如他”①。虽王质的词不及张孝祥，却仍有自己的特色。

王质（1127—1189），字景文，号雪山，其先郓州（今山东东平）人，后徙兴国军（今湖北阳新）。绍兴三十年（1160）进士，召试馆职，为言者论罢。曾入张浚幕。乾道二年（1166）入为太学正，即罢。后入为敕令所删定官，迁枢密院编修官。虞允文荐之为右直言，为曾觌阻，出通判荆南府、改吉州，皆不行。有《雪山集》、《诗总闻》等。

王质词《鹧鸪天》（咏渔父）善用口语方言表达对生活哲理的理解：

一只船儿任意飞。眼前不管是和非。鱼儿得了浑闲事，未得鱼儿未肯归。　全似懒，又如痴。这些快活有谁知。华堂只见灯花好，不见波平月上时。

而《八声甘州》（读诸葛武侯传）则表现出史家的历史意识，对历史有较公允的评价，又隐见对当今偏安江南、不思恢复的谴责：

过隆中、桑柘倚斜阳，禾黍战悲风。世若无徐庶，更无庞统，沉了英雄。本计东荆西益，观变取奇功。转尽青天粟，无路能通。　他日杂耕渭上，忽一星飞堕，万事成空。使一曹三马，云雨动蛟龙。看璀璨、出师一表，照乾坤、牛斗气常

---

① 钱锺书：《宋诗选注》，第419页。

冲。千年后，锦城相吊，遇草堂翁。

三、女性词与朱淑贞

北宋的女性词较少，南渡时期，因家国之变而累及诸多女子，故留下了较多表现自身不幸的女性词。高、孝相交时期，女性词的创作持续兴盛，虽作品不多，却各有特色。

吴淑姬是跨越南北宋的湖州女词人[1]，生平不详，《唐宋诸贤绝妙词选》收录其词三首。其《小重山》(春愁)带有显见的女性意识、情感，及身份、语言特点：

谢了荼蘼春事休。无多花片子，缀枝头。庭槐影碎被风揉。莺虽老，声尚带娇羞。　　独自倚妆楼。一川烟草浪，衬云浮。不如归去下帘钩。心儿小，难著许多愁。

词中写春愁而自带离思，从春尽而倚楼远望，最后揭出"愁"字。词中的"花片子"、"烟草浪"，皆词人自己的铸语，其创造性可见。结句"心儿小，难著许多愁"承上"一川烟草浪，衬云浮"，对比强烈，可与李清照的"只恐双溪舴艋舟，载不动、许多愁"对读，虽皆为以有形示无形，却各有其妙。

再看其《长相思令》：

烟霏霏。雪霏霏。雪向梅花枝上堆。春从何处回。　　醉眼开。睡眼开。疏影横斜安在哉。从教塞管催。

据洪迈《夷坚志》载，吴淑姬美貌而家贫，为富家子所占，被人告发有奸情，逮捕审讯并判刑，狱中僚吏观审后，置酒，令其脱枷侍饮，因知其能词，令作一章自咏，以宛转告以知州王十朋，为之解脱。吴淑姬即请题待作，因此时冬末雪消，春日且至，命道此景作《长相思令》，淑姬捉笔立成[2]。缘此"本事"，读者才能得知其作意及艺术表现的高明之处。本已是冬末雪消、春天将至之时，作者却偏说"烟霏霏。雪霏霏"，而堆向梅花的大雪，岂非恶势力对自己的摧残，"春从何处回"之反诘中实有着控诉了。下片的睡眼、醉眼，是说自己遭受官司的无端打击，被搞得晕头转向，疏影横斜的梅花美景根本就不属于自己，只能任凭笛声将她催落。由于此词为"自咏"，其善于拟喻以自况的特点，能结合当时当地情景，写得天衣无缝，满肚的苦水不能尽情发泄，只能巧妙地

---

① 《全宋词》定吴淑姬为二人，而实为一人。参邓红梅：《女性词史》，山东教育出版社2000年版，第137页。
② 洪迈：《夷坚志》庚集第十，中华书局1981年版，第1216-1217页。

作委婉表达。黄昇以"黠慧"①一语评吴淑姬,却令人为其不得已而用的生存智慧感叹,也不由得要谴责这法制不健全的社会。

真正"黠慧"的是能改作大文豪欧阳修词的都下妓,这位连姓名都未留下的女子,其《朝中措》(改欧阳修词)真能令人叹赏其文才之敏捷:

屏山栏槛倚晴空。山色有无中。手种庭前桃李,别来几度春风。　文章宰相,挥毫万字,一饮千钟。行乐不须年少,尊前看取仙翁。

女性词自以表现离别相思见长,由于所作都发自肺腑,不是男子闺音的代言,都以直切的真情感人。如杭妓乐婉赠答施酒监的《卜算子》:

相思似海深,旧事如天远。泪滴千千万万行,更使人愁肠断。　要见无因见,了拚终难拚。若是前生未有缘,待重结、来生愿。

都下名娼聂胜琼的《鹧鸪天》(寄李之问):

玉惨花愁出凤城。莲花楼下柳青青。尊前一唱阳关后,别个人人第五程。寻好梦,梦难成。况谁知我此时情。枕前泪共帘前雨,隔个窗儿滴到明。

以上二者都有各自的"本事",且不说是喜剧的结果还是悲剧的结果,词中所能见到的,是女子深切的真情,而不是语言的工丽,结构的宛转。

李氏的《极相思》(赠张浩),自非风尘女子所作,自无歌妓从良的企盼,但仍能从中体会出爱情的痛苦和名分未定的心绪不宁:

日红疏翠密晴暄。初夏困人天。风流滋味,伤怀尽在,花下风前。　后约已知君定,这心绪、尽日悬悬。鸳鸯两处,清宵最苦,月甚先圆。

在两性不平等的古代,爱情给予女方的除了"风流滋味"外,更多的还是"伤怀",是心绪的"尽日悬悬",和"鸳鸯两处,清宵最苦"的思念。此词曲而见直,同样以真情动人。

此期最著名的女词人是朱淑贞。

朱淑贞(生卒年不详),号幽栖居士,钱塘(今浙江杭州)人。善读书,能文章,工绘事,识音律。有《断肠诗集》、《断肠词》。

相传朱淑贞出身于官宦之家,才貌出众,婚姻却很不美满。至于她的丈夫是何许

① 黄昇:《花庵词选·唐宋诸贤绝妙词选》卷十,第151页。

人,研究者有不同说法,有的说是市井小民,也有说曾应试礼部,后来又在江南为官。不管她的丈夫是何出身,二人感情不合却是事实,上错花轿嫁错郎的结果,是留给她一生的痛苦和遗憾。从朱淑贞的词中,似乎也看到她曾有过爱情的欢乐。如《清平乐》(夏日游湖):

恼烟撩露。留我须臾住。携手藕花湖上路。一霎黄梅细雨。　娇痴不怕人猜。随群暂遣愁怀。最是分携时候,归来懒傍妆台。

此词写夏日游湖,换头大胆地写出了恋爱中少女的真切体验,《古今词统》卷四既说其"娇痴不怕人猜","便太纵矣"[①],而同书卷五却连类而言,表示赞赏:"古歌:'枕郎左臂随郎转,摩捋郎须看郎颜。'千万情态,不出个中。"[②]吴衡照以之与李清照相并:"易安'眼波才动被人猜',矜持得妙。淑贞'娇痴不怕人猜',放诞得妙。均善于言情。"[③]可是她的《断肠词》正如词名一样,表现痛苦的无疑是主调。且看《减字木兰花》(春怨):

独行独坐。独唱独酬还独卧。伫立伤神,无奈轻寒著摸人。　此情谁见。泪洗残妆无一半。愁病相仍,剔尽寒灯梦不成。

《菩萨蛮》:

山亭水榭秋方半。凤帏寂寞无人伴。愁闷一番新。双蛾只旧颦。　起来临绣户。时有疏萤度。多谢月相怜,今宵不忍圆。

前一首连用五个"独"字,可见其心中感受到的孤单寂寞是多么的强烈!在初春时节,寒意未消,风儿阵阵,无聊伫立,轻寒撩起了春愁,孤独之情又有谁知?眼泪打湿了脸,妆也残了,剩下的还没有一半,既愁又病,紧紧相连,使人难以入睡,剔尽了灯还未能成梦。全词确是春怨之情,所怨者何?从一连串的"独"字就可以知道了。前一首写春怨,后一首写秋怨。在山亭水榭赏景,秋色方半,时光正好,但因凤帏寂寞,无人相伴,美好的秋景只能撩起心中的新愁,双眉紧皱,笑脸难开。夜间起来,"绣户"只有流萤飞过,能感谢的是月亮,她为了可怜我,今晚竟不忍独圆。因孤寂之极,遂出此有情却"无理"的"痴语"。

《蝶恋花》(送春)是朱淑贞的代表作:

---

① 卓人月、徐士俊:《古今词统》卷四,《续修四库全书》第1728册,第535页。
② 卓人月、徐士俊:《古今词统》卷五,《续修四库全书》第1728册,第564页。
③ 吴衡照:《莲子居词话》卷二,《词话丛编》,第2423页。

楼外垂杨千万缕。欲系青春，少住春还去。犹自风前飘柳絮。随春且看归何处。　绿满山川闻杜宇。便做无情，莫也愁人苦。把酒送春春不语。黄昏却下潇潇雨。

送春是因为惜春，惜春就要留春，此词不写自己如何有留春之意，而借杨柳写之。杨柳系不住春天，只好用飘扬的柳絮去追逐春天，看她将回到哪里？山川一片绿色，杜鹃的啼声一阵阵传来，鸟虽不懂人的感情，听到这凄苦的啼声，似乎是替愁人而哀鸣。最后，既然留春不住，就只有把酒送春了，可是，春天毕竟无知、故也无语，只有黄昏的潇潇春雨不停落下，在多情的作者看来，怕是很像惜别的眼泪了。沈际飞《草堂诗馀续集》卷上赞之曰："满怀妙趣，成片里出。体物无间之言，淡情深感。"李佳以之"情致缠绵，笔底毫无沉闷"①。

《谒金门》(春半)亦为朱淑贞的代表作：

春已半。触目此情无限。十二阑干闲倚遍。愁来天不管。　好是风和日暖。输与莺莺燕燕。满院落花帘不卷。断肠芳草远。

陈廷焯评之以"凄婉得五代人神髓"②。又说："朱淑真词，才力不逮易安，然规模唐、五代，不失分寸。如'年年玉镜台'，及'春已半'等篇，殊不让和凝、李珣辈。唯骨韵不高，可称小品。"③

朱淑贞的两首《生查子》也具有较高的艺术性：

寒食不多时，几日东风恶。无绪倦寻芳，闲却秋千索。　玉减翠裙交，病怯罗衣薄。不忍卷帘看，寂寞梨花落。

年年玉镜台，梅蕊宫妆困。今岁未还家，怕见江南信。　酒从别后疏，泪向愁中尽。遥想楚云深，人远天涯近。

尤其后者，世传大曲十首，朱淑真此词居第八，调入大石，其在词史上的地位可知。再录其一首《菩萨蛮》(秋)：

秋声乍起梧桐落。蛩吟唧唧添萧索。攲枕背灯眠。月和残梦圆。　起来钩翠箔。何处寒砧作。独倚小阑干。逼人风露寒。

---

① 李佳：《左庵词话》卷上，《词话丛编》，第3132页。
② 陈廷焯：《词则·大雅集》卷四，第183页。
③ 陈廷焯著，屈兴国校注：《白雨斋词话足本校注》卷二，第221页。

朱淑贞词多为伤春悲秋之作。春去秋来本是自然规律,人们之所以伤悲,是生命意识的体现,是对于时光流走、年华逝去的无奈与留恋,而女子的伤春更有悼惜爱情失落的特定意义。李清照的前期词,伤春主要是伤别,是对于不能与夫君始终相伴相守的深切遗憾;而朱淑贞,却因不幸的婚姻而感到终生无着,内心的悲痛远过于前者。对于像她这样的女子,物质生活并非第一位,精神的相通、情感的融洽是更为重要的追求,爱既失落,心无所系,只能在词中倾诉自己的悲伤、失望,她自己将所作命名为"断肠词",决非无病呻吟。

前面曾说,从艺术而言,对于南渡词之变,此期的诗人之词在题材风格与范型选择上,有退回婉约之势,而朱淑贞亦近于此,是向北宋归返。况周颐说得好:"即以词格论,淑真清空婉约,纯乎北宋。易安笔情近浓至,意境较沉博,下开南宋风气,非所诣不相若,则时会为之也。"[①]陈廷焯以之与和凝、李珣相比,也说明了这一点。

---

① 况周颐:《蕙风词话》卷四,《蕙风词话·广蕙风词话》,第74页。

第二章　辛弃疾及辛派词

完颜亮以政变登上皇位，于绍兴三十一年（1161）秋发动第三次宋金战争，分兵三路南侵。在金朝统治区内，广大人民揭竿而起，山东、河北等地的起义军攻陷州府，归附南宋。宋军主力歼灭了拟从海上进攻临安的金朝舰队，又在采石（今安徽马鞍山）击退企图渡江的金兵。完颜亮得知自己朝内有变，渡江失败后移军扬州，企图再次渡江，然而突发内讧，完颜亮被部下所杀，部将与宋议和，金兵全师北还。南侵的中路金兵，遭宋兵与义军阻击，被迫撤退。四川宣抚使吴璘，率军出川，连克金兵，陇山以西地区得到基本控制，另一支宋军也攻克大散关，控制了渭河以南。

完颜亮南侵时，宋高宗已准备"解散百官，浮海避敌"，好在金人内讧，宋军获胜，使之未行浮海之策。但高宗却无视有利的形势，对战争前途悲观，又厌倦国事，遂于绍兴三十二年（1162）六月，传位给养子赵昚，自己当了太上皇。

血气方刚的宋孝宗赵昚，即位之初就为岳飞父子平反，并召回主战派人士张浚、胡铨，准备北伐。但他犯了战略性错误：令吴璘退守四川，再度丧失陇西诸州、军；仓促出兵，导致符离溃败，被迫遣使议和，重新起用秦桧党人。因军事失利，宋孝宗只能同金朝签订隆兴和议，自此宋金改为叔侄之国，不再对金称臣，南宋每年向金朝纳岁币为银绢各二十万两、匹，双方各守旧疆。此和议虽提高了宋廷地位，孝宗仍然不平，后又起用主战派人士，准备再度北伐，但因受掣于太上皇赵构，朝内弊病又多，终难有作为。虞允文死后，孝宗再无北伐之志，也逐渐倦于政事，传位给儿子赵惇，自己也当了太上皇。

宋光宗赵惇患精神病，无法当政。孝宗病死后，朝臣逼迫光宗退位，立其子赵扩为帝，是为宋宁宗。宁宗统治时期，韩侂胄行"庆元党禁"，击败政敌，掌握了军政大权，他以为蒙古政权兴起，金朝陷入内外交困，自己欲建盖世之功，以巩固权力，遂行一系列政治措施，于开禧二年（1206）发动了对金战争，史称"开禧北伐"。由于宋廷长期以来武备不修，军队毫无战斗力，对金战争连连失败，韩侂胄求和不成，被史弥远所杀，随即在嘉定元年（1208）签订嘉定和约。和约规定将原来的宋金叔侄之国改为伯侄之国，岁币增加为银绢各三十万两、匹，南宋还另付给金朝犒军银三百万两。条约签订后，宋金之间又有了十年的和平期。为弥补对蒙古战争的损失，嘉定十年（1218），金宣宗发动南侵，宋金第五次战争爆发，持续十多年之久。因南宋军民的坚决抵抗，金的南侵失败，南宋拒绝了金的议和要求，双方处于敌对状态。

青年辛弃疾在完颜亮南侵时参加了反金义军，后率众归宋，担任地方官，多有政绩，却两度被迫闲退，无法实现"恢复"之志，在开禧北伐失败后不久，怀着忧愤赍志以殁。辛弃疾以词为"陶写之具"，成为了伟大的爱国主义词人。而围绕着和战问题，诸多主战派人士难以施展抱负,也写出不少或壮伟或悲凉的篇章,他们继承并发扬苏轼的创作传统,主要在孝宗至宁宗朝形成了以辛弃疾为领袖的一个词派,成为此期创作的主流,并持续到理宗时期。由于辛弃疾及辛派词的出现,使之能接续苏轼的以诗为词,苏辛并称,在以婉约为正的词史上"别立一宗",一直影响到后来的创作。

辛弃疾于开禧三年(1207)逝世,而由他真正创立的流派,却一直延续着创作。出于对辛派词延续性的考虑,本章拟打破时间界限,跨越光、宁二宗,将论述延伸到宋理宗时期,即辛弃疾、陈亮、刘过之后,以戴复古、刘克庄为代表的诸多辛派词人的创作,被纳入本章的论述范围。

第一节　陆游:半苏半秦与道家风味

陆游(1125—1210),字务观,号放翁,山阴(今浙江绍兴)人。以荫补登仕郎。高宗绍兴二十二年(1152)荐送列第一,居秦桧孙秦埙之前,次年礼部复置前列,为秦桧所黜,桧死,任福州宁德主簿,历敕令所删定官,大理寺司直兼宗正簿。孝宗即位,迁枢密院编修官兼编类圣政所检讨官,赐进士出身。出判建康府、隆兴府,以力倡张浚用兵罪名免归。乾道五年(1169)通判夔州,先后辅王炎、范成大。光宗即位,迁礼部郎中兼实录院检讨官,罢归山阴,闲居十年。宁宗嘉泰二年(1202)权同修国史、实录院同修撰、兼秘书监,升宝章阁待制,致仕。《宋史》有传。有《剑南诗稿》、《渭南文集》、《南唐书》等,词集名《放翁词》,一名《渭南词》。

不将陆游与范成大、杨万里同置于后南渡词阶段论述,是因为他虽不乏婉约之词,又多道家情怀,却与辛弃疾有同派之缘。可以认为,他与张孝祥,同为稼轩爱国主义豪放词的先行。陆游有"小李白"之称,在南宋诗坛上的地位可见,其词名为诗名所掩,也是不争的事实。在有些论家的心目中,陆游词有特殊的地位,如王士禛将词分作诗人之词、文人之词、词人之词与英雄之词四类,以英雄之词为"苏、陆、辛、刘之属是也"[①],近似之论颇多。

笔者认为,对词人的归类,切勿简单对待。古人以陆游与稼轩相拟而论,今人归之于"豪放"阵营,视为辛派重镇,多因出于对辛、陆同道及同志的认可,并因其诗而同化;若作细究,从艺术风格而言,《放翁词》的主体确如杨慎所言:"纤丽处似淮海,雄快处似东坡。"[②]亦如刘熙载所云:"陆放翁词,安雅清赡,其尤佳者在苏、秦间。"[③]《四库全书总目》论其原因最为允当:"平心而论,游之本意,盖欲驿骑于二家之间,故奄有其胜,而皆不能造其极。要之,诗人之言,终为近雅,与词人之冶荡有殊。其短其长,故具在是也。"[④]可见,陆游以诗馀意识与诗情入词,造就了庄雅与冶荡的两面,成为其词

① 王士禛:《倚声初集序》,《续修四库全书》集部第1729册,第164页。
② 杨慎:《词品》卷五,《渚山堂词话·词品》,第141页。
③ 刘熙载:《艺概》卷四《词曲概》,第111页。
④ 永瑢等:《四库全书总目》卷一九八,第1817页。

的主要艺术特点。而且，陆游词不止于“两分”，刘克庄曾说：“其激昂感慨者，稼轩不能过；飘逸高妙者，与陈简斋、朱希真相颉颃；流丽绵密者，欲出晏叔原、贺方回之上，而世歌之者绝少。”[①]这“与陈简斋、朱希真相颉颃”者，即近人刘师培所说的“道家之词”[②]。因此，完整的陆游词应是三类主要题材，并形成了三种艺术风貌。

一、近雅近冶　半苏半秦

我们先看《放翁词》“雄快处似东坡”的“近雅”。

宋人论苏轼词，当推胡寅、王灼之言最为著名。无论是胡寅所说的“一洗绮罗香泽之态，摆脱绸缪宛转之度”，还是王灼所说的“指出向上一路，新天下耳目”，都道出了苏轼革新词风之功。而转变北宋词风的关键，就在于原为贬义的“以诗为词”四字。虽陈师道认为“子瞻以诗为词，如教坊雷大使之舞，虽极天下之工，要非本色。”[③]李清照谓苏轼“作为小歌词，直如酌蠡水于大海，然皆句读不葺之诗尔”[④]。但正是这“要非本色”的“以诗为词”，给北宋词坛带来了两大变化，且对整部词史具有非同寻常的意义：既扩大了词的传统题材，使之“无意不可入，无事不可言也”[⑤]，使词从狭义的“缘情”文学向“言志”发展，提高了词的意格，拓展了它的境界，又变革了晚唐以来由《花间集》所奠定的柔媚、香艳传统，使“本色”的词的主体风格发生了很大变化。苏轼有意于扩大词的题材，“以诗为词”成为自觉行动。综其一生所作，可以认为：自东坡起，词体始尊，才真正改变了晚唐以来“虽好却小”的“小词”地位，“儿女情”的传统园苑注入了“风云气”，使“诗庄词媚”的隔阻得以沟通，非但促使了元祐词风的变化，而且对南渡词坛及金源词人产生了深远的影响。

陆游继承苏轼“以诗为词”传统，有其必然的原因。陆游降生那年，金兵南侵，父陆宰在军事紧急关头，被劾免去军粮转运官之职，携家流亡至寿春。陆游六岁时，随父避居东阳，九岁回到山阴，颠沛流离的生活，使他从小就懂得对民族敌人的仇恨。陆宰为人正直，南渡后，所交皆为爱国的气节之士，陆游后在《跋傅给事帖》中自谓“亲见当时士大夫，相与言及国事，或裂眦嚼齿，或流涕痛哭，人人自期以杀身翊戴王室”[⑥]。他还说：“某生于宣和末……及先君坐御史徐秉哲论罢，南来寿春，复自淮徂江，间关兵间，归山阴旧庐，则某少长矣。一时贤公卿与先君游者，每言及高庙盗环之寇、乾陵斧柏之忧，未尝不相与流涕哀恸，虽设食，率不下咽引去。先君归，亦不复食也。”[⑦]少年时代所受的爱国主义形象教育可见一斑。陆游十八岁从曾幾学诗文，曾幾

---

① 刘克庄：《后村诗话》续集卷四，第139页。
② 刘师培著，舒芜校点：《中国中古文学史·论文杂记》，人民文学出版社1959年版，第131页。（版本后同）
③ 陈师道：《后山诗话》，《历代诗话》，第309页。
④ 李清照著，王文初校注：《李清照集校注》，第195页。
⑤ 刘熙载：《艺概》卷四《词曲概》，第108页。
⑥ 陆游：《跋傅给事帖》，《渭南文集》卷三一，《陆放翁全集》，中国书店1986年版，第194页。（版本后同）
⑦ 陆游：《跋周侍郎奏稿》，《渭南文集》卷三〇，《陆放翁全集》，第188页。

是爱国诗人,所受熏陶可以想见。尽管后来陆游真正从事抗敌救国工作只有南郑从戎的短暂时间,但抗敌御侮、恢复失地却是在他心中萦绕一生的情结。梁启超《读陆放翁集》写道:"诗界千年靡靡风,兵魂销尽国魂空。集中什九从军乐,亘古男儿一放翁。"钱锺书《宋诗选注》肯定了这是清末"痛心国势的衰弱,愤恨帝国主义的压迫"时,读者"极亲切的体会","极热烈的赞扬"。又指出:"要'从戎',要'上马击贼',能够'慷慨欲忘身'或者'敢爱不赀身',愿意'拥马横戈'、'手枭逆贼清旧京'。这就是陆游的特点,他不但写爱国、忧国的情绪,并且声明救国、卫国的胆量和决心"[①]。虽然"从军乐"只是泛说,但钱氏所说,确是陆游诗中的主旋律。梁启超另一诗又云:"辜负胸中十万兵,百无聊赖以诗鸣。谁怜爱国千行泪,说到胡尘意不平!"陆游的"以诗为词",就是偏重于"意不平"、"千行泪"的诸多作品。

《放翁词》中,近于"从军乐"的作品极少。三十九岁时,陆游以枢密院编修官兼编类圣政所检讨官出为镇江府通判,次年二月到任,十月初,陪知镇江府事方滋登北固山多景楼,所作《水调歌头》,或差近之。词中云:"鼓角临风悲壮,烽火连空明灭,往事忆孙刘。千里曜戈甲,万灶宿貔貅。"这是回忆三国分立前孙、刘联军共抗曹兵,欲激发抗御强敌的勇气。下片从"使君宏放,谈笑洗尽古今愁"引出"襄阳登览"的羊祜,"名与江汉流",以劝勉方滋。全词在苍凉中不乏豪迈,开陈亮、稼轩咏多景楼之先。四十八岁时,陆游应四川宣抚使王炎之邀,到南郑任职,七月十六晚登上南郑内城西北的高兴亭,遥望终南山,写下《秋波媚》词。上片的"悲歌击筑,凭高酹酒,此兴悠哉"是写此地,下片的"灞桥烟柳,曲江池馆,应待人来"是写彼地。失地期待收复,作者雄心可见。然而,同年九月,王炎就被召回临安,随即被免职,陆游也同其他幕府中人一样散去。不久,改除成都安抚司参议官,陷于文书及地方事务中,又转徙蜀州、嘉州、荣州等地,再难伸展抗敌复国之志。此后,他虽曾被邀至范成大镇蜀时的幕中,也曾在离开川陕后任职于福建、江西、浙江,但更长时间却是投闲农村,以至终老山林,再无亲赴前线、杀敌立功的机会。因而,他的词更多的是表达报国无门、壮志难酬的悲愤。

《放翁词》中,表达"意不平"的有《感皇恩》:

> 小阁倚秋空,下临江渚,漠漠孤云未成雨。数声新雁,回首杜陵何处。壮心空万里,人谁许? 黄阁紫枢,筑坛开府,莫怕功名欠人做。如今熟计,只有故乡归路。石帆山脚下,菱三亩。

这是离蜀归前所作,壮心空许,愤激强抑,闲淡中深蕴着不平。在成都所作《汉宫春》(初自南郑来成都作),其下片:"何事又作南来,看重阳药市,元夕灯山。花时万人乐处,攲帽垂鞭。闻歌感旧,尚时时、流涕尊前。君记取、封侯事在,功名不信由天。"

① 钱锺书:《宋诗选注》,第285页。

从中也可见壮志难酬的感喟、抑郁。

随着岁月的流逝，不平之意酿成失路英雄的泪水。淹留西川时，陆游写过《鹊桥仙》（夜闻杜鹃），此词下片云：“催成清泪，惊残孤梦，又拣深枝飞去。故山犹自不堪听，况半世飘然羁旅。”《离骚》有句：“恐鹈鴂之先鸣兮，使夫百草为之不芳。”词中秉其岁月蹉跎之感，借物寓言，“孤梦”与“清泪”自是分量不轻。著名的《诉衷情》更使人感到这“千行泪”如铅珠灌顶：

> 当年万里觅封侯，匹马戍梁州。关河梦断何处？尘暗旧貂裘。　　胡未灭，鬓先秋，泪空流。此身谁料，心在天山，身老沧洲！

平心而论，陆游词“雄快处似东坡”者不多，因为表现“从军乐”的甚少，但其“意不平”之作，却是“诗人之言，终为近雅”，是苏轼“以诗为词”精神的赓续发扬。曾慥谓苏轼“江山秀丽之句，樽俎戏剧之词，搜罗几尽矣”①。陆游曾说：“建炎以来，尚苏氏文章，学者翕然从之，而蜀士尤盛。亦有语曰：‘苏文熟，吃羊肉。苏文生，吃菜羹。’”②。陆游作为饱学之士，岂能不熟苏文？不受其影响？而他在《跋东坡帖》中所说的：“公不以一身祸福，易其忧国之心，千载之下，生气凛然，忠臣烈士，所当取法也。”③更见出对东坡忧国之心的继承之志。而陆游更因时世之变及个人抱负，“江山”、“樽俎”都赋予了抗敌御侮、收复失地的新含义，无论是表雄心、抒愤怨，皆使词移就于诗，而多“言志”色彩。

乾道辛卯年（1171），汤衡与陈应行分别为张孝祥词写成《张紫微雅词序》和《于湖先生雅词序》，都有释“雅化”为“诗化”之意。较之张孝祥，放翁词在“寓以诗人句法”（汤序语）、“融取乐府之遗意”（陈序语）同时，更见《诗》之“六义”的“雅”，即《诗大序》所说的“大”（“言天下大事，形四方之风”）和“正”（“雅者，正也，言王政之所由废兴也”）的特点，这可谓是对放翁词“诗人之言，终为近雅”的特定意义的理解。因其“终为近雅”，故许昂霄云：“南渡后，唯放翁为诗家大宗，词亦扫尽纤淫，超然拔俗。”④陈廷焯亦云：“人谓放翁颓放，诗词一如其人，不知放翁之境，外患既深，内乱已作，不得不缄口结舌，托于颓放，其忠君爱国之心，实与子美、子瞻无异也。读先生词，不当观其奔放横逸之处，当观其一片流离颠沛之思，哀而不伤，深得风人之旨，后之处乱世者，其有以法矣。”⑤

然而，陆游的百馀首词中，又可见“纤丽处似淮海”的“词人之冶荡”之半面。试看在汤衡、陈应行为张孝祥词成序的次年，陆游赴成都途中作于葭萌驿的《清商怨》：

---

① 曾慥：《东坡词拾遗跋》，《词籍序跋萃编》，第61页。
② 陆游：《老学庵笔记》卷八，《宋元笔记小说大观》，第3522页。
③ 陆游：《跋东坡帖》，《渭南文集》卷二九，《陆放翁全集》，第177页。
④ 许昂霄：《词综偶评》，《词话丛编》，第1576页。
⑤ 陈廷焯：《云韶集》卷六，《白雨斋词话足本校注》卷一，第119–120页。

江头日暮痛饮，乍雪晴犹凛。山驿凄凉，灯昏人独寝。　鸳机新寄断锦，叹往事、不堪重省。梦破南楼，绿云堆一枕。

政治失意，独眠于山驿，有此梦破南楼、绿云堆枕的济以艳情，其实更令人看到陆游为人和性格的真实性、立体化。《乌夜啼》更纯为艳情之作，风流旖旎不减《花间》：

金鸭馀香尚暖，绿窗斜日偏明。兰膏香染云鬟腻，钗坠滑无声。　冷落秋千伴侣，阑珊打马心情。绣屏惊断潇湘梦，花外一声莺。

又《水龙吟》(荣南作)的下片：

花落月明庭院，悄无言、魂销肠断。凭肩携手，当时曾效，画梁栖燕。见说新来，网萦尘暗，舞衫歌扇。料也羞憔悴，慵行芳径，怕啼莺见。

《沁园春》的上片：

一别秦楼，转眼新春，又近放灯。忆盈盈倩笑，纤纤柔握；玉香花语，雪暖酥凝。念远愁肠，伤春病思，自怪平生殊未曾。君知否？渐香消蜀锦，泪渍吴绫。

《一丛花》：

樽前凝伫漫魂迷。犹恨负幽期。从来不惯伤春泪，为伊后、滴满罗衣。那堪更是，吹箫池馆，青子绿阴时。　回廊帘影昼参差。偏共睡相宜。朝云梦断知何处？倩双燕、说与相思。从今判了，十分憔悴，图要个人知。

《隔浦莲近拍》上片：

飞花如趁燕子。直度帘栊里。帐掩香云暖，金笼鹦鹉惊起。凝恨慵梳洗。妆台畔，蘸粉纤纤指。宝钗坠。

这些作品，虽"荡"者不多，"冶"者却不少，正如李清照评秦观词时所说的"专主情致"，亦如刘熙载之评《淮海词》"得《花间》、《尊前》遗韵，却能自出清新"①。因此，谭献有云："放翁秾纤得中，精粹不少，南宋善学少游者惟陆。"②

① 刘熙载：《艺概》卷四《词曲概》，第109页。
② 谭献：《复堂词话》，《介存斋论词杂著·复堂词话·蒿庵论词》，第27页。

黄昇《中兴词话》已有对陆游词的全面评论：

杨诚斋尝称陆放翁之诗敷腴，尤梁溪复称其诗俊逸，余观放翁之词，尤其敷腴俊逸者也。如《水龙吟》云："韶光妍媚，海棠如醉。桃花欲暖。挑菜初闲，禁烟将近，一城丝管。"如《夜游宫》云："璧月何妨夜夜满。拥芳柔，恨今年、寒尚浅。"如《临江仙》云："鸠雨催成新绿，燕泥收尽残红。春光还与美人同。论心空眷眷，分袂却匆匆。　只道真情易写，奈何怨句难工。水流云散各西东。半廊花院月，一帽柳桥风。"皆思致精妙，超出近世乐府。至于《月照梨花》一词云："霁景风软。烟江春涨。小阁无人，绣帘半上。花处姊妹相呼。约樗蒲。　修蛾忘了当时样。寻思一晌，感事添惆怅。胸酥臂玉消减、拟觅双鱼。倩传书。"此篇杂之唐人《花间集》中，虽具眼未知乌之雌雄也。[①]

在陆游之前，虽也有贺铸的"盛丽如游金、张之堂，而妖冶如揽嫱、施之祛，幽洁如屈、宋，悲壮如苏、李"[②]，张元幹的"长于悲愤"和"极妩媚之致"[③]，叶梦得年轻时的"婉丽绰有温李之风，晚岁落其华而实之，能于简淡时出雄杰"[④]，但似陆游的几是半苏半秦，各得徐妃半面之妆，并无阶段性的不同倾向者，却近于仅见。

二、诗化与诗馀　别创与从俗

严格说来，苏轼的"以诗为词"在北宋并未得到足够的回应，而"靖康之耻"却激起了南渡词坛的强烈变化，前引评论张元幹、叶梦得之语，都可见截然不同的风格之成因，正在于横截两宋历史的"靖康之变"，以"缘情"为本位的词不期然而然地向"言志"移位，词的诗化成为一时的必然。向子諲编己作为《酒边词》，且分为《江南新词》与《江北旧词》两卷，胡寅认为他"退江北所作于后，而进江南所作于前。以枯木之心，幻出葩华，酌元酒之尊，弃置醇味"[⑤]。而这进退之举，正关合时世之变，是词由"情"而"志"的"诗化"表现。其他词人，虽未必有向子諲的进退己作一事，但精神却是一致的。

到陆游生活的时代，已非巨变乍临时的痛彻心肺，可是每一个系念中原的人，又岂不为"洙泗上，弦歌地，亦膻腥"（张孝祥《六州歌头》）深感愤懑？陆游一生都不忘抗敌救国、恢复失地的大计，他只是在报国无门的情况下，才"蹭蹬乃去作诗人"，且"忠君爱国之心，愤郁不平之气，恢复宇宙之念，往往发之于声诗"（明黄漳《书陆放翁先生诗卷后》）。与诗相比，他的词数量少得多，然而，却带着南渡以来词坛"诗化"之馀势，

① 黄昇：《中兴词话》，《词话丛编》，第212页。
② 张耒：《东山词序》，《词籍序跋萃编》，第121页。
③ 毛晋：《芦川词跋》，《词籍序跋萃编》，第188页。
④ 关注：《题石林词》，《词籍序跋萃编》，第133–134页。
⑤ 胡寅：《酒边集序》，《词籍序跋萃编》，第169页。

又以之分泄诗中情怀,《放翁词》必然是继承苏轼的路线。陆游的《跋东坡七夕词后》,可以看出这种学习"豪苏"而非"腻柳"的自觉:"昔人作七夕诗,率不免有珠栊绮疏惜别之意。惟东坡此篇,居然是星汉上语,歌之曲终,觉天风海雨逼人。学诗者当以是求之。"[①]这里的"东坡此篇""七夕词",指《鹊桥仙》(七夕送陈令举),而跋语中的"学诗者"之"诗",或是"词"之误,但也可视作陆游等观诗词的理念,"当以是求之"则是勉于人又用以自勉之语。

由陆游的诗歌创作思想,也可折射他的作词之旨。陆游早年从江西派入手,曾拜曾幾为师,而曾是韩驹的弟子,韩、曾两人都是江西诗派中人,因而也有人认为陆游是江西派正传。陆游《赠应秀才》说:"我得茶山(曾幾)一转语,文章切忌参死句。"可见其渊源所自。然而又诚如《四库全书总目》所说:"游诗法传自曾幾,而所作《吕居仁集序》又称源出居仁,二人皆江西派也。然游诗清新刻露,而出以圆润,实能自辟一宗,不袭陈、黄之旧格。"[②]之所以能自辟一宗,是由于他在创作实践中逐步脱江西派主要靠书本、学问的影响,尤其在川陕的生活中,山川之助与抗敌激情更成了创作的真源。他曾为幼子学诗示以径路:"我初学诗日,但欲工藻绘。中年始少悟,渐若窥宏大……诗为六艺一,岂用资狡狯?汝果欲学诗,工夫在诗外。"(《示子遹》)诗外之工首在社会生活,他曾写过:"法不孤生自古同,痴人乃欲镂虚空。君诗妙处吾能识,正在山程水驿中。"(《题庐陵萧彦毓秀才诗卷后》)

这也可用于观照他自己的诗。郭绍虞曾这样论述陆游之变江西宗风:"自得与自然,本是江西诗人与道学家论诗之共同之点。而他则循此做去,兼有两方面的长处,去了江西诗人的纯艺术论和道学家的唯心论,于是结合时代,接触现实,也就别创诗格,转与江西作风不相类似了。"[③]他的作词,又何尝不是如此呢?

《渭南文集》有陆游的两篇《跋〈花间集〉》。其一曰:"《花间集》,皆唐末五代时人作,方斯时,天下岌岌,生民救死不暇,士大夫乃流宕如此,可叹也哉!或者亦出于无聊故耶?笠泽翁书。"[④]其二曰:"唐自大中后,诗家日趣浅薄。其间杰作者,亦不复有前辈闳妙浑厚之作,久而自厌,然梏于俗尚,不能拔出。会有倚声作词者,本欲酒间易晓,颇摆落故态,适与六朝跌宕意气差近,此集所载是也。故历唐季五代,诗愈卑,而倚声者辄简古可爱。盖天宝以后,诗人常恨文不逮,大中以后,诗衰而倚声作。使诸人以其所长格力施于所短,则后世孰得而议?笔墨驰骋则一,能此而不能彼,未易以理推也。开禧元年十二月乙卯,务观东篱书。"[⑤]前一则,感慨"天下岌岌,生民救死不暇"的唐末五代之时,却从《花间集》中看到"士大夫乃流宕如此"。纵然是"亦出于无聊",沉迷于醇酒、妇人,丢弃应负的社会责任,终是士大夫所不该走的道路。后一则

① 陆游:《跋东坡七夕词后》,《渭南文集》卷二八,《陆放翁全集》,第171页。
② 永瑢等:《四库全书总目》卷一六〇,第1380页。
③ 郭绍虞:《中国文学批评史》,上海古籍出版社1979年版,第255页。
④ 陆游:《跋〈花间集〉》,《渭南文集》卷三〇,《陆放翁全集》,第186页。
⑤ 陆游:《跋〈花间集〉》,《渭南文集》卷三〇,《陆放翁全集》,第186页。

可看出陆游赞赏以“新变”求“代雄”的文学发展观，“适与六朝跌宕意气差近”，“倚声者辄简古可爱”，都是对词的肯定。前者贬，后者褒，其实并不矛盾，内容虽是“流宕”，新体却自有其长，“使诸人以其所长格力施于所短，则后世孰得而议”？既是感慨唐五代词人之枉费才力，又指出了长短互济的应走之路。历史已不能改写，《花间》“流宕”的事实俨然，但是，今日又当“天下岌岌”之时，为免后世之议，以靖国难、救生民为己任的陆游，又岂能不“结合时代，接触现实”，别创“词格”，转与传统词风不相类似？

于是，就有诸如登北固山多景楼作《水调歌头》，登南郑高兴亭作《秋波媚》等较为少见的“从军乐”作品及前引诸多“意不平”、“千行泪”之词。《夜游宫》（记梦寄师伯浑）甚而在梦中作壮志未酬的补偿：

> 雪晓清笳乱起，梦游处、不知何地。铁骑无声望似水。想关河，雁门西，青海际。　睡觉寒灯里。漏声断、月斜窗纸。自许封侯在万里。有谁知，鬓虽残，心未死！

即如《鹧鸪天》的“家住苍烟落照间，丝毫尘事不相关。斟残玉瀣行穿竹，卷罢黄庭卧看山”的闲适，仍难掩“老却英雄似等闲”的感喟。另一《鹧鸪天》的“歌缥缈，橹呕哑，酒如清露鲊如花”，在自如自在中，也流露出“只将渔钓送年华”的无奈。

陆游以诗之所长格力施于词之所短，严格说来，并未得苏轼“豪放”、“雄快”的一面，即使是冯煦所评的“逋峭沈郁”①，也主要是对“稼轩风”同道的认同，以之评陆游的诗更为合适。将毛晋“超爽”②、刘熙载“安雅清赡”之评合观之，放翁词主要是继承苏轼“清旷”一面。作为“清雄”的苏轼与“沈郁”的辛弃疾之间的过渡人物，陆游上不能如苏之“以诗为词”，下不能如辛之“以文为词”，“蹭蹬乃去作诗人”的陆游毕竟只是以馀力为词，“以其所长格力施于所短”，终未能使自己成为词坛大家。所以，陈廷焯并提陆辛而作平行比较：“放翁、稼翁，扫尽绮靡，别树词坛一帜。然二公正自不同：稼翁词悲而壮，如惊雷怒涛，雄视千古；放翁词悲而郁，如秋风夜雨，万籁呼号，其才力真可亚于稼轩。”③并因之又以其在婉约大家之上，陈氏又说：“（放翁词）寓意高远，笔力高绝，此种地步不惟秦、柳不能道，即求之唐、宋诸名家亦不能到。”④却终又作出辛陆高下的判断：“放翁词，亦为当时所推重，几欲与稼轩颉颃。然粗而不精，枝而不理，去稼轩甚远。大抵稼轩一体，后人不易学步。无稼轩才力，无稼轩胸襟，又不处稼轩境地，欲于粗莽中见沉郁，其可得乎？”⑤

人，尤其是宋人，常见扮演多种人生角色。大诗人陆游固然是“亘古男儿一放

---

① 冯煦：《蒿庵论词》，《介存斋论词杂著·复堂词话·蒿庵论词》，第67页。
② 毛晋：《放翁词跋》，《词籍序跋萃编》，第223页。
③ 陈廷焯：《云韶集》卷六，《白雨斋词话足本校注》卷一，第119页。
④ 陈廷焯：《云韶集》卷六，《白雨斋词话足本校注》卷一，第121页。
⑤ 陈廷焯：《云韶集》卷六，《白雨斋词话足本校注》卷一，第118页。

翁”,却也有闲适的一面。钱锺书说他“咀嚼出日常生活的深永的滋味,熨贴出当前景物的曲折的情状”,“像《红楼梦》第四十八回里香菱的摘句,像旧社会里无数客堂、书房和花园中挂的陆游诗联都是例证。就此造成了陆游是个‘老清客’的印象”[①]。诗如此,词也必然如此。词虽“诗化”,毕竟又是“诗馀”,何况诗词体性不同,又何以要“化”得不见词味呢?《渭南文集》有《跋后山居士长短句》一则:“唐末,诗益卑,而乐府词高古工妙,庶几汉魏。陈无已诗妙天下,以其馀作辞,宜其工矣。顾乃不然,殆未易晓也。”[②]前三句与跋《花间集》的看法一致,而评陈师道的“宜其工”却“顾乃不然”,可见在“诗化”之外,又有对李清照“别是一家”之说的认同。何况,《渭南文集》还有这样一篇自题《长短句序》:“雅正之乐微,乃有郑卫之音,郑卫虽变,然琴瑟笙磬犹在也。乃变而为燕之筑、秦之缶、胡部之琵琶箜篌,则又郑卫之变矣。风、雅、颂之后,为骚、为赋、为曲、为引、为行、为谣、为歌,千馀年后,乃有倚声制辞,起于唐之季世。则其变愈薄,可胜叹哉!予少时汩于世俗,颇有所为,晚而悔之。然渔歌菱唱,犹不能止,今绝笔已数年,念旧作终不可掩,因书其首以识吾过。淳熙己酉炊熟日,放翁自序。”[③]此序作于1189年,是年陆游六十五岁。

尽管将这五篇跋语对照看有不尽统一之处,但总体精神却是一致的。在对《花间集》作跋及跋陈师道词时,陆游局部地承认了“倚声作词”之“简古可爱”,“高古工妙”,在艺术性上承认了词的文学进化;而自题《长短句序》却是对“文乐相表里”历史的宏观描述,“其变愈薄”的总括性论断,体现为崇古意识下的“递降”观。这里,既带着绍兴十二年(1142)鲖阳居士《复雅歌词序略》的“观乐知政”、溺夷音而荒政的观点的历史投影,又表现出在传统的“正变”观笼罩下难改对于词之“浇薄”本质的认识。因而才有悔少作而终不可掩,书之而言过之举。

诚然,《长短句序》有屈从于理学昌盛的背景,或系不得已而言之,然而,《放翁词》既然给人又留下“纤丽处似淮海”的印象,且非止在于风格,其内容亦有与《花间》及柳、秦相近的“冶荡”,“汩于世俗”,“晚而悔之”及“以识吾过”云云,就不能仅看成是虚与委蛇之辞了。既然陆游的诗在从戎击贼、慷慨忘身、恢复之志至死不衰以外,又能给人留下类似“老清客”的另一面印象,他的词又不似陈亮之“陈述经济之怀”,辛弃疾之作“陶写之具”,“诗化”的程度有限,且主位毕竟在诗,作词之“汩于世俗”,正是对“缘情”潜势力的顺从,让人窥见这“纤丽”、“冶荡”的半面,就不足为奇了。

三、元亮之四　道家之词

咏梅的《卜算子》,是陆游词的名篇:

---

① 钱锺书:《宋诗选注》,第284页。
② 陆游:《跋后山居士长短句》,《渭南文集》卷二八,《陆放翁全集》,第168页。
③ 陆游:《长短句序》,《渭南文集》卷一四,《陆放翁全集》,第80页。

驿外断桥边，寂寞开无主。已是黄昏独自愁，更著风和雨。　　无意苦争春，一任群芳妒。零落成泥碾作尘，只有香如故。

此词托物言志，借梅花表达自己的理想志趣：驿外断桥，寂寞自开，黄昏之时，风雨交加，遭遇如此，故只有独自生愁。梅花凌寒而开，无意于与百花争春，一个“苦”字，写出了对争宠者奔竞、争逐的鄙夷，自然也包含着对主和派的冷然相对。无意于争春，只是出于一片赤诚，所以如果“群芳”有妒心，也就让她们去妒忌吧，梅花并不需要为自己辩解。所要表白的是，即使自己飘零坠落，被碾成了泥土，但一点芳心不会改变，香气依然如故。陆游自幼爱国，必然不忘恢复失地、统一北方，但朝中主和势力很大，高宗统治多年，从无北伐之志，孝宗继位后，曾想有所作为，但在“符离战败”后即放弃北伐，签订了“隆兴和议”。所以“驿外断桥边，寂寞开无主”的寒梅，的确是陆游等主战派处境的写照。如果只是要追求个人的功名富贵，陆游完全可以放弃自己抗敌北伐的主张，但正如他在《落梅》诗中所写：“雪虐风饕愈凛然，花中气节最高坚”，爱国理想和气节操守无疑要比个人利益重要得多，因此他借梅花以明志，表示决不会放弃自己的主张，改变自己的初衷，决不会与主和派为伍，去阿谀逢迎，谄媚邀宠。

而陆游的一生却难遂其志。他三十九岁时被贬出临安，通判镇江，旋移隆兴（府治今江西南昌），后因“力说张浚用兵”，四十二岁被削官，归山阴故里。三年后，又得起用通判夔州。四十八岁时，离通判夔州任，应四川宣抚使王炎之邀，到南郑担任四川宣抚使公署干办公事兼检法官。南郑是当时的抗金前线，王炎又是主张抗金的主要代表，主宾相得，十分投契。但乾道八年（1172）冬，王炎被召回临安，陆游也被改命为成都府路安抚司参议官，从南郑到成都。人去政息，事业无望，在入蜀后，陆游写了一首《蝶恋花》：

桐叶晨飘蛩夜语。旅思秋光，黯黯长安路。忽记横戈盘马处，散关清渭应如故。　　江海轻舟今已具。一卷兵书，叹息无人付。早信此生终不遇，当年悔草长杨赋。

上片是对南郑生活的回忆、怀念，以及自己的失望之情。北望长安而不可进，东望临安而不可行，只有不愿行却不得不行的南行之路，当此时，最令作者思念的还是横戈盘马的南郑生活。过片的“江海轻舟今已具”显然是归隐之意，此时，令自己挂心的是“一卷兵书，叹息无人付”，王炎可以虚心采纳自己“经略长安，必自长安始”的战略思想，现在又有谁会听信己言呢，而朝中又有几人在为国家前途命运着想！作者终于从感叹转为愤慨：用扬雄讽谏汉成帝游幸长杨宫而献赋之典故，重在于“不遇”，表示如早知道这一生得不到知遇，何必要去陈述抗金大计、恢复方略呢！

陆游为自己的“此生终不遇”而愤慨，其结果是后来虽也数次为官，却再无从军之乐，更被长期投闲置散。“达则兼济天下，穷则独善其身”，是古代士人的人生态度，也是生活准则。陆游长时间徜徉山林，无法实现从戎御敌、恢复失地的大志，顺从于传统的“儒道互补”精神及士人生存方式，也只能转儒为道，写起了隐逸词。我们应看到，陆游是被动的、不得已的走上隐逸之路的，因此，《鹊桥仙》道出了作渔父的无奈与内蕴的愤懑：

> 华灯纵博，雕鞍驰射，谁记当年豪举。酒徒一一取封侯，独去作江边渔父。
> 轻舟八尺，低篷三扇，占断蘋洲烟雨。镜湖元自属闲人，又何必君恩赐与！

杨慎称之“英气可掬，流落亦可惜矣”[1]。许昂霄说：“‘酒徒一一取封侯，独去作江边渔父’，感愤语妙，以蕴藉出之。结句翻用贺知章事，而感慨意即寓其中。”[2]陈廷焯说得更为彻底：“悲壮语，亦是安分语。”[3]即便是看似平和的隐逸之词，也微露幽愤。如另一首《鹊桥仙》：

> 一竿风月，一蓑烟雨，家在钓台西住。卖鱼生怕近城门，况肯到红尘深处。
> 潮生理棹，潮平系缆，潮落浩歌归去。时人错把比严光，我自是无名渔父。

词的头两句说渔父手把钓竿，钓竿浴着清风明月，蓑衣披着烟光雨滴，他的家住在浙江桐庐富春山的钓台西面，渔父以卖鱼为生，但他却无心求利，卖鱼时远离城门，当然更不肯到红尘深处争逐名利了。下片说，渔父在潮水起时要理棹摇船，潮水涨平后要系缆停舟，潮水落下后高唱着渔歌归去。人家错把我比作严光，其实我只是无名的渔父。看起来似乎是以为无名的渔父难以同大名鼎鼎的严光相比，实际上，严光虽辞征召，却因光武帝而得名，又披着羊裘垂钓，更有求名之心，所以陆游认为，渔父之卖鱼生怕近城门，实际上比严光还要清高脱俗。陆游很想在抗金复国的大业中作一番事业，但由于最高统治者无意北伐，他只是在剑南前线经历了短暂的抗敌生涯，很快就被迫回乡闲居。这首《鹊桥仙》看起来似表现隐逸情致，“一竿风月，一蓑烟雨”，“潮生理棹，潮平系缆，潮落浩歌归去”，是闲适生活，是与世无争的恬淡情趣；而实际上，“生怕近城门”，不肯“到红尘深处”，以及“我自是无名渔父”云云，应是对求一己私利而不计国家根本利益之人的讽刺，此中应有强抑的幽愤。

在投闲中过隐逸的生活，滋生道家思想，并表现在词中，是不足为怪的。因此，刘师培在诸家所论之外，特地指出陆游之词为“道家之词”，其艺术风格若拟之于诗，则与隐逸诗人为近，如刘氏同则文字所说：“剑南之词，屏除纤艳，清真绝俗，逋峭沈郁，而出之以平淡之词，例以古诗，亦元亮、右丞之匹。”[4]所以，这种“道家之词”正是“兼济

---

① 杨慎：《词品》卷五，《渚山堂词话·词品》，第142页。
② 许昂霄：《词综偶评》，《词话丛编》，第1559页。
③ 陈廷焯：《词则·别调集》卷二，第620页。
④ 刘师培著，舒芜校点：《中国中古文学史·论文杂记》，第131页。

天下”而不得，只能行以“独善其身”，却仍无违诗之“言志”传统。《渔父》五首，表达了从理想破灭，到愔羡隐逸的生存方式。前者如：

石帆山下雨空濛，三扇香新翠箬篷。蘋叶绿，蓼花红，回首功名一梦中。

后者如：

镜湖俯仰两青天，万顷玻璃一叶船。拈棹舞，拥蓑眠，不作天仙作水仙。
长安拜免几公卿，渔父横眠醉未醒。烟艇小，钓车腥，遥指梅山一点青。

《好事近》亦为此类：

岁晚喜东归，扫尽市朝陈迹。拣得乱山环处，钓一潭澄碧。　卖鱼沽酒醉还醒，心事付横笛。家在万重云外，有沙鸥相识。

《恋绣衾》更尽情表现了隐逸生活的山水之乐：

不惜貂裘换钓篷，嗟时人、谁识放翁。归棹借樵风稳，数声闻林外暮钟。
幽栖莫笑蜗庐小，有云山、烟水万重。半世向丹青看，喜如今身在画中。

又如《乌夜啼》：

素意幽栖物外，尘缘浪走天涯。归来犹幸身强健，随分作山家。　已趁馀寒泥酒，还乘小雨移花。柴门尽日无人到，一径傍溪斜。

以上的“道家之词”是隐逸情怀的表现，确实是“屏除纤艳，清真绝俗”，“出之以平淡之词”，无欲无念，有元亮、右丞之平淡。而陆游同时也有道家消极的一面，《破阵子》的“眼底荣华元是梦，身后声名不自知”，其二的“看破空花尘世，放轻昨梦浮名。蜡屐登山真率饮，筇杖穿林自在行。身闲心太平”，都是因难以实现怀抱而作看穿世道之语。终于，他又跨越了思想与生活一层，而表现出道教的宗教情趣。

陆游中年时已有《大圣乐》之作，可谓合佛家、庄子与道教于一体：

电转雷惊，自叹浮生，四十二年。试思量往事，虚无似梦，悲欢万状，合散如烟。苦海无边，爱河无底，流浪看成百漏船。何人解，向无常火里，跌打身坚。
须臾便是华颠，好收拾形骸归自然。又何须著意，求田问舍，生须宦达，死要名传。寿夭穷通,是非荣辱,此事由来都在天。从今去,任东西南北,作个飞仙。

他虽也说:“慵服气,懒烧丹,不妨青鬓戏人间。秘传一字神仙诀,说与君知只是顽。”(《鹧鸪天·葭萌驿作》)但是如《好事近》就是带有游仙色彩的“见道”之词:

华表又千年,谁记驾云孤鹤。回首旧曾游处,但山川城郭。 纷纷车马满人间,尘土污芒屩。且访葛仙丹井,看岩花开落。

觅个有缘人,分付玉壶灵药。谁向市尘深处,识辽天孤鹤。 月中吹笛下巴陵,条华赴前约。今古废兴何限,叹山川如昨。

另一同调词更是完全的道教词:

风露九霄寒,侍宴玉华宫阙。亲向紫皇香案,见金芝千叶。 碧壶仙露酝初成,香味两奇绝。醉后却骑丹凤,看蓬莱春色。

《秋波媚》亦是:

曾散天花蕊珠宫,一念堕尘中。铅华洗尽,珠玑不御,道骨仙风。 东游我醉骑鲸去,君驾素鸾从。垂虹看月,天台采药,更与谁同?

刘克庄说陆游词“飘逸高妙者,与陈简斋、朱希真相颉颃”,指出其在苏、秦外的第三种面目。因陈与义《拟法驾导引》三章,“以清虚之笔,写阔大之景,语带仙气,洗脱凡艳殆尽”①,朱敦儒“多尘外之想”②,“天资旷远,有神仙风致”③,而观陆游上面所作,可见刘说不无根据。谭献《复堂文续》卷二的《老学后庵自订词序》云:“南宋词人之耆寿者,前称子野,后则放翁。放翁乐府曲而至,婉而深,跌宕而昭彰。”陆游享寿既长,经历、思想又复杂,词作且多,其词“曲而至,婉而深,跌宕而昭彰”自涉多种题材,有多种风格,所以,从刘克庄的“飘逸高妙”说,到刘师培“道家之词”的判断,都是很正确的(虽此说未免以偏概全)。

如果说,陆游以“一个飘零身世,十分冷淡心肠”(《朝中措·梅》)自况,这“冷淡心肠”成为“道家之词”的基础,且以类于稼轩的“超爽”以补苏轼之“雄快”(“雄快”也只是苏轼的一方面,“清旷”更应是主调),那么,“叹名姬骏马,尽付杜陵,苑路豪客”(《望梅》),亦可借拟其词:“骏马”是他的“诗化”的“言志”之作,而“名姬”则属对“缘情”旧

① 陈廷焯著,屈国兴校注:《白雨斋词话足本校注》卷十,第730页。
② 王莘:《方壶诗馀自序》,《词籍序跋萃编》,第270页。
③ 黄昇:《花庵词选·中兴以来绝妙词选》卷一,第179页。

苑的认同。“驿骑于苏秦之间”并非陆游之本意，而是创作的结果，这也反映出“因”“革”之间的两难心态，这样，也必然造就出“奄有其胜，而皆不能造其极”，“其短其长，故具在是”的结果。因而，作为词人的陆游，就只能是苏、辛间的过渡人物，冯煦以为“求之有宋诸家，无可方比”[①]，显然是言过其实了。

第二节　张孝祥与稼轩风前奏

陈廷焯每以陆游比稼轩，是因其“雄快处似东坡”的一面导辛词之先，而在稼轩出现之前夕，其实不仅有陆游，而更有一个创作群体的铺垫。如果说在高、孝之交，南渡时期的感慨怨愤之声不再闻，颂圣贡谀又成一时风气，诗人之词与女性之词亦有回复北宋之势，那么在孝宗统治的二十多年间，因和战的选择，因时事的刺激，又诱发出接触现实的词作之生成，形成了群体性的创作倾向。这一群体上承南渡词中感慨时事一路，又因现实中的高、孝更替虽带来了和战的转机，却终又恢复之事难行，而群体中的成员多负有一定的军政之责，以政事入词是不可避免的，他们间又多有交往，因此也带来了词的艺术之变，成为了稼轩风的前奏。这一群体中，韩元吉、袁去华年辈较长，张孝祥成就最高，本节拟作重点论述。

一、韩元吉与袁去华

韩元吉（1118—1187），字无咎，号南涧，开封雍丘（今属河南）人。韩维四世孙。以荫为龙泉县主簿。高宗朝，历知建安县，除司农寺主簿。孝宗乾道三年（1167），除江东转运判官，次年以朝散郎入守大理少卿，权中书舍人，后权吏部侍郎，又权吏部尚书充贺金生辰使。淳熙元年（1174）出知婺州，再移知建安府，召入为吏部尚书。五年，除龙图阁学士，复知婺州。罢为提举太平兴国宫。有《南涧甲乙稿》七十卷，已佚，《彊村丛书》辑其词为《南涧诗馀》一卷。

黄昇《花庵词选》称，韩元吉“名家、文献、政事、文学，为一代冠冕”[②]。《霜天晓角》（蛾眉亭）是韩的代表作：

> 倚天绝壁。直下江千尺。天际两蛾凝黛，愁与恨、几时极。　　怒潮风正急。酒醒闻塞笛。试问谪仙何处，青山外、远烟碧。

蛾眉亭在今安徽马鞍山西南的采石矶上，北宋不少名家都有以采石蛾眉亭登览为题的词，而此词却能胜出。开头写登亭所览，极有气势，然后远眺，用“两蛾凝黛”、似含愁有恨写夹江对峙的东、西梁山，此处借山写怨，自应是作者感情的投射。由于

---

① 冯煦：《蒿庵论词》，《介存斋论词杂著·复堂词话·蒿庵论词》，第67页。

② 黄昇：《花庵词选·中兴以来绝妙词选》卷三，第216页。

他主张抗金而收复失地，而如今非但恢复无望，而且作词时，正值隆兴二年(1164)的金兵渡淮南侵，愁与恨就绝非出之无由了。下片因采石而怀想与此地关系密切的李白，而李白曾有“为君谈笑静胡沙”(《永王东巡歌》其二)之志，却壮志未酬，病死于此。作者由自己的不能有所作为，故有谪仙之问，最后融情入景，馀意无限。元代吴师道认为韩元吉此词“未有能继之者”[1]，应是在知人论世基础上的了解、揄扬，其寓时事入风景，而能情景两得、小中寓大，也确实难以为继。

《好事近》(汴京赐宴闻教坊乐有感)，是乾道八年(1172)作者以吏部尚书充贺金生辰使时所作。词云：

凝碧旧池头，一听管弦凄切。多少梨园声在，总不堪华发。　　杏花无处避春愁，也傍野烟发。惟有御沟声断，似知人呜咽。

作者在赴金的途中，来到此时金朝的南京——汴梁，因金人设宴，而借唐写宋、以古喻今：安史之乱后，安禄山叛军攻下东都洛阳，大会凝碧池，令梨园弟子演奏，乐工雷海青掷乐器于地，西向大恸，被安禄山处死，被囚的大诗人王维为此而写下一首七绝。下片杏花之发与御沟声断形成了对照，然而前者的无处避愁，后者的似知人呜咽而声断，都是借物拟人、以物寄情。因作者肩负着实为屈辱的使命，此时此地自然令他想得很多，内蕴的悲哀借历史而发之，移之景物而写之，故此词不失为思想与艺术高度结合之作。

而《江神子》(金山会饮)是风格雄奇豪放之作：

金银楼阁认蓬莱。晓烟开。上崔嵬。风引孤帆，谁道却船回。鹏翼倚天鳌背稳，惊浪起，雪成堆。　　翩翩黄鹤为谁来。醉持杯。共徘徊。四面江声，脚底隐晴雷。织女机头凭借问，何处更、有琼台。

由词题可知，此词是因镇江金山会饮而作。金山虽不足百米之高，却因在扬子江心而十分险要，词的开头即将此地比作蓬莱仙境，然后写登山及所见，所展示的意象都雄浑开阔而充满动感，且画面兼及声音，最后用织女之问结束。词的写法及境界，近于苏之雄，又近辛之豪，显与质轻、境隐的当行之词不同。

韩元吉与陆游、辛弃疾都有交往，亦有酬赠之词。前者有《水调歌头》(寄陆务观)：

明月照多景，一话九经年。故人何在，依约蜀道倚青天。豪气如今谁在。剩对岷峨山水。落纸起云烟。应有阳台女，来寿隐中仙。　　相如赋，王褒颂，子云玄。兰台麟阁，早晚飞诏下甘泉。梦绕神州归路。却趁鸡鸣起舞。馀事勒燕

---

① 吴师道：《吴礼部词话》，《词话丛编》，第292页。

然。白首待君老,同泛五湖船。

据陆游《京口唱和序》,隆兴二年(1164),陆游通判镇江时,曾与韩元吉相会,“览观江山,举酒相属甚乐”[①],故此词即以镇江北固山多景楼开头。镇江之会至此已经九年,正应是陆游离通判夔州任,应王炎之邀,任四川宣抚使公署干办公事兼检法官之时,因而词中多写与四川相关的事典。词的重心是以“梦绕神州归路。却趁鸡鸣起舞。馀事勒燕然”作同志、同道的认同和鼓励,最后表功成身退、老而归隐之意。此类词与稼轩酬赠之作的惯以功业许人有很大的相似性,为此前宋词中所罕见。后者如《好事近》(辛幼安席上):

华屋翠云深,云外晚山千叠。眼底无穷春事,对杨枝桃叶。　老来沈醉为花狂,霜鬓未须镊。几许夜阑清梦,任翻成胡蝶。

“对杨枝桃叶”亦物亦人,意义双关,“老来沈醉为花狂”,实也是不得已,有借狂写怨之意,而最后用庄周蝶梦典,让人看到了辛弃疾的同好。

立意与风格近于苏或辛的,再举二例。《鹧鸪天》(九日登赤松绝顶):

老去休惊节物催。菊花端的为君开。携壶幸有齐山客,怀古还如单父台。　松掩映,水萦回。使君强健得重来。不须细把茱萸看,且尽丰年酒一杯。

《水调歌头》(席上次韵王德和):

世事不须问,我老但宜仙。南溪一曲,独对苍翠与孱颜。月白风清长夏。醉里相逢林下。欲辩已忘言。无客问生死,有竹报平安。　少年期,功名事,觅燕然。如今憔悴,萧萧华发抱尘编。万里蓬莱归路。一醉瑶台风露。因酒得天全,笑指云阶梦,今夕是何年。

而《六州歌头》(桃花)则是咏桃花以怀人之作,在咏物中包裹着艳情,其风格令人想起苏轼既写“大江东去”,也有缠绵悱恻的《水龙吟》杨花词。词云:

东风著意,先上小桃枝。红粉腻。娇如醉。倚朱扉。记年时。隐映新妆面。临水岸。春将半。云日暖。斜桥转。夹城西。草软莎平,跋马垂杨渡,玉勒争嘶。认蛾眉凝笑,脸薄拂燕支。绣户曾窥。恨依依。　共携手处。香如雾。红随步。怨春迟。销瘦损。凭谁问。只花知。泪空垂。旧日堂前燕,和烟

---

① 陆游:《京口唱和序》,《渭南文集》卷一四,《陆放翁全集》,第76页。

雨,又双飞。人自老。春长好。梦佳期。前度刘郎,几许风流地,花也应悲。但茫茫暮霭,目断武陵溪。往事难追。

袁去华(1111—?),字宣卿,奉新(今属江西)人。绍兴十五年进士。善化知县,又知石首县。有《宣卿词》一卷。

袁去华存词较多,具有多种风格,显见对前人的多方学习、继承,所作不仅有近于"花间"者,所用柳、周之调也不少,但最见特色的还是其多首气势较高旷雄浑的《水调歌头》。

其婉约的言情之作,虽有自己的感情体验,却无创造性的艺术表现。如《浣溪沙》:

一夕高唐梦里狂。云情雨意两茫茫。袖间依约去年香。 乳燕鸣鸠闲院落,垂杨芳草小池塘。墙梢冉冉又斜阳。

《长相思》:

荷花香。竹风凉。万动声沈更点长。荧荧月半床。 好思量。恶凄惶。独立西厢花拂墙。如今空断肠。

《瑞鹤仙》:

郊原初过雨。见败叶零乱,风定犹舞。斜阳挂深树。映浓愁浅黛,遥山眉妩。来时旧路。尚岩花、娇黄半吐。到而今,唯有溪边流水,见人如故。 无语。邮亭深静,下马远寻,旧曾题处。无聊倦旅。伤离恨,最愁苦。纵收香藏镜,他年重到,人面桃花在否。念沈沈、小阁幽窗,有时梦去。

《剑器近》虽是其创调,前二段为双曳头(句式、声韵全同),而在艺术表现上却创作无多:

夜来雨。赖倩得、东风吹住。海棠正妖娆处。且留取。 悄庭户。试细听、莺啼燕语。分明共人愁绪。怕春去。 佳树。翠阴初转午。重帘未卷,乍睡起、寂寞看风絮。偷弹清泪寄烟波,见江头故人,为言憔悴如许。彩笺无数。去却寒暄,到了浑无定据。断肠落日千山暮。

而《金蕉叶》则与柳永、黄庭坚、秦观的俗词极为相似:

行思坐忆。知他是、怎生过日。烦恼无、千万亿。讷将做饭吃。 旧日轻怜痛惜。却如今、怨深恨极。不觉长吁叹息。便直恁下得。

相较而言，袁去华的近于苏轼风格之作，对于南渡后期词的转向而言，应是一种反拨，而接上了"以诗为词"的创作道路。其名气虽难逮陆游，却较之陆游的半苏半秦，更能被看作是苏辛间的桥梁。他既有意象雄奇阔大，格调苍凉激楚之作，又有或旷达高远，或沈郁悲抑之篇。如《水调歌头》：

天下最奇处，绿水照朱楼。三高仙去，白头千古想风流。跨海晴虹垂饮，极目沧波无际，落日去渔舟。蘋末西风起，橘柚洞庭秋。　记当年，携长剑，觅封侯。而今憔悴长安，客里叹淹留。回首洪崖西畔，随分生涯可老，卒岁不知愁。做个终焉计，谁羡五湖游。

《水调歌头》(定王台)：

雄跨洞庭野，楚望古湘州。何王台殿，危基百尺自西刘。尚想霓旌千骑，依约入云歌吹，屈指几经秋。叹息繁华地，兴废两悠悠。　登临处，乔木老，大江流。书生报国无地，空白九分头。一夜寒生关塞，万里云埋陵阙，耿耿恨难休。徙倚霜风里，落日伴人愁。

《水调歌头》：

鸟影度疏木，天势入平湖。沧波万顷，轻风落日片帆孤。渡口千章云木，苒苒炊烟一缕，人在翠微居。客里更愁绝，回首忆吾庐。　功名事，今老矣，待何如。拂衣归去，谁道张翰为莼鲈。且就竹深荷静，坐看山高月小，剧饮与谁俱。长啸动林木，意气欲凌虚。

《念奴娇》：

竹阴窗户荐微凉，积雨郊墟新霁。万里飞云都过尽，天阙星河如洗。檐隙风来，流萤飘堕，苒苒还飞起。魂清骨冷，坐来衣润空翠。　堪笑丘壑闲身，儒冠相误，著青衫朝市。功业君看清镜里，两鬓于今如此。身外纷纷，傥来适去，到了成何事。人生一世，种瓜何处无地。

《水龙吟》(九日次前韵)：

汉江流入苍烟，戍楼吊古临无地。清霜初肃，鹰扬隼击，青霄凌厉。新雁声中,夕阳影里,千崖秋气。念东篱采菊,龙山落帽,风流在、尚堪继。 引满松醪径醉。诵坡仙、临漳宵济。茱萸细看,明年谁健,空悲身世。儿辈何知,更休说似,登山临水。那纷纷毁誉,耳边风过,我何曾记。

《柳梢青》(钓台。绍兴甲子赴试南宫登此,今三十三年矣):

一水萦回。参天古木,夹岸苍崖。三十三年,客星堂上,几度曾来。 眼看变化云雷。分白首、烟波放怀。细细平章,钓台毕竟,高似云台。

又如《六州歌头》(渊明祠),在题旨上自与词的传统题材不同:

柴桑高隐,丘壑岁寒姿。北窗下,羲黄上,古人期。俗人疑。束带真难事,赋归去,吾庐好,斜川路,携筇杖,看云飞。六翮冥冥高举,青霄外、矰缴何施。且流行坎止,人世任相违。采菊东篱。 正悠然、见南山处,无穷景,与心会,有谁知。琴中趣,杯中物,醉中诗。可忘机。一笑骑鲸去,向千载,赏音稀。嗟倦翼,瞻遗像,是吾师。门外空馀衰柳,摇疏翠、斜日辉辉。遣行人到此,感叹不胜悲。物是人非。

苏轼以陶、柳诗集为"南迁二友",其词喜檃括陶渊明,而稼轩闲退之时,则多羡庄慕陶之作,袁去华此词显然有承苏而启辛之意义。

二、张孝祥:骏发踔厉 诗人句法

真正被认为是承继苏轼,又是稼轩风前奏的,当属张孝祥。

张孝祥(1132—1170),字安国,历阳乌江(今安徽和县)人,寓居芜湖,因号于湖居士。绍兴二十四年(1154)举进士第一,授承事郎,签书镇东军节度判官。秦桧死,召为秘书省正字,迁校书郎、尚书礼部员外郎。后除起居舍人,权中书舍人。被劾罢,起知抚州。孝宗即位,迁知平江府,除中书舍人,寻除直学士院兼都督府参赞军事,领建康留守。张浚北伐失败,罢。后起知静江府、广南西路经略安抚使,罢。乾道二年(1166)复起知潭州,迁荆南湖北路安抚使,请祠归,以疾终。《宋史》有传。有《于湖居士集》、《于湖词》(又名《于湖先生长短句》)。

汤衡的《张紫微雅词序》说:

……唐末词人非不美也。然粉泽之工,反累正气。东坡虑其不幸而溺乎彼,故援而止之,惟恐不及。其后元祐诸公,嬉弄乐府,寓以诗人句法,无一毫浮靡之气,实自东坡发之也。于湖紫微张公之词,同一关键……见公平昔为词,未尝著稿,笔酣兴健,顷刻即成。初若不经意,反复究观,未有一字无来处。如歌头"凯歌”、“登无尽藏”、“岳阳楼”诸曲，所谓骏发踔厉，寓以诗人句法者也。①

陈应行《于湖先生雅词序》则云：

> 至于托物寄情，弄翰戏墨，融取乐府之遗意，铸为毫端之妙词……读之泠然洒然，真非烟火食人辞语，予虽不及识荆，然其潇洒出尘之姿，自在如神之笔，迈往凌云之气，犹可以想见也。②

汤序拈出“诗人句法”一语，突出了张孝祥与苏轼及元祐诸公“同一关键”，陈序则以“融取乐府之遗意”作了补充，进而对张词近于苏轼的风格特点作了推演。

我们且看汤衡所说“骏发踔厉，寓以诗人句法”的几首词，究竟有什么特点？

先看《六州歌头》：

> 长淮望断，关塞莽然平。征尘暗，霜风劲，悄边声。黯销凝。追想当年事，殆天数，非人力，洙泗上，弦歌地，亦膻腥。隔水毡乡，落日牛羊下，区脱纵横。看名王宵猎，骑火一川明。笳鼓悲鸣，遣人惊。　念腰间箭，匣中剑，空埃蠹，竟何成！时易失，心徒壮，岁将零。渺神京。干羽方怀远，静烽燧，且休兵。冠盖使，纷驰骛，若为情！闻道中原遗老，常南望、翠葆霓旌。使行人到此，忠愤气填膺，有泪如倾。

绍兴三十一年(1161)十一月，完颜亮率兵突破淮河防线，直逼长江北岸，在采石渡江时，被虞允文督水师击败，两军夹江东下，至扬州，完颜亮被部下杀死，金兵退回淮河，战事暂息。张浚奉诏由潭州(今湖南长沙)改判建康府兼行宫留守。次年正月，张孝祥到建康府，在留守张浚宴客的筵席上赋此词。词的开头写出了千里淮河竟无关塞可守，只有莽然平川，可见战备之空。面对着征尘、霜风、边声，不由得黯然神伤。追想当年的靖康之变，当是天数所定，而非人力所为，想不到连昔时孔子弦歌讲学的洙泗二水，竟然也被金人占领。看着一水之隔的对岸，满是游牧民族居住的帐幕，牛羊遍野，哨所纵横，猎火映照着河川，胡笳与鼓声不断，让人为之惊心。下片转写自己对时局的看法和壮志难酬的心情。作者在去年闻听采石胜利的消息，曾很高兴地表达“我欲乘风去，击楫誓中流”(《水调歌头》)的志向，但如今仍然是报国无门，所以会有“念腰间箭，匣中剑，空埃蠹，竟何成”的感叹，复又明言“时易失，心徒壮，岁将零”，远眺神京(指汴京)，觉得更加渺远难及，何时才能光复呢？可叹的是，朝廷不思进取，竟然满足于对敌“怀远”以换取“和平”，使节们纷纷奔驰于道路，向金国交割岁币，祝

---

① 汤衡：《张紫微雅词序》，《词籍序跋萃编》，第213–214页。

② 陈应行：《于湖先生雅词序》，《词籍序跋萃编》，第212–213页。

贺金主生辰等等,真是何以为情!与此相对照的是,中原的遗老是多么盼望王师啊,使得行人到此,也不由得忠愤填膺,泪流如雨。

岳飞为"三十功名尘与土"而不平,以"莫等闲、白了少年头"自我勉励;张孝祥唱出了"时易失,心徒壮,岁将零",对空有抗敌救国之志,却无法实现而自悼自惜。作者对人生、社会、民族、历史的责任感,化成了强烈的功业之念,又与生命意识纠缠在一起,激发出时代的强音,既是诗的言志抒怀,又是"无一毫浮靡之气","骏发踔厉",自与"粉泽之工"者大异。

历来对此词评价皆高。如《四库全书总目》云:"《朝野遗记》称其在建康留守席上,赋《六州歌头》,感愤淋漓,主人为之罢席,则其忠愤慷慨,有足动人者矣。"①刘熙载云:"张孝祥安国于建康留守席上赋《六州歌头》,致感重臣罢席。然则词之兴观群怨,岂下于诗哉。"②张德瀛亦以之"皆所谓拔地倚天,句句欲活者"③。虽陈廷焯以之略有不足,却又表示了理解:"张孝祥《六州歌头》一阕,淋漓痛快,笔酣墨饱,读之令人起舞。惟'忠愤气填膺'一句,提明忠愤,转浅转显,转无馀味;或亦耸当途之听,出于不得已耶?"④

再看《水调歌头》(凯歌上刘恭父):

> 猩鬼啸篁竹,玉帐夜分弓。少年荆楚剑客,突骑锦襜红。千里风飞雷厉,四校星流彗扫,萧斧铚春葱。谈笑青油幕,日奏捷书同。　诗书帅,黄阁老,黑头公。家传鸿宝秘略,小试不言功。闻道玺书频下,看即沙堤归去,帷幄且从容。君王自神武,一举朔庭空。

刘恭父即刘珙,字恭父(一作共父),乾道元年(1165),郴州宜章县李金作乱,朝廷以刘珙知潭州、湖南安抚使,珙至不久,乱平,李金降。张孝祥作此词致贺,故称《凯歌》。因孝祥与刘珙相熟,对抗金的见解一致,故此词既肯定其平乱之功,又认为李金之流仅是腥鬼聚啸,更希望刘珙能完成"一举朔庭空"的抗金伟业。

《水调歌头》(汪德邵无尽藏),另有一题曰:"汪德邵作无尽藏楼于栖霞之间,取玉局老仙遗意,张安国为赋此词"。词云:

> 淮楚襟带地,云梦泽南州。沧江翠壁佳处,突兀起红楼。凭仗使君胸次,与问老仙何在,长啸俯清秋。试遣吹箫看,骑鹤恐来游。　欲乘风,凌万顷,泛扁舟。山高月小,霜露既降,凛凛不能留。一吊周郎羽扇,尚想曹公横槊,兴废两悠悠。此意无尽藏,分付水东流。

---

① 永瑢等:《四库全书总目》卷一九八,第1815页。
② 刘熙载:《艺概》卷四《词曲概》,第122页。
③ 张德瀛:《词徵》卷五,《词话丛编》,第4161页。
④ 陈廷焯著,屈国兴校注:《白雨斋词话足本校注》卷八,第590页。

据宛敏灏《张孝祥词笺校》，此词作于乾道二年(1166)秋，张孝祥自桂林罢归，取道洞庭入江东(今湖北黄冈)，为州守汪德邵所建无尽藏楼作此词，苏轼曾提举成都玉局观，故称“玉局老仙”，而“无尽藏”则语出苏轼《前赤壁赋》。词上片从楼之所在形势写起，“凭仗使君胸次，与问老仙何在”，由汪德邵的“使君胸次”及于苏轼，下片檃括《前赤壁赋》，虽非赋的自设矛盾又自为化解，出入道释而随缘自任，然而其怀古之意，理趣之思，所营意境之开阔而又空灵，却又未离苏赋，“骏发踔厉，寓以诗人句法”的特点显见。

张孝祥词之所以被汤衡认为与“元祐诸公”“无一毫浮靡之气”，是“同一关键”，一个主要的原因在于其词的题材。朱熹《书张伯和诗词后》说张孝祥的诗词：“读之使人奋然有禽灭仇虏，扫清中原之意。”[①]这样的作品怎么会有“浮靡之气”呢？试看其《水调歌头》(和庞佑父)：

雪洗虏尘静，风约楚云留。何人为写悲壮，吹角古城楼。湖海平生豪气，关塞如今风景，剪烛看吴钩。剩喜然犀处，骇浪与天浮。　忆当年，周与谢，富春秋。小乔初嫁，香囊未解，勋业故优游。赤壁矶头落照，肥水桥边衰草，渺渺唤人愁。我欲乘风去，击楫誓中流。

此词一题作“闻采石战胜”，所写为虞允文督建康诸军在采石击败完颜亮一事。作者未能亲与战事，闻捷而喜，写下这一悲壮之作，词中用典颇多，而“燃犀”出温峤平苏峻反叛事，“周与谢”，后者写谢玄在淝水之战击败苻坚，“击楫誓中流”更是祖逖北伐事，其典故多涉及“扫清中原”之意。

《浣溪沙》为登荆州城楼观塞所作，当时作者在荆南荆湖北路安抚使任上，荆州为国防前线，登楼所见而有此悲壮之作：

霜日明宵水蘸空。鸣鞘声里绣旗红。澹烟衰草有无中。　万里中原烽火北，一尊浊酒戍楼东。酒阑挥泪向悲风。

词中换头点明了主题，因中原的烽火未了，故无前词闻捷的悲喜交加，但挥泪向悲风仍不失其悲壮。

《雨中花》一词，表现了作者的志向、怀抱，最后仍落在了对中原的系念之上：

一舸凌风，斗酒酹江，翩然乘兴东游。欲吐平生孤愤，壮气横秋。浩荡锦囊诗卷，从容玉帐兵筹。有当时桥下，取履仙翁，谈笑同舟。　先贤济世，偶耳功名，事成岂为封留。何况我、君恩深重，欲报无由。长望东南气王，从教西北云

---

① 朱熹：《晦庵题跋》卷三，丛书集成初编本，中华书局1985年版，第75页。(版本后同)

浮。断鸿万里，不堪回首，赤县神州。

因张孝祥与秦桧之孙秦埙同时与试，考官已定埙为第一，是高宗拔张孝祥为第一的，孝宗即位后，又对其颇为器重，故词中“君恩深重，欲报无由”并非虚语，然而最使之难忘自己使命感的，还是不堪回首的赤县神州。

即使是赠别词或寿词，张孝祥也不写套话，而是以扫胡尘、建勋业相勉，或不忘定中原之大业。前者如《水调歌头》(送谢倅之临安)：

客里送行客，常苦不胜情。见公秣马东去，底事却欣欣。不为青毡俯拾，自是公家旧物，何必更关心。且喜谢安石，重起为苍生。　圣天子，方侧席，选豪英。日边仍有知己，应刻荐章间。好把文经武略，换取碧幢红旆，谈笑扫胡尘。勋业在此举，莫厌短长亭。

后者如《西江月》(以隋索靖小字法华经及古器为老人寿)：

汉铸九金神鼎，隋书小字莲经。刚风劫火转青冥。护守应烦仙圣。　昨梦归来帝所，今朝寿我亲庭。只将此宝伴长生。谈笑中原底定。

张孝祥词有此一个重要的题材，因此，对于“诗人句法”的理解就不应停留在“句法”的层面，而是对词“缘情”的突破，是向诗的“言志”之认同；这也是“融取乐府遗意”，尤其对乐府精神的体现：所感之哀乐，缘事而发之为词，皆出于国计民生。因此，所作当然不具“浮靡之气”。虽然张孝祥存词甚多，而如以上题材者还较少，可是若与同时的词人相较，即使是“亘古男儿”的陆游，亦无如此令人起“禽灭仇虏，扫清中原之意”的作品，当然，这是与他的经历，所任的官职，负担的使命都有关系的。

三、于湖词：潇洒出尘　气雄调雅

我们应当注意，陈应行《于湖先生雅词序》与汤衡的《张紫微雅词序》是不同的，汤衡所强调的是张孝祥对苏轼及元祐诸公“寓以诗人句法”的继承，而陈应行则对其词的艺术特点作了更多的阐发，“读之泠然洒然，真非烟火食人辞语”，“潇洒出尘之姿，自然如神之笔，迈往凌云之气”，兼有接受者的印象，阅读者的批评，而大体皆属于风格学范畴的评语，且很近于人们对苏轼的品鉴评价。

《念奴娇》(过洞庭)应是最能体现陈应行上说特点之词：

洞庭青草，近中秋、更无一点风色。玉鉴琼田三万顷。著我扁舟一叶。素月分辉，明河共影，表里俱澄澈。悠然心会，妙处难与君说。　应念岭海经年，孤光自照，肝肺皆冰雪。短发萧骚襟袖冷，稳泛沧浪空阔。尽吸西江，细斟北斗，万象为宾客。扣舷独笑，不知今夕何夕。

此词作于宋孝宗乾道二年(1166)，上年，张孝祥出知静江府(治所在今广西桂林)，兼广南西路经略安抚使，在任不足一年，就被谗落职，北归途中经过洞庭湖，时近中秋，在明月清辉之下，万顷碧波之上，心胸得到陶冶，主客合一，感发而作，遂有此词。宋人的中秋词不少，名篇之中，苏轼《水调歌头》作于密州任上，辛弃疾《太常引》(一轮秋影)作于任职建康时，张孝祥《念奴娇》(洞庭青草)作于落职北归途中，可见，失意时所作要好于得意之时。以上三例均具高境，与作者创作时怀有一种孤独感，遂升华出"宇宙意识"有关。对于《念奴娇》(过洞庭)，黄苏论其构思全局云："写景不能绘情，必少佳致。此题咏洞庭，若只就洞庭落想，纵写得壮观，亦觉寡味。此词开首从'洞庭'说至'玉鉴琼田三万顷'，题已说完，即引入'扁舟一叶'。以下从舟中人心迹与湖光映带，写隐现离合，不可端倪，镜花水月，是二是一。自尔神采高骞，兴会洋溢。"[①]宋翔凤论其所寄，结合南北宋形势而言之："故北宋之初，未尝不和，由自治有策。南宋之末，未尝不言战，以自治无策。于湖《念奴娇》词云：'悠然心会，妙处难与君说。'亦惜朝廷难与畅陈此理也。"[②]陆辅之《词旨》所列警句中，有此词之"尽吸西江，细斟北斗，万象为宾客。扣舷独啸，不知今夕何夕。"而田艺蘅《留青日札》则赏其次句之"一点"："杜工部'关山同一点'，岑嘉州'严滩一点舟中月'，又《赤骠马歌》'草头一点疾如飞'，又'西看一点是关楼'，朱湾《白鸟翔翠微诗》'净中云一点'，花蕊夫人云：'冰肌玉骨，自清凉无汗。水殿风来暗香满。绣帘开，一点明月窥人。人未寝，攲枕钗横鬓乱。起来携素手，庭户无声，时见疏星度河汉。试问夜如何？夜已三更，金波淡，玉绳低转。但屈指，西风几时来？又不道，流年暗中偷换。'，张安国词'洞庭青草，近中秋、更无一点风色。玉鉴琼田三万顷，著我扁舟一叶。'，夫月、云、风也，马也，楼也，皆谓之一点，甚奇。"[③]冯金伯以此篇为张孝祥词之最："张于湖有英姿奇气，著之湖湘间，未为不遇。洞庭所赋，在集中最为杰特。方其吸江酌斗，宾客万象，讵知世间有紫微青琐哉。"[④]《铜鼓书堂词话》论其艺术最为全面："(《于湖词》)声律宏迈，音节振拔，气雄而调雅，意缓而语峭。集内《念奴娇》(过洞庭)一解，最为世所称颂。其中如'玉界琼田三万顷，著我扁舟一叶，素月分辉，明河共影，表里俱澄澈。'又云：'短发萧骚襟袖冷，稳泛沧浪空阔。尽吸西江，细斟北斗，万象为宾客。扣舷独啸，不知今夕何夕。'此皆神来之句，非思议所能及也。"[⑤]王闿运甚而以之在苏轼之上，其《湘绮楼评词》云："飘飘有凌云之气，觉东坡《水调》有尘心。"[⑥]

---

① 黄苏：《蓼园词评》，《词话丛编》，第3077页。
② 宋翔凤：《乐府馀论》，《词话丛编》，第2502页。
③ 田艺蘅：《留青日札》卷六，上海古籍出版社1992年版，第103页。(版本后同)
④ 冯金伯：《词苑萃编》卷五，《词话丛编》，第1872页。
⑤ 查礼：《铜鼓书堂词话》，《词话丛编》，第1482页。
⑥ 王闿运：《湘绮楼评词》，《词话丛编》，第4294页。

《于湖词》中,潇洒出尘、气雄调雅之作不少。如《水调歌头》(泛湘江):

濯足夜滩急,晞发北风凉。吴山楚泽行遍,只欠到潇湘。买得扁舟归去,此事天公付我,六月下沧浪。蝉蜕尘埃外,蝶梦水云乡。　制荷衣,纫兰佩,把琼芳。湘妃起舞一笑,抚瑟奏清商。唤起九歌忠愤,拂拭三闾文字,还与日争光。莫遣儿辈觉,此乐未渠央。

此词作于张孝祥被谗落职,从桂林北归经湘江之时。首句的"濯足",次句的"晞发",皆本于《楚辞》,一为《渔父》的"沧浪之水浊兮,可以濯我足",一为《九歌·少司命》的"与女沐兮咸池,晞女发兮阳之阿",开头二句就突出了词人自己的高洁形象。上结的"蝉蜕"出于《史记·屈原贾生列传》的"蝉蜕于浊秽,以浮游尘埃之外","蝶梦"出《庄子·齐物论》,可见由高洁而转为旷达。过片出《离骚》,以下皆写屈原而寄意自比,而将屈原的忠愤出之以清雄幽洁,借《离骚》的芳草意象,潇湘沧浪、无际清流的背景,拔出世俗之外,化沉郁悲愤而为潇洒飘逸。

《水调歌头》(桂林中秋)是又一中秋词,虽不逮苏轼同调名作之清雅深情、富于理趣,却创造出更见雄浑的天人合一之境:

今夕复何夕,此地过中秋。赏心亭上唤客,追忆去年游。千里江山如画,万井笙歌不夜,扶路看遨头。玉界拥银阙,珠箔卷琼钩。　驭风去,忽吹到,岭边州。去年明月依旧,还照我登楼。楼下水明沙静,楼外参横斗转,搔首思悠悠。老子兴不浅,聊复此淹留。

此词开头化用《诗·唐风·绸缪》的"今夕何夕,见此良人",以下即展开了"追忆去年游":去年中秋,在建康的赏心亭上招待客人,感受到明月之下的千里江山如画,耳闻众多市井的连夜笙歌,老百姓都争着看太守(遨头即太守,张孝祥时任建康留守),等到月亮升起后,家家都卷起了帘箔,观赏天上"玉界拥银阙"的一片冰清玉洁景象。下片转写现在:因赞助张浚北伐,张孝祥被免职,后出知静江府(治所在今桂林),故谓"忽吹到,岭边州",明月依旧照着自己登楼,看到了楼下、楼外的风光,仍然激起赏月的兴致,不妨在此地淹留。"千里江山如画,万井笙歌不夜"两句,将大自然与人间社会的中秋之美作了很好的概括,而"玉界拥银阙,珠箔卷琼钩",则形象地传递出人们对美的向往之情。

《西江月》(题溧阳三塔寺),不属"气雄"者,却亦为潇洒出尘、悠然恬淡的雅调:

问讯湖边春色,重来又是三年。东风吹我过湖船,杨柳丝丝拂面。　世路如今已惯,此心到处悠然。寒光亭下水连天,飞起沙鸥一片。

张孝祥自仕宦以来，因支持主战派，建议广开才路，固本培元，虽得高宗嘉许，却因朝中主和派掌权，被一再论罢。他的《念奴娇》(过洞庭)，有“应念岭表经年，孤光自照，肝胆皆冰雪”等句，在表现自己的高洁情怀同时，又不无“孤愤”之意。这首《西江月》上片，写三年后重来旧地，看到的是一片平静的景色，也反映出他心中的平静、坦然。尤其是下片，以富有哲理的语言表现自己的心态：“世路如今已惯”六字，尽管其后面包含着悲辛、幽愤，但“已惯”一出，遂将不平、失落都轻轻扫灭了，在无奈中得到感悟，也就能超然于世务之外，以悠然自得的态度，以静观的审美情趣，来面对大自然。即使是三塔寺这样“三塔虽在，四壁常空”[①]的地方，在他看来，也有美丽的景色，“寒光亭下水连天，飞起沙鸥一片”。大自然可以淘洗人的灵魂，升华人的精神，但首先必须是人要有对世事的距离(当然不是逃避现实)，在“进”而不得的情况下，不妨“退”而自宽，这也许就是“世路如今已惯，此心到处悠然”给人们的启发。

张孝祥词潇洒出尘、气雄调雅者甚多，再举一例。《水调歌头》(垂虹亭)：

> 舣棹太湖岸，天与水相连。垂虹亭上，五年不到故依然。洗我征尘三斗，快挥商飙千里，鸥鹭亦翩翩。身在水晶阙，真作驭风仙。　　望中秋，无五日，月还圆。倚栏清啸孤发，惊起壑龙眠。欲酹鸱夷西子，未办当年功业，空系五湖船。不用知馀事，莼鲙正芳鲜。

而《蓦山溪》(和清虚先生皇甫坦韵)或因和作的对象为道家人物，故所作在潇洒、气雄基础上，又有浪漫、“清虚”的道家气息：

> 清都绛阙，我自经行惯。璧月带珠星，引钧天、笙箫不断。宝簪瑶珮，玉立拱清班。天一笑，物皆春，结得清虚伴。　　还丹九转。凡骨亲曾换。携剑到人间，偶相逢、依然青眼。狂歌醉舞，心事有谁知，明月下，好风前，相对纶巾岸。

谢尧仁《张于湖先生集序》云，张孝祥帅长沙时，“是时，先生诗文与东坡相先后者已十之六七，而乐府之作，虽但得于一时燕笑咳唾之倾，而先生之胸次笔力皆在焉。今人皆以为胜东坡，但先生当时尚未能自肯。因又问尧仁曰：‘使某更读书十年何如？’尧仁对曰：‘他人虽更读百世书，尚未必梦见东坡，但以先生来势如此之可畏，度亦不消十年，吞此老有馀矣。’”[②]当然，以张孝祥不消十年即可吞东坡有馀，自是过头话，即使张孝祥不是早逝，亦难逮东坡；不过，于湖刻意于学东坡，并有意于较胜之，却是事实，汤衡、陈应行等，或拟之于苏轼，或以其风格近苏，亦非无由。故吴梅认为“以

---

① 张孝祥：《重修三塔偈》，《于湖居士文集》卷二六，上海古籍出版社1980年版，第262页。(版本后同)

② 谢尧仁：《张于湖先生集序》，《于湖居士文集》，第2页。

于湖并东坡，论亦不误，惟才气较薄弱耳”[①]。查礼所说的“声律宏迈，音节振拔，气雄而调雅，意缓而语峭”，也是《于湖词》近于苏轼的、主要的艺术特色。

张孝祥是稼轩抗敌御侮、恢复中原之词的先导，宋翔凤指出二人的不同，而他以“稼轩辈率意轻言，后复自悔”，是不符合事实的，至少是不合于稼轩、陈亮；而“于湖不附和议，而早知恢复之难”[②]，兼顾两头而言，则值得我们注意。作为政治家的张孝祥，与作为战略家的辛弃疾，所见有异，“素质”不同，且张孝祥死时年仅三十九岁，与稼轩的时代诸般条件亦异，为肯定张孝祥而否定辛弃疾，这样的“率意轻言”是不必要的。相较而言，陈廷焯所说更为可取：“安国词，意到笔随，却不浮滑，字字腴炼。”[③]又云：“张安国词，热肠郁思，可想见其为人。刘后村则感激豪宕，其词与安国相伯仲，去稼轩虽远，正不必让刘、蒋。世人多好推刘、蒋，直以为稼轩后劲，何耶？”[④]

张孝祥所作，于《水调歌头》一调独多，可见其学苏之意，胜苏之志，而他的此调也确实写得最好，最合陈应行之评。此外，《浣溪沙》所作亦多，艺术性高者也较多，录其情词三首、咏怀一首，其中或有以男女写主臣的寄托之作：

绝代佳人淑且真。雪为肌骨月为神。烛前花底不胜春。　倚竹袖长寒卷翠，凌波袜小暗生尘。十分京洛旧家人。

冉冉幽香解钿囊。兰桡烟雨暗春江。十分清瘦为萧郎。　遥忆牙樯收楚缆，应将玉箸点吴妆。有人萦断九回肠。

罗袜生尘洛浦东。美人春梦琐窗空。眉山蹙恨几千重。　海上蟠桃留结子，渥洼天马去追风。不须多怨主人公。

已是人间不系舟。此心元自不惊鸥。卧看骇浪与天浮。　对月只应频举酒，临风何必更搔头。暝烟多处是神州。

张孝祥有些婉约之作，甚而能上追晚唐五代，如《菩萨蛮》(东风约略吹罗幕)，况周颐以为，此词“绵丽蕃艳，直逼《花间》。求之北宋人集中，未易多觏”[⑤]。除了丽情，杨慎兼赏其咏物写景：“其咏物之工，如‘罗帕分柑霜落齿，冰盘剥芡珠盈掬。’写景之妙，如‘秋净明霞乍吐，曙凉宿霭初消。’丽情之句，如“佩解湘腰，钗孤楚鬓”，不可胜载。”[⑥]

张孝祥存词甚多，亦前如苏轼，后似稼轩，所作题材甚众，应酬之作不少，寿词尤多，价值不大，特色不显，此亦不必讳言。

---

① 吴梅：《词学通论》，第70页。
② 宋翔凤：《乐府馀论》，《词话丛编》，第2502页。
③ 陈廷焯：《云韶集》卷五，《白雨斋词话足本校注》卷一，第115页。
④ 陈廷焯著，屈兴国校注：《白雨斋词话足本校注》卷一，第115页。
⑤ 况周颐：《蕙风词话续编》卷一，《蕙风词话·广蕙风词话》，第102页。
⑥ 杨慎：《词品》卷四，《渚山堂词话·词品》，第116页。

第三节　文化集成与稼轩词

上一节论张孝祥，曾引汤衡的《张紫微雅词序》所云："……唐末词人非不美也。然粉泽之工，反累正气。东坡虑其不幸而溺乎彼，故援而止之，惟恐不及。其后元祐诸公，嬉弄乐府，寓以诗人句法，无一毫浮靡之气，实自东坡发之也。于湖紫微张公之词，同一关键。"而实际上无论是"元祐诸公"也好，张孝祥也好，都难以担负起继续苏轼变革词风的重任，直到辛弃疾出现后，才真正以其众多的创作"别立一宗"，形成了真正意义的、居于主流地位的流派。对此，蒋兆兰概括甚好："宋代词家，源出于唐五代，皆以婉约为宗。自东坡以浩瀚之气行之，遂开豪迈一派。南宋辛稼轩，运深沉之思于雄杰之中，遂以苏、辛并称。他如龙洲、放翁、后村诸公，皆嗣响稼轩，卓卓可传者也。嗣兹以降，词家显分两派，学苏、辛者，所在皆是。至清初陈迦陵，纳雄奇万变于令慢之中，而才力雄富，气概卓荦。苏、辛派至此可谓竭尽才人能事……"①

辛弃疾(1140—1207)，初字坦夫，后改字幼安，号稼轩，历城(今山东济南)人。高宗绍兴三十一年(1161)组织抗金义军，率部归耿京，任掌书记。次年奉表南归，使还，闻耿京为张安国所害，闯金营，捉张安国，率义军归南宋。差江阴签判。孝宗乾道四年(1168)通判建康府。上书君相，言恢复大计。迁司农寺主簿，出知滁州。淳熙元年(1174)，辟江东安抚司参议官，叶衡荐提点江西刑狱，历京西转运判官，知江陵府兼湖北安抚使，知隆兴府兼江西安抚。五年(1178)召为大理寺卿，出为湖北、湖南转运副使，知潭州兼湖南安抚，再知隆兴府兼江西安抚。淳熙八年(1181)被劾，落职。卜居上饶城北之带湖。光宗绍熙二年(1191)起福建提点刑狱，迁太府卿，知福州兼福建安抚使。宁宗庆元元年(1195)被劾，丐祠归。闲居瓢泉八年。再起知绍兴府兼浙东安抚使，知镇江府，进龙图阁待制，知江陵府，进枢密院都承旨，未受而卒。赠光禄大夫。恭宗初，加赠少师，谥忠敏。《宋史》有传，有《稼轩集》，已佚，后人辑为《辛稼轩诗文钞存》，词集名《稼轩词》，一名《稼轩长短句》。

词中苏、辛并称，人人皆知，而探其所以并称之由，却非简单之事。仅以风格"豪放"目之，显然过于浅见，而对于他们在词史上"别立一宗"的意义，则可作诸多阐发。笔者以为，若仅从艺术上言，苏辛相并的意义，当在于二人皆对词的传统写法作了很大的突破，在破体为词上所"破"最显，也各以其成功，为后来者树立了榜样，成为了范型。虽本书前面也分别论及温庭筠的以画为词，柳永、周邦彦的以赋为词，但是他们所为仅是在技法层面的发展，与苏辛有显著的不同。

苏轼的以诗为词，其涵义前已论，而辛弃疾的以文为词，则是更大的发展。尤应注意的是：苏轼兼擅各体，覆盖从政论、学术、应用文到文学各领域；而辛弃疾所存虽

---

① 蒋兆兰：《词说》，《词话丛编》，第4632页。

有《辛稼轩诗文笺注》(辛更儒笺注),其薄薄一册实在无法与苏轼的宏文硕著相比,但其六百多首词却为两宋词人之冠。以词作为"陶写之具",辛弃疾彻底挣脱了"诗馀"意识,将自己的思想、感情、气节、功业、政见、学识……都注入词中,是真正的无事不可入、无意不可言。刘熙载《艺概·文概》开宗明义地说道:"《六经》,文之范围也。圣人之旨,于经观其大备;其深博无涯涘,乃《文心雕龙》所谓'百家腾跃,终入环内'者也。""有道理之家,有义理之家,有事理之家,有情理之家;四家说见刘劭《人物志》。文之本领,只此四者尽之,然孰非经所能统摄者乎?"[①]稼轩之词,几可用"百家腾跃,终入环内"形容之,"六经"亦成为其以文为词的范围,道理、义理、事理、情理尽入其中,也因此可以说,辛弃疾的以文为词远非技法层面可限,而是文化集成的体现。

一、经子百家　行间笔下

文学史上的大家,难以仅从文学取之、论之。龚自珍论李白,就是如此,其《最录李白集》云:"庄、屈实二,不可以并,并之以为心,自白始。儒、仙、侠实三,不可以合,合之以为气,又自白始也。"[②]短短数语,却将李白的文化集成意义,能准确地表出之。对于辛弃疾,邹祇谟亦云:"词至稼轩,经子百家,行间笔下,驱斥如意。"[③]实际上,稼轩词不仅将经子百家作为语言材料用于其中,同样也是文化集成的体现。

著名史学家陈寅恪先生说:"华夏民族之文化,历数千载之演进,造极于赵宋之世。"[④]辛弃疾生活的南宋时期,更是传统文化的大成期:在学术上,儒释道合一的理学,经北宋的诸派发展,到此时的朱熹,已集其大成;以陈亮为代表的永康学派,以叶适为代表的永嘉学派,以陆九渊为代表的"心学",也成熟于此时;政治学说、经济思想、军事理论、文学创作等各个领域,都有很大的成就。辛弃疾曾从学于刘瞻,与党怀英并称"辛党",二次赴燕京科考,有深厚的传统文化修养。览其词,可见对各家经典的纯熟运用。如出于《论语》者:

《踏莎行》:

1. 进退存亡,行藏用舍。(《述而》:子谓颜渊曰:用之则行,舍之则藏,唯我与尔有是乎。)
2. 小人请学樊须稼。(《子路》:樊迟请学稼……子曰:小人哉,樊须也!)
3. 去卫灵公,遭桓司马。(《卫灵公》:卫灵公问陈于孔子,对曰:……军旅之事未之学也。明日遂行。又孟子万章:孔子不悦于鲁、卫,遭宋桓司马,将要而杀之。)
4. 长沮桀溺耦而耕。(《微子》:长沮桀溺耦而耕。)

---

① 刘熙载:《艺概》卷一《文概》,第1页。
② 龚自珍:《最录李白集》,龚自珍著、王佩诤校《龚自珍全集》第三辑,上海人民出版社1975年版,第255页。
③ 邹祇谟:《远志斋词衷》,《词话丛编》,第652页。
④ 陈寅恪:《邓广铭宋史职官志考证序》,《金明馆丛稿二编》,北京三联书店2001年版,第277页。

5. 丘何为是栖栖者[①]。(《宪问》:微生亩谓孔子曰:丘何为是栖栖者? 无乃为佞乎? 孔子曰:非敢为佞也,疾固也。)

《水龙吟》:

1. 人不堪忧,一瓢自乐,贤哉回也。(《雍也》:子曰:贤哉回也,一箪食,一瓢饮,在陋巷,人不堪。其忧,回也不改其乐,贤哉回也。)
2. 饭蔬饮水。(《述而》:饭蔬食饮水,曲肱而枕之,乐亦在其中矣。)
3. 何为是,栖栖者?(见前《踏莎行》注。)
4. 故应零落,轻裘肥马。(《雍也》:赤之适齐也,乘肥马,衣轻裘。)

出于《孟子》者:
《水调歌头》:

1. 唤起子陆子,经德问何如。(《尽心下》:经德不回,非以干禄也。)
2. 万钟于我何有,不负古人书。(《告子上》:万钟则不辨礼义而受之,万钟于我何加焉。)

《生查子》:

1. 悠悠万世功,矻矻当年苦。鱼自入深渊,人自居平土。(《滕文公下》:使禹治之……险阻既远……然后人得平土而居之。)

出于《易经》者:
《踏莎行》:

1. 进退存亡,行藏用舍。(《乾文言》:亢之为言也,知进而不知退,知存而不知亡,知得而不知丧。其惟圣人乎? 知进退存亡而不失其正者,其惟圣人乎。)

《水龙吟》:

1. 乐天知命,古来谁会,行藏用舍?(《系辞上》:旁行而不流,乐天知命故不忧。)

出于《尚书》者:

---

① 辛弃疾,邓广铭笺注:《稼轩词编年笺注》(增订本),上海古籍出版社1993年版,第119页。(版本后同)

《鹧鸪天》:

1. 当时一识和羹味,便道为霖消息来。(《说命下》:若作和羹,尔惟盐梅。说命上:若岁大旱,用汝作霖雨。)

出于《礼记》者:

《洞仙歌》:

1. 差以毫厘缪千里。(《大戴礼保傅》:失之毫厘,差之千里。)
2. 味甘终易坏,岁晚还知,君子之交淡如水。(《表记》:故君子之接如水,小人之接如醴。君子淡以成,小人甘以坏。)

出于《庄子》者:

《水调歌头》:

1. 莫管旁人嘲骂,深蛰要惊雷。(《天运》:蛰虫始作,吾惊之以雷霆。)
2. 五车书,千石饮,百篇才。(《天下》:惠施多方,其书五车。)

《千年调》:

1. 卮酒向人时,和气先倾倒。(《寓言》:卮言日出,和以天倪。)
2. 最要然然可可。(《寓言》:恶乎然?然于然。恶乎不然?不然于不然。恶乎可?可于可。恶乎不可?不可于不可。物固有所然,物固有所可。无物不然,无物不可。)

《鹧鸪天》:

1. 材不材间过此生。(《山木》:庄子笑曰:周将处乎材与不材之间。)

《水调歌头》:

1. 无穷宇宙,人是一粟太仓中。(《秋水》:计中国之在海内 不似稊米之在太仓乎。)
2. 记当年,吓腐鼠,叹冥鸿。(《秋水》:于是鸱得腐鼠,鹓鶵过之,仰而视之曰:“吓!”)

3. 看取鲲鹏斥鷃，小大若为同？（《逍遥游》：斥鷃笑之曰："彼且奚适也……"此小大之辨也。）

4. 论齐物。（庄子有《齐物论》。）

《卜算子》：

1. 一以我为牛，一以我为马。（《应帝王》：泰氏……一以己为马，一以己为牛。）

2. 人与之名受不辞，善学庄周者。（《天道》：昔者子呼我牛也而谓之牛，呼我马也而谓之马，人与合资名而俱不受，再受其殃。）

3. 江海任虚舟。（《山木》：方舟而济于河……人能虚己以游，世其孰能害之。）

4. 风雨从飘瓦。醉者乘车坠不伤，全得于天也。（《达生》：夫醉者之坠车，虽疾不死……圣人藏于天，故莫之能伤也。故虽有忮心者不怨飘瓦，是以天下平均，故无攻战之乱。）

出于《老子》者：

《临江仙》：

1. 人间宠辱休惊。（《老子》：何谓宠辱若惊？宠为下，得之若惊，失之若惊，是谓宠辱若惊。）

《卜算子》：

1. 刚者不坚牢，柔底难摧挫。不信张开口角看，舌在牙先堕。（《说苑敬慎》：老子曰：夫舌之存也，岂非以其柔耶？齿之亡也，岂非以其刚耶？）

出于佛典者：

《南歌子》：

1. 玄入参同契，禅依不二门。（佛教谓有八万四千法门，不二法门在诸法门之上，能直见圣道。维摩经：文殊师利问维摩诘："何等是不二法门？"维摩默然不应。殊曰："善哉善哉，无有文字言语，是真不二法门也。"）

《水调歌头》：

1. 一钵一瓶终日，老子旧家风。（《景德传灯录》：问："如何是和尚家风？"师曰："一瓶兼一钵，到处是生涯。"）

2. 休说须弥芥子，看取鲲鹏斥鷃，小大若为同?(《维摩诘经》:若菩萨信是解脱者，以须弥之高广，内芥子中，无所增减。)

《瑞鹧鸪》:

1. 随缘道理应须会，过分功名莫强求(《景德传灯录》:(入道四行……)随缘行者，众生无我，并缘业所转，苦乐齐受，皆从缘生……得失从缘，心无增减……)

稼轩词中，涉及的古代文学家很多，用语、典源所出亦多，其中最多的除苏轼外，以杜甫、陶渊明、韩愈、李白为最。后面将专论稼轩与东坡的关系，此处举其词单篇中分用陶、李、杜、韩较多的数例。

陶二例。《鹧鸪天》:

1. 序:读渊明诗不能去手。
2. 晚岁躬耕不怨贫。(《庚戌岁九月中于西山获早稻》:……但愿长如此，躬耕非所叹。)
3. 只鸡斗酒聚比邻。(《归园田居》:漉我新熟酒，只鸡招近局。)
4. 都无晋宋之间事，自是羲皇以上人。(《与子俨书》:常言五六月中，北窗下卧，遇凉风暂之，自谓是羲皇上人。)
5. 千载后，百篇存，更无一字不清真。(《苏轼》:和陶渊明饮酒:渊明独清真，谈笑得此生。)
6. 未抵柴桑陌上尘。(《杂诗:人生无根蒂，飘如陌上尘。柴桑为渊明居处。)

《新荷叶》:

1. 种豆南山，零落一顷为萁。岁晚渊明，也吟草盛苗稀。(《归田园居》:种豆南山下，草盛豆苗稀。)
2. 悠然忽见，此山正绕东篱。(《饮酒》:采菊东篱下，悠然见南山。)
3. 是中真趣，问骋怀游目谁知。(《饮酒》:此中有真意，欲辨已忘言。)
4. 无心出岫，白云一片孤飞。(《归去来兮辞》:云无心以出岫，鸟倦飞而知还。)

李一例。《水调歌头》:

1. 为公饮，须一日，三百杯。(《襄阳歌》:百年三万六千日，一日须倾三百杯。)
2. 归路踏明月，人影共徘徊。(《下终南山过斛斯山人宿止酒》:暮从碧山下，山随人归。《月下独酌》:我歌月徘徊，我舞影凌乱。)

杜三例。《水调歌头》:

1. 千里渥洼种,名动帝王家。(《遣兴》:君看渥洼种,态与驽骀异。)
2. 要挽银河仙浪,西北洗胡沙。(《洗兵马》:安得壮士挽天河,净洗甲兵长不用。)

《水调歌头》:

1. 君如无我,问君怀抱向谁开?(《奉待严大夫》:一生怀抱向谁开?)
2. 五车书,千石饮,百篇才。(《饮中八仙歌》:李白一斗诗百篇。)
3. 诗兴未关梅。(《和裴迪逢早梅相忆见寄》:东阁官梅动诗兴。)

《雨中花慢》:

1. 旧雨常来,今雨不来。(《秋述》:旧雨来,今雨不来。)
2. 幸山中芋栗,今岁全收。(《南邻》:锦里先生乌角巾,园收芋栗未全贫。)
3. 贫贱交情落落,古今吾道悠悠。(《发秦州》:大哉乾坤内,吾道长悠悠。)
4. 文反离骚,诗发秦州。(《发秦州》注:乾元二年自秦州赴同谷县纪行。)

韩二例。《贺新郎》:

1. 笑富贵千钧如发。(《与孟尚书书》:其危如一发引千钧。)
2. 硬语盘空谁来听?(《荐士》:横空盘硬语,妥帖力排奡。)

《沁园春》:

1. 我试评君,君定何如,玉川似之。(卢仝号玉川子,韩愈爱其诗。)
2. 记李花初发,乘云共语;梅花开后,对目相思。(《寒食日出游》:李花初发君始病。《李花》:夜领张徹投卢仝,乘云共至玉皇家。)

由以上诸例可知,辛弃疾词中汇聚着多元的传统文化。而这一“经子百家,行间笔下”,绝非仅是文学问题,而是辛弃疾作为一位文化集成者,在以词为“陶写之具”时的体现。

二、抚时感事　别立一宗

辛弃疾不是纯粹的文人、学者,他的文化集成,具有显著的实践性,他所钻研的儒家与兵家学说,都行于具体的治政思想、为政措施,见于《美芹十论》、《九议》及诸多奏折。

辛弃疾自幼受祖父的教诲,秉承了儒家的夷夏观,具有强烈的民族意识,"登高望远,指画山河,思投衅而起,以纾君父不共戴天之愤"[①],曾两随计吏抵燕山,谛观形势。完颜亮南侵时,他二十二岁,"鸠众二千,隶耿京为掌书记,与图恢复,共籍兵二十五万,纳款于朝"[②]。《宋史》本传载其与党怀英"始筮仕,决以蓍,怀英遇《坎》,因留事金;弃疾得《离》,遂决意南归"[③]。虽此说不甚可信,其"决意南归"却是不争的事实。在耿京军中时,他追获窃印以逃的叛徒义端和尚,斩首归报。在他"奉表南归"之时,叛徒张安国杀害耿京,他又表现出墨家赴难亡身的复仇精神,化为令人惊叹的侠义行动,"赤手领五十骑,缚取于五万众中,如挟毚兔,束马衔枚,间关西奏淮,至通昼夜不粒食。壮声英概,懦士为之兴起",遇敌即逃的"圣天子"因此而"一见三叹息"[④]。

南归后,辛弃疾在二十六岁时奏进《美芹十论》,后又上《九议》于宰相虞允文,还向朝廷上《论阻江为险须藉两淮》、《谏议民兵守淮》两疏,展现出他作为军事家的杰出战略思想。在出知滁州时,他曾派侦探深入金朝,根据所得情报,分析形势,上奏君相,提出"仇虏六十年必亡,虏亡则中国之忧方大"(周密《浩然斋意抄·镇江策问》)。六十二年后的理宗端平二年(1234),金亡,1276年临安城为元兵所破,再三年,文天祥兵败被俘,陆秀夫负幼帝投海,南宋亡,故周密回顾辛弃疾的滁州奏议,感叹"惜乎斯人之不用于乱世"。韩侂胄发动开禧北伐失败后,有人认为辛弃疾曾参与论证而难辞其责,而程珌却有公允之见,其《丙子轮对劄子》既痛心于"百年教养之兵,一日而溃;百年葺治之器,一日而散;百年公私之盖藏,一日而空;百年中原之人心,一日而失。"却因曾亲听辛弃疾关于论兵、用谍之见,自己又"至于淮甸,目击横溃",而公正地认为"无一而非弃疾预言于二年之先者"[⑤]。

所以,刘克庄《辛稼轩集序》是从气节之士及战略家、政治家的角度论辛弃疾:"自昔南北分裂之际,中原豪杰率陷没殊域,与草木俱腐。以王景略之才,不免有失身苻氏之愧。□建炎省方画淮而守者,百三十馀年矣。其间北方骁勇自拔而归,如李侯显忠、魏侯胜,士大夫如王公仲衡、辛公幼安,皆著节本朝,为名卿将。辛公文墨议论尤英伟磊落。乾道、绍熙奏篇及所进《美芹十论》、上虞雍公《九议》,笔势浩荡,智略辐凑,有权书衡论之风。其策完颜氏之祸,论请绝岁币,皆验于数十年之后。符离之役,举一世以咎任事将相,公独谓张公虽未捷,亦非大败,不宜罪去。又欲使李显忠将精锐三万出山东,使王任、赵开、贾瑞辈领西北忠义为前锋。其论与尹少稷、王瞻叔诸人绝异。呜呼!以孝皇之神武,及公盛壮之时,行其说而尽其才,纵未封狼居胥,岂遂置中原于度外哉!机会一差,至于开禧,则向之文武名臣欲尽,而公亦老矣。余读其书

---

① 辛弃疾:《美芹十论·序》,邓广铭辑校,辛更儒笺注《辛稼轩诗文笺注》卷上,上海古籍出版社1995年版,第1页。(版本后同)

② 辛弃疾:《美芹十论·序》,《辛稼轩诗文笺注》卷上,第1页。

③ 脱脱等:《宋史》卷四〇一《辛弃疾传》,《二十五史》,第6547页。

④ 洪迈:《稼轩记》,转引自《辛稼轩诗文笺注·附录》,第267页。

⑤ 程珌:《丙子轮对劄子》,转引自《辛稼轩诗文笺注·附录》,第270页。

而深悲焉。”[①]

辛弃疾在第二次被迫闲退于瓢泉之时，所写的《鹧鸪天》（有客慨然谈功名，因追忆少年时事，戏作），是对早年传奇性生活的回忆，对《美芹十论》、《九议》等未能见赏于君相所表的遗憾：

> 壮岁旌旗拥万夫，锦襜突骑渡江初。燕兵夜娖银胡䩮，汉箭朝飞金仆姑。
> 追往事，叹今吾。春风不染白髭须。却将万字平戎策，换得东家种树书。

辛弃疾在地方任上频频转徙，却都能有所作为，他先后兴滁州、讨“茶寇”、治乡社、创“飞虎军”、救灾荒、论经界、议钞盐，将所到之地治理得井井有条，可谓政绩昭然。他虽担“消防”之任，却上《论盗贼札子》，分析致盗之由，体恤民困，建议修明政事、整顿吏治，表现出非凡的政治、经济才干与见解。但是，在以德衡人、为政宽缓的南宋，他却因行事雷厉风行、为政较猛，先因“奸贪凶暴”、“虐害田里”（《宋会要·职官·黜降官》）的罪名，被劾落职，后又因“残酷贪饕，奸赃狼籍”，也在复出后不久再度落职，被迫两度闲退，长达二十年之久。

这样一位集儒、墨、侠思想于一身，兼具政治、军事、经济才干的人物，因自身的特殊经历、背景，他最大的理想是：

> 道清都帝所，要挽银河仙浪，西北洗胡沙。回首日边去，云里认飞车。
> ——《水调歌头》（寿赵漕介庵）
>
> 袖里珍奇光五色，他年要补天西北。且归来谈笑护长江，波澄碧。
> ——《满江红》（建康史致道留守席上赋）

但是，他只能感叹：

> 起望衣冠神州路，白日销残战骨。叹夷甫诸人清绝。夜半狂歌悲风起，听铮铮阵马檐间铁。南共北，正分裂。——《贺新郎》（用前韵送杜叔高）

因“不念英雄江左老，用之可以尊中国”，他深知“休感叹，年华促。人易老，欢难足”，遂以古人自比，“叹当年、寂寞贾长沙，伤时哭”（《满江红》）。

可是，两度的被迫闲退，他不能作“狂者”的“进取”，只能在“狷者”的“有所不为”中，从庄子和陶渊明寻觅精神安慰，而又时有屈原式的思想搏击，因此，道家、隐逸、屈骚诸种文化又参与了稼轩词的建构。

陈亮曾为辛弃疾写下这样的画像赞：

---

① 刘克庄：《辛稼轩集序》，《词籍序跋萃编》，第200页。

眼光有棱,足以映照一世之豪;背胛有负,足以荷载四国之重。出其毫末,翻然震动。不知须鬓之既斑,庶几胆力之无恐。呼而来,麾而去,无所逃天地之间;挠弗浊,澄弗清,岂自为将相之种!故曰:真鼠枉用,真虎可以不用,而用也者,所以为天宠也。[①]

以陈亮之识力,自是概括得极其准确,而对之如此推重,又如此不平,可见辛弃疾是何等人物。真虎不用、真鼠枉用,辛弃疾未能真正担起"挠弗浊,澄弗清"的时代大任,也未能出将入相,"挈中原还职方氏",成就"周公谨、谢安石事业"[②]。他在晚年知镇江府时,尚有《生查子》(题京口郡治尘表亭)一词,深沉地写道:

悠悠万世功,矻矻当年苦。鱼自入深渊,人自居平土。　　红日又西沉,白浪长东去。不是望金山,我自思量禹。

但是,他终未能建"治水"之功,却在开禧北伐失败后的忧愤中赍志而殁。

辛弃疾的门人范开,作《稼轩词序》有云:

器大者声必闳,志高者意必远。知夫声与意之本原,则知歌词之所自出。是盖不容有意于作为,而其发越著见于声音言意之表者,则亦随其所蓄之浅深,有不能不尔者存焉耳……公一世之豪,以气节自负,以功业自许,方将敛藏其用以事清旷,果何意于歌词哉,直陶写之具耳。[③]

本不愿成为"林下词客"的辛弃疾,却"一不小心"留下六百多首词,为两宋词人之冠。这些作品,是政治家、军事家之词,是英雄之词,如陈廷焯所说:"稼轩词仿佛魏武诗,自是有大本领、大作用人语。"[④]稼轩词作为"陶写之具",产生在传统文化的集成期,不仅凝聚着多元的精英文化,也可见出作者作为优秀文化实践者,其英雄失路、不能作为的心路历程。稼轩所作,是其精神、人格、思想、情感的全幅体现,以言志、载道、体物、缘情的综合功能,完全突破了"小道"、"诗馀"的限制,也就全然不同于过去之词。器大声闳,志高意远,因之而"大声鞺鞳,小声铿鍧,横绝六合,扫空万古,自有苍生以来所无"[⑤];"率多抚时感事之作,磊落英多,绝不作妮子态"[⑥]。即使以正统眼光审视文学遗产的四库馆臣,也能承认"其词慷慨纵横,有不可一世之概,于倚声家为别

① 陈亮:《辛稼轩画像赞》,陈亮著,邓广铭点校《陈亮集》卷十,中华书局1987年版,第114页。(版本后同)
② 洪迈:《稼轩记》,转引自《辛稼轩诗文笺注·附录》,第268页。
③ 范开:《稼轩词序》,《词籍序跋萃编》,第199页。
④ 陈廷焯著,屈兴国校注:《白雨斋词话足本校注》卷一,第98页。
⑤ 刘克庄:《辛稼轩集序》,《词籍序跋萃编》,第200页。
⑥ 毛晋:《稼轩词跋》,《词籍序跋萃编》,第202页。

调;而异军特起,能于翦红刻翠之外,屹然别立一宗,迄今不废”。[①]

三、南北文化 骑驿综融

文人词为南方文学,是南方文化的产物。刘禹锡、白居易都是在南方开始作词的,《忆江南》、《潇湘神》、《江南春》、《浪淘沙》、《竹枝》等调,都或起于南方,或关涉南方。无论是地理环境、自然气候、消费市场、文学传统,词都更适宜于在南方生长发展[②]。黄公度《送郑少齐赴官严州序》说:“东南多文士,西北饶武夫,风声气俗,从古则然。”[③]而实际上汉、唐文学兼跨南北而以北方为重心,宋代文学地图才发生了以南方为主的改变,南宋时期,政治、经济、文化中心南移,更加重了文学盛于南方之势。从文学家的占籍而言,显然可证黄公度所说,其中词人尤甚。如果说要有意外,那么被王士禛认为是豪放、婉约二宗的“济南二安”——李易安和辛幼安,却是北人南下,而似这种情况,在宋代却很罕见。辛弃疾以北人而南来,成为了南宋以至两宋最伟大的词人,既然其词是文化的集合体,我们亦有必要从南北文化相结合的角度看待之。

近现代的学术大师曾论及南北文化。王国维《屈子文学之精神》一文,论述了先秦诸子在思想及文学上的南北区别。文中说:“我国春秋以前,道德、政治上之思想可分之为二派:一帝王派,一非帝王派。前者称道尧、舜、禹、汤、文、武,后者则称其学出于上古之隐君子,如庄周所称广成子之类;或托之于上古之帝王。前者近古学派,后者远古学派也;前者贵族派,后者平民派也;前者入世派,后者遁世派非真遁世派,知其主义之终不能行于世,而遁焉者也。前者热性派,后者冷性派也;前者国家派,后者个人派也。前者大成于孔子、墨子,而后者大成于老子。”在引汪中《述学·老子考异》对老子所考后紧接而言道:“故前者北方派,后者南方派也。此二派者,其主义常相反对,而不能调和……战国后之诸学派,无不直接出于此二派,或出于混合之二派。故虽谓吾国固有之思想不外此二者,可也。”[④]梁启超从自然、地理环境,及于经济生活,看待南北政治思想之异。其《论中国学术思想变迁之大势》云:“北地苦寒硗瘠,谋生不易,其民族销磨精神日力以奔走衣食、维持社会,犹恐不给,无馀欲以驰骛于玄妙之哲理,故其学术思想,常务实际,切人事,贵力行,重经验,而修身齐家治国利群之道术,最发达焉……南地则反是。其气候和,其土地饶,其谋生易,其民族不必惟一身一家之饱暖是忧,故常达观于世界以外。初而轻世,既而玩世,继而厌世。不屑屑于实际,故不重礼法;不拘拘于经验,故不崇先王。”[⑤]

如对王国维所说作些补充,《淮南子·要略》所论很值得注意,其中论及的乘时而起、力求有补于世的诸子,无论是儒、墨、管、晏、纵横、刑名、法诸家,都属北方。虽《汉

---

① 永瑢等:《四库全书总目》卷一九八,第1816页。
② 邓乔彬:《唐宋词美学》之三,齐鲁书社1993年版,2004年再版,第89页。
③ 黄公度:《知稼轩集》卷下,舒大刚主编《宋集珍本丛刊》第44册,线装书局2000年版,第497页。
④ 王国维:《屈子文学之精神》,《王国维遗书》第5册,《静庵文集续编》,第32页。
⑤ 梁启超:《梁启超全集》卷三,北京出版社1999年版,第570页。

书·艺文志》称道家学说是“君人南面之术”,但司马谈《六家要旨》以之“指约而易操,事少而功多”,因此较之于儒者,更多是关注自然、天道。老、庄间有同有异,他们之所以共称为“道家”,是因为在关注世界的本源同时,他们的哲学都具有否定性、退避性特点。

刘师培《南北文学不同论》由南北地理推及南北文学:“大抵北方之地土厚水深,民生其间,多尚实际。南方之地水势浩洋,民生其际,多尚虚无。民崇实际,故所著之文不外记事析理二端。民尚虚无,故所作之文或为言志抒情之体。”[①]而王国维更以深邃而敏锐的理论直觉指出:“北方派之理想,置于当日之社会中;南方派之理想,则树于当日之社会外……南方之人,以长于思辩而短于实行,故知实践之不可能,而即于其理想中,求其安慰之地,故有遁世无闷,嚣然自得以没齿者矣;若北方之人,则往往以坚忍之志,强毅之气,持其改作之理想,以与当日之社会争……”“南人想象力之伟大丰富,胜于北人远甚。彼等巧于比类而善于滑稽:故言大则有若北溟之鱼,语小则有若蜗角之国;语久则大椿冥灵,语短则蟪蛄朝菌。至于襄城之野,七圣皆迷;汾水之阳,四子独往;此种想象,决不能于北方文学中发见之。故《庄》、《列》书中之某部分,即谓之散文诗,无不可也”。王国维认为,北方派的理想在改作旧社会,南方派的理想在创造新社会;诗歌为北方所有,写人生,关注家族、国家和社会,南方学派仅有散文文学;北人多坚忍之志,强毅之气,南人长于思辩而短于实行,但南人的想象力胜于北人,南方文学中诗歌的特质亦优于北方。他最终得出了这样的结论:

> 而大诗歌之出,必须俟北方人之感情,与南方人之想象合而为一,即必通南北之驿骑而后可,斯即屈子其人也。[②]

王国维以屈原之所以成就“大诗歌”,是结合了北方人之感情与南方人之想象,而对于辛弃疾就宋词的变革而言,也能以南北文化的结合来观照之。周济云:“稼轩由北开南,梦窗由南追北:是词家转境。”[③]吴文英的由南追北,当指上追周柳,而辛弃疾的由北开南,则具有更为深刻的文化意义。如范开所说,“公一世之豪,以气节自负,以功业自许”,辛弃疾具“入世派”、“国家派”文化特点,其思想也是出于儒、墨,能“以坚忍之志,强毅之气,恃其改作之理想,以与当日之社会争”,“务实际,切人事,贵力行,重经验”,所重在“治国利群”之道;而稼轩词作为“陶写之具”,是因“改作之理想”“治国利群”之道难行,遂不平而鸣、而生,其内蕴之感情异常强烈,这种家国、民族之情,绝非词所擅写的男女之情可比。刘辰翁强调其以北人而南来,作英雄之感怆:

> 斯人北来,喑呜鸷悍,欲何为者,而谗摈销沮,白发横生,亦如刘越石。陷绝

① 刘师培:《南北文学不同论》,《刘师培全集》第1册,中共中央党校出版社1997年版,第557页。
② 王国维:《屈子文学之精神》,《王国维遗书》第5册,《静庵文集续编》,第33页。
③ 周济:《介存斋论词杂著》,《介存斋论词杂著·复堂词话·蒿庵论词》,第13页.。

失望，花时中酒，托之陶写，淋漓慷慨，此意何可复道。而或者以流连光景、志业之终恨之，岂可向痴人说梦哉！为我楚舞，吾为若楚歌，英雄感怆，有在常情之外，其难言者，未必区区妇人孺子间也。[①]

如前之引录对照，辛词与儒家经典之间，可以找到许多联系，而词外的作者之思想，更主要是儒家“改作之理想”，辛弃疾“入世派”、“国家派”的思想，见于他在转徙地方官任上的实践与治绩，其《美芹十论》、《九议》等“万字平戎策”，更是他钻研兵家文化、施之于现实的伟大战略。以上这些，都是辛弃疾行“治国利群”之道，将“北方派之理想，置于当日之社会中”的实践或理论。

我们又应看到，因特定的历史条件，及辛弃疾本人的出身经历，他又具有更多的“北方人之感情”——爱国主义情感。辛弃疾的祖上在宋朝世代为官，父亲早死，中原陷落时，其祖父因家口之累，未能南渡，却对出生于金人沦陷区的辛弃疾，一直不忘进行爱国主义的教育。辛弃疾自小就对金统治者奉行的民族压迫政策有切身体会，他在《美芹十论·观衅》中说：“彼视吾民如晚妾之御嫡子，爱憎自殊，不复顾惜。”因金朝的“分朋植党，仇灭中华”，沦陷区的汉族人民“怨已深，痛已钜，而怒已盈”。祖父辛赞一直对他进行爱国主义教育：“每退食，辄引臣辈登高望远，指画山河，思投衅而起，以纾君父所不共戴天之愤。尝令臣两随计吏抵燕山，谛观形势。”[②]试想帝京被陷，二宫北狩，后妃贵族被掳，文物财宝被劫，演进数千年而造极于宋的华夏文明，遭受到严重的破坏，这岂非“不共戴天之愤”？正因有了这种深深扎根于心中的民族自尊、爱国感情，才使得他有聚二千义军隶耿京“与图恢复”，及擒杀叛徒、决策南向等一系列义举，成就其“壮声英慨，懦士为之兴起”的英雄传奇。

辛弃疾的“北方人之感情”，其爱国主义的特质，又因故土意识而加重之。前面曾说，宋代的词人多占籍南方，中原沦陷，衣冠南迁，固然是全民族的痛史，而对于失去故土的北方人来说，其感受尤深于南方人。前面论南渡词，以朱敦儒、李清照所作最为沉痛，就与他们是北方人有关，吕本中的“只言江左好风光，不道中原归思转凄凉”（《南歌子》）就道出了北人流寓南方的感情体会。身为女子的李清照，尚有“南渡衣冠欠王导，北来消息少刘琨”之叹，有“至今思项羽，不肯过江东”之讽，在词中感叹“故乡何处是，忘了除非醉”（《菩萨蛮》），何况是自幼感受民族压迫、不忘君父大仇，既心怀报国大志，又深爱故土的辛弃疾！在稼轩词中，常可见“长安”、“西北”之语，而在《美芹十论·详战》中，辛弃疾特地强调出兵山东的重要性：“今日中原之地，其形易、其势重者，果安在哉？曰：山东是也。不得山东则河北不可取，不得河北则中原不可复……兵出山东则山东之民必叛虏以为我应。”[③]《九议》又再次阐发了这一战略

---

① 刘辰翁：《辛稼轩词序》，《词籍序跋萃编》，第201页。
② 辛弃疾：《美芹十论》，《辛稼轩诗文笺注》卷上，第21–22页。
③ 辛弃疾：《美芹十论》，《辛稼轩诗文笺注》卷上，第54–57页。

思想，其中固因于地缘政治与战争战略，但又何尝没有故土“情结”在呢？因此，我们不妨视之为辛、陆之别：陆游虽也自小受到父辈的教育、感染，那种“相与言及国事，或裂眦嚼齿，或流涕痛哭，人人自期以杀身翊戴王室”[①]的氛围，较辛赞给予辛弃疾“登高望远，指画山河，思投衅而起”的教育，更具感情的烈度；但是，陆游毕竟是浙江山阴人，无失去桑梓之痛，因此，他尽管也至死不忘“王师北定中原日，家祭无忘告乃翁”(《示儿》)，词中却难见“西北望长安”的强烈情感，更无辛弃疾的临终“杀贼”之呼。所以，刘辰翁所说的：“斯人北来，喑呜鸷悍，欲何为者，而谗摈销沮，白发横生，亦如刘越石。陷绝失望，花时中酒，托之陶写，淋漓慷慨，此意何可复道。”是对稼轩词特有的“北方人之感情”的深刻理解。赵文说：“渡江后，康伯可未离宣和间一种风气，君子以是知宋之不能复节原也。近世辛幼安，跌荡磊落，犹有中原豪杰之气。而江南言词者宗美成，中州言词者宗元遗山，词之优劣未暇论，而风气之异，遂为南北强弱之占，可感矣。”[②]所说的“中原豪杰之气”，是对“北方人之感情”的另一说法，其本“观乐知政”原则评价宋词，对周邦彦虽为苛责，而对辛弃疾的肯定，则是正确的。

稼轩词有大量与庄子、屈骚相关的语源与典源，可见所受到南方文化的影响。王国维所说的“故言大则有若北溟之鱼，语小则有若蜗角之国；语久则大椿冥灵，语短则蟪蛄朝菌；至于襄城之野，七圣皆迷；汾水之阳，四子独往”皆出庄、列。而早在刘勰的《文心雕龙·诸子》，已对诸子作了“纯粹者入矩”与“踳驳者出规”的区分。“纯粹”和“踳驳”又因内容而关涉到艺术性，纯粹者如“《礼记月令》，取乎吕氏之《纪》，《三年问》丧，写乎《荀子》之书”，都是有所本，是实在的东西；而踳驳者如“汤之问棘，云：蚊睫有雷霆之声；惠施对梁王，云：蜗角有伏尸之战；《列子》有移山、跨海之谈，《淮南》有倾天、折地之说”，都是“混同(按，当作“鸿洞”，意为相连)虚诞”[③]。至于《离骚》，《文心雕龙·辨骚》所说的“托云龙，说迂怪，丰隆求宓妃，鸩鸟媒娀女，诡异之辞也；康回倾地，夷羿弹日，木夫九首，土伯三目，谲怪之谈也”[④]出于楚文化，与庄、列同为“踳驳者出规”。

稼轩词兼具北方派和南方派的思想底蕴，而就艺术而言，则更受到南方文学“踳驳者出规”、“诡异之辞”、“谲怪之谈”的影响，对此，将在后面再作详论。作为“词中之龙”，辛弃疾在以婉约柔美为宗的南方文学之词中，熔铸了先秦已成的北方派思想，贯注着特殊意义的“北方人之感情”，又融入了以庄、骚为代表的南方派之想象力和浪漫精神，综融南北文化，正所谓“通南北之驿骑而后可”，行大手笔于“小道”，为此前所无。辛弃疾对宋词的改造之功极伟，使之“异军特起，能于翦红刻翠之外，屹然别立一宗。”因之，陈廷焯云：“南宋而后，稼轩如健鹘摩天，为词坛第一开辟手。”[⑤]又说：“稼轩

---

① 陆游：《跋傅给事帖》，《渭南文集》卷三一，《陆放翁全集》，第194页。
② 赵文：《吴山房乐府序》，《青山集》卷二，四库全书本。
③ 刘勰著，范文澜注：《文心雕龙注》，第308–309页。
④ 刘勰著，范文澜注：《文心雕龙注》，第46–47页。
⑤ 陈廷焯：《云韶集》卷二，《白雨斋词话足本校注》卷一，第98页。

词上掩东坡，下括刘、陆，独往独来，旁若无人。”[①]“稼轩词如龙蛇飞舞，信手拈来，都成绝唱。词至稼轩，纵横博大，痛快淋漓，风雨纷飞，鱼龙百变，真词坛飞将军也”[②]。

第四节　以文为词与韩愈之喻

“若无新变，不能代雄”，大凡文学发展到一定的阶段，常会以变求通，而“破体”为之则是新变的主要道路。回顾词的发展历史，几位影响较大的词人，几乎都曾走“破体”一路，而相较而言，辛弃疾的以文为词所破最大、最力，且以其别开生面之作真正做到了“别立一宗”，影响至巨。陈维崧曾说：“东坡、稼轩诸长调又骎骎乎如杜甫之歌行西京之乐府也。”[③]是将苏辛并举以比杜甫。而王国维曾将宋词比唐诗，一一对应，认为“南宋惟一稼轩可比昌黎。”[④]表面看来，似乎不如“词中老杜”的周邦彦，其实不然。撇开王国维论词尊五代北宋的观念不说，就杜与韩本身而言，由于杜甫跨越盛中唐，是承前启后的集大成诗人，韩愈却以变求新，创立了雄奇险怪的韩孟诗派，是以创造、变革来继承杜甫，厥功甚伟，故杜牧有“李杜泛浩浩，韩柳摩苍苍。近者四君子，与古争强梁”（《冬至日寄小侄阿宜诗》）之说。笔者以为，夏承焘对稼轩与韩愈之喻体会最深，所言最确。其《〈稼轩词笺〉序》云：“李、杜以降，诗之门户尽辟矣。非纵横排奡，不能开径孤行为昌黎也。词至东坡，《花间》、《兰畹》，夷为九馗五剧矣。其突起为深陵奥谷，为高江急峡，若昌黎之为诗者，稼轩也。二子者，遭际胸襟无一同，而同其文术转迹之时会，乾淳、嘉泰之词，犹诗之元和、长庆也。今观稼轩若题瓢泉之效《招魂》、酌中秋之摹《天问》，与夫《沁园春》、《六州歌头》之赋齐庵、对鹤语，铺排起伏，一综于汉赋，挈班、扬以侣秦、柳，固昌黎之遗则也。至如《兰陵王》之述梦、《贺新郎》之别弟，以及《哨遍》诸章之解《庄》，云谲波骇，千汇万态，尤尽乐章之至奇。喻之于坡，非犹《北征》之后而有《南山》、《月蚀》耶。虽云身世境会，坡、稼本不尽同；而文事尚变，推演递渐，固亦势运所必然。由是而后村，而须溪，浸假蜕《玉蝴蝶》、《最高楼》而为元曲，譬夫高山转石，不至地不止焉。耳食者乃哗然以旧格曩规绳稼轩，岂通变之见哉。”[⑤]所以，即使不落实到韩愈的“强项”，着眼于“文起八代之衰”，仅在诗歌领域以辛弃疾喻韩愈，不仅是“喻”之甚当，且是“誉”之极当了。

一、不平则鸣　气盛言宜

稼轩词中，屡屡写及韩愈。如：“今代又尊韩，道吏部文章泰山”（《太常引》），“况有文章山斗”（《水龙吟》），“悠然政须两字，长笑退之诗”（《水调歌头》），“看北山移，盘谷

---

① 陈廷焯：《云韶集》卷五，《白雨斋词话足本校注》卷一，第98页。
② 陈廷焯：《云韶集》卷五，《白雨斋词话足本校注》卷一，第92页。
③ 陈维崧：《词选序》，《词籍序跋萃编》，第761页。
④ 王国维：《人间词话附录》，《蕙风诗话·人间词话》，第251页。
⑤ 夏承焘：《〈稼轩词笺〉序》，《夏承焘集》第8册，第246页。

序,辋川图"(《行香子》),"平生插架昌黎句,不似拾柴东野苦"(《玉楼春》)等。之所以屡及韩愈,其中一个主要原因当在于对韩愈文学思想的认同。

韩愈《送孟东野序》提出了著名的"不平则鸣"说,既可"鸣国家之盛",又可"自鸣其不幸",而从他所举之例看,"周之衰,孔子之徒鸣之","其末也,庄周以其荒唐之辞鸣。楚,大国也,其亡也以屈原鸣"[①],馀如孟轲、荀卿、杨朱、墨翟、李斯、司马迁等,多非盛时之鸣,而是衰世之鸣。因此文特为孟郊作,"鸣国家之盛"也就无从落实。韩愈《荐士》诗有云:"有穷者孟郊,受材实雄骜……酸寒溧阳尉,五十几何耄。孜孜营甘旨,辛苦久所冒。俗流知者谁?指注竞嘲慠。"对孟郊的穷愁不遇倾注了深深的同情,因而"不平则鸣"出于《送孟东野序》,所鸣者何自是十分清楚。韩愈在《荆潭唱和诗序》中又说:"夫和平之音淡薄,而愁思之声要妙,欢愉之辞难工,而穷苦之言易好也。是故文章之作,恒发于羁旅草野。至若王公贵人,气满志得,非性能而好之,则不暇以为。"[②]回过头来看《送孟东野序》,此文最后所说的"抑不知天将和其声,而使鸣国家之盛耶?抑将穷饿其身,思愁其心肠,而使自鸣其不幸邪?"[③]显然在二者之中是选择了后者,是对"诗可以怨"的认定。

"不平则鸣"有悠久的历史。孔子早就有"诗可以怨"(《论语·阳货》)之说,《楚辞·悲回风》云:"介眇志之所惑兮,窃赋诗之所明",屈原"正道直行,竭忠尽智以事其君",却"信而见疑,忠而被谤,能无怨乎?屈平之作《离骚》,盖自怨生也。"(司马迁《史记·屈原列传》)如果说《诗经》中的民歌多人民对"上政"的怨刺,那么《楚辞》则多因对"上政"的失望而生怨,使之具有强烈的抒情性。

韩愈的"不平则鸣"又有自身的体会。他"四举于礼部乃一得,三选于吏部卒无成"[④],为官后五次降职,其中二逐蛮荒,甚而险遭杀头。故此胡震亨甚而作极端之说:"韩退之多悲诗,三百六十言哭泣者三十首。"[⑤]苏轼谓韩愈"文起八代之衰,而道济天下之溺;忠犯人主之怒,而勇夺三军之帅。此岂非参天地,关盛衰,浩然而独存者乎……故公之精诚,能开衡山之云,而不能回宪宗之惑;能驯鳄鱼之暴,而不能弭皇甫镈、李逢吉之谤;能信于南海之民,庙食百世,而不能使其身一日安之于朝廷之上。盖公之所能者,天也。其所不能者,人也。"[⑥]可见其"不平之鸣"所出之由。

叶燮《原诗》云:"作诗有性情,必有面目……举韩愈之一篇一句,无处不可见其骨相稜嶒,俯视一切。进则不能容于朝,退又不肯独善于野,疾恶甚严,爱才若渴:此韩愈之面目也。"[⑦]以此说相衡,"进则不能容于朝,退又不肯独善于野",又与辛弃疾甚

---

① 韩愈:《送孟东野序》,屈守元校注《韩愈全集校注》,第1464、1465页。
② 韩愈:《荆潭唱和诗序》,《韩愈全集校注》,第1671页。
③ 韩愈:《送孟东野序》,《韩愈全集校注》,第1465页。
④ 韩愈:《上宰相书》,《韩愈全集校注》,第1239页。
⑤ 胡震亨:《唐诗谈丛·榆溪诗话·漫堂说诗》,丛书集成初编本,中华书局1985年版,第27页。(版本后同)
⑥ 苏轼:《潮州韩文公庙碑》,《苏轼全集》,第988页。
⑦ 叶燮:《原诗》,《原诗·一瓢诗话·说诗晬语》,人民文学出版社1979年版,第50页。(版本后同)

合，由性情而发，遂多不平之鸣。周济说："稼轩不平之鸣，随处辄发。"[①]陈廷焯也说："壮心不已，稼轩心中有如许不平之气。"[②]《白雨斋词话》具体分析道："稼轩有吞吐八荒之概，而机会不来，正则可以为郭、李，为岳、韩，变则即桓温之流亚，故词极豪雄，而意极悲郁。"[③]刘熙载尤其切实地道出了自己的理解："辛稼轩风节建竖，卓绝一时，惜每有成功，辄为议者所沮。观其《踏莎行》（和赵兴国）有云：'吾道悠悠，忧心悄悄。'其志与遇概可知矣。《宋史》本传称其'雅善长短句，悲壮激烈'，又称'谢校勘过其墓旁，有疾声大呼于堂上，若鸣其不平'。然则其长短句之作，固莫非假之鸣者哉？"[④]

辛弃疾不仅有不少作品表其不平之气，其《南歌子》（山中夜坐）更明确地提出这一命题：

> 世事从头减，秋怀彻底清。夜深犹送枕边声，试问清溪底事未能平？　月到愁边白，鸡先远处鸣。是中无有利和名，因甚山前未晓有人行？

他在词中自问：自己赤心为国，"是中无有利和名"，却遭遇被劾落职、闲居山中的命运，遂移情于外物，"试问清溪底事，未能平？"这一提问，可从《送孟东野序》得到印证："大凡物不得其平则鸣。草木之无声，风挠之鸣；水之无声，风荡之鸣。其跃也，或激之；其趋也，或梗之；其沸也，或炙之。金石之无声，或击之鸣，人之于言也亦然！有不得已者而后言，其歌也有思，其哭也有怀，凡出乎口而为声者，其皆有弗平者乎！"[⑤]稼轩词中，不乏如水之因激而跃，因梗而趋，因炙而沸，是以其不平而善鸣。所以陈廷焯作苏辛之较："感激豪宕，苏辛并峙千古，然忠爱恻怛，苏胜于辛，而淋漓怨壮，顿挫盘郁，则稼轩独步千古矣。稼轩词魄力雄大，如惊雷怒涛，骇人耳目，天地钜观也，后惟迦陵有此笔力，而郁处不及。"[⑥]其《霜天晓角》（赤壁）虽非直言不平，实际上感叹苏轼被谪而"不得文章力"，为之长啸而悲，就是不平之鸣：

> 雪堂迁客。不得文章力。赋写曹刘兴废，千古事、泯陈迹。　望中矶岸赤。直下江涛白。半夜一声长啸，悲天地、为予窄。

不平则鸣是韩愈重要的文学思想，与之相关的另一思想是"气盛言宜"说。韩愈在《答李翊书》中说："气，水也；言，浮物也。水大而物之浮者大小毕浮。气之与言犹

---

① 周济：《介存斋论词杂著》，《介存斋论词杂著·复堂词话·蒿庵论词》，第8页。
② 陈廷焯：《词则·放歌集》卷一，第320页。
③ 陈廷焯著，屈兴国校注：《白雨斋词话足本校注》卷八，第639页。
④ 刘熙载：《艺概》卷四《词曲概》，第110页。
⑤ 韩愈：《送孟东野序》，《韩愈全集校注》，第1464页。
⑥ 陈廷焯：《词则·放歌集》卷一，第311页。

是也。气盛,则言之短长与声之高下者皆宜。”[①]此说系承孟子知言养气说而来。孟子云:“我知言,我善养吾浩然之气。”此浩然之气“至大至刚,以直养而无害,则塞天地之间;其为气也,配义与道,无是,馁也”。(《公孙丑上》)孟子的“养气”说,本质为儒家的道德修养说,而到曹丕《典论·论文》的“文以气为主”之说,则兼涉作家的禀赋与气质、个性的体现。刘勰《文心雕龙》所论“气”广涉作家才气、音节声气、艺术风格,直至自然之气,其《养气》篇强调“节宣”去欲以“清和其心,调畅其气”,最后臻于“从容率情,优柔适会”,似于孟子“养气”以道德修养达到精神境界,却是文学创作之境。韩愈以继承儒家道统自居,其“气盛言宜”说自然是根于孟子重在道德修养的“养气”:“……仁义之人,其言蔼如也……虽然,不可以不养也。行之乎仁义之途,游之乎《诗》、《书》之源。无迷其途,无绝其源,终吾身而已矣。”[②]“夫所谓文者,必有诸其中,是故君子慎其实。实之美恶,其发也不掩。本深而末茂,形大而声宏,行峻而言厉,心醇而气和;昭晰者无疑,优游者有馀,体不备不可以为成人,辞不足不可以为成文”。[③]对于韩愈的养气说,刘熙载指出其因出孟子而具本原:“昌黎接孟子知言养气之传,观《答李翊书》学养并言可见。”又云“‘出辞气,斯远鄙倍矣’,此以气论辞之始。至昌黎《与李翊书》,柳州《与韦中立书》,皆论及于气,而韩以气归之于养,立言较有本原”[④]。在道德修养的基础上,韩愈还吸收了刘勰讲“养气”的“率志委和”,认为“苟可以寓其巧智,使机应于心,不挫于气,则神完而守固,虽外物至,不胶于心”[⑤]。

宋代自初就反思晚唐五代的历史,对进士无行批判甚力,北宋诗文革新运动的实质是儒学的复兴运动,在连接儒学道统的传承中,韩愈的地位自是十分重要,而他作为儒学政教型的人物,对北宋士人有很大的影响,欧阳修的尊韩就是一个典型的例子。无论是文学家还是理学家,都极其重视韩愈,形成了时代性的宗韩风尚。苏轼《潮州韩文公神庙碑》更以“寓于寻常之中,塞于天地之间”的“浩然正气”论韩愈,赞扬其“忠犯人主之怒,勇夺三军之帅”,是“参天地,关盛衰,浩然而独存者”。到南宋时期,因长期苟安,士气消沉,民族矛盾渐被淡忘,“养气”一说又被作为振拔人心、志气之具。先是吕本中重申韩愈气盛言宜之论,提出“涵养吾气而后可。规摹既大,波澜自阔”[⑥]之说。而后王十朋《蔡端明公文集序》再言“文以气为主”的命题,以韩愈比孟子,赞扬孟子“七篇仁义之书”,韩愈“表里六经之文”,“皆气使之然也。若二子者,非天下之至刚者欤?”[⑦]又有周必大《皇朝文鉴序》兼及气、理论文,开张明义以道:“文之盛衰主乎气,辞之工拙存乎理。”并以宋初至熙宁、元祐间,“虽体制互异,源流间出,而

① 韩愈:《答李翊书》,《韩愈全集校注》,第1455页。
② 韩愈:《答李翊书》,《韩愈全集校注》,第1454–1455页。
③ 韩愈:《答尉迟生书》,《韩愈全集校注》,第1462页。
④ 刘熙载:《艺概》卷一《文概》,第20,38页。
⑤ 韩愈:《送高闲上人序》,《韩愈全集校注》,第2770页。
⑥ 吕本中:《与曹吉甫论诗第二帖》,《苕溪渔隐丛话》前集卷四九,第333页。
⑦ 王十朋:《宋王忠文公文集》卷一二,《宋集珍本丛刊》第44册,线装书局2000年版,第53页。

气全理正,其归则同"[①]。

词本多男欢女爱、伤春悲秋之作,为侑觞佐欢之用,人亦以"小道"目之,但自苏轼以诗为词以来,已经有所改变,南渡时期,更因时势之变而变,伴随着"复雅"的潮流,本见于诗文的"养气"也进入词的领域。谢章铤认为:"词家讲琢句而不讲养气,养气至南宋善矣。"[②]而养气说并不是直接进入词的领域,却是创作实践的结果。陆游之词仅部分体现出由苏而辛的过渡,而他本人却极力主张养气论:"文以气为主,出处无愧,气乃不挠。"[③]"诗岂易言哉?才得之天,而气者我之所自养。"[④]尤其是《上辛给事书》云:"贤者之所养,动天地,开金石,其胸中之妙,充实洋溢,而后发见于外,气全力馀,中正闳博,是岂可容一毫之伪于其间哉?"因此而提出"务重其身而养其气"[⑤]。

辛弃疾本质不是文人,因此是在他的政论中讲养气。《美芹十论·自治》提出:"必先内有以作三军之气,外有以破敌人之心,故曰'未战养其气',又曰'先人有夺人之心'。"《九议·其一》分析"有以貌为智勇者,又有以气为智勇者",认为"以气为智勇,是真足办天下之事",并提出"论天下之事者主乎气"。(《九议·其二》)"盖人而有气然后可以论天下"。(《九议·其九》)以其养气、主气说施之于词,既见稼轩词中屡屡称"气"言"气":

求田问舍,怕应羞见,刘郎才气。——《水龙吟》
坐中豪气,看公一饮千石。——《念奴娇》
少年握槊,气凭陵、酒圣诗豪馀事。——《念奴娇》
更觉元龙楼百尺,湖海平生豪气。——《念奴娇》
须信此翁未死。到如今、凛然生气。——《水龙吟》
想当年,金戈铁马,气吞万里如虎。——《永遇乐》

论者亦以气言其人:

君看幼安气如虎。——陆游《寄赵昌甫诗》
以果毅之资,刚大之气,真一世之雄也。——黄榦《与辛稼轩侍郎书》[⑥]
公有英雄之才,忠义之心,刚大之气。——谢枋得《祭辛稼轩先生墓记》

论其词:

---

① 周必大:《周益国文忠公集》卷一一〇,《宋集珍本丛刊》第52册,第183-184页。
② 谢章铤:《赌棋山庄词话》卷一二,《词话丛编》,第3470页。
③ 陆游:《傅给事外制集序》,《渭南文集》卷一五,《陆放翁全集》,第86页。
④ 陆游:《方德亨诗集序》,《渭南文集》卷一四,《陆放翁全集》,第82页。
⑤ 陆游:《上辛给事书》,《渭南文集》卷一三,《陆放翁全集》,第72页。
⑥ 黄榦:《与辛稼轩侍郎书》,《勉斋集》卷四,四部丛刊本。

器大者声必宏,志高者意必远。知夫声与意之本原,则知歌词之所自出。是盖不容有意于作为,而其发越著见于声音言意之表者,则亦随其所蓄之浅深,有不能不尔者存焉耳……意不在于作词,而其气之所充,蓄之所发,词自不能不尔也。

——范开《稼轩词序》[1]

近世辛幼安跌宕磊落,犹有中原豪杰之气。——赵文《吴山房乐府序》[2]

辛稼轩词肝胆激烈,有奇气。——李调元《雨村词话》[3]

由于"气盛则言之短长与声之高下者皆宜",以之相观照:"(昌黎之文)如长江大河,浑浩流转,鱼鼋蛟龙,万怪惶惑,而抑遏蔽掩,不使自露,而人自见其渊然之光,苍然之色,亦自畏避,不敢迫视。"[4]"退之诗,大抵才气有馀,故能擒能纵,颠倒崛奇,无施不可。放之则如长江大河,澜翻汹涌,滚滚不穷;收之则藏形匿影,乍出乍没,姿态横生,变怪百出,可喜可愕,可畏可服也"。[5]"韩公诗,文体多,而造境造言,精神兀傲,气韵沉酣,笔势驰骤,波澜老成,意象旷达,句字奇警,独步千古,与元气侔。""韩公当知其'如潮'处,非但义理层见叠出,其笔势涌出,读之拦不住,望之不可极,测之来去无端涯,不可穷,不可竭"。[6]同样,辛弃疾也是"公所作大声鞺鞳,小声铿鍧,横绝六合,扫空万古,自有苍生以来所无"[7],"其词之为体,如张乐洞庭之野,无首无尾,不主故常;又如春云浮空,卷舒起灭,随所变态,无非可观。无他,意不在于作词,而其气之所充,蓄之所发,词自不能不尔也"。[8]"稼轩词拉杂使事,而以浩气行之。如五都市中,百宝杂陈,又如淮阴将兵,多多益善,风雨纷飞,鱼龙百变,天地奇观也"。[9]对韩愈与辛弃疾评价的相似,皆因于闳中肆外而气盛言宜。

辛弃疾因其气盛,其词所"宜"之言亦一改文小、质轻、境隐,变优美为壮美,成天地之奇观。又因内中所蕴的浩然之气,与外现的诸般意象高度谐合,成就了"慷慨纵横,有不可一世之概"的面貌。如《水调歌头》(舟次扬州和人韵):

落日塞尘起,胡骑猎清秋。汉家组练十万,列舰耸层楼。谁道投鞭飞渡,忆昔鸣髇血污,风雨佛狸愁。季子正年少,匹马黑貂裘。　今老矣,搔白首,过扬州。倦游欲去江上,手种橘千头。二客东南名胜,万卷诗书事业,尝试与君谋。莫射南山虎,直觅富民侯。

① 范开:《稼轩词序》,《词籍序跋萃编》,第199页。
② 赵文:《吴山房乐府序》,《青山集》卷二,四库全书本。
③ 李调元:《雨村词话》卷三,《词话丛编》,第1420页。
④ 苏洵:《苏洵集》卷一二,中国书店2000年版,第111页。(版本后同)
⑤ 张戒著,张应鸾笺注:《岁寒堂诗话笺注》,四川大学出版社1990年版,第73页。(版本后同)
⑥ 方东树:《昭昧詹言》卷九,人民文学出版社1961年版,第219页。(版本后同)
⑦ 刘辰翁:《辛稼轩集序》,《词籍序跋萃编》,第200页。
⑧ 范开:《稼轩词序》,《词籍序跋萃编》,第199页。
⑨ 陈廷焯:《词则·放歌集》卷一,第322-323页。

此词上片回忆当年举义山东、奉表南归的经历，下片感慨事业无成。确如陈廷焯所说："笔力高绝，落地有声，字字警绝，笔致疏散，而气甚遒炼。结笔有力如虎。"[1]

又如《八声甘州》，上片述李广事，下片抒发感慨，表达"健者曾闲"的异代同悲，因情感郁积，真气自行，故写得壮阔深沉、悲慨感人：

夜读《李广传》，不能寐，因念晁楚老、杨民瞻约同居山间，戏用李广事，赋以寄之。

故将军饮罢夜归来，长亭解雕鞍。恨灞陵醉尉，匆匆未识，桃李无言。射虎山横一骑，裂石响惊弦。落魄封侯事，岁晚田园。　谁向桑麻杜曲，要短衣匹马，移住南山。看风流慷慨，谈笑过残年。汉开边功名万里，甚当时健者也曾闲。纱窗外，斜风细雨，一阵轻寒。

《水龙吟》（过南剑双溪楼）：

举头西北浮云，倚天万里须长剑。人言此地，夜深长见，斗牛光焰。我觉山高，潭空水冷，月明星淡。待燃犀下看，凭栏却怕，风雷怒，鱼龙惨。　峡束沧江对起，过危楼、欲飞还敛。元龙老矣，不妨高卧，冰壶凉簟。千古兴亡，百年悲笑，一时登览。问何人又卸，片帆沙岸，系斜阳缆。

词中在诸般雄阔的自然景物中，阑入剑气冲斗牛与入水化龙的典故，寄托英雄已老、百年悲笑的家国之慨。陈廷焯评曰："词直气盛，宝光焰焰，笔阵横扫千军。雄奇之景，非此雄奇之笔，不能写得如此精神。"[2]《放歌集》亦云："雄奇兀奡，真令江山生色。"[3]

《水调歌头》（和马叔度游月波楼）虽写景近于苏轼的清丽雄奇，抒情却不似苏轼之超然善化，而是在鲸饮吞海、剑气横秋的大气强力中，使人感到中州遗恨与英雄老去之叹盘旋郁结，浩气逼人而又沉郁悲慨：

客子久不到，好景为君留。西楼著意吟赏，何必问更筹。唤起一天明月，照我满怀冰雪，浩荡百川流。鲸饮未吞海，剑气已横秋。　野光浮。天宇迥，物华幽。中州遗恨，不知今夜几人愁。谁念英雄老矣，不道功名蕞尔，决策尚悠悠。此事费分说，来日且扶头。

---

① 陈廷焯：《云韶集》卷五，《白雨斋词话足本校注》卷一，第96页。
② 陈廷焯：《云韶集》卷五，《白雨斋词话足本校注》卷一，第100页。
③ 陈廷焯：《词则·放歌集》卷一，第318页。

以上诸作,都如陈廷焯所云:“稼轩词,非不运典,然运典虽多,而其气不掩,非放翁所及。”[①]“其气不掩”源于韩愈,韩愈生活在中唐时期,正处于审美风尚向求奇尚怪转变之时,故韩愈之诗追求险怪,甚至走入“以丑为美”一途。稼轩词则一反传统,上继苏轼,想落天外,变其清雄飘逸为雄浑沉郁、奇险苍莽。刘熙载云:“诗文一源。昌黎诗有正有奇,正者,即所谓‘约六经之旨而成文’;奇者,即所谓‘时有感激怨怼奇怪之辞’。”[②]稼轩词多不合词之婉约正体,也被视为“至奇”的“变调”。王世贞云:“言其业,李氏、晏氏父子、耆卿、子野、美成、少游、易安至矣,词之正宗也。温韦艳而促,黄九精而险,长公丽而壮,幼安变而奇,又其次也,词之变体也。”[③]然而无论是正是奇,为正为变,气盛言宜的韩愈诗与稼轩词,都在文学史上具有开宗立派的地位。

二、雄深雅健　浑浩有力

将韩愈与辛弃疾相拟,更由于前者以文为诗,后者以文为词。

钱锺书说:“名家名篇,往往破体,而文体亦因以恢弘焉。”[④]的确,“破体”是发展文体的一个重要方法。韩愈是“元和诗变”的关键人物,他本来就志在“唯陈言之务去”,极有创新意识,这一意识非但见之于文,且以文之所长施之于诗,破体而创韩孟诗派。对于他的开径自行,赵翼看到了此中消息,《瓯北诗话》云:“韩昌黎生平,所心慕力追者,惟李、杜二公。顾李、杜之前,未有李、杜,故二公才气横恣,各开生面,遂独有千古。至昌黎时,李、杜已在前,纵极力变化,终不能再辟一径。惟少陵奇险处,尚有可推扩,故一眼觑定,欲从此辟山开道,自成一家。此昌黎注意所在也……其实昌黎自有本色,仍在文从字顺中,自然雄厚博大,不可捉摸,不专以奇险见长。”[⑤]对于韩愈的以文为诗,陈师道联系苏轼的以诗为词而作了否定:“退之以文为诗,子瞻以诗为词,如教坊雷大使之舞,虽极天下之工,要非本色。”[⑥]又引黄庭坚语:“诗文各有体,韩以文为诗,杜以诗为文,故不工尔。”[⑦]但苏轼对韩愈这一变革却是取肯定态度的。陈善《扪虱新话》亦云:“韩以文为诗,杜以诗为文,世传以为戏。然文中要自有诗,诗中要自有文,亦相生法也。文中有诗,则句语精确;诗中有文,则词调流畅。”[⑧]刘辰翁《赵仲仁诗序》也认为:“后村谓文人之诗与诗人之诗不同,味其言外,似多有所不满,而不知也其所乏适在此。文人兼诗,诗不兼文。杜虽诗翁,散语可见。惟韩、苏倾竭变化,如雷霆河汉,可惊可快,必无复可憾者,盖以其文人之诗也。”[⑨]顾嗣立《昌黎先生诗集

---

① 陈廷焯:《词坛丛话》,《词话丛编》,第3724页。
② 刘熙载:《艺概》卷二《诗概》,第62页。
③ 王世贞:《艺苑卮言》,《词话丛编》,第385页。
④ 钱锺书:《管锥编(三)》,第67页。
⑤ 赵翼:《瓯北诗话》卷三,人民文学出版社1963年版,第28页。(版本后同)
⑥ 陈师道:《后山诗话》,何文焕辑《历代诗话》,第309页。
⑦ 陈师道:《后山诗话》,何文焕辑《历代诗话》,第303页。
⑧ 陈善:《扪虱新话》卷九,第1页。
⑨ 刘辰翁:《赵仲仁诗序》,段大林校点《刘辰翁集》卷六,江西人民出版社1987年版,第172页。(版本后同)

注序》所说尤详："余于诗雅宗仰昌黎先生。而论先生诗者，或有以文为诗之诮，至直斥为不工……余窃怪说者不深考其源流，而妄为此也。夫诗自李、杜勃兴而格律大变，后人祖述，各得其性之所近，以自名家。独先生能尽启秘钥，优入其域，非馀子可及。顾其笔力放姿横从，神奇变幻，读者不能窥究其所从来，此异论所以繁兴，而不自知其非也。"

王国维以韩愈拟辛弃疾，虽置于唐诗发展链环之中，是以诗为拟，而潜意识中应不无对韩愈在古文中地位的考量，及以文为诗之意义在。近人汪东《唐宋词选评语》云："苏、辛并为豪放之宗，然导源各异。东坡以诗为词，故骨格清刚。稼轩专力于此，而才大不受束缚，纵横驰骤，一以作文之法行之，故气势排荡。昔人谓东坡为词诗，稼轩为词论，可谓确评。顾以诗为词者，由于诗境既熟，自然流露，虽有绝诣，终非当行，以文为词者，直由兴酣落笔，恃才自放，及其遵敛入范，则精金美玉，毫无疵类可指矣。"[①]此说一反前人之见，虽或为过誉，却是很值得注意的见解。

韩愈发起的古文运动，对于六朝骈文具有很强的针对性，而古文之所以为"古"，自是上追而取法先秦、西汉，他自谓"非三代两汉之书不敢观"[②]，而对西汉评价尤高。他曾以司马迁比柳宗元，谓之"雄深雅健，似司马子长，崔、蔡不足多也。"(《新唐书·柳宗元传》)可见"雄深雅健"实为其心目中的最高标准。辛弃疾的美学观也是偏于壮美一侧的，"雄深雅健"自然也成为他的审美理想。其《沁园春》(灵山齐庵赋，时筑偃湖未成)将魏晋常见的人物品藻移之于山水：

> 叠嶂西驰，万马回旋，众山欲东。正惊湍直下，跳珠倒溅；小桥横截，缺月初弓。老合投闲；天教多事，检校长身十万松。吾庐小，在龙蛇影外，风雨声中。
>
> 争先见面重重。看爽气朝来三数峰。似谢家子弟，衣冠磊落；相如庭户，车骑雍容。我觉其间，雄深雅健，如对文章太史公。新堤路，问偃湖何日，烟水濛濛。

确如《古今词统》所云："'雄深雅健'四字，幼安可以自赠。"[③]因胸中郁勃，故能自然而成，不见使气作态。《水龙吟》(用瓢泉韵戏陈仁和，兼简诸葛元亮，且督和词)的下片，则兼及自然风景与历史人文，真气奔迸，沉郁又见雄深：

> 谁识稼轩心事，似风乎舞雩之下。回头落日，苍茫万里，尘埃野马。更想隆中，卧龙千尺，高吟才罢。倩何人与问：雷鸣瓦釜，甚黄钟哑？

笔者以为，对于"雄深雅健"一辞，也可以作雄健深雅的排序，雄为壮大，健为力

---

① 汪东：《唐宋词选评语》，《词学》第二辑，华东师范大学出版社1981年版，第81页。(版本后同)

② 韩愈：《答李翊书》，《韩愈全集校注》，第1455页。

③ 卓人月、徐士俊：《古今词统》卷一五，《续修四库全书》集部第1729册，第120页。

量,均为外现者,而内在则为深为雅。如何求深与雅呢?自与文学渊源相关。杜甫说:“读书破万卷,下笔如有神。”韩愈云:“沉浸醲郁,含英咀华。作为文章,其书满家。”[①]稼轩词云:“文字觑天巧。”(《水调歌头》)又说:“岂负辛勤一束书。”(《和赵昌父闻讯新居之作》)后者就出于韩愈诗:“昔我来长安,只携一束书。”(《示儿》)可见稼轩的屡称韩言,实有尚韩愈倡读书的底蕴在,“邺侯家多书,插架三万轴。一一悬牙签,新若手未触”(《送诸葛觉往随州读书》),稼轩更一再提及:“插架牙签万轴”(《水调歌头》),“试问辛勤携一束,何似牙签三万轴”(《归朝欢》),“好在书携一束,莫问家徒四壁”(《水调歌头》)。而陆游也说他“千篇昌谷诗满囊,万卷邺侯书插架”(《送辛幼安殿撰造朝》),可见他兼顾“天巧”与“辛勤”,是“读书”与“有神”的继续、发展。

韩愈是古文大家,以古文手段入诗不为难事,辛弃疾文虽不多,却“笔势浩荡,智略辐凑,有权书、衡论之风”,以文为词亦自有其基础。那么,他们的以文为诗、以文为词有何共同之处呢?

第一,以古文的语言分入诗词。

韩愈《进学解》自道渊源,可见语言之取径于古人。秦观《韩愈论》以其“钩列、庄之微,挟苏、张之辩,摭班、马之实,猎屈、宋之英,本之以《诗》《书》,折之以孔氏,此成体之文,韩愈之作是也”[②]。这种集成自然也包括语言在内。而辛弃疾在突破了前人的以赋为词、以诗为词同时,语言材料也不限于唐诗、六朝小赋或李清照曾用的《世说新语》,而是“别开天地,横绝古今。论、孟、诗小序、左氏春秋、南华、离骚、史、汉、世说、选学、李杜诗,拉杂运用,弥见其笔力之峭”。[③]楼敬思更认为:“稼轩驱使《庄》、《骚》、经史,无一点斧凿痕,笔力甚峭。”[④]刘熙载也说:“稼轩词龙腾虎掷,任古书中理语、廋语,一经运用,便得风流,天姿是何复异!”[⑤]刘扬忠《辛弃疾词心探微》有“化辞赋古文的语言为词的语言”一段,据《詹安泰词学论稿》分析辛词修辞的九类,归纳为用经语、用子语、用史语、用文语、散文体之句调、以诗一章散文一段糅合成词等六类,说颇详,可参[⑥]。韩辛二人虽都运用古书成语,但又都追求自出己意,韩愈提倡“惟陈言之务去”,“师其意不师其辞”,辛弃疾标榜“妙手都无斧凿瘢”(《浣溪纱》),他们都能做到这一点,这是极其不易的。

除多用经史子集的语言外,韩愈诗还多用虚词。钱锺书《谈艺录·诗用语助》一节,指出了昌黎诗用虚词与以文为诗间的渊源:“盖周秦之诗骚,汉魏以来之杂体歌行……皆往往使语助以添迤逦之概”[⑦],“唐则李杜以前,陈子昂、张九龄使助词较

① 韩愈:《进学解》,《韩愈全集校注》,第1909–1910页。
② 秦观撰,徐培均笺注:《淮海集笺注》卷二二,第751页。
③ 吴衡照:《莲子居词话》卷一,《词话丛编》,第2408页。
④ 张宗橚:《词林纪事》卷一一,张宗橚编,杨宝霖补正《词林纪事·词林纪事补正》,第668页。
⑤ 刘熙载:《艺概》卷四《词曲概》,第110页。
⑥ 刘扬忠:《辛弃疾词心探微》,齐鲁书社1990年版,第244–246页。(版本后同)
⑦ 钱锺书:《谈艺录》,第206页。

夥。然亦人不数篇，篇不数句，多摇曳以添姿致，非顿勒以增气力。唐以前惟陶渊明通文于诗，稍引厥绪，朴茂流转，别开风格……唐人则元次山参古文风格，语助无不可用，尤善使‘焉’字，‘而’字……昌黎荟萃诸家句法之长，元白五古亦能用虚字，而无昌黎之神通大力，充类至尽，穷态极妍。”①他人用虚词“摇曳以添姿致”，韩愈用虚词“顿勒以增气力”，而这又是由陶渊明的“通文于诗”与元结的“参古文风格”而来。韩诗如此，观其《南山》诗用五十一个“或”字所造成的力度，真有一句一顿之感，就决非摇曳迤逦之概了。

稼轩词亦如此，之、乎、者、也、而、于、其、乃、焉、哉、然、耳、矣……举凡古文中的虚词几乎都在其词中出现，而且也与韩诗用虚词一样，重在得顿勒之力。试读其“不恨古人吾不见，恨古人不见吾狂耳。知我者，二三子”（《贺新郎》），“去卫灵公，遭桓司马，东西南北之人也。长沮桀溺耦而耕，丘何为是栖栖者”（《踏莎行·赋稼轩集经句》），都能体会到这一点。尤其是《哨遍》（秋水观）下片，更见“顿勒以增气力”：

> 噫。贵贱随时，连城才换一羊皮。谁与齐万物？庄周吾梦见之。正商略遗遍，翩然顾笑，空堂梦觉题秋水。有客问洪河，百川灌雨，泾流不辨涯涘。於是焉河伯欣然喜。以天下之美尽在己。渺沧溟望洋东视，逡巡向若惊叹，谓我非逢子，大方达观之家，未免长见犹然笑耳。此堂之水几何其？但清溪一曲而已。

第二，古文章法、句法的运用，使诗、词散文化。

一般人多注意到韩诗结构捭控腾挪、拗折矫变的一面，其实另有一种是顺起顺接，较少诗歌的回荡停蓄，而有散文之恣肆劲直，或将诗歌高度浓缩的意象之跳跃，变为联贯、明白的叙述。至于句法，则多突破上二下三、上四下三的五七言诗传统句式及韵律，将与口语更接近的散文句法带进了诗中。韩愈散文化倾向最明显的诗，当数作于贞元十五年的《嗟哉董生行》，句式参差长短不齐，且音律节奏与当时诗歌截然不同，有些甚至无法用诗歌韵律吟诵，简直就是有韵的散文。这种古朴刚健的古文句法，打破了当时圆润流转诗风的均衡，虽然也有矫枉过正之嫌，但对矫正当时纤弱诗风无疑是有益的。

诗歌多为吟咏，而词则配乐歌唱，辛弃疾将古文章法句法引进词中，其改革的步伐更大。谭献《复堂词话》评其《汉宫春》（立春），是“以古文长篇法行之。”②无散文痕迹却运用了散文的结构方法，词意特别绵密。又如《贺新郎》（别茂嘉十二弟），其立意布局就颇见匠心：起言三鸟悲啼声中花落春归，渲染悲凉氛围，紧接点明题旨：“算未抵人间离别。”再列举四桩辞家去国的史实：昭君辞汉主、戴妫别庄姜、李陵送苏武、荆轲别燕丹，展开了对历史悲剧场面的描写，而后猛然收归自身：“谁共我、醉明月？”妙

① 钱锺书：《谈艺录》，第210页。
② 谭献：《复堂词话》，《介存斋论词杂著·复堂词话·蒿庵论词》，第26页。

在亦古亦今,或佳人或壮士,既将历史和现实打成一片,又泯灭歌词分段的界限,王国维誉之为"章法绝妙,且语语有境界"[①]。陈廷焯则以其"沈郁苍凉,跳跃动荡,古今无此笔力"[②],而推为稼轩词之冠。如果不是运以古文章法笔力,小词中展开如此大场面的历史悲剧描写是难以做到的。

第三,引入古文的对话、议论手段,形成了如议论文的浑浩之势。

以议论入诗,早在《诗经》、《离骚》中就已存在,两晋玄言诗更多议论。杜甫诗中亦有此倾向,五古或排律的议论尤多,如《咏怀五百字》、《北征》。而韩愈更将议论化发挥到极致,诗中的议论用得相当频繁且比重极大,如《荐士》诗前半部分,简直就是一部从周到唐诗歌发展史的概论。甚至于通篇用《荀子》的议论入诗的《君子法天运》,批判道教的《谢自然诗》和批判佛教的《送灵师》,犹如押韵的《原道》和《论佛骨表》。

在传统的以侑觞劝酒为主要功能的词中出现议论,从苏轼已经开始。辛弃疾生活在宋代理学的集大成时期,他与理学家交游颇多,尤以朱熹为最,未免受到理学思维的影响,稼轩本人尤好庄子,庄子的形象性说理及宋代理学诗,对其词的议论化显然起了很大作用,以致后来有"东坡为词诗,稼轩为词论"之说。试举其《新荷叶》下片:

> 能几多春?试听啼鸟殷勤。览物兴怀,向来哀乐纷纷。且题醉墨,似兰亭列序时人。后之览者,又将有感斯文。

此词是对王羲之文的檃括,《兰亭集序》一方面是"仰观宇宙之大,俯察品类之盛,所以游目骋怀,足以极视听之娱,信可乐也"。而另一方面,则是在欣于所遇、快然自足后,终于认识到"向之所欣,俯仰之间,已为陈迹",人也"老之将至",所以会有"死生亦大矣"之叹。稼轩为解人,岂无生死之悲?尤因此时被迫退隐林下,其建功立业之志与时岁不居的生命意识岂能不发生冲突?所以借上巳日的题目,表明对人生与生命的理解。其止酒赋《沁园春》云"杯汝来前",是表戒酒之意愿,却虚拟与酒杯的对话,敷衍一篇议论文字,宋代陈模《怀古录》卷中即已指出:"此又如《宾戏》、《解嘲》等作,乃是把古文手段寓之于词。"刘体仁也说:"稼轩词'杯汝前来',《毛颖传》也。'谁共我,醉明月',《恨赋》也。皆非词家本色。"[③]前者全篇皆为对话,全篇皆为议论,亦全是散文句法,虽非倚声本色,却新颖别致。馀如《哨遍》(秋水观)的檃括庄子文,纯为说理,篇幅既长,议论又多,尤具浑浩之势,自与一般之词大异,却仍有创体之功,对以缘情为本位的词来说,不失其特有的破体以说理之价值。

---

① 王国维:《人间词话删稿》,《蕙风词话·人间词话》,第129页。
② 陈廷焯著,屈兴国校注:《白雨斋词话足本校注》卷一,第95页。
③ 刘体仁:《七颂堂词绎》,《词话丛编》,第619页。

三、舒忧娱悲　解嘲谐谑

“不平则鸣”是韩愈一个重要的文学思想，而他的“舒忧娱悲”说虽影响难及前者，却与之几能成为对应关系。是说出于《上兵部李侍郎书》：“谨献旧文一卷，扶树教道，有所明白；《南行诗》一卷，舒忧娱悲，杂以瓌怪之言，时俗之好，所以讽于口而听于耳也。”①在这里，韩愈提出了文学作品具有“扶树教道”的政治、社会功能，和“舒忧娱悲”的抒情功能。后来陆游也在《上辛给事书》中重复后者，而改成了“娱忧而舒悲”。

韩愈舒忧之作多以不平之鸣出之，而娱悲则出以谐谑一类。

韩愈一生兴儒反佛，将主要精力放在古文创作上，是“馀事作诗人”（《和席八十二韵》），欧阳修《六一诗话》云：“退之笔力无施不可，而尝以诗为文章末事，故其诗曰：‘多情怀酒伴，馀事作诗人’也。然其资谈笑，助谐谑，叙人情，状物态，一寓于诗，而曲尽其妙。”②韩愈喜谈笑谐谑，这一个性特点也在其“馀事”之诗中得到充分体现。他曾两次回答张籍对他的批评，张籍以他“多尚驳杂无实之说，使人陈之于前以为欢”，“以驳杂无实之说为戏”，他则说：“此吾所以为戏耳。”③“昔者，夫子犹有所戏，《诗》不云乎：‘善戏谑兮，不为虐兮。’《记》曰：‘张而不弛，文、武不能也。’恶害于道哉？”④表达了通达的生活态度。

韩愈虽自称这类作品“不可时施，只以自嬉”（《送穷文》），但“舒忧娱悲”正说明了他的俳谐体多为倾吐牢骚而作，如《进学解》、《送穷文》之类。如贬潮州途中经昌乐泷写的《泷吏》一诗，借小吏之口，对他这个朝廷大官作了一连串的嘲笑讽刺：“不知官在朝，有益国家否？得无虱其间，不武亦不文。仁义饰其躬，巧奸败群伦。”而韩愈所答亦反话正说：“历官二十馀，国恩并未酬。凡吏之所诃，嗟实颇有之。”调侃滑稽的问答，富有戏剧性的情节，意味深长的感叹，无不在谐谑中体现出被贬后的委屈怨愤之情。更奇特的是《石鼎联句诗》序，虚构了一个游戏人间的滑稽人物轩辕弥明，丑陋不堪却极具慧思奇才，借其诗句“龙头缩菌蠢，豕腹涨彭亨”，讽刺调和鼎鼐的当权大臣，平时挺着大肚子大吃大喝，遇事却只会缩头缩脑，不敢发表意见。又有《月蚀诗效玉川子作》，将卢仝一首极为认真的直接涉及时事政治的《月蚀诗》，删节改变为一首比兴体的谐谑诗，将卢仝的愤怒变为风趣，却不失其尖锐的讽刺力。

辛弃疾是词中之龙，所作多如自己所云：“我辈从来文字饮，怕壮怀激烈须歌者。”（《贺新郎》）但另有一类，则如《沁园春》（将止酒……），属谐谑之词。刘扬忠曾有统计，谓“在辛稼轩的词集里，俳谐体或带有俳谐意味的词约有六十来首，占其词总数的十分之一左右”⑤。辛弃疾本人未见有关于自嬉之类的创作主张，倒是时人与后人有

---

① 韩愈：《上兵部李侍郎书》，《韩愈全集校注》，第1653页。
② 欧阳修：《六一诗话》，《六一诗话·白石诗说·滹南诗话》，人民文学出版社1962年版，第16页。（版本后同）
③ 韩愈：《答张籍书》，《韩愈全集校注》，第1327页。
④ 韩愈：《重答张籍书》，《韩愈全集校注》，第1334页。
⑤ 刘扬忠：《唐宋俳谐词叙伦》，《词学》第十辑，华东师范大学出版社1992年版，第65页。（版本后同）

过类似评价。其门生范开《稼轩词序》说其词:“苟不得之于嬉笑,则得之于行乐;不得之于行乐,则得之于醉墨淋漓之际。”[①]张炎《词源》亦云稼轩词:“非雅词也,于文章馀暇,戏弄笔墨为长短句之诗耳。”[②]如果说张炎主要还是从词之雅正观念来批评稼轩词的出格、变调,范开则是欲强调其师的“意不在作词”而只作为“陶写之具”,意在表现其气之所充时的英爽豪迈,可惜话说过了头,造成对“以毕生精力注之”[③]的辛弃疾词的误解,以至于周煇亦云:“稼轩乐府,辛幼安酒边游戏之作也。词与音协,好事者争传之。”以为“一时戏谑,风调不群。”[④]可是这又毕竟让人从一个角度看到了辛词多俳谐体的现象。

应该说,辛弃疾的俳谐词较之韩愈俳谐诗文,更少了单纯游戏之作,多了以诙谐寓“严重”的成分。王国维云:“诗人视一切外物,皆游戏之材料也。然其游戏,则以热心为之。故诙谐与严重二性质,亦不可缺一也。”[⑤]“诙谐”而“以热心为之”,或者说“诙谐”而不失其“严重”,这应是韩愈俳谐文、俳谐诗与辛弃疾俳谐词的真意,其中不乏面子放倒、骨子认真,或“抑圣为狂,寓哭于笑”[⑥]之作。如《卜算子》(齿落):

> 刚者不坚牢,柔时难摧挫。不信张开口角看,舌在牙先堕。　　已缺两边厢,又豁中间个。说与儿曹莫笑翁,狗窦从君过。

说的本是年老体衰、发脱齿落的自然生理现象,却引发出“刚者不坚牢,柔时难摧挫”的感叹,但这并非是如理学家在谈性理,联系他另两首俳谐词,《千年调》(蔗庵小阁名曰卮言,作此词以嘲之):

> 卮酒向人时,和气先倾倒。最要然然可可,万事称好。滑稽坐上,更对鸱夷笑。寒与热,总随人,甘国老。　　少年使酒,出口人嫌拗。此个和合道理,近日方晓。学人言语,未曾十分巧。看他们,得人怜,秦吉了。

和《永遇乐》(戏赋辛字,送茂嘉十二弟赴调):

> 烈日秋霜,忠肝义胆,千载家谱。得姓何年,细参辛字,一笑君听取:艰辛做就,悲辛滋味,总是辛酸辛苦。更十分向人辛辣,椒桂捣残堪吐。　　世间应有,芳甘浓美,不到吾家门户。比着儿曹,累累却有,金印光垂组。付君此事,从今直

---

① 范开:《稼轩词序》,《词籍序跋萃编》,第199页。
② 张炎:《词源》,《词源注·乐府指迷笺释》,第32页。
③ 谢章铤:《赌棋山庄词话》卷九,《词话丛编》,第2444页。
④ 周煇:《清波别志》卷三,四库全书本。
⑤ 王国维:《人间词话删稿》,《蕙风词话·人间词话》,第243页。
⑥ 李渔:《闲情偶寄》卷一,《李渔全集》第3册,第20页。

上,休忆对床风雨。但赢得靴纹绉面,记余戏语。

不难看出,稼轩此处实际上是在批判那些"寒与热,总随人"的随波逐流之人,以及"得人怜,秦吉了"的巧言令色之辈;同时也在倾吐自己由于"辛辣"而"总是辛酸辛苦"却与"芳甘浓美"无缘的不平,因为"刚拙"不柔滑而遭致"摧挫"的愤恨;但即使如此,他仍然坚持"出口人嫌拗","更十分,向人辛辣,椒桂捣残堪吐"的批判现实,而不会作"然然可可,万事称好"的"和合"姿态。这本是稼轩一生气节所在,却以寓言漫画的手法出之以滑稽调侃,其震动人心的力量更有甚于庄重之文。

总之,如陈寅恪的著名论文《论韩愈》所说:"退之以文为诗,诚是确论;然此为退之文学上之成功,亦吾国文学史上有趣之公案也……后来苏东坡、辛稼轩之词亦是以文为之,此则效法退之而能成功者也。"[①]对于将辛弃疾拟作韩愈,以及以文为诗、以诗为词,不妨作如是观。

第五节　屈骚之旨与比兴寄托

胡寅《题酒边词》云:"词曲者,古乐府之末造也。古乐府者,诗之旁流也。诗出于《离骚》、《楚辞》,而离骚辞者,变风变雅之怨而迫、哀而伤者也。其发乎情则同,而止乎礼义则异。"[②]不仅将词曲上溯《离骚》、《楚辞》和变风、变雅,而且就历来是男欢女爱、花前月下、侑觞助咏的传统园囿之词,将其爱情与闲情的主调,移至"怨而迫,哀而伤"的另一端。这不仅是对"温柔敦厚"的"诗教"之突破,是对《诗大序》"发乎情,止乎礼义"的超越,更是文艺"与时而变"观念的体现,是直面南渡以来的局势及词风之变的合理总结。后来刘克庄在《黄孝迈长短句序》中,针对理学家"崇性理而抑艺文,词尤艺文之下者"的观念,以《诗经》为例,肯定了感时伤物、行役吊古与闺情别思诸种感情的合理性,以黄氏所作"原于二南","乌得以小词而废之乎?"[③]其《翁应星乐府序》固然以"长短句当使雪儿、啭春莺辈可歌,方是本色",却在强调词的音乐性、表演性的同时,并称"亭鄣堡戍间事"与"闺情春怨之语",更认为"酒酣耳热、忧时愤世之作,又如阮籍、唐衢之哭也。近世唯辛、陆二公,有此气魄"[④]。可见,在固守"本色"的同时,对于抒发由现实触发的感情,表现时代精神,也有足够的肯定。刘克庄的《跋刘叔安感秋八词》进而认为词应兼得刚、柔之长,并寓芳草美人之旨:

……间为乐府,丽不至亵,新不犯陈,借花卉以发骚人墨客之豪,托闺怨以寓

---

① 陈寅恪:《论韩愈》,《金明馆丛稿初编》,北京三联书店2001年版,第330–331页。(版本后同)
② 胡寅:《酒边集序》,《词籍序跋萃编》,第168页。
③ 刘克庄:《黄孝迈长短句序》,《词籍序跋萃编》,第297页。
④ 刘克庄:《翁应星乐府序》,《词籍序跋萃编》,第296–297页。

放臣逐子之感。周、柳、辛、陆之能事,庶乎其兼之矣。[①]

此处虽将周、柳、辛、陆相并,实际上重心落在辛陆,以他们善于“借花卉以发骚人墨客之豪,托闺怨以寓放臣逐子之感”,即用周柳所长,以比兴寄托的艺术手法,解决了外在与内涵的关系。沈祥龙《论词随笔》也说:

以词为小技,此非深知词者。词至南宋,如稼轩、同甫之慷慨悲凉,碧山、玉田之微婉顿挫,皆伤时感事,上与风骚同旨,可薄为小技乎。若徒作侧艳之体,淫哇之音,则谓之小也亦宜。[②]

这里将“伤时感事,上与风骚同旨”许之于南宋的辛陈王张。南宋的刘克庄和晚清的沈祥龙开出了不同的名单,而这两份名单中唯一相同就是辛弃疾。可见,“借花卉以发骚人墨客之豪,托闺怨以寓放臣逐子之感”,“伤时感事,上与风骚同旨”,无疑是稼轩词的一大特色。

一、屈宋之迹　易辩为骚

前面论稼轩词综融南北文化,就以之与屈骚相比,而刘辰翁《辛稼轩词序》在强调辛弃疾“斯人北来,喑呜鸷悍,欲何为者”,却“谗摈销沮,白发横生,亦如刘越石。陷绝失望,花时中酒,托之陶写,淋漓慷慨”,又有“为我楚舞,吾为若楚歌”[③]之喻。可见,辛弃疾与屈骚之间确实有着异乎寻常的关系。细读稼轩词,更可见留下许多屈骚的印迹。如:

细读《离骚》还痛饮,饱看修竹何妨肉。有飞泉日日供明珠,五千斛。

——《满江红》(山居即事)

青山招不来,偃蹇谁怜汝。岁晚太寒生,唤我溪边住。　山头明月来,本在高高处。夜夜入清溪,听读《离骚》去。　——《生查子》(独游西岩)

九畹芳菲兰佩好。空谷无人,自怨蛾眉巧。宝瑟泠泠千古调。朱丝弦断知音少。　冉冉年华吾自老。水满汀洲,何处寻芳草?唤起湘累歌未了。石龙舞罢松风晓。　——《蝶恋花》(月下醉书两岩石浪)

① 刘克庄:《跋刘叔安感秋八词》,《词籍序跋萃编》,第296页。
② 沈祥龙:《论词随笔》,《词话丛编》,第4059页。
③ 刘辰翁:《辛稼轩词序》,《词籍序跋萃编》,第201页。

逸气轩眉宇。似王良轻车熟路，骅骝欲舞。我觉君非池中物，咫尺蛟龙云雨。时与命犹须天付。兰佩芳菲无人问，叹灵均欲向重华诉。空壹郁，共谁语？——《贺新郎》（和徐斯远下第谢诸公载酒相访韵）

有的虽非出自《离骚》，却留有《楚辞》的语汇或意象。如《沁园春》：

期思旧呼奇狮，或云棋师，皆非也。余考之荀卿书云：孙叔敖，期思之鄙人也。期思属弋阳郡。此地旧属弋阳县。虽古之弋阳、期思，见之图记者不同，然有弋阳则有期思也。桥坏复成，父老请余赋，作《沁园春》以证之。

有美人兮，玉佩琼琚，吾梦见之。问斜阳犹照，渔樵故里；长桥谁记，今古期思？物化苍茫，神游仿佛，春与猿吟秋鹤飞。还惊笑：向晴波忽见，千丈虹霓。觉来西望崔嵬。更上有青枫下有溪。待空山自荐，寒泉秋菊；中流却送，桂棹兰旗。万事长嗟，百年双鬓，吾非斯人谁与归。凭阑久，正清愁未了，醉墨休题。

有的以《楚辞》为主而兼用《庄子》。如《醉翁操》：

顷余从廓之求观家谱，见其冠冕蝉联，世载勋德。廓之甚文而好修，意其昌未艾也。今天子即位，覃庆中外，命国朝勋臣子孙之无见任者官之；先是，朝廷屡诏甄录元祐党籍家。合是二者，廓之应仕矣。将告诸朝，行有日，请予作歌以赠。属予避谤，持此戒甚力，不得如廓之请。又念廓之与予游八年，日从事诗酒间，意相得欢甚，于其别也，何独能恝然。顾廓之长于楚词，而妙于琴，辄拟《醉翁操》，为之词以叙别。异时廓之绾组东归，仆当买羊沽酒，廓之为鼓一再行，以为山中盛事云。

长松，之风。如公，肯余从。山中。人心与吾兮谁同？湛湛千里之江。上有枫。噫送子于东，望君之门兮九重。女无悦己，谁适为容？　不龟手药，或一朝兮取封。昔与游兮皆童。我独穷兮今翁。一鱼兮一龙。劳心兮忡忡。噫命与时逢。子取之食兮万钟。

还有的则如《水龙吟》，如其题序所说：“爱李延年歌、淳于髡语，合为词，庶几高唐、神女、洛神赋之意云。”词云：

昔时曾有佳人，翩然绝世而独立。未论一顾倾城，再顾又倾人国。宁不知其，倾城倾国，佳人难得。看行云行雨，朝朝暮暮，阳台下、襄王侧。　堂上更阑烛灭。记主人留髡送客。合尊促坐，罗襦襟解，微闻芗泽。当此之时，止乎礼义，不淫其色。但啜其泣矣，啜其泣矣，又何嗟及。

或兼得楚辞与汉赋之意,如《水调歌头》(将迁新居不成,有感,戏作。时以病止酒,且遣去歌者,末章及之):

我亦卜居者,岁晚望三闾。昂昂千里,泛泛不作水中凫。好在书携一束,莫问家徒四壁,往日置锥无。借车载家具,家具少于车。　舞乌有,歌亡是,饮子虚。二三子者爱我,此外故人疏。幽事欲论谁共,白鹤飞来似可,忽去复何如?众鸟欣有托,吾亦爱吾庐。

以上仅是稼轩词中用《离骚》、楚辞之语或蕴其题旨的部分作品,即此已经可断定这是此前及此后宋词中所仅见的。

本书前面曾论及王禹偁、寇准、柳永、苏轼,尤其是贺铸,都说到他们词中的《离骚》《九辩》意旨。但是,以王禹偁、寇准词已有"骚辩之旨"的萌芽,应是推测、揣想。范仲淹因改革无成而有《剔银灯》(与欧阳公席上分题)之作,诙谐行笔,调侃古人,醉发牢骚,我们却难以认为他的《苏幕遮》(碧云天)、《御街行》(纷纷坠叶)是借男女相思写君臣之难遇合,因为此时的词尚深受《花间》潜势力影响,而作者的情怀又可见于诗文。欧阳修作了这么多词,却难以见其在艳情、闲情之外的深意,曾慥还得以"当时小人,或作艳曲,谬为公词"为之回护。即如苏轼,似《卜算子》咏孤鸿一类作品,也极为少见。之所以如此,当与"词意识"密切相关,"小道"的观念不可能发生很大的改变。晏几道、贺铸之分得黄庭坚"《高唐》、《洛神》",张耒"幽洁如屈宋"之评,还基于这样一个事实:他们不具备儒宗、名臣以至文豪的身份、地位,而是沉抑下僚,仅以词章名世。黄庭坚谓晏几道"未尝以沽世",终又"陆沉于下位",其词之近于"高唐"、"洛神",终在男女情缘一线。贺铸是太祖孝惠后族孙,"豪爽精悍","仪观甚伟","少时侠气盖一座,驰马走狗,饮酒如长鲸",又"书无所不读"(《中吴纪闻》引李邦直语),却出身武职,长期沉抑下僚。"幽洁如屈宋",虽屈、宋并称,在贺铸,应是"宋"过于"屈",因为除迟暮之感以外,方回词中多是类于《九辩》的贫士失职、志意不平、廓落羁旅、惆怅自怜,以及"独耿介而不随兮","宁处穷而守高"之意。在这一点上,贺铸与柳永的"宋玉情结"倒有较多的相似性。

对于屈、宋与骚、辩的长短优劣,历代论家多取扬前抑后的态度。而现代的学者,却有不同的看法。如闻一多就曾以其独到的文学史家意识和特出的艺术感觉作了如此的论定:"自《离骚》通过《九章》达到《九辩》这个阶段,可看出《楚辞》文学的进化来。《离骚》算是古代文学的煞尾,而《九辩》则是近代文学的起点,两者都在同一视程之内而没有碰头。《离骚》还在与音乐合作,《九辩》则扬长而去;《离骚》有自傲气,而《九辩》则为自怜;《离骚》有孤独感,而《九辩》则以领略孤独感为主,故有'独申旦而不寐兮,哀蟋蟀之宵征'这样的诗句,如果加以比较,则《离骚》的孤独操守是伦理的,而

《九辩》则是诗的。”[①]显然，闻先生是以文学进化论的眼光来看待骚、辩之别的。杜甫《咏怀古迹》的“摇落深知宋玉悲”，以“摇落”二字概括了宋玉对时代和个人遭际的感触，其“自怜”就颇有文学之提前“自觉”况味，其“领略孤独感”则又导“缘情”之先，这应是闻先生所说的“近代”之义。故而闻先生进而展开论其“领略”之长：“‘登山临水兮送将归’较《诗经·燕燕》：‘瞻望弗及，伫立以泣’为更富诗意，因为它不止于伤心，而是在诗句中对感情写出了体验与分析……古代诗人头脑中对别离情绪体验最深的，当推庄子和《九辩》的作者吧。”[②]确实，除了作为“悲秋之祖”的意义外，《九辩》的登山临水、别离情绪，在宋词中也衍化为主要的题旨。倘如此理解，北宋词中有《九辩》遗意的就决非数人数词可限。

前面曾说，北宋词中有所寄托者，其旨近于“辩”而远于“骚”，这固与词的创作观念有关，与作者兼有政事、文学的较高地位，可从他途分泄其情志有关，更与政治、时势有关。整个北宋朝，固因“守内虚外”，在对外的民族争端中造成了积弱以至积贫的态势，围绕着改革问题，形成了特有的党派政治，而党争的结果又造就出具有历史跨度的失落的一群。即使如此，有被贬的苦痛，有不遇的悲凉，却终无身家性命之虞。而靖康之变这一巨大的历史事件，粉碎了汴京的繁华梦，徽、钦二帝及后妃、宗亲三千馀人被掳北行，社稷丘墟，千村狐兔。这一空前的民族灾难，在造就历史激变的同时，亦使词风大改。南渡后的数十年间，心怀故国，痛伤流离，感叹世变，抒发“黍离之悲”，甚而表达抗战愿望，成为词坛的主旋律。到辛弃疾的出现，终于真正改变了“词为小道”的面貌，使宋词焕发异彩，《离骚》“美人芳草”的传统才得到了真正的继承发扬。

稼轩词之所以能易“辩”为“骚”，当然与他的经历、素养、资质、抱负大有关系。“公一世之豪，以气节自负，以功业自许”，刘克庄更肯定了他的政见、韬略和历史地位。这样一位出将入相的人物，却“当弱宋末造，负管、乐之才，不能尽展其用，一腔忠愤，无处发泄”，只能“悲歌慷慨抑郁无聊之气，一寄之于词”[③]。之所以“牵《雅》、《颂》入郑卫”，缘于“搀摈销沮，白发横生，亦如刘越石”，故“花时中酒，托之陶写，淋漓慷慨”。这几位论者，或亲受其教，或去其时未远，故能论其世而知其人。刘辰翁所见，更道出稼轩所特有的、作为抗金义军领袖因“北来”而尤念失地的故土情结。

《史记·屈原列传》云，屈原“为楚怀王左徒。博闻强志，明于治乱，娴于辞令。入则与王图议国事，出以号令；出则接遇宾客，应对诸侯。”正是有了这样的经历，才会有以诗抒发政治情怀之举。由于群小争妒进谗，“王怒而疏屈平”。既面对着国事的隐患，激起了深广的忧愤，又由于自己所受的不公遭遇，充满了难抑的怨怼，诗人政治家屈原，遂“疾王听之不聪也，谗谄之蔽明也，邪曲之害公也，方正之不容也，故忧愁幽思

---

① 郑临川述评：《闻一多论古典文学》，重庆出版社1984年版，第71—72页。（版本后同）
② 郑临川述评：《闻一多论古典文学》，第68页。
③ 徐釚著，王百里校笺：《词苑丛谈校笺》卷四，第250页。

而作《离骚》”。司马迁为之感慨:“屈平正道直行,竭忠尽智以事其君,谗人间之,可谓穷矣!信而见疑,忠而被谤,能无怨乎?屈平之作《离骚》,盖自怨生也。”(《史记·屈原列传》)君国大事与个人遭遇密切相关,二者酝酿交融,使《离骚》成为伟大的政治抒情诗。

辛弃疾非仅洞察“世事”,深知“治乱之条贯”,尤其与屈原“睠顾楚国,系心怀王”,“存君兴国”,“亦余心之所善兮,虽九死其犹未悔”的情怀相近,他有过人的文学才能,却少有诗文,一心以词作为“陶写之具”,近于屈原之于辞,故最能继承《离骚》精神、传统,如陈廷焯《白雨斋词话》所说,“气魄极雄大,意境却极沈郁”①,成为“词中之龙”。同时,又因近于屈原的“信而见疑,忠而被谤”,政绩昭然却难以久安其位,又两度落职,闲居达二十年之久,无从报国的忧愤使他与屈原同气相求,慷慨淋漓、纵横狂放之外,又“变温婉,成悲凉”(周济语),所作不乏“美人香草”之篇。辛弃疾写道“秋菊堪餐,春兰可佩,留待先生手自栽”(《沁园春》),明白无误地以屈原为榜样,追求志洁行芳。他深慨屈原之“兰珮芳菲无人问,叹灵均欲向重华诉”(《贺新郎》)。精神上的相通,使他以“我亦卜居者”的身份,“岁晚望三闾”(《水调歌头》),在“戏读《离骚》还痛饮”(《满江红·山居即事》)中与屈原发生共鸣,导向了文学的自觉追随。遂有用《离骚》体写《千年调》,用《天问》体写千秋词《木兰花慢》,还仿《离骚》、《九辩》写《山鬼谣》,这都是未见于前人的。

二、依诗取兴　美人香草

稼轩词中有直用或直言《离骚》者,多表愤激之情,除上面所引者外,又如《水调歌头》(壬子被召,端仁相饯席上作):

> 长恨复长恨,裁作短歌行。何人为我楚舞,听我楚狂声。余既滋兰九畹,又树蕙之百亩,秋菊更餐英。门外沧浪水,可以濯吾缨。　一杯酒,问何似,身后名。人间万事,毫发常重泰山轻。悲莫悲生离别,乐莫乐新相识,儿女古今情。富贵非吾事,归与白鸥盟。

陈廷焯与之同柳永对比:“耆卿‘忍把浮名,换了浅斟低唱。’荒谩语耳,何足为韵事!稼轩‘悲莫悲生离别,乐莫乐新相识,儿女古今情。富贵非吾事,归与白鸥盟。’愤激语而不离乎正,自与耆卿迥别。”他虽因尚沉郁、温厚而在此则又说:“然读唐人‘忽见陌头杨柳色,悔教夫婿觅封侯’之句,情理两融,又婉折多矣。”②但《放歌集》还是肯定其“怨愤填膺,不可遏抑”,“运用成句,纯以神行”③。

---

① 陈廷焯著,屈兴国校注:《白雨斋词话足本校注》卷一,第91页。
② 陈廷焯著,屈兴国校注:《白雨斋词话足本校注》卷八,第636页。
③ 陈廷焯:《词则·放歌集》卷一,第316页。

而更具艺术性，真得《离骚》精神的，是那些属于“沉静中回味”的作品。其《鹧鸪天》（徐衡仲惠琴不受）云：

> 千丈阴崖百丈溪，孤桐枝上凤偏宜。玉音落落虽难合，横理庚庚定自奇。人散后，月明时。试弹幽愤泪空垂。不如却付骚人手，留和南风解愠诗。

自己如孤桐的“横理庚庚定自奇”，所制之琴却玉音落落而难合时人之耳，只能“试弹幽愤泪空垂”，而“却付骚人手”，向《离骚》认同，作词以寄托情怀。如他的《沁园春》（弄溪赋），上片言所居环境，下片言独发浩歌：

> 有酒忘杯，有笔忘诗，弄溪奈何。看纵横斗转，龙蛇起陆；崩腾决去，雪练倾河。袅袅东风，悠悠倒景，摇动云山水又波。还知否：欠菖蒲攒港，绿竹缘坡。　　长松谁剪嵯峨？笑野老来耘山上禾。算只因鱼鸟，天然自乐；非关风月，闲处偏多。芳草春深，佳人日暮，濯发沧浪独浩歌。徘徊久，问“人间谁似，老子婆娑？”

“芳草春深，佳人日暮，濯发沧浪独浩歌”三句，不仅是实景，更是学习《离骚》美人芳草的创作传统，伴沧浪之水，作抒情之词的表白。

从文学的角度言，《九辩》虽具闻一多所敏感发现的“近代”意义，有“领略孤独感”，“对感情写出了体验与分析”之长，但依传统的看法，《离骚》毕竟具有更高的地位。屈原“依《诗》而制《骚》”，将北方的政治理性与南方的巫觋文化熔为一体，其独到的艺术表现即如王逸《离骚序》所说：“依诗取兴，引类譬喻。故善鸟香草，以配忠贞；恶禽臭物，以比谗佞；灵修美人，以媲于君；宓妃佚女，以譬贤人；虬龙鸾凤，以托君子；飘风云霓，以为小人。”概言之，即“美人香草”。[①]这较之于《诗经》直接叙事的“歌食歌事”和较简单的以“比兴”抒情，无疑是很大的进步，其理性化为感性，善人之于美，幻中深蕴着真，将现实的斗争与诗人复杂的思想贯穿其中，正喻夹写，构成了巨大而完整的象征体系，给后人提供了极高的审美价值。刘勰《文心雕龙·辨骚》认为，《离骚》以其“典诰之体”、“规讽之旨”、“比兴之义”、“忠怨之辞”四者“同于风雅”，而“诡异之辞”、“谲怪之谈”、“狷狭之志”、“荒淫之意”四者“异于经典”。且不论为正统看法所拘，被理性观念所限，从而表现出认识上的不足，然而他所肯定的“比兴之义”虽“同于风雅”，实又大有发展。尤其是被视为“诡异之辞”的“托云龙，说迂怪，丰隆求宓妃，鸩鸟媒娀女”，“谲怪之谈”的“康回倾地，夷羿彃日，木夫九首，土伯三目”[②]，更是以神话传说来驰骋想象。相较而言，《九辩》的末段虽有“愿赐不肖之躯而别离兮，放游志乎

---

① 刘向编集、王逸章句：《楚辞卷之一》，《楚辞》（一），中华书局1985年版，第1页。（版本后同）

② 刘勰著，范文澜注：《文心雕龙注》，第46页。

云中”的乘精气、骛诸神、骖白霓、历群灵、左朱雀、右苍龙、属雷师、通飞廉等诸般描写,但并非《离骚》贯穿全诗的叩阊阖、游春宫、求宓妃、见佚女、灵氛占卜、巫咸夕降,露出生硬的模仿之迹,缺乏融浑其中的南楚巫觋文化的艺术魅力。所以,在刘勰的心目中,尽管《离骚》有颇多异于经典之处,却无碍于“轩翥诗人之后,奋飞辞家之前”[①],远高于《九辩》而成为《诗经》之后、汉赋之前的艺术典范。

屈原在《离骚》中自问:“思九州之博大兮,岂惟是其有女……何所独无芳草兮,尔何怀乎故宇?”然而他却“受命不迁,生南国兮。深固难徙,更壹志兮”(《橘颂》)。他虽“信而见疑,忠而被谤”,还是借《离骚》自陈深深眷恋祖国而难以离开之情:“陟升皇之赫戏兮,忽临睨夫旧乡。仆夫悲余马怀兮,蜷局顾而不行。”即便在流放途中,亦日思夜想,“唯郢路之辽远兮,魂一夕而九逝……愿径逝而未得兮,魂识路之营营”(《抽思》)。屈原强烈的爱国感情,因之以《离骚》中体现出的美政理想与建功立业的参与意识,又与“恐美人之迟暮”的生命意识相熔,遂形成了如同女子专一热恋般的政治热情——这就是“美人香草”中的“美人”。对于屈原来说,志洁行芳是立身行事的追求,他笔下的诸多兰花蕙草等也就成为了节操、品行的象征、寓托——这就是“香草”。美人的盛年独处、遇合无期,芳草的遭受风霜、渐渐芜秽,又使自悲自悼之情产生出无限伤感。因此,《离骚》无论在情感力量、艺术审美抑或道德评判上,都给了后代以巨大的影响。

依司马迁的见解,《离骚》“上称帝喾,下道齐桓,中述汤、武,以刺世事。明道德之广崇,治乱之条贯,靡不毕见”。这样一首政治性长诗,又是屈原“睠顾楚国,系心怀王,不忘欲反,冀幸君之一悟,俗之一改也。其存君兴国,而欲反覆之,一篇之中,三致志焉”(《史记·屈原列传》)的满怀深情之作。其政治性、抒情性深刻影响了后人,历代诗人或都有从中汲取营养者,却终难创作出与之比肩的作品,这很可令人想起马克思的一个著名论断:“困难不在于理解希腊艺术和史诗同一定社会发展形式结合在一起。困难的是,它们何以仍然能够给我们以艺术享受,而且就某方面说还是一种规范和高不可及的范本。”[②]《离骚》一方面是高不可及的范本,另一方面又给后人提供了“一种规范”,用朱自清先生在《诗言志辨》中所说,即四种“比体诗”: 咏史(以古比今)、游仙(以仙比俗)、艳情(以男女比主臣)、咏物(以物比人)。对宋词而言,受四种“比体”中的两种:艳情和咏物,影响最大。南宋词中,虽张孝祥词也有《离骚》之意,多剖露心迹,自表志洁行芳,却是多直言而难见寄托;陈亮则有少数词分有艳情与咏物的寄托,此在后面再论;而在辛弃疾的词中,则四种“比体”都可见之,且艺术性最高,是其他词人所难以企及的。

---

① 刘勰著,范文澜注:《文心雕龙注》,第45页。

② 中共中央马克思恩格斯列宁斯大林著作编译局:《马克思恩格斯选集》第二卷,人民出版社1972年版,第114页。

三、伤春伤别 艳情有寄

从表面看，稼轩词似仍多伤春伤别的“艳情”之作，却赋予了全然不同的意义。

伤春情怀始见于《诗·豳风·七月》[①]，到楚辞则其意渐显，并上升为一种强烈的生命意识。如《离骚》：“朝搴阰之木兰兮，夕揽洲之宿莽。日月忽其不淹兮，春与秋其代序。惟草木之零落兮，恐美人之迟暮。”在屈原的心目中，木兰去皮而不死，宿莽经冬而不枯，自己就应像它们一样，要经受得起考验，努力修养而独立不移。春天有花荣草茂，但草木会由盛而衰，春秋有代谢，人会由壮而老，故在搴木兰、揽宿莽之春日，会念及实现人生的价值，更因“恐年岁之不吾与”，而兴起流连生命、努力实践之意。在些微的伤春中，所激发出的生命意识是积极的。屈原曾为顷襄王之初立而作愉快的游春之想：

> 开春发岁兮，白日出之悠悠。吾将荡志而偷乐兮，遵江夏以娱忧。
>
> ——《思美人》

终又因顷襄王荒于游畋，而伤春为怀王招魂：

> 朱明承夜兮时不可淹，皋兰被径兮斯路渐。湛湛江水兮上有枫，目极千里兮伤春心。魂兮归来哀江南！ ——《招魂》

时之不可淹留，伤春出于现实政治，但全诗立基于借哀悼死者来感动生者，又岂非借助于强烈的生命意识？

伤春悲秋是生命意识的表现。无论是屈原哀众芳之芜秽，以追求美政理想来实现生命的价值；抑或宋玉悲草木之摇落，以贫士失职的不平表其生命价值的失落；在春去秋来的永恒面前，人对生命短暂的体验已成为共识。超越了一己的意义，伤春悲秋遂成为表达共同人生情感的母题。

“屈、宋之作亦曰词”，“后世倚声家所由祖也”[②]。就伤春主题而言，《楚辞》确实是唐宋词的原型。而且，在词这种“心绪文学”里，更能体会出众多的伤春悲秋之作是源于潜在的生命意识之躁动，是悼惜青春不再、时光难驻的深深叹息。不达、不遇者且不言，如南唐君臣之面对“日蹙百里”之国、江河日下之势亦可不论，即如生当承平之时，位极人臣者，其笔下也充满伤春情调，前论晏殊、欧阳修已及此，兹不赘。

伤春所唤起的生命意识，主要表现为人生速逝之感，从珍惜生命中既可生出积极有为、自我勉励之志，又可化作消极颓放、及时行乐之情。

---

① 钱锺书：《管锥编（一）》，第258–261页。

② 沈祥龙：《论词随笔》，《词话丛编》，第4048页。

屈原有感于日月不淹、春秋代序，怀着“恐年岁之不吾与”的迫切感，乘骐骥以驰骋，去努力实现伟大的目标。曹操虽感慨人生如朝露，却是“老骥伏枥，志在千里”。曹植在“树木发春华，清池激长流”之时，痛惜“羲和逝不留”(《赠王粲》)，是由于“盛年处房室”(《美女篇》)，“甘心赴国忧”(《杂诗》)而不能。左思的“壮齿不恒居，岁暮常慨慷”(《杂诗》)，刘琨的“功业未及建，夕阳忽西流”(《重赠卢谌》)，都是屈原精神的继续。

词中胜境，常有伤春之中升华出可贵的人文精神者。如苏轼咏榴花的《贺新郎》，谭献云“颇欲与少陵‘佳人’一篇互证”①，是看出了“恐美人迟暮”的内蕴。又如贺铸咏荷的《踏莎行》(杨柳回塘)，陈廷焯赞其“骚情雅意”②，正是悼惜华年已逝，但又为坚持操守而自负的情感。

辛弃疾志在恢复大业，却未能展现其才，使之常感慨书生老去，机会不来，故其送别之作的重要主题是功业之慨与相关的年光之叹。试看他的《木兰花慢》(滁州送范倅)：

老来情味减，对别酒，怯流年。况屈指中秋，十分好月，不照人圆。无情水都不管，共西风只管送归船。秋晚纯鲈江上，夜深儿女灯前。 征衫便好去朝天。玉殿正思贤。想夜半承明，留教视草，却遣筹边。长安故人问我，道愁肠殢酒只依然。目断秋霄落雁，醉来时响空弦。

此词是辛弃疾在宋孝宗乾道八年(1172)时所作，时任滁州知州，正值壮年时期，可此词一开始就自谓“老来”，此中应大有深味。因为他南归以来，只是在地方任上辗转，朝廷毫无北伐之意，恢复大计时不我待，如此空掷岁月，何以能干一番事业？故“老来”非真老，而是“怯流年”。后来辛弃疾的不少送别词，都有对被送者的功业相许与期待，而功业与年光的慨叹几乎陪伴他一生。

伤别词固然有如上词的直说，而稼轩词得《离骚》伤春意者更多。试举《蝶恋花》(戊申元日立春，席间作)：

谁向椒盘簪彩胜？整整韶华，争上春风鬓。往日不堪重记省，为花长把新春恨。 春未来时先借问，晚恨开迟，早又飘零近。今岁花期消息定，只愁风雨无凭准。

词中吞吐起伏，将伤春之情化作盼花、恨春，复又问春、爱春，惜花、叹春的细腻过程。此前不久，太上皇赵构逝去，一度锐意恢复北方失地的宋孝宗当无人掣肘，但因

① 谭献：《复堂词话》，《介存斋论词杂著·复堂词话·蒿庵论词》，第26页。
② 陈廷焯著，屈兴国校注：《白雨斋词话足本校注》卷一，第71页。

为辛弃疾知宋廷偏安已久，故虽盼花期，却愁风雨。自己年近五旬，“往日不堪重记省”，逝者已矣，“只愁风雨无凭准”，来日难测，岂能无怨、无恨？词外实有屈原《思美人》之旨，即既有期盼顷襄王“勒骐骥而更驾”之深衷，却又存“吾谁与玩此芳草”之疑虑。悼惜春光，即悼惜华年，屈子式的忧伤所体现的正是士人追求理想、造福民众的可贵精神。

再如《汉宫春》(立春日)：

> 春已归来，看美人头上，袅袅春幡。无端风雨，未肯收尽馀寒。年时燕子，料今宵梦到西园。浑未办黄柑荐酒，更传青韭堆盘？　　却笑东风从此，便薰梅染柳，更没些闲。闲时又来镜里，转变朱颜。清愁不断，问何人会解连环。生怕见花开花落，朝来塞雁先还。

俞陛云云：“上阕铺叙‘立春’而已。转头处向东风调笑，已属妙语。更云人盼春来，我愁春至，因其暗换韶光，老却多少朱颜翠鬓，语尤隽妙。然则岁岁之花开花落，春固徒忙，人亦徒增惆怅耳。”[①]暗换韶光，徒增惆怅，是人之所共有，其含义虽未必如周济所说的多句皆有所指，但对于抗敌志士辛弃疾来说，闲放既久、无从报国的境遇，则令人想起“恐年岁之不吾与”的微意。

辛弃疾也有伤春兼伤别的艳情词。如《祝英台近》(晚春)：

> 宝钗分，桃叶渡，烟柳暗南浦。怕上层楼，十日九风雨。断肠片片飞红，都无人管；更谁劝、啼莺声住。　　鬓边觑。试把花卜归期，才簪又重数。罗帐灯昏，哽咽梦中语：是他春带愁来；春归何处。却不解将愁归去。

《中兴词话》仅作了表面的理解，谓之“风流妩媚，富于才情，若不类其为人矣……盖其天才既高，如李白之圣于诗，无适而不宜，故能如此”[②]。沈谦《填词杂说》也说：“稼轩词以激扬奋厉为工，至‘宝钗分，桃叶渡’一曲，昵狎温柔，魂销意尽。才人伎俩，真不可测。”[③]而张炎却隐约看出其“景中带情，而有骚雅”，认为有所“寓”，并说：“若能屏去浮艳，乐而不淫，是亦汉、魏乐府之遗意。”[④]张惠言《词选》以之有寄寓：“此与德祐太学生二词用意相似，‘点点飞红’，伤君子之弃；‘流莺’，恶小人得志也；‘春带愁来’，其刺赵、张乎？”[⑤]黄苏《蓼园词评》结合其境遇而论之：“按此闺怨词也。史称稼轩人材，大类温峤、陶侃。周益公等抑之，为之惜，此必有所托而借闺怨以抒其志乎！言自

---

① 俞陛云：《唐五代两宋词选释》，第385页。
② 黄昇：《中兴词话》，《词话丛编》，第213页。
③ 沈谦：《填词杂说》，《词话丛编》，第630页。
④ 张炎：《词源》，《词源注·乐府指迷笺释》，第23页。
⑤ 张惠言：《词选》卷二，第58页。

与良人分钗后，一片烟雨迷离，落红已尽，而莺声未止，将奈之何乎？次阕，言问卜欲求会，而问阻实多，而忧愁之念，将不能自已矣。意致凄惋，其志可悯。史称叶衡入相，荐弃疾有大略，召见，提刑江西，平剧盗，兼湖南安抚。盗起湖、湘，弃疾悉平之。后奏请于湖南设飞虎军，诏委以规画。时枢府有不乐者，数阻挠之。议者以聚敛闻，降御前金字牌停住。弃疾开陈本末，绘图缴进，上乃释然。词或作于此时乎？"[①]虽所说太实，然以寄托言之，对伤春的闺怨之词，作政治性的理解，却是正确的。笔者以为，词中所塑造的闺中妇，伤春惜春，其昵狎温柔、缠绵往复，确能令人从作者宦游无功、思家难归中，体会出"老冉冉其将至兮，恐修名之不立"之意。

对于上词的解读，可旁借于陆淞的《瑞鹤仙》：

> 脸霞红印枕。睡觉来、冠儿还是不整。屏间麝煤冷。但眉峰压翠，泪珠弹粉。堂深昼永。燕交飞、风帘露井。恨无人，与说相思，近日带围宽尽。　重省。残灯朱幌，淡月纱窗，那时风景。阳台路迥。云雨梦，便无准。待归来，先指花梢教看，却把心期细问。问因循、过了青春，怎生意稳。

詹安泰云："余意陆氏为放翁雁行，生当南渡之初，颇闻汴京之盛，必有寓感于其间；儿女私情，特藉以表出耳……其指陈时事，尤为缠绵蕴藉：凡此皆有寄托甚深，不应徒作艳词观，殆周止庵所谓'即事做景'者。"[②]

稼轩词中，《摸鱼儿》是最为人称道的比兴寄托之作，此词上片伤春，下片艳情，是以男女比君臣的代表作。前有小序："淳熙己亥，自湖北漕移湖南，同官王正之置酒小山亭，为赋。"词云：

> 更能消几番风雨？匆匆春又归去。惜春长恨花开早，何况落红无数。春且住。见说道天涯芳草无归路。怨春不语。算只有殷勤，画檐蛛网，尽日惹飞絮。　长门事，准拟佳期又误。蛾眉曾有人妒。千金纵买相如赋，脉脉此情谁诉？君莫舞。君不见玉环飞燕皆尘土！闲愁最苦。休去倚危楼，斜阳正在，烟柳断肠处。

谭献《复堂词话》言其章法结构："权奇倜傥，纯用太白乐府诗法。"[③]陈廷焯《白雨斋词话》兼及此词之感情与章法言之："词意殊怨，然姿态生动，极沈郁顿挫之致。起处'更能消'三字，是从千回万转后倒折出来，真是有力如虎。"[④]又云："怨而怒矣！然

---

① 黄苏：《蓼园词评》，《词话丛编》，第3060页。
② 詹安泰：《论寄托》，《宋词散论》，广东人民出版社1980年版，第76页。(版本后同)
③ 谭献：《复堂词话》，《介存斋论词杂著·复堂词话·蒿庵论词》，第26页。
④ 陈廷焯著，屈兴国校注：《白雨斋词话足本校注》卷一，第101页。

沈郁顿宕，笔势飞舞，千古所无。'春且住'三字，一喝怒甚。胸中抑郁，不禁全露。"[①]而不少论家都以比兴寄托论之，揭其局部喻义。如许昂霄云："'春且住'二句，是留春之辞。结句即义山'夕阳无限好，只是近黄昏'之意。'斜阳'以喻君也。"[②]黄苏云："辞意似过于激切。第南渡之初，危如累卵。'斜阳'句，亦危言耸听之意耳。持重者多危词，赤心人少甘语，亦可以谅其志哉！"[③]王闿运云："'算只有'三句是指张俊、秦桧一班人。"[④]就解词的原则而言，张祥龄《词论》所说甚当："词主谲谏，与诗同流。稼轩《摸鱼儿》，酒边《阮郎归》，鹿虔扆之《金锁重门》，谢克家之《依依宫柳》之属，所谓国风好色而不淫，小雅怨悱而不乱，此固有之。但不必如张皋文胶柱鼓瑟耳。"[⑤]而就此词的托意而言，俞陛云所论较确："幼安自负天下才，今薄宦流转，乃借晚春以寄慨。上阕笔势动荡，留春不住，深惜其归，但芳草天涯，春去苦无归处，见英雄无用武之地。蛛网罥花，隐寓同官多情，为置酒少留之意。当其在理宗朝曾拥节钺，后之奉身而退，殆有谗扼之者，故上阕写不平之气。下阕'蛾眉曾有人妒'更明言之：玉环飞燕，皆归尘土，则妒人者果何益耶？结句斜阳肠断，无限牢愁，即以词句论，亦绝妙之语。"[⑥]笔者以为，此词的"蛾眉曾有人妒"，"脉脉此情谁诉"，分别与"众女嫉余之蛾眉兮"，"国无人莫知我兮"相应，孝宗曾数召辛弃疾以问政询策，故长门买赋、佳期又误、难诉深情云云，亦有"伤灵修之数化"意味，全词的伤春、惜春，表现出"恐美人之迟暮"的用世之心，和"荃不察余之中情"的怨艾。在稼轩词中，当属题旨、感情与艺术表达结合得最为完美的作品之一。故沈祥龙指出其以借景感时为高："感时之作，必借景以形之。如稼轩云：'算只有殷勤，画檐蛛网，尽日惹飞絮。'同甫云：'恨芳菲世界，游人未赏，都付与莺和燕。'不言正意，而言外有无穷感慨。"[⑦]陈廷焯因其以小见大、柔中有刚而推许之甚："稼轩词，于雄莽中别饶隽味。如'马上离愁三万里，望昭阳宫殿孤鸿没。'又'休去倚危栏，斜阳正在，烟柳断肠处。'多少曲折！惊雷怒涛中，时见和风暖日；所以独绝古今，不容人学步。"[⑧]

四、物与人　古与今　仙与俗

再看辛弃疾词的另三类寄托之作：以物比人、以古比今、以仙比俗。

咏物为词之胜场，而南宋咏物词更较北宋为盛，其中以物寄情者，虽以风雅词派所作最为见长，宋季元初尤擅，但辛弃疾的咏物词，有寄托君国大事或感士不遇之情者，却是得之于《离骚》创作传统，为咏物注入了新质，对风雅派的咏物词不无

---

① 陈廷焯：《云韶集》卷五，转引自《白雨斋词话足本校注》卷一，第103页。
② 许昂霄：《词综偶评》，《词话丛编》，第1556页。
③ 黄苏：《蓼园词评》，《词话丛编》，第3091页。
④ 王闿运：《湘绮楼评词》，《词话丛编》，第4295页。
⑤ 张祥龄：《词论》，《词话丛编》，第4213页。
⑥ 俞陛云：《唐五代两宋词选释》，第374页。
⑦ 沈祥龙：《论词随笔》，《词话丛编》，第4057页。
⑧ 陈廷焯著，屈兴国校注：《白雨斋词话足本校注》卷八，第605页。

导引作用。

试看其《浪淘沙》(赋虞美人草):

不肯过江东,玉帐匆匆。至今草木忆英雄。唱着虞兮当日曲,便舞春风。儿女此情同。往事朦胧。湘娥竹上泪痕浓。舜盖重瞳堪痛恨,羽又重瞳。

词赋小草,却借虞美人之名而实落于项羽身上,颂其"不肯过江东"的英雄本色,令人想起现实中的主和派,其寄意自显。类似的"芳草",还有如《声声慢》咏红木樨,写此花从开元盛时到安禄山陷长安大宴凝碧池,以其作为历史的见证,借花写人,寓徽、钦北入绝域之痛。《瑞鹤仙》(赋梅)令人想起杜甫笔下翠袖倚修竹的佳人,梅花的形象中,流露出"举世无人见知"的寂寞。《喜迁莺》(谢赵晋臣敷文赋芙蓉词见寿,用韵为谢),作于闲居瓢泉之时,词中不仅有脱化于《九歌·湘君》之句,而且"当日灵均,恨与君王别。心阻媒劳,交疏怨极,恩不甚兮轻绝。千古《离骚》文字,芳至今犹未歇"。更显见立意与《离骚》的关系。

花草之外,再如《贺新郎》(赋琵琶):

凤尾龙香拨。自开元《霓裳曲》罢,几番风月?最苦浔阳江头客,画舸亭亭待发。记出塞黄云堆雪。马上离愁三万里,望昭阳宫殿孤鸿没。弦解语,恨难说。　辽阳驿使音尘绝。琐窗寒轻拢慢撚,泪珠盈睫。推手含情还却手,一抹梁州哀彻。千古事云飞烟灭。贺老定场无消息,想沉香亭北繁华歇。弹到此,为呜咽。

据《明皇杂录》,杨贵妃的琵琶用龙香板为拨,以逻沙檀为槽,有金缕红纹,蹙成双凤,所以词的开头就写与杨妃相关的琵琶事,借唐玄宗耽于逸乐、不理朝政,引发安史之乱,来暗指宋代。以下用与琵琶有关的典故,来展开作者所要表达的"恨":《琵琶行》表为官的迁谪之悲;昭君出塞事,既写她去国离愁沉重,又暗指靖康之变的历史悲剧。过片转写现实:"辽阳驿使音尘绝"是借唐人惯用的题材,写对北方故土的思念,而这一思念又与琵琶相统一,所以是以女子轻拢慢撚、泪珠盈盈的形象出之。写至此,作者用"千古事云飞烟灭",将与琵琶有关诸事顿住,而"贺老定场无消息,想沉香亭北繁华歇",则又应接上片的"自开元《霓裳》曲罢,几番风月",因为被称为"贺老"的贺怀智是开元、天宝年间的琵琶高手,贺老定场既无消息,"解释春风无限恨,沉香亭北倚栏干"的帝妃之乐,以及当年的繁华景象当然也无可再见,自然也"弹到此,为呜咽",因为家国之愁怨实在是难以抑制。陈廷焯以之"发二帝之幽愤,苍茫感喟,使事虽多,却不嫌堆杂"[①],既点出其托意,又赞其抒情与用典的艺术。梁启超语云:"琵琶

---

① 陈廷焯:《词则·大雅集》卷一,第83–84页。

故事，网罗胪列，乱杂无章，殆如一团野草。惟其大气足以包举之，故不觉粗率。非其人勿学步也。”[①]刘永济论其寄托及相关艺术，详而可取：“此词虽题为《赋琵琶》，言外仍是借琵琶以写其所怀也。观其起结皆用开元琵琶事，以见盛衰之感，而结以时无贺老，暗指朝中无人，国势衰微，故有‘弹到此，为呜咽’之句。中间历叙琵琶故事。上半阕用《霓裳曲》、浔阳江上妓及昭君三琵琶事，后半阕则虚用戍边人家室之琵琶，皆与怨思有关者，而总以‘千古事、云飞烟灭’一句结束之。文家原有托物以言情之法，所托之物，虽无一定，然所托之情，为何种情，则其间大有区别。此词以琵琶乃抒写怨思之物，故历举琵琶故事皆与怨思有关，又借时无琵琶能手如贺怀智者，一弹可以‘定场’，以托其忧国无人之情，虽题曰《赋琵琶》，实非但描写琵琶也。”[②]

《归朝欢》（题赵晋臣敷文积翠岩）借女娲神话赋山石，寄托自己不能补天而被投闲之悲：

> 我笑共工缘底怒，触断峨峨天一柱。补天又笑女娲忙，却将此石投闲处。野烟荒草路。先生拄杖来看汝。倚苍苔，摩挲试问：千古几风雨？　长被儿童敲火苦。时有牛羊磨角去。霍然千丈翠岩屏，锵然一滴甘泉乳。结亭三四五。会相暖热携歌舞。细思量：古来寒士，不遇有时遇。

《离骚》自以“美人香草”的艺术表现为多，此外，以古比今亦不少。稼轩词也常有借古人以寄意者。如前已引的《八声甘州》（夜读李广传，不能寐。因念晁楚老、杨民瞻约同居山间，戏用李广事赋以寄之），就李广的“落托封侯事，岁晚田间”，感叹其“汉开边、功名万里，甚当时、健者也曾闲”。借以寄托自己的被弃不用之悲。另一词《卜算子》则比较李广与李蔡，寄托自己的不平，并表不甘老死田园、希望能得一用之愿：

> 千古李将军，夺得胡儿马。李蔡为人在下中，却是封侯者。　芸草去陈根，笕竹添新瓦。万一朝家举力田，舍我其谁也。

《满江红》似作于进《美芹十论》和《九议》未得其用之时，词中不仅用典极多，且是用古人古事寄托自己的情怀。词云：

> 倦客新丰，貂裘敝、征尘满目。弹短铗、青蛇三尺，浩歌谁续。不念英雄江左老，用之可以尊中国。叹诗书、万卷致君人，番沈陆。　休感叹，年华促。人易老，欢难足。有玉人怜我，为簪黄菊。且置请缨封万户，竟须卖剑酬黄犊。叹当年、寂寞贾长沙，伤时哭。

---

① 梁启超：《饮冰室评词》，《词话丛编》，第4309页。

② 刘永济：《唐五代两宋词简析》，第82页。

词中“倦客新丰”用马周,“貂裘敝”用苏秦,”“弹短铗”用冯谖,“寂寞贾长沙”用贾谊事,皆为英雄不得其用。“请缨”用汉终军自请长缨,欲缚南越王置之阙下事,见《汉书·终军传》;“卖剑酬黄犊”则出于《汉书·龚遂传》:渤海岁饥,龚遂为太守,劝民为农桑事,使带刀剑者卖剑买牛,卖刀买犊。终军与龚遂事连用,前者“且置”英雄之愿,后者“竟须”卖剑而归田园。虽过片的“休感叹,年华促,人易老,欢难足”已经点题,从比兴上讲,此词不算艺术性很高,但因全词皆借古人古事以写其“真虎可以不用”的内心愤懑和痛苦,仍属于以古比今的寄托之作。

稼轩晚年知镇江府时所作的《永遇乐》(京口北固亭怀古),常被作为怀古词,其实应是以咏史为主的寄托之作。词云:

> 千古江山,英雄无觅,孙仲谋处。舞榭歌台,风流总被,雨打风吹去。斜阳草树,寻常巷陌,人道寄奴曾住。想当年金戈铁马,气吞万里如虎。　　元嘉草草,封狼居胥,赢得仓皇北顾。四十三年,望中犹记,烽火扬州路。可堪回首,佛狸祠下,一片神鸦社鼓。凭谁问廉颇老矣,尚能饭否。

刘永济说:“词意乃即景生感,因以寄其忠愤也。”[①]所说确实如此,稼轩登京口北固亭,想起与此地有关的历史,即景生感是很自然的,但又非止于怀古而有感,而是回忆自己四十三年前奉表南归,如今垂垂老矣,故又借廉颇以“寄忠愤”。罗大经云:“此词集中不载,尤隽壮可喜”,又引朱熹语:“辛幼安、陈同甫,若朝廷赏罚分明,此等人皆可用。”[②]宋翔凤指出词中的以古比今:“辛稼轩《永遇乐》(京口北固亭怀古)一词,意在恢复,故追数孙刘,皆南朝之英主。屡言佛狸,以拓跋比金人也。”[③]刘永济更认为:此词既“暗用刘禹锡吊古诗意”,又以“‘元嘉’三句,言欲恢复中原必须先有准备,否则必致败亡,因举宋文帝故事以见此意。”“考此词作于宁宗开禧元年韩侂胄定议伐金之时。稼轩以此事准备不足,近于冒昧,与玄谟贪功相同,故举宋元嘉往事而言。”“末二句,有廉颇思复用于赵之志,无奈朝廷无复用己之心,故以廉颇自比,而言外叹其不如也。”[④]皆言之甚当。稼轩此词是由怀古入,而终落于咏史,又回到现实和自身,其咏史是作观往知来之用,故是以古比今之词。李佳云:“此阕悲壮苍凉,极咏古能事。”[⑤]俞陛云说:“老去廉颇,犹思用赵,但知我其谁耶? 英词壮采,当以铁绰板歌之。”[⑥]惟其是老去廉颇之作,故尤见悲壮苍凉。

稼轩善学楚辞,故其词具有他人难以见到的以仙比俗之作。如《水调歌头》(赵昌父七月望日用东坡韵、叙太白、东坡事见寄,过相褒借,且有秋水之约;八月十四日,余

---

① 刘永济:《唐五代两宋词简析》,第78页。
② 罗大经:《鹤林玉露》甲编卷一,《宋元笔记小说大观》,第5165页。
③ 宋翔凤:《乐府馀论》,《词话丛编》,第2501页。
④ 刘永济:《唐五代两宋词简析》,第78-79页。
⑤ 李佳:《左庵词话》卷上,《词话丛编》,第3108页。
⑥ 俞陛云:《唐五代两宋词选释》,第375页。

卧病博山寺中，因用韵为谢，兼寄吴子似）：

我志在寥阔，畴昔梦登天。摩挲素月，人世俯仰已千年。有客骖麟并凤，云遇青山赤壁，相约上高寒。酌酒援北斗，我亦虱其间。　少歌曰："神甚放，形则眠。鸿鹄一再高举，天地睹方圆。"欲重歌兮梦觉，推枕惘然独念：人事底亏全？有美人可语，秋水隔婵娟。

此词采用了梦境与游仙相结合的形式，将李白、苏轼都写入词中，连同"有客"（赵昌父）及自己，在高寒的月宫援北斗而酌酒、唱歌，在"欲重歌"时梦觉，惘然独念，终以美人相拟而投寄友人。辛弃疾在福州知府兼福建安抚使任上被劾免官，回到铅山瓢泉，开始了再度的闲居生活，长达八年之久，此首即作于闲居瓢泉之时。他虽寄情于山水，而实际上一直希望能重新得到重用，为他所矢志不渝的恢复大业出力，但是却看不到希望，故借梦境而寄托难遂其志的幽愤，而有此词之作。

《千年调》也作于瓢泉时期，词有小序："开山径得石壁，因名曰苍壁。事出望外，意天之所赐邪，喜而赋。"词云：

左手把青霓，右手挟明月。吾使丰隆前导，叫开阊阖。周游上下，径入寥天一。览玄圃，万斛泉，千丈石。　钧天广乐，燕我瑶之席。帝饮予觞甚乐，赐汝苍壁。嶙峋突兀，正在一丘壑。余马怀，仆夫悲，下恍惚。

由词前小序可知写作之由，因开山径而得石壁，故作此词。词中不仅运用了《离骚》的语言、人物、构思，而且是其立足于南楚巫觋文化基础的表达，即展开了飞升天宫的经历。在《离骚》中，"吾令帝阍开关兮，倚阊阖而望予"，而词里却能"叫开阊阖"，得以周游上下，饱览天宫奇观，并得到了天帝的赐宴及赠与。最后用《离骚》抒发怀念故土之情诸语，表其入世与出世的矛盾心理。词中化用了《史记·赵世家》赵简子梦游天国、与众神相乐，并得天帝所赐两竹篮的典故，是颇具深意的。赵简子得篮后，连克二国，建其大业。辛弃疾因开山径得苍壁而借此事"以仙比俗"，作者此时已过六旬，可见是以词寄托其"烈士暮年，壮心不已"之情。

浙西词派的领袖朱彝尊说过："善言词者，假闺房儿女之言，通之于《离骚》、变雅之义，此尤不得志于时者所宜寄情焉耳。"[①]常州词派的开山张惠言更说："传曰：'意内而言外，谓之词。'其缘情造端，兴于微言，以相感动。极命风谣里巷，男女哀乐，以道贤人君子忧约怨悱、不能自言之情，低回要眇，以喻其致。盖《诗》之比兴，变风之义，骚人之歌，则近之矣。"[②]　这都是著名的代表性看法。后来黄苏《蓼园词评》也屡以《楚辞》之意旨

① 朱彝尊：《陈纬云红盐词序》，《曝书亭集》卷四〇，四部丛刊本。
② 张惠言：《〈词选〉序》，张惠言《词选》，第7页。

评宋词。至晚清，词论家沈祥龙遂在其《论词随笔》中写道："屈、宋之作亦曰词，香草美人，惊采绝艳，后世倚声家所由祖也。故词不得楚骚之意，非淫靡即粗浅。"①更是明确地将词通之于"辞"。遍观宋词，又当以辛弃疾最得屈骚之旨，最擅比兴寄托。

第六节　主体风格与多样风貌

辛弃疾作词既多，风格亦众，而历代论者的评论，则主要着眼于他的主体风格，且大多以雄浑豪放目之。范开《稼轩词序》从为人而言："器大者声必闳，志高者意必远……其发越著见于声音言意之表者，则亦随其所蓄之浅深，有不能不尔者存焉耳。"刘辰翁《辛稼轩词序》谓之"陷绝失望，花时中酒，托之陶写，淋漓慷慨"。元好问《新轩乐府引》论苏轼传人，认为黄庭坚、晁补之、陈与义、辛弃疾"俱以歌词取称，吟咏性情，留连光景，清壮顿挫，能起人妙思"。②张炎明确将其判为豪气词："辛稼轩、刘改之作豪气词，非雅词也。于文章馀暇，戏弄笔墨为长短句之诗耳。"③《词苑丛谈》引黄梨庄语，最是论世而知人之见："辛稼轩当弱宋末造，负管、乐之才，不能尽展其用，一腔忠愤，无处发泄。观其与陈同父抵掌谈论，是何等人物！故其悲歌慷慨抑郁无聊之气，一寄之于其词。今乃欲与搔头傅粉者比，是岂知稼轩者？"④可知其词的风格与其为人、胸襟、时世密切相关。

王世贞《艺苑卮言》对词作正变之分，以辛弃疾为变体："言其业，李氏、晏氏父子……词之正宗也……幼安辨而奇，又其次也，词之变体也。"⑤又说："词至辛稼轩而变，其源实自苏长公，至刘改之诸公极矣。南宋如曾觌、张抡辈应别之作，志在铺张，故多雄丽。稼轩辈抚时之作，意存感慨，故饶明爽，然而秾情致语，几于尽矣。"宋征璧也认为："辛稼轩之豪爽，而或伤于霸。"⑥郭麐认为词可分四派，而以粗豪论稼轩："词之为体，大略有四：风流华美，浑然天成，如美人临妆，却扇一顾，《花间》诸人是也。晏元献、欧阳永叔诸人继之。施朱傅粉，学步习容，如宫女题红，含情幽艳，秦、周、贺、晁诸人是也。柳七则靡曼近俗矣。姜、张诸子，一洗华靡，独标清绮，如瘦石孤花，清笙幽磬，入其境者，疑有仙灵，闻其声者，人人自远。梦窗、竹屋，或扬或沿，皆有新隽，词之能事备矣。至东坡以横绝一代之才，凌厉一世之气，间作倚声，意若不屑，雄词高唱，别为一宗。辛、刘则粗豪太甚矣，其馀幺弦孤韵，时亦可喜。溯其派别，不出四者。"⑦

---

① 沈祥龙：《论词随笔》，《词话丛编》，第4048页。
② 元好问著，姚奠中主编，李正民增订：《元好问全集》卷三六，第765页。
③ 张炎：《词源》，《词源注·乐府指迷笺释》，第32页。
④ 徐釚著，王百里校笺：《词苑丛谈校笺》卷四，第250页。
⑤ 王世贞：《艺苑卮言》，《词话丛编》，第385页。
⑥ 蒋顺诒：《词学集成》卷五，《词话丛编》，第3272页。
⑦ 郭麐：《灵芬馆词话》卷一，《词话丛编》，第1503页。

但是，又有不少论者在“发越”、“淋漓慷慨”、“清壮”、“豪气”、“豪爽”、“霸气”、“粗豪”等之外，又看到了稼轩词的其他风格。如范开《稼轩词序》说：“其间固有清而丽、婉而妩媚，此又坡词之所无，而公词之所独也。”刘克庄《辛稼轩词序》在称道其“大声鞺鞳，小声铿锵，横绝六合，扫空万古”同时，未忘“其秾纤绵密者，亦不在小晏、秦郎之下”。陈锐以诗拟词，有“柳屯田不著笔墨，似古乐府。辛稼轩俊逸似鲍明远。周美成深厚拟陆士衡。白石得渊明之性情。梦窗有康乐之标轨”[①]之说，以“俊逸”取稼轩。而陈廷焯则云：“稼轩词着力太重处，如《破阵子》(为陈同甫赋壮诗以寄之)、《水龙吟》(过南涧双溪楼)等作，不免剑拔弩张。余所爱者，如‘红莲相倚深如怨，白鸟无言定是愁。’又‘不知筋力衰多少，但觉新来懒上楼。’又‘城中桃李愁风雨，春在溪头荠菜花’之类，信笔写去，格调自苍劲，意味自深厚。不必剑拔弩张，洞穿已过七札，斯为绝技。”[②]所赏为格调苍劲、意味深厚者。直到近人夏承焘评辛词，仍看到“肝肠如火”、“色笑如花”的两面。可见，如就前论刚柔之两分言稼轩词的大体，其词属于“豪放”者应远多于苏轼，且更见悲歌慷慨、激扬奋厉，同时，亦有昵狎温柔及其他的风格之作。

一、慷慨纵横　温婉悲凉

前论苏轼时，曾对“豪放”一义作了论析，倘依我国惯用的刚柔之分，将稼轩词的主体风格入于豪放自无不妥。但是，对于稼轩词的豪放，尚需作具体分析，倘也作两分，笔者以为，《四库全书总目》所说的“弃疾词慷慨纵横，有不可一世之概”，和周济所说的“稼轩敛雄心，抗高调，变温婉，成悲凉”，差可作为稼轩豪放的两面。

“慷慨纵横”兼及主观与客观，前论以文为词的不平则鸣在于主观，气盛言宜则是由主观而至客观。稼轩其人，在青年时期就有过传奇经历，南归后一直不改其恢复大志：“鹏翼垂空，笑人世苍然无物。还又向九重深处，玉阶山立。袖里珍奇光五色，他年要补天西北。”(《满江红·建康史致道留守席上赋》)即使在被迫闲退瓢泉、临近老年之时，仍借物明志：“莫笑吾家苍壁小，稜层势欲摩空。相知惟有主人翁。有心雄泰华，无意巧玲珑。”(《临江仙》)盎然真气行于词中，自非“杏花春雨江南”式的轻柔、幽美，而如王国维所说：“幼安之佳处，在有性情、有境界。即以气象论，亦有‘横素波、干青云’之概。”[③]其词中的意象，确是健笔凌云，气势飞动。如潮水：

> 望飞来半空鸥鹭，须臾动地鼙鼓。截江组练驱山去，鏖战未收貔虎。
>
> ——《摸鱼儿》(观潮上叶丞相)

如下雪：

---

① 陈锐：《袌碧斋词话》，《词话丛编》，第4196页。

② 陈廷焯著，屈兴国校注：《白雨斋词话足本校注》卷一，第99页。

③ 王国维：《人间词话》，《蕙风词话·人间词话》，第213页。

造物故豪纵，千里玉鸾飞。等闲更把、万斛琼粉盖玻璃。好卷垂虹千丈，只放冰壶一色，云海路应迷。　　——《水调歌头》(和王正之右司吴江观雪见寄)

“三秋桂子，十里荷花”的西湖边，飞来峰并非一拳危石，而是：

谁信天峰飞堕地，傍湖千丈开青壁。是当年、玉斧削方壶，无人识。
——《满江红》(题冷泉亭)

他移情于山，竟然是：

青山欲共高人语，联翩万马来无数。
——《菩萨蛮》(金陵赏心亭为叶丞相赋)

即使是小小的桂花，他也说：

大都一点宫黄。人间直恁芳芬。怕是九天风露，染教世界都香。
——《清平乐》(谢叔良惠木犀)

可以认为，被视作“坡公少子”的辛弃疾，较坡公更“豪”更“放”，也更接近姚鼐的诸般形容：“其得于阳与刚之美者，则其文如霆，如电，如长风之出谷，如崇山峻崖，如决大川，如奔骐骥；其光也，如杲日，如火，如金镠铁；其于人也，如冯高视远，如君而朝万众，如鼓万勇士而战之。”①

说稼轩词更较苏轼豪放，是因为更见其“奇”，如张德瀛所作比较：“释皎然《诗式》谓诗有六至：至险而不僻，至奇而不差，至丽而自然，至苦而无迹，至近而意远，至放而不迂。以词衡之，至险而不僻者，美成也。至奇而不差者，稼轩也。至丽而自然者，少游也。至苦而无迹者，碧山也。至近而意远者，玉田也。至放而不迂者，子瞻也。”②稼轩对大雪设想甚奇：

天上飞琼，毕竟向、人间情薄。还又跨、玉龙归去，万花摇落。
——《满江红》(和廓之雪)

他泄狂于醉，竟然说：

---

① 姚鼐：《复鲁挈非书》，姚鼐著，刘季高标校《惜抱轩诗文集》卷六，第93页。
② 张德瀛：《词徵》卷一，《词话丛编》，第4079–4080页。

昨夜松边醉倒，问松："我醉何如？"只疑松动要来扶，以手推松曰："去！"

——《西江月》(遣兴)

看着中秋明月，他幻想：

乘风好去，长空万里，直下看山河。斫去桂婆娑，人道是清光更多。

——《太常引》(建康中秋夜为吕叔潜赋)

面对云山的瞬间之变，他写不见与复见都不出常笔：

何人半夜推山去，四面浮云猜是汝。常时相对两三峰，走遍溪头无觅处。西风瞥起云横度。忽见东南天一柱。老僧拍手笑相夸，且喜青山依旧住。

——《玉楼春》(戏赋云山)

虽赋一地一岩，仍想象飞腾，尽展雄伟意象：

拄杖重来约。对东风洞庭张乐，满空箫勺。巨海拔犀头角出，来向此山高阁。尚依旧争前又却。老我伤怀登临际，问何方可以平哀乐？唯酒是，万金药。　劝君且作横空鹗。便休论人间腥腐，纷纷乌攫。九万里风斯在下，翻覆云头雨脚。快直上昆仑濯发。好卧长虹陂十里，是谁言听取双黄鹤。推翠影，浸云壑。　——《贺新郎》(用韵题赵晋臣敷文积翠岩，余欲令筑陂于其前)

的确，稼轩词全然不同于"以小语致巧""以丽字取妍"[①]的《花间》、《草堂》，不是"其为体也纤弱"[②]，"如骄马弄衔而未行，粲女窥帘而未出"[③]；而如陈廷焯所说："稼轩词魄力雄大，如惊雷怒涛，骇人耳目，天地钜观也。后惟迦陵有此笔力，而郁处不及"[④]，"词有格，稼轩词若无格；词有律，稼轩词若无律；细按之，格律丝毫不紊，总体才大如海，只信手挥洒，电掣风驰，飞沙走石，真词坛第一开辟手。"[⑤]

慷慨纵横无疑是稼轩豪放的主要面，而另一面则如刘辰翁所说："谗摈销沮，白发横生，亦如刘越石。陷绝失望，花时中酒，托之陶写，淋漓慷慨。"虽淋漓慷慨，却深寓悲愤。故周济云"稼轩敛雄心，抗高调，变温婉，成悲凉"，陈廷焯比较苏辛而尤见稼轩之悲郁："东坡心地光明磊落，忠爱根于性生，故词极超旷，而意极和平。稼轩有吞吐

① 王世贞：《艺苑卮言》，《词话丛编》，第385页。
② 陈子龙：《王介人诗馀序》，《词籍序跋萃编》，第506页。
③ 沈谦：《填词杂说》，《词话丛编》，第635页。
④ 陈廷焯：《词则·放歌集》卷一，第311页。
⑤ 陈廷焯：《云韶集》卷五，转引自《白雨斋词话足本校注》卷一，第98页。

八荒之概，而机会不来，正则可以为郭、李，为岳、韩，变则即桓温之流亚，故词极豪雄，而意极悲郁。”①

辛弃疾作于乾道四年至乾道六年(1168—1170)间的《水龙吟》(登建康赏心亭)就已露悲凉之意：

楚天千里清秋，水随天去秋无际。遥岑远目，献愁供恨，玉簪螺髻。落日楼头，断鸿声里，江南游子。把吴钩看了，栏干拍遍，无人会、登临意。　休说鲈鱼堪脍，尽西风，季鹰归未？求田问舍，怕应羞见，刘郎才气。可惜流年，忧愁风雨，树犹如此！倩何人，唤取红巾翠袖，揾英雄泪。

作此词时，辛弃疾在建康通判任上，他在擒获叛徒、“奉表南归”后，并未得到最高统治者的赏识，只是因为有出众的才干，无论到何处都政绩昭然，才经常被派到需要处理棘手事情的岗位上，可是还得不到信任，以至有“孤危”之感。此词所抒发的登临感慨，是渴望为国建功、恢复北方失地，同难以实现平生大志的冲突，所以也引发了“树犹如此”的桓温之叹。陈廷焯《放歌集》以此词“一结风流悲壮”②。谭献以之“裂竹之声，何尝不潜气内转”③。可见虽意存悲凉，却“郁”而不放，而作潜气内转的表达。

《菩萨蛮》(书江西造口壁)亦为前期之作：

郁孤台下清江水，中间多少行人泪。西北望长安，可怜无数山。　青山遮不住，毕竟东流去。江晚正愁予，山深闻鹧鸪。

此词的背景如罗大经所说：“南渡之初，虏人追隆祐太后御舟至造口，不及而还。幼安因此起兴。‘闻鹧鸪’之句，谓恢复之事行不得也。”④而清江水中无限之泪，更出追隆祐太后一事之外，可见伤心之事太多，西北长安，更有多少遗民之泪，虽为明言，其意已出，“‘青山’二句，借水怨山。‘毕竟东流’，与望中之‘西北’有‘南辕而北其辙’之叹，且亦逝水不回之痛”⑤。加以朝中一片“谓恢复之事行不得也”的“鹧鸪声”，故虽非如陈廷焯所说那种程度：“血泪淋漓，古今让其独步。结二语号呼痛哭，音节之悲，至今犹隐隐在耳。”⑥所抒之情仍极其悲郁。

作于闲居带湖时的《清平乐》(独宿博山王氏庵)，抒发的是另一种悲凉之情：

---

① 陈廷焯著，屈兴国校注：《白雨斋词话足本校注》卷八，第639页。
② 陈廷焯：《词则·放歌集》卷一，第318页。
③ 谭献：《复堂词话》，《介存斋论词杂著·复堂词话·蒿庵论词》，第26页。
④ 罗大经：《鹤林玉露》甲编卷一，《宋元笔记小说大观》，第5165页。
⑤ 陈匪石：《宋词举》，《宋词举》(外三种)，第82页。
⑥ 陈廷焯：《云韶集》卷五，转引自《白雨斋词话足本校注》卷一，第104页。

绕床饥鼠，蝙蝠翻灯舞。屋上松风吹急雨，破纸窗间自语。 平生塞北江南，归来华发苍颜。布被秋宵梦觉，眼前万里江山。

虽许昂霄《词综偶评》说："（后段）有老骥伏枥之概。"[①]陈廷焯也说："短调中笔势飞舞，辟易千人。结更怨壮精警，读稼轩词胜读魏武诗也。"[②]稼轩由北归南，志在收复北方失地，非但难遂其志，且被劾落职闲居，独宿于博山王氏庵时，竟然是饥鼠绕床、蝙蝠翻灯、松风急雨、破纸自语的环境，其景况岂是心雄万夫的辛弃疾所能堪！故换头说平生之志及年华老去、此志失落，"布被"二句，为梦中初醒之感觉，"眼前万里江山"，是凄寂之中所倏现，其情之悲愤，虽不言亦可想象。

第一次闲退时所作的《破阵子》（为陈同甫赋壮词以寄），也是满怀悲愤：

醉里挑灯看剑，梦回吹角连营。八百里分麾下炙，五十弦翻塞外声。沙场秋点兵。 马作的卢飞快，弓如霹雳弦惊。了却君王天下事，赢得生前身后名。可怜白发生。

词中的"八百里"既指当年所参加的耿京义军之阵营，又可指牛，因《世说新语·汰侈篇》云："王君夫有牛名八百里驳，常莹其蹄角……"[③]苏轼尝作诗："要当啖公八百里，豪气一洗儒生酸。"（《约公择饮是日大风》）若作后解，即是给部下分发烤牛肉之意。"五十弦"泛指乐器，"的卢"是烈性快马。此词用虚实结合之法，来表现自己的壮志和悲愤，其中既有当年抗金义军生活的真实体会，又有对投身北伐大业的拟想。作者设想着自己能在收复中原、完成统一的事业中建立功勋，以轰轰烈烈的人生赢得生前与身后的名声，但因实际上无法实现，只能托之于醉和梦，故以"可怜白发生"结尾，点醒真情，回到眼前。陈廷焯云："字字跳掷而出，'沙场'五字，起一片秋声。沈雄悲壮，凌轹千古。"[④]梁启超说："无限感慨，哀同甫亦自哀也。"[⑤]均言之甚当。

直到晚年再仕时所作，虽渐变温婉，却仍见悲凉。如《汉宫春》（会稽秋风亭怀古）：

亭上秋风，记去年袅袅，曾到吾庐。山河举目虽异，风景非殊。功成者去，觉团扇便与人疏。吹不断斜阳依旧，茫茫禹迹都无。 千古茂陵词在，甚风流章句，解拟相如。只今木落江冷，眇眇愁余。故人书报："莫因循、忘却莼鲈。"谁念我新凉灯火，一编太史公书。

---

① 许昂霄：《词综偶评》，《词话丛编》，第1556页。
② 陈廷焯：《词则·放歌集》卷一，第325页。
③ 刘义庆撰，徐震堮校笺：《世说新语校笺》，第470页。
④ 陈廷焯：《云韶集》卷五，《白雨斋词话足本校注》卷一，第99页。
⑤ 梁启超：《饮冰室评词》，《词话丛编》，第4308页。

此词既化用楚辞《九歌》句意，又大量用典，透露出虽老而未忘建功大业，却对韩侂胄所倡北伐不无疑虑的心情，雄浑、深沉，而又悲凉。

为何说慷慨纵横与温婉悲凉是豪放的两面呢？前者自属于阳刚、壮美，而悲凉、悲郁都根于愤怨，悲愤所体现的美学品格也在于悲剧性的壮美和崇高。据古罗马朗加纳斯的《论崇高》，崇高的来源有五：庄严伟大的思想，强烈而激动的情感，运用藻饰的艺术，高雅的措辞，整个结构的堂皇卓越。①稼轩词无论是慷慨纵横，还是温婉悲凉，基本与之相合，因而在崇高这一点上，二者是相同的，而崇高与传统的豪放概念较为接近。所以，可将稼轩词的悲凉一面，看作是对豪放的发展。

二、东坡稼轩　同而不同

自稼轩之词出，论者就以之与东坡似。范开所说甚详："……世言稼轩居士辛公之词似东坡，非有意于学坡也，自其发于所蓄者言之，则不能不坡若也。坡公尝自言与其弟子由为文口多而未尝敢有作文之意，且以为得于谈笑之间而非勉强之所为。公之于词亦然；苟不得之于嬉笑，则得之于行乐；不得之于行乐，则得之于醉墨淋漓之际。挥毫未竟而客争藏去。或闲中书石，兴来写地，亦或微吟而不录，漫录而焚稿，以故多散逸。是亦未尝有作之之意，其于坡也，是以似之。"②刘辰翁甚而说："以稼轩为坡公少子，岂不痛快灵杰可爱哉！"③但是，自范开起，诸多论家就已指出苏辛同中有异，此处仅举清人之论以见之。周济云："世以苏、辛并称，苏之自在处，辛偶能到；辛之当行处，苏必不能到；二公之词，不可同日语也。后人以粗豪学稼轩，非徒无其才，并无其情。稼轩固是才大，然情至处，后人万不能及。"④谢章铤云："晏、秦之妙丽，源于李太白、温飞卿。姜、史之清真，源于张志和、白香山。惟苏、辛在词中，则藩篱独辟矣。读苏、辛词，知词中有人，词中有品，不敢自为菲薄。然辛以毕生精力注之，比苏尤为横出。"⑤陈廷焯云："感激豪宕，苏、辛并峙千古。然忠爱恻怛，苏胜于辛；而淋漓怨壮，顿挫盘郁，则稼轩独步千古矣。"⑥又说："苏、辛并称，然两人绝不相似。魄力之大，苏不如辛；气体之高，辛不逮苏远矣。"⑦

此处拟侧重论稼轩词在艺术上不同于苏轼，或发展了苏轼之处。概括前人所论，大致体现为以下几点。

第一，"东坡之词旷，稼轩之词豪"。王国维云："东坡之词旷，稼轩之词豪。无二人之胸襟而学其词，犹东施之效捧心也。""读东坡、稼轩词，须观其雅量高致，有伯夷、

---

① 伍蠡甫：《西方文论选》卷上，上海译文出版社1979年版，第125页。(版本后同)

② 范开：《稼轩词序》，《词籍序跋萃编》，第199页。

③ 刘辰翁：《辛稼轩词序》，《词籍序跋萃编》，第201页。

④ 周济：《介存斋论词杂著》，《介存斋论词杂著·复堂词话·蒿庵论词》，第8页。

⑤ 谢章铤：《赌棋山庄词话》卷九，《词话丛编》，第3444页。

⑥ 陈廷焯：《词则·放歌集》卷一，第311页。

⑦ 陈廷焯著，屈兴国校注：《白雨斋词话足本校注》卷一，第50页。

柳下惠之风。”[1]东坡词之旷达，前面第五章已论，此处再看稼轩。带湖时期所作的《鹧鸪天》（博山寺作）：

> 不向长安路上行，却教山寺厌逢迎。味无味处求吾乐，材不材间过此生。宁作我，岂其卿。人间走遍却归耕。一松一竹真朋友，山鸟山花好弟兄。

此词用《老子》，在“为无为，事无事，味无味”中寻找乐趣，表示要以庄子“处乎材与不材之间”（《庄子·山木篇》）的生存艺术度过此生。换头表明不会改变自己的本性去迁就别人的人生态度，和不愿因求名而巴结权贵，宁学躬耕者、不屈其志而得真名的精神，最后承接上面，又意思一转，表明自己在人世无君子可处的情况下，只好与松竹花鸟为友的无奈与自我开脱。辛弃疾在这首词中用了很多典故，曲折地表现了他当时的心绪与情趣，虽有不平与愤懑，但就对待“出”与“处”，无奈之中还是能够做到自我解脱的。

稼轩与东坡皆喜庄子，但东坡能行之以处世，稼轩却言庄陶而实屈韩，本质上不如东坡之旷。不过，稼轩仍能以其豪迈的性格对待人生。如《定风波》（席上送范廓之游建康）之言离别：

> 听我尊前醉后歌，人生无奈别离何。但使情亲千里近；须信：无情对面是山河。　　寄语石头城下水：居士，而今浑不怕风波。借使未成鸥鸟伴；经惯，也应学得老渔蓑。

《行香子》虽多见颓放：

> 归去来兮，行乐休迟。命由天富贵何时。百年光景，七十者稀。奈一番愁，一番病，一番衰。　　名利奔驰，宠辱惊疑，旧家时、都有些儿。而今老矣，识破关机：算不如闲，不如醉，不如痴。

由于不讳言“名利奔驰，宠辱惊疑，旧家时都有些儿”，骨子里还是“豪”。在苏轼是以庄禅化解现实中的苦难，表现出旷达，而稼轩却更多豪放。如《水调歌头》（题永丰杨少游提点一枝堂）：

> 万事几时足，日月自西东。无穷宇宙，人是一粟太仓中。一葛一裘经岁，一钵一瓶终日，老子旧家风。更著一杯酒，梦觉大槐宫。　　记当年，吓腐鼠，叹冥鸿。衣冠神武门外，惊倒几儿童。休说须弥芥子，看取鹍鹏斥鷃，小大若为同？

---

① 王国维：《人间词话》，《蕙风词话·人间词话》，第213页。

君欲论齐物,须访一枝翁。

结合上一小节所举例,可见陈廷焯所说不虚:“稼轩词,粗粗莽莽,桀傲雄奇,出坡老之上。”[①]

第二,苏风格高而性情歉,辛却缠绵恻悱。谢章铤云:“吴子律曰:‘辛之于苏,犹诗中山谷之视东坡也,东坡之大,殆不可以学而至。’此论或不尽然。苏风格自高,而性情颇歉,辛却缠绕恻悱。且辛之造语俊于苏,若仅以大论也,则室之大不如堂,而以堂为室,可乎?”[②]陈廷焯云:“辛稼轩,词中之龙也,气魄极雄大,意境却极沈郁。不善学之,流入叫嚣一派,论者遂集矢于稼轩,稼轩不受也。”[③]又说:“稼轩《水调歌头》诸阕,直是飞行绝迹。一种悲愤忼慨,郁结于中,虽未能痕迹消融,却无害其为浑雅。后人未易摹仿。”[④]都立足于其性情而论,因其悲愤感慨过于苏轼,不似苏之以旷化悲,故能“意境极沈郁”。

试看稼轩的《贺新郎》(别茂嘉十二弟。鹈鴂杜鹃实两种,见《离骚补注》):

绿树听鹈鴂。更那堪鹧鸪声住,杜鹃声切。啼到春归无寻处,苦恨芳菲都歇。算未抵人间离别。马上琵琶关塞黑,更长门翠辇辞金阙。看燕燕,送归妾。 将军百战身名裂。向河梁回头万里,故人长绝。易水萧萧西风冷,满座衣冠似雪。正壮士悲歌未彻。啼鸟还知如许恨,料不啼清泪长啼血。谁共我,醉明月?

周济说:“(上片)北都旧恨。(下片)南渡新恨。”[⑤]唐圭璋云:“此首送茂嘉十二弟,尽集古人许多离别故事。如文通《别赋》,妙在大气包举,沈郁悲凉……‘马上’三句,即用昭君、陈皇后、庄姜三妇人离别故事。下片,更举苏、李、荆轲离别故事,运化灵动,声情激越……末句,揭出己之独愁,是送别正意。周止庵谓此首‘前片北都旧恨,后片南渡新恨’。观其前片所举之例极凄惨,而后片所举之例又极慷慨,则知止庵之说精到。”[⑥]陈廷焯认为:“稼轩词,自以《贺新郎》(别茂嘉十二弟)一篇为冠。沈郁苍凉,跳跃动荡,古今无此笔力。”[⑦]王国维也说此词“章法绝妙,且语语有境界,此能品而几于神者。然非有意为之,故后人不能学也。”[⑧]而最为根本的,就在于情深。

陈廷焯举众例而言之:

---

① 陈廷焯:《词坛丛话》,《词话丛编》,第3724页。
② 谢章铤:《赌棋山庄词话》卷九,《词话丛编》,第3444页。
③ 陈廷焯著,屈兴国校注:《白雨斋词话足本校注》卷一,第91页。
④ 陈廷焯著,屈兴国校注:《白雨斋词话足本校注》卷一,第96页。
⑤ 周济:《宋四家词选眉批》,《词话丛编》,第1653页。
⑥ 唐圭璋:《唐宋词简释》,第171–172页。
⑦ 陈廷焯著,屈兴国校注:《白雨斋词话足本校注》卷一,第95页。
⑧ 王国维:《人间词话删稿》,《蕙风词话·人间词话》,第229页。

稼轩词如"旧恨春江流不尽,新恨云山千叠。"又"前度刘郎今重到,问玄都、千树花存否。"又"重阳节近多风雨。"又"秋江上,看惊弦雁避,骇浪船回。"又"佳处径须携杖去,能消几两平生屐。笑尘劳、三千九年非,长为客。"又"楼观甫成人已改,旌旗未卷头先白。叹人生、哀乐转相寻,今犹昔。"又"秋晚莼鲈江上,夜深儿女灯前。"又"三十六宫花溅泪,春成何处说兴亡。燕双双。"又"布被秋宵梦觉,眼前万里江山。"又"功成者去,觉团扇便与人疏。吹不断斜阳依旧,茫茫禹迹都无。"皆于悲壮中见浑厚。后之狂呼叫嚣者,动托苏、辛,真苏、辛之罪人也。①

这些悲壮中见浑厚之词,共同的特点、基点即在感情极深而"缠绵恻悱"。稼轩甚至有悲恨之极的词,虽借写梦而出,实难掩其真情。如《兰陵王》:

己未八月二十日夜,梦有人以石研屏见饷者,其色如玉,光润可爱。中有一牛,磨角作斗状,云:"湘潭里中有张其姓者,多力善斗,号张难敌。一日,与人搏,偶败,忿赴河而死,居三日,其家人来视之,浮水上,则牛耳。自后并水之山,往往有此石,或得之,里中辄不利。"梦中异之,为作诗数百言,大抵皆取古之怨愤变化异物等事,觉而忘其言。后三日,赋词以识其异。

恨之极,恨极销磨不得。苌弘事人道后来,其血三年化为碧。郑人缓也泣:吾父攻儒助墨。十年梦,沉痛化余,秋柏之间既为实。　相思重相忆,被怨结中肠,潜动精魄。望夫江上岩岩立。嗟一念中变,后期长绝。君看启母愤所激,又俄顷为石。　难敌。最多力。甚一忿沉渊,精气为物。依然困斗牛磨角。便影入山骨,至今雕琢。寻思人世,只合化,梦中蝶。

第三,苏有不合拍处,辛则部伍整严。陈廷焯云:"苏、辛千古并称。然东坡豪宕则有之,但多不合拍处。稼轩则于纵横驰骋中,而部伍极其整严,尤出东坡之上。"②说东坡词不合拍,前面第五章已有所辨,对此,笔者引毛稚黄所言"文自为文,歌自为歌,然歌不碍文,文不碍歌,是坡公雄才自放处","亦词家一法"(王又华《古今词论》引)作了解释,说明,"豪放"虽非与协律对立,却也偶有挣脱音律的现象。而辛弃疾的知音识律,可从他在词中得到证明,如:"万事一杯酒,长叹复长歌。"(《水调歌头·即席和金华杜仲高韵……》)"我病君来高歌饮,惊散楼头飞雪。"(《贺新郎·同父见和再用韵答之》)都可知之。岳珂《桯史》还说:"稼轩以词名,每燕,必命侍妓歌其所作……既而又作一《永遇乐》……特置酒召数客,使妓迭歌,益自击节……"③这就很可见稼轩在审音度律上颇有精益求精的精神,而且足以说明其词之豪放与协律并不相互排斥。他写

① 陈廷焯著,屈兴国校注:《白雨斋词话足本校注》卷八,第606页。
② 陈廷焯:《云韶集》卷五,《白雨斋词话足本校注》卷一,第52页。
③ 岳珂:《桯史》卷三,《宋元笔记小说大观》,第4358-4359页。

大题材的《永遇乐》虽豪放沉郁却无碍妓之“迭歌”，更不用说那些与词性相合或相近之作。陈廷焯又说：“稼轩词，于雄莽中别饶隽味，如‘马上离愁三万里，望昭阳宫殿孤鸿没’，又‘休去倚危栏，斜阳正在，烟柳断肠处。’多少曲折，惊雷怒涛中，时见和风暖日，所以独绝古今，不容人学步。”[①]所以，稼轩的“部伍整严”还包括因潜气内转而见曲折，将雄莽与隽味、惊雷怒涛与和风暖日统为一体之作。前论稼轩词与屈骚的关系，实已论及此点，故此处不再赘。

陈廷焯说：“苏、辛两家，各自不同。后人无东坡胸襟，又无稼轩气概，漫为规模，适形粗鄙耳。”[②]这是从学习的角度而言，且道出了苏词所长在胸襟，辛词所长在气概，这实际上又回到了苏词旷而辛词豪的命题。至于辛不如苏之处，亦如他所说：“稼轩求胜于东坡，豪壮或过之，而逊其清超，逊其忠厚。”[③]因限于篇幅，难以在此详作论述了。总之，确如陈廷焯所说：“东坡、稼轩，同而不同者也。白石、碧山，不同而同者也。”[④]

三、自有两派　多种风貌

范开《稼轩词序》和刘克庄《辛稼轩集序》，都指出了稼轩词兼得阳刚与阴柔之美，邓廷桢所说更详：

> 世称词之豪迈者，动曰苏、辛。不知稼轩词，自有两派，当分别观之。如《金缕曲》之“听我三章约”、“甚矣吾衰矣”二首，及《沁园春》、《水调歌头》诸作，诚不免一意迅驰，专用骑兵。若《祝英台近》之“是他春带愁来，春归何处。却不解带将愁去”，《摸鱼儿》发端之“更能消几番风雨，匆匆春又归去”，结语之“休去倚危阑，斜阳正在，烟柳断肠处”，《百字令》之“旧恨春江流不尽，新恨云山千叠”，《水龙吟》之“楚天千里清秋，水随天去，秋无际。遥岑远目，献愁供恨，玉簪螺髻”，《满江红》之“怕流莺乳燕，得知消息”，《汉宫春》之“年时燕子，料今宵梦到西园”，皆独茧初抽，柔毛欲腐，平欺秦、柳，下轹张、王。宗之者固仅袭皮毛，诋之者亦未分肌理也。[⑤]

冯煦也说：

> 稼轩负高世之才，不可羁勒，能于唐宋诸大家外，别树一帜。自兹以降，词遂有门户主奴之见。而才气横轶者，群乐其豪纵而效之；乃至里俗浮嚣之子，亦靡

---

① 陈廷焯著，屈兴国校注：《白雨斋词话足本校注》卷八，第605页。
② 陈廷焯著，屈兴国校注：《白雨斋词话足本校注》卷八，第639页。
③ 陈廷焯著，屈兴国校注：《白雨斋词话足本校注》卷十，第759–760页。
④ 陈廷焯著，屈兴国校注：《白雨斋词话足本校注》卷十，第760页。
⑤ 邓廷桢：《双砚斋词话》，《词话丛编》，第2528–2529页。

不推波助澜，自托辛刘，以屏蔽其陋；则非稼轩之咎，而不善学者之咎也。即如集中所载《水调歌头》“长恨复长恨”一阕，《水龙吟》“昔时曾有佳人”一阕，连缀古语，浑然天成，既非东家所能效颦；而《摸鱼儿》、《西河》、《祝英台近》诸作，摧刚为柔，缠绵悱恻，尤与粗犷一派，判若秦越。[①]

稼轩豪放或曰豪迈、豪纵之词前已论，这里再看其另一类作品。如《念奴娇》（书东流村壁）：

野棠花落，又匆匆、过了清明时节。刬地东风欺客梦，一夜云屏寒怯。曲岸持觞，垂杨系马，此地曾轻别。楼空人去。旧游飞燕能说。　闻道绮陌东头，行人长见，帘底纤纤月。旧恨春江流未断，新恨云山千叠。料得明朝，尊前重见，镜里花难折。也应惊问，近来多少华发。

俞陛云论此词云：“客途遇艳，瞥眼惊鸿，村壁醉题，旧游回首，乃赋此闲情之曲。前四句写景轻秀，‘曲岸’五句寄思婉渺。下阕伊人尚在，而陌头重见，托诸行人，笔致便觉虚灵。‘明朝’五句不言重遇云英，自怜消瘦，而由对面着想，镜里花枝，相见争如不见，老去相如，羞入文君之顾盼。以幼安之健笔，此曲化为绕指柔矣。”[②] 不过，虽杨慎《词品》卷四说：“‘旧恨’二句，纤丽语，脍口之极。”陈廷焯还是以悲壮言之：“‘旧恨’二语，矫首高歌。淋漓悲壮。悲而壮，是陈其年之祖。”[③]

《青玉案》（元夕）亦为柔中见刚之作：

东风夜放花千树。更吹落、星如雨。宝马雕车香满路。凤箫声动，玉壶光转，一夜鱼龙舞。　蛾儿雪柳黄金缕。笑语盈盈暗香去。众里寻他千百度，蓦然回首，那人却在，灯火阑珊处。

词中以火树状固定的灯，用星雨写流动的烟花，描绘宝马香车，箫鼓声声，玉壶光转，“鱼龙曼衍”等“百戏”。然后是人：游女们戴着闹蛾儿、雪柳、黄金缕，一个个笑语盈盈，而最终引出了对意中人的追寻。且不说作者在词中的寄托，其生花妙笔所画出来的场景，比柳、周的元宵词毫不逊色。故彭孙遹云：“辛稼轩‘蓦然回首，那人却在，灯火阑珊处’，秦、周之佳境也。”[④]谭献云：“稼轩心胸，发其才气，改之以下则犷。（起二句），赋色瑰异，（收处）何尝不和婉。”[⑤]陈廷焯以之兼得雄劲与艳丽之长：“题甚秀丽，

① 冯煦：《蒿庵论词》，《介存斋论词杂著·复堂词话·蒿庵论词》，第66–67页。
② 俞陛云：《唐五代两宋词选释》，第371页。
③ 陈廷焯：《云韶集》卷五，转引自《白雨斋词话足本校注》卷八，第606–607页
④ 彭孙遹：《金粟词话》，《词话丛编》，第722页。
⑤ 谭献：《谭评词辨》，黄苏、周济、谭献选评《清人选评词集三种》，第179–180页。

措辞亦工绝，而其气是雄劲飞舞，绝大手段。”[①]又说：“艳体亦以气行之，是稼轩本色。”[②]

真正属于“独茧初抽，柔毛欲腐，平欺秦、柳，下轹张、王”，或曰“摧刚为柔，缠绵悱恻”之作，在稼轩也并不为少。如《临江仙》：

手撚黄花无意绪，等闲行尽回廊。卷帘芳桂散馀香。枯荷难睡鸭，疏雨暗池塘。　忆得旧时携手处，如今水远山长。罗巾浥泪别残妆。旧欢新梦里，闲处却思量。

《鹧鸪天》：

一夜清霜变鬓丝。怕愁刚把酒禁持。玉人今夜相思不，想见频将翠枕移。　真个恨，未多时。也应香雪减些儿。菱花照面须频记，曾道偏宜浅画眉。

《一剪梅》：

尘洒衣裾客路长。霜林已晚，秋蕊犹香。别离触处是悲凉。梦里青楼，不忍思量。　天宇沉沉落日黄。云遮望眼，山割愁肠。满怀珠玉泪浪浪。欲倩西风，吹到兰房。

稼轩有似轻而重、似淡犹浓、似直而曲之作。如《丑奴儿》(书博山道中壁)：

少年不识愁滋味，爱上层楼。爱上层楼。为赋新词强说愁。　而今识尽愁滋味，欲说还休。欲说还休。却道天凉好个秋。

《行香子》(博山戏简昌父、仲止)：

少日尝闻。富不如贫，贵不如贱者长存。由来至乐，总属闲人。且饮瓢泉，弄秋水，看停云。　岁晚情亲，老语弥真。记前时劝我殷勤。都休殢酒，也莫论文。把相牛经，种鱼法，教儿孙。

也有闲适自然、令人意远之作。如《鹧鸪天》(代人赋)：

---

① 陈廷焯：《云韶集》卷五，转引自《白雨斋词话足本校注》卷一，第105页。
② 陈廷焯：《词则·闲情集》卷二，第911页。

陌上柔条初破芽,东邻蚕种已生些。平冈细草鸣黄犊,斜日寒林点暮鸦。
山远近,路横斜。青旗沽酒有人家。城中桃李愁风雨,春在溪头野荠花。

沈际飞《草堂诗馀别集》卷二说:"……善读此词,便许看陶诗,许作王、孟。"俞陛云也说:"稼轩集中多雄慨之词,纵横之笔,此调乃闲放自适,如听雄笳急鼓之馀,忽闻渔唱在水烟深处,为之意远。"①

其农村词更是大多质朴而明丽,充满生活气息,流露出与农人同忧乐的情怀。如《鹧鸪天》(游鹅湖醉书酒家壁):

春入平原荠菜花,新耕雨后落群鸦。多情白蘋春无奈,晚日青帘酒易赊。
闲意态,细生涯。牛栏西畔有桑麻。青裙缟袂谁家女,去趁蚕生看外家。

《西江月》(夜行黄沙道中):

明月别枝惊鹊,清风半夜鸣蝉。稻花香里说丰年,听取蛙声一片。　七八个星天外,两三点雨山前。旧时茅店社林边。路转溪桥忽见。

《鹊桥仙》(已酉山行书所见):

松冈避暑,茅檐避雨,闲去闲来几度。醉扶孤石看飞泉,又却是前回醒处。
东家娶妇。西家归女,灯火门前笑语。酿成千顷稻花香,夜夜费一天风露。

《玉楼春》:

三三两两谁家女,听取鸣禽枝上语。提壶沽酒已多时,婆饼焦时须早去。
醉中忘却来时路。借问行人家住处。只寻古庙那边行,更过溪南乌桕树。

《浣溪沙》(常山道中):

北陇田高踏水频。西溪禾早已尝新。隔墙沽酒醉纤鳞。　忽有微凉何处雨,更无留影霎时云。卖瓜声过竹边村。

《浣溪沙》:

---

① 俞陛云:《唐五代两宋词简析》,第379页。

父老争言雨水匀。眉头不似去年颦。殷勤谢却甑中尘。　　啼鸟有时能劝客,小桃无赖已撩人。梨花也作白头新。

稼轩有多种词体的创作。如《唐河传》(效《花间集》)不仅用语与花间极似,意境亦近:

春水。千里。孤舟浪起。梦携西子。觉来村巷夕阳斜。几家。短墙红杏花。　　晚云做造些儿雨。折花去。岸上谁家女。太狂颠。那岸边。柳绵。被风吹上天。

还有效白居易、朱敦儒、李清照等多种体式。其诙谑之词前已论及,此处再补充一些例子。如《恋绣衾》(无题):

长夜偏冷添被儿。枕头儿、移了又移。我自是笑别人底,却元来、当局者迷。　　如今只恨因缘浅,也不曾、抵死恨伊。合手下、安排了,那筵席、须有散时。

《浣溪沙》(赠子文侍人名笑笑):

侬是嵚崎可笑人。不妨开口笑时频。有人一笑坐生春。　　歌欲颦时还浅笑,醉逢笑处却轻颦。宜颦宜笑越精神。

《糖多令》:

淑景斗清明,和风拂面轻。小杯盘同集郊垧。著个轿儿不肯上,须索要、大家行。　　行步渐轻盈,行行笑语频。凤鞋儿微褪些根。忽地倚人陪笑道:真个是、脚儿疼。

《王孙信》(调陈萃叟):

有得许多泪。又闲却、许多鸳被。枕头儿、放处都不是。旧家时、怎生睡。　　更也没书来,那堪被、雁儿调戏。道无书、却有书中意。排几个、人人字。

《品令》(族姑庆八十,来索俳语):

更休说,便是个住世观音菩萨。甚今年容貌八十岁,见底道、才十八。

莫献寿星香烛，莫祝灵龟椿鹤。只消得把笔轻轻去，十字上、添一撇。

《沁园春》(将止酒，戒酒杯使勿近)更是嬉笑怒骂皆成文章的谐谑名作：

杯汝来前，老子今朝，点检形骸。甚长年抱渴，咽如焦釜；于今喜睡，气似奔雷。汝说"刘伶，古今达者，醉后何妨死便埋。"浑如此，叹汝于知己，真少恩哉！　更凭歌舞为媒。算合作人间鸩毒猜。况怨无小大，生于所爱；物无美恶，过则为灾。与汝成言："勿留亟退，吾力犹能肆汝杯。"杯再拜，道"麾之即去，招亦须来。"

稼轩既长于使事用典，如《瑞鹧鸪》(乙丑奉祠归舟次余干赋)，短短小词，事典甚多：

江头日日打头风。憔悴归来邴曼容。郑贾正应求死鼠，叶公岂是好真龙。孰居无事陪犀首，未办求封遇万松。却笑千年曹孟德，梦中相对也龙钟。

却又善于用通俗的事物拟物喻事。如《粉蝶儿》(和晋臣赋落花)：

昨日春如，十三女儿学绣。一枝枝、不教花瘦。甚无情，便下得，雨僝风僽。向园林、铺作地衣红绉。　而今春似，轻薄荡子难久。记前时、送春归后。把春波，都酿作，一江春酎。约清愁、杨柳岸边相候。

他有药名词《定风波》：

仄月高寒水石乡。倚空青碧对禅床。白发自怜心似铁。风月。使君子细与平章。　已判生涯筇竹杖。来往。却惭沙鸟笑人忙。便好剩留黄绢句。谁赋。银钩小草晚天凉。

也有很具民歌风味之词。如《鹧鸪天》：

欲上高楼去避愁。愁还随我上高楼。经行几处江山改，多少亲朋尽白头。归休去，去归休。不成人总要封侯。浮云出处元无定，得似浮云也自由。

《南乡子》更是俗语满篇：

好个主人家。不问因由便去嗏。病得那人妆晃了，巴巴。系上裙儿稳也哪。　别泪没些些。海誓山盟总是赊。今日新欢须记取，孩儿，更过十年也似他。

他的檃括词丝毫不亚于苏轼。除前引的《哨遍》(秋水观)外，再如《哨遍》(用前韵)：

一壑自专，五柳笑人，晚乃归田里。问谁知：几者动之微。望飞鸿冥冥天际。论妙理，浊醪正堪长醉，从今自酿躬耕米。嗟美恶难齐，盈虚如代，天耶何必人知。试回头五十九年非。似梦里欢娱觉来悲。夔乃怜蚿，谷亦亡羊，算来何异。　嘻。物讳穷时。丰狐文豹罪因皮。富贵非吾愿，皇皇乎欲何之？正万籁都沉，月明中夜，心弥万里清如水。却自觉神游，归来坐对，依稀淮岸江涘。看一时鱼鸟忘情喜。会我已忘机更忘己。又何曾物我相视。非鱼濠上遗意，要是吾非子。但教河伯休惭海若，大小均为水耳。世间喜愠更何其，笑先生三仕三已。

由于辛弃疾有六百多首词，此处难以再作举例。总之，确如邹祇谟所说："稼轩雄深雅健，自是本色，俱从《南华》冲虚得来。然作词之多，亦无如稼轩者。中调短令亦间作妩媚语。观其得意处，真有压倒古人之意。"[①]周济认为："稼轩不平之鸣，随处辄发，有英雄语，无学问语，故往往锋颖太露；然其才情富艳，思力果锐，南北两朝，实无其匹，无怪流传之广且久也。"[②]除"无学问语"一说值得商榷外，其馀皆无不妥。似稼轩这样兼得豪放沉郁与婉约秾丽，且具有多种艺术风貌的词人，确实是"南北两朝，实无其匹"。以稼轩为两宋词人第一，即使仅就艺术创造而言，也是能如此论定的。

第七节　陈亮、刘过及前期辛派词

苏轼的以诗为词，在当时还应者寥寥，连其门下之士亦持怀疑态度，谓之"要非本色"；而辛弃疾对词的更大突破、发展，却有不少的同道，其中被称为稼轩羽翼或附庸的，是陈亮与刘过。如刘熙载所说，从陈亮之词可见其与稼轩情谊怀抱之合："陈同甫与稼轩为友，其人才相若，词亦相似。同甫《贺新郎》(寄幼安见怀韵)云：'树犹如此堪重别。只使君，从来与我，话头多合。行矣置之无足问，谁换妍皮痴骨！但莫使伯牙弦绝。'其《酬幼安再用韵见寄》云：'斩新换出旌麾别。把当时，一桩大义，拆开收合。据地一呼吾往矣，万里摇肢动骨。这话欛只成痴绝。'《怀幼安用前韵》云：'男儿何用伤离别。况古来，几番际会，风从云合。千里情亲长晤对，妙体本心次骨。卧百尺高

① 邹祇谟：《远志斋词衷》，《词话丛编》，第652页。
② 周济：《介存斋论词杂著》，《介存斋论词杂著·复堂词话·蒿庵论词》，第8页。

楼斗绝。'观此则两公之气谊怀抱，俱可知矣。"[①]至于刘过，陆游作为他的长辈，《赠刘改之秀才》一诗有云："有时大叫脱乌帻，不怕酒杯如海宽。"陈亮《赠刘改之》诗对其为人写得更详细："刘郎饮酒如渴虹，一饮涧壑俱成空。胸中磊磈浇不下，时吐劲气嘘青红。刘郎吟诗如饮酒，淋漓醉墨龙蛇走。笑鞭列缺起丰隆，变化风雷一挥手。"这样一位"合骑快马健如龙，少年追逐曹景宗。弓弦霹雳饿鸮叫，鼻尖出火耳生风"的人物，确如陈亮所言"安能规行复矩步，敛袂厌厌作新妇"？因"豪"而"放"，是很自然的事。虽论家如陈廷焯等，对辛刘之异颇多辨析，但如黄昇所说："（刘过）稼轩之客……词多壮语，盖学稼轩者也。"[②]其因词多"壮语"，仍可见属于稼轩一派。与辛弃疾同时或稍前稍后的词人，也多有或与之唱酬，或有意学习其词风者，形成了一个声势颇大的流派，在此一并论之。

一、纵横家词　感慨淋漓：一论陈亮

陈亮（1143—1194），字同甫，号龙川，学者称龙川先生，婺州永康（今属浙江）人。少喜谈兵，著《酌古论》。乾道五年（1169）试吏部，被黜。孝宗隆兴初，上《中兴五论》，奏入不报归。淳熙五年（1178）更名为同，六次诣阙上疏，极论时事，以为狂怪，为大臣所沮，屡遭大狱。光宗绍熙四年（1193）进士，光宗亲擢第一，授签书建康府判官，未至官，卒。理宗端平初谥文毅。《宋史》有传。有《龙川集》三十卷，词集名《龙川词》。

陈亮才气豪迈，议论风生，下笔数千言立就，有国士之目。由于上书欲激孝宗恢复之志，在廷交怒，所论不为当局重视，且多次遭受牢狱之灾。陈亮在给朱熹的信中自负其文："堂堂之阵，正正之旗……推倒一世之智勇，开拓万古之心胸。"[③]《上孝宗皇帝书》指斥"今世之儒士""低眉拱手以谈性命"，实"皆风痹不知痛痒之人"。[④]稼轩引其为同道，多次唱和，其词风岂非为人之所致？叶适谓之"每一章就，辄自叹曰：'平生经济之怀，略已陈矣！'"[⑤]可见所作自与才子之词异。虽因词体之限，龙川词中真正直陈"经济之怀"者较难见到，但如《水调歌头》（送章德茂大卿使虏）亦近之：

> 不见南师久，漫说北群空。当场只手，毕竟还我万夫雄。自笑堂堂汉使，得似洋洋河水，依旧只流东。且复穹庐拜，会向藁街逢。　尧之都，舜之壤，禹之封，于中应有，一个半个耻臣戎。万里腥膻如许，千古英灵安在，磅礴几时通。胡运何须问，赫日自当中。

此词为章森（字德茂）出使金朝而作。"隆兴和议"后，金宋关系定为叔侄之国，每

---

① 刘熙载：《艺概》卷四《词曲概》，第111页。
② 黄昇：《花庵词选·中兴以来绝妙词选》卷五，第258页。
③ 陈亮：《又甲辰秋书》，《陈亮集》卷二八，第339页。
④ 陈亮：《上孝宗皇帝书》，《陈亮集》卷一，第9页。
⑤ 叶适：《书〈龙川集〉后》，《陈亮集·附录》，第532页。

年元旦和双方皇帝的生辰,都要互派使节祝贺,以示友好,但由于不是“平辈”,金使到宋俨然上宾,而宋使在金则多受屈辱。陈亮为力主北伐的志士,藉送章森使金贺万春节之机,在此词中作“翻案文章”,表其誓雪国耻之志。词中次句反用韩愈语:“伯乐一过冀北之野,而马群遂空”[①],表南宋大有人才之意;“藁街”为汉代长安“蛮夷邸”之所在,汉将陈汤斩匈奴郅支单于,悬首于此,用“会向”一语,可见作者之愿。陈廷焯尤赏其过片数句,但因以“沉郁”论词,而以之艺术性不高:“同甫《水调歌头》云‘尧之都,舜之壤,禹之封。于中应有,一个半个耻臣戎。’精警奇肆,几于握拳透爪,可作中兴露布读,就词论则非高调。”[②]而有的论者则以为不必以工拙计,如李调元云:“陈同甫无媚词,与稼轩同唱和,笔亦近之。余甚爱其《水调歌头》一阕云:‘不见南师久……’,读之令人神往。”[③]冯煦云:“龙川痛心北虏,亦屡见于辞,如《水调歌头》云:‘尧之都,舜之壤,禹之封。于今应有、一个半个耻和戎’……忠愤之气,随笔涌出,并足唤醒当时聋聩,正不必论词之工拙也。”[④]

陈亮藉登临之机,或酬答之际,常有感慨时事之作。前者如《念奴娇》(登多景楼):

> 危楼还望,叹此意今古几人曾会。鬼设神施,浑认作天限南疆北界。一水横陈,连岗三面,做出争雄势。六朝何事,只成门户私计。　因笑王谢诸人,登高怀远,也学英雄涕。凭却长江,管不到河洛腥膻无际。正好长驱,不须反顾,寻取中流誓。小儿破贼,势成宁问强对。

此词作于淳熙十五年(1188),据《宋史》本传,因“高宗崩,金遣使来吊,简慢……亮感孝宗之知,至金陵视形势,复上疏云云”[⑤]。作者前往金陵、京口观察军事地形,在上疏孝宗时指出,京口之势如虎之出穴,而非若穴之藏虎。而此词亦因登上京口的北固山多景楼,眺望江山之势,由此处形势引出对“天限南疆北界”的批判,虽言六朝,实指南宋,针砭现实之意自出。下片承上批判六朝统治者,最后用祖逖北伐事,及谢安在淝水之战胜后之语,表其壮志。因作者善作政治、军事之论,且用于词中,议论化特色明显。在辛弃疾的《美芹十论》和《九议》中,也能看到与陈亮相近的思想,但稼轩词中却不见直接的政治、军事见解。所以,辛、陈虽为同志,但就“词论”的特点而言,陈亮更显。大概缘于此,陈廷焯云:“陈同甫豪气纵横,稼轩几为所挫。而《龙川词》一卷,合者寥寥,则去稼轩远矣。”[⑥]

酬答而感慨时事,以同辛弃疾唱和之作为代表。在陈亮前往金陵、京口后不久,

---

① 韩愈:《送温处士赴河阳军序》,《韩愈全集校注》,第1795页。
② 陈廷焯著,屈兴国校注:《白雨斋词话足本校注》卷一,第107页。
③ 李调元:《雨村词话》卷三,《词话丛编》,第1423-1424页。
④ 冯煦:《蒿庵论词》,《介存斋论词杂著·复堂词话·蒿庵论词》,第66页。
⑤ 脱脱等:《宋史》卷四三七《陈亮传》,《二十五史》,第6640页。
⑥ 陈廷焯著,屈兴国校注:《白雨斋词话足本校注》卷一,第106页。

辛陈间有“鹅湖之会”，二人“极论世事”，见解多同，此会之后，陈亮作别归永康，辛弃疾作《贺新郎》寄之，词中赞陈亮“看渊明风流酷似，卧龙诸葛”，最后感叹国事而抒发悲壮之情：“铸就而今相思错，料当初费尽人间铁。长夜笛，莫吹裂。”陈亮遂有和作，并唱和数次。陈亮的第一首和词是《贺新郎》（寄辛幼安和见怀韵）：

老去凭谁说。看几番、神奇臭腐，夏裘冬葛。父老长安今馀几，后死无仇可雪。犹未燥当时生发。二十五弦多少恨，算世间那有平分月。胡妇弄，汉宫瑟。　树犹如此堪重别。只使君、从来与我，话头多合。行矣置之无足问，谁换妍皮痴骨。但莫使伯牙弦绝。九转丹砂牢拾取，管精金只是寻常铁。龙共虎，应声裂。

上片用魏主拓跋焘事：南北朝时，宋文帝北伐，向北魏索取河南故地，魏主拓跋焘说，自己自出世胎发未燥时，已知河南为我之土地，那得说是南朝故土！如今北方亦如此，若不图恢复，将来的北宋故地之百姓，又有谁知道自己的过去呢！其《中兴论》亦用同一故事，发同一感慨。亦见此词同样善作议论。

《贺新郎》（酬辛幼安，再用韵见寄）亦作议论：

离乱从头说。爱吾民、金缯不爱，蔓藤累葛。壮气尽消人脆好，冠盖阴山观雪。亏杀我一星星发。涕出女吴成倒转，问鲁为齐弱何年月。丘也幸，由之瑟。　斩新换出旗麾别。把当时、一桩大义，拆开收合。据地一呼吾往矣，万里摇肢动骨。这话霸只成痴绝。天地洪炉谁扇鞴，算于中安得长坚铁。淝水破，关东裂。

陈亮在《上孝宗皇帝第一书》中，主张迁都建业。因钱塘为一隅之地，秦桧为固其求和之策，在此大兴土木，制礼作乐，以粉饰太平，风俗日趋奢靡，官僚们也在此地营建园囿，沉迷于享乐。为此，他说：“陛下据钱塘已耗之气，用闽、浙日衰之士，而欲鼓东南习安脆弱之众北向以争中原，臣是以知其难也。”[①]词中“壮气尽消人脆好”数句，即上书之意。二词皆多作议论，在议论中抒发感情，用典甚多，容量很大，由于与词的一般作法不同，故属于“词论”之类。然而，由于论中寓情，仍无害于词的缘情特质，只不过是将“情”的内涵为之扩大而已。由于稼轩词亦不乏议论，辛陈相并自有其理，故刘师培说：“龙川之词，感慨淋漓，眷怀君国；稼轩之词，才思横溢，悲壮苍凉：例之古诗，远法太冲，近师太白，此纵横家之词也。”[②]因此，虽多有论者将陆游视作稼轩一派，而若细辨之，陆游词驿骑苏秦间，部分被刘师培称为“道家之词”，确与辛陈的“纵横家

① 陈亮：《上孝宗皇帝第一书》，《陈亮集》卷一，第7页。
② 刘师培著，舒芜校点：《中国中古文学史·论文杂记》，第131页。

之词”不同。

张德瀛对陈亮颇有知人论世之见：

> 陈同甫幼有国士之目，孝宗淳熙五年，诣阙上书，于古今沿革政治得失，指事直陈，如龟之灼。然挥霍自恣，识者或以夸大少之。其发而为词，乃若天衣飞扬，满壁风动。惜其每有成议，辄招妒口，故肮脏不平之气，辄寓于长短句中。读其词，益悲其人之不遇已。[①]

二、风骚同旨　幽秀疏宕：二论陈亮

毛晋说：“余正喜同甫不作妖语媚语。偶阅《中兴词选》，得《水龙吟》以后七阕，亦未能超然……”[②]《历代词话》亦引《词苑》云：“陈同父开拓万古之心胸，推倒一世之豪杰，而作词乃复幽秀。”[③]沈雄亦云：“陈同甫，擅文名，负气节，寻擢光宗朝第一。未遇时，遂与辛幼安交，每好谈天下事。龙川词疏宕可喜。”[④]媚语、幽秀、疏宕似为陈亮词的另一面，对此，《四库全书总目》解释道：“……又补遗七首，则从黄昇《花菴词选》采入者。词多纤丽，与本集迥殊，或疑赝作。毛晋跋称‘黄昇与亮俱南渡后人，何至谬误若此。或昇惟选绮艳一种，而亮子沆所编本集，特表其父磊落骨幹，故若出二手’云云。考亮虽与朱子讲学，而不废北里之游。其与唐仲友相忤，谗构於朱子，朱子为其所卖，误兴大狱。即由亮狎台州官妓，嘱仲友为脱籍，仲友沮之之故。事载《齐东野语》第十七卷中。则其词体杂香奁，不足为异。晋之所跋，可谓得其实矣。”[⑤]因《齐东野语》所载传闻，就引申出上说，不免不够慎重。以陈亮之为人，更应看到他的主导面，其绮艳之词，当结合其人的境遇以论之。

陈亮的《水龙吟》(春恨)为伤春之作，确实不乏“媚语”：

> 闹花深处层楼，画帘半卷东风软。春归翠陌，平莎茸嫩，垂杨金浅。迟日催花，淡云阁雨，轻寒轻暖。恨芳菲世界，游人未赏，都付与、莺和燕。　寂寞凭高念远。向南楼一声归雁。金钗斗草，青丝勒马，风流云散。罗绶分香，翠绡封泪，几多幽怨。正销魂又是，疏烟淡月，子规声断。

此首写凭高念远的春情。起数句写景物：楼高风软，平莎垂杨，寒暖不定。“恨芳菲”三句，收束上片，谓好景无人赏，仅流莺闲燕赏之，令人恼恨。换头因雁去而念远，

---

① 张德瀛：《词徵》卷五，《词话丛编》，第4163页。
② 毛晋：《龙川词跋》，《词籍序跋萃编》，第254页。
③ 王弈清：《历代词话》卷八，《词话丛编》，第1239页。
④ 沈雄：《古今词话·词评》卷上，《词话丛编》，第1001-1002页。
⑤ 永瑢等：《四库全书总目》卷一九八，第1817页。

“金钗”三句，言当日之乐无踪，“罗绶”三句，言别后幽怨难去，“正销魂”三句，以景结情，极其伤感。陆辅之《词旨》将“罗袖分香，翠绡封泪”作为对句的典范。而清代的不少论者都以此词有所寄托。如黄苏《蓼园词评》云：“同父，永康人。淳熙间诣阙上书，孝宗欲官之，亟渡江归。至光宗策进士，擢第一。史称其千言立就，气迈才雄，推倒智功，开拓心胸。授佥书建康府判官厅事，未至官而卒。其策言恢复之事甚剀切，无如当事者，志图逸乐，狃于苟安，此《春恨》词所以作也。‘闹花深处层楼’，言不事事也。‘东风软’，即东风不竞之意也。‘迟日’、‘淡云’、‘轻寒轻暖’，一暴十寒之喻也。好‘世界’不求贤共理，惟与小人游玩如莺燕也。‘念远’者，念中原也。‘一声归雁’，谓边信至，乐者自乐，忧者徒忧也。”①虽作者并非如此字比句喻，然而此词应是有寄托的。刘熙载认为：“‘恨芳菲世界，游人未赏，都付与，莺和燕。’言近指远，直有宗留守大呼渡河之意。”②沈祥龙则云：“感时之作，必借景以形之。如……同甫云，‘恨芳菲世界，游人未赏，都付与，莺和燕’。不言正意，而言外有无穷感慨。”③都程度不同或明确、或不明确地指出了词中的寄托。

《虞美人》(春愁)可视作上一词的姊妹篇：

东风荡飏轻云缕，时送萧萧雨。水边台榭燕新归，一口香泥湿带落花飞。海棠糁径铺香绣，依旧成春瘦。黄昏庭院柳啼鸦，记得那人和月折梨花。

张宗橚《词林纪事》引周密语曰：“龙川好谈天下大略，以气节自居，而词亦疏宕有致”④，指的就是此词。然而“疏宕有致”之评还未能发见其中寓意。词中的海棠糁径、百花香消、春瘦人亦瘦，固然所写在于春愁，但更应看到，“和月折梨花”的“那人”，正是为努力留住最后的春色。作者以布衣而多次上书孝宗陈述恢复大计，却不得结果，甚至遭人诬陷入狱，险被杀害，倘能知人而论世，陈亮的春愁当是源于对年华渐逝、壮志难酬的感慨。沈祥龙云：“以词为小技，此非深知词者。词至南宋，如稼轩、同甫之慷慨悲凉，碧山、玉田之微婉顿挫，皆伤时感事，上与风骚同旨，可薄为小技乎？若徒作侧艳之体，淫哇之音，则谓之小也亦宜。”⑤对陈亮此类伤春伤别之作，不妨作如是观。

再如《小重山》：

碧幕霞绡一缕红，槐枝啼宿鸟，冷烟浓。小楼愁倚画阑东。黄昏月，一笛碧云风。　　往事已成空。梦魂飞不到，楚王宫。翠绡和泪暗偷封。江南阔，无处

① 黄苏：《蓼园词评》，《词话丛编》，第3080页。
② 刘熙载：《艺概》卷四《词曲概》，第111页。
③ 沈祥龙：《论词随笔》，《词话丛编》，第4057页。
④ 张宗橚：《词林纪事》卷一一，张宗橚编，杨宝霖补正《词林纪事·词林纪事补正》，第719页。
⑤ 沈祥龙：《论词随笔》，《词话丛编》，第4059页。

觅征鸿。

词的上片写出了秋天薄暮中的景色,似是无人之境,却带着主观色彩。换头陡然出“往事成空”一语,连下之梦魂不到楚王宫,可知应是借逐臣屈原以自比,而成空之往事,则是当年所上的《中兴五论》。“翠绡和泪暗偷封”用《丽情记》所载事:成都官妓灼灼与御史裴质有情,裴被召还朝,灼灼以软绡聚红泪为寄。下片自托逐臣和女子,是以古比今和男女比君臣的复合,亦如沈祥龙上说,不能薄之为小技。

如同稼轩词之寄托有以物比人,陈亮的《好事近》(咏梅)亦为此类:

的皪两三枝,点破暮烟苍碧。好在屋檐斜入,傍玉奴横笛。　　月华如水过林塘,花阴弄苔石。欲向梦中飞蝶,恐幽香难觅。

词中的梅花清幽秀洁,孤芳自赏,联系当时的政治环境,从中可见作者清高绝俗而又孤傲不群的形象。

近于上作的还有《桂枝香》(观木樨有感,寄吕郎中):

天高气肃,正月色分明,秋容新沐。桂子初收,三十六宫都足。不辞散落人间去,怕群花自嫌凡俗。向他秋晚,唤回春意,几曾幽独。　　是天上馀香剩馥。怪一树香风,十里相续。坐对花旁,但见色浮金粟。芙蓉只解添秋思,况东篱凄凉黄菊。入时太浅,背时太远,爱寻高躅。

词中最后三句,虽咏桂花,作者的形象、品质,及自我评价,却隐然可见。

《南乡子》一词,也难以仅作“幽秀”、“疏宕”之评:

风雨满蘋洲。绣阁银屏一夜秋。当日袜尘何处去,溪楼。怎对烟波不泪流。　　天际目归舟。浪卷涛翻一叶浮。也似我侬魂不定,悠悠。宋玉方悲庾信愁。

上片的“袜尘”,用《洛神赋》事,令人起遇合难期之想,结尾的宋玉、庾信,以古言今,词中有男女比君臣及以古比今之意,不应仅视作为情词。

由以上简析可见,陈亮幽秀疏宕之词,虽常见媚语,却多是另有寄托。《清名家词》所载李肇增的《采香词序》说:“尧章歌曲,隐《黍离》之感;同甫平生,抗中兴之疏。词士深约,义概存焉,骚雅以还,信未可以靡靡訾矣。又况欧、范诸公,比物荃荪,非无丽语,宅心钟鼎,卓建大猷,往烈未泯。”[1]在评价陈亮时涉及他人,所说能真正体现论世

---

① 陈乃乾:《清名家词》第6册,上海书店1982年版,第1-2页。(版本后同)

而知人的原则，所见较为通达，较《四库全书总目》之说更为可取。

三、词多壮语　狂逸俊致：一论刘过

刘过（1154—1206），字改之，号龙洲道人，吉州太和（今江西泰和）人。四举不第，终生布衣，放浪江湖间，寄食于人，与庐陵刘仙伦号“庐陵二布衣”。光宗时曾伏阙上书，又上书宰相陈恢复方略，未纳。漂泊江、淮间，与陆游、陈亮、辛弃疾、岳珂等人交游。有《龙洲集》传世，词有《龙洲词》。

蒋兆兰云：“宋代词家，源出于唐五代，皆以婉约为宗。自东坡以浩瀚之气行之，遂开豪迈一派。南宋辛稼轩，运深沉之思于雄杰之中，遂以苏、辛并称。他如龙洲、放翁、后村诸公，皆嗣响稼轩，卓卓可传者也。”[①]刘过被视为稼轩之嗣响，是较为允当的看法。那么，刘过所嗣稼轩者主要为何呢？黄昇《花庵词选》评刘过云：“其词多壮语，盖学稼轩者也。”[②]“壮语”确实是龙洲词学习稼轩的最大特点。王世贞又说：“词至辛稼轩而变，其源实自苏长公，至刘改之诸公极矣。”[③]刘过之“极”，实即“壮语”之极，学稼轩甚而过之而至于“极”。

刘过词的壮语，既有对南宋主战派人士的称颂或追念，又有对推行北伐大略的赞扬，其中融入自己的壮志豪情。前者如《沁园春》（寄辛稼轩）：

> 古岂无人，可以似吾稼轩者谁。拥七州都督，虽然陶侃，机明神鉴，未必能诗。常衮何如，羊公聊尔，千骑东方侯会稽。中原事，纵匈奴未灭，毕竟男儿。
> 平生出处天知。算整顿乾坤终有时。问湖南宾客，侵寻老矣，江西户口，流落何之。尽日楼台，四边屏幛，目断江山魂欲飞。长安道，奈世无刘表，王粲畴依。

《六州歌头》（题岳鄂王庙）：

> 中兴诸将，谁是万人英。身草莽，人虽死，气填膺，尚如生。年少起河朔，弓两石，剑三尺，定襄汉，开虢洛，洗洞庭。北望帝京。狡兔依然在，良犬先烹。过旧时营垒，荆鄂有遗民，忆故将军。泪如倾。　　说当年事，知恨苦，不奉诏，伪耶真。臣有罪。陛下圣，可鉴临，一片心。万古分茅土，终不到，旧奸臣。人世夜，白日照，忽开明。衮佩冕圭百拜，九泉下、荣感君恩。看年年三月，满地野花春，卤簿迎神。

寄稼轩的《沁园春》一词，以古人比之，以为即使权力远在稼轩之上，谋略或与之

---

① 蒋兆兰：《词说》，《词话丛编》，第4632页。
② 黄昇：《花庵词选·中兴以来绝妙词选》卷五，第258页。
③ 王世贞：《艺苑卮言》，《词话丛编》，第391页。

等,但文采尚有不及,稼轩在湖南、江西留下治绩,只希望他还能有整顿乾坤之时,最后以刘表和王粲分比辛与己,虽露出特有的江湖相,但在对稼轩的颂扬中,全首基调仍不失为壮。题岳飞庙的《六州歌头》,追述了岳飞的功绩,表达了对英雄屈死的痛惜,对权奸误国的痛恨,荆鄂遗民的思念,下片对当年迫死岳飞的秦桧大加挞伐,对宋高宗略有微词,最后颂扬宋宁宗的追封之举。全词在悲愤中评述历史,为最终的评判而欣慰,能起振拔民族感情和抗敌之心死的作用,堪称为悲而壮之作。

为韩侂胄准备的北伐,刘过亦有壮词之作。《西江月》:

堂上谋臣尊俎,边头将士干戈。天时地利与人和,燕可伐欤曰可。　今日楼台鼎鼐,明年带砺山河。大家齐唱《大风歌》,不日四方来贺。

《清平乐》:

新来塞北。传到真消息。赤地居民无一粒,更五单于争立。　维师尚父鹰扬,熊罴百万堂堂。看取黄金假钺,归来异姓真王。

宁宗嘉泰四年(1204)韩侂胄定议伐金,刘过为祝贺韩的生日而作《西江月》。上片写堂上有能谋善断的谋臣,边地有能征善守的将士,此时的宋朝,得天时、地利与人和,伐金是完全可行的。下片先说韩侂胄今日长于治国,明日将取得战争的胜利,大家将齐唱刘邦所作的《大风歌》,为"威加海内"而振奋,准备迎接四方的朝贺。虽说韩侂胄北伐的目的是欲以建立盖世之功希求固宠,但也是顺应人心之举,尤其因主战派压抑至久,刘过本人体会很深,故对韩侂胄期望很高,词中的壮气难以掩抑。《清平乐》作于开禧北伐前,上片写塞北传来金朝的消息,灾荒与高层的争权自立,对宋廷的的北伐非常有利,下片以吕尚助周武王伐纣比韩侂胄,并祝颂其取得胜利,获得巨大的荣誉。

此二词的艺术性较前二首高,且深得稼轩精神。稼轩善于使事用典,此二首亦然。如"天时地利与人和","燕可伐欤曰可",均出《孟子·公孙丑下》而化用之,既用得自然贴切,又因用"亚圣"之言而增强了神圣性。"带砺山河"用《史记·高祖功臣侯者年表序》中语,"大风歌"出《史记·高祖本纪》,"维师尚父鹰扬"出《诗·大雅·大明》,"异姓真王"见《史记·淮阴侯传》,用韩信向刘邦索封假王,刘邦为稳其心而遣使立之为齐王事。

刘过词的壮语尚有其他内容与类型。如《沁园春》(卢蒲江席上,时有新第宗室),是落第后抒发怀才不遇的愤怨,却能将本应有的悲观消沉化为激昂慷慨,极见其豪壮之情:

一剑横空,飞过洞庭,又为此来。有汝阳琎者,唱名殿陛,玉川公子,开宴尊

> 罍。四举无成，十年不调，大宋神仙刘秀才。如何好，将百千万事，付两三杯。未尝戚戚于怀。问自古英雄安在哉。任钱塘江上，潮生潮落，姑苏台畔，花谢花开。盗号书生，强名举子，未老雪从头上催。谁羡汝，拥三千珠履，十二金钗。

而《沁园春》（张路分秋阅）则通过描写姓张的路分都监秋天阅兵一事，表达自己抗金北伐的意愿，希冀祖国统一的激情：

> 万马不嘶，一声寒角，令行柳营。见秋原如掌，枪刀突出，星驰铁骑，阵势纵横。人在油幢，戎韬总制，羽扇从容裘带轻。君知否，是山西将种，曾系诗盟。龙蛇纸上飞腾。看落笔、四筵风雨惊。便尘沙出塞，封侯万里，印金如斗，未惬平生。拂拭腰间，吹毛剑在，不斩楼兰心不平。归来晚，听随军鼓吹，已带边声。

词中抒发“不斩楼兰心不平”的强烈感情，“枪刀突出，星驰铁骑，阵势纵横”，“龙蛇纸上飞腾。看落笔、四筵风雨惊”等语言、意象，都带着强烈的气势和动感，“尘沙出塞，封侯万里”，“随军鼓吹，已带边声”，则将希望和想象移至边塞，自有其苍莽雄奇之气。

刘熙载云：“刘改之词，狂逸之中自饶俊致，虽沉着不及稼轩，足以自成一家。”[①]《沁园春》（卢蒲江席上，时有新第宗室）就较能体现这一特点，词中上片多狂逸之语，而下片的“任钱塘江上，潮生潮落，姑苏台畔，花谢花开”、“谁羡汝，拥三千珠履，十二金钗”都不乏“俊致”。又如《沁园春》（王汝良自长沙归），全词贯穿了狂逸与俊致的结合，近于苏轼《念奴娇》赤壁怀古词的以小乔衬周瑜，且更多铺叙渲染：

> 一笛横风，稳转船头，击楫大江。还有人争说，鸣琴手段，教侬重吐，锦绣肝肠。不复少年，插花槌捶，雅意在乎云水乡。阳关泪，笑琼姬犹恋，奇俊王郎。谈兵齿颊冰霜。有万户侯封何用忙。借烟霞且作，诗中队仗，鹭鸡已是，归日班行。收敛平生，筹边胸次，以酒浇之书传香。消凝处，怕三更枕上，疏雨潇湘。

纯然见俊致者，当数《四字令》：

> 情深意真。眉长鬓青。小楼明月调筝。写春风数声。　思君忆君。魂牵梦萦。翠绡香暖云屏。更那堪酒醒。

此调一名《醉太平》，词中先写女子的情深意真，再对其形象作了简略刻画，然后写环境，在小楼之中，明月之下，调筝弹奏，如春风之吹拂，充满温馨。下片转为别后，

---

① 刘熙载：《艺概》卷四《词曲概》，第111页。

女子尽日思念相忆,魂牵梦萦,时间一久,云屏翠色消减,暖香亦淡,在以酒浇愁、酒醒之后更觉不堪其情。此词通首白描,感情深挚,风格婉约、明秀、清新,与刘过粗豪的主体风格不同。

《霜天晓角》、《谒金门》亦属以俊致见长之作,前者云:

霜天晓角。梦回滋味恶。酒醒不禁寒力,纱窗外、月华薄。　　拥衾思旧约。无情风透幙。惟有梅花相伴,不成是、也吹落。

词中惟"拥衾思旧约"一句明说其情,而全词营造出清寒、幽洁的气氛,透出孤独而清高的情怀,俊逸而深有意致。后者云:

秋兴恶。愁怯罗衾风弱。雨线垂垂晴又落。轻烟笼翠箔。　　休道旅怀萧索,生怕香浓灰薄。桂子莫教孤酒约。诗情浑落魄。

也是在清幽的气氛中,表其旅怀萧索、诗情落魄。二首皆用入声韵,短促、幽咽,有助于抒发孤独凄凉的情怀。

四、得其豪放　未得宛转:二论刘过

郭麐以词体论流派,将唐宋词分为四体,四体之中,辛、刘属于"雄词高唱,别为一宗"的苏轼一体,而郭麐以二人皆"粗豪太甚"。作为浙西派的后期代表,郭麐自是此派所崇尚的姜夔、张炎脉系的延伸,在张炎的心目中,似乎辛刘亦无多少区别,因为《词源》即云:"辛稼轩、刘改之作豪气词,非雅词也。于文章馀暇,戏弄笔墨,为长短句之诗耳。"[①]而实际上,辛刘是有所不同的,前人所论,对此有所辨析。如冯煦云:

龙洲自是稼轩附庸;然得其豪放,未得其宛转。子晋亟称其《天仙子》、《小桃红》二阕,云纤秀为稼轩所无。今视其语,《小桃红》亵矣而未甚也;《天仙子》则皆市井俚谈,不知子晋何取而称之?殆与陶九成之称其《沁园春》咏美人指足,同一见地邪?[②]

上说不仅指出刘过能得稼轩之豪放,而未得其宛转,且说其纤秀者或亵或俚,皆无足称。对刘过纤秀之词,后面再论,而豪放与宛转之辨,却是很值得注意的。谢章铤从养气的角度论南宋词,所论兼及豪放与风雅二派,而对辛刘之别,亦有类似于冯煦的看法:

---

① 张炎:《词源》,《词源注·乐府指迷笺释》,第32页。
② 冯煦:《蒿庵论词》,《介存斋论词杂著·复堂词话·蒿庵论词》,第67页。

词家讲琢句而不讲养气，养气至南宋善矣。白石和永，稼轩豪雅。然稼轩易见，而白石难知。史之于姜，有其和而无其永。刘之于辛，有其豪而无其雅，致后来之不善学姜、辛者，非懈则粗。①

最能见出得稼轩之豪放而未得其宛转的，当数《沁园春》（寄稼轩承旨）：

斗酒彘肩，风雨渡江，岂不快哉。被香山居士，约林和靖，与坡仙老，驾勒吾回。坡谓西湖，正如西子，浓抹淡妆临镜台。二公者，皆掉头不顾，只管衔杯。

白云天竺飞来。图画里、峥嵘楼观开。爱东西双涧，纵横水绕，两峰南北，高下云堆。逋曰不然，暗香浮动，争似孤山先探梅。须晴去，访稼轩未晚，且此徘徊。

此词是因辛弃疾招之不赴而写，词的写法甚奇，设白居易、林逋、苏轼等与杭州相关的古人，将自己留住，词中化用三人的名篇名句，极见诙谐。在写法上显然留有稼轩《沁园春》（杯汝来前）的影子，可见当是有意模拟之作，因此而甚为稼轩所赏。黄昇云："刘改之，豪爽之士。辛稼轩帅越，刘寓西湖，稼轩招之，值雨，答以《沁园春》词，甚奇伟。"②俞陛云亦赏其创格："借苏、白、林三人之语，往复成词，逸气纵横。如宜僚弄丸，靡不如意，虽非正调，自是创格。"③但自此词出后，岳珂即以"白日见鬼"讥之，后人亦多近此评。如李调元说：

余阅刘过《龙洲词集》，有学辛稼轩而粗之评。其寄辛稼轩《沁园春》词，设为白香山、林和靖、苏东坡问答，有"被香山居士约林和靖，与东坡老，坡谓西湖，正如西子。二公者皆掉头不顾。"又"逋曰不然，须径去，访稼轩未晚，且此徘徊"等句，余初阅即批"白日见鬼"四字。后阅《草堂别集》，岳亦斋云："出王勃体而又变之。余时与之饮西园，改之中席自言，掀髯有得色。余率然应之曰：'词句固佳，然恨无刀圭瘵君白日见鬼耳。'坐中哄然一笑。"又升庵谓改之似辛稼轩之豪，而未免粗。此评真不能为改之讳。词至宋末，多堕恶道，有目人所共知。又窃幸余与升庵论之若合符也。④

刘熙载虽称道刘过词"狂逸之中自饶俊致，虽沈着不及稼轩，足以自成一家"，却又指出："其有意效稼轩体者，如《沁园春》'斗酒彘肩'等阕，又当别论。"⑤陈廷焯甚至

① 谢章铤：《赌棋山庄词话》卷一二，《词话丛编》，第3470页。
② 黄昇：《中兴词话》，《词话丛编》，第215页。
③ 俞陛云：《唐五代两宋词选释》，第398页。
④ 李调元：《雨村词话》卷二，《词话丛编》，第1416–1417页。
⑤ 刘熙载：《艺概》卷四《词曲概》，第111页。

认为:"刘龙洲《沁园春》,为词中最下品。"[①]

刘过也有"沈着"之词,如《糖多令》:

安远楼小集,侑觞歌板之姬黄其姓者,乞词于龙洲道人,为赋此《糖多令》。同柳阜之、刘去非、石民瞻、周嘉仲、陈孟参、孟容,时八月五日也。

芦叶满汀洲,寒沙带浅流。二十年重过南楼。柳下系舟犹未稳,能几日,又中秋。　黄鹤断矶头,故人今在否?旧江山浑是新愁。欲买桂花同载酒,终不是,少年游。

沈际飞《草堂诗馀正集》所写的评语是:"情畅语俊,韵叶音调,不见扭造。此改之得意之笔。"李攀龙《草堂诗馀隽》云:"'系舟未稳','旧江山都是新愁',读之下泪。"《词洁辑评》以之与陈与义相拟:"与陈去非'杏花疏影里,吹笛到天明',并数百年来绝作,使人不复敢以花间眉目限之。"[②]李佳则评之以:"轻圆柔脆,小令中工品。词以写情,须意致缠绵,方为合作。无清灵之笔意致,焉得缠绵。彼徒以典丽堆砌为工者,固自不解用笔。"[③]连素来不喜龙洲词的陈廷焯,也说:"词意凄感而句调浑成,似此亦升稼轩之堂矣。"[④]不过平心而论,似此类作品还较少。

由于稼轩词颇多以"比体"行骚辨之旨者,且如周济所说,其风格不是"豪放"可限,而是"敛雄心,抗高调,变温婉,成悲凉",而即使《沁园春》(寄稼轩承旨)可算龙洲词的一个特例,刘过与稼轩相较,仍缺少那种非作直言而为寄言的宛转。如《贺新郎》写西行路上的感受,从头至尾,都是直抒胸臆,虽也用典故,却直说而非曲达:

弹铗西来路。记匆匆、经行十日,几番风雨。梦里寻秋秋不见,秋在平芜远树。雁信落、家山何处?万里西风吹客鬓,把菱花自笑人如许。留不住,少年去。　男儿事业无凭据。记当年、悲歌击楫,酒酣箕踞。腰下光芒三尺剑,时解挑灯夜语。谁更识此时情绪。唤起杜陵风月手,写江东渭北相思句。歌此恨,慰羁旅。

《念奴娇》(留别辛稼轩),如题而为留别之作,词中表达对稼轩的知遇之情虽非直接出之,然而所叙自己的抱负,以及怀才不遇的苦闷,都是直言以道:

知音者少,算乾坤许大,著身何处?直待功成方肯退,何日可寻归路?多景楼前,垂虹亭下,一枕眠秋雨。虚名相误,十年枉费辛苦。　不是奏赋明光,献

---

① 陈廷焯著,屈兴国校注:《白雨斋词话足本校注》卷八,第632页。

② 先著、程洪:《词洁辑评》卷二,《词话丛编》,1349页。

③ 李佳:《左庵词话》卷上,《词话丛编》,第3109–3110页。

④ 陈廷焯:《词则·放歌集》卷二,第345页。

书北阙，无惊人之语。我自匆忙天未许，赢得衣裾尘土。白璧追欢，黄金买笑，付与君为主。莼鲈江上，浩然明日归去。

《水龙吟》(寄陆放翁)用典较多，而在赠答之中，主要是写陆游归隐的生活，表达自己对他的倾慕和期待，全词的构思运意仍较少宛转：

谪仙狂客何如？看来毕竟归田好。玉堂无此，三山海上，虚无缥缈。读罢《离骚》，酒香犹在，觉人间小。任菜花葵麦，刘郎去后，桃开处，春多少。　一夜雪迷兰棹，傍寒溪、欲寻安道。而今纵有，新诗《冰柱》，有知音否？想见鸾飞，如椽健笔，檄书亲草。算平生、白傅风流，未可向、香山老。

总之，在刘过的词中，很少有如《贺新郎》(老去相如倦)此类以“美人迟暮”的形式写“贫士失职”的悲凉，“辩”而“骚”出、颇饶深意者。因此，陈廷焯对刘过评价很低：“改之全学稼轩皮毛，不则即为《沁园春》等调，淫词亵语，污秽词坛；即以艳体论，亦是下品；盖叫嚣淫冶，两失之矣。”[①]又说：“刘改之、蒋竹山，皆学稼轩者，然仅得稼轩糟粕，既不沈郁，又多支蔓。词之衰，刘蒋为之也。板桥论词云：‘少年学秦柳，中年学苏辛，老年学刘蒋。’真是盲人道黑白，令我捧腹不置。”[②]皆因过于强调“沈郁”而贬低刘、蒋，未免失当。相较而言，赵尊岳所论却颇为在理、较为可取：“辛刘并称，实则辛高于刘。辛以真性情发清雄之思，足以唤起四座，别开境界，虽疏犷不掩其乱头粗饰之美。学者徒作壮语以为雄而不能得一清字，则仅袭其犷，似刘而不似辛矣。大抵清主于性灵，雄主于笔力。无其清者，不必偏学其雄也。”[③]

五、其他前期辛派词人

田同之《西圃词说》云：“诗词风气，正自相循。贞观、开元之诗，多尚淡远。大历、元和后，温、李、韦、杜渐入《香奁》，遂启词端。《金荃》、《兰畹》之词，概崇芳艳。南唐、北宋后，辛、陆、姜、刘渐脱《香奁》，仍存诗意。”[④]倘再作“扩容”，“仍存诗意”的词人尚多，词风近于辛弃疾的词人远不止陈亮、刘过。由于稼轩风的存在及影响，使得当时的词人都不能无视之。其中既有年辈较长者，亦有较稼轩年轻者。此处作一简略巡礼。

杨炎正(1145—1214)，字济翁，庐陵(今江西吉安)人。杨万里族弟。宁宗庆元二年(1196)进士，授宁远主簿，迁吏部架阁。嘉定初迁大理司直，历知藤州、琼州。词有《西樵语业》。

---

① 陈廷焯著，屈兴国校注：《白雨斋词话足本校注》卷一，第110页。
② 陈廷焯著，屈兴国校注：《白雨斋词话足本校注》卷一，第108页。
③ 赵尊岳：《填词丛话》，《词学》第三辑，华东师范大学出版社1985年版，第175页。
④ 田同之：《西圃词说》，《词话丛编》，第1452页。

杨炎正词如《四库全书总目》所云:“其纵横排奡之气,虽不足敌弃疾,而屏绝纤秾,自抒清俊,要非俗艳所可拟。”[1]录《水调歌头》(呈赵总领):

买得一航月,醉卧出长安。平堤千里过尽,杨柳绿阴间。依约晓莺啼处,认得南徐风物,客梦恍惊残。重到旧游所,如把画图看。 英雄事,千古意,一凭阑。惜今老矣,无复健笔写江山。天上人间知己,赖有使星郎宿,照映此尘寰。准拟五湖去,为乞钓鱼竿。

《水调歌头》:

把酒对斜日,无语问西风。胭脂何事,都做颜色染芙蓉。放眼暮江千顷,中有离愁万斛,无处落征鸿。天在阑干角,人倚醉醒中。 千万里,江南北,浙西东。吾生如寄,尚想三径菊花丛。谁是中州豪杰,借我五湖舟楫,去作钓鱼翁。故国且回首,此意莫匆匆。

《满江红》(寿稼轩):

寿酒如渑,拚一醉、劝君休惜。君不记、济河津畔,当年今夕。万丈文章光焰里,一星飞堕从南极。便御风、乘兴入京华,班卿棘。 君不是,长庚白。又不是,严陵客。只应是,明主梦中良弼。好把袖间经济手,如今去补天西北。等瑶池、侍宴夜归时,骑箕翼。

程珌(1164—1242),字怀古,号洺水遗民,休宁(今属安徽)人。绍熙四年(1193)进士,授昌化主簿。历官建康府教授、枢密院编修、翰林学士知制诰等,以端明殿学士致仕。有《洺水集》六十卷,今传二十六卷,词有《洺水词》一卷。

录《水调歌头》(登甘露寺多景楼望淮有感):

天地本无际,南北竟谁分。楼前多景,中原一恨杳难论。却似长江万里,忽有孤山两点,点破水晶盆。为借鞭霆力,驱去附昆仑。 望淮阴,兵冶处,俨然存。看来天意,止欠士雅与刘琨。三拊当时顽石,唤醒隆中一老,细与酌芳尊。孟夏正须雨,一洗北尘昏。

《满江红》(登石头城,归已月生):

---

① 永瑢等:《四库全书总目》卷一九八,第1817页。

颇恨登临，浪自作、骚人愁语。石城上、何须苦说，死衰生褚。当日卧龙商略处，秦淮王气真何许。与君来、萧瑟北风寒，黄云暮。　枕钟阜，湖玄武。生此虎，真蹲踞。看四山环合，休临江渚。可笑唐人无意度，却言此虎凌波去。君且住、明月为人来，潮生浦。

《西江月》（壬辰自寿）：

天上初秋桂子（今岁七月，月中桂子下），庭前八月丹花。一年一度见仙槎。秋色分明如画。　愿把阴功一脉，灯灯相续无涯。降祥作善岂其差。永作渔樵嘉话。

《四库全书总目》说："珌文宗欧、苏，其所作词，亦出于苏、辛二家之间。中多寿人及自寿之作，颇嫌寡味。"又指出其《满庭芳》第二阕之啸、歌通叶，《减字木兰花》后阕之好、坐同韵，皆用乡音，不可为训。[①]冯煦将杨炎正与程珌并论："又有与幼安周旋而即效其体者，若西樵洺水两家，惜怀古味薄，济翁笔亦不健，比诸龙洲，抑又次焉。"[②]

崔与之（1158—1239），字正子，号菊坡，增城（今属广东）人。绍熙四年（1193）进士。历官淮西提刑司检法官、提点广西刑狱、知扬州兼淮东安抚使等，辞拜参知政事及右丞相，以观文殿大学士致仕。谥清献。后人编有《崔清献公集》五卷。

录《水调歌头》（题剑阁）：

万里云间戍，立马剑门关。乱山极目无际，直北是长安。人苦百年涂炭，鬼哭三边锋镝，天道久应还。手写留屯奏，炯炯寸心丹。　对青灯，搔白发，漏声残。老来勋业未就，妨却一身闲。梅岭绿阴青子，蒲涧清泉白石，怪我旧盟寒。烽火平安夜，归梦到家山。

许昂宵云："填此调者，类用壮语，想亦音节应尔耶。"[③]梁启超《饮冰室评词》引麦孟华云："菊坡虽不以词名，然此词豪迈，何减稼轩。"[④]潘飞声云："此词起四句，雄壮极矣，虽苏、辛亦无以过之。昔杭堇甫论粤诗云：'尚得古贤雄直气，岭南犹觉胜江南。'余谓崔词，非雄直而何。"[⑤]吴世昌亦有"此词直逼稼轩"[⑥]之说。

吴琚，字居父，号云壑，汴梁（今河南开封）人。高宗吴后侄。历官两浙转运副使、

① 永瑢等：《四库全书总目》卷二〇〇，第1831页。
② 冯煦：《蒿庵论词》，《介存斋论词杂著·复堂词话·蒿庵论词》，第67页。
③ 许昂宵：《词综偶评》，《词话丛编》，第1576页。
④ 梁启超：《饮冰室评词》，《词话丛编》，第4312页。
⑤ 潘飞声：《粤词雅》，《词话丛编》，第4883–4884页。
⑥ 吴世昌：《词林新话》，《吴世昌全集》第6册，第205页。

浙西江东淮东总领等,位至少师。卒谥献惠。有《云壑集》,已佚。

录《酹江月》:

玉虹遥挂,望青山隐隐,一眉如抹。忽觉天风吹海立,好似春霆初发。白马凌空,琼鳌驾水,日夜朝天阙。飞龙舞凤,郁葱环拱吴越。　　此景天下应无,东南形胜,伟观真奇绝。好是吴儿飞彩帜,蹴起一江秋雪。黄屋天临,水犀云拥,看击中流楫。晚来波静,海门飞上明月。

杜旟,字伯高,号桥斋,金华(今属浙江)人。尝登吕祖谦之门。淳熙、开禧间两以制科荐。有《桥斋集》,不传。兄弟五人,有"金华五高"之称。

录其《酹江月》(石头城):

江山如此,是天开万古,东南王气。一自髯孙横短策,坐使英雄鹊起。玉树声消,金莲影散,多少伤心事。千年辽鹤,并疑城郭非是。　　当日万驷云屯,潮生潮落处,石头孤峙。人笑褚渊今齿冷,只有袁公不死。斜日荒烟,神州何在,欲堕新亭泪。元龙老矣,世间何限馀子。

此词如刘永济所说,是"叹恢复无人也,略与稼轩《永遇乐》词相似"①。沈雄《古今词话》:"陈同甫曰:叶正则有'杜子五兄弟,才名不相下'之语。伯高早登吕东莱之门,其词如奔风逸足而鸣以和銮者也。"②许昂霄云:"《酹江月》('一自髯孙横短策'五句)六朝兴废,数语括尽。换头又提起言之,并寓南宋之慨。"③张德瀛云:"'元龙老矣,世间何限馀子。'……所谓拔地倚天,句句欲活者。"④陈廷焯亦称其:"议论纵横,魄力雄大,此是何等气概。"⑤均评价甚高。

再录《蓦山溪》(春):

春风如客,可是繁华主。红紫未全开,早绿遍、江南千树。一番新火,多少倦游人,纤腰柳,不知愁,犹作风前舞。　　小阑干外,两两幽禽语。问我不归家,有佳人、天寒日暮。老来心事,唯只有春知,江头路,带春来,更带春归去。

《古今词统》评以十二字:"若使埙篪并奏,当令箫管停声。"⑥况周颐云:"此词清新

---

① 刘永济:《唐五代两宋词简析》,第95页。
② 沈雄:《古今词话·词评》卷上,《词话丛编》,第998页。
③ 许昂霄:《词综偶评》,《词话丛编》,第1557页。
④ 张德瀛:《词徵》,卷五《词话丛编》,第4161页。
⑤ 陈廷焯:《词则·放歌集》卷二,第337页。
⑥ 卓人月、徐士俊:《古今词统》卷一一,《续修四库全书》集部第1729册,第36页。

流丽，雅近北宋，与《酹江月》'江山如此'阕异曲同工。"①

刘仙伦，一名儗，字叔拟，号招山，庐陵（今江西吉安）人。淳熙间与刘过齐名，号为"庐陵二布衣"。有《招山小集》一卷。赵万里辑其词为《招山乐章》一卷。

录《念奴娇》（送张明之赴京西幕）：

艅艎东下，望西江千里，苍茫烟水。试问襄州何处是，雉堞连云天际。叔子残碑，卧龙陈迹，遗恨斜阳里。后来人物，如君瑰伟能几。　其肯为我来耶，河阳下士，正自强人意。勿谓时平无事也，便以言兵为讳。眼底山河，楼头鼓角，都是英雄泪。功名机会，要须闲暇先备。

《古今词统》评之曰："话有关系，虽大声以色，何伤！"②陈廷焯云："二帝蒙尘，偷安南渡，苟有人心者，未有不拔剑斫地也。南渡后词，如……刘叔儗《念奴娇》云：'其肯为我来耶，河阳下士，正是强人意。勿谓时平无事也，便以言兵为讳。眼底山河，楼头鼓角，都是英雄泪。功名机会，要须闲暇先备。'……此类皆慷慨激烈，发欲上指，词境虽不高，然足以使懦夫有立志。"③其《放歌集》又云："词严义正，慷慨激昂。"④刘毓盘《校辑招山乐府跋》亦认为："其《送王明之》、《呈洪守》念奴娇二词，皆念念中原，不忘恢复之意，与陆放翁、陈同甫之吐属略同。"⑤

第八节　刘克庄与后期辛派词

开禧三年（1207）十一月二日晨，韩侂胄被杀。次年为嘉定元年，宋廷完全按照金人的要求，与金签订了嘉定和约。史弥远登上相位，把持朝政达二十六年之久。在辛弃疾殁后一年，摄给事中倪思劾他迎合开边，请追削爵秩，夺从官恤典，对此，谢枋得大为不平，写下《祭辛稼轩先生墓记》一文，文中有云："本朝以仁为国，以义待士夫。南渡后，宰相无奇才远略，以苟且心术用架漏规模，纪纲、法度、治兵、理财、无可恃，所恃扶持社稷者惟士大夫一念之忠义耳。以此比来忠义第一人，生不得行其志，没无一人明其心，全躯保妻子之臣，乘时抵瞒之辈，乃苟富贵者，资天下之疑，此朝廷一大过，天地间一大冤，志士仁人所深悲至痛也。公精忠大义，不在张忠献、岳武穆下。一少年书生，不忘本朝，痛二圣之不归，闵八陵之不祀，哀中原子民之不行王化，结豪杰，志斩虏馘，挈中原还君父，公之志亦大矣……公没，西北忠义始绝望，大仇必不复，大耻

① 况周颐：《历代词人考略》卷三三，《蕙风词话·广蕙风词话》，第354页。
② 卓人月、徐士俊：《古今词统》卷一三，《续修四库全书》集部第1729册，第81页。
③ 陈廷焯著，屈兴国校注：《白雨斋词话足本校注》卷八，第595-597页。
④ 陈廷焯：《词则·放歌集》卷二，第338页。
⑤ 刘毓盘：《校辑招山乐府跋》，《词籍序跋萃编》，第426页。

必不雪，国势远在东晋下。"[①]以辛弃疾之抱负、才干，未能遂其大志，抱憾含冤以殁，身后又遭小人之诬，宜乎谢枋得有以上所说。的确，辛弃疾的逝世标志着一个时代的结束，但是，他在词坛的影响却长期存在，以至在其身后形成了一股"稼轩风"，在词史上继续了辛派词的创作。在陈亮、刘过之后，先是有戴复古，龙榆生以之"能自辟新境，风格与辛、陆二家相仿佛"。(《唐五代宋词选》)后有成就更高的刘克庄。焦循曾针对从南宋后期到清代浙西词派的词选而论道："周密《绝妙好词》所选，皆同于己者，一味轻柔润腻而已。黄玉林《花庵绝妙词选》，不名一家，其中如刘克庄诸作，磊落抑塞，真气百倍，非白石、玉田辈所能到。可知南宋人词，不尽草窗一派也。近世朱彝尊所选《词综》，规步草窗，学者不复周览全集，而宋词遂为朱氏之词矣。"[②]可见，辛弃疾是真正的"别立一宗"，其对南宋中后期词的影响，是苏轼的"以诗为词"所难以比拟的。辛派词的创作一直持续到宋末，本节拟下延至宋理宗时期，止于陈人杰，而将刘辰翁以后的江西爱国词派作为辛派后劲，置于宋末阶段。

一、戴复古词

戴复古(1167—?)，字式之，黄岩(今属浙江)人，家在石屏山下，因自号石屏。曾从陆游学诗，为江湖派诗人。《宋史翼》有传。有《石屏集》。词集名《石屏长短句》，又名《石屏词》。

真德秀云："戴复古诗词，高处不减孟浩然。"[③]李调元所论较详："戴复古石屏《望江南》有'壶山好'四首，'石屏老'三首，一时推名作。余尤爱其二词云：'壶山好，文字满胸中。诗律变成长庆体，歌词绰有稼轩风。最会说穷通。　中年后，虽老未成翁。儿大相传书种在，客来不放酒樽空。相对醉颜红。''石屏老，长忆少年游。自谓虎头须食肉，谁知猿臂不封侯。身世一虚舟。　平生事，说著也堪羞。四海九州双脚底，千愁万恨两眉头。白发早归休。'稼轩谓辛弃疾也，与石屏同时，其名重如此。"[④]《四库全书总目》云："今观其词，亦音韵天成，不费斧凿……集内《大江西上曲》即《念奴娇》，本因苏轼词起句，故称《大江东去》。复古乃以己词首句，又改名《大江西上曲》，未免效颦。至《赤壁怀古》(满江红)一阕，则豪情壮采，实不减于轼。"[⑤]

戴复古为江湖四灵之一，《四库全书总目》认为其词的特点是"以诗为词，时出新意"[⑥]，虽总体如此，但如况周颐所说："按戴式之《石屏词》，为'壶山宋谦父作'《望江南》四曲，又'自嘲三解'《沁园春》、'自述'《贺新郎》、'寄丰宅之'等阕，并豪放近辛刘。然如《鹊桥仙》之'新荷池沼'，《醉太平》之'长亭短亭'两词，清丽芊绵，未坠北宋

① 谢枋得：《谢叠山集》，商务印书馆1936年版，第31页。
② 焦循：《雕菰楼词话》，《词话丛编》，第1494页。
③ 真德秀：《石屏词跋》，《词籍序跋萃编》，第323页。
④ 李调元：《雨村词话》卷二，《词话丛编》，第1405页。
⑤ 永瑢等：《四库全书总目》卷一九九，第1821页。
⑥ 永瑢等：《四库全书总目》卷一九九，第1821页。

风格。其《木兰花慢》‘怀旧’阕‘莺啼啼不住’云云，则以情真而语工，非其它所作和比也。”[①]可见，戴复古词既有近于辛刘的豪放之作，又有清丽芊绵之作。

《满江红》(赤壁怀古)为石屏豪放词的代表：

> 赤壁矶头，一番过、一番怀古。想当时、周郎年少，气吞区宇。万骑临江貔虎噪，千艘列炬鱼龙怒。卷长波、一鼓困曹瞒，今如许。　江上渡，江边路。形胜地，兴亡处。览遗踪，胜读史书言语。几度东风吹世换，千年往事随潮去。问道傍、杨柳为谁春，摇金缕。

自苏轼赤壁怀古词出后，后人真难以为继，戴复古此词真是知难而进，虽难逮苏词，却也有自己的面目。倘以之与苏词对照，开局的气势自不能比，写周瑜二句亦不如苏词的鲜明生动，但“万骑”以下，却变苏词“谈笑间、樯橹灰飞烟灭”的概写为具体实写，极有气势。下片转为就周边形势追忆当年史事，感叹时光流走，向道旁杨柳发问，抒发自己伤时忧国的情怀。此词写得很有气势、力度，确实是“豪情壮采，实不减于轼”。《中兴词话》说此词“沧洲陈公，尝大书于庐山寺。王潜斋复为赋诗云：‘千古登临赤壁矶。百年脍炙雪堂词。沧洲醉墨石屏句，又作江山一段奇。’坡仙一词古今绝唱，今二公为石屏拈出，其当与之并行于世耶！”[②]不过，杨慎却认为此首有句无篇，又以石屏词佳作甚少，其《词品》说：“惟‘赤壁怀古’《满江红》一首，句有‘万炬临江貔虎噪，千艘烈炬鱼龙舞。’‘几度东风吹世换，千年往事随潮去。’而全篇不称。《临江仙》一首差可。见予所选《百琲明珠》。馀无可取者。方虚谷议其胸中无百字成诵书故也。”[③]所说或过苛。况周颐亦有自己所见：“石屏词往往作豪放语，绵丽是其本色。《满江红》(赤壁怀古)云……歇拍云云，是本色流露处。”[④]还是以绵丽为其本色。

《水调歌头》(题李季允侍郎鄂州吞云楼)也属雄豪深沉之作：

> 轮奂半天上，胜概压南楼。筹边独坐，岂欲登览快双眸。浪说胸吞云梦，直把气吞残虏，西北望神州。百载一机会，人事恨悠悠。　骑黄鹤，赋鹦鹉，谩风流。岳王祠畔，杨柳烟锁古今愁。整顿乾坤手段，指授英雄方略，雅志若为酬。杯酒不在手，双鬓恐惊秋。

此首的背景是：宋宁宗十四年(1211)金兵扰黄、蕲二州，南宋军队屡败来犯之敌，李季允出任沿江制置副使兼知鄂州(今武昌)，修建了吞云楼，作者为之题楼而写。上片就楼名“吞云”抒其感慨，由登临远眺引出从“胸吞云梦”到“气吞残虏”的感慨，因朝

---

① 况周颐：《历代词人考略》卷三一，《蕙风词话·广蕙风词话》，第340页。
② 黄昇：《中兴词话》，《词话丛编》，第216页。
③ 杨慎：《词品》卷五，《渚山堂词话·词品》，第140页。
④ 况周颐：《蕙风词话续编》卷一，《蕙风词话·广蕙风词话》，第103页。

廷不能抓住有利时机北进,故在“西北望神州”时,表其“人事恨悠悠”的感受。下片就崔颢诗写到岳王祠,继续“人事恨悠悠”的主题。然后转到寄望于李侍郎能整顿乾坤,指授方略,却仍为“人事”与“雅志”的矛盾而作双鬓惊秋之叹。

《柳梢青》(岳阳楼)亦为登临抒怀之词:

袖剑飞吟。洞庭青草,秋水深深。万顷波光,岳阳楼上,一快披襟。 不须携酒登临。问有酒、何人共斟。变尽人间,君山一点,自古如今。

词的开头用吕洞宾醉饮岳阳楼题诗事,抒发游洞庭的情怀,所写景象和感受,开阔而壮伟。下片以无人共饮表其寂寞,人间尽变,君山不改,“自古如今”的结句,令人感慨无穷。此词将超逸与深沉统为一体,敛言其中,情溢于外,艺术性很高。

戴复古的两组共七首《望江南》,一时推为名作。前引真德秀《石屏词跋》已对其中二首至为推许,此处再录“壶山好”与“石屏老”各一首:

壶山好,博古又通今。结屋三间藏万卷,挥毫一字直千金。四海有知音。门外路,咫尺是湖阴。万柳堤边行处乐,百花洲上醉时吟。不负一生心。

石屏老,家住海东云。本是寻常田舍子,如何呼唤作诗人。无益费精神。千首富,不救一生贫。贾岛形模元自瘦,杜陵言语不妨村。谁解学西昆。

前者谓宋自谦(字谦父,号壶山)博古通今,藏书丰富,文字为人所重,朋友遍及天下,居处景色优美,行乐、醉吟其中,真不负一生。后者因自己是诗人而在解嘲中见自负,然后以词论诗,肯定了杜甫的“村”(杨亿贬杜甫为村夫子)与贾岛的“瘦”(苏轼有郊寒岛瘦之说),而批判了西昆派。语言浅显,含义却深。故《四库全书总目》说:“复古论诗之宗旨,于此具见。宜其以诗为词,时出新意,无一语蹈袭也。”①

戴复古也有貌近辛弃疾、实乃不然之词。如《沁园春》类于稼轩的抒发愤懑,却又露出江湖相和郊岛气。故李调元曰:“世传石屏《沁园春》自述一词,余嫌其粗俚。如云:‘赢得穷吟诗句清。’夫诗者,皆吾侬平日愁叹之声。大似今制义文中俗调,而杂以吾侬语可乎。”②词云:

一曲狂歌,有百馀言,说尽一生。费十年灯火,读书读史,四方奔走,求利求名。蹭蹬归来,闭门独坐,赢得穷吟诗句清。夫诗者,皆吾侬平日,愁叹之声。

空馀豪气峥嵘。安得良田二顷耕。向临邛涤器,可怜司马,成都卖卜,谁识

① 永瑢等:《四库全书总目》卷一九九,第1821页。

② 李调元:《雨村词话》卷二,《词话丛编》,第1416页。

君平。分则宜然,吾何敢怨,蝼蚁逍遥戴粒行。开怀抱,有青梅荐酒,绿树啼莺。

戴复古也有婉约词。录其被况周颐称为“情真而语工”的《木兰花慢》:

莺啼啼不尽,任燕语、语难通。这一点闲愁,十年不断,恼乱春风。重来故人不见,但依然、杨柳小楼东。记得同题粉壁,而今壁破无踪。　兰皋新涨绿溶溶。流恨落花红。念著破春衫,当时送别,灯下裁缝。相思谩然自苦,算云烟、过眼总成空。落日楚天无际,凭栏目送飞鸿。

对此词的背景,《四库全书总目》有所说明:“陶宗仪所记一则,见《辍耕录》。其《江右女子》一词,不著调名。以各调证之,当为《祝英台近》。但前阕三十七字俱完,后阕则逸去起处三句十四字。当系流传残阕,宗仪既未经辨及,后之作《图谱》者,因词中第四语有‘揉碎花笺’四字,遂别造一调名,殊为杜撰。至於《木兰花慢》(怀旧)词前阕,有‘重来故人不见’云云,与《江右女子》词‘君若重来,不相忘处’,语意若相酬答。疑即为其妻而作,然不可考矣。”[①]据陶宗仪《南村辍耕录》:“戴石屏复古先生未遇时,流寓江右,武宁有富家翁爱其才,以女妻之。居二三年,忽欲作归计,妻问其故,告以曾娶。妻白之父,父怒,妻宛曲解释。尽以奁具赠夫,仍饯以词云(略)。夫既别,遂赴水死。”[②]

不论其间有何理由和曲折,戴复古重婚之举是无法为之辩护的,妻子之死,他有难辞之责。然而,据词可知,他在事经十年之后,重来故地,写“闲愁”而实为悼亡,以其深婉绵丽之笔,抒忆旧之哀思,真挚动人,仍不失为以情感人的佳作。

《洞仙歌》在石屏词中别具一格,很有特色:

卖花担上,菊蕊金初破。说着重阳怎虚过。看画城簇簇,酒肆歌楼,奈没个巧处,安排着我。　家乡煞远哩,抵死思量,枉把眉头万千锁。一笑且开怀,小合团栾,旋簇着、几般蔬果。把三杯两盏记时光,问有甚曲儿,好唱一个。

词写酒肆及其中的自己,是一幅江湖游士在市楼中的自画像。从街上见卖花人叫卖写起,因此而知重阳将至,却家乡遥远,为打发寂寞,遂登酒肆以遣旅愁,词中将全过程写得完整而清晰。语言极其通俗,大量使用口语,富有浓郁的生活气息,有显著的现场感,又善于描写动作,与后来的元曲神理相通。

---

① 永瑢等:《四库全书总目》卷一九九,第1821页。
② 陶宗仪:《南村辍耕录》卷四,中华书局1959年版,第51-52页。

二、拳拳君国　志在有为:一论刘克庄

刘克庄(1187—1269),初名灼,字潜夫,号后村,莆田(今属福建)人。嘉定二年(1209),以荫入仕,后知建阳县。因《落梅》诗得祸,被免官十年。端平初,真德秀帅闽,辟为帅司参议官。理宗淳祐六年(1246)以"文名久著,史学尤精",特赐同进士出身,除秘书少监、国史院编修官,累官至工部尚书兼侍读,以龙图阁直学士致仕,卒谥文定。有《后村先生大全集》,词有《后村先生长短句》五卷,一名《后村别调》。

对于后村词,杨慎的评价是:"大抵直致近俗,效稼轩而不及也"[①],又有"庄语亦可起懦"之说。[②]李调元云:"刘后村克庄词以才气胜,迥非剪红刻翠比"[③],又云:"刘后村克庄有《满江红》十二首,悲壮激烈,有敲碎唾壶,旁若无人之意。南渡后诸贤皆不及。升庵称其壮语足以立懦,信然。自名别调,不辜也。"[④]冯煦所论更为深入:"后村词与放翁稼轩,犹鼎三足。其生丁南渡,拳拳君国,似放翁。志在有为,不欲以词人自域,似稼轩。如《玉楼春》云:'男儿西北有神州,莫滴水西桥畔泪';《忆秦娥》云:'宣和宫殿,冷烟衰草。伤时念乱';可以怨矣。又其宅心忠厚,亦往往于词得之:《满江红》(送宋惠父入江西幕)云:'帐下健儿休尽锐,草间赤子俱求活';《贺新郎》(寿张史君)云:'不要汉庭夸击断,要史家编入循良传';《念奴娇》(寿方德润)云:'须信谄语尤甘,忠言最苦,橄榄何如蜜'? 胸次如此,岂翦红刻翠者比邪? 升庵称其壮语;子晋称其雄力:殆犹之皮相也。"[⑤]

《沁园春》(梦孚若)即拳拳君国、志在有为之作:

> 何处相逢,登宝钗楼,访铜雀台。唤厨人斫就,东溟鲸脍,圉人呈罢,西极龙媒。天下英雄,使君与操,馀子谁堪共酒杯。车千两,载燕南赵北,剑客奇才。
> 饮酣画鼓如雷。谁信被晨鸡轻唤回。叹年光过尽,功名未立,书生老去,机会方来。使李将军,遇高皇帝,万户侯何足道哉。披衣起,但凄凉感旧,慷慨生哀。

方孚若名信孺,与作者既是同乡,又志同道合。韩侂胄发动的伐金失败后,他曾奉命使金谈判,三度往返,置生死于度外,力驳对方苛刻条件,却屡被降职,中年而卒。俞平伯论析此词甚为到位:"以梦友而悼友,虽为本篇题目,实系借以寓怀。其叙梦境都在虚处传神,用典作譬,多夸张之词,仿佛读《大言赋》,不皆纪实。如宝钗楼、铜雀台,不必真有其地;长鲸、天马,不必实有其物;从车千乘,尽剑客奇材,不必果有其人。过片说到醒了,就梦境前后落墨。以醉眠而入梦,以闻鸡而惊觉,借极熟的典

---

① 杨慎:《词品》卷五,《渚山堂词话·词品》,第138页。
② 杨慎:《词品》卷五,《渚山堂词话·词品》,第138页。
③ 李调元:《雨村词话》卷三,《词话丛编》,第1420页。
④ 李调元:《雨村词话》卷三,《词话丛编》,第1421页。
⑤ 冯煦:《蒿庵论词》,《介存斋论词杂著·复堂词话·蒿庵论词》,第70页。

故，点出作意。‘叹年光’以下，硬语盘空，纯用议论，引《史记》原文，稍加点改，自然之至。随后在此略一唱叹便收。观其通篇不用实笔，似粗豪奔放，仍细腻熨贴，正如脱羁之马，驰骤不失尺寸也。有评刘词为议论过多者，如从这篇来看，亦未必尽合，故详言之。”[①]《古今词统》称此词“气概雷击霆震”[②]，陈廷焯亦发“何等抱负”之感叹，又说：“‘书生’八字，感慨真切。”[③]

再看其《沁园春》(答九华叶贤良)：

一卷阴符，二石硬弓，百斤宝刀。更玉花骢喷，鸣鞭电抹，乌丝阑展，醉墨龙跳。牛角书生，虬髯豪客，谈笑皆堪折简招。依稀记，曾请缨系粤，草檄征辽。当年目视云霄。谁信道凄凉今折腰。怅燕然未勒，南归草草，长安不见，北望迢迢。老去胸中，有些磊块，歌罢犹须著酒浇。休休也，但帽边鬓改，镜里颜凋。

此处的九华山似非安徽名山，而是指莆田城北之九华山，当是所答叶氏的居处，如此，则与作者同里。贤良为制科“贤良方正能直言极谏科”的简称，叶氏所中为此科，故称之。词的上片刻画出心目中的英雄形象：精通兵书，能拉硬弓、骑快马，又能展绢素、劲挥毫，如李密少时挂《汉书》于牛角而读，所交者则为虬髯客之类的侠义人物，折简能招，豪爽谈笑，且立志报国，欲建功塞外。过片承上而突转，将今日的种种遗憾尽列于此，皆可归于功业无成，恢复无望，故需著酒浇灭胸中磊块，结之于自我衰老形象的展示中。上片壮语豪情，慷慨多气，下片感叹良多，悲抑苍凉，对照显然，这种今昔对比的写法，依稀可见稼轩的影子。词中用典甚多，增加了容量，有助于豪壮悲凉之情的表达。

《满江红》(夜雨凉甚，忽动从戎之兴)亦为后村代表作：

金甲雕戈，记当日、辕门初立。磨盾鼻、一挥千纸，龙蛇犹湿。铁马晓嘶营壁冷，楼船夜渡风涛急。有谁怜、猿臂故将军，无功级。　平戎策，从军什。零落尽，慵收拾。把茶经香传，时时温习。生怕客谈榆塞事，且教儿诵花间集。叹臣之壮也不如人，今何及。

在上一首，作者说要借酒浇去胸中块垒，而实际上无法能消。如俞陛云所说：“上阕言功成不赏，下阕言老厌言兵，雕戈、铁马，曾夸射虎之英雄；《香传》、《茶经》，愿作骑驴之居士，应笑拔剑斫地者，未消块垒也。”[④]故《古今词统》反唐诗而用之，曰：“宁为

① 俞平伯，《唐宋词选释》，《俞平伯全集》第四卷，第338页。
② 卓人月、徐士俊辑：《古今词统》卷一五，《续修四库全书》集部第1729册，第120页。
③ 陈廷焯：《词则·放歌集》卷二，第333–334页。
④ 俞陛云：《唐五代两宋词选释》，第467页。

一书生，胜作百夫长。”[①]吴世昌指出：“此词用《左传》，除稼轩为亦少见。”[②]而除了用《左传》外，此词又用李广事，其用事、用语，以及通过自我调侃、解脱以表其英雄失路无奈的写法亦与稼轩相仿佛。

《贺新郎》(送陈真州子华)是借鉴历史而论现实，表达不忘中原失地的佳作：

北望神州路。试平章、这场公事，怎生分付。记得太行山百万，曾入宗爷驾驭。今把作、握蛇骑虎。君去京东豪杰喜，想投戈、下拜真吾父。谈笑里，定齐鲁。　两河萧瑟惟狐兔。问当年、祖生去后，有人来否。多少新亭挥泪客，谁梦中原块土。算事业、须由人做。应笑书生心胆怯，向车中、闭置如新妇。空目送，塞鸿去。

陈子华受学于叶适，富有谋略，金人犯淮西时曾立功勋，与作者为福建同乡，他出知真州(今江苏仪征)，在赴任前，刘克庄作此词相送，表达了自己的政见。当时，红袄军李全率众归南宋，若能处理得当，他是不会在后来投向蒙古的，作者看到了朝廷不能团结、运用义军的力量，而陈子华却主张招抚中原义军，故以历史为友人提供借鉴。靖康后，中原地区不愿从金者，多啸聚太行山，结为义军，宗泽广为招抚，河东、河北、陕西、京东诸路百万人马，皆愿听从节制，称“宗爷爷”，愿效死力。作者用这段历史，目的在于也希望陈子华能仿效宗泽当年之举，不要将义军看作蛇虎，而能让义军如张用向岳飞投戈下拜，称“果吾父也”。上片写得豪情振奋，而下片却转作悲凉，中原失陷后，再无如祖逖这样的志士，即使是挥泪新亭的“过江诸人”，也无北伐之志。在陈子华临行前，作者以“算事业、须由人做”相期，最后似自嘲却实为勉励，点题而馀意不断。此词颇多议论，散文化倾向显著，雄奇排奡，豪壮深沉，宜于杨慎作“庄语亦可起懦”之评。

刘克庄拳拳君国、志在有为之作甚多，如《贺新郎》(实之三和有忧边之语，走笔答之)：

国脉微如缕。问长缨、何时入手，缚将戎主。未必人间无好汉，谁与宽些尺度。试看取、当年韩五。岂有谷城公付授，也不干、曾遇骊山母。谈笑起，两河路。　少时棋柝曾联句。叹而今、登楼揽镜，事机频误。闻说北风吹面急，边上冲梯屡舞。君莫道、投鞭虚语。自古一贤能制难，有金汤、便可无张许。快投笔，莫题柱。

开头就指出国脉如丝，如千钧一发，于是发问，有谁能请长缨缚取戎主？进而说，

① 卓人月、徐士俊辑：《古今词统》卷一二，《续修四库全书》集部第1729册，第50页。
② 吴世昌：《词林新话》，《吴世昌全集》第6册，第214页。

如果不拘一格,人间未必就无英雄,如将尺度放宽些,就会有当年韩世忠一样的人物,既未如张良得黄石公(即谷城公)所授,或得神仙指点,不是也在谈笑间大战两河,取得抗金胜利吗?下片说,自己年轻时也有报国从军之志,可叹如今登楼远望,揽镜自照,只能痛感人已衰老。可是,在听到北边风急时,也实在为国事担忧,因为蒙古兵攻城的冲梯屡舞,战斗力极强,所以不要说如前秦苻坚投鞭断流之事只是虚语。然后说,人才是极其重要的,即使有金城汤池,而没有张巡、许远这样的人物,也难以久守。最后发出呼唤:还是像班超投笔,志在立功异域,不要像司马相如,仅为个人富贵而题柱!此词具有显著的散文化、议论化特色,可谓将人才论、时事策合为一体,又在其中抒发豪情,表达忧虑,倡导所为,虽大量使用事典,却用得极其贴切,使意蕴大为扩张。过片的"少时棋柝曾联句"出李正封、韩愈《晚秋偃城夜会联句》,更是与稼轩词得于韩愈同一路数。

稼轩常有以功业许人或自许之作,后村亦有以莫忘神州相劝之篇,可谓具有共同的"西北情结"。《玉楼春》(戏林推)就是这样的作品:

年年跃马长安市。客舍似家家似寄。青钱换酒日无何,红烛呼卢宵不寐。易挑锦妇机中字。难得玉人心下事。男儿西北有神州,莫滴水西桥畔泪。

虽题为《戏林推》,却戏而不戏,如《古今词统》所云:"英雄行径,必不如驽马恋栈豆。"[①]词之起头言林姓推官长年在临安跃马,客舍(酒楼妓馆)成了家,家反为寄居之所,白天喝酒,夜间赌博,尽情游乐,不加节制。下片作规劝之语:妻子如织锦作回文诗的苏蕙,对你满怀深情,而你却迷恋妓女的美貌,只能换来虚假的情意,如果是好男儿,就不应忘记还有西北神州,不要在水西桥畔(妓女聚居地)抛撒伤离恨别的眼泪了。这样的规箴似当头棒喝,故陈廷焯云此词"皆慷慨激烈,发欲上指,词境虽不高,然足以使懦夫有立志"[②]。

即使是节令词,后村仍不忘君国大事。如《贺新郎》(九日):

湛湛长空黑。更那堪、斜风细雨,乱愁如织。老眼平生空四海,赖有高楼百尺。看浩荡、千崖秋色。白发书生神州泪,尽凄凉、不向牛山滴。追往事,去无迹。　少年自负凌云笔。到而今、春华落尽,满怀萧瑟。常恨世人新意少,爱说南朝狂客。把破帽、年年拈出。若对黄花孤负酒,怕黄花、也笑人岑寂。鸿北去,日西匿。

因不是人于重九的常套,既有今昔的自我对照,又能"破帽事东坡翻招,潜夫歇

① 卓人月、徐士俊辑:《古今词统》卷八,《续修四库全书》集部第1728册,第613页。
② 陈廷焯著,屈兴国校注:《白雨斋词话足本校注》卷八,第597页。

案"[1],且抒发其怀念神州之情,为牛山落泪注入新意。故陈廷焯云:"悲而壮。南宋有如此将才、如此官方、如此士气,而卒不能恢复,谁之过耶?"[2]

刘克庄志在报国之作甚多,难以尽列。由于他有拳拳君国之心,不以诗人词人自限,且对稼轩词"幼皆成诵",所受影响极大,所作也具有稼轩的主要特点:"以诗为词"而易"情"为"志",行之以"以文为词"之法,议论纵横,笔力雄奇,多用事典,容量甚大;感情强烈,胸襟高旷,"雄心高调"与"温婉悲凉"兼到,格调雄健,意象壮伟,气象峥嵘。故陈廷焯虽以沉郁论词而不取热烈激昂之作,然而其《白雨斋词话》却说:"刘潜夫《满江红》云:'空有鬓如潘骑省,断无面见陶彭泽。便倒倾海水浣衣尘,难湔涤。'又《沁园春》(梦方孚若)云:'天下英雄,使君与操,馀子何堪共酒杯。'又云:'使李将军,遇高皇帝,万户侯何足道哉。'又'赠孙季蕃'云:'天地无情,功名有数,千古英雄只么休。平生事,独羊昙一个,泪洒西州。'沈痛激烈,几欲敲碎唾壶。"[3]后村虽有略见粗豪之病,《白雨斋词话》仍以之与张孝祥相伯仲,以为高于刘过、蒋捷:"张安国词,热肠郁思,可想见其为人。刘后村则感激豪宕,其词与安国相伯仲,去稼轩虽远,正不必让刘蒋。世人多好推刘蒋,直以为稼轩后劲,何耶?"[4]

三、旨正有情　比体寄托:二论刘克庄

刘克庄词固然以"壮语起懦"、"感激豪宕"见长,却又不止于此,亦如辛弃疾之兼有豪放、婉约,且长于比兴寄托,颇有"比体"之作。

刘熙载云:"刘后村词,旨正而语有致。真西山《文章正宗》诗歌一门属后村编类,且约以世教民彝为主,知必心重其人也。"[5]可见,后村词除"旨正"外,还有"语有致"之长。先看其以情致见长之作。如《清平乐》(赠陈参议师文侍儿):

> 宫腰束素。只怕能轻举。好筑避风台护取。莫遣惊鸿飞去。　一团香玉温柔。笑颦俱有风流。贪与萧郎眉语,不知舞错伊州。

沈雄将此词结句视为悟语:"'贪与萧郎眉语,不知舞错伊州','除是无身方了,有身常有闲愁',此后村悟语也。杨慎谓为壮语,足以立懦,信然。"[6]而王又华则以之为"入神之句",并联系他人词句而论之:"写景之工者,如尹鹗'尽日醉寻春,归来月满身',李重光'酒恶时拈花蕊嗅',李易安'独抱浓愁无好梦,夜阑犹剪灯花弄',刘潜夫'贪与萧郎眉语,不知舞错伊州',皆入神之句。"[7]俞陛云所论最当:"上阕惜其轻盈,有

---

① 潘游龙辑,梁颖校点:《精选古今诗馀醉》卷一,第68页。
② 陈廷焯:《词则·放歌集》卷二,第334页。
③ 陈廷焯著,屈兴国校注:《白雨斋词话足本校注》卷八,第593页。
④ 陈廷焯著,屈兴国校注:《白雨斋词话足本校注》卷一,第115页。
⑤ 刘熙载:《艺概》卷四《词曲概》,第112页。
⑥ 沈雄:《古今词话·词评》卷上,《词话丛编》,第1005页。
⑦ 王又华:《古今词论》,《词话丛编》,第600页。

杜牧诗'向春罗袖薄,谁念舞台风'之意。下阕窥其衷曲,有李端诗'欲得周郎顾,时时误拂弦'之意。后村词大率与辛稼轩相类,人称其雄力足以排奡,此词独标妩媚,殆如忠简梨涡、欧阳江柳耶?"①不仅以唐诗相论相揆,发其中之意,且指出后村词亦有"独标妩媚"一类。

赠妓而不失为正,赏花更应如此。试看后村的《摸鱼儿》(海棠):

甚春来、冷烟凄雨,朝朝迟了芳信。蓦然作暖晴三日,又觉万妹娇困。霜点鬓。潘令老,年年不带看花分。才情减尽。怅玉局飞仙,石湖绝笔,孤负这风韵。　倾城色,懊恼佳人薄命。墙头岑寂谁问。东风日暮无聊赖,吹得胭脂成粉。吾细认。花共酒,古来二事天尤吝。年光去迅。漫绿叶成阴,青苔满地,做得异时恨。

词的开局说春冷花迟,忽而又转晴暖,使海棠花万株娇困,接着转说自己年老,才情顿减,更因没有苏轼(晚年提举玉局观)、范成大(自号石湖居士)这两位咏海棠的高手,就辜负了花儿风韵,难以为之传神写照。下片说,海棠如倾国倾城的美人一样薄命,寂寞无怜,被东风吹得由红转白,名花与美酒,自古以来天公就难以轻付予人,如不珍惜赏花时机,光阴的脚步匆匆,很快就要绿叶成荫,青苔满地,到时就只有憾恨了。词中充满了爱花惜花之情,而海棠的不遇天怜,不得欣赏,又似乎有作者自身的影子。词中一仍其善用典故、化用诗句之长,同时又旨甚正而语有情致。

《生查子》(元夕戏陈敬叟)虽言为"戏",却表现了中年愁怀,写得很是真切:

繁灯夺霁华。戏鼓侵明发。物色旧时同,情味中年别。　浅画镜中眉,深拜楼西月。人散市声收,渐入愁时节。

俞陛云结合陈敬叟其人而论之:"后村序《陈敬叟集》云:'旷达如列御寇、庄周,饮酒如阮嗣宗、李太白,笔札如谷子云,行草篆隶如张颠、李潮,乐府如温飞卿、韩致光。'推许甚至。此词云戏赠者,殆以敬叟之旷达,而情入中年,易萦旧感,人归良夜,渐入愁乡,其襟怀亦不异常人,故戏赠之。"②以陈敬叟的旷达、豪放,却仍有温庭筠、韩偓的情怀,襟怀不异常人。元夕之时,戏中作庄语,可见刘克庄对时岁流走的中年情味的真实感受,仍是"旨正而语有致"。

《贺新郎》(端午)既写节令风俗,又就史议论:

深院榴花吐。画帘开、練衣纨扇,午风清暑。儿女纷纷夸结束,新样钗符艾

---

① 俞陛云:《唐五代两宋词选释》,第468页。

② 俞陛云:《唐五代两宋词选释》,第473页。

虎。早已有、游人观渡。老大逢场慵作戏,任陌头、年少争旗鼓。溪雨急,浪花舞。 灵均标致高如许。忆生平、既纫兰佩,更怀椒糈。谁信骚魂千载后,波底垂涎角黍。又说是、蛟馋龙怒。把似而今醒到了,料当年、醉死差无苦。聊一笑,吊千古。

钗符艾虎,游人观龙舟竞渡,都为端午所特有,对自己因年华老大而懒于逢场作戏,只有当看客的份儿,写得很真切。下片就历史而发议论:屈原如在今天醒来,对当年事恐怕宁可醉死也不投江,实有自己对现实的感慨。诚如杨慎《词品》所说:"此一段议论,足为三闾千古知己。"又如黄苏所云:"非为灵均雪耻,实为无识者下一针砭,思理超超,意在笔墨之外,可细玩之。"[①]节令的情致与大胆的假设结合一起,使"聊一笑"成为了严肃的思考,"旨"与"致"的结合令人赞叹。

即使是发牢骚、写狂态之词,仍是寓愤懑于谐谑,在"另类"的情致中,不失为旨正意深。如《一剪梅》(袁州解印):

陌上行人怪府公。还是诗穷。还是文穷。下车上马太匆匆。来是春风。去是秋风。 阶衔免得带兵农。嬉到昏钟。睡到斋钟。不消提岳与知宫。唤作山翁。唤作溪翁。

和另一首《一剪梅》(余赴广东,实之夜饯于风亭):

束缊宵行十里强。挑得诗囊。抛了衣囊。天寒路滑马蹄僵。元是王郎。来送刘郎。 酒酣耳热说文章。惊倒邻墙。推倒胡床。旁观拍手笑疏狂。疏又何妨。狂又何妨。

刘克庄之似辛弃疾,亦有稼轩继承屈骚传统之意在。如果说前引的《摸鱼儿》(海棠)多少阑入了身世之感,那么《长相思》(惜梅)则似有君国之慨:

寒相催。暖相催。催了开时催谢时。丁宁花放迟。 角声吹。笛声吹。吹了南枝吹北枝。明朝成雪飞。

此词题为惜梅,而所惜既因梅花,又隐含他意。上片从梅花的被寒暖相催而发,催发又催谢,因此而突发令花迟开之想。下片从角声的《大梅花》、《小梅花》,到笛曲的《梅花落》,写出在这些与梅花相关的乐曲声中,先吹落了南方的梅花,再吹落北方,到明天都成飘飞的雪片。词表惜梅之情,词旨甚正而又很有情致,倘结合时局及

① 黄苏:《蓼园词评》,《词话丛编》,第3093页。

作者的情怀，则又能作国家命运的联想，因为词中似乎透出了对南宋小朝廷难以长保的隐忧。

类似的还有《卜算子》：

片片蝶衣轻，点点猩红小。道是天公不惜花，白种千般巧。　朝见树头繁，暮见枝头少。道是天公果惜花，雨洗风吹了。

上片写花的娇美可爱，用揣度的口吻作议论，避免了平板，写天公造物而独钟情于花朵，为下片设下埋伏。下片写花儿朝繁而暮少，因之而发问：如果说天公果真惜花，为什么让她雨打风吹了呢？词中先扬后抑，对花的命运发问，责难于天，很能令人想到作者受压制打击、无从报国、横遭摧残的命运，所以，其身世之感的寄托，应显于《摸鱼儿》(海棠)。

《贺新郎》(席上闻歌有感)是后村词中比兴寄托的典型之作：

妾出于微贱。小年时、朱弦弹绝，玉笙吹遍。粗识国风关雎乱，羞学流莺百啭。总不涉、闺情春怨。谁向西邻公子说，要珠鞍、迎入梨花院。身未动，意先懒。　主家十二楼连苑。那人人、靓妆按曲，绣帘初卷。道是华堂箫管唱，笑杀鸡坊拍衮。回首望、侯门天远。我有平生《离鸾操》，颇哀而不愠微而婉。聊一奏，更三叹。

此词大约作于奉祠归居莆田乡里之时，借席上闻歌，抒发其曲高和寡、怀才不遇之叹。词中全作歌女的口吻自陈：先说自己的出身、从艺，虽精通乐器，却取《国风·关雎》之正声，不作流莺百啭、闺情春怨之淫丽，胸中泾渭分明，自有准则；次说被邀至邻家公子演唱，自己不为珠鞍、梨花院的富贵所动，主人家所蓄靓妆诸妓演唱俗曲，自己与之趣味不同，正声不为所赏，终于遭逐，从中可见不为荣利所动的品质，不趋时媚俗的性格；最后再以“我有平生《离鸾操》”，表明坚持高洁操守之志和自伤怀抱之情。此词因善用比兴，故能与“温柔敦厚”的诗教精神相合，确实是“颇哀而不愠微而婉”。作者屡遭迫害，四次罢官，虽“回首望、侯门天远”，却始终坚持政治理想与处世原则，结合其为人、经历，知其人而论其世，其寓意是可以绝对肯定的。

上词以“美人”寓托怀抱操守，《昭君怨》(牡丹)则以“香草”寄寓对国事之伤：

曾看洛阳旧谱，只许姚黄独步。若比广陵花，太亏他。　旧日王侯园圃，今日荆榛狐兔。君莫说中州，怕花愁。

此词以咏物寄“黍离之悲”。姜夔自度曲《扬州慢》以实地命名，刘克庄此词选择《昭君怨》为调，应具深意。王昭君和亲远嫁匈奴，靖康事变时，徽钦二帝被掳北行，后妃相从流落金国，南宋的爱国诗人、词人每念及此，无不感到愤懑悲伤，姜夔的咏梅名篇《疏影》有“昭君不惯胡沙远，但暗忆江南江北”之句。刘克庄此词既用《昭君怨》调名，又咏牡丹命运，两相结合，有很深的托喻。欧阳修《洛阳牡丹记》指出牡丹以姚黄、魏紫最名贵，此词独以姚黄代指洛阳牡丹的名品，头两句点出了花中之王牡丹，以姚黄独步天下，三四句换意，说如果比起扬州的名花琼花和芍药来，洛阳牡丹就太亏了，为什么呢？因为扬州虽经战火，毕竟还在宋金边界的淮河以南，在南宋一侧，而洛阳却在沦陷区。过片“旧日王侯园圃，今日荆榛狐兔”是中原地区的今昔对照，因之“黍离之悲”油然而出，因对中州爱之太深，又因未能收复而感到有愧，移情于花，深表关切，故以“君莫说中州，怕花愁”作结。

对于辛派词人，冯煦论道：“后山、懒窟、审斋、石屏诸家，并娴雅有馀，绵丽不足，与卢叔阳、黄叔旸之专尚细腻者，互有短长。提要之论后山、石屏，皆谓其以诗为词；然后山笔力甚健，要非式之所可望也。”[①]而郑骞则云：“改之粗犷，后村肤廓，去稼轩远甚，后人有辛刘并称者，可谓拟不于伦。后村虽才情略歉，品格尚高，改之则江湖清客之流。”[②]虽持论皆过苛，但比较辛派诸人，以刘克庄的地位高于刘过、戴复古，所说还是较为公正的。

四、其他后期辛派词人

后期辛派词人较多，此处拟将对这一流派的论述，延伸至宋末刘辰翁出现之前，择其相对重要者而论。

洪咨夔(1176—1236)，字舜俞，号平斋，于潜(今浙江临安)人。嘉泰二年(1202)进士。授如皋主簿。崔与之帅淮东，辟置幕府，后随崔至蜀，通判成都府，知龙州。理宗即位，召为秘书郎。忤史弥远，罢归。弥远死，召为礼部员外郎，历官至刑部尚书、翰林学士、知制诰。卒谥忠文。《宋史》有传。有《平斋集》三十二卷，《平斋词》一卷。

《四库全书总目》所说颇能知人论世：“咨夔以才艺自负，新第后上书卫王，自宰相至州县，无不捃摭其短。遂为时相所忌，十年不调。故其词淋漓激壮，多抑塞磊落之感，颇有似稼轩、龙洲者。”[③]况周颐承此说并益之曰：“按《四库全书提要》云：‘《平斋词》颇有似稼轩、龙洲者。’今阅洪词，细审之，其中怀所蕴蓄、郁郁不能自已，及至放笔为词，慷慨淋漓，自然与辛、刘契合，非刻意模仿辛、刘也。”[④]

录其《沁园春》(寿俞紫薇)：

诗不云乎，蒹葭苍苍，白露为霜。看高山乔木，青云老干，英华滋液，亦敛而藏。匠石操斤游林下，便一举采之充栋梁。须知道，是天将大任，翕处还张。

---

① 冯煦：《蒿庵论词》，《介存斋论词杂著·复堂词话·蒿庵论词》，第65页。
② 郑骞：《成府谈词》，《词学》第十辑，第154页。
③ 永瑢等：《四库全书总目》卷一九八，第1818页。
④ 况周颐：《历代词人考略》卷三六，《蕙风词话·广蕙风词话》，第375页。

薇郎玉佩丁当。问何事午桥花竹庄。又星回岁换，腊残春浅，锦熏笼紫，栗玉杯黄。唤起东风，吹醒宿酒，把甲子从头重数将。明朝去，趁传柑宴近，满袖天香。

再录《沁园春》(用周潜夫韵)：

秋气悲哉，薄寒中人，皇皇何之。更黄花吹雨，苍苔滑屐，栏空斗鸭，床老支龟。静里跫音，明边眉睫，蹴踏星河天脱靰。清谈久，顿两忘妍丑，嫫姆西施。濂溪家住江湄。爱出水芙蓉清绝姿。好光风霁月，一团和气，尸居龙见，神动天随。著察工夫，诚存体段，个里语言文字非。君家事，莫空将太极。散打图碑。

其词的特点如李调元所说："洪咨夔《平斋词》，喜用成语作起句。如《沁园春》云：'诗不云乎，蒹葭苍苍，白露为霜。'又云：'归去来兮，杜宇声声，道不如归。'皆极自然。按《宋史》，公毁邓艾祠，更祠诸葛武侯。告其民曰：'毋事仇雠而忘父母。'其忠鲠直亮可知。故其词轩轩多爽致。"[①]不可讳言，平斋词虽工于发端，却有首尾不称之病。冯煦即指出："平斋工于发端，其《沁园春》凡四首……皆有振衣千仞气象；惜其下并不称。"[②]

岳珂(1183—1242?)，字肃之，号亦斋、倦翁、东几。相州汤阴(今属河南)人。岳飞孙。官至户部侍郎、淮东总领兼制置使。著有《棠湖诗稿》、《愧郯录》、《桯史》、《金陀粹编》等。词有周泳先辑《玉楮词》一卷。

录《祝英台近》(北固亭)：

澹烟横，层雾敛。胜概分雄占。月下鸣榔，风急怒涛飐。关河无限清愁，不堪临鉴。正霜鬓、秋风尘染。　漫登览。极目万里沙场，事业频看剑。古往今来，南北限天堑。倚楼谁弄新声，重城正掩。历历数、西州更点。

杨慎认为："此词感慨忠愤，与辛幼安'千古江山'一词相伯仲。"[③]而《古今词统》云："槎枒垒块，不减乃祖之《满江红》。"[④]

黄机，字几仲，一云字几叔，东阳(今属浙江)人。尝仕宦州郡。与岳珂唱酬。有《竹斋诗馀》一卷。

《四库全书总目》云："其游踪则多在吴、楚之间，而与岳总干以长调唱酬为尤夥。总干者，岳飞之孙珂也，时为淮东总领兼制置使。岳氏为忠义之门，故机所赠词，亦皆

---

① 李调元：《雨村词话》卷三，《词话丛编》，第1425页。
② 冯煦：《蒿庵论词》，《介存斋论词杂著·复堂词话·蒿庵论词》，第68页。
③ 杨慎：《词品》卷五，《渚山堂词话·词品》，第147页。
④ 卓人月、徐士俊辑：《古今词统》卷一一，《续修四库全书》集部第1729册，第31页。

沈郁苍凉,不复作草媚花香之语。”[①]其《满江红》大概作于宋理宗绍定末年金衰元盛之时,词中主张不失时机,努力北伐:

万灶貔貅,便直欲、扫清关洛。长淮路、夜亭警燧,晓营吹角。绿鬓将军思饮马,黄头奴子惊闻鹤。想中原、父老已心知,今非昨。　狂鲵剪,於菟缚。单于命,春冰薄。政人人自勇,翘关还槊。旗帜倚风飞电影,戈铤射月明霜锷。且莫令、榆柳塞门秋,悲摇落。

《霜天晓角》(仪真江上夜泊):

寒江夜宿。长啸江之曲。水底鱼龙惊动,风卷地、浪翻屋。　诗情吟未足。酒兴断还续。草草兴亡休问,功名泪、欲盈掬。

《四库全书简明目录》称黄机“才气磊落,多与岳珂以长调唱酬,极激楚苍凉之致。”[②]以上可见所说不虚。

葛长庚(1194—?),字白叟,号海琼子,闽清(今属福建)人。幼时父死母嫁,弃家至雷州,继白氏后,更名白玉蟾。后入武夷山修道。宁宗嘉定中,诏征赴阙,馆太乙宫,封紫清明道真人。全真教尊为南五祖之一。善篆隶草书。有《海琼集》四十卷,词有《玉蟾先生诗馀》一卷。

录《酹江月》(武昌怀古):

汉江北泻,下长淮、洗尽胸中今古。楼橹横波征雁远,谁见鱼龙夜舞。鹦鹉洲云,凤凰池月,付与沙头鹭。功名何处,年年惟见春絮。　非不豪似周瑜,壮如黄祖,亦随秋风度。野草闲花无限数,渺在西山南浦。黄鹤楼人,赤乌年事,江汉亭前路。浮萍无据,水天几度朝暮。

杨慎称:“此调雄壮,有意效坡仙乎。”[③]《古今词统》认为:“正与坡公‘赤壁怀古’相为表里。”[④]陈廷焯云:“真人词一片热肠,不作闲散语,难见其高。”[⑤]潘飞声说:“怀古词须感慨淋漓,读之令人神往,斯称杰作。”[⑥]以此词合于这一标准。

吴潜(1196—1262),字毅夫,号履斋,宣州宁国(今属安徽)人。宁宗嘉定十年

---

① 永瑢等:《四库全书总目》卷一九九,第1820页。
② 永瑢等:《四库全书简明目录》卷二〇,第898页。
③ 杨慎:《词品》卷二,《渚山堂词话·词品》,第78页。
④ 卓人月、徐士俊辑:《古今词统》卷一三,《续修四库全书》集部第1729册,第82页。
⑤ 陈廷焯:《词则·别调集》卷二,第648页。
⑥ 潘飞声:《粤词雅》,《词话丛编》,第4893页。

(1217)举进士第一,授签镇东军节度判官,累官至太府卿。历知建康、隆兴、平江、临安等府,后为翰林学士,知制诰兼侍读等,理宗淳祐十一年(1251)拜右丞相兼枢密使,次年以观文殿大学士提举洞霄宫,开庆元年(1259)召拜特进左丞相,封庆国公,改封许国公。忤理宗,责授化州团练使,循州安置,卒赠少师。《宋史》有传。有《履斋遗集》,词集名《履斋诗馀》。

《四库全书总目》说吴潜"其诗馀则激昂凄劲兼而有之,在南宋不失为佳手"[①],对吴潜词的风格特点所言甚当。理解其词这一特点,当结合时势与作者的经历来看。理宗当政时,南宋与蒙古军夹击金军,攻破蔡州,金亡。南宋政权本想利用时机收复黄河以南地区,结果三京(东京开封府,西京河南府,南京应天府)未能夺回,反被反攻洛阳的蒙古军打得大败,蒙古以此为借口,对南宋发动了大规模进攻。自此四十多年间,蒙古政权一直对南宋虎视眈眈。理宗开庆元年(1259),蒙军包围鄂州,形势危殆,吴潜任左相。理宗命贾似道领兵救鄂州,并拜为右相,全权指挥四川、湖广、两淮前线全部宋军。此时,蒙军已屡屡受挫,但贾似道却秘密遣使向忽必烈求和,遭拒。吴潜请理宗令贾似道移兵黄州,将鄂州防务另交他人。贾似道认定是吴潜有意加害于己,入朝后,利用吴潜与理宗在立太子问题上的矛盾,唆使人弹劾吴,理宗将吴潜罢相,流放循州(今广东龙川),并死于此地。

吴潜的词,虽吐露其抱负,却为难有作为而自悲,如《满江红》(送李御带珙):

红玉阶前,问何事、翩然引去。湖海上、一汀鸥鹭,半帆烟雨。报国无门空自怨,济时有策从谁吐。过垂虹亭下系扁舟,鲈堪煮。　拚一醉,留君住。歌一曲,送君路。遍江南江北,欲归何处。世事悠悠浑未了,年光冉冉今如许。试举头、一笑问青天,天无语。

此词应是吴潜任平江知府时,为辞官后经过此地的李珙而作。"报国无门空自怨,济时有策从谁吐",道出了离朝引去的原因所在。虽谢章铤云:"吴毅夫《满江红》'报国无门','济时有策',其自负何如!"[②]而杨慎说这两句"亦自道也"[③],更是说出了其中底里。

十年后,作《满江红》(豫章滕王阁),更写出其被贬的心情:

万里西风,吹我上、滕王高阁。正槛外、楚山云涨,楚江涛作。何处征帆木末去,有时野鸟沙边落。近帘钩、暮雨掩空来,今犹昨。　秋渐紧,添离索。天正远,伤飘泊。叹十年心事,休休莫莫。岁月无多人易老,乾坤虽大愁难著。向黄

---

① 永瑢等:《四库全书总目》卷一六三,第1398页。
② 谢章铤:《赌棋山庄词话》卷一一,《词话丛编》,第3465页。
③ 杨慎:《词品》卷五,《渚山堂词话·词品》,第144页。

昏、断送客魂消，城头角。

此词写于淳祐七年(1247)，十年来他多次落职，近六年多被罢乡居，刚复官不久，又被贬谪，所以“十年心事，休休莫莫”表现出往事不堪回首的痛楚，与滕王阁所见的恢宏景象相生发，尤显深广沉重。

再看其《满江红》(送陈方伯上襄州幕府)：

露驿星程，又还控、西风征辔。原自有、孔璋书檄，元龙豪气。蜀道尚惊鼙鼓后，神州正在干戈里。佐元戎、一柱稳擎天，襄之水。　功名事，山林计。人易老，时难值。看新丝一发，甚吾衰矣。转首从游十五载，关心契阔三千里。便秋空、边雁落江南，书来未。

此词关涉时势，明写“蜀道尚惊鼙鼓后，神州正在干戈里”，显见作者为国事而忧，却同样是“功名事，山林计。人易老，时难值”。因自己的衰老无为，只能寄望于朋友的“佐元戎、一柱稳擎天，襄之水”，由此可见对襄阳战略地位的重视，不失为政治家之词。同时，此词也带有稼轩式的“变温婉，成悲凉”特点。

《满江红》(金陵乌衣园)写游园而转为怀古，写得沉郁悲凉：

柳带榆钱，又还过、清明寒食。天一笑、满园罗绮，满城箫笛。花树得晴红欲染，远山过雨青如滴。问江南、池馆有谁来，江南客。　乌衣巷，今犹昔。乌衣事，今难觅。但年年燕子，晚烟斜日。抖擞一春尘土债，悲凉万古英雄迹。且芳尊、随分趁芳时，休虚掷。

陈霆评之曰：“史称履斋为人豪迈，不肯附权要，然则固刚肠者。而‘抖擞’、‘悲凉’等句，似亦类其为人。”①

吴潜的登临怀古词，多见壮阔苍凉，确是“激昂凄劲兼而有之”的风格。如《水调歌头》(焦山)：

铁瓮古形势，相对立金焦。长江万里东注，晓吹卷惊涛。天际孤云来去，水际孤帆上下，天共水相邀。远岫忽明晦，好景画难描。　混隋陈，分宋魏，战孙曹。回头千载陈迹，痴绝倚亭皋。惟有汀边鸥鹭，不管人间兴废，一抹度青霄。安得身飞去，举手谢尘嚣。

及其姊妹篇《沁园春》(多景楼)：

---

① 陈霆：《渚山堂词话》卷一，《渚山堂词话·词品》，第11页。

第一江山，无边境界，压四百州。正天低云冻，山寒木落，萧条楚塞，寂寞吴舟。白鸟孤飞，暮鸦群注，烟霭微茫锁戍楼。凭阑久，问匈奴未灭，底事菟裘。
回头。祖敬何刘。曾解把功名谈笑收。算当时多少，英雄气概，到今惟有，废垅荒丘。梦里光阴，眼前风景，一片今愁共古愁。人间事，尽悠悠且且，莫莫休休。

吴潜婉约词不少，录《南柯子》：

池水凝新碧，阑花驻老红。有人独立画桥东。手把一枝杨柳、系春风。
鹊绊游丝坠，蜂拈落蕊空。秋千庭院小帘栊。多少闲情闲绪、雨声中。

陈人杰(1218—1243)，又名经国，号龟峰，长乐(今福建福州)人。多次应举不第，曾游历两淮湖湘，寓居临安。有《龟峰词》一卷。

陈人杰有经世抱负却报国无门，存词三十一首，皆为《沁园春》调。其词笔力雄健，慷慨激昂中又常露悲凉，与辛弃疾相近。他对韩愈奖掖后进十分倾心，为世无韩愈而不平。故《沁园春》有长题序：

予以为古今词人抱负所有，妍媸长短，虽已自信，亦必当世名巨为之印可，然后人信以传。昔刘叉未有显称，及以雪车、冰柱二篇为韩文公所赏，一日之名，遂埒张孟。予尝得叉遗集，观其馀作，多不称是。而流传至今，未就泯灭者，以韩公所赏题品尔。今才士满世，所负当不止叉如，然而奖借后进，竟未有如韩公者。才难，不其然，有亦未易识。诵山谷之诗，不觉喟然。因作思古人一曲。他时倘遇知己，无妨反骚。

词云：

不恨穷途，所恨吾生，不见古人。似道傍郭泰，品题季伟，舟中谢尚，赏识袁宏。又似元之，与苏和仲，汲引孙丁晁李秦。今安在，但高风凛凛，坟草青青。
江东无我无卿。政自要胸中分渭泾。叹今人荣贵，只修边幅，斯文寂寞，终欠宗盟。面蹉长江，目迷东野，却笑韩公接后生。知音者，恨黄金难铸，清泪如倾。

另一首则是对“穷而后工”说的体会，历数古人，极见气势：

诗不穷人，人道得诗，胜如得官。有山川草木，纵横纸上，虫鱼鸟兽，飞动毫端。水到渠成，风来帆速，廿四中书考不难。惟诗也，是乾坤清气，造物须悭。
金张许史浑闲。未必有功名久后看。算南朝将相，到今几姓，西湖名胜，只说孤山。

象笏堆床，蝉冠满座，无此新诗传世间。杜陵老，向年时也自，井冻衣寒。

陈人杰关注世运，虽布衣而未忘忧国，其《沁园春》(丁酉岁感事)一首，令人想起当年的陈亮：

谁使神州，百年陆沉，青毡未还。怅晨星残月，北州豪杰，西风斜日，东帝江山。刘表坐谈，深源轻进，机会失之弹指间。伤心事，是年年冰合，在在风寒。

说和说战都难。算未必江沱堪宴安。叹封侯心在，鳣鲸失水，平戎策就，虎豹当关。渠自无谋，事犹可做，更剔残灯抽剑看。麒麟阁，岂中兴人物，不画儒冠。

许昂霄言其背景："按《宋纪》，丁酉为理宗嘉熙元年。是时金虽已亡，而蒙古兵方压境，诸镇皆弃官遁。词中所感，殆谓是欤。"[①]刘永济所论详而得当：

此词题为《丁酉岁感事》，考此丁酉，为理宗嘉熙元年。在此前三年，宋与元共灭金后，宋即仓卒进兵中原。元人遂藉口破坏盟约，连年出兵南侵。宋力不能御，又复彷徨于和战两端。此词所感之事，盖为国家一贯失策，以致志士无由为国展力，而国势愈趋不振，然己则以为时势尚有可为，当勉力图治也。首三句，追究误国之人，"晨星"二句，言北方豪杰虽思奋起，然已零落如"晨星残月"，无多人也。"西风"二句，则言南宋国势衰微也。"西风"、"斜日"，皆衰微之景象。合此四句观之，南北情况皆可叹息，故曰"怅"。"刘表"三句，言"坐谈"与"轻进"皆足贻误事机。"伤心"三句，言年年因循，不能定策，最可伤心。"冰合"、"风寒"，有《诗经》"北风"、"雨雪"之意。下半阕"说和"二句，言和、战两端固不易决，但必有自强之道，不可一味偷安江左也。"叹封侯"四句，言智谋之士扼于奸险小人而不得见于世也。"渠自"三句，言事尚有可为也。剔灯看剑，即有为之志郁而不申之表现。末三句，言儒生何尝不可立功，因举汉事为证。[②]

陈廷焯虽称姜夔"感慨全在虚处，无迹可寻"，认为"感慨时事，发为诗歌，便已力据上游。特不宜说破，只可用比兴体。即比兴中亦须含蓄不露，斯为沈郁，斯为忠厚"。他认为"若王子文之《西河》，曹西士之和作，陈经国之《沁园春》，方巨山之《满江红》、《水调歌头》、李秋田之《贺新凉》等类，慷慨发越，终病浅显"[③]，但其《词则·放歌集》评此词却说："议论纵横。胆大心雄，读之起舞。"[④]

辛派后期词人尚多，难以一一论列，兹引《白雨斋词话》所论，可从陈人杰而连带

① 许昂霄：《词综偶评》，《词话丛编》，第1561页。
② 刘永济：《唐五代两宋词简析》，第96–97页。
③ 陈廷焯著，屈兴国校注：《白雨斋词话足本校注》卷二，第123页。
④ 陈廷焯：《词则·放歌集》卷二，第351页。

诸人以观之：

> 陈龟峰《沁园春》（丁酉岁感事）云："谁使神州……"方巨山《满江红》云："倘只消、江左管夷吾，终须有。"又《水调歌头》云："莫倚阑干北，天际是神州。"张方叔《贺新凉》云："世上岂无高卧者，奈草庐、烟锁无人顾。"李广翁《贺新凉》云："落落东南墙一角，谁护山河万里。问人在玉关归未。老矣青山灯火客，抚佳期漫洒新亭泪。歌哽咽，事如水。"……此类皆慷慨激烈，发欲上指，词境虽不高，然足以使懦夫有立志。①

持论与前引之"慷慨发越，终病浅显"不同，也更为可取，由此而实可概言宋末之前、辛派后期诸多词人的共性。

① 陈廷焯著，屈兴国校注：《白雨斋词话足本校注》卷八，第597-598页。

第三章 风雅词派及其艺术独创

开禧北伐失败,嘉定和约签订,自此至南宋政权覆灭,共七十二年,可作为南宋后期。此期内,宋廷内部发展出权相政治,先是史弥远利用宋宁宗的懦弱无能和宋理宗的根基尚浅,把持朝政达二十六年之久,其中有二十四年为独相,约二十年后,又有贾似道主政十七年。在这两位强相专政时期,外部也发生了很大的变化:史弥远执政中期,宋金力量对比逆转,宋廷取得了第五次宋金战争的胜利,史临终前,作出了与蒙古军联合对金作战的决定。金的灭亡,意味着宿敌更换,经宋蒙长期的对峙、战争,在贾似道当政后期,南宋败而终至覆灭。

开禧北伐时,金虽赢得对宋战争的胜利,却也元气大伤,在与新兴的蒙古政权对抗中处于下风,被迫迁都南京开封(今河南开封)。南宋看到金朝力量衰落,在嘉定七年(1214)停止向金输纳岁币。三年后,金宣宗发动了第五次宋金战争,延续十多年之久。在遭到南宋军民的坚决抵抗后,金宣宗南侵失败。金哀宗即位,派使臣到南宋求和,被宋廷拒绝,双方虽结束战争,但仍处于敌对状态。史弥远死后,宋理宗亲政,此时,蒙古政权在对金作战中占得绝对优势,金的行都开封被围,金哀宗被迫出逃蔡州。宋蒙联军很快就攻破蔡州,金亡。宋廷企图利用时机恢复黄河以南的故土,派兵进驻三京(东京开封府,西京河南府,南京应天府),却因缺粮而无力与蒙古军战斗,致使三京溃败。蒙古军即以此为借口,发动了对南宋的大进攻。自此,开始了宋蒙之间长达四十多年的战争。

南宋先失去了四川大部和襄阳,却在东线取得胜利,形成了对峙局面,而蒙古军因进行第二次西征,兵力不足,战局暂得稳定。蒙哥汗掌权后,再次集中兵力攻宋,与忽必烈、兀良合台分兵三路南下。激战时,蒙哥汗死于军中,蒙古西路军被迫退兵。兀良合台与宋军在荆湖展开了激烈的对抗。攻打鄂州(今湖北武昌)的忽必烈听到蒙哥汗的死讯,急欲北归争夺汗位,答应了贾似道的请和要求而撤兵,贾似道谎报大捷,被宋理宗召到临安,入主朝政。宋理宗沉溺声色,宠信贵妃宦官,终被贾似道独擅朝政。

忽必烈得到汗位后,采纳南宋降将刘整的建议,将原先的西进战略,改为主攻长江中游,以重兵包围襄樊。公元1271年,忽必烈改国号为大元。襄樊被围五年,终于失陷,长江防御体系被打开大口,元丞相伯颜率兵沿江东下,水陆并进,沿江州府纷纷失守,宋军斗志全丧,相继降元。贾似道被迫集结十三万宋军,与元兵相拒于芜湖,伯颜拒绝求和,两军战于今安徽铜陵附近,宋军大败。贾似道被革职,死于被贬的流放途中。

元军攻下建康府,又在镇江府打败张世杰,很快就陈兵临安城下,皇太后等不顾文天祥、张世杰等人反对，于德祐二年(1276)带幼帝宋恭宗出降。陆秀夫、文天祥、张世杰等拥立宋度宗之子赵昰在福州即位，坚持在东南继续抗元。扬州守将李庭芝、姜才，潭州、静江、重庆等地守将也坚持抗战，不屈而死。张、陆护卫赵昰逃往海上，病死。文天祥战败被俘，后被押解到大都，英勇就义。张世杰、陆秀夫再拥立赵昺为帝，退至厓山(今广东台山与斗门间的海上)，陆秀夫负帝昺跳海而死，张世杰护卫杨太后，亦死于海中。南宋终于覆亡。

长逾七十年的南宋后期，虽辛派词的创作还在继续，主流却发生了转移。张炎云："旧有刊本《六十家词》，可歌可诵者，指不多屈。中间如秦少游、高竹屋、姜白石、史邦卿、吴梦窗，此数家格调不侔，句法挺异，俱能特立清新之意，删削靡曼之词，自成一家，各名於世。"①所特地指出的五家，仅秦观为北宋人，其馀皆出南宋，且都是后来被称作"风雅词派"的词人。风雅词派之名见于二十世纪四十年代出版的薛砺若《宋词通论》，后来周笃文的《宋词》一书(上海古籍出版社1980年版)再用此名，笔者以为这一名称较之于"格律词派"更能得其精神实质，故亦沿用之。薛砺若说："代表这个时期的，则为姜夔、史达祖、吴文英三个人；而尤以姜夔的地位更为重要。他以清超的诗人笔锋，写出一种'体制高雅'的歌曲……他从南渡后词风过于凌杂叫嚣的时期中，走上了一个风雅派正统派词人的平稳道路。他遂成为南宋词的唯一开山大师；也可以说是元、明、清以来的唯一词林巨擘。因为中国词学自南宋中末期一直到清代的终了，可以说完全是'姜夔的时期'。在此六百馀年中，代表最大多数的作家与词风的，无不奉姜夔为唯一的典范，以周邦彦为最终的指归。"②他还特地在"南宋词的唯一开山大师"底下加上一段小字："辛弃疾只能算是一种结束；于后期的影响，远无白石之伟异。"薛砺若将姜、史、吴三人称为风雅派的三大导师，是较为恰当的，故本章主要论述这三大家，并论其羽翼或追随者，以求较为准确地描述出他们的艺术分野与创作流变。

对前后期风雅词的划分，所据者主要是代表性词人活动的年代。如此，则姜夔、史达祖在孝宗后期、光宗和宁宗时期，吴文英活动于理宗时期。因而，可将孝宗后期及光、宁、理三宗的八十年左右作为风雅派前期。而以西湖吟社的成立为标志，则是宋代风雅词派的后期，恰为度宗朝到宋亡的十六年，词人的创作持续到入元以后，以周密、王沂孙与张炎为三大家。

朱彝尊说："世人言词，必称北宋。然词至南宋，始极其工，至宋季而始极其变。"③北宋词浑雅，南宋词精能，而南宋词在艺术上的"工"与"精能"，主要见于风雅词派，这一时期确实是宋词发展、转型的关键期，尤其是前期风雅词，更在艺术上具有不少独创性，故对后世，特别是清代词，有很大的影响。

---

① 张炎：《词源》，《词源注·乐府指迷笺释》，第9页。

② 薛砺若：《宋词通论》，第266–267页。

③ 朱彝尊：《词综·发凡》，朱彝尊、汪森编《词综》，第10页。

第一节 风雅词派形成的文化基础

姜夔、史达祖、吴文英都是才秀人微,却都在词史上有较大影响。姜夔长期漂泊江湖,依人为食,吴文英多作幕僚或清客,只有史达祖曾任中书省堂吏,却受韩侂胄牵连而被贬死。他们都未能以科举进身,在南宋这一地狭人稠的环境中,非仕非隐,所作的词多体现出当时江湖文化的色彩。史达祖对"好领青衫"的愤慨,姜夔对"文章信美知何用"的感叹,都透出此时文人的生存困惑,宋初文士的"仲夏夜之梦"确已难温。文化变迁既造成了他们的人生困境,也使之更重感情的自诉,更善于作咏物之词,无论是"清空",还是"质实",是"野云孤飞",还是"七宝楼台",是健笔柔情,还是奇秀清逸,在那以艺事人的文化环境中,促使了词人对自己词艺精益求精的追求,因而这一流派也是最讲求词法、音律的,以至被称为格律派。身份虽微而心气甚高,生成了姜夔的"晋宋风度",使人喻之为花中之梅,乐中之琴;而吴文英的运意深晦,用笔曲折,以及临近末世的伤感情绪,则在清末得到了知音,引起了回响。因此,在进入对此派词的艺术探寻之前,当先论其形成的文化基础。

一、民物康阜 受用清福

风雅派形成的文化基础之一是南宋雅文化的发展,并在物质与精神上都有全面的体现。

风雅词派之能成为此期词坛主宰,之所以在该派词中似乎看不到多少时代的风雨,除作者自身的原因外,更与长期的和平环境有关。孝宗签订隆兴和议后,宋金间有四十年和平,开禧北伐失败后,嘉定和约又使得两朝间"通好"十年。其后虽与蒙古有四十年的对峙、战争,由于战场主要在四川,对核心地区牵动不大。战争移至长江中游后,也对其他地方影响有限,尤其是以临安为中心的江浙一带,所受战争的创伤甚少。南宋偏安局面确实是用丧权辱国的条约换来的,统治者不顾"遗民泪尽"之苦痛,"南望王师"之殷切,也使得南方的"中兴"得以持续。

较长时期的和平与发展,使得"行在"临安极其繁盛,南宋人的笔记对此记载甚详,仅灌圃耐得翁《都城纪胜序》即可见一斑:"圣朝祖宗开国,就都于汴,而风俗典礼,四方仰之为师。自高宗皇帝驻跸于杭,而杭山水明秀,民物康阜,视京师其过十倍矣。虽市肆与京师相侔,然中兴已百馀年,列圣相承,太平日久,前后经营至矣,辐辏集矣,其与中兴时又过十数倍也。"[①]虽不免夸张,却正如《四库全书总目》所说,"考高宗驻跸临安,谓之'行在',虽湖山宴乐,已无志于中原,而其名未改……又史载端平元年,孟珙会元师灭金,是时旧敌已去,新衅未形,相与燕雀处堂,无复远虑。是书作于

① 灌圃耐得翁:《都城纪胜》,孟元老等《东京梦华录》(外四种),第75页。

端平二年，正文武恬嬉，苟且宴安之日，故竞趋靡丽，以至于斯”[①]。故林升《题临安邸》云：“山外青山楼外楼，西湖歌舞几时休？暖风熏得游人醉，直把杭州当汴州。”杭州的帝都气象、规模不及开封，而地理、气候、物产等条件则较优，加以文化积累、移风易俗，以及统治者努力经营，“山水明秀”自不必说，“民物康阜”确也渐过于旧都。以杭州为代表的南宋物质文化、精神文化的发展互为表里，其结果是：在城市经济大为发展的同时，市民文艺和俗文化非常发达，同时，雅文化的兴盛也表现在多个领域中。此处论后者。

先看物质文化的雅化。

从饮食说，从北宋的北方以食粟为主，转为南宋的南方食稻，稻农们培育出许多精美的稻米品种，如广东的丝苗米、齐眉稻、江西贡米、江苏薄稻等。而北人南迁后仍喜食麦面，此时南方的稻麦两熟制已很普遍，膏腴之地更有“苏湖熟，天下足”之说。稻与麦的粮食制品都较北宋更为雅致，以面食为例，北宋时多吃汤饼，类似于今天的面片汤，而到南宋末年，已经出现一种名为“药棋面”的挂面，薄如纸，细仅一分，其精致可知。而在麦面食物不断发展、翻新同时，米面食品的品种也不断增多，且多趋向细巧。从欧阳修诗《食糟民》的“田家种糯官酿酒”，可知北宋时糯米主要用于酿酒，而到南宋则发展出很多精美的糯米食品，如糍糕、粟粽、麻团、豆团、汤团、水团、蜜糕、糖糕、粟糕、乳糕、莲糕等，同时，由于以糯米取代黍秫成为主要酿酒原料，南宋时又多产糯米，到宋季时，至少已有五十多种酒[②]。茶主要产于南方，尤其是建茶久负盛名，到南宋时，种茶更多于北宋，制茶技术更高，龙团、龙凤、白乳、石乳、万春银叶、玉叶长春皆为茶中名品，且品茶之风转雅。茶以外的饮料还有漉梨浆、椰子酒、木瓜汁、皂儿水、绿豆水、苏饮、缩脾饮、卤梅水、江茶水等[③]，可谓“雅饮”甚多。

以园林言，李格非《洛阳名园记》记名园二十四处，《都城纪胜》记杭州园苑五十多处[④]，《梦粱录》卷一九《园囿》所载尤详，又说：“杭州苑囿，俯瞰西湖，高挹两峰，亭馆台榭，藏歌贮舞，四时之景不同，而乐亦无穷矣。”[⑤]从所记看，虽规模比洛阳小，但在亭台花木外，还有官窑碗碟，骨董古玩等，铺列堂右，显较北宋时雅致。《武林旧事》卷五的《湖山胜概》，记载杭州的园、囿、寺、观、楼、堂、院、坊、洞、庵、墓、塔、堤、桥、泉、井等[⑥]，都非常详尽，与湖山相得益彰，也是自有典雅之胜。而据《梦粱录》卷一八《花之品》，南宋时期花的品种极多，赏花吟诗，同湖山园林之游相结合[⑦]，文人的题咏，较之唐代诗人漫游“得江山之助”，自有“盛唐气象”的开阔雄奇与雅致精巧的不同。

---

① 永瑢等：《四库全书总目》卷七〇，第625页。
② 周密：《武林旧事》卷六，《东京梦华录》（外四种），第412–413页。
③ 西湖老人：《西湖老人繁胜录》，《东京梦华录》（外四种），第104页。
④ 灌圃耐得翁：《都城记胜》，《东京梦华录》（外四种），第87–88页。
⑤ 吴自牧：《梦粱录》卷一九，《东京梦华录》（外四种），第288页。
⑥ 周密：《武林旧事》卷五，《东京梦华录》（外四种），第377–403页。
⑦ 吴自牧：《梦粱录》卷一八，《东京梦华录》（外四种），第278–282页。

宋代日用器皿中以瓷器为雅，南宋时瓷器产地甚众，产品质量很高。临安的官窑瓷近于北宋官窑，景德镇所产则远胜北宋时期，浙南产青瓷，福建沿海亦产青瓷，广州和潮州的瓷器亦有特色。龙泉窑的青瓷、景德镇的青白瓷，均负盛名。

文房四宝最能见出宋人雅文化的发展。宋代的造纸原料所采甚广，成都、徽州、建阳等是著名的纸张产地，相应的纸中名品有蜀笺、徽州龙须纸等。南宋纸业更比北宋发达，江浙纸、建阳纸和蜀纸、皖纸都各具特色，所造纸有厚薄、粗细、或白色、或自然色之分，色笺尤具特色，除红笺最为流行外，尚有紫、褐、碧、黄等色，书画家多有人定制精致的纸张、花笺。宋之徽墨极为精美，松烟自是名品，此外，又用桐油油烟为原料，还加入香料来制作。北宋名笔，沿唐人而为宣州紫毫，南宋的制笔中心易为吴兴，使得"湖笔甲天下"。唐人以端石、歙石、洮河石制砚，宋代进而有端、歙、洮、红丝石四大名砚之称。

再看精神生活的雅化。

王国维曾说："天水一朝，人智之活动与文化之多方面，前之汉唐，后之元明，皆所不逮也。"又说："汉唐元明时人之于古器物，决不能有宋人之兴味，故宋人于金石书画之学乃陵跨百代。近世金石之学复兴，然于著录考订皆本宋人成法，而于宋人多方面之兴味反有所不逮，故虽谓金石学为有宋一代之学无不可也。"①不仅是对金石及其他古器物，"人智之活动"又带上"雅玩"心态，使得宋代发展出许多"清玩"。南宋光宗时期，赵希鹄对当时"人智之活动"、"清玩"叙之甚详，且文中充满了赏玩的雅趣："……殊不知吾辈自有乐地。悦目初不在色，盈耳初不在声。尝见前辈诸老先生，多蓄法书、名画、古琴、旧研，良以是也。明窗净几，罗列布置，篆香居中，佳客玉立相映，时取古人妙迹，以观鸟篆蜗书，奇峰远水；摩挲钟鼎，亲见商周。端研涌岩泉，焦桐鸣玉佩，不知身居人世，所谓受用清福，孰有逾此者乎！是境也，阆苑瑶池，未必是过。"②赵氏所说，虽包括两宋，但因为他是南宋人，故更见此时的文人心态、情趣。

由于造纸术的进步，雕版印刷的普及，尤其是活字印刷的发明，宋代书籍的印行、流通远非前代可比。北宋刻印书籍很多，从事刻书业的私人甚众，雕版印刷业蓬勃发展，开封、成都、杭州等地最为发达。南宋的雕版印刷业比北宋更见发展，除中央和地方政府从事刻印书籍业外，各地的书坊，甚至寺院，都参与其事。杭州的刻书业自不必说，苏州、饶州、抚州、婺州、建州、成都也是当时的刻书业中心，两浙、福建、江西、四川则是印刷业的发达地区。南宋的雕版书籍，无论数量还是质量，与后来的明、清两朝相比，都堪称有过之而无不及。从国家的藏书而言，因靖康之难，造成了文物、书籍的大量流失、被毁，宋廷南渡之初，就极力搜寻图书。据《文献通考》卷一七四《经籍》一记载，至孝宗淳熙五年(1178)，《中兴馆阁图书》所列秘书省藏书已达44 686卷，至宁宗嘉定十三年(1220)，总数达到59 429卷，且太常、太史、博士藏书尚不在此列。关

---

① 王国维：《宋代之金石学》，分见《王国维遗书》第5册，《静安文集续编》，第70,75页。
② 赵希鹄：《洞天清禄集·序》，丛书集成初编本，中华书局1985年版，第1页。

于宋代的私人藏书情况，由周密即可知，其《齐东野语》自称家中三世积累，有书凡四万二千馀卷，周密学问之博、著作之多，与其藏书之富大有关系。

与物质文化、精神文化相关，而近于制度文化的是民俗节序活动，关于此，南宋时期也胜于北宋。吴自牧《梦粱录》记载了自正月元旦至腊月除夜的诸多节序名目，至周密《武林旧事》，除记载国家大典、仪式外，对立春、元夕、灯品、挑菜、进茶、赏花、祭扫、浴佛、迎新、端午、中秋、观潮、重九、赏雪、岁除等，有更为深细详明的介绍。其卷十《张约斋赏心乐事》记载了张镃罗列自己一年十二个月的赏心乐事，竟然有一百三十九件之多，其中如“三月季春”条就有：生朝家宴、曲水修禊、花院观月季、花院观桃柳、寒食祭先扫松、清明踏青郊行、苍寒堂西赏绯碧桃、满霜亭北观棣棠、碧宇观笋、斗春堂赏牡丹芍药、芳草亭观草、宜雨亭赏千叶海棠、花院蹴秋千、宜雨亭北观黄蔷薇、花院赏紫牡丹、艳香馆观林檎花、现乐堂观大花、花院尝煮酒、瀛峦胜处赏山茶、经寮斗新茶、群仙绘幅楼下赏芍药等，其他如西湖泛舟、霞川观云、湖山寻桂、群仙绘幅楼观月、九日登高把萸、苏堤上玩芙蓉、诗禅堂试香、绘幅楼削雪煎茶、天街阅市、家宴试灯等，都属雅事。[①]而周密《齐东野语》则又有对张镃家中举办牡丹会的详细记载：

> 张镃功甫，号约斋，循忠烈王诸孙，能诗，一时名士大夫，莫不交游，其园池声妓服玩之丽甲天下……王简卿侍郎尝赴其牡丹会云：“众宾既集，坐一虚堂，寂无所有。俄问左右云：‘香已发未?’答云：‘已发。’命卷帘，则异香自内出，郁然满坐。群妓以酒肴丝竹，次第而至。别有名姬十辈皆衣白，凡首饰衣领皆牡丹，首带照殿红一枝，执板奏歌侑觞，歌罢乐作乃退。复垂帘谈论自如，良久，香起，卷帘如前。别十姬，易服与花而出。大抵簪白花则衣紫，紫花则衣鹅黄，黄花则衣红，如是十杯，衣与花凡十易。所讴者皆前辈牡丹名词。酒竟，歌者、乐者，无虑数百十人，列行送客。烛光香雾，歌吹杂作，客皆恍然如仙游也。”[②]

虽如张镃者不多，但是，在“民物康阜”的杭州，“受用清福”或艳福，已经在南宋成为了一种潮流。

二、寄兴适情　晋人风雅

文艺创作潮流的改变，虽或出于某些领袖人物的倡导，但之所以能成为时风众势，更是得之于“众”，在南宋，俗文艺之兴盛，自与勾栏瓦子之多，听众观众之需有关，而文艺的雅化，则与文人结社大有关系。

中唐时期，刘禹锡、白居易在东都洛阳常有诗酒之会，二人的词，就是彼此的酬唱。北宋初，文彦博、富弼等人组成“洛阳耆英会”，经常相聚，赋诗饮酒，由于与会者

---

① 周密：《武林旧事》，《东京梦华录》（外四种），第456–459页。

② 周密：《齐东野语》卷二〇，《宋元笔记小说大观》，第5683–5684页。

多系政坛的退休耆老，并非文人结社。元祐时期，驸马都尉王诜的家，曾有众多知名文人的“西园雅集”，谈文论艺，参禅悟道，却仍非结社。晁端礼词《醉蓬莱》下片云：“因念当时，乱花深径，画楫环溪，屡陪欢醉。踪迹飘流，顿相望千里。水远山高，雁沉鱼阻，奈信音难寄。吟社阑珊，酒徒零落，重寻无计。”词中的“吟社”当是文人所结之社，可见北宋末年已有结社活动。若比较《东京梦华录》和南宋时的笔记，可看到北宋与南宋的不同，其中之一就是南宋的临安城有明确的文人结社记载，而旧时东京却没有。有论者推测其形成原因：“宋室南渡以后，文人结社的风气越来越盛行。大约是受到工商业行社和艺人行社的影响，一些志同道合的文士也各自结成团体，也名之为社。”[①]至宋末，诗社、词社更盛，其中最著名的就是西湖吟社。吴自牧《梦粱录》载：“文士，有西湖诗社，此乃行都搢绅之士及四方流寓儒人，寄兴适情赋咏，脍炙人口，流传四方，非其他社集之比。”[②]从文人所作看，“徐集孙《竹所吟稿》有《寄怀里中诸社友》、《寄里中社友》。又《中兴群公吟稿》戊集卷四有高九万《清明日招社友》、叶茵《顺适堂吟稿》，丁集有《寄社友》，李涛《蒙泉诗稿》有《诗社中有赴补者》，楼钥《攻媿集》卷六有《适斋约同社往来，无事形迹，次韵》，邓充端专门有《题社友诗稿》等，虽未曰诗社之名，但反映了集社之实”。[③]

南宋人的词中，常见写及词社及活动。仅以史达祖为例，其《点绛唇》有小序：“六月十四日夜，与社友泛湖过西陵桥，已子夜矣。”词中有“钓船归尽，桥外诗心迥”句，可见游兴不浅。《东风第一枝》亦有小序“壬戌闰腊望，雨中立癸亥春，与高宾王各赋”，当系与高观国的社中之咏，下片的“今夜觅、梦池秀句。明日动、探花芳绪。寄声沽酒人家，预约俊游伴侣”。“俊游伴侣”自是社友，其诗酒风流的生活可见。又《贺新郎》(六月十五日夜西湖月下)写道：

> 同住西山下。是天地中间，爱酒能诗之社。船向少陵佳处放，尘世必无知者。暑不到、雪宫风榭。楚竹忽然呼月上，被东西，几叶云萦惹。云散去，笑声罢。　　清尊莫为婵娟泻。为狂吟醉舞，毋失晋人风雅。踏碎桥边杨柳影，不听渔樵闲话。更欲举、空杯相谢。北斗以南如此几，想吾曹、便是神仙也，问今夜，是何夜。

词中“爱酒能诗之社”，透露出结社的信息，全词写了月下泛湖的活动，而“为狂吟醉舞，毋失晋人风雅”，说明即使是大家的狂吟醉舞，仍不失其风雅。《龙吟曲》(陪节欲行留别社友)是明说“留别社友”之词：

① 萧鹏：《西湖吟社考》，《词学》第七辑，华东师范大学出版社1989年版，第88页。
② 吴自牧：《梦粱录》卷一九，《东京梦华录》(外四种)，第292页。
③ 沈松勤：《唐宋词社会文化学研究》，浙江大学出版社2004年第2版，第213页。

道人越布单衣，兴高爱学苏门啸。有时也伴，四佳公子，五陵年少。歌里眠香，酒酣喝月，壮怀无挠。楚江南，每为神州未复，阑干静、慵登眺。　今日征夫在道。敢辞劳、风沙短帽。休吟稷穗，休寻乔木，独怜遗老。同社诗囊，小窗针线，断肠秋早。看归来，几许吴霜染鬓，验愁多少。

从词中可见，虽因"陪节"而欲出使金国，故感慨"楚江南，每为神州未复，阑干静、慵登眺"，但词中还是对"有时也伴，四佳公子，五陵年少。歌里眠香，酒酣喝月"的社中生活津津乐道。

由于奉行"为狂吟醉舞，毋失晋人风雅"的准则，故社中之作，多以求雅为原则。再看史达祖的《齐天乐》(湖上即席分韵得羽字)：

鸳鸯拂破蘋花影，低低趁凉飞去。画里移舟，诗边就梦，叶叶碧云分雨。芳游自许。过柳影闲波，水花平渚。见说西风，为人吹恨上瑶树。　阑干斜照未满，杏墙应望断，春翠偷聚。浅约挼香，深盟捣月，谁是窗间青羽。孤筝雁柱。问因甚参差，暂成离阻。夜色空庭，待归听俊语。

不仅"画里移舟，诗边就梦"是极其雅致的意境，全词均亦工丽典雅。

吴文英的《梦窗四稿》中未见明示的社中题咏，其"分韵"之作颇多，或系作幕僚时与幕友之作，亦与词社之作为近。

姜夔词中未见结社事，但其词小序却常可见与游伴寻幽访胜、文酒之会，情趣也与诗社、词社相近。如《湘月》小序：

……丙午七月既望，声伯约予与赵景鲁、景望、萧和父、裕父、时父、恭父，大舟浮湘，放乎中流……坐客皆小冠练服，或弹琴，或浩歌，或自酌，或援笔搜句……

《清波引》小序：

予久客古沔，沧浪之烟雨，鹦鹉之草树，头陀、黄鹤之伟观，郎官、大别之幽处，无一日不在心目间；胜友二三，极意吟赏……

《庆宫春》小序云，绍兴辛亥除夕，别范成大归吴兴。雪夜过垂虹作诗，五年之后，"复与俞商卿、张平甫、銛朴翁自封禺同载诣梁溪，道经吴松，山寒天迥，雪浪四合，中夕相呼步垂虹。星斗下垂，错杂渔火，朔吹凛凛，卮酒不能支，朴翁以衾自缠，犹相与行吟……此行既归，各得五十馀解"。游赏之兴与诗词之兴，明显带着社中活动之痕迹，亦见对幽情雅趣的寻觅，是不止于西湖边的种种赏心乐事。而如《角招》小序所说,自己与俞商卿游,“商卿善歌声,稍以儒雅缘饰;予每自度曲,吟洞箫,商卿辄歌而和之,极有山林缥缈之思”。可见时人情趣。

以词社诸人为代表的寄兴适情之作,所表现出来的情趣多在清幽闲雅,不是柳永所热衷的帝里风光、太平景象,也不是北宋人常写到的元宵节庆、都市狂欢,亦非晚唐以来擅写的琐窗朱户、华堂高阁,即使像张镃这样金玉满堂、罗绮成丛的富贵者,其自己所列的赏心乐事中,似仍以寻幽访胜、雪夕花朝之类的雅事为多。词本起于颂酒赓色,一直以来都带有特殊的富贵气、艳情味,而到南宋时期,随着词之提倡“复雅”,尤其是词社活动渐多,发生了显著的变化。

从词的题材看,代表了幽情雅趣的咏梅词和咏茶词,都显见南宋要多于北宋。据统计,《全宋词》中有题可考的梅词在八百八十一首以上,其中除无名氏所作外,有梅词者共一百八十四人,其中写得最多的是赵长卿(四十首)、朱雍(十九)、姜夔(十七)、吴潜(十四)、吴文英(十三)、毛滂(十一)、莫将(十)、李子正(十),除毛滂以外,皆南宋时人。倘以叶梦得为界,北宋梅词约六十首,占宋代梅词总数的百分之十一,南宋四百五十多首,约占百分之八十九,二者之多寡可知。《全宋词》中以茶为词题的,共计六十九首,其中最多的是黄庭坚,共十一首,次为毛滂,六首,再次扬无咎,四首。而以人为计,茶词作者共三十七人,其中南宋人却占三分之二强。[①]

至于词人及其生活追求,姜夔最合于“晋人风雅”,萧德藻自称“四十年作诗始得此友”,范成大以其翰墨人品皆似晋宋雅士,杨万里称其文无不工,甚似陆龟蒙,而姜夔本人来往苏杭间,亦常以龟蒙自拟。一时名流如楼钥、叶适、京镗、谢深甫,皆折节与交,朱熹爱其深于礼乐,辛弃疾深服其长短句,这些零星的记载[②],都可见姜夔因作为雅士而被名流认可。宋陈郁《藏一话腴》谓之“气貌若不胜衣,而笔力足以扛百斛之鼎。家无立锥,而一饭未尝无食客。图书翰墨之藏汗牛充栋,襟期洒落如晋宋间人”[③]。则简洁画出了他的晋宋雅士肖像。史达祖虽与姜夔不同,读其词,亦知其诗情雅趣。吴文英《探芳信》词云:“门巷对深静。但酒敌春浓,棋消日永。旧曲《猗兰》,待留向、月中听。”其琴、棋之趣亦可知。姜夔虽被后人目为“填词最雅”,“句琢字炼,归于醇雅”[④],但他并不是唯一的风雅词人,“史达祖、高观国羽翼之,张辑、吴文英师之于前,赵以夫、蒋捷、周密、陈允衡、王沂孙、张炎、张翥效之于后”[⑤]之说,可知这一流派究竟是一个多大的阵容。虽说其间还有清疏、密丽的大概区分,却道出了风雅词群体性发展的事实。

周济说:“北宋有无谓之词以应歌,南宋有无谓之词以应社。”[⑥]虽说南宋的词社颇

---

① 蔡镇楚:《宋词文化学研究》第六章,湖南人民出版社1999年版。
② 夏承焘:《姜白石词编年笺校·辑传》,《夏承焘集》第3册,第7页。
③ 陈郁:《藏一话腴》内编卷下,四库全书本。
④ 朱彝尊:《词综·发凡》,《词综》,第1页。
⑤ 汪森:《词综·序》,《词综》,第2页。
⑥ 周济:《介存斋论词杂著》,《介存斋论词杂著·复堂词话·蒿庵论词》,第3页。

多无谓之作,可是其"无谓"较之北宋主于侑觞佐欢的"应歌"之作来,至少还在追求雅趣上要更为见长。

三、隐逸游谒 "闲人"清趣

孔子曰:"邦有道则仕,邦无道,则可卷而怀之。"(《论语·卫灵公》)"天下有道则见,无道则隐。"(《论语·泰伯》)"仕"与"隐"是人生择向的两极,在此之外有没有第三条道路可行呢?《论语·微子》:"逸民:伯夷、叔齐、虞仲、夷逸、朱张、柳下惠、少连。子曰:'不降其志,不辱其身,伯夷、叔齐与!'谓:'柳下惠、少连,降志辱身矣,言中伦,行中虑,其斯而已矣。'谓:'虞仲、夷逸,隐居放言,身中清,废中权。我则异于是,无可无不可。"康有为认为,伯夷、叔齐"直己行道,不事乱人,故曰不降志辱身","柳下惠、少连食禄乱朝,道不能行,故为降志辱身",而孔子的"无可无不可",即郑注的"不为夷、齐之清,不为惠、连之屈"[①],这既是孔子中庸思想的体现,也是他不屈己、又食禄的人生选择。

自古以来就有隐逸之士,《后汉书》开始为"逸民"系统立传。其传曰:

> 《易》称"遯之时义大矣哉"。又曰:"不事王侯,高尚其事。"是以尧称则天,不屈颍阳之高;武尽美矣,终全孤竹之洁。自兹以降,风流弥繁,长往之轨未殊,而感致之数匪一。或隐居以求其志,或曲避以全其道,或静己以镇其躁,或去危以图其安,或垢俗以动其概,或疵物以激其清。然观其甘心畎亩之中,憔悴江海之上,岂必亲鱼鸟乐林草哉,亦云性分所至而已。故蒙耻之宾,屡黜不去其国;蹈海之节,千乘莫移其情。适使矫易去就,则不能相为矣。彼虽硁硁有类沽名者,然而蝉蜕嚣埃之中,自致寰区之外,异夫饰智巧以逐浮利者乎!荀卿有言曰,"志意修则骄富贵,道义重则轻王公"也……[②]

虽《后汉书·逸民列传》总结出隐逸的多种方式,但实际上也无外乎两条道路。以前后汉之交言,"汉室中微,王莽篡位,士之蕴藉义愤甚矣。是时裂冠毁冕,相携持而去之者,盖不可胜数。杨雄曰:'鸿飞冥冥,弋者何篡焉。'言其违患之远也。光武侧席幽人,求之若不及……若薛方、逢萌,聘而不肯至;严光、周党、王霸至而不能屈。群方咸遂,志士怀仁,斯固所谓'举逸民天下归心'者乎"![③]前者是政浊世乱时的政治性退隐,后者是政清世治时的社会性退隐,而这又成为后代士人走上隐居道路的两种基本模式。

魏晋文化是贵族文化,虽处于政治昏浊险恶时代,却只能行"朝隐"、"心隐",王康

---

① 康有为:《论语注》,中华书局1984年版,第282页。
② 范晔:《后汉书》卷一一三《逸民列传》,《二十五史》,第1042页。
③ 范晔:《后汉书》卷一一三《逸民列传》,《二十五史》,第1042页。

据的《反招隐诗》更对隐逸有新的认识:"小隐隐陵薮,大隐隐朝市。伯夷窜首阳,老聃伏柱史。昔在太平时,亦有巢居子。今虽盛明世,能无中林士? 放神青云外,绝迹穷山里……周才信众人,偏智任诸己。推分得天和,矫性失至理。归来安所期? 与物齐终始。"[①] 诗中以出仕为周才,以隐居为偏智,高下自明,而且以隐于山林为小隐,以隐于朝市为大隐。到白居易,又有"中隐"之说,其《中隐》诗写道:

> 大隐住朝市,小隐入丘樊。丘樊太冷落,朝市太嚣喧。不如作中隐,隐在留司官。似出复似处,非忙亦非闲……君若好登临,城南有秋山。君若爱游荡,城东有春园。君若欲一醉,时出赴宾筵……人生处一世,其道难两全。贱即苦冻馁,贵则多忧患。唯此中隐士,致身吉且安。穷通与丰约,正在四时间。[②]

虽统之为"隐",而大隐、小隐、中隐之分,实际大为不同,也为士人的生活道路选择提供了不同的方式。

北宋的科举制度较唐代完备,每科取士远较唐代为多,士人的出仕也较唐代容易,虽也有如林逋这样的隐士,但时代的主流却绝对是士大夫的庙堂意识、进取精神,以至于发展出前代未见的政党政治,即使是像苏轼这样屡遭打击贬谪,却一直无改其济世之心。南宋却发生了很大的变化,由于奸相与权相相继执政,北宋的党争不再,却有"庆元党禁"之类事情发生,史学家柳诒徵认为,庆元党禁"其事止类于后汉之党锢,与北宋之党争不同也"[③]。"争"与"锢"虽一字之差,实质大异,争者可见民主,锢者则是专制,威权之下,士风难以再振,亦使士人的政治、人生态度发生了很大改变。这一改变在宋词中的体现就是隐逸词的明显增多。据统计,《全宋词》以"渔父"为题者有一百多首,其中赵构十五首,蒲寿宬十五首,张抡十首,朱敦儒十首,惠洪八首,薛师石七首,王谌七首,苏轼六首,周紫芝六首。相近的是张抡又有咏山居词十首,咏闲词十首,吴潜有《望江南·家山好》十四首,杨万里有《归去来兮》八首,张炎有《渔歌子》十首。此外,徐积、方资、李纲、向子諲、戴复古、刘克庄、杨泽民、李石、法常、王质、沈瀛、辛弃疾、连久道、孙锐、姚述尧等,都有渔父词。[④]他们之中,仅徐积、方资、苏轼、惠洪为北宋人,馀皆南宋人。

渔父词之盛于南宋,固然与赵构偏安江南、带头作此调有关,更是入世、淑世精神退缩的结果。虽如此,隐逸、山居、渔歌、樵唱之入于词,不是剪红刻翠、侑觞佐欢,对于词来说,是以江湖隐逸的雅作脱离了酒宴文化,自是雅化的主要表现。

以上的隐逸词作者身份各异,从皇帝到和尚都有,而南宋人虽言隐逸,却罕有言中隐者,个中原因何在呢? 当与仕途过于拥挤、"中隐"颇难实现有关。宋初,为加强

---

① 萧统:《文选》卷二二,上海古籍出版社1986年版,第1030页。

② 白居易著,朱金城笺注:《白居易集笺注》卷二二,第1493页。

③ 柳诒徵:《中国文化史》,第526页。

④ 蔡镇楚:《宋词文化学研究》第六章。

中央集权,实行官、职不等,名、实相分的差遣制,逐渐出现了冗官。南宋初,原来的官员多迁至江南,地小官多的矛盾顿现,新的选官制使冗官较北宋更多。洪迈曾经引录曾巩向朝廷上疏,针对其严格选官节财、以增国库之蓄的主张而论道:

是时,海内全盛,仓库多有椿积,犹有此惧。庆元二年四月,有朝臣奏对,极言云:"曩在乾道间,京朝官三四千员,选人七八千员。绍熙二年,四选名籍,尚左,京官四千一百五十九员,尚右,大使臣五千一百七十三员,侍左,选人一万二千八百六十九员,侍右,小使臣一万一千三百十五员,合四选之数,共三万三千五百十六员,冗倍于国朝全盛之际。近者四年之间,京官未至增添,外选人增至一万三千六百七十员,比绍熙增八百一员。大使臣六千五百二十五员,比绍熙增一千三百四十八员。小使臣一万八千七百五员,比绍熙增七千四百员。而今年科举,明年奏荐不在焉。通无虑四万三千员,比四年之数增万员矣,可不为之寒心哉!"盖连有覃霈,庆典屡行,而宗室推恩,不以服派近远为间断,特奏名三举,皆值异恩,虽助教亦出官归正,人每州以数十百,病在膏肓,正使俞跗、扁鹊,持上池良药以救之,亦无及已。[1]

冗员太多,"隐在留司间","似出复似处,非忙亦非闲"就很难做到。于是,江湖作为隐遁之所的原义也发生了改变,而成为了很多人的奔走之地,形成数量可观的谒客。如钱谦益所说:

诗道之衰靡,莫甚于宋。南渡以后,而其所谓江湖诗者,尤为尘俗可厌。盖自庆元、嘉定之间,刘改之、戴石屏之徒,以诗人启干谒之风。而其后钱塘湖山,什伯为群。挟中朝尺书,奔走阃台郡县,谓之阔匾,要求楮币,动以万计。当时之所谓处士者,其风流习尚如此[2]。

谒客不仅是一种新"职业",实际上还改变了士人传统的或仕或隐的生活道路,形成了不同于"中隐"的生存、处世方式,同时,也以"江湖诗"改变了"江湖"的原义。其行径虽尘俗可厌,但其干谒之诗词则不可能铜臭熏天、俗不可耐。

"以诗人启干谒之风"的"谒客",只能是诗名甚著者,其他具一技之长或并无技艺之长的无名之辈,则成为了"闲人"。此名目见于吴自牧《梦粱录》卷一九:

闲人本食客人。孟尝君门下,有三千人,皆客矣。姑以今时府第宅舍言之,

---

① 洪迈:《容斋随笔·四笔》,上海古籍出版社1978年版,第653–654页。
② 钱谦益:《初学集·王德操诗集序》,钱谦益著,钱曾笺注,钱仲联标校《钱牧斋全集》,上海古籍出版社2003年版,第946页。

食客者:有训导蒙童子弟者,谓之“馆客”。又有讲古论今、吟诗和曲、围棋抚琴、投壶打马、撇竹写兰,名曰“食客”,此之谓闲人也。更有一等不着业艺,食于人家者,此是无成子弟,能文、知书、写字、善音乐,今则百艺不通,专精陪侍涉富豪子弟郎君,游宴执役,甘为下流,及相伴外方官员财主,到都营干。又有猥下之徒,与妓馆家书写柬帖取送之类。更专以参随服役资生,旧有百业皆通者,如纽元子,学像生叫声,教虫蚁,动音乐,杂手艺,唱词白话,打令商谜,弄水使拳,及善能取覆供过,传言送语。又有专为棚头,斗黄头,养百虫蚁、促织儿。又谓之“闲汉”,凡擎鹰、架鹞、调鹁鸽、斗鹌鹑、斗鸡、赌扑落生之类。又有一等手作人,专攻刀镊,出入宅院,趋奉郎君子弟,专为干当杂事,插花挂画,说合交易,帮涉妄作,谓之“涉儿”,盖取过水之意。更有一等不本色业艺,专为探听妓家宾客,赶趁唱喏,买物供过,及游湖酒楼饮宴所在,以献香送欢为由,乞觅赡家财,谓之“厮波”。大抵此辈,若顾之则贪婪不已,不顾之则强颜取奉,必满其意而后已。但看赏花宴饮君子,出着发放何如耳。[①]

“闲人”种类众多,其中的“馆客”、“食客”两种,与其他“闲人”的“甘为下流”、“猥下之徒”、“闲汉”、“涉儿”、“厮波”不同,这两类“闲人”所操者还都算是雅业。

以上隐逸、谒客、闲人等三类人,构成了风雅词的社会、作者基础。而具体到风雅派词人代表本身,则应作具体分析。虽如姜夔亦曾卜居白石洞天,又心仪陆龟蒙,却终非隐士;几乎终生依人为食,所行却是晋宋高士,绝对不是谒客;他自己家居不问生产,座上无虚客,晚年或贷于故人,或卖文为食,却食客如故,自然亦非闲人。对于姜夔,完全可以作出是真正雅士的判断。吴文英终生布衣,或谓之不乐科举,或云应试不中,或以其襟怀恬淡、不借藩邸以攀援,或以其词六涉荣王、两寿秋壑(贾似道),足见曳裾王门、附声权贵,争议颇大。对于科举一事,有日本学者提出新看法:“与其说是他不想应举,毋宁说是他不能应试更为合理……在宋代,犯罪者及‘商工异类’的子弟就不能应试(异类指俳优等贱业者)”[②],从出身而言,或有道理。夏承焘《吴梦窗系年》云:“梦窗交游,嗣荣王、吴潜、贾似道、史宅之诸人,皆一时显贵,与吴潜、宅之,投契尤深,而竟潦倒终身。全祖望答万经宁波府志杂问,谓其‘晚年困踬而死’,证之‘白发缘愁’‘路穷车绝’之句,此语近实。今读其投献贵人诸词,但有酬酢而罕干求,在南宋江湖游士中,殆亦能狷介自好者耶。”[③]“但有酬酢而罕干求”,吴文英至少在江湖游士中属于狷介自好者。即使是史达祖,因曾任韩侂胄堂吏而被人诟病,而韩侂胄实为权相而非奸相,开禧北伐失败,韩难辞其咎,却不能说行北伐就是大奸,他是在宋廷内部斗争中被杀,史之事韩,不足以说明其人品低下。

---

① 吴自牧:《梦粱录》卷一九,《东京梦华录》(外四种),第294页。

② 村上哲见:《吴文英(梦窗)及其词》,王水照、保苅佳昭编选《日本学者中国词学论文集》第291页,上海古籍出版社1991年版,第294页。

③ 夏承焘:《唐宋词人年谱》,《夏承焘集》第1册,第480页。

方回评戴复古《寄寻梅》,有云:

庆元、嘉定以来,乃有诗人为谒客者。龙洲刘过改之之徒不一人,石屏亦其一也。相率成风,至不务举子业,干求一二要路之书为介,谓之“阔匾”,副以诗篇,动获数千缗,以至万缗。[①]

因此,比较而言,风雅派词人的作品虽较少关怀恢复大计,触及现实也不多,但在人品上却高于刘过、戴复古等人。他们不是隐士,也不是“闲人”,身份与“谒客”最近,行径却与之较远。人品及于词品,风雅词之出,并形成流派,是有其深厚基础的。

第二节　姜夔的音乐思想与创调原则

姜夔(1155? —1221?),字尧章,号白石道人,鄱阳(今江西波阳)人。父知汉阳县,卒于任。早岁孤贫,姊嫁沔之山阳,往来沔鄂间几二十年。淳熙十三年(1186)以诗见赏于萧德藻,妻以侄女,携之寓湖州武康。曾与杨万里、范成大、辛弃疾等人交游。依张鉴十年。宁宗庆元三年(1197)进《大乐议》,乞正雅乐,五年(1199)上《圣宋尧歌》,诏免解与礼部试,不第,以布衣终。兼精音律、诗词、书法,有《白石道人诗集》、《诗说》、《绛帖平》、《续书谱》等,词集名《白石道人歌曲》。

姜夔是风雅词派的开创者,又是一代诗歌名家,却未入文苑传,而见于《宋史·乐志》,这是很能耐人寻味的。薛砺若《宋词通论》所说的“以清超的诗人笔锋,写出一种‘体制高雅的歌曲’”,是对姜夔词特点的重要概括,若谓“清超的诗人笔锋”为姜夔所独有,那么“体制高雅的歌曲”则是由他首先创作的。他不仅有《大乐议》、《琴瑟考古图》这样的专门性音乐论著,而且创作了《越九歌》与《歌曲》,兼有理论与实践之长,尤其可贵的是,《白石道人歌曲》的十七支旁谱为仅存的宋词自度曲谱。由于姜夔词最能从实证上体现词的音乐文学性质,其乐论及词的题序,也能使人得以探讨其如何做到文学与音乐高度的结合,体现出风雅的特点,故在对其词作文学论述前,拟先论其音乐思想及词的创调原则。

一、周制可举　胡部不可杂

《宋史·乐志》载:“先是孝宗庙用《大伦》之乐,光宗庙用《大和》之乐,至是宁宗祔庙,用《大安》之乐”,至“理宗享国四十馀年,凡礼乐之事,式遵旧章,未尝有所改作”,“当时中兴六七十载之间,士多叹乐典之久坠,类欲蒐讲古制以补遗轶,于是姜夔乃进《大乐议》于朝”[②]。姜夔进《大乐议》,是借助于古老的“乐与政通”理论,通过“蒐讲古

① 方回选评,李庆甲集评校点:《瀛奎律髓汇评》卷二〇,第840页。
② 脱脱等:《宋史》卷一三一《乐志六》,《二十五史》,第5580页。

制”,以确定复古复雅的方向。关于进《大乐议》时间,《庆元会要》所说与《宋史·乐志》不同:“庆元三年丁巳四月,饶州布衣姜夔上书论雅乐事,并进大乐议一卷,琴瑟考古图一卷。诏付奉常。有司以其用工颇精,留书以备采择。”[①] 而以现在所定的姜夔生年计,应是《庆元会要》所说时间较为准确。

在宋代,大乐所指有二:一是雅乐,而不是燕乐,二是指南宋宫廷教坊的燕乐,与民间“细乐”不同。而就《大乐议》所论,是指前者,《大乐议》就是评议宋代雅乐,知其蔽而求其正,提出正乐的方向和办法。《大乐议》的内容有两部分:指出大乐失“和”之种种现象并分析其原因;提出正乐而使之归于“和”的具体措施。

在《大乐议》[②]中,姜夔指出朝廷大乐的四种失“和”现象。就乐器而言:“绍兴大乐,多用大晟所造,有编钟、镈钟、景钟,有特磬、玉磬、编磬,三钟三磬未必相应。埙有大小,箫、篪、篴有长短,笙、竽之簧有厚薄,未必能合度。琴、瑟弦有缓急燥湿,轸有旋复,柱有进退,未必能合调。”就曲词而言:“乐曲知以七律为一调,而未知度曲之义。知以一律配一字,而未知永言之旨。”“七音之协四声,各有自然之理。今以平、入配重浊,以上、去配轻清,奏之多不谐协。”就唱诗而言:“至于歌诗,则一句而钟四击,一字而竽四吹,未协古人槁木贯珠之意。”就演奏而言:“乐工苟焉占籍,击钟磬者不知声,吹匏竹者不知穴,操琴瑟者不知弦”,使之“同奏则动手不均,迭奏则发声不属”。在姜夔看来,大乐的内部失和与外部相关:“比年人事不和,天时多忒,由大乐未有以格神人、召和气也。”基于对五行相生相克的认识,他提出了五音盛衰与南北之助及休咎祥凶的关系,本节对此不拟论之,故不作介绍、评述。

姜夔的《大乐议》实际上是对鲖阳居士《复雅歌词序略》的呼应。“靖康之难”后,人们反思历史,思想界重申尊王攘夷之说,以严夷夏之防,艺文界则联系五胡乱华及安史之乱,提出了胡乐乱政之说。《复雅歌词序略》就是后者的代表,“序略”指出:“……更五胡之乱,北方分裂,元魏、高齐、宇文氏之国,咸以戎狄强种,雄距中夏,故其讴谣,淆杂华夷,焦杀急促,鄙俚俗下,无复节奏,而古乐府声律不传……迄于开元、天宝间,君臣相与为淫乐,而明宗尤溺于夷音,天下薰然成俗。于是才士始依乐工拍弹之声,被之以辞,句之长短,各随曲度,而愈失古之‘声依永’之理也……吾宋之兴,宗工巨儒文力妙天下者,犹祖其遗风,荡而不知所止,脱乎芒端,而四方传唱,敏若风雨,人人歆艳咀味于朋游尊俎之间,以是为相乐也。其蕴骚雅之趣者,百一二而已。以古推今,更千数百岁,其声律亦必亡无疑。”[③]鲖阳居士本着“乐与政通”的古老观念,通过古乐(雅乐)与今乐(燕乐)的兴衰,指出了夷夏音乐的此消彼长与政治间的关系:东晋以后,戎狄强而讴谣淆杂华夷,使古乐府声律不传;开元为唐朝的极盛期,却因天宝沉溺于夷音而致安史乱起;虽有本朝之忌,仍隐然可见对大晟府盛而有靖康之变的批评。

① 夏承焘:《姜白石词编年笺校》,《夏承焘集》第3册,第373页。

② 本书所引《大乐议》文字皆出脱脱等《宋史》卷一三一《乐志六》,《二十五史》,第5580-5581页。

③ 鲖阳居士:《复雅歌词序略》,《词籍序跋萃编》,第658页。

文中虽未明说安史之乱与靖康之难的关系，但显然是阐发溺夷音而荒政之理，体现出重建华夏雅音、以乐固政的精神。

如果说《复雅歌词序略》更多的是反思、总结和号召，是重在“道”，那么《大乐议》则更多地移向了建设一侧，在言“道”的同时，多论“技”的问题。在姜夔看来，大乐的种种失和中，雅俗乐的高下不一尤见突出，因此而使“律”失和：“自尺律之法亡于汉、魏，而十五等尺杂出于隋、唐正律之外，有所谓倍四之器，银字、中管之号。今大乐外有所谓下宫调，下宫调又有中管倍五者”，以至“以意裁声，不合正律”。乐律的失和必然造成乐器的失和，或“繁数悲哀，弃其本根，失之太清”，或“沉滞抑郁，腔调含糊，失之太浊”。

为何会产生雅俗乐的高下不一呢？丘琼荪认为：唐代的教坊无专律，而以太常之律为律，太常或教坊都不能自为高低，故唐代的雅俗乐从未有过此高彼低现象；而宋初教坊由五代十国及各藩镇的旧乐工拼凑而成，所用律不依太常，与张文收律略相等，而雅乐律则与魏延陵律略同，因用正声之故，无形中高了五律，后虽略低，比教坊犹高二律或三律，故造成了雅俗乐律的不齐。[①]我们还应看到，宋代不同于唐，一方面是没有如唐代那样规模的教坊，另一方面是宋代由于经济的转型，造成了市井文化的发达，音乐也向市民俗乐转化，无论是宫廷雅乐、俗乐，都远不如唐代繁盛。靖康之难更使大乐、教坊乐遭受很大破坏，伎人、倡优被掳掠一空，因此，南渡后的大乐严重失和是必然的。

《大乐议》秉承了鲖阳居士以来的胡乐乱政观，明确谴责隋唐音乐。姜夔认为阴阳之失和始于唐：“周官歌奏，取阴阳相合之义……奏六律主乎阳，歌六吕主乎阴，声不同而德相合也，自唐以来始失之。”而雅俗乐失和则使得“闻其声者，性情荡于内，手足乱于外，《礼》所谓‘慢易以犯节，流湎以忘本，广则容奸，狭则思欲’者也”。针对太常乐曲十二律的失和，提出“苟欲合天人之和，此当所改”。他在论述音乐发展后明确指出：“国朝大乐诸曲，多袭唐书，窃谓以十二宫为雅乐，周制可举；以八十四调为宴乐，胡部不可杂。”

对于如何使大乐能归于“和”，姜夔提出了五条建议：其一，针对雅俗乐高下不一，宜正权衡度量；其二，雅乐止用十二宫；其三，登歌要与奏乐相合，以合阴阳；其四，祀享应删繁就简，以合于古制；其五，应作鼓吹曲以歌祖宗盛德。这五则建议都是为了贯彻倡雅以制胡、反胡的原则，达到“大乐与天地同和”。为配合大乐能“和”，姜夔极其重视乐器的改制和器乐的演奏，在上给朝廷的《琴瑟考古图》中，详述古代琴、瑟之制：“分琴为三准”，“上准四寸半，以象黄钟之半律……中准九寸，以象黄钟之正律……下准一尺八寸，以象黄钟之倍律。”“夔乃定瑟之制。桐为背，梓为腹，长九尺九寸，首尾各九寸，隐间八尺一寸，广尺有八寸，岳崇寸有八分，中施九梁，皆象黄钟之数。梁下相连，使其声冲融。首尾之下为两穴，使其声条达，是传所谓大瑟达

---

① 丘琼荪遗著，隗芾辑补：《燕乐探微》，第228–230页。

越也。四隅刻云,以缘其武,象其出于云和。漆其壁与首尾腹,取椅桐梓漆之全”。[1]从对古乐器型制、尺度的详尽考察中,体现其反胡乐之“荡”、倡雅乐之“和”的音乐观。越过了唐乐,姜夔以周制雅乐相尚,认为当今“宜倣周制,除登歌、彻歌外,繁歌当删,以合于古”。希望能恢复古乐:

> 圣主方将讲礼郊见,愿诏求知音之士,考正太常之器,取所用乐曲,条理五音,檃括四声,而使协和。然后品择乐工,其上者教以金、石、丝、竹、匏、土、歌诗之事,其次者教以戛、击、干、羽、四金之事,其下不可教者汰之。虽古乐未易遽复,而追还祖宗盛典,实在兹举。

从《大乐议》可以看出,姜夔的音乐思想主要是重“和”以求“合”,在反胡乐倡雅乐同时,又提倡复古,上追周乐。对于这一观念、思想,应置于宋金对峙、宋朝又面临威胁的背景下以观之,不能轻易地以复古、排外为由而非之。

二、深明俗乐 求合雅乐

姜夔所议者为大乐,即雅乐,“雅”的涵义甚多,其基本意义是“正”。《荀子·儒效》云:“道过三代谓之荡,法二后王谓之不雅。”杨倞注:“雅,正也。其治法不论当时之事,而广说远古,则为不正也。”此释无疑是就政教而言的,汉儒的《毛诗序》本着这一精神,在解说诗之六义时也说:“言天下之事,形四方之风,谓之雅。雅者,正也。”[2]对于音乐来说,“雅”虽为正音,却如《淮南子》所说:“朱弦漏越,一唱而三叹,可听而不可快也。”[3]为了求得既是正音、又能美听的效果,兼顾教化与美感功能,历代庙堂雅乐其实多有对俗乐的汲取。姜夔《大乐议》却以斥俗乐、胡乐,而以复古求雅乐之正。对此,应如何看待和评价呢?除了前述的民族斗争特殊背景外,还有《大乐议》是上给朝廷这一特定的原因,而从技的层面言,则又确实存在雅俗乐高下不一的问题,因此,对姜夔所议所见应作出正面、积极的评价。

对朝廷大乐有如此议论、见解,是希望乐正而政和,而姜夔虽有这一良好愿望,却无法参与朝廷的正乐,只能自己躬行实践,改造俗乐,以歌曲的创作力纠“宋因唐度,古曲坠逸”之失。他自作《圣宋铙歌》十四首和《越九歌》十首,这是《大乐议》提出的“作《鼓吹曲》以歌颂祖宗盛德”的具体体现,虽未待“愿诏文学之臣,追述功德之盛”而自行创作,或有个人以颂圣而求仕的功利目的,但不能说没有期望国事中兴的良好愿望。姜夔《歌曲》(包括琴歌《古怨》)所表现出的音乐观,与《大乐议》颇为相同,大体可概括为尚雅、崇古、重和。

---

① 徐养源:《拟南宋姜夔传》,转引自《姜白石词编年笺校》,《夏承焘集》第3册,第371页。
② 阮元校刻:《十三经注疏·毛诗正义》卷一,第272页。
③ 何宁撰:《淮南子集释》卷二〇,中华书局1998年版,第1426页。

姜夔的《霓裳中序第一》小序云：

> 丙午岁，留长沙，登祝融，因得其祠神之曲，曰黄帝盐、苏合香。又于乐工故书中得商调霓裳曲十八阕，皆虚谱无辞。按沈氏乐律"霓裳道调"，此乃商调；乐天诗云"散序六阕"，此特两阕。未知孰是？然音节闲雅，不类今曲。予不暇尽作，作中序一阕传于世。予方羁游，感此古音，不自知其辞之怨抑也。

"音节闲雅，不类今曲"，"感此古音，不自知其辞之怨抑"，可见其尊重古音、崇尚闲雅的观念。

《角招》小序云：

> 商卿善歌声，稍以儒雅缘饰；予每自度曲，吟洞箫，商卿辄歌而和之，极有山林缥缈之思。

"以儒雅缘饰"与"山林缥缈之思"，则可见这种雅的指向不在庙堂，而在山林。

尤其是《徵招》的长序，更集中体现了姜夔的音乐思想：

> ……徵招、角招者，政和间大晟府尝制数十曲，音节驳矣。予尝考唐田畸声律要诀云："徵与二变之调，咸非流美"，故自古少徵调曲也。徵为去母调，如黄钟之徵，以黄钟为母，不用黄钟乃谐，故隋唐旧谱不用母声。琴家无媒调、商调之类皆徵也，亦皆具母弦而不用。其说详于予所作琴书。然黄钟以林钟为徵，住声于林钟，若不用黄钟声，便自成林钟宫矣；故大晟府徵调兼母声，一句似黄钟均，一句似林钟均，所以当时有落韵之讥。予尝使人吹而听之，寄君声于臣民事物之中，清者高而亢，浊者下而遗，万宝常所谓"宫离而不附"者是已。因再三推寻唐谱并琴弦法而得其意：黄钟徵虽不用母声，亦不可多用变徵蕤宾、变宫应钟声；若不用黄钟而用蕤宾、应钟，即是林钟宫矣；馀十一均徵调仿此，其法可谓善矣。然无清声，只可施之琴瑟，难入燕乐；故燕乐缺徵调，不必补可也。此一曲乃予昔所制，因旧曲正宫齐天乐慢前两拍是徵调，故足成之；虽兼用母声，较大晟曲为无病矣。此曲依晋史，名曰黄钟下徵调，角招曰黄钟清角调。

对于序中所言及的诸多乐律问题，此处不作考辨，不断是非，而仅就此论姜夔的音乐观。由序中可见，姜夔创作徵调，是有针对性的。他认为大晟府的徵招、角招诸曲"音节驳"，且"有落韵之讥"，而"寄君声于臣民事物之中，清者高而亢，浊者下而遗"，有万宝常所说"宫离而不附"者之病。姜夔以唐田畸《声律要诀》所说"徵与二变之调，咸非流美"为据，兼之以"隋唐旧谱不用母声"，"琴家无媒调、商调之类皆徵也，亦皆具母弦而不用"，考定"徵为去母调"，不用母声才能和谐；可由于黄钟徵去母则易与林钟宫相混，而大晟府虽以兼用母声来解决这个问题，但"一句似黄钟均，一句似林钟均，所以当时有落韵之讥"。面对这种情况，姜夔再三推寻唐谱并琴弦法，始悟得唐人解决这一问题的方法，即"黄钟徵虽不用母声，亦不可多用变徵蕤宾、变宫应钟声"，以免混入"林钟宫"，此仅举黄钟均的徵调为例，"馀十一均徵调仿此"。姜夔也指出其"无清声，只可施之琴瑟，难入燕乐"之病，却仍认为"其法可谓善矣"；而"燕乐缺徵调，不必补可也"，并自作徵调一首，"虽兼用母声"，却避免了大晟曲"落韵"之"病"。

由《徵招》的长序，尤可见姜夔的音乐观。他批评大晟乐曲兼用母声(黄钟)，有"宫离而不附"之病，造成"寄君声于臣民事物之中"，显然，这是基于礼乐制度而以音乐比附人事，因将音乐等同于政治，对此可不必深究。而序中所体现的尚雅重和的思想，则十分重要。

序中在谈到徵调无清声时说："然无清声，只可施之琴瑟，难入燕乐"，无清声即不用比黄钟、大吕、太簇、夹钟高八度的黄清、大清、太清、夹清等四清声，所以只能用于音低而雅远的琴瑟，却不适用于噍杀高亢的燕乐。对此，可证之以方成培《香研居词麈》所说："无清声者，不用'六'字，'上五'字，'下五'字，'紧五'字。不用此四字，则其声淡泊，人不喜听，故燕乐难用。"[①]这与《声律要诀》谓徵调"咸非流美"很是相近。可见，燕乐与雅乐有很大区别，姜夔认为，即使"燕乐缺徵调，不必补可也"，而他自己作这首《徵招》曲，不是按一般燕乐歌曲的特点而作，实际上更接近雅乐的"淡泊"特点。

尚雅之外，又见重和。姜夔批评大晟乐兼用母声却有"清者高而亢，浊者下而遗"之弊，对此，《香研居词麈》解释道："以徵为主，故清者高亢；不重黄钟，故浊者下遗；此大晟欲矫旧谱之失，而不悟其失愈甚也。审音之精，尽此数句矣。"[②]姜夔从乐律上批评大晟律，仍然是本着"和"的思想，无论是"高而亢"，还是"下而遗"，都有失中和。对照《大乐议》所说，可见无论是雅乐还是俗乐，姜夔所持观点都是一致或接近的。《大乐议》认为，大乐"繁数悲哀，弃其本根，失之太清……沉滞抑郁，腔调含糊，失之太浊"及"奏夹钟者奏阳歌，阴其合，宜歌无射，乃或歌太吕；奏函钟者奏阴歌，阳其合，宜歌蕤宾，乃或歌应钟；奏黄钟者奏阳歌，阴其合，宜歌大吕，乃杂歌夷则、夹钟、仲吕、无射矣"。显然，这些弊病"既违礼经，抑乖会合"，有失"中和"之旨。对姜夔来说，虽是创作俗乐歌曲，但其指导思想仍是以"合天人之和"的雅乐标准为归。

姜夔无论对雅俗乐，都有尊古、尚雅、重和之同，但由于雅俗乐的功用不一，又有同中之异。如《大乐议》所论的"和"，受先秦以来的"中和"观影响，又以"乐与政通"精神，以之比附政治、人事；而俗乐歌曲所追求的"和"，则重在音乐本身乐律的和谐。虽对雅俗乐都有共同的尊古观，但对于俗乐，却在尊古同时又强调创新，注重音乐的美感，积极汲取民间音乐的艺术手法。除前引的几序外，又如《醉吟商小品》所说：

---

① 方成培：《香研居词麈》卷一，第15页。
② 方成培：《香研居词麈》卷一，第15页。

石湖老人谓予云："琵琶有四曲，今不传矣；曰濩索(一曰濩弦)梁州、转关绿腰、醉吟商湖渭州、历弦薄媚也。"予每念之。辛亥之夏，予谒杨廷秀丈于金陵邸中，遇琵琶工解作醉吟商湖渭州，因求得品弦法，译成此谱，实双声耳。

以及《凄凉犯》小序的"予归行都，以此曲示国工田正德，使以哑觱栗角吹之，其韵极美"，皆可证之。

姜夔善于向民间音乐学习，"从中吸取了音阶音调、曲式结构等各种音乐表现手法，用于自己的创作之中，并加以发展，来反映自己的思想感情。他的自度曲的结构、音律、音阶、旋法等方面，都和《霓裳中序第一》、《胡渭州》和《越九歌》有着密切的联系"①。而这些曲调多源于民间，得于民间乐工，如《霓裳中序第一》序有"留长沙，登祝融，因得其祀神之曲"之说，《越九歌》更是学习屈原《九歌》，据江南民间歌曲整理编写："越人好祠……予依九歌为之辞，且系其声，使歌以祠之。"姜夔长期飘泊江湖，对江南民歌濡染甚深，且反映在《越九歌》和《歌曲》中。从技法而言，三度音程的频繁使用，连续下行级进的色彩性乐汇，大跳前后的反向级进，以调式主音与上下助音构成的弱结束处理等，都明显带有江南民歌的痕迹，故梁燕麦指出其"在音乐上是属于南方风格的，旋法上兼有缠绵柔婉和跌宕起伏的特色"②。而如琴歌《古怨》，则可见姜夔的创新精神。《古怨》改变了传统古琴以散声(即空弦)具宫商角徵羽各音的定弦法，大胆采用了双重调式调性的定弦，打破了单一调式五声音阶的旧框，又以特殊定弦法带来全曲结构、旋法、调式、转调的创造，如曲中运用非经过性的、独特的转调手法等。论者以为，即使在今天，对如何进一步丰富七弦琴的演奏技术，如何改革乐器，如何处理转调等，姜夔所作仍然是一个有益的启示③。

姜夔不仅是音乐理论家，而且又长于实践。从其《湘月》小序可知：

予度此曲，即念奴娇之鬲指声也，于双调中吹之。鬲指亦谓之"过腔"，见晁无咎集，凡能吹竹者便能过腔也。

而《凄凉犯》序更不啻是一篇关于犯调的小型论文：

凡曲言犯者，谓以宫犯商、商犯宫之类。如道调宫"上"字住，双调亦"上"字住，所住字同，故道调曲中犯双调，或于双调曲中犯道调。其他准此。唐人乐书云："犯有正、旁、偏、侧；宫犯宫为正，宫犯商为旁，宫犯角为偏，宫犯羽为侧。"此说非也。十二宫所住字各不同，不容相犯；十二宫特可犯商、角、羽耳。

---

① 梁燕麦：《姜白石的自度曲》，《音乐研究》1980年2期，第78页。
② 梁燕麦：《姜白石的自度曲》，《音乐研究》1980年2期，第75页。
③ 龚一、许国华：《姜白石〈古怨〉之剖析》，《人民音乐》1979年第11-12期，第81-85页。

即使不介入此说孰是孰非的讨论,亦可知倘无自身的创作实践,是绝对说不出这一番道理的。

清徐养源《拟南宋姜夔传》曾指出:"乐以音为主,雅乐俗乐虽邪正不同,而音之条理各有所当;未有于四声二十八调茫然莫解而能知旋宫之义者也。宋自建隆已来,和岘、胡瑗、阮逸、李照、范缜、司马光、杨杰、刘几之徒,考论钟律,纷如聚讼,大抵漫无心得,而徒腾口说而已。其最善言乐者,中朝惟有沈括,南渡惟有姜夔,之二人者,深明俗乐,而又能推俗乐之条理,上求合乎雅乐,故其立论悉中窍要,非凭私逞臆者可同日道也。"[①]徐养源又说:"伶人知五音之实,而不闻五音之名;儒者知五音之名,而不辨五音之实。"[②]姜夔兼有儒者与伶人之长,理论与实践并到,既能详议雅乐,又深明俗乐,且在实践中"推俗乐之条理,上求合乎雅乐",不是"凭私逞臆者""徒腾口说而已",确实是南渡后最善言乐、也是最善作乐者。

三、率意为词　然后协律

元稹《古乐府题序》指出了"由乐以定词"和"选词以配乐"这两种词、乐结合之法。

任半塘认为:"创调之始即为长短句,在开、天间已经流行者,至少已达五十种以上。"[③]而刘禹锡《忆江南》小序:"和乐天春词,依《忆江南》曲拍为句。"则是文人依调填词的明确记载。经柳永到周邦彦,长调慢词发展至极盛,徽宗立大晟乐府,更使词乐大为完备。可是,无论是"由乐以定词"还是"选词以配乐",都具有局限性。沈括说:"唐人填曲,多咏其曲名,所以哀乐与声尚相谐会。今人则不复知有声矣,哀声而歌乐词,乐声而歌怨词,故语虽切而不能感动人情,由声与意不相谐故也。"[④]所以,由于乐曲固定,词却处于变动之中,选词配乐也好,由乐定词也好,都会造成"声与意不相谐",难以真正做到文词与音乐的统一。尤其是,不少词人或长于文辞,却短于乐律,就更难以做到声与意相谐,选词配乐或由乐定词都有其难以避免的弱点。

宋徽宗将大晟乐造就得非常完备,可不久就发生了靖康之变,人民死伤、流亡,社会震荡、动乱,经济破坏、凋蔽且不说,曾极其辉煌的文化也遭受到极大的摧残。对于词而言,乐器、乐谱毁弃,伎人、歌女星散,必然使得词乐丧失、零落,难以保存和传播。前面已论南渡词,认为在巨大的历史事变面前,词人作词多是表现自己的生存体验、家国之悲,多冲破"别是一家"的限制,也不自觉地、不同程度地向苏轼"以诗为词"认同。虽在弛乐禁之后,尤其在南渡后期,也着力于词乐重建,但就主流而言,南渡词所体现的是主文而非主声的变化,与整个创作的诗化倾向相一致。到辛弃疾登上词坛,更是以文为词,带起了一个流派,而有些词人又因对"豪放"的误解,更置乐律于不顾。基于以上背景及创作状况,所以,姜夔的出现,不仅以其自度曲在音乐史上占据

① 徐养源:《拟南宋姜夔传》,转引自《姜白石词编年笺校》,《夏承焘集》第3册,第372页。

② 徐养源:《律吕臆说》,《中国古代乐论选辑》,人民音乐出版社1981年版,第439页。

③ 任半塘:《唐声诗》上编,第352页。

④ 沈括撰,胡道静校注:《新校正梦溪笔谈》卷五,第62页。

重要的一席，他的先词后曲，缘情而作，更是具有文学与音乐双重意义的真正创造，是对词的创作传统的很大突破。姜夔自己的表述，见于《长亭怨慢》小序：

> 予颇喜自制曲，初率意为长短句，然后协以律，故前后阕多不同。桓大司马云："昔年种柳，依依汉南；今看摇落，凄怆江潭；树犹如此，人何以堪！"此语予深爱之。

这一先词后曲的创作原则，可概括为"率意为词，然后协律"。显然，这不同于传统的"由乐以定词"、"选词以配乐"，不是先乐后词，而是全新的第三种方法。虽前代词人、尤其是长于乐律者，或已有类似的实践，却因没有明确的文字记载，又因词乐之失，使后人难知其详，故姜夔的明确自道，实在是词史上的首次，其意义、价值自是异乎寻常。

姜夔词的小序，见于其自度曲者，常交代创作缘由，而回归于沈括所说的"唐人填曲，多咏其曲名，所以哀乐与声尚相谐会"。如集中首篇《扬州慢》，是因感于昔日繁华的扬州，如今却"夜雪初霁，荠麦弥望。入其城则四顾萧条，寒水自碧"，在"暮色渐起，戍角悲吟"的氛围中，难以抑制"予怀怆然，感慨今昔"之情，遂有"因自度此曲"之举。因而，此词之作，是出于"黍离之悲"，而《扬州慢》的调名及此调之自创，又有难以移易的特定情怀，因其文情、声情高度一致，使得后人屡为称赏，延续不已。两年后的《一萼红》，是客于长沙时所作，作者处于"堂下曲沼，沼西负古垣"的环境，睹"卢橘幽篁，一径深曲；穿径而南，官梅数十株，如椒如菽，或红破白露，枝影扶疏"，使之"野兴横生"，此后，渡湘江而入岳麓山，见"湘云低昂，湘波容与"而"兴尽悲来"，才"醉吟成调"。此调虽曾见于北宋无名氏所作，然白石改仄韵为平韵，有始创之义，其"空叹时序侵寻"的主旨，实得于红梅之发兴，故《一萼红》之调名用得极切极当。又如《湘月》，系与友人浮湘江、感秋意，在"烟月交辉，凄然其为秋"的氛围中自度之曲，且不云湘江泛舟，"月上汀洲冷"，系曲名之所出，"五湖旧约"却"长负清景"的无奈，"鲈鱼应好，旧家乐事谁省"的自问，均因为是无奈而漂泊，主体的抒情性与自度曲确实做到了相得益彰。淳熙十四年丁未(1187)夏，因吴兴"号水晶宫，荷花盛丽"，自己"游千岩，数往来红香中"，想起陈与义词的"一路荷花相送到青墩"，而自度《惜红衣》一曲，其名如实，且词中又出现"鱼浪吹香，红衣半狼藉"，故此曲自合于沈括所说的"唐人填曲，多咏其曲名，所以哀乐与声尚相谐会"，无悖声意相谐之本原。与之相似的，还有因居合肥，"巷陌凄然，与江左异，唯柳色夹道，依依可怜"，为纾客怀而自度的《淡黄柳》。至如《凄凉犯》，又缘于合肥之柳，"秋风起兮骚骚然"，"出城四顾，则荒烟野草，不胜凄黯，乃著此解"，之所以用"凄凉犯"命名，是因为"不胜凄黯"的心情，假琴曲《凄凉调》之名而名之，当然也是名如其实，声意相谐。即使未作小序的自度曲，如《秋宵吟》，词中的"蛩吟苦，渐漏水丁丁，箭壶催晓。引凉飔，动翠葆，露脚斜飞云表"，也确是"秋宵"的诸般意象，所嗟念者情，而深情所系只能"两地暗萦绕"，此调命名，确如其《诗说》所云“悲如蛩螿曰吟”[①]，且合曲子初兴时咏题之本意的创作原则。

夏承焘先生总结了姜夔选调制腔的六种方法：第一，截取唐代法曲、大曲的一部分而成，如《霓裳中序第一》，是截取法曲商调《霓裳》的中序第一段。第二，取各宫调之律合成一支宫调相犯的曲子，叫“犯调”，如《凄凉犯》。第三，从当时乐工演奏的曲子译出谱子，如《醉吟商小品》；第四，改变旧谱的声韵来制新腔，如平韵《满江红》，因旧调押仄韵不协律，故改作平韵。《徵招》是因北宋大晟府的旧曲音节驳杂，故用正宫《齐天乐》足成新曲。第五，用琴曲作词调，如侧商调的《古怨》。第六，用他人所作谱填词，如《玉梅令》。以上六种，都是先有谱再作词的。[②]

最能体现姜夔处理词乐关系，以文学抒情为主导的，是他先词后谱的自创，这就是前引《长亭怨慢》小序所说的“予颇喜自制曲，初率意为长短句，然后协以律，故前后阕多不同”。词中回忆“玉环”之嘱，“韦郎”之去，与桓温之叹、庾信《枯树赋》相乱，前者爱情意识的强烈失落，借后者深沉的生命意识出之。“谁得似长亭树”自是调名之所出，“怨”字更是点题，而“初率意为长短句，然后协以律”，则表明了抒情主体的决定性作用。诚如夏承焘所云：“可见他这些词是以内容情感为主，和其他词人依调死填，因乐造文，因文造情者不同。所以我们读他的词，大都舒卷自如，如所欲言，没有受音乐牵制的痕迹……在这短短几行里，就用了许多虚字和领头短句……这也是他和按谱填词者不同之处，所以能做到宛转相生的地步。”[③]

《毛诗序》云：“情动于中，而形于言，言之不足，故嗟叹之，嗟叹之不足，故永歌之，永歌之不足，不知手之舞之足之蹈之也。”[④]文艺的抒情是自然而出的，由诗而歌，是因前者的“不足”而形之于后者，但是在词的发展历程中，逐渐从由乐定词或选词配乐的两途，变为了由乐定词一径，也就与“永歌”渐行渐远，文情与声情难以谐合，“曲子”与“词”实际上也逐渐疏离。而姜夔“初率意为长短句，然后协以律”的自度曲，则既回归于由“言”而“永歌”的基本原理，又是“为情而造文”的体现。刘勰云：“昔诗人什篇，为情而造文；辞人赋颂，为文而造情。”“故为情者要约而写真，为文者淫丽而烦滥。”姜夔词的“为情造文”，或非刘勰所言“志思蓄愤，而吟咏情性，以讽其上”之本意，而被后人从“风人之旨”上加以肯定，但他的抒情的确是“写真”，而绝不是“为文而造情”的“心非郁陶，苟驰夸饰，鬻声钓世”[⑤]。从文乐相表里的原则言，姜夔“初率意为长短句，然后协以律，故前后阕多不同”的作法，是表现真情而“复古”之举。诚如王灼所言：“或曰：古人因事作歌，输写一时之意，意尽则止，故歌无定句；因其喜怒哀乐，声则不同，故句无定声。今音节皆有辖束，而一字一拍，不敢辄增损，何与古相戾欤？予曰：皆是

---

① 姜夔：《白石道人诗说》，夏承焘辑《白石诗词集》，人民文学出版社1959年版，第67页。

② 夏承焘：《姜白石的词风》，《姜白石词编年笺校·代序》，上海古籍出版社1981年新一版，第10–11页。《夏承焘集》第2册所载此文，将姜夔的选调制腔方法减为五种，去除了第五种，见第310–311页。

③ 夏承焘：《姜白石的词风》，《夏承焘集》第2册，第311页。

④ 阮元校刻：《十三经注疏·毛诗正义》卷一，第270页。

⑤ 刘勰著，范文澜注：《文心雕龙注》，第538页。

也。今人固不及古，而本之情性，稽之度数，古今所尚，各因其所重……古人岂无度数？今人岂无性情？用之各有轻重，但今不及古耳。今所行曲拍，使古人复生，恐未能易。”[①]姜夔所作，既能“本之性情”，又能“因事作歌”，“意尽则止”，虽“句无定声”，却能“稽之度数”，且以其文学、音乐双绝之才，在“今所行曲拍”的制约中，超越了“使古人复生，恐不能易”的拘限。

“率意为词”与“按谱填词”其实就是“活用声律”与“固守词律”的区别，先词后曲，以乐配词，充分表现了文学作品抒情的主动性，而非按谱填词的类型化。姜夔的创作打破了类型化的限制，主要表现在两方面：一是在文辞内容上，以先词后曲、突出文学主体抒情的精神，改变了以词就曲的定法，坚持了文人抒情词的性质；二是在音乐表现上，不用统一流行的曲调，而是根据内容配以独具个性的旋律节奏，更好地突出抒情主体。在这之前，虽也有柳永、苏轼等自作词的尝试，但作为明确理念并大量制作却是始于姜夔，因此“率意为词，然后协律”无论在宋词的文学或音乐上都具有革新意义。王安石说：“古之歌者，皆先有词，后有声，故曰：‘诗言志，歌永言，声依永，律和声。’如今先撰腔子，后填词，却是永依声也。”[②]王灼亦云：“故有心则有诗，有诗则有歌，有歌则有声律，有声律则有乐歌，永言即诗也，非于诗外求歌也。今先定音节，乃制词从之，倒置甚矣。”[③]姜夔将“永言”与“音节”关系的“倒置”，又颠倒过来，回到了“声依永”的原则，这在词与乐的关系史上确实具有异乎寻常的意义，仅此就足以肯定他在我国词史上的地位。

附姜夔所创词调：

有旁谱自度曲	扬州慢	霓裳中序第一	翠楼吟
	杏花天影	惜红衣	石湖仙
	淡黄柳	长亭怨慢	醉吟商小品
	凄凉犯	秋宵吟	玉梅令
	暗香	疏影	角招
	鬲溪梅令	徵招	
其他	一萼红（平韵始见此）	湘月（念奴娇鬲指声）	满江红（平韵自创）
	莺声绕红楼（疑为自度犯调曲）		

第三节　姜夔词的清空

黄昇称姜夔“词极精妙，不减清真乐府，其间高处，有美成所不能及”[④]，清代浙西词派崛起后，姜夔更被奉为“词中之有白石，犹文中之有昌黎也”[⑤]、“词家之有姜石帚，

① 王灼著，岳珍校注：《碧鸡漫志校正》卷一，第28–29页。
② 赵令畤：《侯鲭录》卷七，《宋元笔记小说大观》，第2091页。
③ 王灼著，岳珍校注：《碧鸡漫志校正》卷一，第1页。
④ 黄昇：《花庵词选·中兴以来绝妙词选》卷六，第279页。
⑤ 许昂霄：《词综偶评》，《词话丛编》，第1576页。

犹诗家之有杜少陵”[①]。姜夔词何以能获得如此高的评价？陈廷焯说:“顿挫之妙,理法之精,千古词宗,自属美成。而气体之超妙,则白石独有千古,美成亦不能至。”[②]可见,姜夔词以其“气体”同周邦彦的“理法”争胜,以其独特的艺术个性和风格开宗立派。概言其最主要的特征,就是区别于周邦彦、吴文英“质实”的“结体于虚”[③],用张炎《词源》的话来说,就是“清空”,而这也是姜夔词在艺术上最大的创造。

一、襟怀洒落 不涉嫣媚

何谓“清空”？张炎说:

> 词要清空,不要质实;清空则古雅峭拔,质实则凝涩晦昧。姜白石词如野云孤飞,去留无迹。吴梦窗词如七宝楼台,眩人眼目,碎拆下来,不成片段,此清空质实之说。[④]

张炎言“清空”即是“古雅峭拔”、“野云孤飞,去留无迹”,使人“点”而难“悟”。清浙西派着眼意格,取张炎“古雅”、“骚雅”之评,汪森称道姜词“醇雅”[⑤],王昶以之“为‘三百篇’之苗裔”[⑥],但对“清空”一语,几乎未曾道着。常州派主将周济对姜夔虽每多贬抑之词,但其所说的“白石脱胎稼轩,变雄健为清刚,变驰骤为疏宕”[⑦],这“清刚”、“疏宕”倒是近于“清空”之说。

谈姜夔词的“清空”,必须从作品的意境来作分析。意境包括意——诗人主观的感情、思想、意趣、理想,和境——外界的客观景象事物。在作者,意境就是主观的情、意和客观的物、境的契合,是二者的有机统一;在读者,意境就是通过对境象的体味、思索和感触到的意蕴。

言姜夔词意境的“清空”,可先将其意之“清”和境之“空”分开作两方面的分析。

我们知道,要创造出意境,必然要凭借诗人感受和表达的两方面能力,“一曰受,二曰作”[⑧]。无论是“受”还是“作”,都渗透着人的主观能动。诗人的感受能力,受着他的思想、性格、情趣、修养的制约,而他的表达能力,除上述要素外,还决定于他的才能、技巧。

诚然,艺术的审美活动不出于理念,而多出于直觉,但我国古代所说的文如其人,外国所说的风格即人,都道出了人的思想、品格、感情对文艺创作的决定作用。姜夔

---

① 宋翔凤:《乐府馀论》,《词话丛编》,第2503页。
② 陈廷焯著,屈兴国校注:《白雨斋词话足本校注》卷二,第129页。
③ 陈锐:《袌碧斋词话》,《词话丛编》,第4200页。
④ 张炎:《词源》,《词源注·乐府指迷笺释》,第16页。
⑤ 汪森:《词综·序》,《词综》,第1页。
⑥ 王昶:《姚茝汀词雅序》,《春融堂集》卷四一,见夏承焘《姜白石词编年笺校》,《夏承焘集》第3册,第181页。
⑦ 周济:《宋四家词选目录序论》,《介存斋论词杂著·复堂词话·蒿庵论词》,第13页。
⑧ 鲁迅:《儗播布美术意见书》,载《鲁迅全集》第八卷,人民文学出版社1981年版,第45页。

词的意“清”，首先是他为人的狷洁清高所决定的，是他的思想感情和人格的体现。

淳熙间，姜夔识萧德藻，德藻对其诗才十分赏识，以侄女妻之，携之同寓湖州。萧德藻是重名节、有品德的穷诗人，杨万里在《淳熙荐士录》中称他“文学甚古，气节甚高，其志常欲有为，其进未尝苟合”①，姜夔与其朝夕相处，自不能不与之相似。以后，经萧德藻介绍，姜夔得谒见杨万里，又得杨万里引见于范成大，与杨、范二人皆交游。杨万里、范成大都是德行甚高的诗人政治家，对姜夔，他们从生活上关心，到文学上奖掖，他们的为人也对姜夔产生了影响。此外，叶适、朱熹、辛弃疾等重节操、有正义感的志士，也以朋辈身份影响了姜夔。姜夔精于诗，长于词，深于乐，通赏鉴，工翰墨，才情学问均高，此时，次等文人尚曳裾侯门，以文字干谒公卿，但他却甘于清苦的生活。在依之十年的张鉴卒后，他旅食浙东、嘉兴、金陵间，死时贫不能殡，得吴潜之力才能下葬。他的同代人陈郁说他气貌若不胜衣，而笔力足以扛百斛之鼎，家无立锥，而一饭未尝无食客，图史翰墨之藏汗牛充栋，襟怀洒落如晋、宋间人。由此可见，姜夔不是乞食豪门的无行文人，而是胸襟狷洁、为人耿介的清高之士。

姜夔存词八十余首，感慨时事、抒写身世的有十数首，交游酬赠的有十数首，眷怀恋人的有近二十首，其余多为咏物纪游之作。我们不妨从这几类作品中看其“清”的特点。他的《点绛唇》(丁未冬过吴松作)可谓咏怀言志的代表作：

燕雁无心，太湖西畔随云去。数峰清苦，商略黄昏雨。　第四桥边，拟共天随住。今何许，凭栏怀古，杨柳参差舞。

此词以燕子的春来秋去、鸿雁的秋来春去而“索物起兴”(冬天本无燕雁)，颇有自况味。过片二句，以追随天随子(陆龟蒙)为愿，道出了主题。

姜夔为人、写诗都学陆龟蒙，其词中不求仕宦、浪迹江湖之意随处可见。如“何时共渔艇，莫负沧浪烟雨”(《清波引》)、“高柳垂阴，老鱼吹浪，留我花间住”(《念奴娇》)、“鲈鱼应好，旧家乐事谁省”(《湘月》)等都是。

姜夔曾于宋宁宗庆元三年(1197)进《大乐议》及《琴瑟考古图》于朝，庆元五年(1199)又上《圣宋铙歌十二章》，得到“免解与试礼部”的优待，却仍不及第。所以，他的“沉思只羡天随子，蓑笠寒江过一生”(《三高祠》)并非虚语。这种用世不得而以隐居为志的“清”气，在宋词人中除朱敦儒外，确为少见。此其意“清”之一。

交游酬赠之作，最易流露甜俗气，姜夔之作却不然。姜曾依张鉴十年，与其酬唱颇多，其中《阮郎归》二首即是为张鉴贺寿之词，词写道：

红云低压碧玻璃，惺惚花上啼。静看楼角拂长枝，朝寒吹翠眉。　休涉笔，且裁诗，年年风絮时。绣衣夜半草符移，月中双桨归。

① 杨万里：《淳熙荐士录》，丛书集成初编本，中华书局1985年版，第3页。

旌阳宫殿昔裴徊，一坛云叶垂。与君闲看壁间题，夜凉笙鹤期。　茅店酒，寿君时，老枫临路歧。年年强健得追随，名山游遍归。

这二首寿词，除“茅店酒，寿君时”，“年年强健得追随”显有祝贺之意以外，却难以见到任何媚态，只有共觅清幽、咏诗赏字、月下泛舟、茅店沽酒的情趣，和远却红尘的悠然风致。在《石湖仙》(寿石湖居士)这一以歌颂范成大功业为主的作品中，都仍以范蠡、张翰、陆龟蒙这“千古三高”拟之，在以隐士许人同时，亦有自许之味。此其意“清”之二。

再看其纪游之作《鹧鸪天》(正月十一日观灯)：

巷陌风光纵赏时，笼纱未出马先嘶。白头居士无呵殿，只有乘肩小女随。花满市，月侵衣，少年情事老来悲。沙河塘上春寒浅，看了游人缓缓归。

此词写临安元宵前试灯夜之游。全词不写都城的华丽富贵，即使是沙河塘这样的繁华地区，亦只用“春寒浅”三字，不写花灯的金碧辉煌，却只写了一轮冷月，至于赏灯的富人，“‘笼纱未出马先嘶’七字写出华贵气象，却淡隽不涉俗”[①]。可见，作者笔下的临安灯夜，只是自己清静恬淡心情的返照。他的纪游词都近于这种格调，“笛里关山，柳下坊陌”(《霓裳中序第一》)、“暗柳萧萧，飞星冉冉，夜久知秋信”(《湘月》)、“燕燕飞来，问春何在，唯有池塘自碧”(《淡黄柳》)、“酒醒明月下，梦逐潮声去”(《玲珑四犯》)等，都呈现出清幽淡远之致。姜夔的咏物词，无论所咏是梅花还是它物，都显得泠然隐秀。此其意“清”之三。

沈祥龙说：“白石诗云：‘自制新词韵最娇’，‘娇’者如出水芙蓉，亭亭可爱也。徒以嫣媚为娇，则其韵近俗矣。试观白石词，何尝有一语涉于嫣媚？”[②]爱情词最易入于嫣媚，但姜夔一洗《花间》、北宋的侧艳，他的言情之作，确能做到俗处能雅。

姜夔青年时往来江淮间，曾有合肥情遇，其集中怀念情人的词共十九首。其中固然有“湿红恨墨浅封题”，“漂零客，泪满衣”(《江梅引》)这样刻至难忘之情，但总的说来，非但有别于柳永“知何时，却拥秦云态？愿低帏昵枕，轻轻细说与”(《浪淘沙慢》)、“镇相随、莫抛躲，针线闲拈伴伊坐”(《定风波》)的俚俗，也不同于周邦彦“拚今生、对花对酒，为伊泪落”(《解连环》)、“眷恋雨润云温，苦惊风吹散”(《拜星月慢》)，甚至出以“天便教人，霎时厮见何妨”(《风流子》)一类直词快语的深挚执着。姜夔的怀人词是以健笔写之，以淡语出之：

别后书辞，别时针线，离魂暗逐郎行远。淮南皓月冷千山，冥冥归去无人管。

——《踏莎行》

恨入四弦人欲老，梦寻千驿意难通，当时何似莫匆匆。　——《浣溪沙》

---

① 况周颐：《蕙风词话》卷二，《蕙风词话·广蕙风词话》，第26页。

② 沈祥龙：《论词随笔》，《词话丛编》，第4056页。

卫娘何在，宋玉归来，两地暗萦绕。摇落江枫早，嫩约无凭，幽梦又杳。

——《秋宵吟》

西窗夜凉雨霁，叹幽欢未足，何事轻弃？问后约、空指蔷薇，算如此溪山，甚时重至？

——《解连环》

这些词，既非绮靡无力，亦非显豁俚俗，而是流露出幽远绵邈的风情。此其意“清”之四。

综上，姜夔词无论是咏怀、酬应、咏物，还是写恋情，都可见醇雅峭拔、清婉窈眇、空淡深远的特点，亦即陈廷焯所说的“以清虚为体”[①]，要而言之，就是一个“清”字。

二、空诸所有　不著色相

在姜夔词里，作为构成意境的另一部分——景象事物，确有“空”的特点。要说明这点，不妨将“质实”典型的吴文英词与之对照。且看吴文英《惜黄花慢》的上片：

送客吴皋，正试霜夜冷，枫落长桥。望天不尽，背城渐杳，离亭黯黯，恨水迢迢。翠香零落红衣老，暮愁锁、残柳眉梢。念瘦腰，沈郎旧日，曾系兰桡。

此词写的是在“枫落吴江冷”之夜作别友人。头三句点明事、时、地，“离亭”、“恨水”二句明显带着作者的主观感情，“翠香”二句进而以秋天的残荷败柳来加重之，然后由物返人，以因离愁而消瘦的沈约自况。一系列频转频接的景象事物，都是为了作离愁的“量”的渲染积累，意欲倾诉内心情感并达之于人，主旨很单纯。

姜夔词却很不同。试举《琵琶仙》为例：

双浆来时，有人似、旧曲桃根桃叶。歌扇轻约飞花，蛾眉正奇绝。春渐远，汀洲自绿，更添了、几声啼鴂。十里扬州，三生杜牧，前事休说。　又还是、宫烛分烟，奈愁里匆匆换时节。都把一襟芳思，与空阶榆荚。千万缕、藏鸦细柳，为玉尊、起舞回雪。想见西出阳关，故人初别。

从此词小序可知，这是作者与萧德藻之侄萧时父在吴兴载酒春游时的“感遇成歌”。此词首句“双桨来时”直入画船游春之所遇，破空而来，与他词的借景渐引不同。“有人似、旧曲桃根桃叶”，桃叶为晋王献之妾，妹名桃根，所遇的两位船上女郎竟似自己合肥情遇的故人。[②]“歌扇”二句，先写其态，后写其貌，正因其相似，故谓“奇

---

① 陈廷焯著，屈兴国校注：《白雨斋词话足本校注》卷二，第128页。

② 姜夔合肥所遇歌女，疑为姐妹二人，可参看《姜白石词编年笺注》的《行实考·合肥词事》，《夏承焘集》第3册，第314–327页。

绝”。此四句的因遇而怀，本可勾起一串回忆，但作者不言所遇的似是而非，却转而写景：“春渐远，汀洲自绿，更添了几声啼鴂。”时逝春远，洲绿鴂啼，旧游不堪回首，桃叶桃根亦必难再逢，接着以“十里扬州，三生杜牧，前事休说”，道破了沉痛之意。过片承上结“前事休说”翻出，“又还是”一转，“宫烛分烟”，又值此时令，又见此风景，“奈愁里匆匆换时节”，其意再转，年光似水，去而不回，非不可说，实无从说。一襟芳思，无以排遣，念空阶榆荚生而又落，不能自主，情以付之无情之物亦无所萦怀了，然而，此实不得不付与之，更加深“前事休说”的苦味。榆荚辞枝，带去旧情，杨柳飘扬，又起新愁，念当日别筵所见，情思又起，想起“西出阳关无故人”之句，旧情排遣不去，欲不怀想却又不得不怀想，怅触旧事之意绪，真是难以泯灭。此词开头不是纡徐而道，却是直写所见，结尾才言初别，即作收住，于全首都见“借景现情”之笔用得极其经济。再从其形象组织来看，头四句人景相浑，由“见”而“触”，“春渐远”三句，以景见情，“十里扬州”，借典言情，说出主旨。换头重在以景写时，榆荚柳丝，均为情景交炼之笔，怀念之情弃而复拾，欲罢不能。下片檃括了唐人咏柳的三诗，其中“宫烛分烟”用韩翃，“空阶榆荚”用韩愈，“西出阳关”用王维，但明示杨柳形象的仅最后几句，且“宫烛分烟”见其时，“空阶榆荚”见其思，至“西出阳关”才见其难忘之意。总之，它是以回环跌宕之笔作多角度的“点”笔写意，虽然表现的是深长绵邈的感情，但出现于词面的景象事物却有“疏”而“空”的特点，“全在情景交炼，得言外意”[①]，不同于吴文英的“密”而“实”的从一线频频渲染，以积聚其量。

姜夔词中景象事物之“空”，还可在与质实派的同调、同题材作品作比较中看出。分录吴文英的《鹧鸪天》(化度寺作)和姜夔的《鹧鸪天》(元夕有所梦)。吴词：

池上红衣伴倚阑，栖鸦常带夕阳还。殷云度雨疏桐落，明月生凉宝扇闲。
乡梦窄，水天宽，小窗愁黛淡秋山。吴鸿好为传归信，杨柳阊门屋数间。

姜词：

肥水东流无尽期，当初不合种相思。梦中未比丹青见，暗里忽惊山鸟啼。
春未绿，鬓先丝，人间别久不成悲。谁教岁岁红莲夜，两处沉吟各自知。

两首都是怀人之作。从吴词中可见，词人此时自居于杭州化度寺，而爱人则在苏州阊门，他设想对方因思念自己，以致“小窗愁黛淡秋山”，因而希望吴鸿速去传递自己即将回来的“归信”。此词中，“杨柳阊门，其去姬所居也。全神注定，是此一句。‘吴鸿归信’，言己亦将去此间矣，眼前风景何有焉”！[②]上片四句不是实见之景，而是缘情

① 张炎：《词源》，《词源注·乐府指迷笺释》，第24页。
② 陈洵：《海绡说词》，《词话丛编》，第4859页。

所布，然而红衣(荷花)尚得倚伴翠阑，栖鸦还带夕阳，雨落疏桐，凉生宝扇，时光逝去了，自己与爱人却还是分离，所以，这虚设之景并非赘笔，而是为下片的思归作铺垫。出现在词面上的水池、荷花、翠阑、栖鸦、夕阳、云雨、梧桐、明月、宝扇，使景象事物紧紧相连。

姜词则不然，这首通过感梦来怀人的作品与吴词很不相同。词上片先点明当年事由——种相思，情遇之地——合肥。肥水无尽，重见难期，梦境中久别而逢的故人仅依稀可见，尚不如丹青之明晰，山鸟惊梦，梦亦难留，连一温旧情的虚幻机缘都失去了。下片言未及春天，难以相会，而鬓丝已见，老之将至(时姜夔四十余岁，距合肥初遇二十余年)，人间久别，本更应悲痛，但此处以"人间别久不成悲"的淡语出之，为的是让结句翻出难忘的深意：岁岁灯夜，两地沉吟，互相怀念。这首感梦而作的词与吴词的"缘情布景"不同，用的是"即事述景"，词中的景象事物仅肥水、丹青、山鸟、红莲(灯)数端而已，足见其情景交融之中以情为主，以景为辅，景象事物十分空疏。

由上可见，质实派是以相犯、相叠的笔法使丽景秾情合沓而至，层层渲染，处处铺垫，以取"实"来积蓄其势，在繁复密匝、沈著坚实的描叙中以景现情、情景相生。而姜夔的"清空"却是以相避的笔法，以用"虚"求情景相间，在欲擒故纵、宕开复回之中，有疾有徐，洁而不腻，显得官止神行，虚灵无滓。总之，前者紧而不结，后者松而不散。

词中意境，虽可分而言之，但又终不可分，因为它毕竟是意和境、情与景的融混契合，而非简单相加。那么，作为完整的意境，姜词的"清空"应如何理解呢?

姜夔为人清高，"天之气清，人之品格高者出笔必清"①，在"心炼"和"出笔"的创作过程中，选择与"清"情相应的景象事物，取其神理特征，"空诸所有"②，"不著色相"，用清超之笔，辞意相当地构成完整的意境，这种意境非但"骨理清，体格清，辞意清"③，而且空灵浑涵，而不是板滞凝涩，这就是"清空"。

三、出乎其外　遗貌得神

何以能得"清空"? 先引《人间词话》中的一段话：

> 诗人对宇宙人生，须入乎其内，又须出乎其外。入乎其内，故能写之。出乎其外，故能观之。入乎其内，故有生气。出乎其外，故有高致。美成能入而不出。白石以降，于此二事皆未梦见。④

对宇宙人生，只有理解了，才能反映、表现它们，理解得深刻，才能反映得深刻，只有"入"得深，才能深刻理解世界，把握生活的发展变化和人物的性格心理，因而"入乎

① 孙麟趾：《词径》，《词话丛编》，第2555页。
② 刘熙载：《艺概》卷四《词曲概》，第120页。
③ 沈祥龙：《论词随笔》，《词话丛编》，第4054页。
④ 王国维：《人间词话》，《蕙风词话·人间词话》，第220页。

其内,故能写之","入乎其内,故有生气",是不难理解的。然而,"入"而还要"出",才能有思考的馀地,洞察事物的整体,而且将利害得丧置于一旁,观而写之,而得其"高致"。

我国诗歌历来重在抒情,词尤甚,所以,要表现情感就要兼能入而受之与出而味之,前者是感受情感,重在主观,后者是回味情感,重在客观。绝对的"入"或"出"、绝对的主观或客观都是没有的,多数诗人词人、诗和词都或重主观,或重客观,重主观的以意胜,重客观的以境胜。以周邦彦论,王国维的说法有一定道理,周词是表现"入",表现情感的感受为多,故曰"能入而不出"。"白石以降,于此二事皆未梦见",则未免深负姜夔了,其实,姜词是以表现"出"、表现情感的回味为多。

重在感受,必然"入"而近,感受强烈,形象必然较密,色彩较鲜明,亦即是密丽的。

姜夔的一生,伴着衣食的牵羁困扰和难以淡忘的家国之忧,他不是方外之人,但是,他以陆龟蒙自许,浪迹江湖,寄情山水,出世之想多于入世之念。清幽淡泊的情怀驱动其创作,在沉静中回味,心境安谧平和,在自我与情趣、意象之间,拉开了距离,以致"远人无目,远树无枝,远山无石,远水无波"[①],就不滞于景象事物的细部作迫近的形、色的描绘,而是遗貌取神,得清空之致。

除"出""入"于宇宙人生这一原因之外,意境还同词人的审美情趣有关,而审美情趣则又决定于人品、性格和修养。

以辛弃疾言,他有将相之才,怀济世之志,既理解生活,又能描写生活,作品既有深情、生气,又有高格、高致,既沁人心脾,又豁人耳目。他胸襟博大,感情强烈,意念崇高,审美情趣多在热烈壮美的事物,词中的景物常带有他丰富的想象和外射的感情而呈雄壮、飞动的气势。而当他壮志难伸之时,则"敛雄心,抗高调,变温婉,成悲凉",呈现沈郁顿挫之貌。虽然稼轩词也有多种艺术风貌,亦有如小晏秦郎之作,但最足以代表其特色的还是与传统婉约词相悖的壮美感。

周邦彦、吴文英等人,以写个人遭际、身世为多,他们都工于言情体物,"入"多于"出",尤长于表现感情的感受,状难状之物,言难言之情,词中的景象事物常带有作者的主观抒情色彩,在动态中见婉丽娇柔的幽美感。

姜夔既不同于辛,亦不同于周、吴,他不像辛弃疾那样想积极有为,施展才力,也不像周、吴那样过多感叹自己的身世恋情。他虽深于情,但更见宁静多于纷扰的心境,这种旷达清幽的情怀和喜欢静穆悠远的审美情趣,使他对客观世界常作审美静观,下笔写词,则"如瘦石孤花,清笙幽磬"[②],呈现清空旷远的面目。

如果说,"出"多于"入",回味情感多于感受情感,以及审美情趣等还只是一般性原因,那么,通过以诗法为词,以重神甚于重形来求形神统一,则是造成姜词清空意境的直接原因。

---

① 王维:《山水论》,文字有删节,引自俞剑华编《中国画论类编》,人民美术出版社2004年第2版,第596页。
② 郭麐:《灵芬馆词话》卷一,《词话丛编》,第1503页。

顾恺之论画曾有“以形写神”[①]之语，即以写形的手段达于写神之目的。其实，何止是画，我国古代一切文艺都以形神兼备作为理想的创作，因为没有神，就不能抓住事物的最根本特征，无从现出其生生活力，就不能创造出真正的艺术品，没有形，则神无以附。但在具体创作过程中，形神二者并非并重，或重形，以形求形神统一；或重神，以神求形神统一。前者重在写实，在形似的基础上传神；后者重在写意，在形似的基础上遗貌得神。

以词来说，北宋的周、秦直至南宋的史达祖、吴文英，都是正宗的婉约派，是偏于以形求形神统一的一派。而姜夔，则在某些方面得苏、辛神髓，变而在婉约中另开清空一脉，偏于以神求形神统一。因为如任中敏《词曲通义》所说：“诗人之词，源于齐梁乐府之‘靡’，五七言绝句之‘逸’。‘靡’者渐成词之‘婉约’，‘逸’者渐成词之‘空灵’。”所以，对周、姜二派的形、神侧重观，不妨作一番溯流探源。

六朝是我国文艺发展史上一个极重要的阶段，是一个由质转文、体现为追求形似的时期。从建安时代的“以情纬文，以文被质”改变了汉代质胜于文的风气起，幻想而兼写实，闳伟多于纤巧的汉代文艺特征开始逆转，表现最明显的造型艺术——绘画，开始由诫世示后的历史故事壁画和人神鸟兽相混的装饰画向写实性发展。晋室南渡之后，江南的自然风景使豪门士族流连忘返，山水画开始出现，顾恺之虽有“以形写神”之说，但在创作实践上还是处于追求形似的初级阶段。如宋宗炳等人就倡导“以形写形，以色貌色”[②]，直至齐谢赫才以“气韵生动”[③]作为“六法”之首，且主要还是对人物画而言。只是到唐代，才真正开始追求形神并到，出现了李思训、王维、吴道子等山水名家，到五代北宋，更臻成熟，创造了斧劈皴和披麻皴，形成荆关、董巨、李郭三大山水画流派。

我国诗歌虽远比绘画成熟得早，却也与绘画情况颇为相似。汉诗尚质，建安开始重文，六朝诗歌缺乏重大社会题材的作品，但在形式上进步很大，由古渐律，趋于华美，丽辞密藻，刻意雕琢，“搜索艳题，一时闺阁传闻，辄形楮墨”[④]，其总体审美精神诚如刘勰所说：“自近代以来，文贵形似。”[⑤]且愈演愈烈：“诗至于宋，性情渐隐，声色大开”[⑥]，“齐梁间诗，彩丽竞繁，而兴寄都绝”[⑦]。在这种艺术风气熏染下，从宋谢灵运的“故尚巧似”[⑧]，经齐谢朓的“撰造精丽，风华映人”[⑨]，梁江淹的“颇能修饬”[⑩]，何逊的“探

---

① 顾恺之：《魏晋胜流画赞》，沈子丞《历代论画名著汇编》，文物出版社1982年版，第8页。
② 宗炳：《画山水序》，孟兆臣校释《画品》，北方文艺出版社2005年版，第19页。
③ 谢赫：《古画品录》，孟兆臣校释《画品》，第31页。
④ 胡应麟：《诗薮》外编卷二，第162页。
⑤ 刘勰著，范文澜注：《文心雕龙注》，第694页。
⑥ 沈德潜：《说诗晬语》卷上，《原诗·一瓢诗话·说诗晬语》，第203页。
⑦ 陈子昂：《与东方左史虬修竹篇序》，转引自郭绍虞编《中国历代文论选》第2册，第55页。
⑧ 钟嵘著，曹旭集注：《诗品集注》卷上，上海古籍出版社1994年版，第160页。
⑨ 王世贞著，罗仲鼎校注：《艺苑卮言校注》卷三，第135页。
⑩ 沈德潜：《古诗源》卷一三，中华书局1963年版，第300页。

景每入幽微”[①],直至陈阴铿的“琢句抽思,务极新隽;寻常景物,亦必摇曳出之,务使穷态极妍,不肯直率”(陈祚明《采菽堂古诗选》卷二九),可谓崇尚和追求形似已趋其极。

唐代承六朝已臻成熟的形似,开始向神似阶段发展。画家张璪提出“外师造化,中得心源”[②],已从“外”的“境”和“内”的“意”作两方面阐述,表明了主客浑融的要求。张彦远更进一步说:“象物必在于形似,形似须全其骨气。骨气,形似,皆本于立意而归乎用笔。”[③]其中的“立意”含有作者的主观之意,骨气则见重于事物神理,经过“心炼”的过程,对“境”有所取舍,借于“用笔”的技巧,在追求形似之中,表达神髓。

画论既如此,诗论则更为成熟。皎然曰:“虽欲废巧尚直,而思致不得置;虽欲废词尚意,而典丽不得遗。”[④],明显包括意和词结合的思想,他提出“取境”问题,并要“假象见意”[⑤],又说“诗情缘境发”[⑥],已将“象”和“意”、“境”和“情”综为一体。王昌龄在论诗的“物境”时说:“神之于心,处身于境,视境于心,莹然掌中,然后用思,了然境象,故得形似。”[⑦]将“意”与“境”、“神”与“形”及神以统形、形中见神的关系说得很透辟。经过众多诗人的努力,唐诗已从六朝的刻意形似、有境无意或境馀于意,发展到形神兼备、意境浑融,尤其是绝句,更见含蓄蕴藉,清新隽永,确有“境生于象外”[⑧]的特点。

导源于六朝诗的宋代正统婉约词,是以重形来求形神统一的。

早期婉约词既出于齐梁乐府之“靡”,如欧阳炯所说,是“自南朝之宫体,扇北里之倡风”[⑨],自然立意不高,骨气较弱,用笔涉于嫣媚,其文字在形似上更为着力。这一派词,在温韦时代就是“香而软”,如况周颐所说,是“熏香掬艳,眩目醉心”[⑩],经五代、南唐,至北宋慢词盛行后,描形绘影更见功夫。然而,在“靡”的同时,宋词确已不同花间词的“状物描情,每多意态”[⑪],而是吸取唐诗形神兼备之长,如柳永,既“旖旎近情”,又如苏轼所说,有些作品不减“唐人高处”。秦观虽“妍丽丰逸”,又“能以韵胜”。婉约词到周邦彦手里,不唯音律“拗怒之中,自饶和婉,曼声促节,繁会相宜,清浊抑扬,辘轳交往”[⑫],而且能充分运用离合、虚实、钩勒、加倍写法,比兴寄托应用得浑化无痕,并善于融化唐人诗句和六朝小赋,驱遣语言,铸造意境,所谓“玉艳珠鲜”、“柳欹花鞾之致”,是不足以言其根本的,“言情体物,穷极工巧”则庶几道出了周邦彦在求形似之中追逐神理的特点。

---

① 陆时雍:《诗镜总论》,《历代诗话续编》,第1409页。
② 张璪:《〈历代名画记〉引》,转引自杨大年编著《中国历代画论采英》,河南人民出版社1984年版,第31页。
③ 张彦远:《论画六法》,孟兆臣校释《画品》,第75页。
④ 皎然著,李壮鹰校注:《诗式校注》,人民文学出版社2003年版,第20页。
⑤ 皎然著,李壮鹰校注:《诗式校注》,第128页。
⑥ 皎然:《秋日遥和卢使君游何山寺宿扬上人房论涅槃经义》,转引自《诗式校注·附录三》,第385页。
⑦ 王昌龄:《诗格》,转引自郭绍虞《中国历代文论选》第2册,第89页。
⑧ 刘禹锡:《董氏武陵集记》,瞿蜕园笺证《刘禹锡集笺注》卷一九,上海古籍出版社1989年版,第517页。
⑨ 欧阳炯:《花间集序》,赵崇祚辑,李一氓校《花间集校》,第1页。
⑩ 况周颐:《历代词人考略》卷五,《蕙风词话·广蕙风词话》,第212页。
⑪ 沈雄:《古今词话·词品》卷下引江尚质语,《词话丛编》,第852页。
⑫ 王国维:《人间词话附录》,《蕙风词话·人间词话》,第253页。

从唐人五七言绝句之“逸”流出的姜夔词，是重于神韵的，也就是说，是遗貌得神以求形神统一的。

本来，文艺创作服从形象思维规律，在“心炼”过程中就对事物有所芟除、删汰，所以，在创作过程中，应该善于概括，要“以少总多”，才能做到“物色虽繁，而析辞尚简”，“物色尽而情有馀”[①]。谢赫谈绘画六法，首言“气韵生动”，此气韵即指画中人物栩栩如生的活力，添毫点睛，皆是表达这种活力的传神之笔，因之，“析词尚简”，首要表其气韵。以诗言，司空图从倡“思与境偕”[②]，到突出“离形得似”[③]、“超以象外，得其环中”[④]，再到“不著一字，尽得风流”[⑤]，以求“象外之旨”，则可见对“神”的强调。宋初的梅尧臣论诗曾有“必能状难写之景，如在目前，含不尽之意，见于言外，斯为至矣”[⑥]之语。苏轼兼工诗画书法，其《摩诘蓝田烟雨图》所说的“味摩诘之诗，诗中有画；观摩诘之画，画中有诗”[⑦]，更见倡导“象外之旨”于艺术皆通。

姜夔在《白石道人诗说》中指出：“陶渊明天资既高，趣旨又远，故其诗散而庄，淡而腴，断不容作邯郸步也。”[⑧]认定陶诗是先于六朝形似之风的空谷足音，是极高的境界。他又说：“语贵含蓄。东坡云‘言有尽而意无穷’者，天下之至言也……句中有馀味，篇中有馀意，善之善者也。”[⑨]以求神韵、重含蓄为长。姜夔不止求于“工”，而求达于“妙”，然而何为“妙”呢？他说：

> 诗有四种高妙，一曰理高妙，二曰意高妙，三曰想高妙，四曰自然高妙。碍而实通，曰理高妙；出事意外，曰意高妙；写出幽微，如清潭见底，曰想高妙；非奇非怪，剥落文采，知其妙而不知其所以妙，曰自然高妙。[⑩]

他追求的是要创作出不同流俗、出人意外、清幽微妙而又自然的意境。他所说的“韵度欲其飘逸”[⑪]，“意格欲高，句法欲响……句意欲深欲远，句调欲清欲古欲和”[⑫]，则进一步明确了这种意境的特点。

总之，姜夔的尚神似，重含蓄，标举高妙，并以韵度飘逸、语言不俗、句意深远、句调清和来求之，则可见其创作思想是不事摹绘，不尚工细，不落言筌，善于抓事物特

---

① 刘勰著，范文澜注：《文心雕龙注》，第694页。
② 司空图：《与王驾评诗书》，司空图，袁枚著，郭绍虞集解，辑注《诗品集解·续诗品注》，第50页。
③ 司空图，袁枚著，郭绍虞集解，辑注：《诗品集解·续诗品注》，第36页。
④ 司空图，袁枚著，郭绍虞集解，辑注：《诗品集解·续诗品注》，第3页。
⑤ 司空图，袁枚著，郭绍虞集解，辑注：《诗品集解·续诗品注》，第21页。
⑥ 欧阳修：《六一诗话》，《六一诗话·白石诗说·滹南诗话》，第9页。
⑦ 苏轼：《书摩诘蓝田烟雨图》，《苏轼文集》卷七十，第2209页。
⑧ 姜夔：《白石道人诗说》，夏承焘辑《白石诗词集》，第67页。
⑨ 姜夔：《白石道人诗说》，夏承焘辑《白石诗词集》，第67页。
⑩ 姜夔：《白石道人诗说》，夏承焘辑《白石诗词集》，第68页。
⑪ 姜夔：《白石道人诗说》，夏承焘辑《白石诗词集》，第66页。
⑫ 姜夔：《白石道人诗说》，夏承焘辑《白石诗词集》，第68页。

征,摄取神理,让作品有比字面更广阔的包孕,有言外馀音。这一切,统之以意趣高远,就是他本人虽未明言,但却是努力追求的"清空"。如《庆宫春》,不仅在词序中展现了与诸友"诣梁溪,道经吴松。山寒天迥,云浪四合。中夕相呼步垂虹,星斗下垂,错杂渔火,朔吹凛凛"的清寒幽绝之境,此词亦足证上面所说:

双桨莼波,一蓑松雨,暮愁渐满空阔。呼我盟鸥,翩翩欲下,背人还过木末。那回归去,荡云雪、孤舟夜发。伤心重见,依约眉山,黛痕低压。　　采香径里春寒,老子婆娑,自歌谁答。垂虹西望,飘然引去,此兴平生难遏。酒醒波远,政凝想、明珰素袜。如今安在,惟有阑干,伴人一霎。

四、晚唐江西　一家风味

白石词意境之"清空"根源于其诗。姜夔本是江西派诗人,但他却入于江西而又出之。江西派开山黄庭坚曾说"自作语最难",认为诗歌创作要"不易其意而造其语","窥入其意而形容之"[①],这就是"夺胎换骨"。从《白石道人诗集自序》可知,姜夔曾力学黄庭坚,"三熏三沐,师黄太史氏",但"居数年,一语噤不敢吐,始大悟学即病,顾不若无所学之为得,虽黄诗亦偃然高阁矣"[②],他因"大悟学即病","故向也求与古人合,今也求与古人异"[③]。他认为风会所限,"余之诗盖未能进乎此也",虽未明言欲于词上创新,但结合其《诗说》看其词,则可见在词苑另辟蹊径之意。郭绍虞认为,"在江西诗派以后,在《沧浪诗话》以前,可以看出诗论转变之关键的,应当推姜夔《白石道人诗说》了",并说:"姜氏论诗,见到此而未能进乎此;姜氏作词,不必见到此,而可说已能进乎此。谢章铤《赌棋山庄词话》欲以其诗说改为词论,就是这个道理。"[④]这一见解,确是体会至深之言,在姜夔词中,确可见《诗说》的主张已付诸实践。

夏承焘说:"今观白石的近体诗,尤其是绝句,很明显是从江西派里出来走向唐人的。"[⑤]他的七绝于江西派清劲爽朗中兼有晚唐诗绵邈蕴藉的风神,这种风神得之于上窥唐诗之后,将盛唐绝句的英爽俊逸和晚唐绝句的空濛淡远熔于一炉。姜夔善作七绝,不仅是《除夜自石湖归苕溪》十首"有裁云缝雾之妙思,敲金戛玉之奇声",其馀作品,也甚得陆龟蒙的神髓。这种七绝的蕴藉潇洒,加以他多年所熟悉的江西派的瘦硬爽健,入于其词,就成了一种不同于周柳的"神"。

然而,欲创造"清空"的意境,除"本于立意",还要"归于用笔",这就牵涉到章法结

---

① 惠洪:《冷斋夜话》卷一引黄庭坚语,《宋元笔记小说大观》,第2171页。
② 姜夔:《白石道人诗集自序一》,夏承焘辑《白石诗词集》,第1页。
③ 姜夔:《白石道人诗集自序二》,夏承焘辑《白石诗词集》,第2页。
④ 郭绍虞:《中国文学批评史》,第258、259页。
⑤ 夏承焘:《姜白石的词风》,《夏承焘集》第2册,第304页。

构和遣词用语，下面仍以《白石道人诗说》观照之。

关于章法，他说：

> 小诗精深，短章蕴藉，大篇有开阖，乃妙。[1]
>
> 波澜开阖，如在江湖中，一波未平，一波已作。如兵家之阵，方以为正，又复是奇；方以为奇，忽复是正。出入变化，不可纪极，而法度不可乱。[2]

他词中的小令，一如其诗，确是精深蕴藉。他的长调，即以前列《琵琶仙》为例，确有开阖之妙，并足见一波未平，一波已作。这种回环跌宕、波澜起伏、矫变灵动的笔法，联结了景象事物的神理，"如野云孤飞，去留无迹"确是很好的形容。

关于用语，他说：

> 一家之语，自有一家之风味。[3]
>
> 难说处一语而尽，易说处莫便放过。僻事实用，熟事虚用。说理要简切，说事要圆活，说景要微妙。[4]

姜词的语言，"一家之风味"很浓，诚如夏承焘先生所说："五代北宋人多以中晚唐诗的辞汇入词……周邦彦多用六朝小赋和盛唐诗，渐有变化，但还是因多创少。只有白石用辞多是自创自铸……意境格局和北宋词人不同，分明也出于江西诗法。白石一方面用晚唐诗修正江西派，另一方面又用江西诗修改晚唐北宋词。以修辞一端来说，他从用唐诗成语辞汇走向用宋诗的造句铸辞，也是他的词风特征之一。"[5]姜词确不乏"说景微妙"之句，"数峰清苦，商略黄昏雨"（《点绛唇》）、"波心荡，冷月无声"（《扬州慢》）、"千树压、西湖寒碧"（《暗香》）等，都可见这一特点，在体味"微妙"的同时，确能品出其中的"清"味。举一例《念奴娇》：

> 予客武陵，湖北宪治在焉。古城野水，乔木参天。予与二三友日荡舟其间，薄荷花而饮。意象幽闲，不类人境。秋水且涸，荷叶出地寻丈，因列坐其下。上不见日，清风徐来，绿云自动。间于疏处窥见游人画船，亦一乐也。朅来吴兴，数得相羊荷花中。又夜泛西湖，光景奇绝。故以此句写之。

> 闹红一舸，记来时尝与鸳鸯为侣。三十六陂人未到，水佩风裳无数。翠叶吹

---

① 姜夔：《白石道人诗说》，夏承焘辑《白石诗词集》，第66页。
② 姜夔：《白石道人诗说》，夏承焘辑《白石诗词集》，第68页。
③ 姜夔：《白石道人诗说》，夏承焘辑《白石诗词集》，第69页。
④ 姜夔：《白石道人诗说》，夏承焘辑《白石诗词集》，第66页。
⑤ 夏承焘：《姜白石的词风》，《夏承焘集》第2册，第307页。

凉，玉容消酒，更洒菰蒲雨。嫣然摇动，冷香飞上诗句。　　日暮青盖亭亭，情人不见，争忍凌波去。只恐舞衣寒易落，愁入西风南浦。高柳垂阴，老鱼吹浪，留我花间住。田田多少，几回沙际归路。

颇能印证白石自己所说"一家语"，既清劲又绵渺，说景微妙，有开阖之妙。至于用事说理等，因与"清空"关系不大，故论述从略了。

由以上分析可见，姜词的独特风貌除与他的人生态度、审美情趣，及善于表达感情回味有关外，还取决于他以重神求形神统一的美学观，取决于他变革了词"变愈甚遂不能复合于诗"[①]的状况，以诗法为词（不同于苏轼扩大词的题材，提高词的意格的"以诗为词"），形成词的新的表现手法。姜词以意境清空为自己作品的主要标识，区别于周、吴，形成"南渡以来，双峰并峙"[②]的局面。其后，甚至被清代浙派奉为"最为杰出"[③]，"舞简至于九变，而词之能事毕矣"[④]。

姜词的"清空"远承唐人绝句的风格，又融入江西诗派的神韵，以其含蓄和清俊经得起体会寻味，这固然是它的长处。然而，其虽善于表现个人感受和抒情状物，却短于写重大的题材（白石晚年与辛弃疾唱和之作又当别论，且此时基本已失"清空"之貌了），而且其情思较远，易流于空泛，其意境较隐，易入于朦胧。因而，少嗜倚声，而"年逾五十，始识康庄"的周济就深有体会地说："吾十年来服膺白石，而以稼轩为外道，由今思之，可谓瞽人扪籥也。稼轩郁勃，故情深；白石放旷，故情浅；稼轩纵横，故才大；白石局促，故才小。"[⑤]他将辛、姜二家对照，即使不言胸襟抱负，仅情、才二端，姜都在辛下，如果说周济对姜词所作的艺术分析尚不免门户之见，那么上面的说法，却是公允持平之论。

第四节　姜夔词的骚雅

就词作为文学作品而言，姜夔以"清空"造成其词的主要艺术特色，开派于南宋。然而，"清空"并不能概括姜词艺术的全部，为此，张炎又有"不惟清空，又且骚雅"[⑥]的补充。后人沿袭其说，对此多有论及，虽或能中其肯綮，却语焉不详，而"骚雅"之不同于典雅、醇雅、浑雅、和雅、雅致、雅洁等，应是与"风雅"相近的概念，却又有特定的涵义，尤应在"骚"字上探究。为此，本节专论"骚雅"。

---

① 王昶：《姚茝汀词雅序》，《春融堂集》卷四一，见夏承焘《姜白石词编年笺校》，《夏承焘集》第3册，第181页。
② 陈锐：《袌碧斋词话》，《词话丛编》，第4200页。
③ 朱彝尊：《词综·发凡》，《词综》，第10页。
④ 汪森：《词综·序》，《词综》，第1页。
⑤ 周济：《介存斋论词杂著》，《介存斋论词杂著·复堂词话·蒿庵论词》，第8页。
⑥ 张炎：《词源》，《词源注·乐府指迷笺释》，第16页。

一、通之骚、雅 温柔敦厚

“骚雅”所指为何？当先看张炎所说：

> 簸弄风月，陶写性情，词婉于诗；盖声出莺吭燕舌间，稍近乎情可也。若邻乎郑、卫，与缠令何异也！①
>
> 词欲雅而正，志之所之，一为情所役，则失其雅正之音。②

可见，张炎反对词之言情邻于郑、卫，近于缠令之体，求不粗鄙、不庸俗，不忘志之所之，不为情之所役。在他看来，“骚雅”既别于周邦彦的“软媚”、“意趣却不高远”③，要“屏去浮艳，乐而不淫，是亦汉、魏乐府之遗意”④；而且又有别于“辛稼轩、刘改之作豪气词”，“于文章馀暇，戏弄笔墨为长短句之诗耳”⑤。

张炎的学生陆辅之在《词旨》中，将“周清真之典丽，姜白石之骚雅，史梅溪之句法，吴梦窗之字面”⑥作为作词极则。清初汪森就张炎所评周、柳的“软媚”和辛、刘的“豪气词”，进一步指出他们“言情者或失之俚，使事者或失之伉”，而“鄱阳姜夔出，句琢字炼，归于醇雅”⑦，以姜夔作为纠正“俚”、“伉”的楷模。

承袭《花间》传统，使词沿着艳体发展，艺术成就最高的当推柳、周。柳永的词，“具浑沦之气”⑧，“自有唐人妙境”⑨，但因“绮罗香泽之态，所在多有”⑩，其“俚词”意格低，“颇以俗为病”⑪。周邦彦词雅俗并到，如陈郁所说：“二百年来以乐府独步，贵人学士市儇伎女皆知美成词为可爱。”⑫但意格仍失之软媚，有些作品情趣亦近于柳永。因而，王国维曾说：“永叔、少游，虽作艳语，终有品格，方之美成，便有淑女与倡伎之别。”⑬周、柳之后，更有未得其长，只得其短者，等而下之，流为“俚词”。

苏轼转变绮靡词风，“一洗绮罗香泽之态，摆脱绸缪宛转之度”，开豪放的新声。靖康之变后，感伤情怀与爱国主义给词坛贯注了新意，使“缘情”而至于“靡”的宋词向言志咏怀、抒郁泄愤方向发展。辛词无意与周、柳争斗秾纤，“率多抚时感事之作，磊

① 张炎：《词源》，《词源注·乐府指迷笺释》，第23页。
② 张炎：《词源》，《词源注·乐府指迷笺释》，第29页。
③ 张炎：《词源》，《词源注·乐府指迷笺释》，第30页。
④ 张炎：《词源》，《词源注·乐府指迷笺释》，第23页。
⑤ 张炎：《词源》，《词源注·乐府指迷笺释》，第32页。
⑥ 陆辅之：《词旨》卷上，《词话丛编》，第301–302页。
⑦ 汪森：《词综·序》，《词综》，第1页。
⑧ 宋翔凤：《乐府馀论》，《词话丛编》，第2499页。
⑨ 彭孙遹：《金粟词话》，《词话丛编》，第723页。
⑩ 刘熙载：《艺概》卷四《词曲概》，第108页。
⑪ 永瑢等：《四库全书总目》卷一九八，第1807页。
⑫ 陈郁：《藏一话腴》外编卷上，四库全书本。
⑬ 王国维：《人间词话》，《蕙风词话·人间词话》，第205页。

落英多,绝不作妮子态"[①],但由于"《论》、《孟》、《诗小序》、《左氏春秋》、《南华》、《离骚》、《史》、《汉》、《世说》、选学、李杜诗,拉杂运用"[②],以至有"词论"之诮,"掉书袋"之病。加以"群乐其豪纵而效之;乃至里俗浮嚣之子,亦靡不推波助澜,自托辛刘,以屏蔽其陋"[③],逐渐使没有稼轩性情怀抱而徒袭其貌者,流入叫嚣一路,成为"伉词"。

苏、辛一派,尽管历久不衰,但常被目为"别格"。从李清照指出词"乃知别是一家",并以协律、高雅、浑成、铺叙、典重、故实作为要求,南宋末周密选《绝妙词选》,只取稼轩三首,以及沈义父论词揭橥"音律欲其协","下字欲其雅","用字不可太露","发意不可太高"[④]的四标准,可见婉约派是懂得文各有体、各擅胜场的。到张炎之时,宋词时代已结束,为总结这"一代之文学",他"嗟古音之寥寥,虑雅词之落落"[⑤],拈出"骚雅"一词,求雅正之音。姜夔一生"虽终身草莱,而风流气韵足以标映后世。当乾淳间俗学充斥,文献湮替,乃能雅尚如此"[⑥]。其词之成为雅词的旗帜就是必然的了。

"骚雅"之倡,不忘"志之所之",不欲"为情所役",欲纠"言情或失之俚"的倾向,使之向"言志"靠拢;同时,又要纠言志抒怀过度,"使事或失之伉"之偏,使词不忘本位,固守"缘情"之苑,不至入于诗文一路。然而,"骚雅"的确切内涵当为何指呢?

"骚"出《楚辞》,"雅"出《诗经》,骚雅并称,当先言其本义。据《诗大序》,"雅"的本质是:在同于"风"之"主文而谲谏"的基础上,具有大("言天下之事,形四方之风")和正("雅者,正也,言王政之所由废兴也")的特点。《离骚》之作,是由于君暗政败,群小盈朝,微言不可感,贬责不足惧,"屈平疾王听之不聪也,谗陷之蔽明也,邪曲之害公也,方正之不容也,故忧愁幽思而作"(《史记·屈原传》)。可见,"骚"虽是出于怨愤而归于自慰,但其"陈尧舜之耿介,称汤武之祗敬"的"典诰之体","讥桀纣之猖披,伤羿浇之颠陨"的"规讽之旨","虬龙以喻君子,云蜺以譬谗邪"的"比兴之义",以及"每一顾而掩涕,叹君门之九重"的"忠怨之辞",却是"同于风雅者也"[⑦]。因之,骚、雅合称,揆之作品,就要求立意言天下大事,言王政废兴,但其规讽之旨和忠怨之辞,在艺术表达上要出以"比兴之义"。

以上所释,可能已出张炎首言姜词"骚雅"的本义,但朱彝尊所说"其辞愈微,而其旨益远","假闺房儿女子之言,通之于《离骚》变雅之义,此尤不得志于时者所宜寄情焉耳"[⑧],则与之相近。常州派虽与浙派畛域不同,然而张惠言所说"其缘情造端,兴于微言,以相感动,极命风谣里巷男女哀乐,以道贤人君子幽约怨悱不能自言之情,低回

---

① 毛晋:《稼轩词跋》,《词籍序跋萃编》,第202页。
② 吴衡照:《莲子居词话》,《词话丛编》,第2408页。
③ 冯煦:《蒿庵论词》,《介存斋论词杂著·复堂词话·蒿庵论词》,第66页。
④ 沈义父:《乐府指迷》,《词源注·乐府指迷笺释》,第43页。
⑤ 张炎:《词源·序》,《词源注·乐府指迷笺释》,第9页。
⑥ 陈撰语,见夏承焘:《姜白石词编年笺校》,《夏承焘集》第3册,第232页。
⑦ 刘勰著,范文澜注:《文心雕龙注》,第46页。
⑧ 朱彝尊:《陈纬云红盐词序》,朱彝尊《曝书亭集》卷四〇,四部丛刊本。

要眇以喻其致。盖《诗》之比兴，变风之义，骚人之歌，则近之矣。”[①]此亦不与朱说相左。尤其是被张惠言称为“渊渊乎文有其质”的宋词八家中，就有姜夔一家，可见浙、常二家所论基本上是合于上述“骚雅”之义的。

辛弃疾及其同道的词，固是言天下大事、王政废兴，不无规讽之旨、忠怨之辞和比兴之义，但为何当不得“骚雅”之评呢？这是由于“骚雅”还受着“诗教”的制约，带着“温柔敦厚”的影响和折光。

孔颖达这样解释“温柔敦厚”：

温谓颜色温润，柔谓情性和柔。《诗》依违讽谏，不指切事情，故云温柔敦厚是《诗》教也。[②]

朱自清先生着眼于《诗》与《礼》、《乐》的关系，全面而剀切地指出：

“温柔敦厚”是“和”，是“亲”，也是“节”，是“敬”，也是“适”，是“中”。这代表殷、周以来的传统思想。儒家重中道，就是继承这种传统思想。[③]

《诗》之“发乎情，止乎礼义”固然不背“温柔敦厚”之主旨，《骚》兼有“国风好色而不淫，小雅怨悱而不乱，”大要仍合于“温柔敦厚”。

“骚雅”既与“温柔敦厚”有如此密切的血缘关系，但与姜夔对词的见解和作词究竟又有什么关系呢？

每一文学思想都是一定社会思潮的反映。南宋道学盛行，道学家在主张“文以载道”的同时，亦倡“诗以言志”，于是重振诗教成为势之必然。除重申“温柔敦厚”之旨外，张栻、朱熹都又益以“思无邪”一语的引申发挥。

姜夔很受道学家的影响。道学家以“兴”观诗，姜夔在《诗说》中亦云“三百篇美刺箴怨皆无迹，当以心会心”[④]，与道学家所倡的优游玩味颇合。“美刺箴怨皆无迹”正是“温柔敦厚”的结果，“《风》《雅》之规，典则居要，《离骚》之致，深永为宗”[⑤]，典则与深永结合的“骚雅”之风，其基本特征是合度中节。《十三经注疏·毛诗正义·诗谱序》孔颖达疏，论“诗”曰：“《诗纬含神雾》云：‘诗者持也。’然则诗有三训：承也，志也，持也。作者承君政之善恶，述己志而作诗，为诗所以持人之行，使不失坠，故一名而三训也。”[⑥]钱锺书先生指出：

---

① 张惠言：《〈词选〉序》，张惠言《词选》，第7页。
② 阮元校刻：《十三经注疏》，第1069页。
③ 朱自清：《诗言志辨》，《朱自清古典文学论文集》，第309页。
④ 姜夔：《白石道人诗说》，夏承焘辑《白石诗词集》，第67页。
⑤ 胡应麟：《诗薮》内编卷一，第1页。
⑥ 阮元校刻：《十三经注疏·毛诗正义·诗谱序》，第262页。

然说“志”与“持”，皆未尽底蕴……《诗纬含神雾》云：“诗者，持也”，即“止乎礼义”之“止”；《荀子·劝学》篇曰：“诗者，中声之所止也”，《大略》篇论《国风》曰：“盈其欲而不愆其止”，正此“止”也。非徒如《正义》所云“持人之行”，亦且自持情性，使喜怒哀乐，合度中节，异乎探喉肆口，直吐快心。《论语·八佾》之“乐而不淫，哀而不伤”；《礼记·经解》之“温柔敦厚”；《史记·屈原列传》之“怨诽而不乱”；古人说诗之语，同归乎“持”而“不愆其止”而已。陆龟蒙《自遣诗三十首·序》云：“诗者、持也，持其情性，使不暴去”；“暴去”者，“淫”、“伤”、“乱”、“愆”之谓，过度不中节也。[①]

姜夔受道学家影响，又私淑陆龟蒙，其《诗说》所云“喜辞锐、怒辞戾、哀辞伤、乐辞荒、爱辞结、恶辞绝、欲辞屑。乐而不淫、哀而不伤，其惟《关雎》乎”[②]？与“合度中节”十分熨帖。

因为姜夔的诗论实是其词论，故其词作的“骚雅”与传统“诗教”的“温柔敦厚”、“思无邪”密切相关，抑扬中乎节，缠绵合乎情，十分合度中节。谓予不信，以实证之。

先看姜词编年的第一首《扬州慢》：

淮左名都，竹西佳处，解鞍少驻初程。过春风十里，尽荠麦青青。自胡马窥江去后，废池乔木，犹厌言兵。渐黄昏、清角吹寒，都在空城。　杜郎俊赏，算而今、重到须惊。纵豆蔻词工，青楼梦好，难赋深情。二十四桥仍在，波心荡、冷月无声。念桥边红药，年年知为谁生。

此词上片从“名都”、“佳处”说起，而以“空城”作结，极见繁华的古城兵后景象。“过春风十里，尽荠麦青青”正是“彼黍离离”之意，“城春草木深”之象，虽未直言人民离散，屋宇残破，但这些感时哀世之意自可从言外得知。自高宗建炎三年(1129)，金人初犯扬州大肆劫掠之后，十数年前，又两度被扰，正所谓“‘犹厌言兵’四字，包括无限伤乱语。他人累千百言，亦无此韵味”[③]。“渐黄昏，清角吹寒，都在空城”，词意一转，前言“厌兵”，此处“清角”犹闻军声，可叹的是上无抗金北伐之意，下无同仇敌忾之兵，黄昏中的清角声只响在空城，意旨固然沉痛，出语却委婉温柔。“空城”二字结上启下，总冒下片之意：唐时杜牧分司扬州，有“豆蔻梢头”、“青楼薄倖”之诗，如能重来，当惊其荒芜至此，亦难赋深情了。昔日繁华有如烟逝，只有未毁于兵燹的二十四桥伴着一弯冷月，桥边红药虽然年年开花，但已是无主而生了。白石写此词时，距金人最后一次侵扰扬州已有十多年，但国家尚元气未复，可见其感慨之深。邓廷桢

① 钱锺书：《管锥编(一)》，第113–114页。
② 姜夔：《白石道人诗说》，夏承焘辑《白石诗词集》，第66页。
③ 陈廷焯著，屈兴国校注：《白雨斋词话足本校注》卷二，第130页。

说："其时临安半壁，相率恬熙。白石来往江淮，缘情触绪，百端交集，托意哀思，故舞席歌场，时有击碎唾壶之意。"[①]可谓深知姜夔，以意逆志，点出其词"周京离黍之感"，识其"骚雅"之处。

除《扬州慢》外，《凄凉犯》的上片："绿杨巷陌秋风起，边城一片离索。马嘶渐远，人归甚处，戍楼吹角。情怀正恶，更衰草寒烟淡薄。似当时、将军部曲，迤逦度沙漠。"这也是写这种"黍离"之感的，但除用"边城"指合肥，显见沉痛之外，词中感慨国无其人，危亡可惧，伤时闵乱的主旨，表达得"伊郁中饶蕴藉"，"特感慨全在虚处，无迹可寻"[②]。再以《词源》所称道的"不惟清空，又且骚雅"的《淡黄柳》来说，倘无小序的"巷陌凄凉，与江左异，唯柳色夹道，依依可怜"数语，读者是很难理解在"边城"合肥写成的此阕，其结句"燕燕飞来，问春何在，唯有池塘自碧"的惆怅，除怀人外，究竟还有何意？

姜夔这类表达兴亡之感的作品与辛弃疾及其同调有很大不同。如张元幹《贺新郎》(送胡邦衡待制赴新州)上片的"梦绕神州路。怅秋风、连营画角，故宫离黍。底事昆仑倾砥柱，九地黄流乱注？聚万落千村狐兔"。慷慨激越，将国势殆危描述无尽。又如刘克庄亦写扬州的《沁园春》，虽属其集中的婉约之作，但词中的"闾里都非，江山略是，纵有高楼莫倚栏"，较之《扬州慢》的"废池乔木，犹厌言兵"，其今昔对比的感喟要直切得多，其借景现情的"沉吟处，但萤飞草际，雁起芦间"与"波心荡冷月无声"相较，也有显隐之别。至于辛弃疾的"长安父老，新亭风景，可怜依旧！夷甫诸人，神州沉陆，几曾回首"(《水龙吟·为韩南涧尚书寿》)。与白石的骚雅作风更是大相径庭。

如果说姜夔在《扬州慢》等作中"言天下之事"的"忠怨之辞"确是表达得中正和平的话，那么，他"主文而谲谏"的"规讽之旨"，则更为温润柔顺。且看《翠楼吟》：

> 月冷龙沙，尘清虎落，今年汉酺初赐。新翻胡部曲，听毡幕元戎歌吹。层楼高峙，看槛曲萦红，檐牙飞翠。人姝丽，粉香吹下，夜寒风细。　此地，宜有词仙，拥素云黄鹤，与君游戏。玉梯凝望久，叹芳草、萋萋千里。天涯情味，仗酒祓清愁，花销英气。西山外，晚来还卷、一帘秋霁。

从小序可知，此词成于淳熙丙午年冬(1186)，时值武昌安远楼落成，白石此作点明"度曲见志"，不妨作一简析。楼称"安远"，先为之正名。"月冷龙沙，尘清虎落，今年汉酺初赐"，龙沙指匈奴所居沙漠地带，虎落系为防边而设的工事，如今龙沙月冷，虎落尘清，可见兵戈已罢，"今年汉酺初赐"指高宗庆八十寿，赐内外军一百六十万缗，天下饮酒大乐一事。从这三句中，可见宋金言和，边境相安，真合于此楼"安远"之名。四、五句写宴会乐曲之盛，六、七、八句写安远楼之壮，九、十、十一句写营妓之丽。可

---

① 邓廷桢：《双砚斋词话》，《词话丛编》，第2530页。

② 陈廷焯著，屈兴国校注：《白雨斋词话足本校注》卷二，第123页。

见,上片在赋景之中,紧切“安远”之名,将“安远”之题申足。换头就本地风光,融化崔颢黄鹤楼诗以发议论,“拥素云黄鹤,与君游戏”,优哉游哉中寓毡幕歌吹而有升仙之想,但“玉楼凝望久,叹芳草萋萋千里”,复坠回实地,芳草千里,长安不见,天涯情味油然而生。“仗”字勾勒兜转,洒祓“白云千载空悠悠”之清愁,花销“长安不见使人愁”之英气,既承上片“汉酺”、“姝丽”,又归入此楼落成之本题。“西山外”宕开一转,用晚晴秋霁的明朗气氛区别于斜阳烟柳的使人断肠,以示珍重前途,劝勉作楼人之意。

此时,虽是宋金言和,但北氛正恶,当权者自谓承平,空言安远,满朝文恬武嬉,宴安鸩毒,白石胸中,原有泾渭,但此词气和而不促,辞稳而不浇,仅出以微讽,“感慨全在虚处”,让人努力搜求才能隐约得其意旨,连陈廷焯在极力称道“意味深厚,是白石最高之作”时,都说“此词应有所刺,特不敢穿凿求之”[①]。“骚雅”固“骚雅”矣,但较之稼轩慷慨淋漓、驰骤顿宕之作来,其思想意义未免“隔”之甚也。

二、比兴之义　怨悱不乱

欲造就“骚雅”之风当然要首言立意,但更离不了用笔之曲折,所以,“骚雅”之与艺术关系最密者,当为“比兴之义”。

“比兴”和“言志”、“诗教”同胎共生,正由于此,它从来就不只是作为修辞手法的譬喻,而是与政治教化的“风刺”、“谲谏”紧密相连:“比,见今之失,不敢斥言,取比类以言之。兴,见今之美,嫌于媚谀,取善事以喻之。”[②]比兴之于《诗》自是“六义”之二,在《骚》又进而“依诗制骚,讽兼比兴”[③],比物托事,兼而有之。但“炎汉虽盛,而辞人夸毗,诗刺道丧,故兴义销亡”[④]。汉乐府“感于哀乐,缘事而发”,多直抒胸臆与叙事之作,至《古诗十九首》及建安、黄初,比兴又得重振。中经六朝诗于体物、形似上用力的一度低落,陈子昂倡导建安风骨和“兴寄”之后,比兴终在唐诗中结出硕果,到了词里也见发展。

主流为“缘情”的词,从它产生之日起,就宜于抒发人生细腻曲折的感情意绪,故其立意命篇,设色选声都力求细致柔美。诗以句少意多、境界阔大为主要特征,词则事繁难叙,意奥难达,思深而境狭。诚如王国维所说:“词之为体,要眇宜修。能言诗之所不能言,而不能尽言诗之所能言。诗之境阔,词之言长。”[⑤]这种既狭又深之境,要眇宜修之体,最适于比兴的应用,“诗有赋、比、兴,词则比、兴多于赋。或借景以引其情,兴也。或借物以寓其意,比也。盖心中幽约怨悱,不能直言,必低回要眇以出之,而后可感动人”[⑥]。真是“诗亡词乃盛,比兴此焉托,往往欢娱工,不如忧患作”[⑦]。

---

① 陈廷焯著,屈兴国校注:《白雨斋词话足本校注》卷二,第135页。

②《周礼》卷二三《大师》郑玄注语,阮元校刻《十三经注疏》,第796页。

③ 刘勰著,范文澜注:《文心雕龙注》,第602页。

④ 刘勰著,范文澜注:《文心雕龙注》,第602页。

⑤ 王国维:《人间词话删稿》,《蕙风词话·人间词话》,第226页。

⑥ 沈祥龙:《论词随笔》,《词话丛编》,第4048页。

⑦ 纳兰容若:《填词诗》,马乃骝,寇宗基编注《纳兰成德诗集诗论笺注》,山西人民出版社1988年版,第265页。

姜夔以诗法为词，是自觉或不自觉地将词所擅长的“缘情”、“体物”向“言志”靠拢，使三者有机结合在完整而统一的艺术形式中，他所凭借的主要艺术手段就是比兴。因而，姜词的骚雅是与比兴互为表里的。比兴之在白石词中，已不仅仅是“借物以寓其意”，“借景以引其情”，因这种比兴在宋词中实在不乏其例；姜词比兴的艺术特色和价值，重在以“比方于物”的“比”求“托事于物”的“兴”[①]。《毛诗》中的兴诗共一百十六篇，然而“兴”为何物，则未能讲清，“发端”和“譬喻”其实都难足“兴”义，还是清人陈奂《诗毛氏传疏》讲得好：

> 盖好恶动于中而适触于物，假以明志谓之兴……凡托草木鸟兽以成言者，皆兴也。赋显而兴隐，比直而兴曲。[②]

如仅着眼于“比喻”之意，则比、兴之别在于“比显而兴隐”[③]，其“隐”和“曲”就体现在“兴之为用，触物以起情，节取以托意，故有物同而感异者，亦有事异而情同者”[④]。

综上说，“兴”实是“触物起情”之后，“托事于物”，“节取托意”来“假以明志”，因而较之“比”来曲而且隐，因而以“兴”观词当不忘言外之意。说“言外之意”，又有含蓄与寄托之辨，由姜词的“清空”可见其含蓄，由“骚雅”则可见其寄托。

以词志感寄慨，并不始自姜夔，但其寄托之作与“温柔敦厚”紧密相关，却是开了宋季周密、王沂孙、张炎一宗。在姜夔之前，苏轼的咏物词《卜算子》以孤鸿自比，“自写在黄州之寂寞”，“语语双关，格奇而语隽”[⑤]，辛弃疾《摸鱼儿》“斜阳以喻君”[⑥]，“画檐蛛网”“是张浚、秦桧一班人”[⑦]，寄托自己的一腔忠愤。二者都有关政事，前者抒写被贬黄州孤凄落寞的一己情怀，后者感慨君臣宴安，北伐难图的济世之志。但苏词的“考槃”之意未免由讽刺而“激诡”[⑧]，辛词更是“词意殊怨”[⑨]，都不合于“温柔敦厚”之旨。因此，姜夔遂以“其流落江湖，不忘君国，皆借托比兴于长短句寄之”的寄托之作，被过誉为“词家之有姜石帚，犹诗家之有杜少陵，继往开来，文中关键”[⑩]。

姜夔词集中，常有以咏物来寄托身世之感的作品，如《侧犯》咏芍药，作者自谓“谁念我，鬓成丝，来此共尊俎”，以芍药的由初而盛，由盛而衰，喻自己一生，用“寂寞刘郎，自修花谱”感叹志慨。成于开禧三年的八首咏梅《卜算子》更是自己一生落寞的深

---

① 郑玄释“比兴”语，见阮元校刻《十三经注疏·周礼注疏》卷二三，第796页。
② 陈奂：《诗毛氏传疏》卷一，中国书店1984年版，第3页。
③ 刘勰著，范文澜注：《文心雕龙注》，第602页。
④ 黄侃：《文心雕龙札记》，中华书局2006年版，第210页。
⑤ 黄苏：《蓼园词评》，《词话丛编》，第3032页。
⑥ 许昂霄：《词综偶评》，《词话丛编》，第1556页。
⑦ 王闿运：《湘绮楼评词》，《词话丛编》，第4295页。
⑧ 王若虚：《滹南诗话》语。鲖阳居士及张惠言均有此说，分别见《类编草堂诗余》引《复雅歌词》及张惠言《词选》。又：《诗序》谓《考槃》系刺卫庄公“不能继先公之业，使贤者退而穷处”。
⑨ 罗大经：《鹤林玉露》甲编卷一，《宋元笔记小说大观》，第5165页。
⑩ 宋翔凤：《乐府馀论》，《词话丛编》，第2503页。

沉惆怅。但是,姜夔常能超越感士不遇的个人身世不幸,在咏物词中抒发家国之感。如《虞美人》(赋牡丹):

西园曾为梅花醉,叶剪春云细。玉笙凉夜隔帘吹,卧看花梢摇动一枝枝。娉娉嫋嫋教谁惜,空压纱巾侧。沉香亭北又青苔,唯有当时蝴蝶自飞来。

此词以唐明皇、杨贵妃在牡丹亭对酒赏花,忘怀国事,致使鼙鼓惊破歌舞,马嵬流血,君王掩面的史实为骨,借古言今,对造成南渡偏安的局面深感可叹,全篇语淡情长,足见其温柔敦厚的面目。

最能以寄托体现"骚雅"之风的,当推咏梅名篇《暗香》、《疏影》,前者触物而兴感,后者托物以寄情,连甚不称许姜词的周济都叹服其"寄意题外,包蕴无穷,可与稼轩伯仲"[①]。但是历来评论者见仁见智,甚多异义,在此亦不妨献上一得之愚。录二词:

旧时月色,算几番照我,梅边吹笛。唤起玉人,不管清寒与攀摘。何逊而今渐老,都忘却、春风词笔。但怪得、竹外疏花,香冷入瑶席。　江国,正寂寂。叹寄与路遥,夜雪初积。翠尊易泣,红萼无言耿相忆。长记曾携手处,千树压、西湖寒碧。又片片,吹尽也,几时见得。

苔枝缀玉,有翠禽小小,枝上同宿。客里相逢,篱角黄昏,无言自倚修竹。昭君不惯胡沙远,但暗忆、江南江北。想佩环、月夜归来,化作此花幽独。　犹记深宫旧事,那人正睡里,飞近蛾绿。莫似春风,不管盈盈,早与安排金屋。还教一片随波去,又却怨、玉龙哀曲。等恁时、重觅幽香,已入小窗横幅。

先说《暗香》。此词上片为身世之慨。当年戴月夜游,梅边吹笛,不畏清寒,与玉人同摘,可见年轻时赏梅情事之美好。如今年老,已忘却春风词笔,但这竹外稀疏的梅花,将冷香吹入瑶席,又唤起自己对往事的追忆,在赏梅之时,渐生今昔不同之感。下片承上片身世之慨引而申之,兴出家国之感。"东阁官梅动诗兴,还如何逊在扬州"(杜甫《和裴迪》)。如今何逊渐老,不在扬州,却想到"江国",可是不思汴州的杭州?"正寂寂",可有朝廷昏昧、国中无人之意?"寄与路遥",暗用陆凯诗:"折梅逢驿使,寄与陇头人。江南无所有,聊赠一枝春。""路遥"本已音讯隔绝,"夜雪初积"不是北国之境吗?这梅花可是寄给北掳绝漠、身陷荒寒的二帝、后妃?"夜雪初积",天晴难盼,南归无期,故饮翠尊而难咽易泣,见红萼而无言相忆。至此,家国之感勒住,又以"长记曾携手处,千树压、西湖寒碧"之想与开头呼应,"又片片,吹尽

---

① 周济:《介存斋论词杂著》,《介存斋论词杂著·复堂词话·蒿庵论词》,第8页。

也，几时见得”则落实在梅花的始盛今衰。全篇在身世之感中打入时势之慨，是咏梅又非专咏梅，非咏梅又处处写梅，在不即不离的词句中，见其感慨时世时所持的不怨不怒之旨。

若说《暗香》尚是身世之感易见，时势之慨难寻，《疏影》则家国之恨明显为多。《疏影》首句“苔枝缀玉”，既写出苔梅风神，又点出题面。“翠禽”二句，使赵师雄迁罗浮见花神之事[1]，“客里相逢”三句，明用林逋咏梅诗和杜甫《佳人》诗，暗用苏轼“竹外一枝”句，状梅之清高芳洁。自“昭君不惯胡沙远”至上结，则是所谓“徽钦遗恨”：徽宗《燕山亭》(北行见杏花)有“天遥地远，万水千山，知他故宫何处？怎不思量，除梦里有时曾去”之句，被掳至北地后又有《眼儿媚》之作：“花城人去今萧索，春梦绕胡沙。家山何处？忍听羌管，吹彻《梅花》。”“梦里有时曾去”，“春梦绕胡沙”在《疏影》这几句中得以落实，但因词在咏梅，故出以昭君的女性形象，这对宗室后妃不是十分贴切吗？过片“犹记深宫旧事”，上承“昭君”句，“飞近蛾绿”使寿阳公主梅花点额事，“早与安排金屋”云云，实是就后妃被劫掠的痛史，对当局发出应以此为殷鉴，早作护惜的劝谏，否则当花随波去、人入大漠之时，就只能在“玉龙哀曲”的笛声中吹出惜花的《梅花三弄》，在“小窗横幅”的画中寻觅梅花的幽香了。此词句句说梅，但又句句说人，真正做到了“材富则约以用之，语陈则新以用之”[2]。正因为其言近指远，包蕴无穷，故评者各有会心。

此二词作时，距靖康之变已六十年，本不必重提旧事，但因为“南渡以后，国势日非，白石目击心伤，多于词中寄慨”[3]，因而在曾北使金国的重臣范成大的席上，有翠尊之泣，红萼之忆，“昭君”之语和“深宫”之叹。这种家国之感和讽谏之意却是“寄情遥远，所谓怨深文绮，得风人温厚之旨”(郑文焯《郑校白石道人歌曲》)。前人评姜夔词曰：“其旨远，其词文，托物比兴，因时伤事，即酒席游戏，无不有黍离周道之感，与诗异曲同其工；且清婉窈眇，言者无罪，听者落泪，有如陆文圭所云者，如三百篇之苗裔无可疑也。”[4]“盖意愈切则辞愈微，屈、宋之心，谁能见之，乃长短句中复有白石道人也”[5]。一言“三百篇之苗裔”，一言“屈、宋之心”，可见姜夔比兴寄托的咏物之作的“骚雅”之风究竟为何了。

因为姜词既以“清空”见含蓄，又以“骚雅”见寄托，所以其言外之意极难搜求，不但《暗香》、《疏影》有“沮石湖(范成大)隐遁”[6]、“恨偏安”[7]、“暗指南北议和事”[8]、

---

① 曾慥：《类说》卷一二引《异人录》。
② 沈祥龙：《论词随笔》，《词话丛编》，第4058页。
③ 陈廷焯著，屈兴国校注：《白雨斋词话足本校注》卷二，第123页。
④ 王昶：《姚茝汀词雅序》，《春融堂集》卷四一，见夏承焘《姜白石词编年笺校》，《夏承焘集》第3册，第181页。
⑤ 宋翔凤：《乐府馀论》，《词话丛编》，第2503页。
⑥ 张惠言：《词选》卷二，第63页。
⑦ 宋翔凤：《乐府馀论》，《词话丛编》，第2503页。
⑧ 蒋敦复：《芬陀利室词话》，《词话丛编》，第3675页。

"伤心二帝蒙尘"(郑文焯《郑校白石道人歌曲》),及"怀念合肥情人"[①]等说的歧异。即使咏蟋蟀的《齐天乐》,亦有"伤二帝北狩"[②]和"周京离黍"[③]的不同看法。因此,姜夔的寄托之作能运用艺术手段塑造形象,使之有广阔包孕,并诱发读者联想,固是长处,但义无定指,词难达诂,以致形成理解上的歧异、混乱,亦是其短,更不必说被这种"骚雅"之风制约得合度中节、不怨不怒的家国之慨和讽谏之意,能否达于上听,启发民众了。

经吴文英《宴清都》(连理海棠)等作的过渡,到南宋遗民周密、王沂孙等人作的《乐府补题》,分咏龙诞香、白莲、莼、蟹、蝉,以寓家国之感,形成了滥觞于白石咏梅的"骚雅"传统。写成这些寄托之作固有世换文移的历史原因,并造就了新的风格流派,但表义含混和题材狭窄是其大弊,何况这微弱的声音只能是"亡国之音哀以思"了。

姜夔以诗法为词,创造了"清空"的风格。并使缘情以至俚俗的婉约词向"志"靠拢,引向"好色而不淫"一路,又使言志以至伉直的豪放词回到"缘情"本位,拉向"怨悱而不乱"之途,造成了"骚雅"的独特风貌。"骚雅"在立意上带着"言志"和"诗教"的影响,在用笔上借助于比兴寄托,对此,我们虽不能给予高于苏辛的评价。但是,对姜夔本人所说的"作诗求与古人合,不若求与古人异;求与古人异,不若不求与古人合而不能不合,不求与古人异而不能不异"[④],则可以颔首称是。

"观稼轩词知为豪杰;观白石词知为才人"[⑤],词品有高低,性情不可强,白石晚年作词有意开拓掘深,屡效稼轩,多有和作,却失去了作为姜词特征的"清空"、"骚雅"。惟其清空、骚雅才是姜夔,可见词人的创作个性、特点是多么重要了。

总之,姜夔存词不过八十多首,居宋词人第五十四位,而版本却有四十一种,居宋词人之首,历代品评五百四十七次,仅次于苏轼,作品入选一百六十二篇次,为宋词人第十二位。据存词、版本、词选、品评、研究等统计数据的定量分析,在综合排行榜上,姜夔的最终名次仅次于辛弃疾,而位居第二[⑥],其在词史上的地位可见。之所以能有这样的地位,当缘于其词既坚持"倚声"性质,且知俗而求雅;旁借于诗法,变苏轼之"清雄"为自己之"清空";走雅词的道路,又悄然融合稼轩的"屈意"出之为"骚雅"。"出位"却不"破体",兼得周秦与苏辛之长,变俗为雅却又不为过,合于传统的中道,是歌词而不是"词诗"、"词论",兼之"在花则梅,在乐则琴"的人品,故能为后世词人所尊崇、仿效。

---

① 夏承焘:《姜白石词编年笺注》之《行实考·合肥词事》,《夏承焘集》第3册,第314–327页。
② 宋翔凤:《乐府馀论》,《词话丛编》,第2503页。
③ 邓廷桢:《双砚斋词话》,《词话丛编》,第2531页。
④ 姜夔:《诗集自序二》,夏承焘辑《白石诗词集》,第2页。
⑤ 沈祥龙:《论词随笔》,《词话丛编》,第4052页。
⑥ 王兆鹏:《唐宋词史论》,人民文学出版社2000年版,第84–93页。

第五节　史达祖:分镳清真　平睨方回

史达祖(生卒年不详),字邦卿,号梅溪,汴(今河南开封)人。有文才,屡试不第,中年时曾任幕僚,后入中书省为堂吏,受权相韩侂胄重用,尝陪使臣李壁至金。开禧北伐失败,韩侂胄被杀,史达祖受黥刑,贬死。诗文未见流传,以词名世,有《梅溪词》一卷。

据张镃为史达祖词作序,称之为"生",可见以晚辈而与张镃、姜夔交游,又与同辈词人高观国、卢祖皋等来往颇多。王士禛说:"宋南渡后,梅溪、白石、竹屋、梦窗诸子,极妍尽态,反有秦、李未到者。虽神韵天然处或减,要自令人有观止之叹。正如唐绝句,至晚唐刘宾客、杜京兆,妙处反进青莲、龙标一尘。"①对史达祖评价颇高。李调元则爱其炼句,有摘句之举,并云:"史达祖《梅溪词》最为白石所赏,炼句清新,得未曾有,不独《双双燕》一阕也。余读其全集,爱不释手,间书佳句,汇为《摘句图》。"②关于《梅溪词》在艺术上的特点,黄昇《花庵词选》曾引姜夔所评,谓"其词奇秀清逸,有李长吉之韵。盖能融情景于一家,会句意于两得。"③甚得其要。张镃《梅溪词序》所说较详,有云:"生之作,辞情俱到。织绡泉底,去尘眼中,妥帖轻圆,特其馀事。至于夺苕艳于春景,起悲音于商素;有瑰奇、警迈、清新、闲婉之长,而无訑荡污淫之失,端可以分镳清真,平睨方回,而纷纷三变行辈,几不足比数。"④笔者以为,"分镳清真,平睨方回"一语,虽不如以清空、骚雅论姜夔,且又显评价略高,却也大体可用于对史达祖的评价,故取作本节标题。

一、不离不即　妥贴轻圆

史达祖最擅长,又最见"妥贴轻圆"的,自是其咏物词。张炎云:

诗难於咏物,词为尤难。体认稍真,则拘而不畅;模写差远,则晦而不明;要须收纵联密,用事合题,一段意思,全在结句,斯为绝妙。如史邦卿《东风第一枝》咏春雪云……《绮罗香》咏春雨云……《双双燕》咏燕云……此皆全章精粹,所咏瞭然在目,且不留滞於物。⑤

张炎激赏姜夔之"清空""骚雅",人亦以其接轨白石,有"姜张"之称,而张炎以梅溪咏物词与白石相并,可见评价之高。张炎又说:

---

① 王士禛:《花草蒙拾》,《词话丛编》,第682页。
② 李调元:《雨村词话》卷三,《词话丛编》,第1427页。
③ 黄昇:《花庵词选·中兴以来绝妙词选》卷七,第294页。
④ 张镃:《梅溪词序》,《词籍序跋萃编》,第263-264页。
⑤ 张炎:《词源》,《词源注·乐府指迷笺释》,第20-21页。

词中句法，要平妥精粹。一曲之中，安能句句高妙？只要拍搭衫副得去，于好发挥笔力处，极要用工，不可轻易放过，读之使人击节可也。如东坡《杨花词》云……如美成《风流子》云……如史邦卿《春雨》云："临断岸、新绿生时，是落红、带愁云平。"《灯夜》云："自怜诗酒瘦，难应接许多春色。"……此皆平易中有句法。[1]

《绮罗香》(咏春雨)是梅溪咏物词的代表作：

做冷欺花，将烟困柳，千里偷催春暮。尽日冥迷，愁里欲飞还住。惊粉重、蝶宿西园，喜泥润，燕归南浦。最妨它、佳约风流，钿车不到杜陵路。　沉沉江上望极，还被春潮晚急，难寻官渡。隐约遥峰，和泪谢娘眉妩。临断岸、新绿生时，是落红、带愁流处。记当日、门掩梨花，剪灯深夜语。

此词的立意与章法，如《古今词统》所说，是"收纵联密，事事合题。"[2]起首的对句，"只八个字，已将春雨画出。"[3]沈祥龙说："词中对句，贵整炼工巧，流动脱化，而不类於诗赋。史梅溪之'做冷欺花，将烟困柳'，非赋句也。晏叔原之'落花人独立，微雨燕双飞'，晏元献之'无可奈何花落去，似曾相识燕归来'，非诗句也。然不工诗赋，亦不能为绝妙好词。"[4]《词洁辑评》认为此词："无一字不与题相依，而结尾始出'雨'字，中边皆有。前后两段七字句，於正面尤着到。如意宝珠，玩弄难於释手。"[5]俞陛云对全篇的分析最善：

此词体物殊工，与碧山之咏蝉，玉田之咏春水，白石之咏蟋蟀，皆能融情景于一篇者。虞山毛晋心醉其《双双燕》词，但"柳昏花暝"自是名句，而全篇多咏燕，仅于结处见意，不若此调之情文并茂也。起三句吸春雨之神。四、五句关合听雨之情。"蝶"、"燕"二句从侧面写题，"惊"、"喜"二字为蝶燕设想，殊妙。"佳期"句承愁雨之意，写到怀人，以领起后幅。转头处言临江望远，意境开拓。以山喻眉，以雨喻泪，常语也，眉黛与泪痕合写，便成隽语。上阕言近处庭院之雨，后言远处江湖之雨。"新绿"二句非特江干风景，而送春念远，皆在其中。"落红"句造语尤工。结句听雨西窗，虽意所易到，而回首当年，以"梨花门掩"，点染生姿，觉馀音绕梁也。[6]

---

① 张炎：《词源》，《词源注·乐府指迷笺释》，第14页。

② 卓人月、徐士俊辑：《古今词统》卷一四，《续修四库全书》集部第1729册，第104页。

③ 杜文澜：《憩园词话》卷一，《词话丛编》，第2858页。

④ 沈祥龙：《论词随笔》，《词话丛编》，第4051页。

⑤ 先著、程洪：《词洁辑评》卷五，《词话丛编》，第1368页。

⑥ 俞陛云：《唐五代两宋词选释》，第421–422页。

次看《双双燕》(咏燕):

过春社了,度帘幕中间,去年尘冷。差池欲住,试入旧巢相并,还相雕梁藻井,又软语、商量不定。飘然快拂花梢,翠尾分开红影。　芳径,芹泥雨润。爱贴地争飞,竞夸轻俊。红楼归晚,看足柳昏花暝。应自栖香正稳,便忘了、天涯芳信。愁损翠黛双蛾,日日画栏独凭。

这首是史达祖的自度曲,内容与调名一致,是咏物词中的上乘之作,对燕子形容妥帖,所写形神兼到。作者抓住了候鸟的特点,词一开头就写春燕的归来,然后是双燕寻找旧巢,在一番观察、细看、软语商量后,终于拂花而去。上片写双燕飞回,入屋又出屋,是寻巢之举。下片写衔泥以营旧巢,到黄昏归来,尤其以写其忘记为天涯人传信一笔,状物而拟人,可谓别出心裁。此词对双燕堪称形容妥帖,能尽物之情性。《古今词统》说得很好:"不写形而写神,不取事而取意,白描高手。"[①]确实,这是咏物词中的上品,很能从中看出即物深致、无细不彰的表达技巧,见出作者对美好事物的挚爱。词中另转新意的写法尤为别致:在"看足柳暗花暝"后,咏燕实已告竣,但作者又突然插入忘记捎信一事。这好像有点离题,而实际上是咏物时不忘人生苦乐的体现。词人将双燕的生活写得很美满,而反观双燕栖息地的红楼,尽管有重重帘幕、雕梁藻井,但这个富贵者之家不仅"尘冷",而且红楼上的女主人是"愁损翠黛双蛾,日日画栏独凭",与双燕相比,她形只影单,孤苦寂寞,没有幸福可言。

对于此词的艺术特点,有从琢句论之,有就炼字言之。前者如黄昇谓姜夔极称其"柳昏花暝"之句。贺裳与王国维甚至打起了隔代官司,贺裳说:

如史邦卿咏燕,几于形神俱似矣……常观姜论史词,不称其"软语商量",而赏其"柳昏花暝",固知不免项羽学兵法之恨。[②]

而王国维则说:

贺黄公谓:姜论史词,不称其"软语商量",而赏其"柳昏花暝",固知不免项羽学兵法之恨。然"柳昏花暝",自是欧秦辈句法,前后有画工化工之殊,吾从白石,不能附和黄公矣。[③]

对此,俞平伯作了如此的断案:

---

① 卓人月、徐士俊辑:《古今词统》卷一三,《续修四库全书》集部第1729册,第71页。
② 贺裳:《皱水轩词筌》,《词话丛编》,第704页。
③ 王国维:《人间词话》,《蕙风词话·人间词话》,第234-235页。

……王国维说虽是,亦有些偏执。盖上下片本不同。上片从正面描写燕子,“软语商量”云云自为佳句。下片多从侧面,燕子与人的关系等等来说,情形既复杂,则意思含蓄,风格浑成,亦是自然的格局。上下互成,前后一体,相比较则可,若争论其孰为优劣,似无谓也。

结句写美人独凭画栏,反结“双双燕”本意,亦犹冯延巳《蝶恋花》词“泪眼倚楼频独语。双燕来时,陌上相逢否”。本篇为咏物一体极规矩工整之作。[①]

从炼字论之者,如沈祥龙云:

炼字贵坚凝,又贵妥溜。句中有炼一字者,如“雁风吹裂云痕”是,有炼两三字者,如“看足柳昏花暝”是,皆极炼如不炼也。[②]

沈际飞《草堂诗馀正集》却以为:

“欲”字、“试”字、“还”字、“又”字入妙,“还相”字是星相之相。

对于此词,王士禛称其人巧天工并到:

仆每读史邦卿《咏燕》词“又软语、商量不定。飘然快拂花梢,翠尾分开红影”,又“红楼归晚,看足柳昏花暝”,以为咏物至此,人巧极天工矣。[③]

如同绘画的不能不似,又不能太似,似而不能即之过深,不似却是离之太远,故刘熙载以不离不即论此词,甚得其妙:

东坡《水龙吟》起云:“似花还似非花”,此句可作全词评语,盖不离不即也。时有举史梅溪《双双燕》“咏燕”,姜白石《齐天乐》“赋蟋蟀”令作评语者,亦曰“似花还似非花”。[④]

情与景是词的两大因素,抒情上品多藉景言之,咏物之作亦应有所言情。梁启勋《词学》以此词情景难分,证以姜夔所说:

《双双燕》词题曰“咏燕”。“差池欲住,试入旧巢相并。还相雕梁藻井。又软

① 俞平伯:《唐宋词选释》,《俞平伯全集》第四卷,第335页。
② 沈祥龙:《论词随笔》,《词话丛编》,第4052页。
③ 王士禛:《花草蒙拾》,《词话丛编》,第682–683页。
④ 刘熙载:《艺概》卷四《词曲概》,第119页。

语、商量不定。"是情是景，恐梅溪亦自难分析。姜白石曰："梅溪能融情景于一家，会句意于两得。"惟白石乃能知梅溪。①

总之，虽也有如戈载之从用韵上指出其不足："美则美矣，而其韵庚、青杂入真、文，究为玉瑕珠类。"②谢章铤则以之与刘过的情趣不高者并论："史邦卿之'咏燕'，刘龙洲之'咏指足'，纵工摹绘，已落言诠。"③但仍以赞赏者为多，许昂霄概括甚当："双双燕，清新俊逸，兼有之矣。"④

邓廷桢认为此词有所寄托："史邦卿为中书省堂吏，事侂胄久。嘉泰间，侂胄亟持恢复之议，邦卿习闻其说，往往托之於词。"认为其前阕所云"过春社了，度帘幕中间，去年尘冷。差池欲住，试入旧巢相并。还相雕梁藻井。又软语商量不定。"后阕的"应自栖香正稳。便忘了天涯芳信"是"大抵写怨铜驼，寄怀毳幕，非止流连光景，浪作艳歌也"⑤。黄苏则兼及寄托与艺术而言之："栖香正稳"以下至末，似有所指。或于朋友间有不能践言者乎？借燕以见意，亦未可定，而词旨倩丽，句句熨贴，匠心独造，不愧清新之目。⑥陈匪石亦沿黄苏之路，所论的艺术部分详而甚确，论其寄托亦可思可味，兹摘引后者：

论咏物之词，实赋体之极轨。如以寄托言，则"红楼归晚"以下六句，讥不思恢复、宴安鸩毒之非，喻中原父老望眼欲穿之苦。曰"看足"，曰"应自"，曰"便忘了"，曰"愁损"，曰"独凭"，微而显，志而晦，婉而成章，居然《春秋》之笔。白石赏之，殆以与己之《暗香》《疏影》诸词异曲同工乎？⑦

《东风第一枝》(咏春雪)亦是咏物名篇：

巧沁兰心，偷粘草甲，东风欲障新暖。谩凝碧瓦难留，信知暮寒轻浅。行天入镜，做弄出、轻松纤软。料故园、不卷重帘，误了乍来双燕。　　青未了、柳回白眼。红欲断、杏开素面。旧游忆著山阴，厚盟遂妨上苑。寒炉重暖，便放慢春衫针线。恐凤靴、挑菜归来，万一灞桥相见。

陈廷焯称道此词有清真高境：

① 梁启勋：《词学》下编，第35页。
② 戈载：《史邦卿词选跋》，《词籍序跋萃编》，第266页。
③ 谢章铤：《赌棋山庄词话》卷二，《词话丛编》，第3343页。
④ 许昂霄：《词综偶评》，《词话丛编》，第1560页。
⑤ 邓廷桢：《双砚斋词话》，《词话丛编》，第2531页。
⑥ 黄苏：《蓼园词评》，《词话丛编》，第3073-3074页。
⑦ 陈匪石：《宋词举》，《宋词举》(外三种)，第65页。

梅溪《东风第一枝》(立春),精妙处竟是清真高境。张玉田云:"不独措辞精粹,又且见时节风物之盛。"乃深知梅溪者。余尝谓:白石、梅溪,皆祖清真,白石化矣,梅溪或稍逊焉。然高者亦未尝不化,如此篇是也。[①]

张德瀛以之与姜夔相较,以"内抱"、"外抱"之法言之:

词有"内抱"、"外抱"二法,"内抱"如姜尧章《齐天乐》"曲曲屏山,夜凉独自甚情绪"是也。"外抱"如史梅溪《东风第一枝》"恐凤靴挑菜归来,万一灞桥相见"是也。元代以后,鲜有通此理者。[②]

笔者以为,刘永济所论详而确:

起处八字,刻画春雪。兰已抽心,草亦坼甲,春雪乃沁之、粘之,故下句有"东风欲障新暖"之说。"障"者,使之缓来也。史用"偷"字,皆有暗中使人不觉之意。周济以此论其品格,不免太苛。"漫凝"二句,上言雪,下言春。"行天"二句,刻画雪之神,暗用韩愈《春雪》诗"入镜鸾窥沼,行天马渡桥"诗句。"故园"二句渲染春来物候。换头二句,上以春柳衬春雪,下以春杏衬春雪。柳本青,因被雪故"回白眼",杏本红,因被雪故"开素面"。"旧游"二句,上以雪之故事言,"山阴"用王徽之雪夜泛舟山阴剡溪访戴逵事;下以春游旧俗言,"上苑"用唐人立春游苑风俗。"寒炉"二句形容雪中闺情。言春犹有雪,春衫可暂缓缝纫。"怕凤靴"二句又言闺人挑菜归来,或犹见雪也。"挑菜"本宫中嬉春故事,见周密《武林旧事》。当时贵邸有仿行者,其风后或遍及民间。"灞桥"又暗用唐郑綮"诗思在灞桥风雪中驴背上"语,以点染春雪。此词从各方面著笔写春雪,或分或合,而以闺情、旧俗穿插其中,亦咏物之一格也。[③]

由于"灞桥"暗用郑綮"诗思在灞桥风雪中驴背上"语,此"结句尤为姜尧章拈出"[④]。

再看其《留春令》(咏梅花):

故人溪上,挂愁无奈,烟梢月树。一涓春水点黄昏,便没顿、相思处。　曾把芳心深相许。故梦劳诗苦。闻说东风亦多情,被竹外、香留住。

---

① 陈廷焯著,屈兴国校注:《白雨斋词话足本校注》卷二,第139页。
② 张德瀛:《词徵》卷一,《词话丛编》,第4081页。
③ 刘永济:《微睇室说词》,第126页。
④ 黄昇:《花庵词选·中兴以来绝妙词选》卷七,第297页。

此词全篇不见一个梅字，却处处皆有梅在。上片写在溪边月下赏梅的情景，"挂愁无奈"写情，"烟梢月树"写景，八个字奇思异想，出以清妙之辞，既出烟梢月树的朦胧之景，又因之无法看清梅花的倩影，将无奈生愁写得有迹无痕。接着三句写出在水月相融的美好环境中，自己愁思难以消释之情。换头承上"相思"二字，移情于梅花，拟之为人，写自己对梅花的深心相爱，因此而"梦劳诗苦"，难成佳句。接着遐想：自己虽对梅花许以深情之爱，可听说东风也很多情，就怕梅花会被它留住了。史达祖爱梅而自号梅溪，其咏梅词有二十首之多，此词深得不即不离之诀，神重于形，意馀于言，词中以梅拟人，或别有所寄，却未曾点破，极耐人思索体会。

二、幽怨清切　辞情俱到

张镃论梅溪词，有"分镳清真，平睨方回"之说，此说后来得到了彭孙遹"非虚言也"[①]的赞同。戈载进而以之为清真之附庸："予尝谓梅溪乃清真之附庸，若仿张为作词家主客图，周为主，史为客，未始非定论也。"[②]陈廷焯云："竹屋、梅溪并称，竹屋不及梅溪远矣。梅溪全祖清真，高者几于具体而微。论其骨韵，犹出梦窗之右。"[③]由于周邦彦"言情体物，穷极工巧"[④]，若谓史达祖咏物词得其体物之妙，那么在言情上，也有相近之处。郑骞认为："南宋词人善写儿女之情者，梅溪为第一。然其胸襟似不及小山、淮海之磊落，故少俊迈之气。此固由于性分，亦有运会关系在其中。弱国之民，即谈私情亦不易开展也。"[⑤]即便如此，"辞情俱到"之评仍完全可以适用于梅溪情词。

如《三姝媚》：

> 烟光摇缥瓦。望晴檐多风，柳花如洒。锦瑟横床，想泪痕尘影，凤弦常下。倦出犀帷，频梦见、王孙骄马。讳道相思，偷理绡裙，自惊腰衩。　惆怅南楼遥夜。记翠箔张灯，枕肩歌罢。又入铜驼。遍旧家门巷，首询声价。可惜东风，将恨与、闲花俱谢。记取崔徽模样，归来暗写。

此词所叙者为自己凄艳的爱情故事：词人早年与一歌妓相恋，后因故分手，这一多情的女子竟然同元稹《崔徽歌序》中的崔徽一样，因思念自己而死，只是崔徽临死时还留下自己的肖像给裴敬中，而词人却只能"记取"。若对照周邦彦的《瑞龙吟》（章台路），不仅题材相似，所用的艺术手法也很相近。周济很正确地指出，《瑞龙吟》所写的是一个"桃花人面、旧曲翻新"的故事，然而却以叙事、抒情艺术见长：

---

① 彭孙遹：《金粟词话》，《词话丛编》，第722页。
② 戈载：《史邦卿词选跋》，《词籍序跋萃编》，第266页。
③ 陈廷焯著，屈兴国校注：《白雨斋词话足本校注》卷二，第136页。
④ 王国维：《人间词话》，《蕙风词话·人间词话》，第206页。
⑤ 郑骞：《成府谈词》，《词学》第十辑，第154页。

“看其由无情入,结归无情,层层脱换,笔笔往复处。”[①]《三姝媚》也是全首围绕爱情主线,而有“层层脱换,笔笔往复”之长:起首写景,在一个明媚的春天中开始故事,当自己来到她所居的小楼时,却只见锦瑟横床,而伊人踪迹不见,于是展开了自己对于对方的设想,过片三句写对初遇的回忆,然后转为对她的寻访,构思及写法与周词的“前度刘郎重到,访邻寻里,同时歌舞。唯有旧家秋娘,声价如故”极似,而结果却是伊人已逝,“可惜东风,将恨与、闲花俱谢”,曲折传递出沉痛的感情,最后以用事作结,“记取”“暗写”则较崔徽之事更令人感伤。全词结合写景、叙事、抒情,将过去、现在、回忆、实见、拟想合为一体,达到了层深与浑成结合的效果,极得清真妙谛,而情更胜之。

写得较好的情词还有《万年欢》(春思):

两袖梅风,谢桥边、岸痕犹带阴雪。过了匆匆灯市,草根青发。燕子春愁未醒,误几处、芳音辽绝。烟溪上、采绿人归,定应愁沁花骨。　非干厚情易歇。奈燕台句老,难道离别。小径吹衣,曾记故里风物。多少惊心旧事,第一是、侵阶罗袜。如今但、柳发晞春,夜来和露梳月。

开头写景:伫立在谢娘桥边,见岸痕还带着残雪,然而已是初春的落梅风满襟盈袖了。匆匆过了元宵灯节,草根渐绿,可是春社未至,燕子未回,耽误了芳音。转笔设想远方的情人,她当在烟溪上采绿,为思念自己而“愁沁花骨”。此处用《诗·小雅·采绿》的起句:“终朝采绿,不盈一掬。”《诗序》以之为“刺怨旷”之作,妇人思念丈夫不至,归沐以待。换头直言,说离别并不是两人的厚情有变,而是命运如此,“燕台”用李商隐事,李商隐曾作《燕台》诗四首,见赏于名为柳枝的女子,相约幽会却错失机缘,用此而见离情难道。“小径”四句,回忆过去在故里与之相会的“旧事”,最令自己惊心的就是她因久候而“侵阶罗袜”一事。如今一切都已经过去,自己潘鬓稀疏,夜来只能和露而梳月了。

梅溪的《玉胡蝶》亦见于梦窗词中,虽馀味不足,仍是一首颇有清真风味的情词:

晚雨未摧宫树,可怜闲叶,犹抱凉蝉。短景归秋,吟思又接愁边。漏初长、梦魂难禁,人渐老、风月俱寒。想幽欢。土花庭甃,虫网阑干。　无端。啼蛄搅夜,恨随团扇,苦近秋莲。一笛当楼,谢娘悬泪立风前。故园晚、强留诗酒,新雁远、不致寒暄。隔苍烟。楚香罗袖,谁伴婵娟。

陈廷焯以为兼得少游、美成之长:

---

① 周济:《宋四家词选眉批》,《词话丛编》,第1646页。

梅溪《玉蝴蝶》云:"一笛当楼,谢娘悬泪立风前。"幽怨似少游,清切如美成,合而化矣。[1]

虽有过誉之处,但如"恨随团扇,苦近秋莲"等句仍不失为警句,也确有清真况味。俞陛云分析道:

以凉蝉而犹抱闲叶,身世之萧飒可知。"风月俱寒"句与贺方回之"清风明月休论价,卖与愁人值几钱"皆感叹风月,一伤老,一言愁,各极其深郁之致。"土花"二句琼楼金谷,转眼荒残,不独往迹幽欢,向空园凭吊也。下阕"谢娘"之句哀感顽艳,白石翁称其"奇秀",此七字足当之。[2]

又《夜合花》亦是情词:

柳锁莺魂,花翻蝶梦,自知愁染潘郎。轻衫未揽,犹将泪点偷藏。念前事,怯流光。早春窥、酥雨池塘。向销凝里,梅开半面,情满徐妆。　风丝一寸柔肠。曾在歌边惹恨,烛底萦香。芳机瑞锦,如何未织鸳鸯。人扶醉,月依墙。是当初、谁敢疏狂。把闲言语,花房夜久,各自思量。

《古今词统》说:"此等起句,真是香生九窍,美动七情。"[3]其实赏其句仍非真赏,此词颇似男子闺音,而实际上仍是作者借此而抒发己情,表现了爱情的失落,情致缠绵,颇见浑成。

《临江仙》(闺思)也是一首"辞情俱到"之作:

愁与西风应有约,年年同赴清秋。旧游帘幕记扬州。一灯人著梦,双雁月当楼。　罗带鸳鸯尘暗澹,更须整顿风流。天涯万一见温柔。瘦应缘此瘦,羞亦为郎羞。

起二句将秋士善悲作拟人化处理,立意高而创意新。以后的三句,写愁思之缘由,扬州旧游与当下秋夜的人单燕双相对,虽不言情而情已自现,故此陈廷焯称道"'一灯'二句警炼"[4]。俞陛云说:"'灯'、'月'句以对语结束上阕,旧梦扬州,托辞双燕,见燕双而人独,句法浑成而兼韵致,殊耐微吟。"[5]下片从对方转写闺思:鸳鸯绣带

---

① 陈廷焯著,屈兴国校注:《白雨斋词话足本校注》卷二,第141页。
② 俞陛云:《唐五代两宋词选释》,第433页。
③ 卓人月、徐士俊辑:《古今词统》卷一三,《续修四库全书》集部第1729册,第91页。
④ 陈廷焯:《词则·闲情集》卷二,第918页。
⑤ 俞陛云:《唐五代两宋词选释》,第425页。

已因蒙尘而暗淡,应该修饰整顿,万一天涯重见,才能重温旧情、再现温柔。结二句虽本元稹《莺莺传》的"为郎憔悴却羞郎",是为女子设辞,但何尝没有自己的青衫憔悴之慨呢?潘游龙《精选古今诗馀醉》云:"灯雁句敲打得响。'万一'字妙。"[①]还只是仅赏其字句。诚如俞陛云所说:

"罗带"二句姑作重逢之想。"天涯"句摇曳生姿。结句极写缠绵,"瘦"字承罗带而言,"羞"字承见面而言。吴梅村诗"当时对面忧吾瘦,即使多情见却羞",殆有同感。青衫憔悴,红粉飘零,果羞属谁边耶?[②]

《临江仙》亦为感叹"青衫憔悴,红粉飘零"之作:

倦客如今老矣,旧时不奈春何。几曾湖上不经过。看花南陌醉,驻马翠楼歌。　远眼愁随芳草,湘裙忆著春罗。枉教装得旧时多。向来箫鼓地,犹见柳婆娑。

陈廷焯云:"'枉教装得旧时多。向来箫鼓地,曾见柳婆娑。'慷慨生哀,极悲极郁。较'临断岸、新绿生时,是落红、带愁流处'之句,尤为沈至。此种境界,却是梅溪独绝处。"[③]况周颐说:"《梅溪词》:'几曾湖上不经过。看花南陌醉,驻马翠楼歌。'下二语人人能道,上七字妙绝,似乎不甚经意,所谓'得来容易却艰辛'也。"[④]吴世昌也指出:"此词之沉痛,尤在'向来萧鼓地'一联。"[⑤]因此,俞陛云纵观梅溪所写三首《临江仙》而论道:"此调集中凡三首,尚有'莫教无用月,来照可怜宵'及'向来箫鼓地,犹见柳婆娑',四语咸有思致。"[⑥]

《解佩令》是结构甚为奇特的情词:

人行花坞。衣沾香雾。有新词、逢春分付。屡欲传情,奈燕子、不曾飞去。倚珠帘、咏郎秀句。　相思一度。秾愁一度。最难忘、遮灯私语。澹月梨花,借梦来、花边廊庑。指春衫、泪曾溅处。

上片从女子着笔,写她在花坞中穿行,衣裳沾上了香气,以往逢春凡有新词,都会吟咏,屡屡想托燕子传情,可它却不曾飞去,只有倚着珠帘吟诵你的秀句,以慰相思

① 潘游龙辑,梁颖校点:《精选古今诗馀醉》卷十,第318页。
② 俞陛云:《唐五代两宋词选释》,第425页。
③ 陈廷焯著,屈兴国校注:《白雨斋词话足本校注》卷二,第140页。
④ 况周颐:《蕙风词话》卷二,《蕙风词话·广蕙风词话》,第29页。
⑤ 吴世昌:《词林新话》,《吴世昌全集》第6册,第207页。
⑥ 俞陛云:《唐五代两宋词选释》,第425页。

了。下片转写自己，换头直言，然后引出二人相恋的细节，以遮灯私语为最难忘怀之事。淡淡月色、如雪梨花，应是当时相会之处，如今难以去的，只能借梦再回花边廊庑，将自己春衫上的泪痕让她来指认。写相思的幽怨极其细微深切，除了辞情兼到，实难找到更好更切的评语。

《寿楼春》(寻春服感念)则是悼念亡妻的自度曲：

> 裁春衫寻芳。记金刀素手，同在晴窗。几度因风残絮，照花斜阳。谁念我，今无裳。自少年、消磨疏狂。但听雨挑灯，攲床病酒，多梦睡时妆。　　飞花去，良宵长。有丝阑旧曲，金谱新腔。最恨湘云人散，楚兰魂伤。身是客，愁为乡。算玉箫、犹逢韦郎。近寒食人家，相思未忘蘋藻香。

此词上片为忆旧：因寻春服引出往事，而特写金刀素手、同在晴窗的裁衣之时，"几度"二句，风吹败絮、照花斜阳，则暗示妻子已逝，故接而有"谁念我，今无裳"之叹，人到中年，当年的疏狂已消磨殆尽，却回忆起与妻子在一起时的诸多生活琐事。下片表达对亡妻的深切思念，"飞花"应上片"残絮"，"良宵"应"多梦"，如今只剩下亡妻所爱的乐谱，物在人非，令人感伤。以下直写妻子死后自己的悲伤，"湘""楚"二字或关系自己的游踪，客居他乡，愁思不断，将伤痛又加深一层。"玉箫""韦郎"用《云溪友议》所载韦皋与玉箫事：韦皋游江夏，与青衣玉箫有情，留下玉指环，相约七年后再会，八年过去，韦皋不至，玉箫绝食死，后韦皋得一妓，为玉箫再生，此处用之而谓自己再无与妻子重逢之机。最后由寒食祭坟而引出对新婚之乐的回忆，而倍增其悲。

此词突破了一句中一声不能四用的限制，起句"裁春衫寻芳"五平声，词中"消磨疏狂""犹逢韦郎"皆为四平声；且全词平声字居大半，抑扬较少，加以多用双声叠韵，如况周颐所说："前段：'因风飞絮，照花斜阳。'后段：'湘云人散，楚兰魂伤。'风、飞，花、斜，云、人，兰、魂，并用双声叠韵字，是声律极细处。"[①]低缓凄抑，宜于表其黯然伤悲的悼亡之情。自是词出后，后人多用此调以作悼亡。

三、瑰奇警迈　沉痛悲凉

梅溪词固然以咏物、缘情见长，但由于他素有大志，却长期未得科名，仅一度任中书省堂吏，参与了重要的政治事务，却因韩侂胄北伐的失败而受到牵连，终又陷于不幸。这些经历及相关的思想情感，也在其词中留下了痕迹。因而梅溪词的"辞情俱到"，就不限于其爱情词，其言志之作亦如此。张镃所说的"起悲音于商素，有瑰奇、警迈、清新、闲婉之长"，以之相衡，此类作品多属"悲音"，而时见"瑰奇、警迈"。

史达祖也有抒怀而与"壮词"为近之作，如《满江红》(九月二十一日出京怀古)：

---

① 况周颐：《蕙风词话》卷二，《蕙风词话·广蕙风词话》，第29页。

缓辔西风，叹三宿、迟迟行客。桑梓外、锄耰渐入，柳坊花陌。双阙远腾龙凤影，九门空锁鸳鸯翼。更无人、擫笛傍宫墙，苔花碧。　天相汉，民怀国。天厌虏，臣离德。趁建瓴一举，再收鳌极。老子岂无经世术，诗人不预平戎策。办一襟、风月看升平，吟春色。

此词是开禧元年（1205）随李壁使金贺天寿节（金主完颜璟生辰）后，途经北宋故都汴梁时所作。上片多为写景，因所经为旧都，远望故宫，自有许多伤感。但在下片却在压抑中一转，于国事则明言“天相汉，民怀国。天厌虏，臣离德”，于自己则直道“老子岂无经世术，诗人不预平戎策”，颇见豪气。

但他更多的还是感叹自己的不遇与不幸。如《满江红》（书怀），大概作于在江汉一带任幕僚时，流露出知识分子的无奈与悲慨：

好领青衫，全不向、诗书中得。还也费、区区造物，许多心力。未暇买田清颍尾，尚需索米长安陌。有当时黄卷满前头，多惭德。　思往事，嗟儿剧；怜牛后，怀鸡肋。奈稜稜虎豹，九重九隔。三径就荒秋自好，一钱不值贫相逼。对黄花、常欲不吟诗，诗成癖。

此词艺术上的最大特点是正话反说，将满腹牢骚化作嬉笑怒骂。不说自己满腹文才换不到功名，而是所穿的“好领青衫”，竟不是得之于诗书，居然还费了造物者许多的心力，“区区”二字，因自嘲而推及老天，怨气可见。古代虽然“溥天之下，莫非王土”，但总还有管不着的地方，也因此巢父、许由等高士才能够隐居。可现在呢？“无暇买田清颍尾”，实应改“无暇”为“无钱”，无钱买田，何以能隐居颍水之滨？无奈还只得走向长安大道，求升斗之给来养家活口。面对着那么多的“黄卷”（书籍），只有满心的惭愧。对世道不公的愤慨，又作了一次正话反说。下片说：思量往事，不由得感叹自己所为如同儿戏，充当微职犹如牛臀，只能挨揍，但如果不穿这领青衫，又如何维持生计？正如鸡肋，食之无味、弃之可惜，真令人为难！君门九重，邈然云端，还有威严的虎豹把守着，怎么敲得开呢？“三径就荒，松菊犹存”出陶渊明《归去来兮辞》，此处用前句而谓“秋自好”，表明自己不能归去，原因是“一钱不值贫相逼”！面对秋日黄花，本无吟诗雅兴，但长久以来写诗已成癖好，还是忍不住写了。楼敬思说：“史达祖，南渡名士，不得进士出身。以彼文采，岂无论荐，乃甘作权相堂吏，至被弹章，不亦降志辱身之至耶？读其书怀《满江红》词‘好领青衫，全不向诗书中得’，‘三径就荒秋自好，一钱不值贫相逼’，亦自怨自艾者矣。”[①]对于理解此词是很有帮助的。

又如《喜迁莺》虽非激愤，却见惋叹：

---

① 张宗橚：《词林纪事》卷一三，张宗橚编，杨宝霖补正《词林纪事·词林纪事补正》，第796页。

月波疑滴。望玉壶天近，了无尘隔。翠眼圈花，冰丝织练，黄道宝光相直。自怜诗酒瘦，难应接、许多春色。最无赖，是随香趁烛，曾伴狂客。　踪迹。谩记忆。老了杜郎，忍听东风笛。柳院灯疏，梅厅雪在，谁与细倾春碧。旧情拘未定，犹自学、当年游历。怕万一，误玉人、夜寒窗际帘隙。

清真词善用唐人诗，梅溪作为“清真苗裔”也如此，词中最见称赏的“自怜诗酒瘦，难应接、许多春色”。前句出于杜甫《暮登四安寺钟楼寄裴十迪》：“故人相见未从容，知君苦思缘诗瘦。”况周颐又说：“‘诗酒尚堪驱使在，未须料理白头人。’少陵句也。《梅溪词》《喜迁莺》云：‘自怜诗酒瘦，难应接、许多春色。’盖反用其意。”[①]张伯驹《丛碧词话》亦赏其好句，并指出源流：“此阕是梅溪好词，‘柳院灯疏，梅厅雪在’，八字写景好，真是欧、秦句法。”[②]俞陛云所析言简意赅：

前六句咏月色。以下自嘲无赖，亦自叹衰迟，以耽诗、病酒、消瘦之身，而遂三五少年，东涂西抹，宁不可笑。但杜郎虽老，亦当年临风听笛之人，乃重至清幽之地，梅厅柳院，陈迹依依，而酒边人远，馀情未了，冀万一之相逢，作无聊之自慰耳。[③]

《八归》亦自叹之作：

秋江带雨，寒沙萦水，人瞰画阁愁独。烟蓑散响惊诗思，还被乱鸥飞去，秀句难续。冷眼尽归图画上，认隔岸微茫云屋。想半属、渔市樵村，欲暮竞然竹。　须信风流未老，凭谁持酒，慰此凄凉心目。一鞭南陌，数篙官渡，赖有歌眉舒绿。只匆匆眺远，早觉闲愁挂乔木。应难奈，故人天际，望彻淮山，相思无雁足。

此首与柳周羁旅行役之词颇近，词中“须信风流未老，凭持酒、慰此凄凉心目”，直抒凄情，最后的望断淮山，故人天际，可见客愁难慰。唐圭璋从章法、句法论之：

此首写景神似白石。起写秋江寒沙之景。“画阁”一句，统括全篇。“烟蓑”三句，写江中动态。“冷眼”四句，写隔岸远景。换头，自叹飘零，藉酒宽慰。“一鞭”两句，藉人宽慰，皆缩笔。“只匆匆”两句，又从以上两层宽慰放开，说到眺远生愁。末句，更深入，说到故人无信，“望彻淮山”，与篇首“人瞰画阁愁独”相应，章法完密。[④]

---

① 况周颐：《蕙风词话续编》卷一，《蕙风词话·广蕙风词话》，第101页。
② 张伯驹：《丛碧词话》，《词学》第一辑，华东师范大学出版社1981年版，第86页。
③ 俞陛云：《唐五代两宋词选释》，第434页。
④ 唐圭璋：《唐宋词简释》，第203-204页。

《齐天乐》(白发)借白发寄寓身世之感,“起悲音于商素”于此甚合:

秋风早入潘郎鬓,斑斑遽惊如许。暖雪侵梳,晴丝拂领,栽满愁城深处。瑶簪谩妒。便羞插宫花,自怜衰暮。尚想春情,旧吟凄断茂陵女。　人间公道惟此,叹朱颜也恁,容易堕去。涅了重缁,搔来更短,方悔风流相误。郎潜几缕。渐疏了铜驼,俊游俦侣。纵有黟黟,奈何诗思苦。

上片写因白发而惊心,由潘岳《秋兴赋》自写白发起,以下数句,“惊”字、“愁”字凸显,令人悚动,“瑶簪”以下三句,用苏轼《吉祥寺赏牡丹》诗的“人老簪花不自羞,花应羞上老人头”,却更为曲折,委婉中道出了自己的坎坷命运。“尚想”二句,用《西京杂记》所载事:司马相如将聘茂陵人女为妾,卓文君作《白头吟》以自绝,相如乃止。此二句连同上面三句,用典而抒发白发早生之悲,政治失落与身世之叹,皆借白发而出之。过片“人间公道惟此,叹朱颜也恁,容易堕去”,化用杜牧诗“公道世间惟白发,贵人头上不曾饶。”(《送隐者一绝》)难抑激愤之情。“涅了重缁,搔来更短”,分出《论语·阳货》及杜甫《春望》,“方悔风流相误,郎潜几缕”,或指自己因韩侂胄而一时得意,却终受牵连,因之有悔。以下感慨不能再得游赏载酒之乐,而借欧阳修《秋声赋》的“黟然黑者为星星”作结,黑发反衬白发,感叹中发泄了心中的不平。《秋霁》为因秋而思归之作:

江水苍苍,望倦柳愁荷,共感秋色。废阁先凉,古帘空暮,雁程最嫌风力。故园信息。爱渠入眼南山碧。念上国。谁是、脍鲈江汉未归客。　还又岁晚,瘦骨临风,夜闻秋声,吹动岑寂。露蛩悲、清灯冷屋,翻书愁上鬓毛白。年少俊游浑断得。但可怜处,无奈苒苒魂惊,采香南浦,剪梅烟驿。

此词大约作于被贬江汉之时,以秋至而怀归,写出自己贬谪中的孤单寂寞,抒发了悲苦难抑之情,风格沉郁苍凉,含蓄蕴藉,以真情动人。俞陛云以之“废阁古帘,写景极苍凉之思。下阕冷屋摊书,故交零落,虽剪梅采绿,风物依然,而俊游云散,惟孤秀自馨耳”。所言甚是。附史达祖创调、改调及其他:

自度曲	绮罗春	三姝媚	寿楼春	玉簟凉
	月当厅	换巢鸾凤	醉公子	步月
	东风第一枝	探芳信	湘江静	
更改他人格律者	清商怨即钗头风	贺新郎	夜合花	瑞鹤仙
	青玉案	兰陵王	隔浦莲	凤来朝
	玲珑四犯	过龙门	恋绣衾	忆瑶姬
改原名	鸳鸯怨曲(原名:于飞乐)			
罕作者	惜黄花(《词律》以此词为正体,然非梅溪自度曲,北宋前期或已有)			

第六节　七宝楼台　炫人眼目：一论吴文英

吴文英（1200？—1260？），字君特，号梦窗，晚号觉翁，四明（今浙江宁波）人。原姓翁，与翁元龙、逢龙为亲伯仲，过继吴氏。终身不第，以幕客为生，居苏州、杭州、越州最久。有《梦窗甲乙丙丁稿》，又名《梦窗词》。

对吴文英的评价，历来分歧很大。黄昇曾引尹焕之言："求词于吾宋者，前有清真，后有梦窗，此非焕之言，四海之公言也。"[①]尹焕与吴文英同时，此语可见吴词的"即时效应"。宋末元初的张炎则对梦窗兼有褒贬："旧有刊本《六十家词》，可歌可诵者，指不多屈。中间如秦少游、高竹屋、姜白石、史邦卿、吴梦窗，此数家格调不侔，句法挺异，俱能特立清新之意，删削靡曼之词，自成一家，各名于世。"[②]又说："词要清空，不要质实。清空则古雅峭拔，质实则凝涩晦昧。姜白石词如野云孤飞，去留无迹。吴梦窗词如七宝楼台，眩人眼目，碎拆下来，不成片段。此清空质实之说。"[③]

以作品数量论，宋代著名词人中，梦窗仅次于稼轩，吴、辛的生活时期相去不远，但二人经历不同，词风迥异。辛弃疾有兼济恢复之志，出将入相之才，吴文英奔走权门，终生布衣，前者是"大声鞺鞳，小声铿锵"[④]的钟鼓，后者却像"病翼惊秋，枯形阅世"（王沂孙《齐天乐》）的秋蝉。自张炎之论出后，很长时期以来，吴文英一直处于被理解与被曲解之间。或因时势之变，造成了文学审美风尚之变，清代嘉、道之后，对吴词的评价几成一边倒之势，即使是倡"词史"说的周济，亦对吴文英评价很高，戈载、冯煦、陈廷焯、况周颐、陈洵尤甚，以致造成晚清时期"学梦窗者，几半天下"[⑤]的局面。而自王国维直到吴世昌，则对吴词多加痛诋。在词的批评史上，很少能见到如吴文英这样歧见特出的词人，其实，他虽难以同苏、辛、周、姜等大词人相并，却仍是具有突出的艺术特色，不失为独具风格的重要词人。

一、雕缋满眼　其中难测

张炎对梦窗词的"七宝楼台"之喻，一直为后来的论者所重所用，无论是肯定还是否定，都无法回避。笔者以为，"七宝楼台，眩人眼目"之说，当缘于梦窗词字句之丽，而"碎拆下来，不成片段"则谓其词有句无篇。对于前者，多有论家说到吴词的"雕缋满眼"，而对"碎拆"、"片段"则看法有所不同。如彭孙遹云："宋人张玉田论词，极推少游、竹屋、白石、梅溪、梦窗诸家，而稍诎美成。梦窗之词虽雕缋满眼，然情致缠绵，微

---

① 黄昇：《花庵词选·中兴以来绝妙词选》卷十，第354页。
② 张炎：《词源》，《词源注·乐府指迷笺释》，第9页。
③ 张炎：《词源》，《词源注·乐府指迷笺释》，第16页。
④ 刘克庄：《辛稼轩集序》，《词籍序跋萃编》，第200页。
⑤ 吴梅：《乐府指迷笺释跋》，《词源注·乐府指迷笺释》，第92页。

为不足。”[①]而戈载却说:“梦窗从吴履斋诸公游,晚年好填词,以绵丽为尚,运意深远,用笔幽邃,炼字炼句,迥不犹人。貌观之,雕缋满眼,而实有灵气行乎其间。细心吟绎,觉味美于回,引人入胜,既不病其晦涩,亦不见其堆垛。”[②]究竟如何呢?不妨择其最见“雕缋”之作论之。

先看被胡适、刘大杰等人所讥的梦窗四稿之首篇《琐窗寒》(无射商,俗名越调,犯中吕宫,又犯正宫。玉兰):

绀缕堆云,清腮润玉,氾人初见。蛮腥未洗,海客一怀凄惋。渺征槎、去乘阆风,占香上国幽心展。□遗芳掩色,真姿凝澹,返魂骚畹。　一盼。千金换。又笑伴鸱夷,共归吴苑。离烟恨水,梦杳南天秋晚。比来时、瘦肌更销,冷薰沁骨悲乡远。最伤情、送客咸阳,佩结西风怨。

此词所用丽字与典故甚多,确实难以明白所言者何,然而倘能循杨铁夫所说:“此纯为忆去姬之词。上片比体,下片兴体。”[③]细读之则能得其真意。由于此词是以花写人,故词的起二句是写女子的美发如云,脸如润玉,而“氾人”出于沈亚之的《湘中怨》,谓武则天时太学进士郑生于洛桥救得一轻生女子,挟归以居,号为“氾人”,能诵《楚辞》,后实告以是湘中蛟宫之娣,从之岁满而去。故以下有“蛮腥”之语、海客之自称,而乘阆风、占香上国,则当是指带着“氾人”经水路到了杭州,以下三句则继以花容写人,而借《离骚》之兰蕙写玉兰,故有“返魂骚畹”之说。下片继以花写人之美,用范蠡携西施之典,并出以“吴苑”语,当指携姬以归吴门。“离烟恨水”以下,则是衍姬之离去一事,以及心中之哀怨与离思。所以,透过幽邃的用词用典,可探得其词旨,了解其托物抒情之意。故此杨铁夫说:“梦窗忆姬之作,居全集四分之一。此词更于姬之来踪去迹详载无遗,可作一篇琴客小传读。”[④]

梦窗词或无四分之一皆为“去姬”而作,但深爱的姬人之离去,确是梦窗一生中痛苦之最。在宋代重要词人中,吴文英是政治、社会地位最低而又倾全力写词的“纯粹”词人,他生活圈子较狭,足迹未出江浙。吴越的青山绿水陶冶了他的性情。他在杭州与一湘人女子相识,在苏州同居,后又在杭州分手。对这个遣妾的怀念始终牵着他的心,这种感情蓄得深,藏得久,又不时有所表现,可又欲露不露,掩抑低回,常令人难以感知。再看一首因去姬而作之词《踏莎行》:

润玉笼绡,檀樱倚扇。绣圈犹带脂香浅。榴心空叠舞裙红,艾枝应压愁鬟乱。　午梦千山,窗阴一箭。香瘢新褪红丝腕。隔江人在雨声中,晚风菰叶生

① 彭孙遹:《金粟词话》,《词话丛编》,第721页。
② 戈载:《吴君特词选跋》,《词籍序跋萃编》,第347页。
③ 杨铁夫笺释,陈邦炎、张奇慧校点:《吴梦窗词笺释》卷一,广东人民出版社1992年版,第1页。(版本后同)
④ 杨铁夫笺释,陈邦炎、张奇慧校点:《吴梦窗词笺释》卷一,第3页。

秋怨。

此首为感梦之作。上片梦端午时伊人的容颜、睡姿、服饰，下片写梦后所感，“香瘢”句设想伊人此际之瘦损，“隔江”两句，以眼前似秋天的凄凉景色作结。全词用语秾丽，而因时空腾挪，难以循迹，故吴世昌《词林新话》说：“此词上用‘榴心’、‘艾枝’，是端午景象，下片又用‘晚风’、‘菰叶’、‘秋怨’，一首之中，时令错乱，且上片晦涩，令人不堪卒读，盖先得末两句，然后硬凑出来。”①而刘永济则论道：“‘润玉’八字写人之肌肤、檀口皆秀丽无比。‘绣圈’句写其装饰亦极其华艳。‘榴心’句写红裙切五月。唐耿纬有‘金钿正舞石榴裙’句。‘艾枝’句写鬓饰，应端节……但‘犹代’、‘空叠’、‘应压’等词，明其人不在目前者。其所以如此描写，须至下半阕方知。此等处即陈洵所称留字诀也。换头八字始将上半阕所写点明是一场梦境。曰‘千山’，梦去甚远也。曰‘一箭’，梦醒甚速也。‘香瘢’句，仍从端午著笔，《风俗通》谓五月五日以彩丝系臂，辟鬼及兵，名长命缕。故曰‘红丝腕’。‘香瘢新褪’者，旧事无痕也。歇拍二句言午梦醒来，别无所见，惟有‘雨声’、‘菰叶’，伴人凄寂而已。曰‘隔江人’，杨铁夫谓去吴之人，则是指其去妾在雨中生秋怨。如说自身是与去妾隔江，似较与词意相合。方端午而曰‘秋怨’者，愁人善感，‘雨声’、‘菰叶’之中，一梦醒来，凄然其如秋也。”②

梦窗有些虽非为去姬而作之词，也较难明其意旨，如《宴清都》(连理海棠)：

> 绣幄鸳鸯柱。红情密，腻云低护秦树。芳根兼倚，花梢钿合，锦屏人妒。东风睡足交枝，正梦枕、瑶钗燕股。障滟蜡、满照欢丛，嫠蟾冷落羞度。　　人间万感幽单，华清惯浴，春盎风露。连鬟并暖，同心共结，向承恩处。凭谁为歌《长恨》，暗殿锁、秋灯夜语。叙旧期、不负春盟，红朝翠暮。

此词咏物，所咏者为连理海棠，刘永济既概括全首题旨，又作逐句论析：

> 此咏物词之工整者，因咏物亦托物言情，故换头以下全以《长恨歌》中之杨妃比言，亦因明皇有妃子海棠春睡之语也。起句“绣幄”，写海棠之繁茂，“鸳鸯柱”，即形容连理树。“秦树”，秦中有双株海棠，高达十丈最有名，故以比之。“鹣”本作“兼”，今校改。“鹣”，比翼鸟也，用来与下“钿合”作对，“云低护”用陆游“乞取春阴护海棠”诗意。下用“锦屏人妒”以关合人情，言海棠如此繁艳，美人见之亦不免生妒嫉之情也。“东风”二句以花与人合写。“瑶钗燕股”亦以燕钗为两股之物来形容连理。“障滟蜡”二句暗用苏轼《海棠诗》“只恐夜深花睡去，高烧银烛照红妆”诗意。下句“嫠蟾”反衬连理，“嫠”者，妇人无夫之称，“蟾”，乃月之标志。月中嫦娥

① 吴世昌：《词林新话》，《吴世昌全集》第6册，第224页。
② 刘永济：《微睇室说词》，第50–51页。

无夫,故曰"斄蟾"。此仍是加倍渲染海棠之繁艳语。换头六字,先用反衬之笔领起,以后皆以明皇与杨妃爱情敷写。"人间"句言人间夫妇离多会少,故曰"万感幽单"……"春盎"四字将杨妃华清出浴情态与海棠临风承露的鲜艳一齐写出,可谓兴到之笔。"同心"、"连鬟"皆以花与人并写。"凭谁"二句则明用白居易《长恨歌》,下文仍归到长生殿夜语事,又以"叙旧期、不负春盟"作结,语意仍是双关。[1]

紧接又论其用事、用意,并推及宋季咏物词特点:

此词既以杨妃比花,以明皇与杨妃离合之事贯穿其中,实则又以杨妃比去妾以抒写自己离情,作者心细如发,而用笔灵活,绝不粘滞,是卷中咏物最工之作。南宋词人极喜作咏物词,大都托物言情之笔,情在言外。后来之王沂孙尤称能手。至其所托之情,不出作者所遇之世与其个人遭际之事,交相组织,古人所谓身世之感也。[2]

又如《声声慢》(陪幕中饯孙无怀于郭希道池亭,闰重九前一日):

檀栾金碧,婀娜蓬莱,游云不蘸芳洲。露柳霜莲,十分点缀成秋。新湾画眉未稳,似含羞、低护墙头。愁送远,驻西台车马,共惜临流。　知道池亭多宴,掩庭花、长是惊落秦讴。腻粉阑干,犹闻凭袖香留。输他翠涟拍甃,瞰新妆、时浸明眸。帘半卷,带黄花、人在小楼。

此词开头就很令人费解,故张炎云:"'檀栾金碧,婀娜蓬莱,游云不蘸芳洲。'前八字恐亦太涩。"[3]即使后面所写,也较难理解其意。陈洵言其整体:"郭希道池亭,即清华池馆,是觉翁常游之地。孙无怀只以别筵暂驻,平时之多宴,固未与也。'知道'二字,为无怀设想,真是黯然销魂。'腻粉'以下,纯作痴恋语,为惜别加倍出力。学者须听弦外音。人在、凝眸、瞰妆,纯用倒卷。共惜、知道、输他,是词中点睛。起八字殊有拙致。"[4]但如此解说仍未能破其语障,刘永济的详细析论始能让人理解周全:

夏承焘考"闰重九"当是绍定五年壬辰,梦窗此词作于此年。(《梦窗词集》后笺)又曰:"郭园在苏州,词题幕中,谓苏州仓幕也。"仓幕者,苏州有南、北两仓,转运使主之。孙无怀与梦窗皆幕中同事。郭希道池亭,朱氏《小笺·婆罗门引》曰:"按集中《花犯·郭希道送水仙》词有'清华池畹'语。清华,疑即希道。""西台",唐

---

① 刘永济:《微睇室说词》,第6–7页。
② 刘永济:《微睇室说词》,第7页。
③ 张炎:《词源》,《词源注·乐府指迷笺释》,第16页。
④ 陈洵:《海绡说词》,《词话丛编》,第4851–4852页。

高宗改中书省为西台，孙氏此行，当入京为中书省属官也。

起八字陈澧谓“极炼”，陈洵谓“殊有拙致”，而张炎论词则诋之“太涩”。盖八字皆设色描绘之词。“檀栾”，修竹之形容词，字出枚乘《菟园赋》：“修竹檀栾。”“婀娜”，杨柳之形容词，字出李商隐《赠柳》诗“见说风流极，来当婀娜时。”又魏曹丕《柳赋》：“柔条婀娜而蛇伸。”“金碧”指楼台之髹漆，因以代楼台。“蓬莱”，本海上仙山，今以代园中沼泽。如质言之，则为修竹楼台，杨柳池塘也。下句言天晴无风雨。凡词四字对句必密丽，对句之后，承以单句必疏宕，此词是也。“露柳”二句点秋景。“新湾”二句指新月，皆切重阳。“护”，毛本作“度”，意较明。过拍点明送别，《九辩》有“登山临水兮送将归”，故曰“共惜临流”。换头从郭园宴饮说。曰“知道”，曰“长是”，乃指平日此地宴会有歌舞之乐也。“腻粉”二句则今日想象之词。“输他”二句言今不如昔，今则已无“瞰新妆、时浸明眸”，故曰“输他”。“输”者，比昔则差也。歇拍仍收到饯别之宾主。“黄花”仍切重阳，杨铁夫以为人在小楼，或当时有倚阑窥客之人，不免节外生枝。[1]

以上四首或系雕缋的典型，而梦窗似于此类者却实在不少，所以，“雕缋满眼”确实是吴词给人最突出的印象。由于梦窗用语、意象极丽，用典极多，而时空转换频繁，难循其思路，测其意旨，张炎有“七宝楼台”之喻，及“碎拆下来，不成片段”之说。即使是传梦窗法乳的沈义父，也说：“梦窗深得清真之妙。其失在用事下语太晦处，人不可晓。”[2]

二、潜气内转　运意深远

事物的存在，总有其合理性，梦窗词雕缋满眼，却为何晚清时学之成风呢？因为当时词人多看到了梦窗对清真的继承，力反浙派尚“清空”而流为空疏，故倡导“由吴希周”的创作道路。周济说：“梦窗奇思壮采，腾天潜渊，返南宋之清泚，为北宋之秾挚。”[3]“皋文不取梦窗，是为碧山门迳所限耳。梦窗立意高，取径远，皆非馀子所及。惟过嗜饾饤，以此被议。若其虚实并到之作，虽清真不过也”[4]。那么，对梦窗之学清真，却研炼过之而致雕缋难明，究竟应如何看待？其在艺术上又有何者可取呢？对此，不妨先作外围探访。

吴文英主要生活在宋宁宗庆元至宋理宗景定年间。此时，金困于内政，无力南侵；宋习于偏安，无心北伐。小规模战争虽时有发生，但对时局牵动不大。统治阶级苟且偷生的风气影响了文学，南宋词坛一度轰鸣回响过的稼轩声音微弱衰歇了，流行的是表现别恨离愁、陶醉于自然风景和发泄伤感情绪的婉约词。“风云气少，儿女情

① 刘永济：《微睇室说词》，第38–39页。
② 沈义父：《乐府指迷》，《词源注·乐府指迷笺释》，第50页。
③ 周济：《宋四家词选目录序论》，《介存斋论词杂著·复堂词话·蒿庵论词》，第12页。
④ 周济：《宋四家词选目录序论》，《介存斋论词杂著·复堂词话·蒿庵论词》，第14页。

多”,梦窗词就是这个时代的产物。吴文英大半生以词章曳裾侯门,所交游的吴潜、贾似道、史宅之诸人,都是显贵,自己却潦倒一生,以布衣终。杨铁夫考其事迹,谓“以梦窗之才,乃竟不得一科名,何也?梦窗盖耽于诗词,绌于经义者也。否则,不乐科举也。”[①]可见,吴文英可能科举仕进的观念较淡薄。他以清客的身份作了很多应酬投赠之篇,也写了些慨叹祖国沦亡的慷慨悲凉之作,但梦窗四稿中最有文学价值、最能充分显示其艺术特色的,是表现爱情、感喟人生的那些篇章。

品格决定词格,风格体现性格。刘大櫆《论文偶记》说:“行文之道,神为主,气辅之……然气随神转,神浑则气灏,神远则气逸,神伟则气高,神变则气奇,神深则气静……”[②]神决定气,气体现神。这也可通于诗词。若拟之宋词人,辛弃疾属神浑气灏型,苏轼属神伟气高型,姜夔近神远气逸型,而吴文英则近于神深气静型,是典型的婉约派。吴文英倾全身心作词,遵循自己的创作原则:“发意不可太高”,“用意不可太露”[③],所以,内容决定了他词作的风格,而他的风格又特别能充分表现这些内容。这样,就使吴文英区别于豪放派词人,且在婉约派中表现出独特的创作个性。

大多数词人思路易于循迹,形象与主题的关系清晰可见。吴文英则不然。他的词往往表面意义与内在意义有较大距离,题旨藏得深,其中消息难以从字面透露,但是,内在精神又始终维系着不断更换的形象。这种独特之处往往使作品和欣赏者之间造成较大距离。所以,王国维非但称之为“隔”,而且说:“梦窗之词,吾得取其词中之一语以评之,曰:‘映梦窗,凌乱碧。’”[④]然而,理解此中三昧的词论家却正欣赏这一点,他们把这称之为“潜气内转”。戈载以梦窗词“貌观之,雕缋满眼,而实有灵气行乎其间”,其实就是“潜气内转”。陈匪石论梦窗的《惜黄花慢》“送客吴皋”,更明确道出此语:“……此四句中翻腾转捩,则因‘怅断魂’以下六句全用平笔,特作波澜,亦潜气内转之法也。”[⑤]“潜气内转”一词,曾见于繁钦《与魏文帝笺》:“(车子)年始十四,能喉啭引声,与笳同音……潜气内转,哀音外激……凄入肝脾,哀感顽艳。”[⑥]梦窗词就有这种“潜气内转,哀音外激”的特点。但这里的“气”应理解为主题思想,而不仅是语言的气势风貌。梦窗词的“潜气内转”大致有以下几个特点。

第一,主观抒情,意在言外。

王国维说:“词以境界为最上。有境界则自成高格。”[⑦]《人间词乙稿序》又说:“其次或以意胜,或以境胜。”[⑧]吴文英的词,大抵意胜于境,是“有我之境”,是“以我观物,物皆著我色彩”、“造境”颇多的作品,是典型的主观抒情之作。

---

① 杨铁夫:《吴梦窗事迹考》,见《吴梦窗词笺释》,第20页。
② 刘大櫆:《论文偶记》,《论文偶记·初月楼古文绪论·春觉斋论文》,人民文学出版社1959年版,第3页。
③ 沈义父:《乐府指迷》,《词源注·乐府指迷笺释》,第43页。
④ 王国维:《人间词话》,《蕙风词话·人间词话》,第215页。
⑤ 陈匪石:《宋词举》,《宋词举》(外三种),第37页。
⑥ 萧统:《文选》卷四〇,第1821页。
⑦ 王国维:《人间词话》,《蕙风词话·人间词话》,第191页。
⑧ 王国维:《人间词话附录》,《蕙风词话·人间词话》,第256页。

宋代理学流行，诗基本上走入言理而不言情的路，抒情就成了词的专业。苏、辛的词兼有言志和言情之作，而吴文英的词，除少数在政治上有所讽喻（如《八声甘州》的游灵岩山，《贺新郎》的偕吴潜看梅），或抒发对祖国沦亡的感慨外，绝大部分都是写个人身世和怀人的纯粹言情之作。而且，他不是沿袭其他词人的因景生情或较单纯的情景交融的途径，而是以抒主观之情为主线，贯穿全篇，舍弃传统的写实手段，糅合"言在此而意在彼"的寄托手法及象征手段，写出气潜于内、音激于外的蓄之很深的作品。试看他的《花犯》（郭希道送水仙索赋）：

> 小娉婷，清铅素靥，蜂黄暗偷晕，翠翘欹鬓。昨夜冷中庭，月下相认。睡浓更苦凄风紧。惊回心未稳。送晓色、一壶葱蒨，才知花梦准。　　湘娥化作此幽芳，凌波路，古岸云沙遗恨。临砌影，寒香乱，冻梅藏韵。熏炉畔、旋移傍枕，还又见、玉人垂绀鬓。料唤赏、清华池馆，台杯须满引。

这首词的第一韵是明写花，暗写人，用人的形象来写花，写花却像是写人。第二韵点明第一韵是梦境中与人相遇。第三韵写梦醒之后，早晨果见水仙，梦人而见花，应准夜梦。下片展开想象：第一韵写水仙是湘娥所变，她凌波而来的路，而今是古岸云沙，伴着遗恨，暗示了难言的隐情。第二、三韵写水仙神韵及花似玉人，见花又如见人。最后一韵回到送花人身上，以敷衍其索赋之题。表面上这是一首咏物词，但细玩词意，却实是怀人之作。为什么有"古岸云沙遗恨"呢？从"湘娥"、"玉人垂绀鬓"联系其《琐窗寒》（玉兰）中所写的"绀缕堆云"的汜人，"蛮腥未洗"的"骚畹"，"南天"的湘中，那么，水仙花是"湘娥化作此幽芳"的意思就十分清楚了。这样一来，"昨夜冷中庭，月下相认"的"才知花梦准"，实是对湘人去姬不绝如缕的思念。反复回环地赋水仙，是怀念遣妾的抒情。从表面看来，是客观的咏物，实际上，是主观的抒情，在曲折变化的形象和情景交换中，跃动着"潜气内转"的灵魂。

第二，词旨隐蔽，取径曲折。

豪放派词人的作品，大多词旨显豁，苏、辛的有寄托之作，联系身世背景，也多可索解。至于婉约派词人，虽各具面目，其作品或意在言内，或意内言外，或意在言外，但隐约之题旨亦不甚难求。而吴文英的词，却是意思极为隐蔽，取径极其曲折的。如《风入松》（邻舟妙香）一词：

> 画船帘密不藏香，飞作楚云狂。傍怀半卷金炉烬，怕暖销、春日朝阳。清馥晴熏残醉，断烟无限思量。　　凭阑心事隔垂杨，楼燕锁幽妆。梅花偏恼多情月，慰溪桥、流水昏黄。哀曲霜鸿凄断，梦魂寒蝶幽飏。

从字面看来，邻舟的香烟飘人，似与楚云、朝阳、楼燕、梅花、溪桥、霜鸿、寒蝶难于联系起来，确似不知所云，极为费解。然而，只要细读，还是可以找到它的脉络：邻舟的妙香进入梦中，香易燃尽，成为金炉中的灰烬，云承托着朝阳，烟消云亦散，怕朝阳亦逝，但因“晴熏”，日尚未消，香烟将断未断，馀香尚在。香烟梦境都在将断而仍续之时，人在迷朦和清醒之间，朦胧中，想起楼隔垂杨，燕锁幽妆，可见佳人已去。月影梅花、溪桥流水，往日的温情都成为过去的事，像秋鸿一样飞走了，而伴着回忆往事的今情，却像寒蝶一样随着自己飘飏。这首词的上片写香入梦中，香不可久，梦亦难留。下片是思量往事，触动今情，徒增烦恼。联系吴文英的身世和其他作品，可知这首词也是为怀去姬而作的。对她的怀念，几乎无时无处不在。在恍惚迷离的梦境中，由于香烟的飘入，又勾起无限思量。但除“思量”一词外，纯借写客观之物(多不是眼前所见的)来写主观之情，取径的曲折，使人难以直接感触、把握，只能从其经历、身世体味出词旨来。

第三，缘情布景，时空转换。

北宋词以就景叙情为多，如柳永、秦观，南宋渐开即事叙景一途，如稼轩、白石。吴文英词多为意胜于实的主观抒情，所以，另走缘情布景的道路，这就形成时空转换自由的特点。

吴文英之前的词人，作品中的时间推移和空间转换都很自然，易于循迹。如柳永，善写羁旅行役，极工铺叙，但其词中时空变化较为单调。至秦观，变化渐多。到了周邦彦，又有了更大发展，其时空变化的技巧比柳永高明多了。吴文英的词，时空转换交替极为频繁、复杂多变。除《琐窗寒》(玉兰)、《齐天乐》(登禹陵)这类长调外，小令、中调都具此特色。试看《点绛唇》：

> 时霎清明，载花不过西园路。嫩阴绿树。正是春留处。　　燕子重来，往事东流去。征衫贮。旧寒一缕，泪湿风帘絮。

此词也是为思去姬而作。词中首言清明，不知是今是昔，至“往事”，才知是追思与去姬邂逅于清明之日，而西园则为故居。“春留”衬人去，始知“嫩阴绿树”、“燕子”云云都是缘情所布之景，是想象之物，而非眼前所见。燕子重来，往事东流，既将上片追思作结，又微露感慨。最后三句点明眼前清明自己的孤凄：泪湿飞絮，只有“征衫”贮着“旧寒一缕”。在这里，景随情迁，时与情易，转换极为自由。

陈洵说：“飞卿严妆，梦窗亦严妆。惟其国色，所以为美。若不观其倩盼之质，而徒眩其珠翠，则飞卿且讥，何止梦窗！”①要不为珠翠所眩，如戈载所说，在雕缋满眼中寻绎其“实有灵气行乎其间”，“不病其晦涩，亦不见其堆垛”，就应从“潜气内转”理解梦窗词。况周颐这样评价梦窗：“即其芬菲铿丽之作，中间隽句艳字，莫不有沉挚之思，灏瀚之气，挟之以流转。令人玩索而不能尽，则其中之所存者厚。沈著者，厚之发

① 陈洵：《海绡说词》，《词话丛编》，第4841页。

见乎外者也。"[①]"灏瀚之气"未必尽当,可是,沉挚之思随气挟之以流转,词意玩索难尽,确实道出了特点。沈祥龙说:"《说文》:'意内而言外曰词。'词贵意藏于内,而迷离其言以出之,令读者郁伊怆快,于言外有所感触。"[②]梦窗词是最典型的意藏于内而迷离其言以出之的作品。如果能把握住潜气内转、运意深远,就会加深对其"言外"之"内意"的理解,就不会有零乱眩目之感,并首肯其浑成。

三、绵密曲折　空际转身

张炎《词源》第一次确定了南宋婉约词,尤其是风雅派中清空与质实两大流派的分野,后人或尊姜、张的清空,或尚周、吴的质实,双峰并峙,二水分流,达数百年之久。吴文英是典型的质实派,他的词与疏宕清空的姜夔很不一样,是绵密质实的。诚如陈锐所说:"白石拟稼轩之豪快,而结体于虚。梦窗变美成之面貌,而炼响于实。"[③]吴文英对去姬的感情是深厚的,这"厚",就是况周颐所说的"沈挚之思",是"出乎致密之外,超乎致密之上,别有沈著之一境也"[④],就是吴梅所说的"正在超逸之中,见沈郁之思"[⑤]。吴文英对祖国的爱是深沉的,在《贺新郎》(陪履斋先生沧浪看梅)和《宴清都》(连理海棠)等作都有所流露。深沉、沉厚与密是同存的,故厚思出之以密词。此外,构思运意的潜气内转,又必以沈著拗怒的手法出之。所以,"密"之外,还有"曲"的特点。

与其他善作中长调婉约派词人相较,梦窗词有柳永细密之处,而无其平叙之病;有周邦彦曲折之长,而更为绵密;与史达祖多角度的回环描写相较,梦窗词更多纵向的曲折。可概括如下。

第一,染多于点。

"词有点,有染"[⑥],"点染"一词本是画家术语,中国传统的水墨画往往将画的主体用点笔或清晰的线条出之,背景用染笔出之。词论家借用这一术语来表示词中主旨和烘托渲染的关系。清空一派的词,气脉疏宕,点笔颇多。平叙之词,往往点染不甚分明。梦窗词的密,常表现在染多于点,即层层渲染,多方烘托,所以字面形象显得绵密质实。

吴文英写词,常用点提起一篇,醒明主旨,用染渲染环境,制造气氛。如《惜黄花慢》上片:

送客吴皋。正试霜夜冷,枫落长桥。望天不尽,背城渐杳,离亭黯黯,恨水迢

① 况周颐:《蕙风词话》卷二,《蕙风词话·广蕙风词话》,第34页。
② 沈祥龙:《论词随笔》,《词话丛编》,第4048页。
③ 陈锐:《袌碧斋词话》,《词话丛编》,第4200页。
④ 况周颐:《蕙风词话》卷二,《蕙风词话·广蕙风词话》,第34页。
⑤ 吴梅:《词学通论》,上海古籍出版社2006年版,第68页。(版本后同)
⑥ 刘熙载:《艺概》卷四《词曲概》,第119页。

迢。翠香零落红衣老,暮愁锁、残柳眉梢。念瘦腰。沈郎旧日,曾系兰桡。

开头的“送客吴皋”是点,以下数句从霜、夜、枫、桥、天、城、亭、水、荷、柳作多角度渲染,用景烘托情,一片密语如频拉的镜头,在更换的景物中,离情别绪自然流出。

又如《莺啼序》:

残寒正欺病酒,掩沉香绣户。燕来晚、飞入西城,似说春事迟暮。画船载、清明过却,晴烟冉冉吴宫树。念羁情游荡,随风化为轻絮。　十载西湖,傍柳系马,趁娇尘软雾。溯红渐、招入仙溪,锦儿偷寄幽素。倚银屏、春宽梦窄,断红湿、歌纨金缕。暝堤空,轻把斜阳,总还鸥鹭。　幽兰旋老,杜若还生,水乡尚寄旅。别后访、六桥无信,事往花委,瘗玉埋香,几番风雨。长波妒盼,遥山羞黛,渔灯分影春江宿,记当时、短楫桃根渡。青楼仿佛,临分败壁题诗,泪墨惨澹尘土。　危亭望极,草色天涯,叹鬓侵半苎。暗点检、离痕欢唾,尚染鲛绡,亸凤迷归,破鸾慵舞。殷勤待写,书中长恨,蓝霞辽海沉过雁,漫相思、弹入哀筝柱。伤心千里江南,怨曲重招,断魂在否?

蔡嵩云说:“莺啼序为序子之一体,全章二百四十字,乃词调中最长者。填此调,意须层出不穷,否则满纸敷辞,细按终鲜是处。又全章多至四遍,若不讲脉络贯串,必病散漫,则结构尚矣。此外更须致力于用笔行气,非然者,不失之拖沓,即失之板重。此调自梦窗后,佳构绝鲜。”[①]全词组织了众多的形象,追思悼亡,深情无限,却是如何做到脉络贯串的呢?陈洵作了一番论证,而对其全局安排则有此说:

“望”字远情,“叹”字近况,全篇神理,只消此二字。[②]

可见,在作为词眼的两字以外,其馀多为濡染之笔,其开阖变化,是因为“眼”动而身随。

第二,勾勒工妙。

勾勒也是中国画的技法,亦叫双钩法,画家画竹木草树勾出枝叶茎干后再设色,谓之勾勒。用勾勒之笔写词,能分清疏密,使形象鲜明。吴文英的词常有工妙的勾勒之笔。如《珍珠帘》头几句:“蜜沉烬暖萸烟嫋,层帘卷、伫立行人官道。麟带压愁香,听舞箫云渺。”“蜜沉”伏第三句的“愁香”,“烟嫋”伏第四句的“云渺”,“麟带”写旧意,“舞箫”写今情。这几句从听到贵人家箫鼓声,引出对去姬的怀念,旧意、今情的“麟带压愁香,听舞箫云渺”,两边勾勒对题旨渐出是极好的铺垫,也由于这工妙的勾勒之

① 蔡嵩云:《柯亭词论》,《词话丛编》,第4916–4917页。
② 陈洵:《海绡说词》,《词话丛编》,第4848页。

笔,使词藻堆砌,词章绵密。

勾勒之笔对词意转折往往很有作用。如《六丑》(壬寅岁吴门元夕风雨)一词,上片全写昔日无风雨的元夕繁盛景象,下片用“过眼年光,旧情尽别”作勾勒,风雨闲闲带出,着重表现天时人事之感,故国平居之思,这笔勾勒是不可少的。又如前述的《莺啼序》,陈洵亦论其勾勒:

> 第一段伤春起,却藏过伤别,留作第三段点睛。燕子画船,含无限情事,清明吴宫,是其最难忘处。第二段“十载西湖”,提起。而以第三段“水乡尚寄旅”作钩勒。“记当时、短楫桃根渡”,记字逆出,将第二段情事,尽销纳此一句中。“临分”“泪墨”,“十载西湖”,乃如此了矣。临分於别后为倒应,别后於临分为逆提。渔灯分影於水乡为复笔,作两番钩勒,笔力最浑厚。①

吴词的勾勒之笔,使词意在绵密中能分清经纬,使所写事物有明晰形象。这与姜夔的重在气韵不同,也不似史达祖的用笔易逞尖巧,他的功夫较近于周邦彦。

第三,离合得法。

梦窗词的曲折见意和时空转换自由,颇仗其离合之得法。诗词的写作,固然要合,要扣紧题意,但一味泥煞本题,并非高手,有合有离,才能蕴藉隽永。读梦窗词,常令人激赏其离合的高明之处。试看《三姝媚》(过都城旧居有感):

> 湖山经醉惯。渍春衫,啼痕酒痕无限。又客长安,叹断襟零袂,涴尘谁浣?紫曲门荒,沿败井、风摇青蔓。对语东邻,犹是曾巢,谢堂双燕。　春梦人间须断。但怪得,当年梦缘能短。绣屋秦筝,傍海棠偏爱,夜深开宴。舞歇歌沉,花未减、红颜先变。伫久河桥欲去,斜阳泪满。

此词有论者以为是过故居而思故国,故感慨良多。开头三句,是作者晚年的自我形象,次三句是重过杭州的慨叹,下六句在直赋中夹用刘禹锡诗中典故,从时光流逝中感叹兴亡。总之,上片是渐引而合。下片起三句宕开而说,“绣屋”三句追溯以往,“舞歇”三句将时间浓缩,感叹流年易逝,这六句与词旨乍离乍合,最后二句,收回其意,在“斜阳泪将满”中,含不尽之味。

梦窗词常常是看起来似离题旁涉,实际上四面盘旋,仍然紧扣主题。这些作品,在离中能见变宕,在合中联贯情绪,在曲折中体现主题。吴文英既不像柳永那样细密联合,辞馀于意而笔尚未休,也不似史达祖的咏物之作,虽尽态极妍,多端变化,尚不免清新尖巧之感。梦窗词虽质实绵密,但因有离合纵送之妙,所以仍不失耐人体味之处。

---

① 陈洵:《海绡说词》,《词话丛编》,第4847页。

第四,转折有致。

吴词重主观抒情,时空转换自由,情、景、真、幻、物、我、古、今常熔于一炉,所以起语多变。其起,有以景起、有以情起、有以典起,有实起、有虚起,有的顿入,直述本题,有的渐引,先言他物。其语,有以景语情、有以情语情、有情景同语、有在绕回中醒明本旨,有在宕开中转出别意。词是积字成句,合句为篇。起语之多变,使开合变化多端,加以点染、勾勒、离合的运用,必然导致整篇的多变。如常山之蛇,击首尾应,击尾首应,全身皆动,转折必多。王又华《古今词论》曾引毛稚黄语:"长调如娇女步春,旁去扶持,独行芳径,徙倚而前,一步一态,一态一变。"[①]梦窗词往往在频频转折中见其"娇女步春"的特色。如《扫花游》(春雪):

> 水云共色,渐断岸飞花,雨声初峭。步帷素袅。想玉人误惜,章台春老。岫敛愁蛾,半洗铅华未晓。舣轻棹。似山阴夜晴,乘兴初到。　心事春缥缈。记遍地梨花,弄月斜照。旧时斗草。恨凌波路锁,小庭深窈。冻涩琼箫,渐入东风郢调。暖回早。醉西园、乱红休扫。

陈洵即以"娇女步春"言其转折:"'水云共色',正面空处起步。'章台春老',侧面实处转步。'山阴夜晴',对面宽处歇步。'偏地梨花',复侧面空处迴步。以下步步转,步步歇,往复盘旋,一步一境。换头五字,贯彻上下,通体浑融矣。"[②]又如《齐天乐》"烟波桃叶西陵路"一首,陈洵亦论其章法之转折云:"'古柳重攀',今日。'轻鸥聚别',当时。平入逆出。'陈迹危亭独倚',歇步。'凉飔乍起',转身。'渺烟碛飞帆,暮山横翠'。空际出力。'但有江花,共临秋镜照憔悴',收合倚亭。"[③]

吴词有一般人常用的明转,如《祝英台近》(除夜立春),从上片"剪红情,裁绿意,花信上钗股。残日东风,不放岁华去"的人家守岁之乐,转入自己的守岁之愁:"有人添烛西窗,不眠侵晓,笑声转新年莺语。"吴词还有一般人不常用的暗转,如《霜叶飞》(重九)的"纵玉勒、轻飞迅羽,凄凉谁吊荒台古",写的是重九日怀想宋武帝重阳登项羽阅兵的戏马台,转接自己的"记醉踏南屏,彩扇咽寒蝉,倦梦不知蛮素"。从前人凭吊英雄阅兵地的壮怀,暗转入自己的才人之思:对在西湖边与佳人幽会的怀念。梦窗词从明转中见曲折,在暗转中见幽邃,因为转折有致,所以含蓄能留,无一泻无馀之病,又有蛇灰蚓线之妙。

除通常的转折外,梦窗词由于绵密质实,常带来堆垛之病。为此,常用骤转、突接、逆挽、翻转等法来以疏济密。这一章法结构特点,就是周济所说的"梦窗每於空际转身,非具大神力不能"[④]。

---

① 王又华:《古今词论》,《词话丛编》,第609页。
② 陈洵:《海绡说词》,《词话丛编》,第4851页。
③ 陈洵:《海绡说词》,《词话丛编》,第4847页。
④ 周济:《介存斋论词杂著》,《介存斋论词杂著·复堂词话·蒿庵论词》,第7页。

缘情布景所造成的时空转换自由，有如频换频接的电影镜头，有景语较多的特点，而“情以景幽，单情则露；景以情妍，独景则滞”①。吴文英作词，常在滞实的句子后，骤转入情语，以挽回灵气。如《齐天乐》(会江湖诸友泛湖)：

曲尘犹沁伤心水，歌蝉暗惊春换。露藻清啼，烟萝澹碧，先结湖山秋怨。波帘翠卷，叹霞薄轻绡，汜人重见。傍柳追凉，暂疏怀袖负纨扇。　南花清斗素靥，画船应不载，坡静诗卷。泛酒芳筩，题名蠹壁，重集湘鸿江燕。平芜未剪。怕一夕西风，镜心红变。望极愁生，暮天菱唱远。

词中通过一系列景多于情的描写，将泛湖之举、眼中所见、心中之思写得淋漓尽致。在读者甚感滞重之时，用“平芜未翦”勾勒止住，趁联翩浮想的空际，用“怕一夕西风，镜心红变”来作突转，使泛湖之乐中透出的淡淡哀愁骤然凝聚，奔涌而出：“望极愁生，暮天菱唱远。”既避去了芜累痴重之病，又结于虚实之间，颇饶隽永之味。

又如《八声甘州》(陪庾幕诸公游灵岩)：

渺空烟四远，是何年、青天坠长星？幻苍崖云树，名娃金屋，残霸宫城。箭径酸风射眼，腻水染花腥。时靸双鸳响，廊叶秋声。　宫里吴王沉醉，倩五湖倦客，独钓醒醒。问苍天无语，华发奈山青。水涵空、阑干高处，送乱鸦、斜日落渔汀。连呼酒，上琴台去，秋与云平。

词之上片先从远望写起，发奇思异想，“幻苍崖”以下，皆写吴王夫差当年所营馆娃宫，通过所见、所感、所闻、所想，亦真亦幻、亦时亦空的一系列意象，将馆娃旧址写足。换头承上的吊古之意，道出吴王沉醉而亡国、范蠡独醒而全身的历史教训。“问苍天”以下，则是空际转身之笔，换写吊古之意，兼出身世之感，二者融入青山碧水、乱鸦斜日的景色之中，最后再转一境，呼应开头。

梦窗词的“空际转身”常见于换头处，如《夜合花》(黄钟商，自鹤江入京泊葑门外有感)：

柳暝河桥，莺晴台苑，短策频惹春香。当时夜泊，温柔便入深乡。词韵窄，酒杯长。剪蜡花、壶箭催忙。共追游处，凌波翠陌，连棹横塘。　十年一梦凄凉。似西湖燕去，吴馆巢荒。重来万感，依前唤酒银罂。溪雨急，岸花狂。趁残鸦、飞过苍茫。故人楼上，凭谁指与，芳草斜阳？

此首是泊舟葑门，感怀旧游之作。上片的“词韵窄，酒杯长。剪蜡花、壶箭催忙。

① 沈雄：《古今词话·词品》卷下，《词话丛编》，第849页。

共追游处,凌波翠陌,连棹横塘。"一串景语,颇感滞实,词外之意此时本可接入下意,却偏偏不入,使其在空中荡漾,以形成"转身"的"空际"。过片换头用"十年一梦凄凉"来突接,时间陡转,感情直下,既见词意,又得跌宕之致。

梦窗词还注意抒情主题笼罩下的频转。如《澡兰香》(淮安重午),其下片为想象中的因情设景:"薰风燕乳,暗雨梅黄,午镜澡兰帘幕。"一连串的丽辞密藻造出的是幽美而略带哀愁的意境。接着,趁空转身:"念秦楼、也拟人归,应剪菖蒲自酌",点出欲归不得的主题,然后又是一转:"但怅望、一缕新蟾,随人天角。"在情景交融中作结,深情自现。

周尔墉《周评绝妙好词》云:"于逼塞中见空灵,于浑朴中见勾勒,于刻画中见天然,读梦窗词,当于此着眼。性情能不为词藻所掩,方是梦窗法乳。"梦窗词以其独到的"空际转身"本领,造就"于逼塞中见空灵"的境界,这确实是其词的高明之处。

第七节　芬菲铿丽　玉溪长吉:二论吴文英

陈廷焯云:

> 梦窗在南宋,自推大家。惟千古论梦窗者,多失之诬。尹惟晓云:"求词于吾宋,前有清真,后有梦窗,此非焕之言,四海之公言也。"为此论者,不知置东坡、少游、方回、白石等于何地?①

如果不是在词史上给吴文英定位次,他肯定也是最有特色的词人之一,倘以唐诗相拟,梦窗应最近于玉溪生和李长吉。《四库全书总目》的《梦窗稿提要》云:"词家之有文英,亦如诗家之有李商隐也。"②戈载也说,梦窗"此与清真、梅溪、白石并为词学之正宗,一派真传,特稍变其面目耳。犹之玉溪生之诗,藻采组织,而神韵流传,旨趣永长,未可妄讥其獭祭也"③。冯煦结合词史发展,又引诸论家之说而论吴文英,亦有老杜、义山与清真、梦窗之拟:"梦窗之词丽而则,幽邃而绵密,脉络井井,而卒焉不能得其端倪。尹惟晓比之清真,沈伯时亦谓深得清真之妙,而又病其晦。张叔夏则譬诸七宝楼台,眩人眼目。盖《山中白云》专主清空,与梦窗家数相反,故于诸作中,独赏其《唐多令》之疏快。实则'何处合成愁'一阕,尚非君特本色。《提要》云:'天分不及周邦彦,而研炼之功则过之,词家之有文英,如诗家之有李商隐。'予则谓:商隐学老杜,亦如文英之学清真也。"④虽冯煦之说显见矛盾,但其以唐诗论宋词,将杜甫与李商隐之传,拟之于周邦彦与吴文英,确实是很有道理的。

---

① 陈廷焯著,屈兴国校注:《白雨斋词话足本校注》卷二,第145页。
② 永瑢等:《四库全书总目》卷一九九,第1819页。
③ 戈载:《吴君特词选跋》,《词籍序跋萃编》,第347页。
④ 冯煦:《蒿庵论词》,《介存斋论词杂著·复堂词话·蒿庵论词》,第69页。

一、隽句艳字　使事运典

不满浙西派仅崇姜张的周济，力推梦窗，却仍然说：

况其佳者，天光云影，摇荡绿波；抚玩无斁，追寻已远。君特意思甚感慨，而寄情闲散，使人不易测其中之所有。[①]

“天光云影，摇荡绿波；抚玩无斁，追寻已远”，是既说梦窗词之丽语给人的感性印象，又说其理性意蕴的难知，故又有“使人不易测其中之所有”的补充。而梦窗词之与玉溪、长吉为近，主要表现在字句的绮艳，一如“天光云影，摇荡绿波”，其“寄情闲散”，“不易测其中之所有”，则与用典有关。因此，以梦窗词之似义山诗，当从下面两方面论之。

第一，精于造句，玩索难尽。

读梦窗词，首先给人的印象是字句之工丽。陈廷焯说：

梦窗精于造句，超逸处，则仙骨珊珊，洗脱凡艳；幽索处，则孤怀耿耿，别缔古欢。如《高阳台》（落梅）云：“宫粉雕痕，仙云堕影，无人野水荒湾。古石埋香，金沙销骨连环。南楼不恨吹横笛，恨晓风、千里关山。半飘零，庭上黄昏，月冷阑干。”又云：“细雨归鸿，孤山无限春寒。”《瑞鹤仙》云：“怨柳凄花，似曾相识。西风破屐。林下路，水边石。”《祝英台近》（除夜立春）云：“剪红情，裁绿意，花信上钗股。残日东风，不放岁华去。”又“春日客龟溪游废园”云：“绿暗长亭，归梦趁风絮。”《水龙吟》（惠泉山）云：“艳阳不到青山，淡烟冷翠成秋苑。”《满江红》（淀山湖）云：“对两蛾犹锁，怨绿烟中。秋色未教飞尽雁，夕阳长是坠疏钟。”《点绛唇》（试灯夜初晴）云：“情如水。小楼薰被。春梦笙歌里。”又云：“征衫贮、旧寒一缕，泪湿风帘絮。”《莺啼序》云：“暝堤空、轻把斜阳，总还鸥鹭。”《八声甘州》（游灵崖）云：“箭径酸风射眼，腻水染花腥。”又云：“连呼酒，上琴台去，秋与云平。”俱能超妙入神。[②]

不仅是工丽、典丽，梦窗词还以密丽为特点。况周颐说：“‘心事称吴妆晕红’，七字兼情意、妆束、容色。梦窗密处如此等句，或者后人尚能勉强学到。”[③]又云：“重者，沈著之谓。在气格，不在字句。于梦窗词庶几见之。即其芬菲铿丽之作，中间隽句艳字，莫不有沈挚之思，灏瀚之气，挟之以流转。令人玩索而不能尽，则其中之所存者

---

① 周济：《介存斋论词杂著》，《介存斋论词杂著·复堂词话·蒿庵论词》，第7页。

② 陈廷焯著，屈兴国校注：《白雨斋词话足本校注》卷二，第151–152页。

③ 况周颐：《蕙风词话》卷二，《蕙风词话·广蕙风词话》，第34页。

厚。沈著者,厚之发见乎外者也。欲学梦窗之致密,先学梦窗之沈著。即致密、即沈著。非出乎致密之外,超乎致密之上,别有沈著之一境也。梦窗与苏、辛二公,实殊流而同源。其见为不同,则梦窗致密其外耳。"[①]此处不论其"沈著"与"厚",亦不论其是否与苏辛殊流同源,"芬菲铿丽"的"隽句艳字"层出不穷,自然形成了梦窗词的"密丽"风格。

试看《霜叶飞》(黄钟商,重九):

断烟离绪。关心事,斜阳红隐霜树。半壶秋水荐黄花,香噀西风雨。纵玉勒、轻飞迅羽。凄凉谁吊荒台古?记醉踏南屏,彩扇咽、寒蝉倦梦,不知蛮素。

聊对旧节传杯,尘笺蠹管,断阕经岁慵赋。小蟾斜影转东篱,夜冷残蛩语。早白发、缘愁万缕。惊飙从卷乌纱去。漫细将、茱萸看,但约明年,翠微高处。

此首咏重九,起即点出题前之景,断烟触起离绪,融景于情,"斜阳"句,写秋林如画,"半壶"两句,秋水作雨,黄花噀香,是重九景物,"纵玉勒"两句,言无心登高,突出悲凉之意,"记醉踏"写当年重九登高之乐,醉踏南屏,歌咽彩扇,倦极入梦,竟不知蛮素在侧。换头"聊对"句,无聊应景,而人去经岁,尘封笺,蠹生管,断阕亦为慵赋。"小蟾"两句写夜境,"早白发"两句,是因帽落而见白发。"漫细将"两句,翻用杜诗"明年此时知谁健,醉把茱萸仔细看"之意,似达观而实沈痛。词中断烟、斜阳、霜树、秋水、黄花、西风、寒蝉、小蟾、残蛩、惊飙、茱萸,是自然意象,南屏、东篱、翠微是地理意象,彩扇、蛮素、尘笺、蠹管、乌纱是人文意象,均由众多的隽句艳字构成,而表现感情的仅离绪、凄凉、聊对、缘愁数语而已,虽为"寄慨无尽"的"经意之作"[②],其字句之隽艳却是给人最深的印象。

又如《祝英台近》(除夜立春):

剪红情,裁绿意,花信上钗股。残日东风,不放岁华去。有人添烛西窗,不眠侵晓,笑声转、新年莺语。　　旧尊俎,玉纤曾擘黄柑,柔香系幽素。归梦湖边,还迷镜中路。可怜千点吴霜,寒消不尽,又相对、落梅如雨。

此首写除夜立春之所感怀。首三句点明立春,"残日"两句为除夜,"有人"三句写他人此时之乐。下片转到自己,"旧尊俎"三句忆过去立春情事,因伊人纤手曾擘黄柑,故有柔香系幽素之说,"归梦"两句言欲归而不得,"镜中路"即湖上归路,因湖水似镜。歇拍从眼前写垂老逢春之意绪,"千点吴霜"可为实景,又可指白发,"寒消不尽"遥接除夜,"落梅"与春讯相应,且全首字非空设,却仍意象密丽。《古今词统》以"愁心

① 况周颐:《蕙风词话》卷二,《蕙风词话·广蕙风词话》,第34页。
② 俞陛云:《唐五代两宋词选释》,第518页。

什一，艳心什九”[①]二语评之。陈廷焯则谓：“梦窗词不必以绮丽见长，然其一、二绮丽处，正不可及。”[②]

第二，绮罗香泽，长于用典。

梦窗之似玉溪，又见于二人皆善写爱情，且痴情深语，温馨绮丽，极善用典。先说梦窗情词的温而丽，如《风入松》：

> 听风听雨过清明。愁草瘗花铭。楼前绿暗分携路，一丝柳、一寸柔情。料峭春寒中酒，交加晓梦啼莺。　西园日日扫林亭。依旧赏新晴。黄蜂频扑秋千索，有当时、纤手香凝。惆怅双鸳不到，幽阶一夜苔生。

此为西园怀人之作，陈洵以为亦是思去妾。谭献《谭评词辨》评之曰：“此是梦窗极经意词，有五季遗响。‘黄蜂’二句，是痴语，是深语。结处见温厚。”[③]许昂霄说：“《风入松》‘愁草瘗花铭’琢句险丽。‘惆怅双鸳不到，幽阶一夜苔生’此则渐近自然矣。结句亦从古诗‘全由履迹少，并欲上阶生’化出。古诗又有‘春苔封履迹’之句。”[④]陈洵分析其词句用心，有云：“‘扫林亭’，犹望其还，赏则无聊消遣。见秋千而思纤手，因蜂扑而念香凝，纯是痴望神理。‘双鸳不到’，犹望其到，‘一夜苔生’，踪迹全无，则惟日日惆怅而已。当味其词意酝酿处，不徒声容之美。”[⑤]俞陛云尤赏其结处“幽阶”六字，谓之“在神光离合之间，非特情致绵邈，且馀音袅袅也”[⑥]。

又如《齐天乐》：

> 烟波桃叶西陵路，十年断魂潮尾。古柳重攀，轻鸥聚别，陈迹危亭独倚。凉飔乍起。渺烟碛飞帆，暮山横翠。但有江花，共临秋镜照憔悴。　华堂烛暗送客，眼波回盼处，芳艳流水。素骨凝冰，柔葱蘸雪，犹忆分瓜深意。清尊未洗。梦不湿行云，漫沾残泪。可惜秋宵，乱蛩疏雨里。

刘永济深究“十年”二字而论道：“梦窗追忆旧游之词，多提到十年前事。《夜合花》既有‘十年一梦凄凉’之句，《思佳客》(癸卯除夜)词又有‘十年旧梦’之语。据夏承焘考《吴梦窗系年》，梦窗于绍定五年壬辰为苏州仓台幕僚，至淳佑四年甲辰冬始去吴寓越，在吴共十年左右。梦窗在苏州与其妾同居即在此十年内，此其词中所以屡提十年

---

① 卓人月、徐士俊辑：《古今词统》卷一一，《续修四库全书》集部第1729册，第31页。
② 陈廷焯：《词则·大雅集》卷三，第116页。
③ 谭献：《谭评词辨》，黄苏、周济、谭献选评《清人选评词集三种》，第164页。
④ 许昂霄：《词综偶评》，《词话丛编》，第1562页。
⑤ 陈洵：《海绡说词》，《词话丛编》，第4845页。
⑥ 俞陛云：《唐五代两宋词选释》，第480页。

之故。"[1]俞陛云言其大概:"人当旧地重过,每生惆怅。况十年往事,潮上心头,古柳危亭,处处皆怀陈迹。以下若即咏怀人,便少回旋之地。'凉飔'五句从空际著笔,写临江风景,所谓情景两得也。下阕追忆别时,临歧千万语,只赢得青眸回盼。偶忆分瓜往事,细细写来,见馀情之犹恋。后幅梦魂不到,清醑慵斟,但闻夜雨蛩声,洒一襟残泪耳。哀而不伤,自成雅调。"[2]此词的总体印象,当如陈廷焯所说:"遣词大雅,一片绮罗香泽之态。"[3]陈洵又指出:

"眼波回盼",是将去时之客。"素骨凝冰,柔葱蘸雪",是未去时之客。"犹忆分瓜深意",别后始觉不祥,极幽抑怨断之致,岂其人於此时已有去志乎。"清尊未洗",此愁酒不能消。"凉飔"句是领下,此句是煞上。"行云"句著一"湿"字,藏行雨在内。言朝来相思,至暮无梦也。梦窗运典隐僻,如诗家之玉溪,"乱蛩疏雨",所谓"漫沾残泪"。[4]

刘永济更详言其使事运典:

首句"桃叶"、"西陵",皆指旧欢之人之地。"桃叶"本王献之妾,王为之作《桃叶歌》"桃叶复桃叶,渡江不用楫"。"西陵"则用《苏小小歌》:"妾乘油壁车,郎跃青骢马。何处结同心,西陵松柏下。"…… "烛暗送客",用《史记·淳于髡传》:"堂上烛灭,主人留髡而送客。"梦窗以淳于髡自比,客则同游宴之友也……陈洵说此词,"送客"为送去妾,非也。"眼波"二句正写留髡之人之美。"素骨"三句,又即此人剖瓜同吃之事。与周邦彦《少年游》词:"纤手破新橙"同是写小小情节以点染一时情趣之语。[5]

再如《澡兰香》(林钟羽,淮安重午):

盘丝系腕,巧篆垂簪,玉隐绀纱睡觉。银瓶露井,彩箑云窗,往事少年依约。为当时、曾写榴裙,伤心红绡褪萼。黍梦光阴渐老,汀洲烟蒻。　莫唱江南古调,怨抑难招,楚江沈魄。薰风燕乳,暗雨梅黄,午镜澡兰帘幕。念秦楼、也拟人归,应剪菖蒲自酌。但怅望、一缕新蟾,随人天角。

---

① 刘永济:《微睇室说词》,第103页。
② 俞陛云:《唐五代两宋词选释》,第493页。
③ 陈廷焯:《词则·闲情集》卷二,第920页。
④ 陈洵:《海绡说词》,《词话丛编》,第4847页。
⑤ 刘永济:《微睇室说词》,第103页。

《词洁辑评》以之："笔端幽艳，如古锦烂然。"[①]陈洵云：

此怀归之赋也。起五句全叙往事，至第六句点出写裙，是睡中事。"榴"字融人事入风景，"褪萼"见人事都非，却以风景不殊作结。后片纯是空中设景，主意在"念秦楼也拟人归"一句。"归"字紧与"招"字相应，言家人望已归，如宋玉之招屈原也。既欲归不得，故曰"难招"，曰"莫唱"，曰"但怅望"，则"也拟"亦徒然耳。击首则尾应，击尾则首应，击中间则首尾皆应，阵势奇变极矣。金针度人，全在数虚字。屈原事，不过借古以陈今。"薰风"三句，是家中节物。秦楼倒影，秦楼用弄玉事，谓家所在。[②]

刘永济结合事典及风俗出处，言其词意甚详甚确：

"盘丝"，《荆楚岁时记》："五月五日以五彩丝系臂名辟兵，一名长命缕。""巧篆"，《抱朴子》："午日朱书赤灵符著心前以辟兵疫百病。"今日"垂簪"，则是戴之头上也。"玉隐"句言玉肌之人睡于绀色纱帐中也。此三句皆指当年旧事。"银屏"二句言唐、宋时风俗。李贺《五月乐词》有"井汲铅华水，扇织鸳鸯纹"，即其事。"为当时"二句今昔之感，上句昔日之事，下句今日之情。"榴裙"，切午日，苏轼有"石榴半吐红巾蹙"句，以榴花比红巾，此则以比红裙。"写榴裙"暗用王献之书羊欣裙事，是古人有书裙之习。"红绡褪萼"即就榴花说。曰"伤心"者，伤其"褪萼"也。过拍又从已亦老去，觉往事如一梦也。《枕中记》谓吕翁予卢生枕，梦中历尽一生荣辱而醒，翁方炊黄粱未熟也。"黍梦"用此。换头用招屈故事切重午。"江南古调，"《楚辞·招魂》有"魂兮归来哀江南"句也。"熏风"二句为今日重午景物。"澡兰"用《大戴礼》"五月五日，蓄兰沐浴"事。"念秦楼"二句不言己之怀归，而以家人望己归说，己怀归之情自见。"剪菖蒲"酌酒，亦重午故事。《荆楚岁时记》谓端午以菖蒲一寸九节者泛酒饮之，辟瘟气。歇拍三句，已未能归，"但怅望、一缕新蟾，随人天角"而已。此以景结而情在其中也。[③]

二、仙思鬼境　即事寄兴

杜牧论李贺诗有云："……瓦棺篆鼎，不足为其古也；时花美女，不足为其色也；荒国陊殿，梗莽邱垄，不足为其恨怨悲愁也；鲸呿鳌掷，牛鬼蛇神，不足为其虚荒诞幻也。"[④]吴文英词虽非如此，却也有相近之处。而李商隐则除了善写爱情的深婉缠绵

---

① 先著、程洪：《词洁辑评》卷五，《词话丛编》，第1368页。
② 陈洵：《海绡说词》，《词话丛编》，第4843页。
③ 刘永济：《微睇室说词》，第96–97页。
④ 杜牧：《李贺集序》，杜牧著，陈允吉校点《樊川文集》卷十，第149页。

外,其著名的无题诗又颇多言外的寄托,梦窗词在以词寄意这一点上也近之。故论梦窗词之似义山、长吉,又可从以下两点论之。

第一,真幻交织,仙思鬼境。

陈廷焯论词重沈郁,尚雅调,特拈出梦窗俚词,以为不雅,但却道出梦窗"用意造句,仙思鬼境,两穷其妙",而这正是李贺的特点,陈廷焯云:

梦窗《赋女髑髅》(调《思佳客》)云:"钗燕拢云睡起时。隔墙折得杏花枝。青春半面妆如画,细雨三更花欲飞。情轻爱别旧相知。断肠青冢几斜晖。乱红一任风吹起,结习空时不点衣。"又《题华山女道士扇》(调《蝶恋花》)云:"北斗秋横云髻影。莺羽衣轻,腰减青丝剩(俗字俗句)。一曲游山闻玉磬,月华深处人初定。十二阑干和笑凭。风露生寒,人在莲花顶。睡重不知残酒醒。层城几度啼鸦暝。"又《题藕花洲尼扇》(调《醉落魄》)云:"春温红玉,纤衣学剪娇鸦绿。夜香烧短银屏烛。偷掷金钱,重把寸心卜。(此三句亦平常浅俗,意虽非恶劣,究属疲庸,不谓梦窗蹈之。)翠深不碍鸳鸯宿。《采菱》谁记当时曲。青山南畔红云北。一叶波心,明灭淡妆束。"此类命题,皆不大雅。金应珪抉词中三蔽,似此亦在俚词之列,故为皋文所不取。然用意造句,仙思鬼境,两穷其妙。余录入《闲情集》中,不忍没古人之美也。①

兹举梦窗"仙思鬼境"一例。《浣溪沙》:

门隔花深梦旧游。夕阳无语燕归愁。玉纤香动小帘钩。　落絮无声春堕泪,行云有影月含羞。东风临夜冷于秋。

此词写梦,再回到现实,意象极其凄美。陈洵云:

"梦"字点出所见,惟夕阳归燕。"玉纤香动",则可闻而不可见矣。是真是幻,传神阿堵,门隔花深故也。"春堕泪"为怀人,"月含羞"因隔面,义兼比兴。东风临夜,回睇夕阳,俯仰之间,已为陈迹,即一梦亦有变迁矣。"秋"字不是虚拟,有事实在,即起句之旧游也。秋去春来,又换一番世界,一"冷"字可思。此篇全从张子澄"别梦依依到谢家"一诗化出,须看其游思缥缈,缠绵往复处。②

再如"斗草溪根,沙印小莲步"(《祝英台近》),"黄蜂频扑秋千索,有当时、纤手香凝"(《风入松》),"离骨渐尘桥下水,到头难灭景中情"(《定风波》),"时靸双鸳响,廊叶

① 陈廷焯注,屈兴国校注:《白雨斋词话足本校注》卷二,第156页。
② 陈洵:《海绡说词》,《词话丛编》,第4849页。

秋声”(《八声甘州》)等，都属于“用意造句，仙思鬼境，两穷其妙”一类。

第二，言外寄慨，出之温婉。

李商隐诗，常有如纪文达所说的“感事托讽，运意深曲”①，沈德潜认为之所以如此，是因为“义山近体，襞绩重重，长于讽喻。中多借题摅抱，遭时之变，不得不隐也。”②梦窗词之似于义山诗，亦在于言外寄慨，却出之温婉。如《金缕歌》(陪履斋先生沧浪看梅)：

乔木生云气。访中兴、英雄陈迹，暗追前事。战舰东风铿借便，梦断神州故里。旋小筑、吴宫闲地。华表月明归夜鹤，叹当时、花竹今如此。枝上露，溅清泪。　遨头小簇行春队。步苍苔、寻幽别坞，问梅开未。重唱梅边新度曲，催发寒梢冻蕊。此心与、东君同意。后不如今今非昔，两无言、相对沧浪水。怀此恨，寄残醉。

刘永济言其创作背景：“……南宋自理宗赵昀端平元年约元兵灭金后，复背约出兵北伐，连年为元兵所侵，国势日绌。吴潜主和主守而朝廷不省，卒以致亡。”③“追忆‘英雄陈迹’，言当年尚可图恢复，今则国力日衰矣，恐后必更不如今也。言外有惜履斋和守之计不行，国家有危亡之惧意。此时此际，一念及此，但与履斋相对无言，但观沧浪之水，发思古之情而已。”④陈洵论其作意云：

“此心与、东君同意”，能将履斋忠款道出。是时边事日亟，将无韩、岳，国脉微弱，又非昔时。履斋意主和守，而屡疏不省，卒致败亡。则所谓“后不如今今非昔，两无言、相对沧浪水。怀此恨、寄残醉”也。言外寄慨，学者须理会此旨。前阕沧浪起，看梅结。后阕看梅起，沧浪结。章法一丝不走。⑤

陈廷焯则在比较中肯定其温婉：“激烈语，偏写得温婉。若文及翁之‘借问孤山林处士，但掉头，笑指梅花蕊。天下事，可知矣’不免有张眉怒目之态。”⑥

又如《高阳台》(丰乐楼分韵得如字)：

修竹凝妆，垂杨驻马，凭阑浅画成图。山色谁题，楼前有雁斜书。东风紧送斜阳下，弄旧寒、晚酒醒馀。自销凝，能几花前，顿老相如。　伤春不在高楼

---

① 朱庭珍：《筱园诗话》卷一，郭绍虞编选，富寿荪校点《清诗话续编》，第2348页。
② 沈德潜：《说诗晬语》卷上，《原诗·一瓢诗话·说诗晬语》，第217页。
③ 刘永济：《微睇室说词》，第24页。
④ 刘永济：《微睇室说词》，第25页。
⑤ 陈洵：《海绡说词》，《词话丛编》，第4852页。
⑥ 陈廷焯：《词则·大雅集》卷三，第123页。

上,在灯前欹枕,雨外熏炉。怕舣游船,临流可奈清臞。飞红若到西湖底,搅翠澜、总是愁鱼。莫重来,吹尽香绵,泪满平芜。

陈洵作了逐句托意的笺释:

> "浅画成图",半壁偏安也。"山色谁题",无与托国者。"东风紧送",则危急极矣。"凝妆""驻马",依然欢会。酒醒人老,偏念旧寒,灯前雨外,不禁伤春矣。"愁鱼",殃及池鱼之意。"泪满平芜",则城邑丘墟,高楼何有焉。故曰"伤春不在高楼上",是吴词之极沉痛者。[①]

刘永济虽以为句句比附以求不妥,却仍认为:

> 此词写登高眺远,感今伤昔,满腔悲慨。作者触景而生之情,绝非专为一己,盖有身世之感焉。以身言则美人迟暮也,以世言则国势日危也。大有"举目有河山之异"之叹。[②]

再如前引的《三姝媚》(过都城旧居有感),陈洵《海绡说词》以之为"过旧居,思故国也"。"此盖觉翁晚年之作,读草窗'与君共承平年少',及玉田'独怜水楼赋笔,有斜阳还怕登临',可与知此词"。[③]而刘永济《微睇室说词》则说:"今细读此词,确有感于昔盛今衰,但未必是国亡后作。考南宋当理、度二宗之时,外患日深,国力日弱,而贾似道一味蒙蔽,以败为捷,虽朝廷信之,有志之士固已有国亡无日之惧。梦窗素怀忧国之心,前录数词可见,然而无权无位,徒托空言,其一种苦闷之况,不难想见。加以曾客贵盛之门,久预宴游之乐,今当暮年,遇此危乱,其伤感年岁,怀念旧游,自非止一身之事,固无疑问。至文人抒情,术亦多门,有时即一小景物、小事件,而包蕴甚广。此词题曰'过都城旧居有感',盖亦即小事而发兴。旧来里曲,景象全非,此际都城,凋敝何如,故不必指实国亡,而亡国之惧,固已充满字里行间矣。"[④]"旧日游乐之地,转瞬荒凉,则今日都城,亦远非昔时繁盛可知。因小见大,国事日非,兵祸连结,御侮无人,危亡可念,俱在其中矣。但此意只可从言外得之,不可一一指为托词。"[⑤]虽作期难定,寄意难断,但"即小事而发兴",言外有寄,身世之感与家国之慨合为一体,当是玉溪长技。

以上两点之外,又如玉溪之长于律诗,梦窗词对格律的推敲亦为人所称道。此处

---

① 陈洵:《海绡说词》,《词话丛编》,第4851页。
② 刘永济:《微睇室说词》,第30页。
③ 陈洵:《海绡说词》,《词话丛编》,第4856页。
④ 刘永济:《微睇室说词》,第31页。
⑤ 刘永济:《微睇室说词》,第32页。

仅举万树《词律》论梦窗的《惜黄花慢》"送客吴皋"一例:"梦窗词,七宝楼台,拆下不成片段,然其用字精审处,严确可爱。如此调有二首,其所用正、试、夜、望、背、渐、翠、念、瘦、旧、系、凤、怅、送、醉、载、素、梦、翠。怨、料诸去声字,两篇皆相合。律吕之学,必有不可假借如此。"①梦窗词之精审守律可知。

郑骞《成府谈词》曾论吴文英出现的必然性:"梦窗词为倚声变调,梦窗以前,未有如是雕琢者。凡一种文体至极盛将衰之时,多以雕镂刻画为工。词至南宋末年,已渐老熟,正合有此一格,以结三百馀年之局。"②梦窗是南宋词发展至"精能"的主要代表,其词字句藻绘富艳,格律精工,写人情物态穷极工巧,长于比、深于兴,用典博丽,使事僻远,皆为继承、发展清真之处,且为此前所难到;但是,其长处可见,缺点也毋庸讳言:因为"潜气"会转于晦涩,绵密易入于堆垛;藻绘太甚反而淹没了真情;对字句研炼太过,难免有刻削之弊;由于内容的限制,更有文秀质羸之感,而成为"狭而深"的典型。"篇篇长吉,阅者生厌;篇篇梦窗,亦难悦目"③。生活面小、题材狭窄,确实带来了致命的弊病,使之无法与苏、辛并驾,亦如长吉、玉溪,可为诗中一格,却难以与李杜相并。虽历来为梦窗词辩护者不少,晚清时更是学之成风,然而平心而论,以词之倚声而作,藉歌女之口传唱,自应是主声、主情,以明快易懂为宜,梦窗虽知音识律,非不知此理,却因烹炼研磨太甚,以致形成非止是因声而听的障碍,甚而是以目阅读的困难,张炎所讥并非无由。况周颐认为:"近人学梦窗,辄从密处入手。梦窗密处,能令无数丽字,一一生动飞舞,如万花为春,非若雕璚蹙绣,毫无生气也。如何能运动无数丽字?恃聪明,尤恃魄力。如何能有魄力?唯厚乃有魄力。梦窗密处易学,厚处难学。"④而实际上梦窗确实是厚处难学,而学之则常落雕琢之病,这应与梦窗词自身所具之病有关。周曾锦说:"白石道人《诗说》有云,雕琢伤气。予谓非第说诗而已,惟词亦然。梦窗诸公,恐正不免此。"⑤又云:"玉田于梦窗颇致不满,不但'七宝楼台'之喻而已。梦窗'何处合成愁'一阕,在梦窗为别调,而玉田亟称之,他词不如是也。以此取梦窗,则其所不取者可知矣。平心论之,梦窗雕琢太过,致多晦涩,实是一病,固不必曲为之讳也。"⑥此说应是公允的看法。

附吴文英所创词调:

自度曲	西子妆慢	江南春	梦芙蓉	高山流水
	霜 花 腴	澡兰香	玉京秋	凤池吟
	惜 秋 华	瑶华	花上月令	古香慢
其他	探芳新（采旧曲作新声）	秋思（采自琴曲）	暗香疏影（合二调为一调）	

① 万树:《词律》卷十,第249页。
② 郑骞:《成府谈词》,《词学》第十辑,第155页。
③ 孙麟趾:《词径》,《词话丛编》,第2553页。
④ 况周颐:《蕙风词话》卷二,《蕙风词话·广蕙风词话》,第33页。
⑤ 周曾锦:《卧庐词话》,《词话丛编》,第4653页。
⑥ 周曾锦:《卧庐词话》,《词话丛编》,第4651页。

第八节　其他风雅派词人

南宋的风雅词派并非严格意义的词派，而是因注重守律，多有创调，字句工巧，善于锤炼，风格典雅，偏于婉约，而将其归于一起，严格说来，其间还是有差别的。若以"三大导师"分别统领，确可以看到近于姜夔、史达祖或吴文英的不同流派，且又有远学周邦彦的一派。但其间的归属，又很难划分，历代论家所见亦不同，因此，笔者只能从较为显著的区别中划出史达祖一派，和学周邦彦的一派，其馀则难以指实究竟是白石还是梦窗派了。

一、赵长卿与张镃

在姜夔之前，风雅词派已萌芽，赵长卿与张镃是其中代表。

赵长卿(生卒年不详)，自号仙源居士，宗室。高宗、孝宗间在世，南渡后居南丰(今属江西)。有《仙源居士乐府》三卷。

毛晋《惜香乐府跋》说赵长卿"不栖志纷华，独安心风雅，每遇花间莺外，辄觞咏自娱"[①]，而《四库全书总目》认为："其词往往瑕瑜互见……然长卿恬于进取，觞咏自娱，随意成吟，多得淡远萧疏之致。"[②]其实赵长卿的词不仅瑕瑜互见，而且是雅俗兼备，俗者甚俗，插科打诨，与黄庭坚的俗词为近，只因为有一定数量的雅词，又与当时居于主流的豪放派、或后南渡词不同，故置于此处论之。

赵长卿之词按四季排列，此处录其春景：《水龙吟》(酴醾)：

> 韶华迤逦三春暮。飞尽繁红无数。多情为与，牡丹长约，年年为主。晓露凝香，柔条千缕，轻盈清素。最堪怜，玉质冰肌婀娜，江梅谩休争妒。　翠蔓扶疏隐映，似碧纱笼罩，越溪游女。从前爱惜娇姿，终日愁风怕雨。夜月一帘，小楼魂断，有思量处。恐因循易嫁，东风烂熳，暗随春去。

春日百花，酴醾开在最后，此词开头谓"韶华迤逦三春暮"，最后仍落于"东风烂熳，暗随春去"，全首铺写此花，多作拟人之笔，语言清丽晓畅。

《念奴娇》(梅影)一首紧扣"梅"与"影"二字，颇有新意：

> 银蟾光满，弄馀辉、冷浸江梅无力。缓引柔条浮素蕊，横在闲窗虚壁。染纸挥毫，粉涂墨晕，不似今端的。天然造化，别是一般，清瘦踪迹。　今夜翠葆堂深，梦回风定，因月才相识。先自离愁，那更被、晓角残更催逼。曙色将分，轻阴

① 毛晋：《惜香乐府跋》，《词籍序跋萃编》，第167页。
② 永瑢等：《四库全书总目》卷一九九，第1820页。

移尽，过眼难寻觅。江南图上，画工应为描得。

词中展现了月下的江梅形象，“冷浸”写梅之浴于月光下，而梅则“缓引柔条浮素蕊”，呈现动态的生命，“横在闲窗虚壁”使“影”字得出，以下转为画梅，“清瘦”二字甚得梅之精神。换头宕开复绕回，仍与月相应，再谓夜晚将过，月亮的轻阴移尽后，梅影终将难寻，只能在画上留得梅花的倩影。此词幽情雅致，意境清寒，与后出的风雅派咏物词为近。

《阮郎归》（咏春）为春日怀人、忆念旧情之作：

和风暖日小层楼。人闲春事幽。杏花深处一声鸠。花飞水自流。　　寻旧梦，续扬州。眉山相对愁。忆曾和泪送行舟。清江古渡头。

词由室内写至室外，室内人闲，室外春幽，不接写人事，而写春日小景，“一声鸠”与花飞水流，使画面有声有色，由静而动。下片转为“春事”而寻扬州旧梦，披露过去的一段隐情，仍是一为室内、一为户外的场景。此词情为主、景为次，却相得益彰，不着力选声刷色，语言与意境均清幽淡雅。

再录其《阮郎归》（客中见梅）：

年年为客遍天涯。梦迟归路赊。无端星月浸窗纱。一枝寒影斜。　　肠未断，鬓先华。新来瘦转加。角声吹彻小梅花。夜长人忆家。

词中先写自己年年为客在外，归路迢遥，而此刻在客中，却不其然而见到因星月交辉，而在窗户上留下了一枝梅花的影子。过片换意而转写人，因年年天涯，客愁交加，故云“肠未断，鬓先华”，如今更是憔悴消瘦。写至此，回头应题写梅，却是“角声吹彻小梅花”，最后仍落于自己的思家之情。此词清俊幽雅，蕴意深细，很耐人品味。

张镃（1153—1211），字功甫，又字时可，号约斋，先世凤翔人，后居临安（今浙江杭州）。张俊曾孙。孝宗隆兴二年（1164）为大理司直，淳熙五年（1178）直秘阁，通判婺州，宁宗庆元元年（1195）为司农寺主簿，开禧三年（1207）为司农少卿，坐事被除名，象州编管。有《南湖集》、《玉照堂词》，均佚。有后人辑本《南湖集》十卷，第十卷为词，其单行者名《南湖诗馀》。

《满庭芳》（促织儿）是张镃的代表作：

月洗高梧，露溥幽草，宝钗楼外秋深。土花沿翠，萤火坠墙阴。静听寒声断续，微韵转、凄咽悲沉。争求侣，殷勤劝织，促破晓机心。　　儿时，曾记得，呼灯灌穴，敛步随音。任满身花影，犹自追寻。携向华堂戏斗，亭台小、笼巧妆金。今休说，从渠床下，凉夜伴孤吟。

此词先写景：秋夜月色明媚，露水凝聚，梧桐高耸，幽草丛生，楼台外已是秋深，苔藓沿着墙根伸展，萤火虫飘落在墙阴，而就在墙根处，传出了蟋蟀的鸣声，它断断续续，声调微转，在人听来好像是寒声阵阵，凄凉又悲沉。蟋蟀的鸣声似志在求侣，又因蟋蟀别名促织，民谚称"促织鸣，懒妇惊"，故谓"殷勤劝织，促破晓机心"。下片转为回忆：小时在夜间抓蟋蟀，常是随着它的叫声轻轻的跟着，一旦发现钻入了洞内，就用水灌，拿灯照，任凭满身的花影，非要追寻到不可。等抓到了，就把它关在极精美的笼中，带到华丽的厅堂中相斗。现在年华渐去，儿时的乐趣已不可寻，只有让蟋蟀在床下与我相伴，在秋凉之夜，听它孤吟。此词上片写秋天月夜听蟋蟀声的体会，下片写幼时抓蟋蟀、斗蟋蟀情形，从现在的孤独情怀表现今昔之感。童趣的不可追寻，正如人生的秋天之感受油然而生。可见作者虽以懂得生活知名，周密《武林旧事》载有他所拟的一年十二个月的游赏，即《张约斋赏心乐事》，但正如"旧游无处不堪寻。无寻处，惟有少年心"（章良能《小重山》）一样，蟋蟀惊心，所惊在于生命的流逝，富贵者也并不例外。贺裳联系众作而论道："《稗史》称韩幹画马，人入其斋，见幹身作马形，凝思之极，理或然也。作诗文亦必如此始工。如史邦卿咏燕，几于形神俱似矣。次则姜白石咏蟋蟀：'露湿铜铺，苔侵石井，都是曾听伊处。哀音似诉。正思妇无眠，起寻机杼。'又云：'西窗又吹暗雨。为谁频断续，相和砧杵。'数语刻画亦工。蟋蟀无可言，而言听蟋蟀者，正姚铉所谓赋水不当仅言水，而言水之前后左右也。然尚不如张功甫'月洗高梧……'不惟曼声胜其高调，兼形容处心细如丝发，皆姜词之所未发……"[①]许昂霄以之"响逸调远"[②]，郑文焯校本《白石道人歌曲》则云："功父《满庭芳》咏蟋蟀儿，清隽幽美，实擅词家能事，有观止之叹。白石别构一格，下阕寄托遥深，亦足千古矣。"

《昭君怨》（园池夜泛）是一首近于现代诗歌又具流行歌曲风味的词：

> 月在碧虚中住。人向乱荷中去。花气杂风凉。满船香。　云被歌声摇动。酒被诗情掇送。醉里卧花心。拥红衾。

据周密《齐东野语》载，张镃家中园池、声妓、服玩之丽甲于天下，可见其写园池之游，自与依傍富贵的清客体会不同。此词开头两句一写月、一写人，月住碧虚，人向荷中，荷花用一"乱"字，足状其高低错落，再写风送花气所带来的芳香，可见因"夜泛"而将感官移至嗅觉一侧。"云被歌声摇动"暗用秦青唱歌声遏行云之典，亦可见其声妓之盛不是虚语，"酒被诗情掇送"则见诗情酒趣互相生发，而结于醉卧花心、美人相拥之中。全词将园池、声妓的富贵者声色享受，写成了诗情画意的场面，确是很高明的化俗为雅。

《菩萨蛮》（芭蕉）是一首较为独特的咏物词：

① 贺裳：《皱水轩词筌》，《词话丛编》，第704页。

② 许昂霄：《词综偶评》，《词话丛编》，第1557页。

风流不把花为主。多情管定烟和雨。潇洒绿衣长。满身无限凉。 文笺舒卷处。似索题诗句。莫凭小阑干。月明生夜寒。

此首起句即写出芭蕉不以开花见赏于人的独特处,次句继之:较之于因烟而失色、因雨而凋零的其他花卉,芭蕉却能"管定"烟雨,似对之情有独钟,而烟雨给它带来的也是一身潇洒的绿衣,通体的凉意。下片移情于芭蕉,却出以芭蕉之向人:绿叶舒卷似乎是铺开的文笺,像要向我索题诗句,而面对这纷披的绿叶,词人告以自己别再闲凭阑干,还是回到屋中,以免受寒。是有愧于芭蕉、无以相对呢?还是什么其他原因?这就给读者留下了想象的馀地。此词在宋人咏物词中是很独特的一首,虽寄托情思,却出之朦胧,而所塑造的形象,却分明是一位高洁的雅士文人,而不是美丽娇柔的女性。

再录一首咏物词《念奴娇》(宜雨亭咏千叶海棠):

绿云影里,把明霞织就,千重文绣。紫腻红妖扶不起,好是未开时候。半怯春寒,半便晴色,养得胭脂透。小亭人静,嫩莺啼破清昼。 犹记携手芳阴,一枝斜戴,娇艳波双秀。小语轻怜花总见,争得似花长久。醉浅休归,夜深同睡,明日还相守。免教春去,断肠空叹诗瘦。

起三句总写海棠,绿云、明霞分喻叶和花,千重文绣与千叶海棠相应。"紫腻"二句写海棠花有深浅,而最好就是未开之时。以下说,在半寒半晴的天气里,此花逐渐艳如胭脂,欲开未开,是最美丽的时候。上结一转一收,为下片作好了过渡。下片逆入写当年与情人在花下携手同游,含情脉脉,小语轻怜,以花为证,希望爱情长久。可如今带着浅醉,独自赏花,于是有"醉浅休归,夜深同睡,明日还相守"的深情,最后点明爱花是惜春之意。由于海棠是自己爱情的见证,爱花、惜花何以不是因人而致?作者不说明此意,很能耐人寻味,词也写得秀逸清丽。

再看其《柳梢青》(秋日感兴):

烟淡波平。蓬松岸蓼,红浅红深。满院西风,连宵良月,几处清砧。 区区宦海浮沉。幸隐去、将酬素心。两鬓吴霜,一屏秦梦,谁是知音。

此词上片写景,由远入近,亦空亦时,有色有声。下片明点出宦海浮沉之感,"区区"二字可见对为宦的鄙夷和无奈,自幸终能够隐去,而所以为"幸",因为这是自己的夙愿素心,可如今两鬓飞霜,所历如梦,交游虽广,却不知谁是知音。作者虽是功臣之后,却也有坐事落职之时,此词当因此而作。题为秋日感兴,上片秋景的满院西风、连宵明月,自然由人所共有的悲秋而引发下片的感兴,虽有"幸"与"素心"之语,而最后三句却转为沉痛。此词用笔清丽,抒情含蓄,风格明净,是清新典雅之作。

张镃虽非赵长卿那样的颇多俗词，却也有俚俗有趣之作。录其《临江仙》：

余年三十二，岁在甲辰。尝画七圈于纸，揭之坐右，每圈横界作十眼，岁涂其一。今已过五十有二，怅然增感，戏题此词。

七个圈儿为岁数，年年用墨糊涂。一圈又剩半圈馀。看看云蔽月，三际等空虚。　纵使古稀真个得，后来争免呜呼。肯闲何必更悬车。非关轻利禄，自是没工夫。

可见，在姜夔、史达祖之前，这些近于风雅派的词人所作，也与黄庭坚、秦观颇为相似，他们实是过渡性的词人。

二、高观国与卢祖皋

在风雅派出现并确立起他们的创作特色后，也有了自己的追随者。显然属于史达祖一派的是高观国与卢祖皋。

高观国，字宾王，山阴(今浙江绍兴)人，与陈造、史达祖、苏泂友善。有《竹屋词》一卷。

陈造云："高竹屋与史梅溪皆周、秦之词，所作要是不经人道语。其妙处，少游、美成亦未及也。"[①] 张炎《词源序》以之与姜、史、吴三大家相并，虽未免过誉，但由于与史达祖为社友，唱和颇多，趣味相投，实可视作史达祖一派。

竹屋《齐天乐》(中秋夜怀梅溪)一首，很可见与史达祖的交谊：

晚云知有关山念，澄霄卷开清霁。素景分中，冰盘正溢，何啻婵娟千里。危栏静倚。正玉管吹凉，翠觞留醉。记约清吟，锦袍初唤醉魂起。　孤光天地共影，浩歌谁与舞，凄凉风味。古驿烟寒，幽垣梦冷，应念秦楼十二。归心对此。想斗插天南，雁横辽水。试问姮娥，有谁能为寄。

张宗橚《词林纪事》引姜白石云："徘徊宛转，交情如见。"[②]此词很可见竹屋善于琢句、精于锤炼的特点，尤其四字对句甚工，但晚清民初因学梦窗成风，对此并不欣赏。况周颐以之勾勒而失之薄："宋人词亦有疵病，断不可学。高竹屋《中秋夜怀梅溪》云：'古驿烟寒，幽垣梦冷，应念秦楼十二。'此等句钩勒太露，便失之薄。张玉田《水龙吟》(寄袁竹初)云：'待相逢说与相思，想亦在、相思里。'尤空滑粗率，并不如高句，字面稍能蕴藉。"[③]况周颐以倡"重拙大"著名，自是对"薄"不满，然而以张炎词名之高，况周颐

① 毛晋：《竹屋痴语跋》引，《词籍序跋萃编》，第268页。
② 张宗橚：《词林纪事》卷一二，张宗橚编，杨宝霖补正《词林纪事・词林纪事补正》，第746页。
③ 况周颐：《蕙风词话》卷二，《蕙风词话・广蕙风词话》，第29页。

尚摘其句而以之"空滑粗率",以为不及竹屋"字面稍能蕴藉",评价也就不低了。吴世昌《词林新话》以之与梅溪相比,曰:

> 竹屋《中秋夜怀梅溪》云:"古驿烟寒,幽垣梦冷,应念秦楼十二。"此句犹梅溪"向来萧鼓处,犹见柳婆娑"也。惟"应念"一句太拙直,令人皱眉。[①]

仍可见况周颐的影响。不过俞陛云却对高观国评价甚高,他不仅就此词而谓"竹屋词非特措语精粹,诵此调令人增友谊之重。"且称道其他词中的警句,认为其《金人捧露盘》"新愁万斛,为春愁,却怕春知",《祝英台近》"惊愁搅梦,更不管,庾郎心碎","皆称警句"[②]。

高观国系心国家大事,有《酹江月》(灵岩吊古)、《思佳客》(题太真出浴图)等词。其《雨中花·旆拂西风》,虽无题序,但由于史达祖作有《龙吟曲》,题为"陪节欲行留别社友",是为陪使臣至金而作,二词互参,此词当系为史达祖使金而作。词云:

> 旆拂西风,客应星汉,行参玉节征鞍。缓带轻裘,争看盛世衣冠。吟倦西湖风月,去看北塞关山。过离宫禾黍,故垒烟尘,有泪应弹。　　文章俊伟,颖露囊锥,名动万里呼韩。知素有、平戎手段,小试何难。情寄吴梅香冷,梦随陇雁霜寒。立勋未晚,归来依旧,酒社诗坛。

此词亦工于措语,因以直笔抒写,国家大事与友朋之谊交融一体,明白晓畅,却馀味无多。

其《菩萨蛮》一首艺术性较高:

> 何须急管吹云暝。高寒滟滟开金饼。今夕不登楼。一年空过秋。　　桂花香雾冷。梧叶西风影。客醉倚河桥。清光愁玉箫。

"高寒滟滟开金饼"系化用苏舜钦《中秋新桥对月》诗的"云头滟滟开金饼",《古今词统》以"金饼""不避俗,自不俗"[③],俞平伯说:

> (按:后两句)用杜牧诗"二十四桥明月夜"句,表示怀人之意。又"客醉倚河桥",句法亦与韦庄《菩萨蛮》"骑马倚斜桥"相似,用急管起,玉箫结,皆借音乐为虚拟之词。[④]

---

① 吴世昌:《词林新话》,《吴世昌全集》第6册,第210页。
② 俞陛云:《唐五代两宋词选释》,第449页。
③ 卓人月、徐士俊辑:《古今词统》卷五,《续修四库全书》集部第1728册,第552页。
④ 俞平伯:《唐宋词选释》,《俞平伯全集》第四卷,第336页。

高观国与史达祖相同,最擅长的还是咏物词。《古今词话》云:“高观国精于咏物,《竹屋痴语》中最佳者有《御街行》咏轿、咏帘,《贺新郎》咏梅,《解连环》咏柳,《祝英台近》咏荷,《少年游》咏草,皆工而入逸,婉而多风。”[①]所言甚是。

先看《解连环》(柳):

露条烟叶。惹长亭旧恨,几番风月。爱细缕、先窣轻黄,渐拂水藏鸦,翠阴相接。纤软风流,眉黛浅、三眠初歇。奈年华又晚,萦绊游蜂,絮飞晴雪。　依依灞桥怨别。正千丝万绪,难禁愁绝。怅岁久、应长新条,念曾系花骢,屡停兰楫。弄影摇晴,恨闲损、春风时节。隔邮亭,故人望断,舞腰瘦怯。

俞陛云所评甚为精粹:“凡咏物词,大都先赋物,后言情。此调上阕固专咏柳,下阕因柳感怀,而仍由‘柳’字发挥。结句怀友而归至本题,不粘不脱。咏柳题本非难,佳处在细腻熨贴而仍萦拂有情也。”[②]

再看《少年游》(草):

春风吹碧,春云映绿,晓梦入芳茵。软衬飞花,远连流水,一望隔香尘。萋萋多少江南恨,翻忆翠罗裙。冷落闲门,凄迷古道,烟雨正愁人。

在林逋、梅尧臣、欧阳修等诸多咏草名作之后,此词自有开拓,诚为不易。上片入题写春草,春风之吹碧,春云之映绿,皆不着一“草”字,至第三句点醒,这只是“晓梦”而已,衬飞花、连流水的芳草,却隔断了美人的芳踪香尘。下片数句,不仅出于崔颢《黄鹤楼》的“芳草萋萋鹦鹉洲”,牛希济《生查子》的“记得绿罗裙,处处怜芳草”,而且结尾三句脱化白居易《赋得古原草送别》之意,而自出高境。作者以草色写离情,怀古伤今,立意甚高,不着意于色相,写来不滞不离,如画中逸品,宜于“工而入逸,婉而多风”之评。

被视为史达祖羽翼的还有卢祖皋。

卢祖皋(生卒年不详),字申之,又字次夔,号蒲江,永嘉(今属浙江)人。宋宁宗庆元五年(1199)进士,累官至将作少监,兼直学士院。有《蒲江词稿》一卷。

陈造、张炎等对高观国评价甚高,引起后人的不满,冯煦认为:“由观国与达祖叠相唱和,故援以相比。平心论之:竹屋精实有馀,超逸不足;以梅溪较之,究未能旗鼓相当。今若求其同调,则惟卢蒲江差足肩随耳。”[③]而实际上卢祖皋非但难以与梅溪比肩,也逊于高观国。其词的总体特征,如张端义《贵耳集》所说,是“纤雅”[④],而黄昇更

① 王奕清:《历代词话》卷八,《词话丛编》,第1245页。
② 俞陛云:《唐五代两宋词选释》,第453页。
③ 冯煦:《蒿庵论词》,《介存斋论词杂著·复堂词话·蒿庵论词》,第70页。
④ 张端义:《贵耳集》卷上,《宋元笔记小说大观》,第4276页。

有“乐章甚工，字字可入律吕，浙人皆唱之”[1]之说。周济虽以之为“小才”，仍承认其小令“时有佳趣”。可见，纤雅、工巧、守律及以小令见长，是蒲江词的主要艺术特点。

其《江城子》：

画楼帘幕卷新晴。掩银屏。晓寒轻。坠粉飘香，日日唤愁生。暗数十年湖上路，能几度，著娉婷。　　年华空自感飘零。拥春酲。对谁醒。天阔云闲，无处觅箫声。载酒买花年少事，浑不似，旧心情。

况周颐以之与刘过《唐多令》相比，以为二者异曲同工，又说及其《清平乐》词的“加倍写法”：

卢申之《江城子》后段云：“年华空自感飘零。拥春酲。对谁醒。天阔云间，无处觅箫声。载酒买花年少事，浑不似、旧心情。”与刘龙洲词“欲买桂花同载酒，终不似、少年游”，可称异曲同工。然终不如少陵之“诗酒尚堪驱使在，未须料理白头人”为倔强可喜。其《清平乐》歇拍云：“何处一春游荡，梦中犹恨杨花。”是加倍写法。[2]

卢祖皋虽长于小令，但长调并非不佳。试看其《宴清都》(初春)：

春讯飞琼管。风日薄、度墙啼鸟声乱。江城次第，笙歌翠合，绮罗香暖。溶溶涧渌冰泮。醉梦里、年华暗换。料黛眉重锁隋堤，芳心还动梁苑。　　新来雁阔云音，鸾分鉴影，无计重见。啼春细雨，笼愁澹月，恁时庭院。离肠未语先断。算犹有、凭高望眼。更那堪、芳草连天，飞梅弄晚。

陈廷焯就认为：“此词绝幽怨，神似梅溪高境。”[3]又《贺新郎》(彭传师于吴江三高堂之前作钓雪亭，盖擅渔人之窟宅，以供诗境也。赵子野约余赋之)：

挽住风前柳。问鸱夷、当日扁舟，近曾来否。月落潮生无限事，零乱茶烟未久。漫留得、莼鲈依旧。可是从来功名误，抚荒祠、谁继风流后。今古恨，一搔首。　　江涵雁影梅花瘦。四无尘、雪飞风起，夜窗如昼。万里乾坤清绝处，付与渔翁钓叟。又恰是、题诗时候。猛拍阑干呼鸥鹭，道他年、我亦垂纶手。飞过我，共尊酒。

---

① 黄昇：《花庵词选·中兴以来绝妙词选》卷八，第324页。
② 况周颐：《蕙风词话》卷二，《蕙风词话·广蕙风词话》，第28–29页。
③ 陈廷焯：《词则·大雅集》卷三，第108页。

全词写得豪迈英爽,俊逸清隽。《中兴词话》以其“无一字不佳。每一咏之,所谓如行山阴道中,山水映发,使人应接不暇也”[①]。陈廷焯则云:“起笔潇洒,亦突兀。”又云:“‘猛拍’,妙,有神。”[②]

三、其他风雅派词人

周邦彦在南宋词坛有极大影响,姜夔、史达祖、吴文英等能学而变之,自出面目,而方千里、杨泽民则遍和周作,死守藩篱,未有独创。后人虽将周、方、杨三家词合为《三英集》,但方、杨只能是影子式的陪衬。相比之下,稍后的陈允平和作清真词者多于方、杨,艺术上也略高。近人汪东《唐宋词选评语》所说颇为允当:“和清真者三家,千里守律谨严,斯可为法。若以词论,则次于西麓,高于泽民,视美成犹滕、薛之于晋、楚也。”[③]

方千里(生卒年不详),衢州信安(今属浙江)人,曾官舒州签判,生平事迹不可考。有《和清真词》一卷。

《和清真词》系对周邦彦词的逐首和作。由于死守清真四声,拘限太多,艰难凑韵,甚至拗笔以从,以至于颇见生句,确有形式主义之嫌,而难见创造性。但是,其中亦有一些颇见清真神貌的作品。如《过秦楼》:

> 柳拂鹅黄,草揉螺黛,院落雨痕才断。蜂须雾湿,燕嘴泥融,陌上细风频扇。多少艳景关心,长苦春光,疾如飞箭。对东风忍负,西园清赏,翠深香远。　空暗忆、醉走铜驼,闲敲金镫,倦迹素衣尘染。因花瘦觉,为酒情钟,绿鬓几番催变。何况逢迎向人,眉黛供愁,娇波回倩。料相思此际,浓似飞红万点。

潘游龙《精选古今诗馀醉》赏其工于造语,谓“蜂须雾湿,燕嘴泥融”,“语极藻艳”。[④]实际上颇近于清真的“体物工巧”,藻艳中见清绮,但在“缘情”上则显为逊色。

杨泽民(1182—1242后),乐安(今属江西)人,生平事迹难知。饶宗颐《词籍考》卷五曾考其生年及仕宦之地。亦有《和清真词》一卷。丁绍仪以其词“远不如方,无论乎周”[⑤]。实可以不论。

相较之下,刻意学清真者,当以后来的陈允平词艺术性为高。因陈允平曾入西湖吟社,虽在吟社中年辈较高,还是更宜于下章论述,此处不论。

词风与风雅派相近者,还有多人,以下择要论之。

张辑(生卒年不详),字宗瑞,号东泽,鄱阳(今江西波阳)人。受诗法于姜夔。诗

---

① 黄昇:《中兴词话》,《词话丛编》,第214页。
② 陈廷焯:《词则·放歌集》卷二,第349页。
③ 汪东:《唐宋词选评语》,《词学》第二辑,第83页。
④ 潘游龙辑,梁颖校点:《精选古今诗馀醉》卷四,第151页。
⑤ 丁绍仪:《听秋声馆词话》卷九,《词话丛编》,第2687页。

词或效姜夔，或仿苏辛。有《欸乃集》、《东泽绮语债》二卷。

张辑是姜夔的同乡晚辈，一生布衣，与白石相似，又曾从之学诗，故其词亦受白石影响，但由于才力胸襟不逮，故远无白石之成就。其《疏帘淡月》（寓桂枝香，秋思）甚得好评：

梧桐雨细。渐滴作秋声，被风惊碎。润逼衣篝，线袅蕙炉沉水。悠悠岁月天涯醉。一分秋、一分憔悴。紫箫吟断，素笺恨切，夜寒鸿起。　又何苦、凄凉客里。负草堂春绿，竹溪空翠。落叶西风，吹老几番尘世。从前谙尽江湖味。听商歌、归兴千里。露侵宿酒，疏帘淡月，照人无寐。

词中的“又何苦、凄凉客里”，“落叶西风，吹老几番尘世。从前谙尽江湖味”，都很有白石的人生体验，造境亦近于白石的清幽孤峭。潘游龙云：“‘落叶’二语，真是‘仙理禅宗’。”[①]王闿运说：“轻重得宜，再莽不得。”[②]则说出了此词介于豪放词之“重”，与婉约词之“轻”之间，近于姜夔以“清空”变苏轼之“清刚”一路，有折中于刚柔之间的长处。

张辑的《月上瓜州》（南徐多景楼作）是风格近于稼轩之作：

江头又见新秋，几多愁？塞草连天何处是神州？　英雄恨，古今泪，水东流。惟有渔竿明月上瓜州。

其悲慨苍凉，俨然稼轩之风。由于白石也有近于稼轩之作，于此可见稼轩影响之大了。

严仁（生卒年不详），字次山，号樵溪，邵武（今属福建）人，与严羽、严参并称“邵武三严”。有《清江欸乃集》，不传。

严仁之词，善写闺闱。录其《玉楼春》（春思）：

春风只在园西畔。荠菜花繁胡蝶乱。冰池晴绿照还空，香径落红吹已断。　意长翻恨游丝短。尽日相思罗带缓。宝奁明月不欺人，明日归来君试看。

此词写景有动有静，在动静对比中见出思妇之情，结尾两句构思奇特，以间接委婉的写法表其深挚之情。故俞陛云云：“明镜照愁，常语也。作者‘宝奁’七字，古意深思，独标新警。”[③]又《醉桃源》（春景）：

---

① 潘游龙辑，梁颖校点：《精选古今诗馀醉》卷七，第237页

② 王闿运：《湘绮楼评词》，《词话丛编》，第4297页。

③ 俞陛云：《唐五代两宋词选释》，第464页。

拍堤春水蘸垂杨。水流花片香。弄花嚼柳小鸳鸯。一双随一双。　帘半卷,露新妆。春衫是柳黄。倚阑看处背斜阳。风流暗断肠。

此词用笔轻灵,很有意境,况周颐所评甚当:"描写芳春景物,极娟妍鲜翠之致,微特如画而已。政恐刺绣妙手,未必能到。"[①]

黄孝迈(生卒年不详),字德文,号雪舟,三山(今福建福州)人。

刘克庄曾为其词作序,况周颐称道其词:"清丽芊绵,颇似北宋名作。唯传作无多,殊为憾事。"[②]其《湘春夜月》云:

近清明。翠禽枝上消魂。可惜一片清歌,都付与黄昏。欲共柳花低诉,怕柳花轻薄,不解伤春。念楚乡旅宿,柔情别绪,谁与温存。　空樽夜泣,青山不语,残月当门。翠玉楼前,惟是有、一波湘水,摇荡湘云。天长梦短,问甚时、重见桃根。这次第,算人间没个并刀,剪断心上愁痕。

万树《词律》以之为自度曲,颇为称赏:"此调他无作者,想雪舟自度,风度婉秀,真佳词也。或谓首句'明'字起韵,非也,如此佳词,岂有借韵之理。"[③]此词即景生情,抒发羁愁,上片由翠禽清歌之所闻入,楚乡旅宿点明此时之所在,因别绪而念及无人温存,换头转写夜景,由残月当门之所见,设想翠玉楼前惟有湘水湘云,天长梦短,自问何时再得与所爱者见,最后以难断愁绪作结,与白石《长亭怨慢》同。查礼如此评论道:

情有文不能达,诗不能道者,而独於长短句中,可以委宛形容之。如黄雪舟(孝迈)自度《湘春夜月》一解伤春云:"可惜一片清歌……摇荡湘云。"又云:"这次第,算人间没个并刀,剪断心上愁痕。"……雪舟才思俊逸,天分高超,握笔神来,当有悟入处,非积学所到也。刘后村跋雪舟乐章,谓其清丽,叔原、方回不能加,其绵密,骎骎秦郎"和天也瘦"之作。后村可为雪舟之知音。[④]

洪瑹(生卒年不详),字叔玙,自号空同词客。有《空同词》一卷。

录其《永遇乐》(送春):

歌雪徘徊,梦云溶曳,欲劝春住。薄幸杨花,无端杜宇,抵死催教去。参差烟岫,千回百匝,不解禁春归路。病厌厌,那堪更听,小楼一夜风雨。　金钗斗

① 况周颐:《蕙风词话》卷二,《蕙风词话·广蕙风词话》,第28页。
② 况周颐:《蕙风词话续编》卷一,《蕙风词话·广蕙风词话》,第105-106页。
③ 万树:《词律》卷一七,第387页。
④ 查礼:《铜鼓书堂词话》,《词话丛编》,第1481页。

草，玉盘行菜，往事了无凭据。合数松儿，分香帕子，总是牵情处。小桃朱户，题诗在否，尚忆去年崔护。绿阴中，莺莺燕燕，也应解语。

“歌雪”之“徘徊”，“梦云”之“溶曳”，非仅善于琢句，且见移情于物，“欲劝春住”将主观之留春，推之于物。而“薄幸杨花，无端杜宇，抵死催教去”，亦将无情之物化为有情，却怨得有理。继而是“参差烟岫，千回百匝，不解禁春归路”，虽春归之路难行，却还是归去了。其留春而怨物的写法，颇似稼轩的名篇《摸鱼儿》。下片写往事、牵情，用崔护“人面桃花”事，最后以绿阴中的莺燕应该解语，再表己情。《古今词统》云：“‘劝住’、‘催去’、‘不禁’，三项楚楚。”[①]潘游龙认为：“妙在纯以虚字衬起情景。”[②]

汤恢（生卒年不详），字充之，号西村，眉山（今属四川）人，有《西村词》。《绝妙好词》卷五录其词六首。看其《二郎神》（用徐干臣韵）：

琐窗睡起，闲伫立、海棠花影。记翠楫银塘，红牙金缕，杯泛梨花冷。燕子衔来相思字，道玉瘦、不禁春病。应蝶粉半销，鸦云斜坠，暗尘侵镜。　还省。香痕碧唾，春衫都凝。悄一似荼蘼，玉肌翠帔，消得东风唤醒。青杏单衣，杨花小扇，闲却晚春风景。最苦是、蝴蝶盈盈弄晚，一帘风静。

词中“燕子衔来相思字，道玉瘦、不禁春病”，被《词旨》录为警句。许昂霄更指出其写法之多变：

此作以会合与别离两层夹写。（记翠楫银塘三句）此层尚是宽写。（燕子衔来相思字二句。）从雁足不来，又翻进一层。（香痕碧唾五句）此层写得更切。[③]

黄昇（1188—1248），字叔旸，号玉林，建安（今属福建）人。弃科举，读书自适。辑有《唐宋诸贤绝妙词选》十卷、《中兴以来绝妙词选》十卷，后人合称为《花庵词选》。词有《散花庵词》一卷。

《四库全书总目》谓黄昇之词“上逼少游，近摹白石”[④]。录其《鹧鸪天》（张园作）：

雨过芙蕖叶叶凉。摩挲短发照横塘。一行归鹭拖秋色，几树鸣蝉饯夕阳。花侧畔，柳旁相。微云澹月又昏黄。风流不在谈锋胜，袖手无言味最长。

---

① 卓人月、徐士俊辑：《古今词统》卷一四，《续修四库全书》集部第1729册，第108页。
② 潘游龙辑，梁颖校点：《精选古今诗馀醉》卷一四，第419页。
③ 许昂霄：《词综偶评》，《词话丛编》，第1566-1567页。
④ 永瑢等：《四库全书总目》卷一九九，第1821页。

《古今词统》谓“(末两句)不能言而能不言,盖谓此”[①]。李调元极赏其工于炼字:

花庵黄昇,自号玉林,尝辑绝妙词选,附以自制,其词工于炼字。如鹧鸪天句云:“一行归鹭拖秋色,几树鸣蝉饯夕阳。”拖字犹人所及,饯字人所不及也。[②]

罗椅(1214—?),字子远,号涧谷。庐陵(今江西吉安)人。朱熹再传弟子。宝祐四年(1256)进士,以秉义郎为江陵教官,改潭州教官,累迁提辖榷货院。有《涧谷遗集》。

录其《柳梢青》:

萼绿华身,小桃花扇,安石榴裙。子野闻歌,周郎顾曲,曾恼夫君。　悠悠羁旅愁人。似飘零、青天断云。何处销魂,初三夜月,第四桥春。

陆辅之《词旨》录其“何处消魂。初三夜月,第四桥春”为警句。得到后来李佳的赞同:

词家有作,往往未能竟体无疵。每首中,要亦不乏警句,摘而出之,遂觉片羽可珍……罗涧谷云:“何处消魂。初三夜月,第四桥春。”[③]

张德瀛《词徵》则认为:

罗涧谷讲程、朱之学,为饶双峰高弟,而词格婉丽,不落凡近。盖风会所趋,非必浸淫於此,乃能之也。[④]

萧汉杰(生卒年不详),号吟所,吉水(今江西吉安)人。淳祐十年(1150)进士。有《青原樵唱》。

看其《菩萨蛮》(春雨):

春愁一段来无影。著人似醉昏难醒。烟雨湿阑干。杏花惊蛰寒。　唾壶敲欲破。绝叫凭谁和。今夜欠添衣。那人知不知。

况周颐曰:

---

① 卓人月、徐士俊辑:《古今词统》卷七,《续修四库全书》集部第1728册,第606页。
② 李调元:《雨村词话》卷三,《词话丛编》,第1430–1431页。
③ 李佳:《左庵词话》卷下,《词话丛编》,第3174页。
④ 张德瀛:《词徵》卷五,《词话丛编》,第4152页。

萧汉杰《菩萨蛮》(春雨)云:"今夜欠添衣。那人知不知?"国朝郭麐《浪淘沙》云:"袖珍衣刚换又增棉。只是别来珍重意,不为春寒。"何尝不婉丽可喜。古今人不相及,当于此等句参之。①

又说:

《菩萨蛮》(春雨)云:"烟雨湿阑干。杏花惊蛰寒。""惊蛰"入词,仅见,而句乃特韵。②

赵闻礼(生卒年不详),字立之,又字粹夫,号钓月,临濮(今山东濮县)人。曾官胥口监征。编有《阳春白雪》一书,《外集》一卷。赵万里《校辑宋金元词》辑其词为《钓月词》一卷。

陈匪石《声执》如此评价:"赵氏所录各词,颇有南宋人未见他本之作,且皆妍雅深厚,与周密《绝妙好词》相近。第四卷以前,兼收北宋,美成所录尤多。稼轩、改之、后村诸人,则取其温厚蕴藉者。《外集》则录激昂慷慨、大气磅礴之作,取舍所在,尤为显著。惟于辛、刘之作见于八卷中者,似亦可入《外集》;《外集》所载曹松山三首,似亦可入本集:则消息甚微也。"③又说:"其所自作,见于卷五者四首、卷八者二首,笔意亦与梅溪、梦窗为近。"④且看其《风入松》:

麹尘风雨乱春晴。花重寒轻。珠帘卷上还重下,怕东风、吹散歌声。棋倦杯频昼永,粉香花艳清明。　　十分无处著闲情。来觅娉婷。蔷薇误罥寻春袖,倩柔荑、为补香痕。苦恨啼鹃惊梦,何时剪烛重盟。

陆辅之《词旨》将"珠帘卷上还重下,怕东风、吹散歌声"列为警句。其实此词首二句亦佳,一"乱"字下得极好,足状春日风雨多变的天气,花重寒轻的对比,则见春天的脚步是确定无疑的来了。"珠帘"二句,奇思妙想而移情于物,上结的六字对句既见体物工细,又足传春日特点。下片的蔷薇罥袖,构思与周邦彦著名的《六丑》相近,因衣袖被花枝挂破,而想及请柔荑来补,春情中又添却温情,后结啼鹃惊梦之恨,剪烛重盟之想,依稀可见李义山诗之意境。阮元《阳春白雪提要》云:"闻礼著有《钓月轩词》,周密《绝妙好词》尝采其作。是编亦自录一二,如《玉漏迟》、《法曲献仙曲》、《瑞鹤仙》等阕,字炼句琢,非专以柔媚为工者可比也。"⑤所说甚当。

赵汝茪(生卒年不详),字参晦,号霞山,又号退斋。宗室,事迹无考。赵万里《校

---

① 况周颐:《蕙风词话》卷三,《蕙风词话·广蕙风词话》,第60页。
② 况周颐:《蕙风词话》卷三,《蕙风词话·广蕙风词话》,第60页。
③ 陈匪石:《声执》卷下,《宋词举》(外三种),第195-196页。
④ 陈匪石:《声执》卷下,《宋词举》(外三种),第196页。
⑤ 阮元:《揅经室外集》卷三,见《揅经室集》,中华书局1993年版,第1245页。

辑宋金元词》辑有《退斋词》一卷。

录其《恋绣衾》:

柳丝空有千万条。系不住、溪头画桡。想今宵、也对新月,过轻寒、何处小桥。玉箫台榭春多少,溜啼红、脸霞未消。怪别来、胭脂慵傅,被东风、偷在杏梢。

若谓柳丝系不住画桡之说,尚有前人可作借鉴,而结句的构思则很见新奇。不过,况周颐所赏并不在此,而以其清丽之笔作淡语者为上品:

宋宗室名汝茪者,词笔清丽,格调本不甚高。《词旨》取其《恋绣衾》句:"怪别来、胭脂慵传,被东风、偷在杏梢。"此等句不过新巧而已。余喜其《汉宫春》云:"故人老大,好襟怀消减全无。漫赢得、秋声两耳,冷泉亭下骑驴。"以清丽之笔作淡语,便似冰壶濯魄,玉骨横秋,绮纨粉黛,回眸无色。但此等佳处,犹为自词中出者,未为其至。如欲超轶王(碧山)、周(草窗),伯仲姜(白石)、吴(梦窗),而上企苏、辛,甚必由性情学问中出乎。[①]

又《如梦令》:

小砑红绫笺纸。一字一行春泪。封了更亲题,题了又还坼起。归未。归未。好个瘦人天气。

如李调元所说:是"奇笔墨于意外"[②],陈廷焯亦云:"行人临发又开封,真有此情。"[③]所赏者在其善于表现易于被忽视的人生真实体会。

① 况周颐:《蕙风词话》卷二,《蕙风词话·广蕙风词话》,第31-32页。
② 李调元:《雨村词话》卷二,《词话丛编》,第1415页。
③ 陈廷焯:《词则·闲情集》卷二,第922页。

第四章　宋季风雅词的艺术总结与辛派嗣响

上一章开头即说，后期风雅派的时间切点定于西湖吟社的成立，恰是度宗朝到宋亡的十六年，词人的创作则持续至入元以后，而世以周密、王沂孙、张炎为宋季三大家。

宋末词坛与地缘文化相关，可分为以杭州为核心的浙江词人群，和以庐陵为主的江西词人群。浙江词人群的成员有不少人都是西湖吟社的成员。这一词人群继承了周邦彦、姜夔、吴文英等人的创作理念及手法、风格，是格律派的继续。而江西词人群则在宋末及鼎革之际迸发出爱国主义的声音，差可视作是辛弃疾的回响。创作的基本倾向决定了两派的基本艺术区别，而其中的词人则各具特色。

吴自牧《梦粱录》云："文士，有西湖诗社，此乃行都缙绅之士及四方流寓儒人，寄兴适情赋咏，脍炙人口，流传四方，非其他社集之比。"[①]而查检诸多资料，西湖诗社并非一时一名之社，在不同的记载中多次出现关于这一诗社的活动，可见西湖为天下胜景，临安是南宋的"行在"，缙绅文士多，前后结社而以西湖命名者亦必多。据考，南宋中后期在西湖活动的诗社有八个之多。[②]而上述的浙江词人群所结的西湖吟社活动的记载，主要见于周密的作品。西湖吟社一名最早出现在周密《蘋洲渔笛谱》卷一的《采绿吟》序：

> 甲子夏，霞翁会吟社诸友逃暑于西湖之环碧。琴尊笔研，短葛练巾，放舟于荷深柳密间。舞影歌尘，远谢耳目。酒酣，采莲叶，探题赋词。余得《塞垣春》，翁为翻谱数字，短箫按之，音极谐婉，因易今名云。

甲子为景定五年（1264），此前一年，周密与张矩、陈允平同赋西湖十景，但其《木兰花慢》序未有只字提到词社一事。而据陈允平自跋，"十咏"作于景定四年，因此，夏承焘作周密年谱，将吟社的成立定在了景定五年，即宋理宗在位的最后一年。此后曾有多次活动，在周密的词序中也留下了印迹。本章的论述主要在这一时间段之后，但因词人的生活期原因，也个别作适当的提前。

---

① 吴自牧：《梦粱录》卷一九，《东京梦华录》（外四种），第292页。
② 欧阳光：《宋元诗社研究丛稿》，广东高等教育出版社1996年版，第258–276页。

第一节　浙江词人群的艺术创作论

姜夔、史达祖、吴文英等虽被称作风雅词派或格律词派,三人甚至被薛砺若《宋词通论》认为是风雅派的三大导师,但他们之间并无交往,创作理念、艺术风格亦不相同,由于他们严于守律、重视艺术,后人遂以之为创作流派而已。但宋季的浙江词人群则不同,他们不仅是同一吟社的成员,多有唱和交往,且有较为一致的创作理论,故更宜于以流派称之、论之。

据考,西湖吟社大约经历了三个发展阶段:从结盟西湖开始,到吟社的领袖人物杨缵下世,为早期(景定五年—咸淳初年),此期活动以音律授受、宴饮吟咏为主;自杨缵、施岳下世,直到宋亡,为吟社的中期(咸淳年间),此期多放浪山水之作,多有江湖气息;宋亡后为吟社的后期,《乐府补题》的五次活动即发生在此期。吟社先后人员不同,较为可靠的主要词人有杨缵、张枢、施岳、李彭老、周密、张炎、王沂孙、仇远、吕同老、陈恕可、唐珏、陈允平、李莱老等。[①]由于相互交往、切磋较多,吟社成员具有较多的共同点,故本节先论吟社作为创作流派的主要艺术追求,及相关的创作理论。

一、音律当参究　词章宜精思

以西湖吟社为主的浙江词人,可以视作是此前以姜夔、吴文英、史达祖为代表的风雅词派(又称格律词派)的延续,尤其因其成员中颇多出身于仕宦之家,张炎为世胄公子,家境优裕,更以湖山清赏、雅致清玩为生活情趣,因此,较之姜夔等前辈的多为清客幕僚,更见真正的风雅,其词也更以雅致典丽为创作的最大追求。

宋词自南渡以来,就一直以“复雅”为主潮,但因历数百年发展,词至此时已大众化、雅俗皆宜,以至如仇远所说,“陋邦腐儒,穷乡村叟,每以词为易事,酒边兴豪,即引纸挥笔,动以东坡、稼轩、龙州自况”[②],可见民间的俗词,尤其是不顾词的文学特性,不具词的音乐、格律特点的所谓“词”还是不少。因此,西湖吟社的词人们针对这一情况,确立起雅词理念,并提出了一系列的创作思想、理论,其中最重要的是严守音律之论。

严守音律的思想与吟社前期领袖杨缵很有关系。杨缵精通乐律,对吟社成员的创作观影响极大。周密谓其“洞晓律吕,尝自制琴曲二百操。又常云:‘琴一弦,可以尽曲中诸调。’当广乐合奏,一字之误,公必顾之,故国工乐师,无不叹服,以为近世知音无出其右者。任至司农卿,浙东帅,以女选进淑妃。赠少师。所度曲多自制谱,后皆散失”[③]。《齐东野语》又载:“混成集,修内司所刊本,巨帙百馀。古今歌词之谱,靡不

① 萧鹏:《西湖吟社考》,《词学》第七辑,第88-101页。
② 仇远:《山中白云词序》,《词籍序跋萃编》,第391页。
③ 周密:《浩然斋词话》,《词话丛编》,第227页。

备具。只大曲一类凡数百解，他可知矣，然有谱无词者居半。《霓裳》一曲共三十六段。尝闻紫霞翁云，幼日随其祖郡王曲宴禁中，太后令内人歌之，凡用三十人，每番十人，奏音极高妙。翁一日自品象管作数声，真有驻云落木之意，要非人间曲也。"[①]杨缵有《作词五要》，其前四要云：

第一要择腔。腔不韵，则勿作。如《塞翁吟》之衰飒，《帝台春》之不顺，《隔浦莲》之寄煞，《斗百花》之无味是也。

第二要择律。律不应月，则不美，如十一月调须用正宫，元宵词必用仙吕宫为宜也。

第三要填词按谱。自古作词，能依句者已少，依谱用字者，百无一二。词若歌韵不协，奚取焉！或谓善歌者，融化其字，则无疵。殊不知详制转折，用或不当，即失律，正、旁、偏、侧，凌犯他宫，非复本调矣。

第四要随律押韵。如越调《水龙吟》、商调《二郎神》，皆合用平、入声韵。古词俱押去声，所以转折怪异，成不祥之音。味音律者反称赏之，是真可以解颐而启齿也。[②]

仅最后才说到要立新意。

因杨缵长于音律，"自制曲数百解，皆平淡清越，灏然太古之遗音也"[③]。故常授学词者以音律。

张炎是吟社成员中的理论大家，其《词源》一著，尤重音律，曾云：

词以协音为先，音者何，谱是也。古人按律制谱，以词定声，此正声依永律和声之遗意。[④]

又曰：

古之乐章、乐府、乐歌、乐曲，皆出于雅正。粤自隋、唐以来，声诗间为长短句。至唐人则有尊前、花间集。迄于崇宁，立大晟府，命周美成诸人讨论古音，审定古调，沦落之后，少得存者。由此八十四调之声稍传。而美成诸人又复增演慢曲、引、近，或移宫换羽，为三犯、四犯之曲，按月律为之，其曲遂繁。美成负一代词名，所作之词，浑厚和雅，善于融化词句，而于音谱，且间有未谐，可见其难矣。[⑤]

---

① 周密：《齐东野语》卷十，《宋元笔记小说大观》，第5556页。
② 张炎：《词源》，《词话丛编》，第267–268页。
③ 周密：《齐东野语》卷一八，《宋元笔记小说大观》，第5660页。
④ 张炎：《词源》，《词话丛编》，第255页。
⑤ 张炎：《词源》，《词话丛编》，第255页。

还说:

音律所当参究,词章先宜精思,俟语句妥溜,然后正之音谱,二者得兼,则可造极玄之域。①

张炎还以自己的父亲作词为例,说明要反复推敲,才能谐音律:

先人晓畅音律,有《寄闲集》,旁缀音谱,刊行于世。每作一词,必使歌者按之,稍有不协,随即改正。曾赋《瑞鹤仙》一词云:"卷帘人睡起……"此词按之歌谱,声字皆协,惟扑字稍不协,遂改为守字,乃协。始知雅词协音,虽一字亦不放过,信乎协音之不易也。又作《惜花春》(起早)云"锁窗深",深字音不协,改为幽字,又不协,改为明字,歌之始协。此三字皆平声,胡为如是。盖五音有唇齿喉舌鼻,所以有轻清重浊之分,故平声字可为上入者此也。听者不知宛转迁就之声,以为合律,不详一定不易之谱,则曰失律。矧歌者岂特忘其律,抑且忘其声字矣。述词之人,若只依旧本之不可歌者,一字填一字,而不知以讹传讹,徒费思索。当以可歌者为工,虽有小疵,亦庶几耳。②

"词以协音为先"实际上成为了西湖吟社以至后期风雅词派最重要的创作原则。张炎还充分肯定了周邦彦参与大晟府,在整理乐律、繁荣词调上的贡献,并以其"而于音谱,且间有未谐"为例,说明协音律之难。至于其父张枢改字一例,常被人认为是以辞害义的典型,但若细读其所论,并与李清照《词论》对比,可见词确实"别是一家",切不能因后来的词不可歌而反笑知音守律者为形式主义。

仇远《山中白云词序》也表达了对词难于诗而尤重音律的看法,并因此推崇张炎词:

读《山中白云词》意度超玄,律吕协洽,不特可写青檀口,亦可被歌管荐清庙,方之古人,当与白石老仙相鼓吹。世谓词者诗之馀,然词尤难于诗,词失腔犹诗落韵,诗不过四五七言而止,词乃有四声五音均拍重轻清浊之别,若言顺律舛,律协言谬,俱非本色。或一字未合,一句皆废,一句未妥,一阕皆不光采,信戛戛乎其难……③

对以上看法应作如何评价呢?长期以来,词乐主要靠乐工相传,如柳永那样与乐

① 张炎:《词源》,《词话丛编》,第265页。
② 张炎:《词源》,《词话丛编》,第256–257页。
③ 仇远:《山中白云词序》,《词籍序跋萃编》,第391页。

工伎人合作，移宫换羽，努力创调者极少，士大夫虽有家妓，却多昧于音律，作词难以词、乐双美，所以“言顺律舛”或“律协言谬”确实是很普遍的现象。仇远认为选腔择调要得当，因词倚声而作，而声则因曲调而异，文学之词与音乐之声应出于情之所感，借声音表达，故词调的声情有别，以声情选词调，无疑是正确之见。“词乃有四声五言、均拍、重轻、清浊之别”，“均拍”是词乐术语，曲调每段分若干均，又称“韵”，每均又分若干拍。曲调均拍的轻重缓急，决定词调句子长短，字数多寡，及均内拍数。仇远要求讲究平上去入和宫商角徵羽，要分辨均拍的轻重和清浊，显然是对李清照《词论》“歌词分五音，又分五声，又分六律，又分清浊轻重”的深化。

沈义父的《乐府指迷》传梦窗法乳，与张炎《词源》宗尚姜夔不同，但同样重视词的乐律，其《豪放与叶律》条云：

> 近世作词者不晓音律，乃故为豪放不羁之语，遂借东坡、稼轩诸贤自诿。诸贤之词，固豪放矣，不豪放处，未尝不叶律也。如东坡之《哨遍》、杨花《水龙吟》，稼轩之《摸鱼儿》之类，则知诸贤非不能也。①

为此，所提出的论词四标准，以“音律欲其协”为首，认为“不协则成长短之诗”，著中与音律论相关的有对押韵、去声字、句中韵、词腔等专论，还论述了可歌之词，豪放与协律等。《乐府指迷》还提出了“腔以古雅为主”的主张：

> 古曲谱多有异同，至一腔有两三字多少者。或句法长短不等者。盖被教师改换。亦有嘌唱一家，多添了字。吾辈只当以古雅为主，如有嘌唱之腔，不必作。且必以清真及诸家目前好腔为先可也。②

此说区分嘌唱与词，划清了雅俗界限。其《可歌之词》条，也论及律腔：

> 前辈好词甚多，往往不协律腔，所以无人唱。如秦楼楚馆所歌之词，多是教坊乐工及市井做赚人所作，只缘音律不差，故多唱之。求其下语用字，全不可读。甚至咏月却说雨，咏春却说秋。如《花心动》一词，人目之为一年景。又一词之中，颠倒重复，如《曲游春》云：“脸薄难藏泪。”过云：“哭得浑无气力。”结又云：“满袖啼红。”如此甚多，乃大病也。③

针对词的文与乐分离现象，提出应当兼顾的要求，这无疑是希望词能返回“倚声”

---

① 沈义父：《乐府指迷》，《词源注·乐府指迷笺释》，第75–76页。
② 沈义父：《乐府指迷》，《词源注·乐府指迷笺释》，第80页。
③ 沈义父：《乐府指迷》，《词源注·乐府指迷笺释》，第69页。

的道路,既有现实的针对性,又有创作的指导性。

清谢元淮《填词浅说》云:

> 词之为体,上不可入诗,下不可入曲。要于诗与曲之间,自成一境。守定词场疆界,方称本色当行。至其宫调、格律、平仄、阴阳,尤当逐一讲求,以期完美。①

西湖吟社的成员,以及沈义父等人,他们所作就是为"守定词场疆界",知难而进,所求甚苛,固然不免有以音害义之嫌,但后人对其所苛求者似亦不必过于责之。

二、自然与琢炼

以张炎的《词源》、陆行直的《词旨》为代表,西湖吟社及后继的风雅词人,总结出了较为系统的创作理论。

在此之前,虽南宋词一直都以"雅"为号召,也出现了很多以"雅"命名的词集,不少序跋亦有零星的创作主张或理论,但是除了姜夔《白石道人诗说》可以看作是他关于词的创作理论外,未见有较为系统的创作论问世。而到了宋元之际,则发生了显著的改变。先是有沈义父的《乐府指迷》传吴文英一派法乳,稍后则有张炎的《词源》推崇姜夔的清空、骚雅,随后则有陆行直的《词旨》。

《词源》的整体结构是:上卷为音律论,下卷为创作论。下卷又分为十五小节:音谱、拍眼、制曲、句法、字面、虚字、清空、意趣、用事、咏物、节序、赋情、离情、令曲、杂论,最后附杨缵的《作词五要》。十五小节除前面二小节的音谱、拍眼仍为音律论的继续外,其他又可归纳为字句(句法、字面、虚字)、立意用事(意趣、用事)、形式(制曲、令曲)、题材(咏物、节序、赋情、离情),杂论有十六则之多,多可归入上述四类,惟"清空"一则比较独特,可与散论中的"骚雅"、"和雅"等相提并论,既介于立意与风格、手段之间,又兼有诸意。此处不拟对以上各点作逐一评介,而准备抽出其中超于"技"而近于"道"者稍作论述。

《词源》的主要创作思想是自然与琢炼的结合,《词旨》有所继承,而《乐府指迷》的这一思想不明显,故此处论前二者而不涉后者。

大凡文学的发展,多从自然走向雕琢,词亦如此。敦煌曲子词多为民间之作,虽粗率而具本色之美,南北宋词风的主要区别则如《词坛丛话》所云:"词至于宋,声色大开,八音俱备,论词者以北宋为最。竹垞独推南宋,洵独得之境,后人往往宗其说。然平心而论,风格之高,断推北宋。且要言不烦,以少胜多,南宋诸家,或未之闻焉。南宋非不尚风格,然不免有生硬处,且太着力,终不若北宋之自然也。"②周济也说:"北宋词多就景叙情,故珠圆玉润,四照玲珑。至稼轩、白石,一变而为即事叙景,使深者反

---

① 谢元淮:《填词浅说》,《词话丛编》,第2509页。
② 陈廷焯:《词坛丛话》,《词话丛编》,第3720页。

浅，曲者反直。”[①]南北宋词的区别，实质上体现了文学的发展规律，因为“无论何种文艺，其在初期，莫不出乎自然，本无所谓法。渐进则法立，更进则法密”，所以“尚自然，为初期之词。讲人工，为进步之词”[②]。

姜夔本人既在词作中有自己的探索、创造，其《白石道人诗说》又实为词的创作论；吴文英大异于姜夔之清疏而见质实，沈义父《乐府指迷》则传其法。自此，对词法的探讨更多，实践与理论并到，到张炎作《词源》，遂提出了系统的创作理论，且体现出自然与人工相结合的思想。

张炎针对慢词和小令提出了不同的要求：

作慢词看是甚题目，先择曲名，然后命意。命意既了，思量头如何起，尾如何结，方始选韵，而后述曲。最是过片，不要断了曲意，须要承上接下。如姜白石词云：“曲曲屏山，夜凉独自甚情绪。”于过片则云：“西窗又吹暗雨。”此则曲之意脉不断矣。词既成，试思前后之意不相应，或有重叠句意，又恐字面粗疏，即为修改。改毕，净写一本，展之几案间，或贴之壁，少顷再观，必有未稳处，又须修改。至来日再观，恐又有未尽善者，如此改之又改，方成无瑕之玉。倘急于脱稿，倦事修择，岂能无病，不惟不能全美，抑且未协音声。作诗者且犹旬锻月炼，况于词乎！[③]

不同的词调有不同的声情，“为悲，为喜，为沉雄激壮，为掩抑凄凉，为哀艳缠绵，为清空潇洒，必也曲中之声情，与吾所欲表达之词情相应，斯为得之”[④]。因此，张炎提出作慢词应据题目(内容)选择不同的词调。这对于作词来说确实是非常重要的，因为：“宫律词调，声响文情，皆属一贯。就作者言：则本情以寻声，因声以择调，由调以配律。就词体言：则本律而立调，由调而定声，以声而见情。”[⑤]在解决了词的形式与内容的特殊制约关系后，就是整体构思、起头、结尾、选韵，以完成创作。张炎对“过片”尤为强调，要求“不要断了曲意，须要承上接下”，并举姜夔的《齐天乐》以作说明。词写完后要不断修改，“倘急于脱稿，倦事修择”，那么“不惟不能全美，抑且未协音声”。因“音声”，张炎又重申了作词难于诗之意。

《词源》论小令的创作要求是：

词之难于令曲，如诗之难于绝句，不过十数句，一句一字闲不得。末句最当留意，有有馀不尽之意始佳。当以唐《花间集》中韦庄、温飞卿为则。又如冯延

① 周济：《介存斋论词杂著》，《介存斋论词杂著·复堂词话·蒿庵论词》，第8页。
② 蔡嵩云：《柯亭词论》，《词话丛编》，第4902页。
③ 张炎：《词源》，《词源注·乐府指迷笺释》，第13页。
④ 龙榆生：《填词与选调》，《龙榆生词学论文集》，第178页。
⑤ 王易：《词曲史》，第235页。

巳、贺方回、吴梦窗亦有妙处。至若陈简斋"杏花疏影里、吹笛到天明"之句，真是自然而然。大抵前辈不留意于此，有一两曲脍炙人口，馀多邻乎率。近代词人却有用功于此者。倘以为专门之学，亦词家之"射雕手"。[①]

不仅有诗中绝句之喻，而且告诫每句每字都"闲不得"，尤其末句要"有有馀不尽之意始佳"，文字的结束并不是作者表情达意的结束，也不是读者接受的结束。在提出小令的作手名单后，尤其指出陈与义的"自然而然"。结合前面所说的"改之又改，方成无瑕之玉"，实际上可见张炎的创作思想是自然与琢炼的结合。

《词旨》一共七则，此处不作全部引录，而就其继承并发扬张炎关于自然与琢炼的思想者，略作阐发。因陆行直受业于张炎，故括弧内胡元仪所注力图找出其出于张炎之论。

第一条：

命意贵远。(曲则远也。《词源》云：词以意为主，不要蹈袭前人。)

用字贵便。(生则不便也。《词源》云：词中用一生硬字不得。)

造语贵新。(纤巧非新，能清而新，方近雅也。《词源》云：词中句法要平妥精粹，一曲之中，安能句句高妙，只要拍搭衬副得法耳。)

炼字贵响。(《词源》云：字字敲打得响，歌词妥溜，方为本色。如贺方回、吴梦窗皆善於炼字，字面多于温庭筠、李长吉诗中来。字面亦词中之起眼处，不可不留意也。)[②]

第二条：

古人诗有翻案法，词亦然。

词不用雕刻，刻则伤气，务在自然。

周清真之典丽，姜白石之骚雅，史梅溪之句法，吴梦窗之字面，取四家之所长，去四家之所短，此翁之要诀。[③]

"翻案法"指的是对前人成句或原意反而为之，陆行直将诗词并列，是尊体的表现。张炎论词用语要多加锻炼，但是在作词时要务必自然，不能显出雕刻之形，这样必然妨害清空妥溜、一气贯注之感，因而"自然"其实是追琢之后的自然。周邦彦词的"典丽"，姜夔词的"骚雅"，史梅溪词的"句法"，吴梦窗词的"字面"，都是被人所称颂的特点，在《词源》中都能找到。作词的四要诀将张炎论词的审美标准和写作技巧融合

---

① 张炎：《词源》，《词源注·乐府指迷笺释》，第25页。

② 陆辅之：《词旨》卷上，《词话丛编》，第301页。

③ 陆辅之：《词旨》卷上《词话丛编》，第301-302页。

在一起，是陆行直总结张炎的词学理论所得出来的简单易行的道理。而且，将这四家词作为作词的典范，不光是注意到了他们词作中的优点，而且是在注意克服这四家词的不足而言的："取四家之所长，去四家之所短，此翁之要诀。"就《词源》所见，周邦彦的词虽典丽精工，"惜乎意趣却不高远"，吴文英之病，在于"质实"，"质实则凝涩晦昧"，姜夔的清空、骚雅为张炎所称，其失或在瘦硬之笔。陆行直根据《词源》总结出来的学词四家，被总结为学词的"一祖三宗"。

第四条：

蕲王孙韩铸，字亦颜，雅有才思，尝学词於乐笑翁。一日，与周公谨父买舟西湖，泊荷花而饮酒杯半。公谨父举似亦颜学词之意，翁指花云："莲子结成花自落。"①

这则是记张炎授学的佚事，从中可见张炎作词的原则之一，即自然，且为陆行直所奉。

第六条论布局中意脉贯穿：

制词须布置停匀，血脉贯穿。过片不可断曲意，如常山之蛇，救首救尾。②

以上所论，重在"琢炼"，也兼顾到"自然"，虽二者不称，但毕竟立说的目的在于传法，能够在讲究法度时顾及自然也可见良苦用心了。

后来况周颐《蕙风词话续编》有更详细之说：

《韵语阳秋》云："陶潜、谢朓诗，皆平淡有思致，非后来诗人怵心刿目者所为也。老杜云：'陶、谢不枝梧，风骚共推激。紫燕自超诣，翠駮谁剪剔。'是也。大抵欲造平淡，当自组丽中来。落其华芬，然后可造平淡之境。如此，则陶、谢不足进矣。梅圣俞赠杜挺之诗，有'作诗无古今，欲造平淡难'之句。李白云：'清水出芙蓉，天然去雕饰。'平淡而到天然，则甚善矣。"此论精微，可通于词。欲造平淡，当自组丽中来，即倚声家言自然从追琢中出也。③

三、体认著题　融化不涩

吴衡照对风雅派的咏物词评价很高：

---

① 陆辅之：《词旨》卷上，《词话丛编》，第303页。
② 陆辅之：《词旨》卷上，《词话丛编》，第303页。
③ 况周颐：《蕙风词话续编》卷一，《蕙风词话·广蕙风词话》，第122-123页。

咏物虽小题,然极难作,贵有不粘不脱之妙,此体南宋诸老尤擅长。姜白石蟋蟀云:"候馆迎秋,离宫吊月,别有伤心无数。"高竹屋梅云:"云隔溪桥人不度,的皪春心未纵。又开遍西湖春意烂,算群花正做江山梦。"史梅溪春燕云:"还相雕梁藻井,又软语商量不定。飘然快拂花梢,翠尾分开红影。"王碧山春水云:"别君南浦,翠眉曾照波痕浅。再来涨绿迷旧处,添却残红几片。"蝉云:"病翼惊秋,枯形阅世,消得斜阳几度。"樱桃云:"荐笋同时,叹故园春事,已无多了。贮满筠笼,偏暗触、天涯怀抱。谩想青儿初见,花阴梦好。"张玉田春水云:"和云流出空山,甚年年净洗,花香不了。"孤雁云:"写不成书,只寄得相思一点。"数语刻画精巧,运用生动,所谓空前绝后矣。①

尤其是宋季的浙江词人群,好作社中题咏,既吟风弄月,又呈才斗巧,着力于创作咏物词,入元以后,新朝文网大张,思想控制极严,直接抒发亡国之痛是遭忌之事,故颇有借咏物以寄托身世之感、故国之思者。他们不仅有丰富的创作经验,也有相关的理论探讨、总结,企图示后学以津梁,因此,他们关于咏物词的创作论也是很应注意的。此处主要就《词源》与《乐府指迷》两部理论著作而论之。

《乐府指迷》认为,咏物词用事不能晦涩:

梦窗深得清真之妙,其失在用事下语处太晦处,人不可晓。②

《乐府指迷》虽主要是传授吴文英词法的著作,但沈义父在肯定梦窗"深得清真之妙"同时,又指出"其失在用事下语太晦",故"人不可晓"。那么如何避免此病呢?《乐府指迷》有《论咏物用事》一则,提出"提调"以"印证"之说:

如咏物,须时时提调。觉不可晓,须用一两件事印证方可。如清真"咏梨花"《水龙吟》,第三、第四句,须用"樊川"、"灵关"事。又"深门闭"及"一枝带雨"事。觉后段太宽,又用"玉容"事,方表得梨花。若全篇只说花之白,则是凡白花皆可用,如何见得是梨花?③

此处举例以明其说:周邦彦咏梨花的《水龙吟》用了四事,其第三、四"樊川照日,灵关遮路",用了两个地名,樊川是汉武帝时长安著名的梨园,灵关是山,以多种梨树而出名,周词以此二地写梨树梨花,谓梨花之白可以映日,梨树太多而道路被遮。而"一枝带雨"用白居易《长恨歌》的"玉容寂寞泪阑干,梨花一枝春带雨",写临邛道士所

---

① 吴衡照:《莲子居词话》卷一,《词话丛编》,第2417页。
② 沈义父:《乐府指迷》,《词源注·乐府指迷笺释》,第50页。
③ 沈义父:《乐府指迷》,《词源注·乐府指迷笺释》,第58页。

见的流泪的杨贵妃。只要腹笥较富，就应知道用事之所出及其含义，所用之事是起“提调”“印证”之作用，这样就既扣题，又不晦涩。

用事用典实与用字用语密不可分，《乐府指迷》又有《语句须用代字》一则：

炼句下语，最是紧要，如说桃，不可直说破桃，须用“红雨”、“刘郎”等字；说柳，不可直说破柳，须用“章台”、“灞岸”等字。又用事，如曰“银钩空满”，便是书字了，不必更说书字。“玉箸双垂”，便是泪了，不必更说泪。如“绿云缭绕”，隐然髻发，“困便湘竹”，分明是簟。正不必分晓，如教初学小儿，说破这是甚物事，方见妙处。往往浅学俗流，多不晓此妙用，指为不分晓，乃欲直捷说破，却是赚人与耍曲矣。如说情，不可太露。[①]

词之体性本属婉约，避免直陈浅说应是创作的基本要求，沈义父主张炼句下语不可直说，不宜说破，而应以代字为佳，否则就如初学小儿认物，写成则是市井赚人耍曲，而不是词。这一看法对于那些自以为豪放却实际为粗俗者，无疑有针砭作用。但是，此说虽不无道理，若过于绝对化则又会走入晦涩一路，因而《四库全书总目》就指出：“其意欲避鄙俗，而不知转成涂饰，亦非确论。”[②]

《词源》的咏物词理论，较《乐府指迷》更为可取，其《咏物》则有云：

诗难于咏物，词为尤难。体认稍真，则拘而不畅，模写差远，则晦而不明。要须收纵联密，用事合题。一段意思，全在结句，斯为绝妙。如史邦卿《东风第一枝》咏春雪……《绮罗香》咏春雨……《双双燕》咏燕……白石《暗香》、《疏影》咏梅……《齐天乐》赋促织……此皆全章精粹，所咏了然在目，且不留滞于物。至如刘改之《沁园春》咏指甲……又咏小脚……二词亦自工丽，但不可与前作同日语耳。[③]

在张炎看来，咏物要不即不离，若掌握不好，就会失度，造成或“体认稍真，则拘而不畅”，或“模写差远，则晦而不明”的情况，所以不管是“收”还是“纵”，都要做到用事“合题”，“合”应是不即又不离的最佳状态，此说很能令人想起绘画中的“不似”与“太似”。而“一段意思”之“全在结句”，是因往往结句有点题之用，最后的“合”是呼应开头的“起”。为再次强调“离”“即”关系，又有“所咏了然在目，且不留滞于物”一说，同时，也如绘画之形神兼到，过“滞”则入而难出，有其形而难传其神，也难有高致与境界。最后所强调的是咏物不能只求工丽，更要有雅趣，如刘过的咏美人指甲、美人小

① 沈义父：《乐府指迷》，《词源注·乐府指迷笺释》，第61页。
② 永瑢等：《四库全书总目》卷一九九，第1826页。
③ 张炎：《词源》，《词源注·乐府指迷笺释》，第20–21页。

足，虽工丽但情趣就不高了。

周邦彦善用唐人诗句入词，得到南宋许多词人和论家的肯定，除他以外，张炎还论及其他词人，并兼述用唐诗的字面及使事的原则。《词源》说：

美成词只当看他浑成处，于软媚中有气魄。采唐诗融化如自己者，乃其所长。①

贺方回、吴梦窗皆善于炼字面，多于温庭筠、李长吉诗中来。②

东坡词如《水龙吟》咏杨花、咏闻笛，又如《过秦楼》、《洞仙歌》、《卜算子》等作，皆清丽舒徐，高出人表。《哨遍》一曲，檃括《归去来辞》，更是精妙，周、秦诸人所不能到。③

词用事最难，要体认著题，融化不涩……白石《疏影》云："犹记深宫旧事，那人正睡里，飞近蛾绿。"用寿阳事。又云："昭君不惯胡沙远，但暗忆江南江北。想佩环月夜归来，化作此花幽独。"用少陵诗。此皆用事不为事所使。④

用唐人诗句，应如盐之入水，要"融化"如同己出，这是美成的长处，"浑成"就不生硬，当然是词人所应追求的。"软媚"与"气魄"是一对矛盾，后来王鹏运、况周颐倡"重、拙、大"，不是要改变词的轻、巧、小体性，而是要运刚于柔，以求达到词性与词品的统一。所以论美成不止是用唐诗的问题，而牵涉到诸多的创作理念。至于用唐诗的取径，张炎又就贺铸、吴文英的善于"炼字面"，提出应向李贺、温庭筠学习，由于二人的诗皆以"丽"称，与词最近，此说无疑是正确的，沈义父也有类似说法。至于对苏轼的赞美，似乎出于风雅派的好尚，实际不然，张炎所肯定的是其"清丽舒徐"，这与"清空"的审美理想很有共同之处，而苏轼善作檃括词，其《哨遍》之檃括《归去来辞》，应较用事更难，非具大才大力所不办，得到张炎的赞叹也是不奇怪的。

张炎最心仪白石，所举其用寿阳公主及杜诗事，自是用事"体认著题，融化不涩"的典范，而"此皆用事不为事所使"，则不仅是主动和被动的关系，更是强调了创作主体的能动作用，这对于使事用典来说，就避免了或炫学或迷失之弊。

刘永济《词论》云：

词至南宋，姜、史、张、王，弥极工丽，法度既密，而能运用不滞，是为词学成熟之时。五代则奇花初胎，北宋则红紫烂漫也。观其时序，殆与其他文艺同一途辙。近人有诋南宋诸公为词家匠石者，可谓失言。若刘改之咏《美人指甲》、咏《美人足》各词，则品格极卑，真为词匠。然亦可见当时咏物之风弥盛也。词至于成熟，能事已尽，后来者无以复加，于是专就组织巧妙，求胜前人，而用典雅切，遣

---

① 张炎：《词源》，《词源注·乐府指迷笺释》，第30页。
② 张炎：《词源》，《词源注·乐府指迷笺释》，第15页。
③ 张炎：《词源》，《词源注·乐府指迷笺释》，第30页。
④ 张炎：《词源》，《词源注·乐府指迷笺释》，第19页。

词细丽之作乃多。故沈伯时斤斤于用事、用字，而词亦衰矣。学者当会通此事之终始，求其盛衰之故，然后知古人得失之正，勿庸妄测古人，轻肆讥弹也。[①]

这里以张、王接姜、史，对风雅派咏物词创作的继承性、连续性予以了肯定，“弥极工丽，法度既密，而能运用不滞，是为词学成熟之时”的判断，也是符合实际之见。相对于理论与实践不称的沈义父，张炎不仅有《词源》一著，对咏物词的创作有较全面的理论总结，而且本人也是咏物高手，“体认著题，融化不涩”的思想，也高于沈义父“提调”、“印证”和“不可说破”之见。刘永济认为，“沈伯时斤斤于用事、用字，而词亦衰矣。”宋季浙江词人多从姜夔一路，创作以清雅为主，咏物之作也多可见出“体认著题，融化不涩”，但他们在国变前的作品，也有斤斤于用事用字的倾向，“词至于成熟，能事已尽，后来者无以复加，于是专就组织巧妙，求胜前人，而用典雅切，遣词细丽之作乃多。”仍是宋季浙江词人创作的基本情况。只是时世之变使得他们走出了“文艺沙龙”，也多少挣脱了纯技巧论，在咏物词中留下了自己的真实感情与心灵呼唤，较之于仅从用事用典上的努力，所成自是不同。因此，“哀怨起骚人”之说，是可以不断得到印证的。

第二节　宋季风雅派领袖周密

周密(1232—1298)，字公谨，号草窗、蘋洲，又号四水潜夫、弁阳老人、弁洋啸翁。其先济南人，寓居吴兴(今浙江湖州)。青少年时侍父于闽、浙，三十岁为临安府幕僚，先后任两浙运司掾、丰储仓检察，文天祥起兵勤王时，为义乌(今属浙江)令。宋亡，弁阳家破，离吴兴，自此一直寓杭。有《癸辛杂识》、《齐东野语》、《武林旧事》等著，诗集《草窗韵语》六卷(四十三岁前所成)，晚年又成《弁阳诗集》，词集《蘋洲渔笛谱》二卷、《草窗词》二卷，又曾选编南宋词选《绝妙好词》七卷。

南宋覆亡时，周密四十九岁，自谓“余行年五十，已觉四十九年之非”，以遗民情怀，相继写成多种史乘巨著。入元不仕，与王沂孙、张炎、仇远等人结西湖吟社，又与气节之士邓牧、谢翱交游，固守晚节，曾劝阻陈允平、赵孟頫出仕元朝，王行题其画像，以之与郑所南相并。周密书学欧、柳，擅画梅、竹、兰、石，工诗、乐、文章。藏书至四万二千余卷，金石之刻一千五百馀种。夏承焘《周草窗年谱·附录》考其著述，计有三十一种，并断之为现存十三种，已佚十种，后人裁篇别出而不甚可信者八种。

风雅词派到周密之时，酬唱频繁，周密词序及笔记中有不少关于词人间交游活动的记载。周密生当杨缵与王沂孙、张炎之间，学养高而交往广，俨然是宋季风雅词派的领袖人物。

---

① 刘永济：《词论》卷下，第98页。

一、尽洗靡曼　独标清丽

周密于词为南宋一大家。其父周晋工词，母章氏，参知政事章良能女，亦解翰墨。周密家学渊源深厚，又从学于紫霞翁杨缵，后结吟社于西湖杨氏环碧园，先后与吴文英、陈允平、张枢、李彭老、李莱老、王沂孙、张炎等著名词人交游，词艺愈精。王棣跋草窗词云："昔登霞翁之门，翁为予言，草窗乐府妙天下。因请其所赋观之。不宁惟协比律吕，而意味迥不凡，《花间》、柳氏，真可为舆台矣。翁之赏音，信夫。"[①]周济称："公谨敲金戛玉，嚼雪盥花，新妙无与为匹。"[②]戈载则赞其词："尽洗靡曼，独标清丽，有韶倩之色，有绵渺之思，与梦窗旨趣相侔，二窗并称，允矣无忝。"[③]

近人刘毓盘《词史》第六章指出："两宋词人，每以奸人为进退。"[④]又说："贾似道当国，尤好词人。廖莹中能词，以司出纳矣；罗椅能词，以荐登其门矣；翁孟寅能词，则赠以数十万矣；郭应酉能词，则由仁和宰擢官告院矣；张淑芳能词，理宗欲选妃，则匿以为妾矣。八月八日，为其生辰，每岁四方以词为寿者以数千计，复设翘材馆，等其甲乙，首选者必有所酬。吴文英亦与之游，集中有寿贾相《宴清都》、《木兰花慢》二词。"[⑤]趋附者中，却无周密。宋亡后，他对词友的晚节不固深感惋惜，对他们的出仕多有劝阻。

周密虽生于宋末，但由于世胄公子的身份，前期词难以见到对政事的感喟，多系湖山游赏、伤春悲秋、闲情闺思、咏物题画的内容，亦有酬酢应景、即席分题之作。在清雅的风物、闲雅的生活中，展现出一种高雅的格调。其中也有少量作品感怀现实、萦念国事，在预感到南宋小朝廷朝不保夕的同时，也为自己的难有作为而感慨抑塞。元兵攻陷临安后，周密弁阳家破，他身历离乱，词作也转向现实。《三姝媚》(送圣与还越)、《献仙音》(吊雪香亭梅)、《探芳讯》(西泠春感)等作，都流露出黍离之悲、兴亡之感，《一萼红》(登蓬莱阁有感)更被陈廷焯评为"苍茫感慨，情见乎词，当为《草窗》集中压卷，虽使美成、白石为之，亦无以过"！[⑥]宋端宗景炎三年(1278)，胡僧杨琏真伽发会稽宋帝后六陵，暴尸弃骨。次年，周密与王沂孙、李彭老、张炎、仇远、唐珏、王易简等14人，分咏龙涎香、白莲、莼、蝉、蟹诸题，编为《乐府补题》。厉鹗《论词绝句》写道："头白遗民涕不禁，补题风物在山阴。残蝉身世香莼兴，一片冬青冢畔心。"以冬青故事说"补题"，虽仅指唐珏一人，但实际上是以之为寄托亡国之痛的集体之作。夏承焘先生在《周草窗年谱》的《附录二·乐府补题考》中也说："王、唐诸子，丁桑海之会，国族沦胥

---

① 王棣：《草窗词跋》，《词籍序跋萃编》，第373页。
② 周济：《介存斋论词杂著》，《介存斋论词杂著·复堂词话·蒿庵论词》，第9页。
③ 戈载：《周公瑾词选跋》，《词籍序跋萃编》，第379页。
④ 刘毓盘：《词史》，第122页。
⑤ 刘毓盘：《词史》，第124页。
⑥ 陈廷焯著，屈兴国校注：《白雨斋词话足本校注》卷二，第170页。

之痛，为自来词家所未有；宋人咏物之词，至此编乃别有其深衷新义。"[①]虽当代论者对《乐府补题》是否为发陵事而作有不同意见，但周密在宋亡后所作之词，常得到遗民的广泛唱和，是因为感怀君国，多有寄托，让人能窥见宋末元初知识分子的情感和灵魂。

戴表元《周公谨弁阳诗序》云："公谨少年，诗流丽钟情，春融雪荡，翘然称其材大夫也；壮年典实明赡，睹之，如陈周庭鲁庙遗器，蔚蔚然称其博雅多识君子也；晚年展转荆棘霜露之间，感慨激发，抑郁悲壮，每一篇出，令人百忧生焉，又乌乌然称其为累臣羁客也。"[②]若移评其词，亦可谓大体适当。

周密现存一百多首词，写景、咏物约占五分之一多，感怀、寄慨约近五分之一，其馀则为春恨秋愁、风物节令、题画杂咏等内容，亦有应景酬酢、即席分题之作，写闺情、女子仅数首，可见对"词为艳科"的突破，而因社中之习，和韵之作尤多。总体而言，草窗词的确体现出"尽洗靡曼，独标清丽"的特色。邓廷桢《双砚斋词话》，指出了周密词之长于造句：

> 弁阳翁工於造句，如"娇绿迷云"，"倦红颦晓"，"腻叶阴清"，"孤花香冷"，"散发吟商"，"簪花弄水"，"贮月杯宽"，"护香屏暖"之类，不可枚举。至如《大圣乐》之"对画楼残照，东风吹远，天涯何许"，《微招》之"登临嗟老矣，问今古清愁多少"，《醉落魄》之"愁是新愁，月是旧时月"，《高阳台》之"投老残年，江南谁念方回。东风渐绿西湖柳，雁已还，人未南归"。又一阕云："雪霁空城，燕归何处人家。梦魂欲渡苍茫去，怕梦轻还被愁遮。"《宴清都》之"凭阑自笑清狂，事随花谢，愁与春远"，皆体素储洁，含豪邈然。至《长亭怨慢》之"燕楼鹤表半漂零，算惟有盟鸥堪语"，则盛自矜宠，颇瞰时流，等诸自郐以下矣。[③]

所举诸例，都体现出"尽洗靡曼，独标清丽"，既雅洁又清丽的特点，"体素储洁，含豪邈然"的总评也说出了这一点。

周密长期生活在杭州一带，过着承平公子、贵族的生活，他富学养、具才情，有幽情雅趣，故前期词多写西湖美景，及雅致的文人生活，以格调高雅著称。且不说其著名的《西湖十咏》，即使是涉及众人游赏，亦见幽趣。如《曲游春》(禁烟湖上薄游，施中山赋词甚佳，余因次其韵。盖平时游舫，至午后则尽入里湖，抵暮始出，断桥小驻而归，非习于游者不知也。故中山极击节余"闲却半湖春色"之句，谓能道人之所未云)：

> 禁苑东风外，飏暖丝晴絮，春思如织。燕约莺期，恼芳情偏在，翠深红隙。漠漠香尘隔。沸十里、乱弦丛笛。看画船，尽入西泠，闲却半湖春色。　柳陌。

---

① 夏承焘：《周草窗年谱》附录《乐府补题考》，《夏承焘集》第3册，第373页。
② 戴表元：《剡源集(二)》卷八，丛书集成初编本，中华书局1985年版，第120页。
③ 邓廷桢：《双砚斋词话》，《词话丛编》，第2533页。

新烟凝碧。映帘底宫眉，堤上游勒。轻暝笼寒，怕梨云梦冷，杏香愁幂。歌管酬寒食。奈蝶怨、良宵岑寂。正满湖、碎月摇花，怎生去得。

词中所写是寒食、清明时节西湖画船游春的情况。作者在其《武林旧事》中叙述道："都城自过收灯，贵游巨室，皆争先出郊，谓之'探春'，至禁烟为最盛。龙舟十馀，彩旗叠鼓，交午曼衍，粲如织锦……都人士女，两堤骈集，几于无置足地。水面画楫，栉比如鱼鳞，亦无行舟之路，歌欢箫鼓之声，振动远近，其盛可以想见。若游之次第，则先南而后北，至午则尽入西泠桥里湖，其外几无一舸矣。弁阳老人有词云：'看画船尽入西泠，闲却半湖春色。'盖纪实也。"[1]词中说，春风从皇宫禁苑吹到了西湖，扬起了游丝柳絮，让人感受到了晴天的暖意，而"丝"、"絮"又与"思"、"绪"谐音，所以说"春思如织"。在红花绿叶间，莺燕惹起自己的芳情。香尘漠漠，十里箫鼓如同沸腾之水，而在最热闹时，画船都从西泠桥进入里湖，让半湖春色都冷了下来。此词上片展现了清明时节独特的游赏之乐，以及作者闹中寻幽的情趣。其下片则如唐圭璋所说："换头，写堤上游人之众。'轻暝'三句，记晚寒人归。'歌管'两句，记湖上入夜之岑寂。末以月湖空濛境界作结。"且"通体精练，词采音响交胜"[2]。马臻《霞外集·西湖春日壮游》激赏此词，有诗云：

画船过午入西林，人拥孤山陌上尘。曾被弁阳模写尽，晚来闲却半湖春。

咏物是周密词的主要题材，计三十多首，大多作于宋亡之前。其中咏花卉者约占百分之八十，又以咏梅词为最多，计十三首。还有咏牡丹、琼花、荷花、茉莉、水仙、菊花、桂花等。花卉以外，有咏蝉、蝴蝶、龙涎香、琉璃帘等物之词。

其《朝中措》(茉莉拟梦窗)云：

彩绳朱乘驾涛云。亲见许飞琼。多定梅魂才返，香瘢半掐秋痕。　枕函钗缕，熏篝芳焙，儿女心情。尚有第三花在，不妨留待凉生。

俞陛云说："咏茉莉花以雅切为主，昔人诗如'香从清梦回时觉，花向美人头上开'、'清泉浸后香恒满，细缕穿成蕊半开'及'谢娘头上过东风'，皆称佳句。此词咏花，前半从虚拟处着想，后半乃徵实，密攒插鬓，细焙添香，女儿妙用，不负此花。结句不说尽，自饶馀味。'枕函'三句在咏茉莉花亦擅场之作。"[3]"雅切"为咏物之首要，通过虚实结合之笔，作者做到了既"雅"又"切"，且馀味不尽。

---

① 周密：《武林旧事》卷三，《东京梦华录》(外四种)，第352页。

② 唐圭璋：《唐宋词简释》，第226-227页。

③ 俞陛云：《唐五代两宋词选释》，第543-544页。

周密的咏物词尤以清丽见长。如《绣鸾凤花犯》(赋水仙):

楚江湄,湘娥乍见,无言洒清泪。淡然春意。空独倚东风,芳思谁寄。凌波路冷秋无际。香云随步起,谩记得,汉宫仙掌,亭亭明月底。　冰弦写怨更多情,骚人恨,枉赋芳兰幽芷。春思远,谁叹赏、国香风味。相将共、岁寒伴侣。小窗净、沉烟熏翠袂。幽梦觉,涓涓清露,一枝灯影里。

上片写花,楚江之湄、湘娥乍见、淡然春意、独倚东风、凌波路冷,不仅所写水仙姿容极见清丽,而且以传神之笔写出其精神品质。下片写人之惜花,冰弦写怨,可惜骚人所赋仅为芳兰幽芷,而未及水仙,无人叹赏国香风味。"相将共"以下,拍合己身。花既伴人,人又赏花,在轻灵婉转的笔致中,人与花被写得缱绻缠绵,极见韵致。由于此词有"汉宫仙掌"之句,又有"骚人恨"一语,故可能有所寄托。对于其清丽无滓的特点,周济说得甚好:"草窗长于赋物,然惟此及琼花二阕,一意盘旋,毫无渣滓。他作纵极工切,不免就题寻典,就典趁韵,就韵成句,堕落苦海矣。特拈出之,以为南宋诸公针砭。"[①]

二、寄托遥深　比兴精切

夏敬观《吷庵词评》曾说:周密词"色彩鲜新,音响调利,是其所长。然内心不深,则情味不永,是词才有馀,词心不足也"[②]。这对于评论其前期之作是较为恰当的,但是,在其宋亡入元后所作,则如刘毓崧《重刊周草窗词稿序》所云:"虽词稿之中署年月者不多,其次第后先未易揣度,然其寄托遥深,比兴精切,志趣所在,尚可推测而知。"[③]"寄托遥深,比兴精切"成为其后期词立意与艺术的最大特点。

宋亡之前,周密已感受到时局之变,融时事入于咏物,以之表达对国事的忧虑,如《瑶花慢》(又名《瑶华》)就是这样的作品。此词原有长序,多达一百五十多字,今传者仅剩不足四十字:"后土之花,天下无二本。方其初开,帅臣以金瓶飞骑进之天上,间亦分至贵邸。余客辇下,有以一枝……"此说扬州后土祠的琼花,天下没有第二本,因其珍贵,所以在初开之时,当地的长官就将它剪下贮于金瓶中,快马加鞭地送到皇宫,有时也分送到贵人府邸。余下所说,因缺失而不知其详。此词词调名《瑶花慢》或《瑶华》,始见于吴文英《梦窗词稿》,调名出自屈原《九歌·大司命》:"折疏麻兮瑶华,将以遗兮离居。"琼花与瑶华,二名而一物,周密选此调写琼花,真是天作之合。词云:

朱钿宝玦,天上飞琼,比人间春别。江南江北,曾未见、谩拟梨云梅雪。淮山

① 周济:《宋四家词选眉批》,《词话丛编》,第1657页。

② 夏敬观:《吷庵词评》,《词学》第五辑,第207页。

③ 刘毓崧:《通义堂文集》卷一三,《续修四库全书》集部第1546册,上海古籍出版社2002年版,第562页。

春晚，问谁识、芳心高洁？消几番、花落花开，老了玉关豪杰。　　金壶剪送琼枝，看一骑红尘，香度瑶阙。琼华正好，应自喜、初识长安蜂蝶。杜郎老矣，想旧事、花须能说。记少年一梦扬州，二十四桥风月。

周密在《齐东野语》中说："扬州后土祠琼花，天下无二本，绝类聚八仙，色微黄而有香。仁宗庆历中，尝分植禁苑，明年辄枯，遂复载还祠中，敷荣如故。淳熙中，寿皇亦尝移植南内，逾年，憔悴无花，仍送还之。其后，宦者陈源命园丁取孙枝移接聚八仙根上遂活，然其香色则大减矣……今后土之花已薪，而人间所有者，特当时接本彷佛似之耳。"[①]可见，琼花因故土难离而尤见珍贵。此词一开始就将琼花比作美人的装饰物，接着又拟之以天上女仙许飞琼(西王母的侍女)，故确实是有别于人间的春色。因琼花初开就被剪下，贮于金瓶，飞骑送至皇宫，无论是江南还是江北的人们都无法见到，所以就想当然地将它比作密如白云的梨花，和像雪一样的梅花。诗词咏物不能像绘画的实写，而是题里题外，忽纵忽收。接下来的"淮山"指淮河边的都梁山，此时的淮河是宋金的边界，所以将琼花护送到皇宫，而不让它关注淮山，真辜负了它关注国事的一片高洁的芳心。这样用不了几次花开花落，那些边关的将士们都将垂垂老矣，北方故土什么时候才能收复呢？过片三句，即小序所说内容。"一骑红尘"出杜牧诗"一骑红尘妃子笑，无人知是荔枝来"，此诗讥刺唐明皇令驿站快马给杨贵妃送荔枝事，周密将地方官飞骑给皇宫送琼花与之相拟，可见其讽刺之意。飞骑金瓶送到的琼花，像人的青春年华，正值好时候，它应该为初次认识行都临安的蜂蝶(贵胄公子们)而高兴。因此词是咏花，花与蜂蝶自有密切关系，并非意在讥刺。琼花出于扬州，而文学创作与扬州关系最为密切的当数杜牧，如今杜郎已经作古，旧事只能让琼花来说了。包括隋炀帝凿运河、看琼花，以致亡国殒身，直到金兵渡淮南侵，扬州毁于兵火等种种旧事，都只有这无知的琼花所亲历，也只有它是真正的历史见证人。此词在最后说，当年杜牧在扬州，曾有"十年一觉扬州梦，赢得青楼薄幸名"，和"二十四桥明月夜，玉人何处教吹箫"的名诗，写出了扬州的繁华、美丽，那正像人美好的少年时代啊！

琼花过于珍贵，除了皇亲国戚，一般人很难见到，周密在此词的序中说"间亦分至贵邸"，而"余客辇下，有以一枝"以下残缺，未知什么内容，也不知他是否看到过。或许是这个原因，此词对琼花并未作正面描写，作者在词中用了杜牧的诗，将当年驿马传送荔枝与当今的飞骑进呈琼花相联系，是有其讥刺现实的深意的。写此词时，正值贾似道擅权，朝政昏暗，政治腐朽，而宋度宗沉湎于酒色，不问政事，对蒙古军南侵一无所知，听信了贾似道的大捷谎报，以为天下太平，而实际上南宋的重镇襄阳、樊城已遭围困，情形危殆。作者对度宗只知看琼花却不知整军经武自有看法，故借咏琼花来讥讽现实，认为若长此下去，用不了多久，就不但是"老了玉关豪杰"，而且亡国的危险已近在眼前，"长安蜂蝶"也难以逍遥了。

---

① 周密：《齐东野语》卷一七，《宋元笔记小说大观》，第5648-5649页。

南宋的咏物词虽因国势之变而作者常有寄托，但似《瑶花慢》这样直刺上政的作品还不多见，此词启迪人们思索历史和人生：殷鉴不远，隋炀帝逸豫亡身，可为什么从宋徽宗直到宋度宗都不知道有这面镜子呢！

郑思肖《吊扬州琼花并序》写道：

扬州琼花，天下惟一本，后土夫人司之。花之盛衰，淮境丰歉系焉。南渡前经兵火，此花亦死。今遭大故，丙子岁维扬陷，丁丑岁此花又死。孰谓草木无知乎？上天福正统、厌夷狄，于兹见矣。

南土新飞劫火灰，琼仙恋国暗惊猜。定应摄向天宫种，不忍陷于胡地开。花死青春禽鸟哭，城埋黑气鬼神哀。一朝枯枿变高树，传得欢声沸似雷。[①]

琼花的生死关乎国运，不仅对于从题旨上理解周密此词很有助益，其艺术上的主要特点主要表现在借咏物表“恋国”，因为思想性与艺术性达到高度的统一，故陈廷焯云：“感慨苍茫，不落咏物小家数，亦中仙流亚也”，“切合大雅，文生于情”。[②]

又如《玉京秋》：

长安独客，又见西风，素月丹枫，凄然其为秋也，因调夹钟羽一解。

烟水阔。高林弄残照，晚蜩凄切。碧砧度韵，银床飘叶。衣湿桐阴露冷，采凉花、时赋秋雪。叹轻别。一襟幽事，砌蛩能说。　客思吟商还怯。怨歌长、琼壶暗缺。翠扇恩疏，红衣香褪，翻成消歇。玉骨西风，恨最恨、闲却新凉时节。楚箫咽。谁倚西楼淡月。

此词的作年不可考，因以“长安”代指杭州，应作于宋亡之前。作者感秋怀人而赋，上片由景而情，从远而近，就晚景写到夜景，感秋之人久立桐阴，“叹轻别”三句，入于别恨。过片接别恨而加重之，敲缺唾壶可见其极，“翠扇”三句，恨前事之消歇，难以自解，“玉骨”两句，恨年光之速逝，最后别转出西楼淡月与箫声，凄寂之中见有馀不尽之意。此词将感秋怀人出以羁愁离恨，以最具季节特征的物候、景象烘托、传递感情，章法严密，脉络井井，选词设色均见清雅秀洁，故谭献评曰：“南渡词境高处，往往出于清真。”[③]

元兵攻占杭州，国破家亡，周密经历离乱，词风发生了很大变化。“萋萋望极王孙草，认云中烟树，鸥外春沙。白发青山，可怜相对苍华”。(《高阳台·寄越中诸友》)是此期心情的写照。《甘州》(灯夕书寄二隐)、《三姝媚》(送圣与还越)等寄赠之作，思往事，

① 郑思肖：《中兴集》卷二，陈福康校点《郑思肖集》，上海古籍出版社1991年版，第75页。

② 陈廷焯：《词则·大雅集》卷三，第133页。

③ 谭献：《复堂词话》，《介存斋论词杂著·复堂词话·蒿庵论词》，第24页。

忆繁华,怀旧友,叹身世,世换文移,其词一改过去清雅淡远的风格,变为苍凉凄咽、一唱三叹、馀音不绝。其词融政治气节与爱国情怀于一体,温婉中见忠贞,唱叹中明大义,深得风人之旨。

周密入元后所作,多寓兴亡之感。《献仙音》(吊雪香亭梅)是其中代表之一:

松雪飘寒,岭云吹冻,红破数椒春浅。衬舞台荒,浣妆池冷,凄凉市朝轻换。叹花与人凋谢,依依岁华晚。　　共凄黯。问东风、几番吹梦,应惯识当年,翠屏金辇。一片古今愁,但废绿、平烟空远。无语消魂,对斜阳、衰草泪满。又西泠残笛,低送数声春怨。

词中始终不露一"梅"字,而是以相关事典与词意关连,将环境、人事与梅相融合,写得不粘不脱,雅秀之中见凄黯之情。陈廷焯《大雅集》指出,此词下片"即杜诗'回首可怜歌舞地'意,以词发之,更觉凄婉"[①]。俞陛云结合亭子的来历分析道:

雪香亭在西湖葛岭张婉仪之集芳园中,由太后收归,理宗又赐贾平章。殿前古梅、老松甚多,有清胜堂、望江亭等处,而香雪亭梅花尤盛。玉辇临游,朱门歌舞,斯亭阅尽兴亡,老梅尤在,宜弁阳翁百感交集也。起笔写梅亭寒景,便带凄音,由荒亭说到朝市,由朝市说到看花之人,如峡猿之次第三声。后阕言"翠屏金辇",何等繁华,而贞元朝士无多,惟历劫寒梅,犹亲见当年之盛,与汉苑铜仙、隋堤杨柳,同恋前朝。结句"西泠残笛",寓馀感于无穷矣。[②]

刘永济则侧重于词中用语而论:

此宋亡后公谨游观故苑有感而作。词题曰吊梅,乃借吊梅花寓兴亡之感也。所谓"花与人凋谢"者,梅花与当时游幸之人也。后半阕起用"共凄黯",则作者与梅花共凄黯也。"应惯识"者,言今日之梅"应惯识"当日之"翠屏金辇"也。"废绿平烟",即今日之荒园废亭也。末以听笛曲《梅花落》,生人哀怨作结。观此可知南宋帝王贪享逸乐,遨游湖山,不图自强,无心恢复,亡国以后尚使人追悼不已。[③]

在元兵攻占了临安后,周密离京流亡,到绍兴登蓬莱阁后,写下了《一萼红》(登蓬莱阁有感):

① 陈廷焯:《词则·大雅集》卷三,第129页。
② 俞陛云:《唐五代两宋词选释》,第547–548页。
③ 刘永济:《唐五代两宋词简析》,第119–120页。

步深幽。正云黄天淡，雪意未全休。鉴曲寒沙，茂林烟草，俯仰千古悠悠。岁华晚、飘零渐远，谁念我、同载五湖舟？磴古松斜，厓阴苔老，一片清愁。回首天涯归梦，几魂飞西浦，泪洒东州。故国山川，故园心眼，还似王粲登楼。最怜他、秦鬟妆镜，好江山、何事此时游！为唤狂吟老监，共赋销忧。

此词上片主要写登蓬莱阁所见。在此地可以看到贺知章告老还乡时被赐得的鉴湖一曲，和王羲之等人兰亭雅集的茂林修竹，当年王羲之俯仰天地，发出“死生亦大矣”之叹，而今天自己的登临，俯仰千古，不胜感慨，孤身漂泊，不能像范蠡那样携西施泛舟五湖，对着四周景色，只有一片清愁。下片抒发思念故国故园的心情。在回首往事时，多少次在绍兴魂飞泪洒（西浦、东州都是绍兴地名）。心中所想，眼中所见，故国与故园已今非昔比，此时的心情就像当年的王粲登楼。有负于如同发鬟的秦望山，像镜子般的鉴湖，即使唤上贺知章一起咏诗，也不能销去心中的忧愁。陈廷焯云：“苍茫感慨，情见乎词，虽使清真、白石为之，亦无以过当，为草窗集中压卷。”[①]

周密前期词以写景、抒情、纪游、咏物为多，后期或直接抒发家国之思，或以写景咏物寄托遗民情怀。入元后的咏物词更见比兴幽微、寄托遥深，如张德瀛所说：“词家惟姜石帚、王圣与、张叔夏、周公谨足以当之。数子者感怀君国，所寄独深。非以曼辞丽藻，倾炫心魂者比也。”[②]

此处仅举《水龙吟》（白莲）一例：

素鸾飞下青冥，舞衣半惹凉云碎。蓝田种玉，绿房迎晓，一奁秋意。擎露盘深，忆君凉夜，暗倾铅水。想鸳鸯、正结梨云好梦，西风冷、还惊起。　　应是飞琼仙会。倚凉飙、碧簪斜坠。轻妆斗白，明珰照影，红衣羞避。霁月三更，粉云千点，静香十里。听湘弦奏彻，冰绡偷剪，聚相思泪。

荷花出污泥而不染，历来被视作君子品格，被喻为高洁之士，这里所咏者为白莲，玉洁冰清，更胜于红荷。词中起笔以素鸾飞下青冥喻白莲，所喻极其新颖，笔势亦破空而下。“蓝田”三句用典型形象咏本题。“擎露”三句以铜仙恋汉之典，传递怀宋之悲。鸳梦惊醒于西风，时势之变的拟喻中有身世之感在。下片咏本题而托诸神仙，碧簪、白妆、明珰、皎洁的白莲自应让红妆羞避。“霁月”三句兼及“白”与“静香”，极得白莲之神髓。最后的“听湘弦奏彻，冰绡偷剪，聚相思泪”，寄托了自己的故国之情，此词用典运字都极其雅洁，句法浑成。陈廷焯本来对周密词评价不高，但《白雨斋词话》却认为这一首“词意兼胜，似此亦居然碧山矣”[③]。丁绍仪《听秋声馆词话》云：“宋末人词

① 陈廷焯：《词则·大雅集》卷三，第134页。
② 张德瀛：《词徵》卷五，《词话丛编》，第4162页。
③ 陈廷焯著，屈兴国校注：《白雨斋词话足本校注》卷二，第171页。

语馨旨远,浅涉者每视为留连景物而已,不知其忠愤之忱,恒寓於谐声协律中。”[①]此说于草窗后期咏物词颇合。

三、深有切劘　亦杂众长

周密虽是西湖吟社的领袖,但是历来对周密词艺术性的评价不一。大体而言,主要有以下两种意见。

一是从源流论其流派,兼而评判其词史地位,而有“二窗”相并之论。

陈廷焯说:“当时草窗盛负词名,玉田次之,碧山、西麓,名则不逮,即后世知之者亦不过数人。然千载下自有定论,一时得失,何足重轻。”[②]在“当时”与“后世”的比较中,虽未陈己见,但言语间已见其意。又明确说道:“周公瑾词,刻意学清真。句法字法,居然合拍。惟气体究去清真已远。其高者可步武梅溪,次亦平视竹屋。”[③]以之为周邦彦一派,但仅得字句之法,而气体不逮,只能追梅溪而平视竹屋。

另一代表性说法为戈载《周公瑾词选跋》:“草窗博闻多识,著述宏富,《癸辛杂识》、《齐东野语》之外,又有《浩然斋雅谈》,下卷词话,持论精确。所辑《绝妙好词》,采掇菁华,无非雅音正轨。故其词尽洗靡曼,独标清丽,有韶倩之色,有绵渺之思,与梦窗旨趣相侔,二窗并称,允矣无忝。其于律亦极严谨,盖交游甚广,深有切劘之益。”[④]兼及其学识及词选而论,以之在严于守律同时,可与梦窗相并。近于戈载所说的还有李慈铭《孟学斋日记》:“南宋之末,终推草窗梦窗两家,为此事眉目,非碧山竹屋辈所可颉颃。”[⑤]

二是在肯定其艺术成就同时,指出其不足,而有与玉田抗衡之见。

此以周济为代表。其《介存斋论词杂著》云:“公谨敲金戛玉,嚼雪盥花,新妙无与为匹。公谨只是词人,颇有名心,未能自克。故虽才情诣力,色色绝人,终不能超然遐举。”[⑥]又云:“草窗镂冰刻楮,精妙绝伦。但立意不高,取韵不远,当与玉田抗行,未可方驾王、吴也。”[⑦]即以之不及吴文英、王沂孙,只能与张炎相并。

夏敬观《吷庵词评》也认为周密词“色彩鲜新,音响调利,是其所长。然内心不深,则情味不永,是词才有馀,词心不足也”。“调利则无涩味,鲜新则非古彩,所以下梦窗一等。总之爱好太过,亦是一病”。又云:“白石恰到好处,效之者辄过。平情而论,调利最易,敛勒最难,白石手辣,故不病于调利。草窗、玉田所不能也。碧山差胜一筹。”[⑧]所见亦以草窗比玉田,以为不到白石、梦窗之境。

---

① 丁绍仪:《听秋声馆词话》卷一七,《词话丛编》,2790页。
② 陈廷焯著,屈兴国校注:《白雨斋词话足本校注》卷二,第212页。
③ 陈廷焯著,屈兴国校注:《白雨斋词话足本校注》卷二,第166页。
④ 戈载:《周公瑾词选跋》,《词籍序跋萃编》,第379页。
⑤ 李慈铭撰,由云龙辑:《越缦堂读书记》,第1227页。
⑥ 周济:《介存斋论词杂著》,《介存斋论词杂著·复堂词话·蒿庵论词》,第9页。
⑦ 周济:《介存斋论词杂著》,《介存斋论词杂著·复堂词话·蒿庵论词》,第14页。
⑧ 夏敬观:《吷庵词评》,《词学》第五辑,第207页。

王国维则从“枯槁”共论草窗、玉田：“朱子谓：‘梅圣俞诗，不是平淡，乃是枯槁’。余谓草窗、玉田之词亦然。”[①]

笔者认为，词人在词史上的地位高低，可以见仁见智，各有不同，对周密而言，应注意的是其在西湖吟社中的地位，沟通前后辈的作用，以及因此而汲取众长又不失个性的特点。

刘永济认为：

> 周济谓“草窗镂冰刻楮，精妙绝伦，但立意不高，取韵不远，当与玉田抗行，未可方驾王、吴也”。按草窗交游甚广，词友甚多，其词亦杂众长，有吴之丽而无其深，有王之工而无其郁，此周氏之所以谓其“未可方驾王、吴也”。[②]

这里所说的“词友甚多，其词亦杂众长”，若结合戈载“交游甚广，深有切劘之益”一说，对于理解周密词的艺术性是很有助益的。

周密作为宋季风雅派词人的领袖，具有自己的成熟风格。纵观他一百五十多首词，清绮、工丽、典雅、洁净，是最主要的特色，尤其是“清”与“雅”的统一。周济《介存斋论词杂著》虽对之评价不很高，却喻之为“敲金戛玉，嚼雪盥花”，又说“新妙无与为匹”，颇近于“清”“雅”相合之意。由于清与雅都是张炎所拈出的姜夔词之主要特点，因而论者多从姜夔论周密词的源流所自。自清初浙西词派朱彝尊、汪森等人以来，都以姜夔为南宋之大纛，认定吴文英、周密等十多人皆具有白石之一体。后来刘毓崧序周密词亦表此意：“周草窗之词，以姜白石为模范，与吴梦窗同志友善，并驱争先。”[③]然而，纵观周密的全部词作，却很难以“清空”“骚雅”概括之，因为草窗词在具有基本的艺术风格同时，又有多样的风貌。

詹安泰认为周密继承了姜夔清空骚雅的词风，因草窗为风雅一派，此说并非无由。但是，又如上面所引，陈廷焯就以之出于清真，戈载以之与梦窗相并，自是受到梦窗影响。草窗虽非方千里、杨泽民之对清真亦步亦趋，但他作词求协乐合律，此系美成所最擅，他既喜和美成韵，又多化用其成句，草窗词语言典雅精工，章法亦多有仿效，从而形成近于清真的艺术风格。因此，陈廷焯附之于“美成体”下，称周密“刻意学清真，句法字法，居然合拍”[④]。又说“草窗、西麓两家，则皆以清真为宗，而草窗得其姿态”[⑤]。虽说周密后期词与前期有很大不同，但谭献认为仍出于清真：

> 南渡词境高处，往往出于清真。（评周密《玉京秋》起句“烟水阔”）层折断续，

---

① 王国维：《人间词话删稿》，《蕙风词话·人间词话》，第235页。

② 刘永济：《微睇室说词》，第134页。

③ 刘毓崧：《通义堂文集》卷一三，《续修四库全书》集部第1546册，第562页。

④ 陈廷焯著，屈兴国校注：《白雨斋词话足本校注》卷二，第166页。

⑤ 陈廷焯著，屈兴国校注：《白雨斋词话足本校注》卷十，第745页。

镕炼沥液。(评周密《解语花》起句"暗丝罥蝶")[①]

与清初浙西派确立姜夔地位,视多人皆从姜出不同,清季学梦窗成风,故有不少人认为周密词出于吴文英,多有"二窗"并提之说。前已引,兹不赘。

因所处在宋末,加以读书甚广,交游又多,周密对前人丰富的文学遗产,对今人的创作实践,都很重视,能很好地学习、继承。不止于周邦彦、姜夔,吴文英三家,在他的词中还多少可以看出一些苏轼的影响,也有近于苏轼清雄风格的作品。如《闻鹊喜》(吴山观涛):

天水碧。染就一江秋色。鳌戴雪山龙起蛰。快风吹海立。　　数点烟鬟青滴。一杼霞绡红湿。白鸟明边帆影直。隔江闻夜笛。

陈廷焯《别调集》以之"前半雄肆,后半淡远"[②],所评甚确。又如《高阳台》(送陈君衡被召):

照野旌旗,朝天车马,平沙万里天低。宝带金章,尊前茸帽风欹。秦关汴水经行地,想登临、都付新诗。纵英游,叠鼓清笳,骏马名姬。　　酒酣应对燕山雪,正冰河月冻,晓陇云飞。投老残年,江南谁念方回。东风渐绿西湖柳,雁已还、人未南归。最关情,折尽梅花,难寄相思。

此词因陈允平受北朝干旌之召而作。上阕所写的照野旌旗、朝天车马、平沙万里、秦关汴水、叠鼓清笳,与草窗词所惯见的江南水软山温意象大为不同,而极具气势,配上骏马名姬的刚柔组合,极写行色之壮。下阕就朋友之别而赋离情,对于陈允平的出处不作褒贬,仅分言塞北之友,江南之己,虽或穷达不同,而情谊不改,故立足西湖而表范陆折梅寄托思念之意。笔下的燕山之雪、冰河月冻、晓陇云飞,亦壮阔之境。唐圭璋说:"此首送陈君衡北上,兼有豪侠俊逸之胜。起写途景,气概颇大。次写途情,胸次亦壮。一路饮酒赋诗,笳鼓喧喧,且有名姬相伴,写来何等风流旷达。换头,设想远去冰雪之域。'投老'两句,自伤无人顾念。'东风'两句,叹人去不归。着末备致怀念之意,殊觉真挚。"[③]兼及立意与气概,道出其特点。此等作品,确可以"雄肆"称之。因此,孙麟趾以"苍莽"取周密:"高淡、婉约、艳丽、苍莽,各分门户……欲苍莽,学《蘋洲》、《花外》。"[④]

草窗词以清雅典丽为主,又偶有雄肆苍莽之作,就不同的题材,表现出风采各异

① 谭献:《复堂词话》,《介存斋论词杂著·复堂词话·蒿庵论词》,第24页。
② 陈廷焯:《词则·别调集》卷二,第636页。
③ 唐圭璋:《唐宋词简释》,第224–225页。
④ 孙麟趾:《词迳》,《词话丛编》,第2557页。

的美学风貌，这在宋季临安词人群中几乎是仅见的，即使出于临安词人之外，大概也只有蒋捷与之类似。此外，周密还有意识地广为学习，其《效颦十解》似较辛弃疾的仿效他人更为丰富。计有：《四字令》（拟花间），《西江月》（延祥观拒霜拟稼轩），《江城子》（拟蒲江），《少年游》（宫词拟梅溪），《好事近》（拟东泽），《西江月》（拟花翁），《醉落魄》（拟参晦），《朝中措》（茉莉拟梦窗），《醉落魄》（拟二隐），《浣溪沙》（拟梅川）。除花间体外，所拟辛弃疾、卢祖皋、史达祖、张辑、孙惟信、赵汝茪、吴文英、李彭老、李莱老、施岳，都是南宋人，其中不少还是与自己有交游者。虽说模拟并非创造，但一如绘画，若无临摹之功，也是难以有所创造的，何况草窗之所拟，常有自己的创造。此处举其《少年游》（宫词拟梅溪）以观之：

帘消宝篆卷宫罗。蜂蝶扑飞梭。一样东风，燕梁莺院，那处春多。　晓妆日日随香辇，多在牡丹坡。花深深处，柳阴阴处，一片笙歌。

陆辅之《词旨》卷下将“花深深处，柳阴阴处，一片笙歌”列为警句。俞陛云说：“题云‘拟梅溪’，恐梅溪有此丽笔，或逊其浑成也。”[①]又如《醉落魄》（拟二隐）：

馀寒正怯。金钗影卸东风揭。舞衣丝损愁千褶。一缕杨丝，犹是去年折。　临窗拥髻愁难说。花庭一寸燕支雪。春花似旧心情别。待摘玫瑰，飞下粉黄蝶。

王闿运不以拟作论之，却认为“此亦偶然得句，而清艳天然，几于化工”[②]。因草窗善于在模拟中自创，故俞陛云说：“各家词中，间有拟古之作，草窗独多，作《效颦十解》，各极其致。赵瓯北赠袁随园诗云：‘古今只此笔数枝，怪哉公以一手持。’草窗其手持数笔乎？”[③]

周密除了多有乐律词调的自创外，其词的语言工巧典丽，清新雅致，又平易流畅，不失为风雅派的典范。而且，草窗词还在修辞上颇有创新：多运用叠字、叠词、并头、叠尾、对句、反复、串腰、顶针等多种修辞形式，使得所作富于变化。如：“欲成诗，未成诗，生怕春归春又归，花飞花未飞”（《长相思》），“二十四栏愁倚遍，空怅望，短长亭，长短桥”（《明月引》），“柳色翠迷山色，泉声清和蝉声”（《清平乐》），“几度问春春不语，春又到，到西湖，第几桥”（《明月引》）。至于“云无心，竹无心，我亦无心似竹云”（《吴山青·赋无心处茅亭》），“爱莺声，怕鹃声，人自多情，春去自无情。把酒问花花不语，花外梦，梦中云”（《江城子·拟蒲江》）等，则体现了重复中的变化，变化后又回环相连，

① 俞陛云：《唐五代两宋词选释》，第542页。
② 王闿运：《湘绮楼评词》，《词话丛编》，第4298页。
③ 俞陛云：《唐五代两宋词选释》，第539页。

节奏上回旋跌宕，声调谐美，具有音乐美、语言美，不乏民歌情调。草窗词在语言上力求典雅工巧，却又不避方言俗语，如《玲珑四犯》"海棠断勾"，《探春慢》"断勾元宵"，用"断勾"表将近[①]；《解语花》"芳信未端的"，"端的"表确定，又如"怕里"、"次第"、"生怕"等语，虽在北宋并不罕见，南宋豪放词和俚词也屡见不鲜，但宋末临安词人群中，每以"雅正中忽有一两句市井语"为"可惜"(沈义父《乐府指迷》)，周密却与众不同，实属难得。[②]

总之，虽说草窗在词史上的地位或难及姜夔、吴文英，甚而张炎、王沂孙，但其因"交游甚广，深有切劘之益"，转益多师，兼有众长又不失自家面目，在艺术上的成就是不能低估的。

第三节　咏物词家王沂孙

王沂孙(生卒年不详)，字圣与，号碧山，又号中仙、玉笥山人，会稽(今浙江绍兴)人。入元，于至元中曾为庆元路学正。有词集《花外集》，又名《碧山乐府》。

王沂孙是评价歧见较多的词人。朱彝尊《词综》对其未作褒贬："王圣与又号碧山，《碧山乐府》又名《花外集》。词皆春水、秋声、新月、落叶、物情之句，往往止有赠方秋崖、周公谨数阕，而曼声为多。"[③]其《乐府补题序》以之与张炎"大率皆宋末隐君子"[④]。清代的词论家对碧山词都评价甚高，最为称道的就是词中的"君国之忧"。尤其陈廷焯，更将碧山推为"词坛三绝"之一："词法之密，无过清真。词格之高，无过白石。词味之厚，无过碧山。词坛三绝也。"[⑤]甚至认为："以碧山较之，觉白石犹有未能免俗处。"[⑥]他认为王沂孙可与诗圣杜甫相拟：

> 少陵每饭不忘君国，碧山亦然。然两人负质不同，所处时势又不同。少陵负沈雄博大之才，正值唐室中兴之际，故其为诗也悲以壮。碧山以和平中正之音，却值宋室败亡之后，故其为词也哀以思。推而至于《国风》、《离骚》则一也。[⑦]

受传统的知人论世说影响，现代以来，对王沂孙的价值判断也出现了不同意见。刘毓盘感觉到对其出处认定的困难："《延祐四明志》曰：至元中，官庆元路正。与《乐府补题》宋遗民之说不合。周密赠以《踏莎行》词，有'清平梦远沉香北'

---

① 夏敬观：《吷庵词评》指出："《蘋洲渔笛谱》：《探春慢》(彩胜宜春)'句'读若彀，'断句'宋时俗语也。本集《玲珑四犯》云：'杏腮红透梅钿皱'，'断语'与'皱'叶。"见《词学》第五辑，第206–207页。

② 胡乐平：《周密词析论》，载《文学遗产》1987年第3期。

③ 沈雄：《古今词话·词评》卷上，《词话丛编》，第1011页。

④ 朱彝尊：《曝书亭集》卷三六，四部丛刊本。

⑤ 陈廷焯著，屈兴国校注：《白雨斋词话足本校注》卷二，第175页。

⑥ 陈廷焯著，屈兴国校注：《白雨斋词话足本校注》卷二，第176页。

⑦ 陈廷焯著，屈兴国校注：《白雨斋词话足本校注》卷二，第194–195页。

句。张炎悼以《洞仙歌》词，有'门自掩、柳发离离如此'句。似生平未尝一出也。"[1]而胡适却一反清人之见，就王沂孙的仕元而否定其词："清代的词人张惠言、周济等皆极推崇王沂孙……其实我们细看今本《碧山词》，实在不足取。咏物诸词至多不过是晦涩的灯谜，没有文学的价值。张惠言、周济等用汉儒说《三百篇》的方法去看宋人的咏物词，刻意求微言大义，故觉得碧山咏物的词多君国之忧，黍离之感……王沂孙曾做元朝的官，算不得什么遗民遗老。张炎挽他的词说：'蝴蝶一生花里，想如今醉魂未醒，夜台梦语秋声碎。'这样一只花蝴蝶，遭际亡国之变，有点感慨，如《高阳台》一词所表示，那是很自然的。我们正不必去深求什么微言大义。"[2]胡云翼也认为："王沂孙是宋末失节的词人之一，这就注定了他的词不可能像杜甫那么深切地'感时伤世'。"[3]

其实，若以王沂孙出为学正之为仕元，从而将他逐出宋遗民之列，并执此大加訾议，否认其家国时世之悲慨，未免太简单粗暴。诚然，《延祐四明志》为王沂孙同时代人袁桷所撰，当为可信，但清代著名学者全祖望曾论及王应麟被召为山长事，认为"山长，非命官，无所屈也"，以山长、学正俱为司儒之职，与厕立伪朝者不同。因而就难怪吴则虞谓胡适"彼昏不知，直斥为降志事仇"[4]了。

王沂孙才秀人微，姓氏不著于史乘，诗文尽佚，仅存词六十馀首。其词集名《花外集》，是有意区别于《花间集》，他的创作态度是严肃的，"花蝴蝶"作"花外"词，于情理不通，这一"雅谥"也为碧山所不受。

一、气清笔超　吐韵妍和

不少论家都将王沂孙视作姜夔一派。如李调元以王沂孙、张炎为学白石之佳者，摘句而论，以"韵胜"取碧山："其词以韵胜，如《琐窗寒》起句云：'趁洒梨花，催诗柳絮，一窗春怨。'末句云：'夜月荼蘼院。'皆倩丽宜人。"又引张炎论碧山之语："同时张叔夏炎亦作《琐窗》词，自注云：'王碧山其诗清峭，其词闲雅，有姜白石意趣，今绝响矣。'余悼之句云：'自中仙去后，词笺赋笔，便无清致。'又'料应也孤吟山鬼。那知人弹折素琴，黄金铸出相思泪'。可想见平生服膺矣。"[5]张炎所说的"清峭"、"清致"皆在"清"字上同于其所论姜夔之"清空"，而"意趣"亦为张炎论词之重，"闲雅"则是宋季风雅派词的共同之处。由此即可见对同派词人的认同。而李调元所拈出的"韵"，则曾见于《词林纪事》所引楼敬思评秦观词："如红梅作花，能以韵胜，觉清真亦无此气味也"[6]，《四库全书总目》亦以秦观词"情韵兼胜，在苏、黄之上"。"韵"者何义？"自三代秦汉，非声

---

① 刘毓盘：《词史》，第119页。
② 胡适：《词选》，第317页。
③ 胡云翼：《宋词选》，上海古籍出版社1978年版，第438-439页。
④ 吴则虞：《词人王沂孙事迹考略》，《文学遗产增刊》第七辑，中华书局1959年版，第145页。
⑤ 李调元：《雨村词话》卷二，《词话丛编》，第1414页。
⑥ 张宗橚：《词林纪事》卷六，张宗橚编，杨宝霖补正《词林纪事·词林纪事补正》，第409页。

不言韵;舍声言韵,自晋人始”[①],晋人始用之以品藻人物,王士禛所释甚确:“格谓品格,韵谓风神,”[②]而“韵”的又一主要含义即范温所说的“有馀意之谓韵”[③]。因此,碧山词之“以韵胜”,即既有“馀意”,又如李调元所说的“倩丽宜人”之“风神”。

李调元以外,陈廷焯亦云:“碧山词自是取法白石,风流潇洒,如春云秋月。令人爱不忍释手。”[④]“风流潇洒,如春云秋月”即碧山“韵胜”的表现。戈载循迹白石以论碧山,以“吐韵妍和”取之,并益之以意远、气清、笔超:

要其词笔,洵是不凡。予尝谓白石之词,空前绝后,匪特无可比肩,抑且无从入手。而能学之者,则惟中仙。其词运意高远,吐韵妍和。其气清,故无沾滞之音;其笔超,故有宕往之趣。是真白石之入室弟子矣。[⑤]

王沂孙之词确实具有以上所说的艺术特点。且看其《醉落魄》:

小窗银烛。轻鬟半拥钗横玉。数声春调清真曲。拂拂朱帘,残影乱红扑。　　垂杨学画蛾眉绿。年年芳草迷金谷。如今休把佳期卜。一掬春情,斜月杏花屋。

陈廷焯以之“婉丽中见幽怨”,并猜测其“殆亦借题言志耶?”[⑥]其实此词上片写闻歌,小窗银烛,轻鬟钗玉,朱帘残影,构成了极其温馨美妙的环境,所听者,则是遍传于青楼红袖的清真之词。下片写怀人,柳叶蛾眉,金谷芳草,却难卜归期,一掬春情,只在此间,斜月杏花,令人遥想伊人。上片为过去,美好的记忆已经“定格”,下片为今日,难期再会而只能怀想,并非另有寄托。此词写得轻灵秀丽,在时空的转换中抒发情怀,确是“吐韵妍和”,与李调元所说的“倩丽宜人”,陈廷焯所说的“风流潇洒,如春云秋月”甚合。

碧山《长亭怨》(重过中庵故园)一词,是感怀旧游之作:

泛孤艇、东皋过遍。尚记当日,绿阴门掩。屐齿莓阶,酒痕罗袖事何限。欲寻前迹,空惆怅、成秋苑。自约赏花人,别后总、风流云散。　　水远。怎知流水外,却是乱山尤远。天涯梦短。想忘了、绮疏雕槛。望不尽、冉冉斜阳,抚乔木、

---

① 《永乐大典》载范温《潜溪诗眼》语,转引自钱锺书《管锥编(四)》,第247–248页。
② 王士禛:《诗友诗传续录》,《清诗话》,上海古籍出版社1978年版,第154页。
③ 转引自《管锥编(四)》第247页。关于“韵”的由来及含义,可参《中国绘画思想史》,贵州人民出版社2002年版,第233–236页。
④ 陈廷焯:《云韶集》卷九,转引自《白雨斋词话足本校注》卷二,第174页。
⑤ 戈载:《王圣与词选跋》,《词籍序跋萃编》,第383页。
⑥ 陈廷焯著,屈兴国校注:《白雨斋词话足本校注》卷九,第705页。

年华将晚。但数点红英，犹识西园凄婉。

此词如俞陛云所说：

> 上阕之意，人在颓垣废苑间易生惆怅，况赏花人远，陈迹重重，尽逐烟云而散，能不惘然！下阕承上别后而言，水远而山外尤远，有恨如春草、更远更生之意，见离情之无际。我念故人，恐故人忘我，正愁心缥缈之时，顾斜日而嗟逝景，抚乔木而惜年芳，四望寂寥，惟数点残花，尚伴人凄婉。后半词意愈转而愈悲，如闻江上琵琶，声声掩抑也。①

在艺术上，感情的跌宕与文笔的起伏有完满结合，叙事的直起与回忆的逆入相得益彰，且寓情于景，变实为虚，是深沉与空灵的统一。

王沂孙与周密有过唱酬，《高阳台》（和周草窗寄越中诸友韵）为和作，虽表亡国之感，亦不失其清雅妍和的风致：

> 残雪庭阴，轻寒帘影，霏霏玉管春葭。小帖金泥，不知春在谁家。相思一夜窗前梦，奈个人、水隔天遮。但凄然，满树幽香，满地横斜。　江南自是离愁苦，况游骢古道，归雁平沙。怎得银笺，殷勤与说年华。如今处处生芳草，纵凭高、不见天涯。更消他，几度东风，几度飞花。

开头写冬尽春来景色，“小帖金泥，不知春在谁家”，是以宋代立春的宫中之俗，寓其亡国之感，较之周密原作化用刘禹锡诗，以“燕归何处人家”寓亡国之痛，表达得更为深刻。“相思”以下数句，变化卢仝《有所思》一诗，表其思念之情，“满树幽香，满地横斜”，意象极美，点出了周密所在的西湖孤山。下片写离愁，游骢古道，归雁平沙，是另一番景象，分隔二地，未能用银笺殷勤细说，处处芳草，不见天涯，离恨更重。最后感叹，年光催人老去，又能消得几度春风和飞花！词中善于化用前人诗句、意境，情景交融，极具清雅之美。怀人之意出以缠绵之笔，如陈廷焯所说：“无限哀感，一片热肠，反复低回，不能自已。”②谭献指出：“‘相思’句点逗清醒，换头又是一层勾勒。”③可见其章法之曲折顿挫，有宕往之致。

《齐天乐》（赠秋崖道人西归）则有显见的黍离之悲：

> 冷烟残水山阴道，家家拥门黄叶。故里鱼肥，初寒雁落，孤艇将归时节。江

---

① 俞陛云：《唐五代两宋词选释》，第572页。

② 陈廷焯：《词则·大雅集》卷四，第147页。

③ 谭献：《谭评词辨》，黄苏、周济、谭献选评《清人选评词集三种》，第168页。

南恨切。问还与何人，共歌新阕。换尽秋芳，想渠西子更愁绝。　当时无限旧事，叹繁华似梦，如今休说。短褐临流，幽怀倚石，山色重逢都别。江云冻结。算只有梅花，尚堪攀折。寄取相思，一枝和夜雪。

陈廷焯论道："'冷烟残水山阴道，家家拥门黄叶。'一起令人魂销。又云：'换尽秋芳，想渠西子更愁绝'，亦不堪多诵。后叠云：'短褐临流，幽怀倚石，山色重逢都别。'《黍离》、《麦秀》之悲。'山色'六字，凄绝，惊绝！觉'国破山河在'，犹浅语也"，认为"玉田感伤处，亦自雅正，总不及碧山之厚"。[①]

以上二首，显为宋亡后所作，虽非风流潇洒，却悲凄而不见衰飒之气，皆合于戈载所说的气清笔超、运意高远、吐韵妍和，用语构词、经营意象亦不失为"倩丽宜人"。

王沂孙毕竟以咏物词著称，其所咏者，既有比兴寄托，又有单纯的咏物。先看其纯粹咏物者。如《露华》：

晚寒伫立，记铅轻黛浅，初认冰魂。绀罗衬玉，犹凝茸唾香痕。净洗妒春颜色，胜小红、临水湔裙。烟渡远，应怜旧曲，换叶移根。　山中去年人到，怪月悄风轻，闲掩重门。琼肌瘦损，那堪燕子黄昏。几片故溪浮玉，似夜归、深雪前村。芳梦冷，双禽误宿粉云。

陈廷焯以之"字字精炼，句句雅秀，无一毫纤小之态"[②]。俞陛云则云："其下阕取径远而布势曲，无语不工，尤耐寻味。写溪上桃花，如三素仙姝，静夜向清波照影也。"[③]

《疏影》(咏梅影)：

琼妃卧月。任素裳瘦损，罗带重结。石径春寒，碧藓参差，相思曾步芳屧。离魂分破东风恨，又梦入、水孤云阔。算如今，也厌娉婷，带了一痕残雪。　犹记冰奁半掩，冷枝画未就，归棹轻折。几度黄昏，忽到窗前，重想故人初别。苍虬欲卷涟漪去，慢蜕却、连环香骨。早又是，翠荫蒙茸，不似一枝清绝。

此词写梅影，可谓曲尽形容。起头四字，殊为新颖，以下亦人亦梅，"芳屧"有曹植《洛神赋》思致，"离魂"、"梦入"，"也厌娉婷"诸语，拟人而赋物以情。下片由折梅归去而回忆故人，"苍虬"、"蜕骨"当指梅花之陨落，而翠荫蒙茸，则感叹时光易去，惜花中有惜别之意。词中以一痕残雪写梅之时，以黄昏窗前状梅之影，苍虬欲卷，连环香骨，翠荫蒙茸，皆摹状传神、奇思妙想之笔。

---

① 陈廷焯著，屈兴国校注：《白雨斋词话足本校注》卷二，第189–190页。
② 陈廷焯：《云韶集》，转引自王筱云《碧山词研究》，南京出版社1991年版，第185页。
③ 俞陛云：《唐五代两宋词选释》，第581页。

以上二词，皆可见以清超之笔作回曲之想，确是气清韵和，无沾滞之音，有宕往之趣。

以碧山追白石，还因《花外集》亦有清疏之作，与白石之“清空”为近。如《南浦》(春水)：

柳下碧粼粼，认麴尘乍生，色嫩如染。清溜满银塘，东风细、参差縠纹初遍。别君南浦，翠眉曾照波痕浅。再来涨绿迷旧处，添却残红几片。　葡萄过雨新痕，正拍拍轻鸥，翩翩小燕。帘影蘸楼阴，芳流去，应有泪珠千点。沧浪一舸，断魂重唱蘋花怨。采香幽径鸳鸯睡，谁道湔裙人远。

陈廷焯曰：“题极清秀，却合碧山手法。寄慨处，亦清丽闲雅。非蒋竹山，亦非周草窗也。”[①]又云：“寄慨处清丽纡徐，斯为雅正。玉田以‘春水’一篇得名，用冠词集之首，以中仙此篇较之，毕竟何如？”[②]

又《摸鱼儿》：

洗芳林、夜来风雨。匆匆还送春去。方才送得春归了，那又送君南浦。君听取。怕此际、春归也过吴中路。君行到处。便快折湖边，千条翠柳，为我系春住。　春还住。休索吟春伴侣。残花今已尘土。姑苏台下烟波远，西子近来何许。能唤否。又恐怕、残春到了无凭据。烦君妙语。更为我将春，连花带柳，写入翠笺句。

陈廷焯认为：“《花外集》中，惟此篇最疏快。风骨稍低，情词却妙。”[③]邓廷桢亦云：“圣与《摸鱼儿》‘洗芳林……’通体一气卷舒，生香不断，鄱阳家法，斯为嗣音矣。”[④]李佳也有近似之见：“余谓词，最宜清空，一气转折，方足陶冶性灵。碧山《花外集》(摸鱼儿)‘洗芳林……’，不须雕琢自佳。”[⑤]

碧山的清疏之作不多，虽与其主体风格有异，却无悖于气清笔超、吐韵妍和的总评。

二、借物言志　赋情独深

王沂孙六十多首词中，咏物近三十首，在宋季词人中是很独特的。这些咏物词，非但如邓廷桢所云：“王圣与工於体物，而不滞色相。”[⑥]张惠言还认为“并有君国之

---

① 陈廷焯：《云韶集》卷九，转引自《白雨斋词话足本校注》卷二，第181页。

② 陈廷焯：《词则·大雅集》卷四，第138页。

③ 陈廷焯著，屈兴国校注：《白雨斋词话足本校注》卷二，第191页。

④ 邓廷桢：《双砚斋词话》，《词话丛编》，第2532页。

⑤ 李佳：《左庵词话》卷上，《词话丛编》，第3109页。

⑥ 邓廷桢：《双砚斋词话》，《词话丛编》，第2532页。

忧"[①],周济承其所说,亦云:"中仙最多故国之感,故著力不多,天分高绝,所谓意能尊体也。"[②]张德瀛以南宋绘画的马远拟之:"王圣与多咏物词……家国之恨,恻然伤怀,殆画传中之马半角也。"[③]陈廷焯更将其推至词坛的最高位置。虽咏物不是大题材,但因另有寄寓,碧山词得到很高评价是不足为怪的。

王沂孙与周密、张炎等都是宋季风雅词风的代表,他们年辈不同,但都经历了鼎革之变,前半生过着诗酒酬酢的生活,后来目睹国亡,身经离乱,词风趋于深沉、哀婉。"情志之蓄愤益深,发而为言,婉而弥哀,放而弥痛。中仙、玉田之托物寓情,则其流也"[④]。而中仙与玉田相较,前者更以"婉而弥哀""托物寓情"的咏物词见长,其感情寄寓、政治喻托与相关艺术手法也更值得探讨。

作为艺术手法,"比"的基本意义在于"取象"的以物比物;"兴"的基本意义则在于"发端"兼"取义"的借物寓意。《文心雕龙・比兴》对二者有很好的解释:

> 故比者,附也;兴者,起也。附理者切类以指事,起情者依微以拟议。起情故兴体以立,附理故比例以生。[⑤]
>
> 夫比之为义,取类不常:或喻于声,或方于貌,或拟于心,或譬于事。[⑥]
>
> 观夫兴之托谕,婉而成章,称名也小,取类也大。[⑦]

综以上所言,"切类指事"和"依微拟议",通过取类来比义,进而托谕,则比与兴可合而言之了。因而,刘勰又将比兴作为一个完整的概念,并说:

> 诗人比兴,触物圆览。物虽胡越,合则肝胆。拟容取心,断辞必敢。[⑧]

刘勰所谓"拟容取心",就是以通过描摹、拟取物象,来表达所摄取的事理、情志。这样一来,"比兴"就与"寄托"紧密结合,且几成同义词了。

然而,"拟容取心"的比兴,是属于通过"拟"、"取"而借物言志的寄托,因而人们多对此着眼于与政教(家国)、怀抱(个人)相关的"志"。如谢章铤说:"香草美人,《离骚》半多寄托。朝云暮雨,宋玉最善微言。识曲得真,是在逆志。因噎废食,宁复知音?"[⑨]近人吴梅更明言道:"所谓寄托者,盖借物言志,以抒其忠爱绸缪之旨。三百篇之比

---

① 张惠言:《词选》卷二,第66页。
② 周济:《介存斋论词杂著》,《介存斋论词杂著・复堂词话・蒿庵论词》,第9页。
③ 张德瀛:《词徵》卷五,《词话丛编》,第4168页。
④ 刘永济:《词论》卷上,第57页。
⑤ 刘勰著,范文澜注:《文心雕龙注》,第601页。
⑥ 刘勰著,范文澜注:《文心雕龙注》,第602页。
⑦ 刘勰著,范文澜注:《文心雕龙注》,第601页。
⑧ 刘勰著,范文澜注:《文心雕龙注》,第603页。
⑨ 谢章铤:《赌棋山庄词话》卷四,《词话丛编》,第3367页。

兴,《离骚》之香草美人,皆此意也。”[1]

值得注意的是,以上这样理解“寄托”,还不能说是完整的。这在于刘勰自己在论比兴时,就未能讲明兴义,以致后人在由比兴而论寄托时,也带上了这种先天性的缺陷。黄侃《文心雕龙札记》极敏锐地看到、论到这点:

> 题云比兴,实侧注论比,盖以兴义罕用,故难得而繁称。原夫兴之为用,触物以起情,节取以托意,故有物同而感异者,亦有事异而情同者,循省六诗,可推举也。[2]

黄氏举《诗经》诸例,以明“物同而感异”与“事异而情同”,其实都是分析其政治喻托。但黄氏前论兴之为用,从“触物以起情,节取以托意”两端而言,后又以“取义差在毫厘,会情在乎幽隐”以应之。这样,在借物言志之外,又作了“起情”、“会情”的重要补充,使“寄托”成为完整的概念。

词与生俱来即以“缘情”而有别于“言志”之诗,且后人所论,又以“意内言外”为“词教”,因此词之寄托所别于诗者,深微幽隐之外,当为用情之深。周济所论的“非寄托不入,专寄托不出”,就看到“情”作为内驱力的作用:

> 赋情独深,逐境必寤,酝酿日久,冥发妄中,虽铺叙平淡,摹缋浅近,而万感横集,五中无主。[3]

况周颐《词学讲义》在论及“意内言外”时,就“无寄托出”作进一步发挥:

> 所贵乎寄托者,触发乎弗克自已,流露于不自知,吾为是词而所寄托者出焉,非因寄托而为是词也。[4]

况氏所言“触发乎弗克自已”,其实即周氏“赋情独深”之注脚,“流露于不自知”亦与“逐境必寤”近。二氏所论,道出了情的作用,情深则能储兴而成,触物而作,虽有托意而非强为,造就“能出”之境。

明乎“义”、“情”二端,兼顾“借物言志”与“赋情独深”,才能论碧山词之寄托。

碧山咏物之作,有的显以抒情见长。如《一萼红》(丙午春赤城山中题花光卷):

> 玉婵娟。甚春馀雪尽,犹未跨青鸾。疏萼无香,柔条独秀,应恨流落人

---

① 吴梅:《词学通论》,第3页。
② 黄侃:《文心雕龙札记》,第210页。
③ 周济:《宋四家词选目录序论》,《介存斋论词杂著·复堂词话·蒿庵论词》,第12页。
④ 况周颐:《词学讲义》,《蕙风词话·广蕙风词话》,第153页。

间。记曾照、黄昏淡月,渐瘦影、移上小栏干。一点清魂,半枝空色,芳意班班。　　重省嫩寒清晓,过断桥流水,问信孤山。冰粟微销,尘衣不浣,相见还误轻攀。未须讶、东南倦客,掩铅泪、看了又重看。故国吴天树老,雨过风残。

花光即华光长老仲仁,善以墨韵作梅花,扬无咎为入室弟子,改为淡墨白描。此词因丙午年(1306)在赤城山得睹华光梅花手卷而作,此时距宋亡已二十多年,但王沂孙仍难掩内心悲痛,藉词而发抒之。此词上片题梅花手卷,下片"问信孤山"是借孤山梅花系心故都宗国,而"东南倦客,掩铅泪、看了又重看"则明言自己的深情,最后的"故国吴天树老,雨过风残"感慨难尽。词因画而题,题而抒发故国之情,虽如陈廷焯所云"身世之感,君国之恨,一一可见"①,却是因物而生情,而非借物以寄情,属单纯的"赋情独深"。

《扫花游》(秋声)亦为此类:

商飙乍发,渐淅淅初闻,萧萧还住。顿惊倦旅。背青灯吊影,起吟愁赋。断续无凭,试立荒庭听取。在何许。但落叶满阶,惟有高树。　　迢递归梦阻。正老耳难禁,病怀凄楚。故山院宇。想边鸿孤唳,砌蛩私语。数点相和,更著芭蕉细雨。避无处。这闲愁、夜深尤苦。

此词抒发因羁旅中闻秋声引起的凄情,如陈廷焯所说:"前半檃栝永叔《秋声赋》,后半则自写身世飘零之感。"②愁情因秋声自然而生,虽咏物却非借而抒情言志,仍见"赋情独深"的特点。

碧山咏物词更多的、也最见其创作个性的,是那些因"赋情独深"而"逐境必寤,酝酿日久",遂托物而作,或借物以抒情,或借物以言志之作。如《水龙吟》(落叶)多有自己的身世之感:

晓霜初著青林,望中故国凄凉早。萧萧渐积,纷纷犹坠,门荒径悄。渭水风生,洞庭波起,几番秋杪。想重厓半没,千峰尽出,山中路、无人到。　　前度题红杳杳。溯宫沟、暗流空绕。啼螀未歇,飞鸿欲过,此时怀抱。乱影翻窗,碎声敲砌,愁人多少。望吾庐甚处,只应今夜,满庭谁扫。

陈廷焯特勾出此词中"渭水风生,洞庭波起,几番秋杪。想重厓半没,千峰尽出,山中路、无人到"数句,谓其"笔意幽冷,寒芒刺骨,其有慨于崖山乎"?③厓山为帝昺蹈

① 陈廷焯著,屈兴国校注:《白雨斋词话足本校注》卷二,第192页。
② 陈廷焯:《词则·大雅集》卷四,第145页。
③ 陈廷焯著,屈兴国校注:《白雨斋词话足本校注》卷二,第185页。

海之处，若以词中有匡山之慨，似过于拘泥而入于比附了。其实，从宋玉《九辩》以来，就因败叶而兴摇落之悲，后人“寻味前言，吟讽古制”（王昌龄《诗格》），“悲落叶于劲秋”（陆机《文赋》），几成思维定势。由词中“望中故国”及“望吾庐甚处”见，作者当在他乡。因客居在外，见寒霜初降，落叶纷纷，触发出一腔秋情，可谓自然。词中的“渭水风生”是否忆及朋友，“洞庭波起”是否思念所爱，我们无法证以本事，但下片的“题红”似涉后者，“飞鸿”又似有传书友朋之意。即使不管其义之所指，而“山中路，无人到”却是故家难回，故人难见，纵不言“望吾庐甚处”，也会为这“乱影翻窗，碎声敲砌”的落叶生愁了。匡山之慨难以指实，悯时伤乱之旨却不难味之，“前度题红杳杳，溯宫沟、暗流空绕”数句，借范摅《云溪友议》载卢渥应举时，临御沟而得宫女题诗之红叶一事，以抒旧日美好情事不堪追忆之感，因而就叶落悲秋而再兴红叶题诗之憾，寄寓身世之悲当是词中之重。

又如《绮罗春》（红叶）“玉杵馀丹”。诚然，词中“流水荒沟”、“秋苑斜阳”未尝不可看成以状故国，但作为题咏红叶的完整形象，则无疑是由红叶而触发出的身世之慨。起三句谓裴航成仙后遗下玉杵余丹，李后主绘画后剩下之色彩，将吴江孤枫重染，使之猩红如血。接着说，红叶并不长久，正如美人红颜易凋一样，“怨啼秋暮”使脂粉飘落，虽绛唇微注，风韵犹存，然绿鬓轻凋，毕竟徐娘已老，而“旧梦”与“新恨”，又岂非产生在今昔的境遇变化中？上语三句承上旧梦、新恨、自伤迟暮之“退”，“进”而以经新霜而色愈红，犹堪怜、招妒以自况。换头紧承上意，纵摇落渐少，西风老色，尚要争妍，此处赞美红叶亦是自赞。“二月残花”二句化用杜牧《山行》诗意。“重认取”数句，融化了红叶题诗的典故，人世沧桑的感慨中，将身世之叹织入于时世之感，倍觉深厚。最后以景语情，有馀不尽之中更觉凄婉哀怨。此词之成，显是作者酝酿日久之情，适触之于红叶，借而发之，咏物之中，使人有事异而情同之感。

以上两阕，虽为咏物，却又抒情，由于是触物兴感，自然而生，愁思混茫之中，虽难以指实托意，但环绕落叶与红叶，却构成完整的形象和意境，可见作者面目，体味其身世之悲。在另一些作品中，虽也是触物兴感，但所兴者侧重在家国之慨。如《水龙吟》（牡丹）：

晓寒慵揭珠帘，牡丹院落花开未。玉栏干畔，柳丝一把，和风半倚。国色微酣，天香乍染，扶春不起。自真妃舞罢，谪仙赋后，繁华梦、如流水。　池馆家家芳事。记当时、买栽无地。争如一朵，幽人独对，水边竹际。把酒花前，剩拚醉了，醒来还醉。怕洛中、春色匆匆，又入杜鹃声里。

前引《水龙吟》（落叶）为写秋，此阕为写春，理应况味不同。然碧山此作，仍是浸染悲愁，因为在抒发惜春之情中别有怀抱。起头的“晓寒”二句，写晨起时即关心院中牡丹是否已开。“玉栏”三句，既以院中玉栏、绿柳、和风映衬牡丹之鲜妍，又令人有李白《清平调》“沉香亭北倚栏干”之想。“国色”三句转而正面写牡丹形象，以“微酣”、“乍染”写出初开之状,为传神之笔。但作者并不从初开而想其盛开之繁艳,却掉转而跌落:“自真妃舞罢,谪仙赋后,繁华梦、如流水。”当年唐明皇赏牡丹而对妃子,太真善舞,实为解语之花,太白天才,《清平调》援笔立就,但乐极生悲,“渔洋鼙鼓动地来,惊破霓裳羽衣曲”,一代繁华即付逝水。过片转写“家家芳事”,在人人皆喜牡丹的风气中,竟然“买栽无地”。与其如此繁盛,还不如生在水边竹际,与幽人相对,伴之饮酒,伴之醒醉。最后三句生发开去,由牡丹而想到最盛此花的洛中,但并非向往魏紫姚黄的雍容华贵,却以萧条冷落之笔,写出盛时难久,繁华易逝。我们虽不知此词作于何时,但从“真妃舞罢”,“繁华梦,如流水”,及“怕洛中、春色匆匆,又入杜鹃声里”等句看,似当在宋亡之前,因此,与其说是向统治者示警,还不如说是以敏感的心灵发为谶语。在牡丹初开之时,不写对盛时富艳的向往,却担心春色难久,这正是国势日下之时的自然感慨,触于不自知,发于不能已,不是身世之感,而是家国之慨。

又如《眉妩》(新月):

渐新痕悬柳,澹彩穿花,依约破初暝。便有团圆意,深深拜,相逢谁在香径。画眉未稳,料素娥、犹带离恨。最堪爱、一曲银钩小,宝帘挂秋冷。　千古盈亏休问。叹慢磨玉斧,难补金镜。太液池犹在,凄凉处、何人重赋清景。故山夜永。试待他、窥户端正。看云外山河,还老尽、桂花影。

此词曾被张惠言评道:“此喜君有恢复之志,而惜无贤臣也。”[①]说得过于肯定,但“有恢复之志”一语,则道出了宋廷尚未完全覆亡的时代特点,联系词意看,是可信的。首三句以“渐”字领起,写新月缓缓升起。新月虽新,但已有团圆端倪,“深深拜”三字则传递出殷切盼望团圆之情。“画眉未稳”承新月而实写,“素娥”、“离恨”则逐渐关合人间憾事(暗用李商隐《嫦娥》诗)。接着又回到新月题面,以“银钩”挂“宝帘”赋之。下片明显转出托意:玉斧难补金镜,则金瓯尚缺;河山难以整治,太液池虽在,清景谁赋?昔日“太液池边看月时,好风吹动万年枝”(宋·卢多逊《新月应制》),如今故宫凄凉,池苑荒废,长夜漫漫,盛衰对照,哀感难驱。虽月圆可得,但国土沦丧,老尽桂影,真使人憾恨无穷。

牡丹的盛衰,月亮的圆缺,本身就易于引起对国势、人世变化的联想,触物而兴感,可谓极其自然。至于作者将这种感触写入词中,则是一个逆向的“节取以托意”的过程。读者从文字的昭示中,能通过“事异而情同”的联想,感受到作者寄托其中的思想意蕴,知人论世,循迹以求,无论是身世之悲还是家国之慨,都不难看到。

但是,碧山咏物词的主流,且最为人称道的是借物言志、以寓家国之慨的作品。如周济就称道“中仙最多故国之感”[②],陈廷焯则云:“碧山咏物诸篇,固是君国之忧。

---

① 张惠言:《词选》卷二,第66页。

② 周济:《介存斋论词杂著》,《介存斋论词杂著·复堂词话·蒿庵论词》,第9页。

时时寄托，却无一笔犯复，字字贴切故也。”[①]“时时寄托”、“字字贴切”正是这类借物言志、切类指事之作的特点。读此类作品，有别于前面触物兴感诸例。陈廷焯指出了其中关键：

> 《词选》云：“碧山咏物诸篇，并有君国之忧。”自是确论。读碧山词者，不得不兼时势言之，亦是定理。或谓不宜附会穿凿，此特老生常谈，知其一不知其二。古人诗词，有不容穿凿者，有必须考镜者，明眼人自能辨之。[②]

我们不妨“兼时势言之”，考察碧山所作。这类作品中最值得注意的就是《乐府补题》诸篇。《乐府补题》之作，曾有不少论者以之与杨琏真伽发掘会稽的宋帝六陵有关。周济首言唐珏赋白莲系为此而作，但未详考。夏承焘先生爰寻诸书，考证这一咏物集子“为自来词家所未有，宋人咏物之词，至此编乃别有其深衷新义”[③]。《乐府补题》所咏物凡五：龙涎香、白莲、蝉、莼、蟹，结合宋陵被发事，夏先生认为“大抵龙涎香、莼、蟹以指宋帝，蝉与白莲则托喻后妃”[④]。近年来词学界对杨髡发陵与《乐府补题》的关系另有考证，笔者无意介入讨论，此处也不再重复过去所见，不再论碧山《天香》（龙涎香）、《齐天乐》咏蝉的托意。

虽说《乐府补题》与发陵事并无关系，但碧山词中的比兴寄托仍是难以否定的。由于处在政治高压之下，“时时寄托”、“字字贴切”难以真正做到，论者或可以对夏承焘所说的“补题托物起兴，而又乱以他辞者，亦犹林景熙冬青之诗，必托为梦中之作也”[⑤]不以为然，但他所说的“观《杂识》（按，指周密《癸辛杂识》）续集上，记梁栋莫仑诗狱，元初文网之密可知”[⑥]却是很在理的。碧山《天香》的“铜仙铅泪”、“移盘去远”，与《齐天乐》之“铅水”，同出李贺《金铜仙人辞汉歌》，在作词属于用事典，但更能以史证之，史载：“仍命伯颜就遣宋内侍王埜入宫，收宋国衮冕、圭璧、符玺及宫中图籍、宝玩、车辂、辇乘、卤簿、麾仗等物。”[⑦]这岂非“辞汉”之哀？至如语尾的“谩想薰风”，又岂非借古逸“南风之薰兮，可以解吾民之愠兮。南风之时兮，可以阜吾民之财兮”。抒发怀想宋代盛时之痛？

此外，如《水龙吟》（白莲）二首的“抱凄凉、月中难认”，“望海山依约，时时梦想，素波千顷”；“翠云遥拥环妃，夜深按彻霓裳舞”，“太液荒寒，海山依约，断魂何许”，若说前者尚觉宽泛，后者“太液”故宫之荒寒、匡山之“依约”，岂非有指？“真妃”、“环妃”之

---

① 陈廷焯著，屈兴国校注：《白雨斋词话足本校注》卷二，第179页。
② 陈廷焯著，屈兴国校注：《白雨斋词话足本校注》卷二，第178页。
③ 夏承焘：《周草窗年谱》附录《乐府补题考》，《夏承焘集》第1册，第373页。
④ 夏承焘：《周草窗年谱》附录《乐府补题考》，《夏承焘集》第1册，第374页。
⑤ 夏承焘：《周草窗年谱》附录《乐府补题考》，《夏承焘集》第1册，第376页。
⑥ 夏承焘：《周草窗年谱》附录《乐府补题考》，《夏承焘集》第1册，第376页。
⑦ 陈邦瞻：《宋史纪事本末》卷一〇七，第1162页。

喻白莲,又岂非以唐喻宋?馀如《庆宫春》(水仙花)的“岁华相误,记前度、湘皋怨别。哀弦重听,都是凄凉,未须弹彻”。“国香到此谁怜,烟冷沙昏,顿成愁绝”。“试招仙魄,怕今夜、瑶簪冻折。携盘独出,空想咸阳,故宫落月”。《水龙吟》(海棠)的“叹黄州一梦,燕宫绝笔,无人解,看花意”。陈廷焯认为当指王清惠,亦非无据。碧山以人拟花,对照临安城破后随三宫被俘北去元都的诸多嫔妃,“空想咸阳”、“燕宫绝笔”等语,均非泛设。

借物言志、切类指事,以寄家国之慨,固是碧山词之一种类型。但碧山所作,可指实为切何类、指何事者并不很多。而且有些作品往往将国家之慨与身世之叹结合在一起,触物兴感与借物言志难分,可看成碧山词寄托的又一种类型,如《齐天乐》(萤):

> 碧痕初化池塘草,荧荧野光相趁。扇薄星流,盘明露滴,零落秋原飞燐。练裳暗近。记穿柳生凉,度荷分暝。误我残编,翠囊空叹梦无准。 楼阴时过数点,倚阑人未睡,曾赋幽恨。汉苑飘苔,秦陵坠叶,千古凄凉不尽。何人为省。但隔水馀晖,傍林残影。已觉萧疏,更堪秋夜永。

上片主于赋物。“碧痕初化”为萤之初生,以下状其光,言其飞,“误我残偏”句关合自己,并用车胤囊萤夜读事。下片转为抒情。以“幽恨”带出“汉苑”、“秦陵”,再益以“千古凄凉不尽”,亡国之恨已见其中。“何人为省?”谓知此恨者只有秋萤,实以萤自比,而萤之孤凄冷落,即自己身世之喻,家国之慨与身世之感浑然一体。

再如《庆清朝》(榴花):

> 玉局歌残,金陵句绝,年年负却薰风。西邻窈窕,独怜入户飞红。前度绿阴载酒,枝头色比舞裙同。何须拟,蜡珠作蒂,缃彩成丛。 谁在旧家殿阁,自太真仙去,扫地春空。朱幡护取,如今应误花工。颠倒绛英满径,想无车马到山中。西风后,尚馀数点,还胜春浓。

起三句即写了衰残之象,“负却薰风”似寓有未能效力于南宋之意,这“入户飞红”堪当人怜。然后,回忆了榴花盛时情景,“舞裙”、“蜡珠”、“缃彩”即其色泽、形象之拟。过片以跳跃性的联想伸展开去,自杨妃死后,“旧家殿阁”的繁盛不存,如同“扫地”而“春空”了。明皇与杨妃牵动了一个时代的兴亡,由唐而宋,藉联想而托意渐见。殿阁已旧,春天已矣,朱幡护花亦无必要。落英无人理会,但“负却薰风”的榴花竟能残存于西风时,“尚馀数点,还剩春浓”,还在努力留住春光。此词既是触物兴感,又见托物寄意。榴花既可作为春光(国势)的象征,而欲留春光的精神则又可看成是忠于宋室之士(包括作者),故张惠言云:“此言乱世尚有人才,惜世不用也。”[①]形象常

① 张惠言:《词选》卷二,第68页。

常大于思想，读者是能够生此之想的。

由上可见，碧山词所寄托者虽有或侧重于身世之感，或侧重于家国之慨的“情”、“志”之别，途径则有或触物抒感，或借物言志，或二者结合之别，但也难以绝对划分。

三、追琢中来　言近指远

碧山咏物词的寄托有什么特点呢？综前人所论，似可归纳为三：

第一，胸次恬淡，中正和平。

从前面所引作品看，碧山词是感情低黯而深挚的，外表显示出平静的哀恸。试读李后主的“多少泪，断脸复横颐。心事莫将和泪说，凤笙休向泪时吹，肠断更无疑！”(《望江南》)“胭脂泪，留人醉，几时重？自是人生长恨水长东！”(《乌夜啼》)等作，虽同为亡国之音，但与碧山的“欲寄故人千里，恨燕支太薄，寂寞春痕”(《一萼红》)。“想边鸿孤泪，砌蛩私语。数点相和，更著芭蕉细雨。避无处。这闲愁、夜深尤苦”。(《扫花游》)相较，前者激切、炽烈、直放悲声，后者平静、敛约、潜气内转。与同时代的刘辰翁相比，也有“中锋突进”与“着力不多”之别。即与词友张炎相较，蕴藉、缠绵为二人共有，但张逊王之深远、妍和，王逊张之苍凉、清畅。周济说过：

> 感慨所寄，不过盛衰：或绸缪未雨，或太息厝薪，或已溺已饥，或独清独醒，随其人之性情、学问、境地，莫不有由衷之言。见事多，识理透，可为后人论世之资。诗有史，词亦有史，庶乎自树一帜矣。[①]

除学问、境地外，造就碧山词寄托的独特性者，正是性情。辛弃疾感慨国事而又结合自身遭际的《摸鱼儿》，其“蛾眉曾有人妒”，“玉环飞燕皆尘土”，虽“赤心人少甘语”，但《蓼园词评》就认为“辞意似过于激切”[②]。刘克庄《贺新郎》的“回首望侯门天远。我有平生《离鸾操》，颇哀而不愠，微而婉。聊一奏，更三叹。”言自己不愿同流合污之怀抱，却未能真正做到“微而婉”。二人词中寄托之不同于碧山，除时势、境地外，更在于性情。陈廷焯论“沉郁”的一段话，可以看作注脚：

> 所谓沈郁者，意在笔先，神馀言外。写怨夫思妇之怀，寓孽子孤臣之感。凡交情之冷淡，身世之飘零，皆可于一草一木发之。而发之又必若隐若见，欲露不露，反复缠绵，终不许一语道破。匪独体格之高，亦见性情之厚。[③]

这里所说的沉郁，已将风格与寄托合为一体，而他所说的“沈郁”，在碧山词中

---

① 周济：《介存斋论词杂著》，《介存斋论词杂著·复堂词话·蒿庵论词》，第4页。

② 黄苏：《蓼园词评》，《词话丛编》，第3091页。

③ 陈廷焯著，屈兴国校注：《白雨斋词话足本校注》卷一，第20–21页。

完全可以印证。"匪独体格之高,亦见性情之厚",造就出碧山词"沈郁"的特点。但诚如前面所引陈廷焯关于杜甫与碧山相较的那段文字时所说,二人的"沈郁"是极不相同的。

宋亡前的拳拳之心,宋亡后的故国之思,是碧山"性情厚"的主要表现,但由于时代、身份、性格、襟抱诸原因,使之不是郁勃充沛,闳中肆外,而是"胸次恬淡,故黍离麦秀之感,只以唱叹出之,无剑拔弩张习气"[①]。陈廷焯更结合时势、个性言:

碧山以和平中正之音,却值宋室败亡之后,故其为词也哀以思。[②]

孔子以"思无邪"论《诗》,邢昺《论语注疏》释道:"诗之为体,论功颂德,止僻防邪,大抵皆归于正,故此一句可以当之也。"[③]其实如结合孔子所说的"《关雎》乐而不淫,哀而不伤"(《论语·八佾》),"思无邪"正是重视"中和之美"的思想体现。《论语集解》引孔安国说:"乐不至淫,哀不至伤,言其和也。"[④]孔子提倡以合度中节求毋失其正,毋伤其和,因而"和平中正"实是"温柔敦厚"的诗教之延伸。因而,碧山之"哀"不同于后主之"伤",其"微婉"也有异于辛派词人之"激切"。既延"诗教"馀绪,又合较为软弱的士大夫、文人口味,碧山词之在乾嘉以来,因常州词派尊词体而被推举,在清末更被赞誉,也就不足怪了。"不得中行而与之,必也狂狷乎! 狂者进取,狷者有所不为也。"(《论语·子路》)。如果说碧山合于"中道",则稼轩近"狂",白石近"狷",陈廷焯之以碧山为最高,也自有他的道理了。

胸次恬淡与中正和平是密切相关的,二者本应互为因果,但碧山本性并非恬淡,他是奉行"中道"而"只以唱叹出之",故"恬淡"是见于外者,深厚才是内里。这是需要辨明的,否则并非真知碧山。

第二,性灵中出,追琢中来。

沈祥龙说:

咏物之作,在借物以寓性情。凡身世之感,君国之忧,隐然蕴于其内,斯寄托遥深,非沾沾焉咏一物矣。如王碧山"咏新月"之《眉妩》,"咏梅"之《高阳台》,"咏榴"之《庆清朝》,皆别有所指,故其词郁伊善感。[⑤]

沈氏道出了碧山词"借物以寓性情"的特点。然而,这种寄寓通过什么途径呢?不妨看看况周颐所论:

---

① 周济:《宋四家词选目录序论》,《介存斋论词杂著·复堂词话·蒿庵论词》,第13页。

② 陈廷焯著,屈兴国校注:《白雨斋词话足本校注》卷二,第194–195页。

③ 阮元校刻:《十三经注疏·论语注疏》卷二,第2461页。

④ 何晏:《论语集解》,郑玄注,何晏集解《孝经·论语集解》,新兴书局1973年版,第17页。

⑤ 沈祥龙:《论词随笔》,《词话丛编》,第4058页。

以性灵语咏物，以沈著之笔达出，斯为无上上乘。

咏物如何始佳……题中之精蕴佳，题外之远致尤佳。自性灵中出佳，从追琢中来亦佳。[1]

况氏虽反对"呆寄托"，以"触发乎弗克自已，流露于不自知"的寄托为贵，但"辞"必须通过"达"之一径，"自性灵中出"者为"以性灵语咏物"，"从追琢中来"者则"以沈著之笔达出"。词中寄托，大体有以上两类，而碧山词之寄托，则具有"性灵中出"与"追琢中来"相结合的特点。

当然，真正"流露于不自知"是难称为寄托的，而"触发乎弗克自已"，作者"自性灵中出"，读者读之几不见迹象者，可看成前一类。如苏轼《卜算子》的孤鸿形象，辛弃疾《青玉案》(元夕)的佳人形象，前者"自写在黄州之寂寞"(黄蓼园语)，后者"自怜幽独，伤心人别有怀抱"(梁启超语)，正是情感难已，触物而发，出自性灵。难以一一指实，亦不必一一指实，空灵蕴藉之中，却不能否认其托意。

碧山咏物词虽未到上述苏、辛词之境，但他以善感善觉之心，遇可感可觉之境，亦能在性灵流露的同时，精心构思、组织形象，将"性灵中出"与"追琢中来"统一在一起，达到较高的成就。《花外集》以咏物为主，而咏物中又多有寄托，碧山才秀人微，又无藏山传人之想，本不必多作门面语，以大言欺人，因而其寄托确是性灵的流露。"看来碧山为词，只是忠爱之忱，发于不容已，并无刻意争奇之意，而人自莫及，此其所以为高"[2]，如此论碧山，可谓知人。因此，碧山对落叶、红叶、新月、秋蝉、流萤等，常怀"感时花溅泪，恨别鸟惊心"之情，情因物感，出之自然。但诚如薛砺若所说："碧山生当异族势力完全统御着中国的时代，敢怒不敢言……因此，他和南唐后主能直接抒写自己的亡国恨又不相同——盖久处积威之下，与后主乍失南面之尊，易于奋激不同也。"[3]故在后主为直抒胸臆，碧山却要"追琢中来"。张炎说：

诗难于咏物，词为尤难。体认稍真，则拘而不畅；摹写差远，则晦而不明。要须收纵联密，用事合题。[4]

对于有寄托的咏物词来说，除"收纵联密"、讲求离合外，还要如刘熙载所说：

词深于兴，则觉事异而情同，事浅而情深。[5]

---

① 况周颐：《蕙风词话》卷五，《蕙风词话·广蕙风词话》，第99-100页。
② 陈廷焯著，屈兴国校注：《白雨斋词话足本校注》卷二，第178页。
③ 薛砺若：《宋词通论》，第319-320页。
④ 张炎：《词源》，《词源注·乐府指迷笺释》，第20页。
⑤ 刘熙载：《艺概》卷四《词曲概》，第118页。

这样一来，碧山词的"追琢"除常用的譬喻、比拟外，还要以幻化、象征、暗喻等手法，来"节取以托意"，使之"深于兴"，试看咏蝉的又一首《齐天乐》"绿槐千树西窗悄"。上片以人写蝉，然而"饮露身轻，吟风翅薄"又分明是蝉的特征，有收有纵，不即不离；下片以蝉寄慨，"空忆斜阳身世"、"馀音"、"断魂"，事异情同，凄切之至。词是咏蝉，但蝉是人之幻化，难怪周济认为"此身世之感"了。再如《无闷》(雪意)，所用是象征手法，词以雪意象征亡国的现实。《眉妩》(新月)的新月本身，就可谓国土难圆的象征。至于碧山词中常出现的骊宫、太液、铜仙、铅泪、宫魂、移盘、真妃、罗袜、汉苑、秦陵等语，都是以用典来作暗喻，以见寄托。

碧山词尽管有以上的幻化、象征、暗喻等种种"追琢"，但毕竟是真正出自性灵，为情造文，而未变为雕琢。故戈载以之"运意高远，吐韵妍和"。可见，虽是"追琢中来"，毕竟未成"沾滞之音"，导致"拘而不畅"，"有宕往之致"而非"晦而不明"。

第三，餍心切理，言近指远。

寄兴深微之作，本易行于衰世。宋之季世，元蒙虎吻垂于北疆，统治者却仍然漏舟狂歌，非但不纳忠谏，而且防民之口甚于防川，作词而掩抑其辞实成为一时习尚。宋亡之后，面对新朝的政治高压，为避时忌，更易入于婉转低回，深隐要眇。碧山青年时期多与朋辈唱和越中，诗酒弦管，实也是不得有为而为之。国亡之后，眷怀故国，不便明言又不忍不言，遂以词托物寄意，言其黍离麦秀之悲。

清人论词，多言寄托，尤以常州词派最力。张惠言《词选序》论道：

> 传曰："意内而言外，谓之词"……感物而发，触类条鬯，各有所归，非苟为雕琢曼辞而已。[①]

张氏首从立意上尊词体，以"意内言外"倡寄托，认为词之感物而发，应义有所归。沈祥龙对"意内言外"四字有很好解释：

> 词贵意藏于内，而迷离其言以出之，令读者郁伊怆快，于言外有所感触。[②]

这样理解"意内言外"则近于寄托了。读者可从"外言"的表层义探知"内意"的深层义，此即刘熙载"语浅而情深"之意。但是，钱锺书先生曾为之辨析：

> 夫"言外之意"，说诗之常，然有含蓄与寄托之辨。诗中言之而未尽，欲吐复吞，有待引申，俾能圆足，所谓"含不尽之意，见于言外"，此一事也。诗中所未尝

① 张惠言：《〈词选〉序》，张惠言《词选》，第7页。
② 沈祥龙：《论词随笔》，《词话丛编》，第4048页。

言,别取事物,凑泊以合,所谓"言在于此,意在于彼",又一事也。[①]

"言此意彼"是寄托的真正特点,与刘熙载"事异情同"之说近。但对碧山咏物词的寄托,无论是"意内言外",还是"言此意彼",都未能道出其独特个性。相较之下,周济所说的"碧山餍心切理,言近指远"[②],则庶几近之。

碧山词之寄托不似苏轼《水调歌头》(中秋词)、《卜算子》,不是结合政治情况感叹自己的穷通出处,亦非周邦彦《六丑》的"自叹年老远宦,意境落寞"(黄苏语),甚至不同于他的挚友张炎以《解连环》(孤雁)悲慨身世。碧山词固有个人悲愁之寄,但个人境遇与国家命运息息相关,而且更多的、更主要的是关切国事,是寄托亡国之痛,所以是真正的"指远"。然而题面所在,却多为花鸟卉木、风雪雨露,词中意象也多为轻灵细小之物,不似辛弃疾的"斫去桂婆娑"(《太常引》),"青山遮不住"(《菩萨蛮》),"汗血盐车"、"千里骏骨"(《贺新郎》),堪称"言近"。只有感时伤世之旨才称得上"指远",只是中正和平才出以"言近",符合其性情、学问、境地,否则与其襟抱不类,则为狂怪之言。

从"言近指远"怎样达于"餍心切理"呢?碧山既对国事深怀忧虑,宋亡后则无比悲恸,又以其敏感的心灵去感受周围环境,移情于物,使内心情感与所咏之物融合无间,正是"怨慕幽思,本诸忠厚,而运以顿挫之姿,沈郁之笔"[③]。达到"声容调度,一一可循"[④]的境地。不浮泛,不游离,既不空廓,又不拘泥,读其词非仅能得所咏事物之形神,且能感触体味其中情理。在透过了使事用典的隔膜后,即之愈久,味之愈深。至其托兴深微之处,虽一时难明意旨,但因其难已之情亦使读者深受感染,诵读思索中,不难体会其深沉郁积、曲折盘旋之力。

写来"切理",既不失形、神,又用事合题,切中事理,不忘大旨;读来"餍心",既非字比句附,寸步不移,又非神龙无迹,感发与思索并到,情之体验与理之品味俱至。

碧山词之寄托虽有以上的特点,形成独特的面目,在词史上占据应有的一席,但其不足处亦不必讳言。非仅题材单一,而且多为寄托之作,亦必然带来弊病。早在南朝之时,钟嵘就在《诗品序》中指出:

若专用比兴,则患在意深,意深则词踬。[⑤]

"言近指远"固有其长,但意深、词踬,倘未经诠释,一般人难以达到"餍心切理"之境,也就难以形成感发之力。黄侃在《文心雕龙札记》中说:

---

① 钱锺书:《管锥编(一)》,第217页。
② 周济:《宋四家词选目录序论》,《介存斋论词杂著·复堂词话·蒿庵论词》,第12页。
③ 陈廷焯著,屈兴国校注:《白雨斋词话足本校注》卷二,第176页。
④ 周济:《宋四家词选目录序论》,《介存斋论词杂著·复堂词话·蒿庵论词》,第12页。
⑤ 钟嵘著,曹旭集注:《诗品集注》,第45页。

涯的写照，因而他常以怀念故园写心中感受。如《声声慢》(己亥岁，自台回杭，雁旅数月，复起远兴，余冉冉老矣，谁能重写旧游编否)：

穿花省路，傍竹寻邻，如何故隐都荒。问取堤边，因甚减却垂杨。消磨纵然未尽，满烟波、添了斜阳。空叹息，又翻成无限，杜老凄凉。　一舸清风何处，把秦山晋水，分贮诗囊。发已飘飘，休问岁晚空江。松陵试招旧隐，怕白鸥、犹识清狂。渐溯远，望并州、却是故乡。

词作于元成宗大德三年(1299)，张炎从天台回杭，漂泊日久，重寻故居，然而看到面貌大改的故乡，他只能和当年的杜甫面对安史乱后的长安一样。过片"一舸清风何处，把秦山晋水，分贮诗囊"，是自己流浪生活的美化，虽说自已甘于隐居，可不必作年岁之叹，而当年的白鸥"犹识清狂"，现实却是为了生计还得远行。结句出于唐人刘皂的《旅次朔方》："客舍并州数十霜，归心日夜忆咸阳。无端又渡桑乾水，却望并州似故乡。"张炎祖籍西秦，数代居杭，过去在杭而思故乡，如今漂泊不定，思念杭州也是思念故乡了。词中甚见悲凉，却非哀恸，烟波斜阳、一舸清风、秦山晋水、岁晚空江等，清丽中颇饶远韵。

再如《长亭怨》(旧居有感)：

望花外、小桥流水，门巷愔愔，玉箫声绝。鹤去台空，佩环何处、弄明月。十年前事，愁千折、心情顿别。露粉风香，谁为主、都成消歇。　凄咽。晓窗分袂处，同把带鸳亲结。江空岁晚，便忘了、尊前曾说。恨西风、不庇寒蝉。便扫尽、一林残叶。谢杨柳多情，还有绿阴时节。

此词虽也是感念故园之作，但所重却在故人，上阕的"鹤去台空"，下阕的"晓窗分袂"，可见府邸无人，征衫远去，垂杨尚可转绿，罗带无可同结。但是，却如梁启勋所说："王孙落魄，重过故国，感伤不能自已，然'恨西风'以下数句，则极风流蕴藉之致。"[1] 以上诸作，皆合于刘熙载所说，是"凄怆缠绵"运之以"清远蕴藉"。

周济说："玉田词，佳者匹敌圣与"但又说"叔夏所以不及前人处，只在字句上著功夫，不肯换意。""近人喜学玉田，亦为修饰字句易，换意难。"[2]而玉田词也确实以修饰字句见长，论者也多从警句取之。陆辅之《词旨》摘录了张炎诸多警句，吴衡照说："陆辅之《词旨》，摘乐笑翁警句十馀条。阅《山中白云》，警句殆不止此，因为之补。"所补者是：

能几番游，看花又是明年。　　　　——《高阳台》(西湖春感)

---

① 梁启勋：《词学》下编，第6页。

② 周济：《介存斋论词杂著》，《介存斋论词杂著·复堂词话·蒿庵论词》，第10页。

梨花落尽，一点新愁，曾到西泠。——《庆春宫》(都下寒食……)
十年前事翻疑梦，重逢可怜俱老。——《台城路》(遇汪菊坡……)
折芦花赠远，零落一身秋。——《甘州》(别沈尧道，并寄赵学舟)
却笑归来，石老云荒，身世飘然一叶。——《疏影》(北归与诸友夜酌》)
怕依然、旧时归燕，定应未识南冷。最怜他、树底荐红不语，背人吹尽。
——《琐窗寒》(旅窗孤寂，雨意垂垂，买舟西渡未能也)
未了清游兴，又飘然独去，何处山川。——《忆旧游》(寄沈尧道诸公
记小舟夜悄，波明香远，浑不见、花开处。——《水龙吟》(白莲)
回潮似咽。送一点愁心，故人天末。——《台城路》(寄陈文卿)
依稀倩女离魂处，缓步出、前村明节。——《疏影》(梅影)
江风紧。一行柳阴吹暝。——《梅子黄时雨》(病后别罗江诸友)
杨花点点是春心，替风前、万花吹泪。——《西子妆慢》(野游江上)
雅淡不成娇，拥玲珑春意。——《真珠帘》(梨花)
恨西风不庇寒蝉，使扫尽、一林残叶。——《长亭怨》(旧居有感)
水痕吹杏雨，正人在、隔江船。——《木兰花慢》(舟行)①

这些警句，大部分属于抒发凄怆缠绵之情者，却又出之以清远蕴藉。

二、清丽圆转　间以壮阔

张炎词以警句为人所见赏，上面所引者固然多凄怆缠绵，同时也可见清丽婉转。陈廷焯说“玉田工于造句，每令人拍案叫绝”②，亦摘出多句，其中不乏清雅流丽、婉转轻圆者，如：

古台半压琪树，引袖拂寒星……鹤衣散影都是云。
——《忆旧游》(大都长春宫)
疏风迎面，湿衣原是空翠。——《湘月》(山阴道中)
只有一枝梧叶，不知多少秋声。——《清平乐》
夜气浮山，晴晖荡目，无寻秋处。——《台城路》(为湖天赋)
一叶红心冷，望美人不见，隔浦难招。旧时认得鸥鹭，重过月明桥。
——《忆旧游》(寄友)

而且不仅是字句工炼婉丽，整篇亦复如此。如《真珠帘》(梨花)：

---

① 吴衡照：《莲子居词话》，《词话丛编》，第2407-2408页。
② 陈廷焯著，屈兴国校注：《白雨斋词话足本校注》卷二，第201页。

绿房几夜迎清晓，光摇动、素月溶溶如水。惆怅一株寒，记东阑闲倚。近日花边无旧雨，便寂寞、何曾吹泪。烛外。谩羞得红妆，而今犹睡。　琪树皎立风前，万尘空独挹，飘然清气。雅淡不成娇，拥玲珑春意。落寞云深诗梦浅，但一似、唐昌宫里。元是。是分明错认，当时玉蕊。

俞陛云说："玉田此作，用'东阑一枝雪'、'寂寞泪阑干'、'落寞梦中云'等句，隶事雅切，确是梨花，且景中有人在。'玲珑春意'四字描写得神。'烛外'三句言红妆之酣睡，以见梨花之雅淡……"[①]既用事雅切，又描写传神，且措语用词极为婉丽，用其词中语评之，真是"雅淡不成娇，拥玲珑春意"。

但是，这只是玉田词的一面，其另一面则是清旷甚而壮阔。戴表元《送张叔夏西游序》曾说：张炎"饮酣气张，取平生所自为乐府词自歌之，噫呜宛抑，流丽清畅，不惟高情旷度，不可亵企，而一时听之，亦能令人忘去达穷得丧所在。"[②]既"流丽清畅"，又有"高情旷度"，甚至具有"能令人忘去穷达得丧所在"的感染力。张炎之所以不同于王沂孙，除了因他在青年时已亡国毁家，所过的贵胄王孙生活较短外，当与他个人的性格较为旷达有关。因此，其词也见证了"风格即人"的原理。陈廷焯所摘句中，就不乏气象阔大者。如：

扣舷歌断，海蟾飞上孤白。　　——《壶中天》(夜渡古黄河)
山空天入海，倚楼望极，风急暮潮初　——《渡江云》(山阴久客寄王菊存)
海日生残夜，看卧龙和梦，飞入秋冥。还听水声东去，山冷不生云。
——《忆旧游》(登蓬莱阁)
记横笛玉关高处，万叠沙寒，雪深无路。　　——《长亭怨》(饯菊泉)

陈廷焯《云韶集》有云："玉田词亦是取法白石，而风度高远，襟期旷达，不独入白石之室，几欲与之颉颃。"[③]"风度高远，襟期旷达"二语可谓甚知玉田。又云："玉田词骨韵之高，所不待言，而一种萧疏放荡幽深玄远之怀，又可以占其人品。"[④]

且看被陈廷焯摘句称赏的《壶中天》(夜渡古黄河，与沈尧道、曾子敬同赋)全词：

扬舲万里，笑当年底事，中分南北。须信平生无梦到，却向而今游历。老柳官河，斜阳古道，风定波犹直。野人惊问，泛槎何处狂客。　迎面落叶萧萧，水流沙共远，都无行迹。衰草凄迷秋更绿，惟有闲鸥独立。浪挟天浮，山邀云去，银浦横空碧。扣舷歌断，海蟾飞上孤白。

① 俞陛云：《唐五代两宋词选释》，第623–624页。
② 戴表元：《剡源集(三)》卷一三，第201页。
③ 陈廷焯：《云韶集》卷九，转引自《白雨斋词话足本校注》卷二，第199页。
④ 陈廷焯：《云韶集》卷九，转引自《白雨斋词话足本校注》卷二，第199页。

陈廷焯评曰:“豪情壮采,如太原公子裼裘而来。”①俞陛云则云:“此为集中杰作,豪气横溢,可与放翁、稼轩争席。写渡河风景逼真,起句有南渡时神州分裂之感。‘闲鸥独立’句谓匹夫志不可夺。夏闰庵云:‘非特苍凉悲壮,且确是渡河而非渡江。’下阕虽写景,而‘衰草’、‘闲鸥’句兼以书感,名句足敌白石。”②

又《甘州》(庚寅岁,沈尧道同余北归,各处杭越。逾岁,尧道来问寂寞,语笑数日,又复别去。赋此曲并寄赵学舟):

> 记玉关、踏雪事清游。寒气脆貂裘。傍枯林古道,长河饮马,此意悠悠。短梦依然江表,老泪洒西州。一字无题处,落叶都愁。　　载取白云归去,问谁留楚佩,弄影中洲。折芦花赠远,零落一身秋。向寻常、野桥流水,待招来、不是旧沙鸥。空怀感,有斜阳处,却怕登楼。

谭献评曰:“一气旋折,作壮词,须识此法。白石嘤求稼轩,脱胎耆卿,此中消息,愿与知音人参之。”③陈廷焯亦云:“苍凉悲壮,盛唐人悲歌之诗,不是过也。”④俞陛云谓之“上阕‘短梦’以下四句,能用重笔,力透纸背,为《白云词》中所罕。‘折芦花’二句传诵词苑,咸推名句”⑤。陈匪石《宋词举》对之分析甚详,最后说道:“在玉田词中,为直抒胸臆之作,通篇一气直下,不使一提笔、转笔、衬笔,尤见力量。”⑥连不甚欣赏张炎的夏敬观,也在《吷庵词评》中有“健爽”之评。

再如《忆旧游》(登蓬莱阁):

> 问蓬莱何处,风月依然,万里江清。休说神仙事,便神仙纵有,即是闲人。笑我几番醒醉,石磴扫松阴。任狂客难招,采芳难赠,且自微吟。　　俯仰成陈迹,叹百年谁在,阑槛孤凭。海日生残夜,看卧龙和梦,飞入秋冥,还听水声东去,山冷不生云。正目极空寒,萧萧汉柏愁茂陵。

蓬莱阁在绍兴卧龙山下,为浙江名胜,宋亡后,周密曾登临并作词,张炎此作与之立意措语均不同。以问句领起,总冒上片,人事大改而风景依旧,故有二、三两句,蓬莱本为神仙所居,来到这里却清醒地意识到不要说神仙之事,而退一步说,如今无业无家,置身世外,不也就是神仙吗?然而仅自己一人醒醉,伴着松阴石磴,无伴无侣,只有独自微吟。当年王羲之也在绍兴写下《兰亭序》,感慨“向之所欣,俯仰之间,已为

---

① 陈廷焯:《词则·大雅集》卷四,第159页。
② 俞陛云:《唐五代两宋词选释》,第620页。
③ 谭献:《复堂词话》,《介存斋论词杂著·复堂词话·蒿庵论词》,第24页。
④ 陈廷焯:《词则·大雅集》卷四,第164页。
⑤ 俞陛云:《唐五代两宋词选释》,第622页。
⑥ 陈匪石:《宋词举》,《宋词举》(外三种),第18页。

陈迹”,念及此,如今独自凭栏,自有百年谁在之叹了。最后七句写景,“海日生残夜”为王湾《次北固山下》诗句,“卧龙”即卧龙山,“飞入”化静为动,而“山冷不生云”又复归于静。杨琏真伽发掘了绍兴的南宋六陵,唐珏收遗骨瘗于兰亭山,植冬青以作标识,故结语借汉武帝的茂陵松柏以言之。此词充满哀思,但造境却开阔深远,清空幽峭,且运以飞动之力,又抑扬变化,故张德瀛以之“可与张伯玉《蓬莱阁诗》、王十朋《蓬莱阁赋》并传”①。

张炎长期生活在“杏花春雨江南”,故北上领略了“骏马秋风冀北”之后,得江山之助而有《壶中天》与《甘州》之作,而他的《台城路》(为湖天赋)却应是南国水乡风光:

扁舟忽过芦花浦,闲情便随鸥去。水国吹箫,虹桥问月,西子如今何许。危阑漫抚。正独立苍茫,半空飞露。倒影虚明,洞庭波映广寒府。　鱼龙吹浪自舞。渺然凌万顷,如听风雨。夜气浮山,晴晖荡日,一色无寻秋处。惊凫自语。尚记得当时,故人来否。胜景平分,此心游太古。

上阕写水景而入夜景。作者乘扁舟而行,闲情随鸥渐去,回忆水国吹箫、虹桥问月的旧时,不由得问如故人一般的西湖如今如何?现在独立苍茫,漫抚危栏,露生半空,月影清虚,洞庭波涌,一派虚明澄彻之景。换头的“鱼龙吹浪自舞”,令人想起姜夔的“高柳垂荫,老鱼吹浪,留我花间住。”(《念奴娇》),而“渺然凌万顷”,则出于苏轼《前赤壁赋》的“纵一苇之所如,凌万顷之茫然”,境界极其开阔。耳边的波涛如风雨之声,“夜气浮山”,则有“气蒸云梦泽,波撼岳阳城”(孟浩然《望洞庭湖赠张丞相》)之概。到了白天,变为“晴晖荡日,一色无寻秋处”,转而问受惊飞起的野鸭,设想其将来不知是否还记得自己当时曾来过。结句谓美景使人难忘,让人似乎回到了太古。“西子如今何许”,“尚记得当时,故人来否”,在追忆往昔中透出了故国之思,应景生情,所写境界高旷而雄浑,可见其胸襟气概。

沈祥龙《论词随笔》指出:

词于清丽圆转中,间以壮阔之句,力量始大,玉田词往往如此。四言如“浪挟天浮,山邀云去”,五言如“月在万松顶”,七言如“衰草凄迷秋更绿”等句,皆气象壮阔,不作纤纤之态,但可付女郎低唱也。②

而“清丽圆转”与“壮阔”实可视作玉田的两面,论者多以张炎与姜夔相并,而“清丽”、“壮阔”则应是继白石之“清空”,越之而上得苏轼之“清雄”的结果。陈廷焯曾道:“玉田《迈陂塘》后半阕云:‘休重省。莫问山中秦、晋,桃源今度难认。林间却是长生

① 张德瀛:《词徵》卷五,《词话丛编》,第4168页。
② 沈祥龙:《论词随笔》,《词话丛编》,第4056页。

路，一笑无非捷径。深更静，待散发吹箫，鹤背天风冷。凭高露饮。正碧落尘空，光摇半壁，月在万松顶。'沈郁以清超出之，飘飘有凌云之意。冲厚虽不及碧山，然自出草窗、西麓上。"①"沈郁"之思出以"清超"之笔，确是玉田词的一大特点，而"飘飘有凌云之意"，又可令人想起戴表元所说的"高情旷度"来。

三、空灵婉丽 稍逊沉厚

吴梅说："玉田词皆雅正，故集中无俚鄙语，且别具忠爱之致；玉田词皆空灵，故集中无拙滞语，且又多婉丽之态。"②读《山中白云词》，确能给人以雅正、空灵、婉丽，不俚鄙、无拙滞的印象。而由于宋季咏物词创作很是兴盛，他的词友如王沂孙，更以咏物见长，张炎也颇多此类作品，若以吴梅上说相衡，可尤见于玉田的咏物词。

试看其集中第一首《南浦》(春水)：

> 波暖绿粼粼，燕飞来、好是苏堤才晓。鱼没浪痕圆，流红去、翻笑东风难扫。荒桥断浦，柳阴撑出扁舟小。回首池塘青欲遍，绝似梦中芳草。　和云流出空山，甚年年净洗，花香不了。新渌乍生时，孤村路、犹忆那回曾到。馀情渺渺，茂林觞咏如今悄。前度刘郎归去后，溪上碧桃多少。

此词为张炎赢得了"张春水"之誉，陈廷焯有"深情绵邈，意馀于言，自是佳作"③之评。虽说不少人都对此词得盛名表示不解，但陈匪石有一很好的解释："玉田以'春水'词得名……余昔以其平淡无异人处，心甚疑之。沤尹朱祖谋号先生曰：'此词虽无新奇可喜之处，然吾尝试为之，终不能及。玉田之安详合度，是即其可传处也。'夫词之平淡无奇，而他人为之辄不能及，则其境深远矣。"④作为张炎的前期代表作，此词写得不粘不脱，清新雅畅，无论用语运典还是谋篇布局，都如朱祖谋所说的"安详合度"。

再如《探春慢》(雪霁)：

> 银浦流云，绿房迎晓，一抹墙腰月淡。暖玉生烟，悬冰解冻，碎滴瑶阶如霰。才放些晴意，早瘦了、梅花一半。也知不做花看，东风何事吹散。　摇落似成秋苑。甚酿得春来，怕教春见。野渡舟回，前村门掩，应是不胜清怨。次第寻芳去，灞桥外、蕙香波暖。犹妒檐声，看灯人在深院。

全词紧扣一"霁"字，所写形神兼到。上阕写景，形容刻画细腻。下阕写人，由人而物，情景两得。此词尤擅化用前人诗句，如"暖玉生烟"，出李商隐《锦瑟》的"蓝田日

① 陈廷焯著，屈兴国校注：《白雨斋词话足本校注》卷二，第208页。
② 吴梅：《词学通论》，第64页。
③ 陈廷焯著，屈兴国校注：《白雨斋词话足本校注》卷二，第199页。
④ 陈匪石：《旧时月色斋词谭》，《宋词举》(外三种)，第216页。

暖玉生烟”,以之形容冰雪消融如日暖时的良玉生烟,兼得其态其神。以梅花消瘦比雪之消融,亦十分生新。“也知不做花看,东风何事吹散”,化用岑参诗“忽如一夜春风来,千树万树梨花开”(《白雪歌送武判官归京》)。换头的“摇落似成秋苑”,写冰雪消融后树上的残败,出李贺《三月》的“梨花落尽成秋苑”。虽所用甚多,却不觉堆垛,是缘于化用而非搬用。

张炎早年因《南浦》(春水)而有“张春水”之号,宋亡后又因其《解连环》(孤雁)而得“张孤雁”的称誉。此词云:

> 楚江空晚。怅离群万里,怳然惊散。自顾影、欲下寒塘,正沙净草枯,水平天远。写不成书,只寄得相思一点。料因循误了,残毡拥雪,故人心眼。　谁怜旅愁荏苒。谩长门夜悄,锦筝弹怨。想伴侣、犹宿芦花,也曾念春前,去程应转。暮雨相呼,怕蓦地、玉关重见。未羞他、双燕归来,画帘半卷。

《历代词话》曾引周密语,合评其春水、孤雁两名作云:

> 乐笑翁张炎词如“荒桥断浦,柳阴撑出渔舟小”,赋春水入画。其咏孤雁云:“自顾影欲下寒塘,正沙净草枯,水平天远。写不成书,只寄得、相思一点。”如此等语,虽丹青难画矣。①

唐人崔涂的《孤雁》诗为人所称道:“几行归塞尽,念尔独何之?暮雨相呼失,寒塘独下迟。渚云低暗度,关月冷相随。未必逢矰缴,孤飞自可疑!”张炎此词,既自喻孤雁,在物我交融中表现了失群之苦和漂泊之感,又在细致刻画中有幽微的寄托,合其寄意与艺术,应在崔涂之上,是咏物词中的上品之作。俞陛云尤称其下阕“‘伴侣’以下数语替孤雁着想……借喻人事,亦停云之谊,故剑之思也。结句以双燕相形,别饶风致,且自喻贞操也。”②刘永济则认为:

> 此词乃托辞孤雁以寓身世之感……过拍三句从雁书想到苏武使匈奴被留,用雁传书至汉故事,又由苏武使北,想到投身北庭故人。此数句中,“相思”、“叹因循误了”等词,最宜体会。“相思”乃己怀念投北之人之情,“叹因循误了”又是“叹”雁传信太迟,误了“故人”相望之“心眼”。用词非常委婉……细按全词,用笔空灵,用意微婉,极尽托物抒情之能事,故时人至以孤雁品题人,非虚美也。③

---

① 王奕清:《历代词话》卷八,《词话丛编》,第1254页。
② 俞陛云:《唐五代两宋词选释》,第612页。
③ 刘永济:《微睇室说词》,第137–138页。

但是,陈匪石在肯定其“于小中见大”,“尤以刻画新警为工”,并细析此词的托意后,又郑重指出其“渐开纤巧之端”,告诫“学者宜审此中分寸”。[①]

张炎的咏物词确有近于纤巧者。如《红情》(《疏影》《暗香》,姜白石为梅着语,因易之曰《红情》《绿意》,以荷花荷叶咏之):

> 无边香色。记涉江自采,锦机云密。剪剪红衣,学舞波心旧曾识。一见依然似语,流水远、几回空忆。看□□、倒影窥妆,玉润露痕湿。　　闲立。翠屏侧。爱向人弄芳,背酣斜日。料应太液。三十六宫土花碧。清兴凌风更爽,无数满、汀洲如昔。泛片叶、烟浪里,卧横紫笛。

俞陛云说:

> 此词上阕之“一见依然”二句,下阕之“料应太液”二句见作意,馀近平弱。夏闰庵评云:“与姜白石赋梅,同一寄托而不如白石。彼是忧危语,此是凭吊语,亦时为之也。”起笔“无边香色”四字与咏荷叶之起句均佳。[②]

虽有佳处,但“馀近平弱”之评,同一寄托而不如白石之“忧危语”,可见虽曲尽形容,却在纤新精巧中难见深厚重拙之意。

玉田托物寄意的咏物词堪称形象浑成,如《绮罗香》(红叶):

> 万里飞霜,千林落木,寒艳不招春妒。枫冷吴江,独客又吟愁句。正船舣、流水孤村,似花绕、斜阳归路。甚荒沟、一片凄凉,载情不去载愁去。　　长安谁问倦旅。羞见衰颜借酒,飘零如许。谩倚新妆,不入洛阳花谱。为回风、起舞尊前,尽化作、断霞千缕。记阴阴、绿遍江南,夜窗听暗雨。

此词开局很有气势,“寒艳不招春妒”,以红叶在秋寒之时,不与春花争艳,自喻高洁。“甚荒沟、一片凄凉,载情不去载愁去”,用红叶题诗之典,用得浑化无迹。若谓此词的上片是重在咏红叶本身,其下片则寄托了自己的情志。“谩倚新妆,不入洛阳花谱”,是说红叶虽其美如花,但由于并不是花,因此不能入于洛阳花谱,这显是自喻,虽富有文才,却不愿为新朝所用,无意于与众花争宠,“为回风”二句,愿自己如红叶之化作断霞,犹争馀生之绚烂,而最后的由秋而春,绿叶阴阴,布满江南,则如“化作春泥更护花”之意。许昂霄曾评说道:“绮罗香(甚荒沟,一片凄凉二句)用事无迹。(后段)弹丸脱手,不足喻其圆美也。(羞见衰颜借酒二句)比拟最切。(谩倚新妆二句)香山诗:

---

① 陈匪石:《宋词举》,《宋词举》(外三种),第15页。

② 俞陛云:《唐五代两宋词选释》,第646页。

'醉貌如红叶,虽红不是春。'"[①]陈廷焯亦云:"'寒艳'六字新警。'甚荒沟'三句,情词兼工,少游之匹也。镂金错彩之笔,抚时哀世之作。"[②]

词坛双白(白石道人、山中白云)为论者所称,邓廷桢更认为:"西泠词客石帚而外,首数玉田。论者以为堪与白石老仙相鼓吹。要其登堂拔帜,又自壁垒一新。盖白石硬语盘空,时露锋芒;玉田则返虚入浑,不啻嚼蕊吹香。"[③]玉田又与碧山为词友,刘熙载以为二人情韵相近:"今观张、王两家情韵极为相近,如玉田《高阳台》之'接叶巢莺',与碧山《高阳台》之'浅萼梅酸',尤同鼻息。"[④]但是,若就咏物而言,玉田却难以上攀白石,平视碧山。周济说:"初学词求有寄托,有寄托、则表里相宣,斐然成章。既成格调、求无寄托,无寄托、则指事类情,仁者见仁,知者见知。"[⑤]以上面的《绮罗香》而言,由于此词几乎句句作比,句句有指,写得太实,留有寄托的痕迹,难以做到极虚极活,见仁见知,还难逮白石、碧山。

玉田的咏物词有隶事用典雅切、善于描形传神之长,可由于未臻"指事类情,仁者见仁,知者见知"之境,能细腻精巧而未能沉厚重拙,故陈廷焯说:"南宋词家,白石、碧山,纯乎纯者也。梅溪、梦窗、玉田辈,大纯而小疵,能雅不能虚,能清不能厚也。"[⑥]又说,"张玉田词,如并剪哀梨,爽豁心目,故诵之者多。至谓可与白石老仙相鼓吹。(仇仁近语)惟精警处多,沈厚处少,自是雅音,尚非白石之匹","玉田词感伤时事,与碧山同一机轴,只是沉厚不及碧山"[⑦]。

不过,张炎既有一代文学的理论总结《词源》,又精于乐律,其词的数量、题材都多于、广于王沂孙,艺术成就也足以作为由宋入元词人的殿军。张宗橚《词林纪事》引楼敬思所说:"南宋词人,姜白石外惟张玉田能以翻笔、侧笔取胜。其章法、句法俱超,清虚骚雅,可谓脱尽蹊径,自成一家。迄今读集中诸阕,一气卷舒,不可方物,信乎其为山中白云也。"[⑧]《词洁辑评》亦曰:"美成如杜,白石兼王、孟、韦、柳之长。与白石并有中原者,后起之玉田也。"[⑨]钱斐仲则说:"乐笑翁词,清空一气,转折随手,不为调缚。丽不杂,淡不泛,斯为圣乎。余谈古人词,惟心折于张、姜两家而已。"[⑩]都对张炎评价很高。

戈载《张叔夏词选跋》,侧重在如何学玉田之词,发表了详尽、独到之见:

---

① 许昂霄:《词综偶评》,《词话丛编》,第1566页。
② 陈廷焯:《云韶集》卷九,转引自张炎著,吴则虞校辑《山中白云词》,第190页。
③ 邓廷桢:《双砚斋词话》,《词话丛编》,第2532页。
④ 刘熙载:《艺概》卷四《词曲概》,第112页。
⑤ 周济:《介存斋论词杂著》,《介存斋论词杂著·复堂词话·蒿庵论词》,第4页。
⑥ 陈廷焯著,屈兴国校注:《白雨斋词话足本校注》卷二,第175页。
⑦ 陈廷焯著,屈兴国校注:《白雨斋词话足本校注》卷二,第197页。
⑧ 张宗橚:《词林纪事》卷一六,张宗橚编,杨宝霖补正《词林纪事·词林纪事补正》,第868页。
⑨ 先著、程洪:《词洁辑评》卷五,《词话丛编》,第1367页。
⑩ 钱斐仲:《雨华庵词话》,《词话丛编》,第3011页。

玉田之词，郑所南称其“飘飘征情，节节弄拍”。仇山村称其“意度超元，律吕协洽”，是真词家之正宗。填词者必由此入手，方为雅音。玉田云：“词欲雅而正。”“雅正”二字，示后人之津梁，即写自家之面目。知此二字者，始可与论玉田词。盖世之词家，动曰能学玉田，此易视乎玉田而云然者，不知玉田易学而实难学。玉田以空灵为主，但学其空灵而笔不转深，则其意浅，非入于滑，即入于粗矣。玉田以婉丽为宗，但学其婉丽而句不炼精，则其音卑，非近于弱，即近于靡也。故善学之，则得门而入，升其堂，造其室，即可与清真、白石、梦窗诸公互相鼓吹，否则浮光掠影，貌合神离，仍是门外汉而已。

抑更有进者焉，善学古人，当取古人之是者学之。玉田诚不可学，而不可学之一端，则其用平上去三声之韵也。凡词各有宫调，宫调者，六律六吕皆有五音，演而为宫为调。宫者，正宫、道宫、黄钟宫、仙吕宫之类；调者，越调、商调、大石调、正平调之类，其起调毕曲，当用何字，有一定不易之则，起者始韵，毕者末韵，而又有“住字”以别之。白石所谓“住字”，即玉田所谓“结声”，收足本音，方能融入本调。词之合律与否，全在乎韵。韵有四呼、七音、三十一等，而其要则穿鼻、展辅、敛唇、抵腭、直喉、闭口六条，予《词林正韵·例言》中已详言之。玉田则真、文、庚、青、侵杂用，真、文为抵腭韵，庚、青为穿鼻韵，侵为闭口韵；亦有寒、删间杂覃、盐，寒、删亦抵腭，覃、盐亦闭口，皆断不能通者。南宋词人多不经意之作。取其便易，玉田亦未能免俗，此其不可学者也。至入声韵，则屋、沃不混仁、药，质、陌不混月、屑，极见谨严。今人用韵自喜泛滥，每从玉田藉口，而入声韵则又不肯从之，岂非不学古人之是，而反学古人之非乎？况玉田三百首中，不合韵者仅三十七首，此亦偶然之误耳。奈何借古人之小疵，以为藏身之固，文过之端，吾甚为玉田冤已。[1]

玉田本为一代词学乐律大师，对乐律持见甚苛，戈载尚以之有用韵之失，可见晚清学者于此道钻研之深之精。依戈载之见，词人皆应为音韵专家，但如此作词，束缚太大，未免斫杀活色生香，此亦晚清词家虽精于词学，所作却未得后人赞赏的主要原因。如此，王国维、胡适等学者之倡境界、讥“词匠”，也不失为对症之针砭。

第五节　西湖吟社成员之词

在论述了宋季风雅派三大家之后，还要回过头来补论他们的前辈，续论他们的同辈。前辈们或在词的乐律上有很多独到的贡献，或在创作上起了承上启下的作用，其中不乏在艺术上很有建树，或较有特色者。同辈中虽难有在艺术上与三家并肩者，但也具有自己的特点。三大家之外，最重要的当是陈允平，拟作较全面的论述，其馀则

---

① 戈载：《张叔夏词选跋》，《词籍序跋萃编》，第402–403页。

简论之。

一、取法清真 清丽芊绵:陈允平

陈允平(1205? —1280?),字君衡,一字衡仲,号西麓,四明(今浙江宁波)人。淳祐三年(1243)为余姚令,罢去,往来吴越间,留杭较久。德祐间,授沿海制置司参议官。宋亡后,征至大都,不受官,放还。有《西麓诗稿》一卷、词《西麓继周集》一卷,《日湖渔唱》一卷。

《西麓继周集》之取名,寓意自显,此集中和清真词者逾百首,较方千里、杨泽民都多,因拘限太多,艺术上也难有多少创造。可由于西麓经历了宋朝之亡,有易代之悲,其《日湖渔唱》又颇多自抒其情者,其词从总体而言,是远在方、杨二家之上的。秦恩复《日湖渔唱序》云:"西麓词清丽芊绵,小令尤为擅长,其和周清真韵者甚多,知其胎息于前人者深也。"[①]在"胎息于前人"同时,陈允平仍有自己的面貌。陈廷焯就说:"西麓亦是取法清真,集中和美成者,十有二三,想见服膺之意。特面目全别,此所谓脱胎法。"[②]

西麓词的主要特征是立意与风格的和平婉雅。如张炎《词源》所说:"近代陈西麓所作,本制平正,亦有佳者。"[③]陈廷焯亦持此论,并引张炎所说曰:

> 陈西麓词,和平婉雅,词中正轨。张叔夏云:"词欲雅而正,志之所之,一为情所役,则失其雅正之音。""近代陈西麓所作,平正亦有佳者"。夫平正则难见其佳,平正而有佳者,乃真佳也。求之于诗,《十九首》后,其惟陶渊明乎? 词惟西麓近之。有志于古者,三复西麓词,一切流荡忘反之失,不化而化矣。[④]

又云:

> 西麓词在中仙、梦窗之间。沈郁不及碧山,而时有清超处。超逸不及梦窗,而婉雅犹过之。[⑤]

试看其《八宝妆》(秋宵有感):

> 望远秋平。初过雨、微茫水满烟汀。乱蒹疏柳,犹带数点残萤。待月重帘谁共倚,信鸿断续两三声。夜如何,顿凉骤觉,纨扇无情。　还思骖鸾素约,念凤

---

① 秦恩复:《日湖渔唱序》,《词籍序跋萃编》,第370页。
② 陈廷焯著,屈兴国校注:《白雨斋词话足本校注》卷二,第163页。
③ 张炎:《词源》,《词源注·乐府指迷笺释》,第28页。
④ 陈廷焯著,屈兴国校注:《白雨斋词话足本校注》卷二,第159页。
⑤ 陈廷焯著,屈兴国校注:《白雨斋词话足本校注》卷二,第160页。

箫雁瑟，取次尘生。旧日潘郎，双鬓半已星星。琴心锦意暗懒，又争奈、西风吹恨醒。屏山冷，怕梦魂、飞度蓝桥不成。

词中景物与心情相关，情真而语至，表其不堪回首之意，却出以温婉之语。虽周济认为此词“无健举之笔，沈挚之思，学之必使生气汩丧”，但“和平婉丽，最合世好”[①]一说，却是道出其特点的。陈廷焯对西麓词颇为欣赏，评此词并及于全集曰：

西麓《八宝妆》起句云：“望远秋平。”起四字便耐人思，却似《日湖渔唱》词境，用作西麓全集赞语，亦无不可。[②]

又发知人论世之见，其《大雅集》云：

“琴心”二句，其有感于为制置司参议官时事乎？然不肯仕元之意，已决于此矣，正不必作激烈语。[③]

再如《绮罗香》(秋雨)：

雁宇苍寒，蛩疏翠冷，又是凄凉时候。小揭珠帘，夜润唾花罗皱。饶晓鹭、独立衰荷，溯归燕、尚栖残柳。想黄花，羞涩东篱，断无新句到重九。　孤檠清梦易觉，肠断唐宫旧曲，声迷宫漏。滴入愁心，秋似玉楼人瘦。烟槛外、催落梧桐，带西风、乱捎鸳甃。记画檐，灯影沉沉，共裁春夜韭。

许昂霄认为“以此接武梅溪，亦如骖之有靳”[④]。陈廷焯《大雅集》说：“字字锤炼，却极醇雅，是西麓本色。”[⑤]《白雨斋词话》则以之：“字字锤炼，却极和雅……俱耐人玩味。”[⑥]

西麓曾作《西湖十咏》组词，引起周密争胜之念而和作之。陈廷焯比较陈、周之作而以西麓为高：

西麓《西湖十咏》，多感时之语，时时寄托，忠厚和平，真可亚于中仙。下视草窗十阕，直不足比数矣。如《探春》(苏堤春晓)云：“搔首卷帘看，认何处六桥烟

① 周济：《宋四家词选眉批》，《词话丛编》，第1657页。
② 陈廷焯著，屈兴国校注：《白雨斋词话足本校注》卷二，第161页。
③ 陈廷焯：《词则·大雅集》卷三，第123页。
④ 许昂霄：《词综偶评》，《词话丛编》，第1563页。
⑤ 陈廷焯：《词则·大雅集》卷三，第124页。
⑥ 陈廷焯著，屈兴国校注：《白雨斋词话足本校注》卷二，第162页。

柳。"《秋霁》(平湖秋月)云:"对西风凭谁问取,人间那得有今夕。应笑广寒宫殿窄。露冷烟淡,还看数点残星,两行新雁,倚楼横笛。"《扫花游》(雷峰夕照)云:"可惜流年,付与朝钟暮鼓。"《蓦山溪》(花港观鱼)云:"宫沟泉滑,怕有题红句。钩饵已忘机,都付与人间儿女。濠梁兴在,鸥鹭笑人痴,三湘梦,五湖心,云水苍茫处。"《齐天乐》(南屏晚钟)云:"御苑烟花,宫斜露草,几度西风弹指。"似此之类,皆令人思。读之既久,其味弥长。诸词作于景定癸亥岁,阅十馀年宋亡矣。"三湘梦"三句推开说,先生其有遗世之心乎?①

又说:

题咏西湖十景,惟陈西麓感时伤事,得风人之正。草窗《木兰花慢》十阕,泛写景物,了无深义。②

平心而论,西麓尚有感慨,而草窗则纯为写景,陈廷焯所说不诬。就艺术而言,此组词清雅、工整、芊丽、柔婉。试看《探春》(苏堤春晓):

上苑乌啼,中洲鹭起,疏钟才度云窈。篆冷香篝,灯微尘幌,残梦犹吟芳草。搔首卷帘看,认何处、六桥烟柳。翠桡才舣西泠,趁取过湖人少。 掠水风花缭绕。还暗忆年时,旗亭歌酒。隐约春声,钿车宝勒,次第凤城开了。惟有踏青心,纵早起、不嫌寒峭。画阑闲立东风,旧红谁扫。

《秋霁》(平湖秋月):

千顷玻璃,远送目斜阳,渐下林阒。题叶人归,采菱舟散,望中水天一色。碾空桂魄。玉绳低转云无迹。有素鸥,闲伴夜深,呼棹过环碧。 相思万里,顿隔婵媛,几回琼台,同驻鸾翼。对西风、凭谁问取,人间那得有今夕。应笑广寒宫殿窄。露冷烟淡,还看数点残星,两行新雁,倚楼横笛。

写景状物,写出了难以移易的特定环境特点,在略见怅惘中有人世、年光之叹,格调宛然流美,清虚雅致。李调元《雨村词话》摘其好句,并以"清丽芊绵"统言之:

西湖八景词,古今咏者甚多,唯陈西麓允平词皆可传。如《苏堤春晓》云:"惟有踏青心,纵早起,不嫌寒峭。"《平湖秋月》云:"采菱舟散,望中水天一色。"《断桥

① 陈廷焯著,屈兴国校注:《白雨斋词话足本校注》卷二,第164页。
② 陈廷焯著,屈兴国校注:《白雨斋词话足本校注》卷九,第709页。

残雪》云："苇衫毡帽，冷香吹上吟鞭。"《雷峰落照》云："暝烟带树，有投林鹭宿，凭楼僧语。"《花港观鱼》云："宫沟泉滑，怕有题红句。"《南屏晚钟》云："鱼板敲残，数声初入万松里。"皆清丽芊绵之作也。①

西麓虽倾心于清真，却有近于白石之处，以致后来的论家亦有指其出于白石之论。如谢章铤云："王沂孙、张炎、周密、陈允平之徒，皆以夔为宗。"②看其《百字令》(断桥残雪)：

凝云冱晓，正蘼花才积，荻絮初残。华表翩跹何处鹤，爱吟人在孤山。冻解苔铺，冰融沙甃，谁凭玉勾阑。苇衫毡帽，冷香吹上吟鞍。　将次柳际琼销，梅边粉瘦，添做十分寒。闲踏轻澌来荐菊，半潭新涨微澜。水北峰峦，城阴楼观，留向月中看。巘云深处，好风飞下晴湍。

陈廷焯《大雅集》就认为"幽秀而清超，颇近白石"③。

周济对陈允平评价很低："西麓疲软凡庸，无有是处，书中有馆阁书，西麓殆馆阁词也。西麓不善学少游，少游中行，西麓乡愿。竹屋得名甚盛，而其词一无可观，当由社中标榜而成耳。然较之西麓，尚少厌气。"④后来王国维《人间词话》将梅溪、梦窗以下全以"乡愿"论之："梦窗、梅溪、玉田、草窗、西麓辈，面目不同，同归于乡愿而已。"⑤又说："梅溪、梦窗、玉田、草窗、西麓诸家，词虽不同，然同失之肤浅。虽时代使然，亦其才分有限也。近人弃周鼎而宝康瓠，实难索解。"⑥所论未免过苛。

西麓自属风雅词一派，关于其间的高下长短，论家看法不同。陈廷焯云："大约南宋词人，自以白石、碧山为冠，梅溪次之，梦窗、玉田又次之，西麓又次之，草窗又次之，竹屋虽不论可也。"⑦又云："草窗、西麓、碧山、玉田同时并出，人品亦不甚相远。四家之词，沈郁至碧山止矣。而玉田之超逸，西麓之淡雅，亦各出其长以争胜。要皆以忠厚为主，故足感发人之性情。草窗虽工词，而感寓不及三家之正。本原一薄，结构虽工，终非正声也。"⑧而《珠花簃词话》则云："陈君衡词迄国朝而始显，其《西麓继周集》乃至彊村朱氏始据何氏梦华馆藏钞本刻行，故前人词话中论其词者绝少。嘉道已还，论南宋词人者乃皆偻指及之，其词境如草软波平，芊绵宛委，自成家数，惜风骨未能高骞，以比王碧山、周草窗，则犹未逮，其殆玉田之仲叔乎。"就我们今天看来，西麓词自是高于方千里、陈泽民，却不如周密、王沂孙、张炎三家。

① 李调元：《雨村词话》卷二，《词话丛编》，第1413–1414页。
② 谢章铤：《赌棋山庄词话》卷三，《词话丛编》，第3357页。
③ 陈廷焯：《词则·大雅集》卷三，第126页。
④ 周济：《介存斋论词杂著》，《介存斋论词杂著·复堂词话·蒿庵论词》，第10页。
⑤ 王国维：《人间词话》，《蕙风词话·人间词话》，第213–214页。
⑥ 王国维：《人间词话》，《蕙风词话·人间词话》，第238页。
⑦ 陈廷焯著，屈兴国校注：《白雨斋词话足本校注》卷二，第138页。
⑧ 陈廷焯著，屈兴国校注：《白雨斋词话足本校注》卷二，第211页。

二、李彭老　张枢　杨缵　施岳

西湖吟社的前辈，简论李彭老、张枢、杨缵、施岳四人。

李彭老(生卒年不详)，字商隐，号筼房。淳祐中沿江制置司属官。《彊村丛书》将其词与李莱老词合为《龟溪二隐词》一卷。

李彭老词风近于梦窗。其《木兰花慢》(送客)云：

> 折秦淮露柳，带明月、倚归船。看佩玉纫兰，囊诗贮锦，江满吴天。吟边。唤回梦蝶，想故山、薇长已多年。草得梅花赋了，棹歌远和离舷。　风弦。尽入吟篇。伤倦客、对秋莲。过旧经行处，渔乡水驿，一路闻蝉。留连。漫听燕语，便江湖、夜语隔灯前。潮返浔阳暗水，雁来好寄瑶笺。

陈廷焯赏其"吟边。唤回梦蝶，想故山、薇长已多年"，"留连。漫听燕语，便江湖、夜语隔灯前"数句，又说"此词绝有感慨"。①

张枢(生卒年不详)，字斗南，一字云窗，号寄闲，张镃孙，张炎父。先世凤翔人，寓杭州。有《寄闲集》。

张枢的《瑞鹤仙》被其子张炎作为守律的典范：

> 卷帘人睡起。放燕子归来，商量春事。风光又能几。减芳菲、都在卖花声里。吟边眼底。被嫩绿、移红换紫。甚等闲、半委东风，半委小桥流水。　还是。苔痕湔雨，竹影留云，待晴犹未。兰舟静舣。西湖上、多少歌吹。粉蝶儿、守定落花不去，湿重寻香两翅。怎知人、一点新愁，寸心万里。

此词明快而婉丽，兼得姜夔、吴文英之长，虽琢炼而不失自然，景以情合，情以景生，堪称深婉流美。张炎《词源》卷下云：

> 先人晓畅音律，有《寄闲集》，旁缀音谱，刊行於世。每作一词，必使歌者按之，稍有不协，随即改正。曾赋《瑞鹤仙》一词云："卷帘人睡起……"此词按之歌谱，声字皆协，惟扑字稍不协，遂改为守字，乃协。始知雅词协音，虽一字亦不放过，信乎协音之不易也。②

李佳更认为："此词微特音调和谐，即意致亦颇清约。"③

---

① 陈廷焯著，屈兴国校注：《白雨斋词话足本校注》卷二，第212页。
② 张炎：《词源》，《词话丛编》，第256页。
③ 李佳：《左庵词话》卷上，《词话丛编》，第3133页。

杨缵(约1201—1265),字继翁,号守斋,又号紫霞翁,严陵(今浙江桐庐)人,居钱塘(今杭州)。官太舍令。其女选为度宗妃,以外戚仕至司农卿、浙东帅。有《圈法美成词》、《紫霞洞谱》,俱散佚。

杨缵对周密、张炎等影响至深,除了精通音律,其词的文学性亦高,可惜仅存《绝妙好词》中所录三首。看其《被花恼》(自度腔):

疏疏宿雨酿寒轻,帘幕静垂清晓。宝鸭微温瑞烟少。檐声不动,春禽对语,梦怯频惊觉。欹珀枕,倚银床,半窗花影明东照。 惆怅夜来风,生怕娇香混瑶草。披衣便起,小径回廊,处处多行到。正千红万紫竞芳妍,又还似、年时被花恼。蓦忽地,省得而今双鬓老。

此词命名之由是出于黄庭坚水仙诗的"坐对真成被花恼",故取其三字。沈雄有"情真而语悉"[①]之评。

施岳(生卒年不详),字仲山,号梅川,吴(今江苏苏州)人。仅在《绝妙好词》存词四首。

施岳也是周密敬仰的先辈,沈义父《乐府指迷》兼言其得失长短:

施梅川音律有源流,故其声无舛误。读唐诗多,故语雅澹。间有些俗气,盖亦渐染教坊之习故也。亦有起句不紧切处。[②]

查礼《铜鼓书堂词话》对其评判、称赏颇多:

词不同乎诗而后佳,然词不离乎诗方能雅。昔沈义甫评施梅川词云:"梅川音律有源流,故其声无舛误。读唐词多,故语雅淡。"义甫斯言,深得乐府之三味者。尝忆梅川有登吴山《水龙吟》云:"翠鳌涌出沧溟影。"又云:"栖台对起,阑干重凭,山川自古。"又云:"看天低四远,江空万里,登临处、分吴楚。"又云:"两岸花飞絮舞。度春风、满城箫鼓。英雄暗老,昏潮晚汐,归帆过橹。淮水东流,塞云北渡,夕阳西去。"其声韵辞华,大雅不群,脱尽绮腻纤秾之态。[③]

录其《曲游春》(清明湖上):

画舸西泠路,占柳阴花影,芳意如织。小楫冲波,度麹尘扇底,粉香帘隙。岸

① 沈雄:《古今词话·词评》卷上,《词话丛编》,第1011页。
② 沈义父:《乐府指迷》,《词源注·乐府指迷笺释》,第52页。
③ 查礼:《铜鼓书堂词话》,《词话丛编》,第1482页。

转斜阳隔。又过尽、别船箫笛。傍断桥、翠绕红围,相对半篙晴色。　顷刻。千山暮碧。向沽酒楼前,犹系金勒。乘月归来,正梨花夜缟,海棠烟幂。院宇明寒食。醉乍醒、一庭春寂。任满身、露湿东风,欲眠未得。

《词洁辑评》以之兼有吴文英、周密之长:

施岳"画舸西泠路",此调前片既似吴君特,后片又似周公瑾,兼撮二家之长。①

许昂霄所说较为具体:

《曲游春》施岳"和草窗韵"。前阕写游人之骈集,后阕言游人之归去,层次历历,无不如画。"傍断桥、翠绕红围,相对半篙晴色。"《武林旧事》所谓"小泊断桥,千舫骈聚"也。②

三、仇远　吕同老　唐珏

西湖吟社的后期成员,简论仇远、吕同老、唐珏三人。

仇远(1247—?),字仁近,一字仁父,号山村、山村民,钱塘(今浙江杭州)人。以诗名。宋亡入元。大德九年(1305),为溧阳州学教授,以杭州知事致仕,晚年归老西湖。词有《无弦琴谱》二卷,收入《彊村丛书》。

胡薇元云:"元人词,以仇山邨仁近为最。名远,钱塘人,溧阳教授。一时游其门者号为词宗,若张翥、张羽等有盛名,而蜕岩尤为人传播。"③可见其对培养人才的贡献。

陈匪石《声执》就《元草堂诗馀》一书的编选目的,及审美倾向,发表了自己的见解,指出遗民词的"南宋遗韵"延续于元,与北派显著有别:"《元草堂诗馀》三卷。秦恩复以《读画斋丛书》本用厉樊榭手校本校刊,并录樊榭四跋。樊榭之治是书,借钞吴尺凫藏本,以朱竹垞钞本及元刊本校勘。又以《翰墨大全》及《天下同文集》辑补,可谓勤矣。樊榭谓其'采撷精妙,无一语凡近','《绝妙好词》外,渺焉寡匹'。盖辑者名虽不传,而必为元代一大作手,且渐染南宋之风。其辑为是书,则别有深意在。上卷十四人,六十二首,中卷二十五人,六十八首,下卷二十四人,七十三首。其确为元人者,只刘藏春、许鲁斋两家,馀皆南宋遗民。其词皆樊榭所谓'凄恻伤感,不忘故国者'。是名虽属元,实乃南宋馀韵,盖草窗、碧山、玉田、山村之所倡导。如张翥、张雨、邵亨贞

① 先著、程洪:《词洁辑评》卷五,《词话丛编》,第1367页。
② 许昂霄:《词综偶评》,《词话丛编》,第1571页。
③ 胡薇元:《岁寒居词话》,《词话丛编》,第4036页。

等，皆属此派。在元代词学，为南方之一流别，与北人平博疏快者迥乎不同。而所录之人又多无别集，实可继《绝妙好词》之后，于南宋为补遗。彊村《宋词三百首》，列入彭元逊、姚云文，即据此也……”[①]由于张翥、张雨皆出仇远之门，故其对延续元代的风雅词实有非常重要的作用。

录其《八犯玉交枝》(招宝山观月上)一首：

沧岛云连，绿瀛秋入，暮景欲沉洲屿。无浪无风天地白，听得潮生人语。擎空孤柱。翠倚高阁凭虚，中流苍碧迷烟雾。惟见广寒门外，青无重数。　遥想贝阙珠宫，琼林玉树。不知还是何处。倩谁问、凌波轻步。谩凝睇、乘鸾秦女。想庭曲、霓裳正舞。莫须长笛吹愁去，怕唤起鱼龙，三更喷作前山雨。

此词写得很有气势，故有论者以苏轼拟之。如王奕清《历代词话》载：“仇仁近居钱塘，游其门者张雨、张翥，俱以能词名。其‘咏蝉’《齐天乐》极可诵，尝登招宝山观月出，作《八犯玉交枝》，后段云：‘不知是水是山，不知是树。茫茫知是何处。倩谁问、凌波轻步。漫凝睇、乘鸾秦女。想庭曲、霓裳正舞。莫须长笛吹愁去。怕唤起鱼龙，三更喷作前山雨。’其纵横之妙，直似东坡。”[②]沈雄则就其用调而言及其他的犯调创作：“宣政间诸公，自制乐章，有侧犯，若尾声犯一名碧芙蓉，张子野所制词也。凄凉犯、花犯念奴，姜尧章所制词也。别有史邦卿玲珑四犯，仇山村八犯玉交枝，又有花犯咏梅。倒犯一名吉了犯，南方鸟有秦吉了。按啸馀、萃编、明辨诸书，谓倒犯之即花犯。殊不知花犯为小石调，倒犯为仙吕宫，同於一百二十字，是又不可不按律也。”[③]丁绍仪进一步辨其律：“词中换头句扼一篇之要，故分段不容稍混。乃《词律》有不知旧本之误，而误分未分者。亦有明知其误而未经订正者……八犯玉交枝即八宝妆，所引仇远词与李甲词正同，惟多押三韵而已。均误分为二。”[④]

吕同老(生卒年不详)，字和甫，号紫云，济南(今属山东)人。景炎三年(1278)，与李彭老、仇远、张炎、陈恕可、唐珏等人结社赋词。宋亡入元。《全宋词》据陈恕可所编《乐府补题》录其词三首。

看其《齐天乐》(馀闲书院拟赋蝉)：

绿阴初蔽林塘路，凄凄乍流清韵。倦咽高槐，惊嘶别柳，还忆当时曾听。西窗梦醒。叹弦绝重调，珥空难整。绰约冰绡，夜深谁念露华冷。　不知身世易老，一声声断续，频报秋信。坠叶山明，疏枝月小，惆怅齐姬薄幸。馀音未尽。早枯翼飞仙，暗嗟残景。见洗冰奁，怕翻双翠鬓。

---

① 陈匪石：《声执》卷下，《宋词举》(外三种)，第199页。
② 王奕清：《历代词话》卷九，《词话丛编》，第1288页。
③ 沈雄：《古今词话·词品》卷上，《词话丛编》，第830–831页。
④ 丁绍仪：《听秋声馆词话》卷一四，《词话丛编》，第2758–2759页。

此词与王沂孙所作近，如俞陛云《唐五代两宋词选释》所说："审其词意，含有伤离感逝之怀，借蝉声而一泄，其音凄以远，其辞丽而清。"①

唐珏(1247—?)，字玉潜，号菊山，会稽(今浙江绍兴)人。少孤贫，聚徒授经。景炎三年(1278)，与李彭老、仇远、张炎、陈恕可等人结社赋词。愤于杨琏真伽在绍兴发宋帝六陵，招里中少年潜收遗骨，葬之兰亭山，移宋故宫冬青树植其上。《宋史翼》、《新元史》有传。《乐府补题》有其词四首，《全宋词》据以录入。

录其《水龙吟》(浮翠山房拟赋白莲)：

淡妆人更婵娟，晚奁净洗铅华腻。泠泠月色，萧萧风度，娇红敛避。太液池空，霓裳舞倦，不堪重记。叹冰魂犹在，翠舆难驻，玉簪为谁轻坠。　别有凌空一叶，泛清寒、素波千里。珠房泪湿，明珰恨远，旧游梦里。羽扇生秋，琼楼不夜，尚遗仙意。奈香云易散，绡衣半脱，露凉如水。

周济对此词评价很高："北宋有无谓之词以应歌，南宋有无谓之词以应社。然美成《兰陵王》，东坡《贺新凉》，当筵命笔，冠绝一时。碧山《齐天乐》之'咏蝉'，玉潜《水龙吟》之'咏白莲'，又岂非社中作乎？故知雷雨郁蒸，是生芝菌；荆榛蔽芾，亦产蕙兰。"②又云："玉潜非词人也，其《水龙吟》'白莲'一首，中仙无以远过。信乎忠义之士，性情流露，不求工而自工。特录之以终第一卷。后之览者，可以得吾意矣。"③谭献《谭评词辨》论其章法的开合："'太液'句开，'别有'句推阐以尽能，'珠房'句为合，'奈番云'句一唱三叹，有遗音者矣。"④

第六节　稼轩后劲江西派

江西词派得名于《名儒草堂诗馀》，此书为元代初年江西庐陵(今吉安)的凤林书院所刊印，不著编者姓名，分为上、中、下三卷，共收六十三位词人的二百零三首词。入选者除首二人为元人外，其馀都是南宋遗民词人，多为江西人，尤以庐陵籍者居多。《名儒草堂诗馀》在明代似乎无人知晓，到清代则引起词家的重视，浙西词派的词人厉鹗对此书作过整理，并在所作的《论词绝句》中云："送春苦调刘须溪，吟到壶秋句绝奇。不读凤林书院体，岂知词派有江西？"显然，厉鹗是根据《名儒草堂诗馀》一书所存之词，因其地域性特点而提出江西词派这一命名的，诗中所说的刘须溪即刘辰翁，壶秋即罗志仁。后来冯煦又在《蒿庵论词》中说晏殊与欧阳修"翔双鹄于交衢，驭二龙

---

① 俞陛云：《唐五代两宋词选释》，第604页。
② 周济：《介存斋论词杂著》，《介存斋论词杂著·复堂词话·蒿庵论词》，第3页。
③ 周济：《介存斋论词杂著》，《介存斋论词杂著·复堂词话·蒿庵论词》，第10页。
④ 谭献：《谭评词辨》，黄苏、周济、谭献选评《清人选评词集三种》，第172页。

于天路。且文忠公家庐陵而元献家临川,词家遂有西江一派"[①]。如此,则宋代前后皆有江西词派。不过,前一江西词派主要是据籍贯而定,而后一派则确实不仅有地域根据,且成员之间多有来往,所作题材与风格也多相近,又有文天祥、刘辰翁这样的领袖人物,以之为派是很有根据的。

宋元之际江西词派的形成与此地的词学传统大有关系。江西在宋代是文化发达之地,据孔武仲所说,宋神宗元丰年间的信州(今上饶)"士之待举者七百馀人"[②],仅次于开封府。在诗文上都出过不少大家,建立起深厚的文学传统。罗大经指出:"江西自欧阳子以古文起于庐陵,遂为一代冠冕,后来者莫能与之抗。其次莫如曾子固、王介甫,皆出欧门,亦皆江西人……至于诗,则山谷倡之,自成一家,并不蹈古人町畦。"[③]就词而言,以唐圭璋《全宋词》的作者为统计对象,江西词人数仅次于两浙路,其创作基础可见。而宋元之际江西词派之显著不同于浙江词派,被认为是稼轩一派的后劲,又与南渡以来此地的词作传统有关。饶州鄱阳(今江西波阳)人洪皓,曾充通问使赴金,被扣十余年,历尽艰辛才得以释归,所作词多抒发家国之思。清江人扬无咎,以画梅著称,词一如其梅,多高洁之作。奉新人袁去华,其词多雄健清逸之作,被认为是稼轩一派。尤其庐陵一地,出了不少爱国词人:胡铨,曾上疏乞斩秦桧、王伦、孙近,其词亦凛然有节;杨万里,终身奉张浚为师,是"中兴四大诗人"之一,词虽不多,却有奇致,活泼自然;刘过,词多壮语,被视为稼轩之羽翼;刘仙伦,时有慨时感事之作,风格与刘过近。我们尤其应注意另一个重要的原因:辛弃疾在江西的影响。辛弃疾不仅在江西为官,又二度闲退于此,寓居上饶的韩元吉曾与之唱和,宗室赵善括(隆兴人,今南昌)与之交往酬赠,杨万里的族弟杨炎正亦与之唱酬甚多。因此,辛弃疾一派词在江西影响很大。

一、满心而发　中锋达意:一论刘辰翁

刘辰翁(1232—1297),字会孟,吉州庐陵(今江西吉安)人。宝祐六年(1258)贡于乡,因对策涉谤被斥,祭酒江万里亟赏其文,补太学生。理宗景定三年(1262)应进士举,廷试对策触犯贾似道,置丙第。从教赣州濂溪书院,复入江万里幕。恭帝德祐元年(1275)文天祥起兵勤王时,曾入其江西幕府。宋亡,隐居不仕,著述终老。有《须溪集》六卷,已佚,四库馆臣据《永乐大典》辑得《须溪集》十卷,词有《须溪词》三卷。

刘辰翁是宋季江西词派的主将,存词三百多首。《四库全书总目》以其"于宗邦沦覆之后,眷怀麦秀,寄托遥深,忠爱之忱,往往形诸笔墨,其志亦多有可取者"[④]。就其词的主流而言,所评甚当。

对于《须溪词》艺术的评价,况周颐曾说:

---

① 冯煦:《蒿庵论词》,《介存斋论词杂著·复堂词话·蒿庵论词》,第59页。

② 孔文仲、孔武仲、孔平仲著,孙永选校点:《清江三孔集》,齐鲁书社2002年版,第236-237页。

③ 罗大经:《鹤林玉露》丙编卷三,《宋元笔记小说大观》,第5344页。

④ 永瑢等:《四库全书总目》卷一六五,第1409页。

《须溪词》风格遒上似稼轩,情辞跌宕似遗山。有时意笔俱化,纯任天倪,竟能略似坡公。往往独到之处,能以中锋达意,以中声赴节。世或目为别调,非知人之言也。[1]

并接而摘其警句:

《促拍丑奴儿》云:"百年已是中年后,西州垂泪,东山携手,几个斜晖。"《踏莎行》(九日牛山作)云:"向来吹帽插花人,尽随残照西风去。"《永遇乐》云:"香尘暗陌,华灯明昼,长是懒携手去。"《摸鱼儿》(海棠一夕如雪、无饮馀者,赋恨)云:"无人举酒。但照影堤流,图他红泪,飘洒到襟袖。"前调(守岁)云:"古今守岁无言说,长是酒阑情绪。"《金缕曲》(五日)云:"欸乃渔歌斜阳外,几书生能办投湘赋。"[2]

又指出须溪词中的另一类,云:

其《江城子》(海棠花下烧烛)词云:"欲睡心情一似梦惊残。"《山花子》(春暮)云:"更欲徘徊春尚肯,已无花。"若斯之类,是其次矣。[3]

在兼言其两种不同风貌后,又再次肯定其主流,并以之为不可及:

如衡论全体大段,以骨干气息为主,则必举全首而言。其中即无如右等句可也。由是推之全卷,乃至口占、漫与之作,而其骨干气息具在此。须溪之所以不可及乎。[4]

先看其"风格遒上似稼轩,情辞跌宕似遗山"之作。

正如厉鹗所说的"送春苦调刘须溪",刘辰翁以"送春"为题的词不少,《兰陵王》(丙子送春)是其中的代表作:

送春去。春去人间无路。秋千外,芳草连天,谁遣风沙暗南浦。依依甚意绪。漫忆海门飞絮。乱鸦过,斗转城荒,不见来时试灯处。　　春去。最谁苦。但箭雁沉边,梁燕无主。杜鹃声里长门暮。想玉树凋土,泪盘如露。咸阳送客屡回顾。斜日未能度。　　春去。尚来否。正江令恨别,庾信愁赋。(自注:二人皆

---

① 况周颐:《蕙风词话》卷二,《蕙风词话·广蕙风词话》,第37页。
② 况周颐:《蕙风词话》卷二,《蕙风词话·广蕙风词话》,第37页。
③ 况周颐:《蕙风词话》卷二,《蕙风词话·广蕙风词话》,第37页。
④ 况周颐:《蕙风词话》卷二,《蕙风词话·广蕙风词话》,第37页。

北去)苏堤尽日风和雨。叹神游故国,花记前度。人生流落,顾孺子,共夜语。

丙子为宋恭帝德祐二年(1276),正是宋室风雨飘摇之时,题为"送春",词意显寓即将亡国之痛。是年正月,元兵攻入临安,三月,掳恭帝及太后北去,从海上逃往福州的宰相陈宜中及部分宗室拥立赵昰即位,是为端宗,改元景炎。词中所写的就是此时的历史激变及自己的情怀。"春去人间无路"是以春写时局之笔,具有象征性,芳草、秋千本为春天的象征,如今却是风沙满天,临安所受到的破坏可知,南浦之暗淡,则因不是一般的离别,而是送别了南奔的宋室君臣,而"海门飞絮"则是南奔者之喻。第二段写春归之后,沉边的箭雁喻被掳北去的君臣,梁燕无主喻南宋臣民,玉树凋土、金人倾泪,皆以汉写宋,寄托亡国之悲。第三段以江总、庾信之因国亡而留于北方,再写自己的无比沉痛,"花记前度"呼应"春去,尚来否",但是一"记"字作为"神游故国"的补充,其痛可知。

张宗橚认同厉鹗所说,谓"送春苦调刘须溪","信然"。[①]《古今词统》云:"三段俱以'春去'唤起。峡猿三唱,征鸟踟蹰,寒云不飞。"[②]不仅是以物拟情,将所读的感受表达得非常形象,对其评论也较为准确。此调三段,都在开头处用"春去"二字,论家都注意到了"重笔发端"这一点,通过三段顿挫能留之笔,于"杜鹃"、"苏堤"处作转换发展,实景描绘与比喻、象征相结合,深刻表达了主题,传递了伤故国、感流落的深情。虽难说是"风格遒上",却真正做到了"情辞跌宕"。

再看其另一"送春苦调"《宝鼎现》(春月):

红妆春骑。踏月影、竿旗穿市。望不尽、楼台歌舞,习习香尘莲步底。箫声断、约彩鸾归去,未怕金吾呵醉。甚辇路、喧阗且止。听得念奴歌起。　父老犹记宣和事。抱铜仙、清泪如水。还转盼、沙河多丽。滉漾明光连邸第。帘影冻、散红光成绮。月浸葡萄十里。看往来、神仙才子。肯把菱花扑碎。　肠断竹马儿童,空见说、三千乐指。等多时春不归来,到春时欲睡。又说向、灯前拥髻。暗滴鲛珠坠。便当日、亲见霓裳,天上人间梦里。

对于此词的写作时间,王奕清《历代词话》引张孟浩语,比之为陶渊明由晋入宋后的只书甲子:"刘辰翁作《宝鼎现》词,时为大德元年,自题曰丁酉元夕,亦义熙旧人只书甲子之意。"[③]杨慎《词品补》也有相近看法。词中所写,并非止于丁酉年的元夕,而是在三叠的长调中,分别写北宋、南宋及当前,侧重回忆宋代元霄节旧事,感怀喟叹。第一阕写北宋汴京元宵时的欢乐情景,由于女子平时难得抛头露面,故侧重于写她们

① 张宗橚:《词林纪事》卷一四,张宗橚编,杨宝霖补正《词林纪事·词林纪事补正》,第832页。
② 卓人月、徐士俊辑:《古今词统》卷一六,《续修四库全书》集部第1729册,第142页。
③ 王奕清:《历代词话》卷八,《词话丛编》,第1259页。

的游赏之乐。第二阕经“父老犹记宣和事”即转入南宋,虽偏安于江南,但临安的元夕还有沙河塘的丽景,月下的西湖水如葡萄酒一样,往来的神仙才子们谁还会预料到再次的国破家亡呢?第三阕从竹马儿童说及三千乐指,因宋代教坊乐队由三百人组成,每人十指,故有此说,一“空”字即将前面的繁华扫灭,人们期盼元夕和春天的到来,但来时却只能空对家中孤灯,即使当年曾亲见霓裳之盛,也只是一场春梦而已。

此词与前一首一样,所用事典都较多。“念奴歌起”虽误用,却因以唐写宋,而具有历史的厚重感。据唐段安节《乐府杂录·歌》所载,开元时,宜春院歌女永新“既美且慧,善歌,能变新声……又一日,赐大酺於勤政楼,观者数千万众,喧哗聚语,莫得闻鱼龙百戏之音。上怒,欲罢宴。中官高力士奏请:‘命永新出楼歌一曲,必可止喧。’上从之。永新乃撩鬓举袂,直奏曼声,至是广场寂寂,若无一人”。①铜仙清泪见于李贺《金铜仙人辞汉歌》,在上一首中已见,此处再用。“菱花扑碎”事见孟棨《本事诗》:徐德言尚(娶)陈后主妹乐昌公主,陈将亡,破镜各执一半,约好他日团圆时为凭证。“灯前拥髻”用《飞燕外传》事:伶玄自叙其妾视烛影而“以手拥髻,凄然泣下,不胜其悲”。事典具有很大的容量,对表现三阕中三个历史阶段的元夕,足见其等而下之,在反复陈说悲痛、今昔对比之中,以其“情辞跌宕”而给人巨大的感染力。

须溪《永遇乐》仍是苦调:

> 余自乙亥上元诵李易安永遇乐,为之涕下。今三年矣,每闻此词,辄不自堪。遂依其声,又托之易安自喻。虽辞情不及,而悲苦过之。
>
> 璧月初晴,黛云远澹,春事谁主。禁苑娇寒,湖堤倦暖,前度遽如许。香尘暗陌,华灯明昼,长是懒携手去。谁知道,断烟禁夜,满城似愁风雨。 宣和旧日,临安南渡,芳景犹自如故。缃帙流离,风鬟三五,能赋词最苦。江南无路,鄜州今夜,此苦又谁知否。空相对,残釭无寐,满村社鼓。

小序已将写作缘起交代得很清楚,此时临安已被元军占领两年,残存的南宋政权距离彻底覆灭已为时无多,刘辰翁在旅途中以李清照自托,以此词表达了故国情怀。词中并非完全“托之易安自喻”,而是时而易安,时而自己,从今日临安城的断烟禁日,回想“香尘暗陌,华灯明昼,长是懒携手去”的过去,用李清照词原意以呼应,以今昔对比来加深主题。下片又以李清照南渡事承前而写,当日的女词人因能赋词而最苦,自己今日也是这样,在江南抗元无路,似杜甫当年之在沦陷的长安怀念在鄜州的亲人,在元宵夜社鼓响起之时,对着残灯无寐,何来元宵的欢乐可言!虽写得词情凄苦,但跌宕起伏而不见气竭衰飒。

由以上可见,须溪词“以中锋达意”“以中声赴节”的写法特点是很显著的。

须溪的小令更善于作今昔对比。如《忆秦娥》:

---

① 段安节:《乐府杂录》,中华书局1985年版,第17页。

中斋上元客散感旧，赋忆秦娥见属，一读凄然，随韵寄情，不觉悲甚。

烧灯节。朝京道上风和雪。风和雪。江山如旧，朝京人绝。　　百年短短兴亡别。与君犹对当时月。当时月。照人烛泪。照人梅发。

小序交代了写作缘起，邓剡（号中斋）在上元节客散后赠给作者《忆秦娥》以感旧，作者随韵而复，寄托悲情。元宵本是火树银花、热闹非凡的节日，而此时的朝京道上却是风雪交加，江山不改主人改，朝京之人也为之断绝了。下片转写自己：在自己短短的一生中竟然还经历了国家的兴亡，朝代的更替，现在，我与你共同对着亘古不变的月亮，照着如泪的蜡烛，也照着白如梅花的头发。词中巧妙利用格律的规定，以同一意象的不同时期对照，表达了自己的悲伤情怀。

类似的还有《西江月》（新秋写兴）：

天上低昂似旧，人间儿女成狂。夜来处处试新妆。却是人间天上。　　不觉新凉似水，相思两鬓如霜。梦从海底跨枯桑。阅尽银河风浪。

上片的七夕儿女狂欢，处处新妆，却暗藏了“人间天上”之变。下片直接写自己的感受，“相思”不是缘于个人而是祖国，世间已是沧桑之变，自己也阅尽了银河风浪。词中以“人间儿女”与自己相对照，深沉地表现了对故国的眷恋之情。

再如《柳梢青》（春感）：

铁马蒙毡，银花洒泪，春入愁城。笛里番腔，街头戏鼓，不是歌声。　　那堪独坐青灯。想故国、高台月明。辇下风光，山中岁月，海上心情。

据词中的“山中岁月”，可推知当是作者晚年隐居故乡庐陵的山中所写。上片是设想中的此时临安元霄节的情景，元人统治下的旧都佳节，已经与往时大异。下片转写自己此时所在的山中，青灯之下，回想故国美景，而眼下却是只能追想辇下的风光，过着山中岁月，遥念在海上坚持抗元的志士，又有自己如苏武牧羊北海，以坚持气节之意。结尾三个并列的四字句，在时空的腾挪中具有感情的巨大容量。全词在想象中作对比，以词牌所规定的四字句作二字一顿，使文情、声情与词情达到了完美的结合，有沈郁顿挫之致。

以上所举作品，都可证况周颐所说“以骨干气息为主”的特点，虽因宋亡后的沉痛低黯难以表现为“遒上”，但却接近周济所说的稼轩“变温婉，成悲凉”，仍无异于稼轩词风。

二、轻灵婉丽　开辟元明：二论刘辰翁

须溪词固然以“苦调”著称，但并非全然如此。《浣溪沙》（春日即事）：

远远游蜂不记家。数行新柳自啼鸦。寻思旧事即天涯。　睡起有情和画卷，燕归无语傍人斜。晚风吹落小瓶花。

游蜂、新柳、啼鸦，而“寻思旧事即天涯”一笔点醒，前面所写为故乡“旧事”，现在却在“天涯”，未见明言思乡而此情已现。下片“睡起”与“燕归”二句对仗，分别写人事与风景，最后的晚风吹落小瓶之花，令人有无限遐想。短短一首小令，意象优美轻灵，哀愁淡远，似兼有乡思与情思，颇有“形象大于思想”意味。

又《浣溪沙》(感别)：

点点疏林欲雪天。竹篱斜闭自清妍。为伊憔悴得人怜。　欲与那人携素手。粉香和泪落君前。相逢恨恨总无言。

上片展现了疏林欲雪、竹篱清妍的时地场景，然后是一对恋人的情感抒写，表现了男子因女子为自己憔悴而对伊更加怜爱。下片分写男女双方的思想与情态，最后点出了这是一次别后的重逢，可又即将再别，“恨恨无言”，无声胜于有声。此词不同于须溪苦调的重笔，白描的语言，简洁的笔触，善于转换的“镜头”，在轻轻淡淡中写出了真挚深厚的感情。

再看其《意难忘》(元宵雨)：

角动寒谯。看雨中灯市，雪意潇潇。星球明戏马，歌管杂鸣刁。泥没膝，舞停腰。焰蜡任风销。更可怜、红啼桃槛，绿黯杨桥。　当年乐事朝朝。曾锦鞍呼妓，金屋藏娇。围香春斗酒，坐月夜吹箫。今老矣，倦歌谣。嫌杀杜家乔。漫三杯、踞炉觅句，断送春宵。

《古今词统》以“齐齐整整，袅袅婷婷”[①]言之，是简洁而准确的评语。

况周颐《蕙风词话》云：

须溪词中，间有轻灵婉丽之作。似乎元明以后词派，导源乎此。讵时代已入元初，风会所趋，不期然而然者耶。如《浣溪沙》(感别)云：“点点疏林欲雪天。竹篱斜闭自清妍。为伊憔悴得人怜。欲与那人携素手。粉香和泪落君前。相逢恨恨总无言。”前调(春日即事)云：“远远游蜂不记家。数行新柳自啼鸦。寻思旧事即无涯。睡起有情和画卷，燕归无语傍人斜。晚风吹落小瓶花。”《山花子》后段云：“早宿半程芳草路。犹寒欲雨暮春天。小小桃花三两树，得人怜。”此等小词，

① 卓人月、徐士俊辑：《古今词统》卷一一，《续修四库全书》集部第1729册，第45页。

> 乃至略似国初顾梁汾、纳兰容若辈之作，以谓《须溪词》中之别调可耳。[①]

以上这些轻灵婉丽之作，属于须溪词中的“别调”，也说明刘辰翁非止一种题材、一种风格，在这一点上也是近于稼轩的。况周颐指出须溪导出元明以后词派，认为是“风会所趋”，并列举诸作，以之略似于顾贞观、纳兰性德，而顾与纳兰皆属于主情一派，可见在风格的轻灵婉丽以外，还应注意到这一点。

不过，就总体论刘辰翁，当还以况周颐《餐樱庑词话》所说为是：

> 近人论词，或以《须溪词》为别调，非知人之言也。《须溪词》多真率语，满心而发，不加追琢，有掉臂游行之乐。其词笔多用中锋，风格遒上，略与稼轩旗鼓相当。世俗之论，容或以稼轩为别调，宜其以别调目须溪也。[②]

除了“多用中锋，风格遒上”是况周颐的一贯看法外，他以须溪词的最大特点是“多真率语，满心而发，不加追琢，有掉臂游行之乐”，也是很准确的判断。至于“别调”之说，既云“非知人之言”，又说世俗所论以稼轩为别调，如果这样也宜于以别调目须溪，可见是将须溪看作稼轩的同类、后劲，这也应是知人之言。

三、风骨甚高　语极苍秀：论文天祥

文天祥（1236—1283），初名云孙，字天祥，以字行，改字履善，又字宋瑞，号文山，吉水（今江西吉安）人。理宗宝祐四年（1256）状元及第，授签书宁海军节度判官。历除江西提刑、军器监，寻兼崇政殿说书，又兼学士院权直，忤贾似道，罢归家居。后除湖南提刑，知赣州。元兵东下，起兵勤王，出知平江府，继签枢密院事，拜右相兼枢密使，使至元军营请和，被扣，脱险南下，坚持抗元，兵败被俘，押至大都，囚禁数年，始终不屈，被害。《宋史》有传。

如果说刘辰翁是稼轩后劲，那么文天祥也是此属，而且其忠肝义胆更逾于任何词人，在艺术上也有自己的独到之处。田同之《西圃词说》引述他人所说并发自己所见：“魏塘曹学士云：‘词之为体如美人，而诗则壮士也。如春华，而诗则秋实也。如夭桃繁杏，而诗则劲松贞柏也。’罕譬最为明快。然词中亦有壮士，苏、辛也。亦有秋实，黄、陆也。亦有劲松贞柏，岳鹏举、文文山也。选词者兼收并采，斯为大观。若专尚柔媚，岂劲松贞柏，反不如夭桃繁杏乎。”[③]清末的评论家多有对其词的极高评价。刘熙载云：

---

① 况周颐：《蕙风词话》卷二，《蕙风词话·广蕙风词话》，第37-38页。

② 况周颐：《餐樱庑词话》，《蕙风词话·广蕙风词话》，第388页。

③ 田同之：《西圃词说》，《词话丛编》，第1405页。

文文山词有“风雨如晦、鸡鸣不已”之意，不知者以为变声，其实乃变之正也。故词当合其人之境地以观之。[①]

陈廷焯《云韶集》以其：

气极雄深，语极苍秀。其人绝世，词亦非他人所能到。[②]

王国维《人间词话删稿》曰：

文文山词，风骨甚高，亦有境界，远在圣与、叔夏、公谨诸公之上。亦如明初诚意伯词，非季迪、孟载诸人所敢望也。[③]

合以上诸公所论，文天祥词的主要特点已可见之。

“风雨如晦、鸡鸣不已之意”何指呢？此原话出于《诗·郑风·风雨》，刘熙载似用来表示在当时风雨如晦的时势下，文天祥词以词鸣之一意。而关于正变之说，则牵涉到应如何理解的问题。词本为花前月下的产物，与风雨鸡鸣大异，前者被视为正，后者则是变，刘熙载以之为“变之正”，是因为其所处时代乃如同“王道衰，礼义废，政教失，国异政，家殊俗，而变风变雅作矣”的时代，此为“变”，但又是正声，“合其人之境地以观之”则是“变之正”。如此，其词所带来的艺术上的变化发展也是显见的。

文天祥词最可见出其个性特征的当是王国维所说的“风骨甚高”。词本为侑觞佐欢的酒宴文艺，后经苏、辛等人的“破体”为词，使之向诗文接近，成为了“别格”，文山词作为辛派后劲，除了继承稼轩词风外，又由于所处时代，所经历的时代巨变，及本人所肩负的大任，所经历的大事，所具备的胆略、气节，借词以见志的写作宗旨，使其词确以“风骨”见长。以黄侃的解释，“风即文意，骨即文辞”，又说“风缘情显，辞缘骨立”，“结言之端直者，即文骨也”，“辞精则文骨成，情显即文风生”[④]，以文山词相衡，是与这些概念相合的。尤其他的扶社稷于危困，慷慨赴死以全大节，为两宋词人中所仅见，其词之“风骨”可谓词人中所独有。

文山词不仅是风骨凸显，而且如陈廷焯所说，是“气极雄深，语极苍秀”，这无疑是因其人、因内容而见的最大艺术特色。试看其代表作《酹江月》(驿中言别友人)：

水天空阔，恨东风不借，世间英物。蜀鸟吴花残照里，忍见荒城颓壁。铜雀春情，金人秋泪，此恨凭谁雪。堂堂剑气，斗牛空认奇杰。 那信江海馀生，南

① 刘熙载：《艺概》卷四《词曲概》，第112–113页。
② 陈廷焯：《云韶集》卷九，转引自《白雨斋词话足本校注》卷八，第642页。
③ 王国维：《人间词话删稿》，《蕙风词话·人间词话》，第236页。
④ 黄侃：《文心雕龙札记》，第123页。

行万里，属扁舟齐发。正为鸥盟留醉眼，细看涛生云灭。睨柱吞嬴，回旗走懿，千古冲冠发。伴人无寐，秦淮应是孤月。

此首及另一首同调之作，皆用东坡赤壁词韵，有意于沉雄自无疑问，表兴复之志，未尝不耿耿于心。张宗橚《词林纪事》引陈子龙语云："气冲斗牛，无一毫委靡之色。"[①]这是民族英雄对于更知名的民族英雄之理解，故这一评语得到了许多论家的一再引用。陈廷焯《放歌集》则以之"悲壮雄丽，并无叫嚣气息"[②]。前一语自无疑义，后一语更是对此词的正确评价，因为这是作者发自内心的志与情的抒发，辞缘骨立，情显文生，而不是外强中干的纸上奔腾而已。陈廷焯所说的"气极雄深，语极苍秀"，也大体可见。

再如《沁园春》(题潮阳张许二公庙)：

为子死孝，为臣死忠，死又何妨。自光岳气分，士无全节，君臣义缺，谁负刚肠。骂贼睢阳，爱君许远，留得声名万古香。后来者，无二公之操，百炼之钢。
人生翕欻云亡。好烈烈轰轰做一场。使当时卖国，甘心降虏，受人唾骂，安得留芳。古庙幽沉，仪容俨雅，枯木寒鸦几夕阳。邮亭下，有奸雄过此，仔细思量。

此词系文天祥被执北行时，路经张巡、许远双庙所作。"死孝"、"死忠"是古人为家为国的最高道德标准，在忠孝不能两全的情况下，舍生取义、以忠报国是最崇高，也是最艰难的选择。宋亡之际，叛宋而降元者甚多，连皇室成员也多有贪生怕死者。文天祥过双庙，感念张巡、许远不降安禄山，坚持斗争，直至城破仍选择以死报国之史事，不觉感慨而发为词，虽为浅言直说，但其忠义之气凛然，最宜于以"风骨"论之取之，也最当"雄深"之评。

文山词的另一类与上面二首不同。如《满江红》(和王夫人满江红韵，以庶几后山妾薄命之意)：

燕子楼中，又捱过、几番秋色。相思处、青年如梦，乘鸾仙阙。肌玉暗消衣带缓，泪珠斜透花钿侧。最无端、蕉影上窗纱，青灯歇。　曲池合，高台灭。人间事，何堪说。向南阳阡上，满襟清血。世态便如翻覆雨，妾身元是分明月。笑乐昌、一段好风流，菱花缺。

及另一首《满江红》(代王夫人作)：

---

① 张宗橚：《词林纪事》卷一四，张宗橚编，杨宝霖补正《词林纪事·词林纪事补正》，第818页。
② 陈廷焯：《词则·放歌集》卷二，第362页。

试问琵琶，胡沙外、怎生风色。最苦是、姚黄一朵，移根仙阙。王母欢阑琼宴罢，仙人泪满金盘侧。听行宫、半夜雨淋铃，声声歇。　　彩云散，香尘灭。铜驼恨，那堪说。想男儿慷慨，嚼穿龈血。回首昭阳离落日，伤心铜雀迎秋月。算妾身、不愿似天家，金瓯缺。

周密记二词的写作缘起是："宋谢太后北觐，有王夫人题一词于汴京夷册驿中，云：'太液芙蓉，浑不似、旧时颜色。曾记得、春风雨露，玉楼金阙。名播兰馨妃后里，晕潮莲脸君王侧。忽一声、鼙鼓揭天来，繁华歇。　　龙虎散，风云灭。千古恨，凭谁说。对山河百二，泪盈襟血。客馆夜惊尘土梦，宫车晓碾关山月。问姮娥、于我肯从容，同圆缺。'文宋瑞丞相和云：'燕子楼中……'又代王夫人再用韵云：'试问琵琶……"邓光荐和云……"[①]沈雄《古今词话》引《尧山堂外纪》曰："至正丙子，正月十八，元师至杭，谢、全两太后北行。陈以庄制《水龙吟》记钱唐之恨。时谢太后年已七十馀矣。故以庄有'金屋难成，阿娇已远，不堪春暮'之句。惜其不能死也。又以秋娘、泰娘比之，有愧于苻登之毛氏，窦建德之曹氏多矣。时有王昭仪清蕙者，题《满江红》於驿壁，传播中原。文文山读至卒章，'愿嫦娥相顾肯从容，随圆缺'，乃曰：'惜哉，夫人於此少商量矣。'为之代作二首，有云：'算妾身不愿似天家，金瓯缺。'"[②]文天祥所说的"少商量"，是因为王清蕙词的卒章表达了望得苟活、以度馀年之意，因此而有和作、代作，翻其意而表自己之志。吴衡照结合文天祥立身从事，对其词有较为正确的理解："王昭仪题驿壁词，结语为文山所讽。后抵北，乞为女道士，号冲华，卒不得与陈、朱二夫人比烈。观文山之惜昭仪，即以见文山审择自处，盖已有素，安得重有黄冠之请，与昭仪同符耶……"[③]

在艺术上，二首词对《离骚》传统有所继承、发扬。前一首以美人芳草的形式寄托君国大事，表达自己对南宋的忠贞。小序所云的"庶几后山妾薄命之意"，是指陈师道写《妾薄命》诗，以表对老师曾巩的崇拜，而文天祥是借词寄己忠宋之志，不仕元朝的决心。后一首明说为代言之作，拟作王夫人的口气，寓自己的悲慨，并以洁身自爱、坚持节操相劝，同样也是自勉自励之辞。二词的意旨不可谓不高，但其出以女性口吻而寄托大事大节，却一改男子闺音的代言内容，表现出特有的政治"风骨"，借婉约当行的形式，写原属豪放的题材，在某种意义上也是"正之变"的体现。如果说陈廷焯所说的"气极雄深，语极苍秀"，尚多在阳刚一侧，而这二首却因和作、代作，多女性口吻，却是内"苍"而外"秀"。此外，如刘熙载《词概》所说，文山词有衬跌之妙：

词之妙全在衬跌，如文文山《满江红》"和王夫人"云"世态便如翻覆雨，妾身

---

① 周密：《浩然斋词话》，《词话丛编》，第229–230页。
② 沈雄：《古今词话·词话》卷上，《词话丛编》，第774–775页。
③ 吴衡照：《莲子居词话》卷一，《词话丛编》，第2411页。

元是分明月。”《酹江月》“和友人驿中言别”云：“镜里朱颜都变尽，只有丹心难灭。”每二句若非上句，则下句之声情不出矣。①

四、根于血性　甚有风致：其他江西词人

江西派的其他词人亦多悲歌慷慨之作。

邓剡，庐陵人，理宗景定进士，从文天祥起兵抗元，后从驾厓山，兵败投海自杀，未死，与文天祥同被遣送北上，与之唱和。

录其《满江红》(广斋谓柳山和王夫人满江红韵，惜未见之，为赋一阕)：

> 王母仙桃，亲曾醉、九重春色。谁信道、鹿衔花去，浪翻鳌阙。眉锁娇娥山宛转，髻梳堕马云欹侧。恨风沙、吹透汉宫衣，馀香歇。　霓裳散，庭花灭。昭阳燕，应难说。想春深铜雀，梦残啼血。空有琵琶传出塞，更无环佩鸣归月。又争知，有客夜悲歌，壶敲缺。

词中“鹿衔花去”指唐明皇宫苑有牡丹将开，被鹿衔去，后被认为此事应安禄山之乱。陈廷焯《放歌集》评此词云：“情、文根于血性，笔力亦与原作相抗。”②贺裳则云：“和王昭仪词，不独文信公，邓剡作亦有佳句。如‘眉锁娇蛾山宛转，髻梳堕马云欹侧。’‘空有琵琶传出塞，更无环佩鸣归月’，甚有风致，但冰霜之气不如。”③

邓剡的代表作为《念奴娇》(驿中言别)：

> 水天空阔，恨东风、不惜世间英物。蜀鸟吴花残照里，忍见荒城颓壁。铜雀春情，金人秋泪，此恨凭谁雪？堂堂剑气，斗牛空认奇杰。　那信江海馀生，南行万里，属扁舟齐发。正为鸥盟留醉眼，细看涛生云灭。睨柱吞嬴，回旗走懿，千古冲冠发。伴人无寐，秦淮应是孤月。

因“根于血性”而作苍凉悲壮之词，前引陈子龙所说的“气冲斗牛，无一毫委靡之色”，于此类作品亦合。

邓剡也有亡国之慨发为温婉悲凉的词。如《唐多令》：

> 雨过水明霞。潮回岸带沙。叶声寒、飞透窗纱。堪恨西风吹世换，更吹我、落天涯。　寂寞古豪华。乌衣日又斜。说兴亡、燕入谁家。惟有南来无数雁，

---

① 刘熙载：《艺概》卷四《词曲概》，第116页。
② 陈廷焯：《词则·放歌集》卷二，第363页。
③ 贺裳：《皱水轩词筌》，《词话丛编》，第702页。

和明月、宿芦花。

王闿运云:"《南楼令》'雨过水明霞',亡国不死,仍有羁愁,一语写尽黄梨洲、王船山一辈人。"[①]刘永济分析道:

此哀南宋之亡也。前半阕以萧瑟景色寓悲凉之感。"堪恨"句,似指贾似道辈促成宋之亡也。后半阕起用刘禹锡《乌衣巷》诗意,而燕入谁家,似指投降之辈。刘诗本言"旧时王谢堂前燕,飞入寻常百姓家";此云"飞入谁家",则非入百姓家而是飞入新朝也,虽不曾明言而意亦显然。南来雁,则与己相同之人,南下避兵者。[②]

江西词派尚有罗志仁、黎廷瑞、赵文等人,他们所作都具有强烈的民族意识,多表现故国情怀,风格多苍凉激楚,或雄劲郁勃。此处录罗志仁《金人捧露盘》(丙午钱塘)一首:

湿苔青,妖血碧,坏垣红。怕精灵,来往相逢。荒烟瓦砾,宝钗零乱隐鸾龙。吴峰越巘,翠颦锁,苦为谁容？　　浮屠换,昭阳殿,僧磬改,景阳钟。兴亡事,泪老金铜。骊山废尽,更无宫女说元宗。角声起,海涛落,满眼秋风。

此词上片的景物描写有李贺之风,诡异而冷艳,下片的抒情极其深沉,全词有一种特殊的风致。

赵文《望海潮》(次龙有章韵):

云外梅阴,雨馀苔晕,嫩寒初沁罗裳。书几凝尘,琴丝带润,小窗幽梦生凉。新水涨银塘。恨王孙去后,烟草茫茫。记得湖山胜处,相对拆封黄。　　情笺思墨犹香。奈当时两鬓,都是吴霜。兔颖吟苦,鹴裘解尽,何意此□游梁。旧话不堪长。便倩薰风吹去,本地看风光。惟有青山,伴我耕钓老村庄。

上片因景入情,回忆旧事,下片感慨时光之逝,表隐居之志。对于此词的艺术性,况周颐曾专就用韵而言之:"'旧话不堪长',赵青山《望海潮》句。叶'长'字隽。傥易为'详',则寻常,无韵致矣。可悟用字之法。"[③]

宋末元初的江西词派与浙江词派很不相同。浙江词人颇多显宦出身者,既受家

① 王闿运:《湘绮楼评词》,《词话丛编》,第4291页。
② 刘永济:《唐五代两宋词简析》,第104页。
③ 况周颐:《蕙风词话》卷三,《蕙风词话·广蕙风词话》,第56页。

族文化的影响，又兼受山水文化与社会（吟社）文化的熏陶，词人之间交往较多。宋亡前多吟风弄月之作，或为社中题咏，他们多热衷钻研乐律，推敲文字，创作有唯美倾向。鼎革后，虽受世换文移规律的支配，改变词风，但所作多为借咏物以寄托身世之感、亡国之悲，即使直接的抒发，也多以唱叹出之，抒情较为委婉，总体上以清婉工丽、隶事雅切为基本特征。而江西词人的代表刘辰翁、文天祥都是欧阳守道的学生，是理学家江万里的再传弟子，理学精神与人格力量对他们影响较大。其他的江西词人也多受理学熏染，故能在民族危亡的关头，能挺身而出，投入抗元大业，失败后坚持气节。江西词人之间来往较少，罕有结社之事，作词也近于辛弃疾的以之为“陶写之具”，多不以计较工拙为念，主要是“满心而发，肆口而成”之作，故所作长于“气”而短于“韵”。如果套用史家的分类，浙江词人近于“文苑”人物，而江西词人近于“儒林”。若遵从我国人文合一的传统，本不应厚薄似今，但由于本书主于论述词的艺术发展，对浙江词人给以了较大的篇幅，此特予说明。

第七节　兼有众长的蒋捷

浙江词人之外，尤应注意蒋捷。

蒋捷（生卒年不详），字胜欲，号竹山，阳羡（今江苏宜兴）人。先世为宜兴大族。咸淳十年（1274）进士。宋亡，隐居不仕，元大德间被荐，卒不就。有《小学详断》及《竹山词》一卷。

蒋捷在青年时代值宋亡，入元坚持气节，故得到历来论家的赞赏，如《四库全书简明目录》称之“不但抱节终身，其人品为足贵也”[①]。况周颐云：“晏同叔赋性刚峻，而词语特婉丽。蒋竹山词极秾丽，其人则抱节终身……词固不可概人也。”[②]但是，对其词的评价则分歧颇大，《四库全书总目》以其“练字精深，调音谐畅，为倚声家之矩矱”[③]。刘熙载甚而誉之为“长短句之长城”[④]。但冯煦认为“其全集中，实多有可议者”[⑤]，指其词旨鄙俚与好用俳体为病。陈廷焯以其词“多不接处”，“未尝无笔力，而理法气度全不讲究。是板桥、心余辈所祖，乃词中左道。”以之为“外强中干”[⑥]。而周济《介存斋论词杂著》在谓其“薄有才情，未窥雅操”[⑦]的同时，又在《宋四家词选目录序论》中作亦褒亦贬之论：“竹山有俗骨，然思力沈透处，可以起懦。”[⑧]到现代，一些论家则以其效稼轩而取之，如胡适《词选》云：“蒋捷受了辛弃疾的影响，故他的词明白爽快，又多尝试的

① 永瑢等：《四库全书简明目录》卷二〇，第899页。
② 况周颐：《蕙风词话》卷一，《蕙风词话·广蕙风词话》，第13–14页。
③ 永瑢等：《四库全书总目》卷一九九，第1822页。
④ 刘熙载：《艺概》卷四《词曲概》，第112页。
⑤ 冯煦：《蒿庵论词》，《介存斋论词杂著·复堂词话·蒿庵论词》，第70页。
⑥ 陈廷焯著，屈兴国校注：《白雨斋词话足本校注》卷一，第114页。
⑦ 周济：《介存斋论词杂著》，《介存斋论词杂著·复堂词话·蒿庵论词》，第9页。
⑧ 周济：《宋四家词选目录序论》，《介存斋论词杂著·复堂词话·蒿庵论词》，第13页。

意味。”[1]胡云翼则曰:“(蒋捷)能婉约,亦能豪放。虽被称为姜派的词人,而自有肆放,能不为文字与音律所拘,颇有辛弃疾的精神。”[2]

以上所见,其实都言之有理,之所以会产生如此分歧,主要与蒋捷词本身的多种面貌,及论家因艺术好尚的偏取眼光有关。

蒋捷身处宋季浙江、江西两大词人群之外,却对诸多词人、流派都有学习、继承,并自有开拓,故其词具多种艺术手法、风格,面目不一,在宋季元初有独特的地位。

一、调音谐畅 语多创获

不少论家都注意到蒋捷词的字句特点,毛晋谓:“竹山词语语纤巧,真《世说》靡也。字字妍倩,真六朝𧦬也。”[3]《四库全书总目》则说:“其词练字精深,调音谐畅,为倚声家之矩矱。间有故作狡狯者。”[4]此处先论其如何炼字和调音,后面再论“故作狡狯者”。

《女冠子》(元夕)颇能见其炼字调音的特点:

> 蕙花香也。雪晴池馆如画。春风飞到,宝钗楼上,一片笙箫,琉璃光射。而今灯漫挂。不是暗尘明月,那时元夜。况年来、心懒意怯,羞与蛾儿争耍。　江城人悄初更打。问繁华谁解,再向天公借。剔残红灺。但梦里隐隐,钿车罗帕。吴笺银粉砑。待把旧家风景,写成闲话。笑绿鬟邻女,倚窗犹唱,夕阳西下。

此词为元夕感赋,开头极写昔日元夕,以“蕙花”两句写月光,“春风”四句写灯光,夹杂人影笙萧,以渲染盛况。“而今”陡转为今日情怀,时非昔时,人非旧人,故再无赏玩元夕的心情。换头六句,写今夕冷落,反衬起六句之盛时。“吴笺”以下直到结尾,言自伤往日而写旧时风景,而青春邻女却有兴倚窗而唱,实可笑可叹。词中的“蕙花香”、“宝钗楼”、“琉璃光”、“池馆如画”、“钿车罗帕”、“吴笺银粉”、“绿鬟邻女”等,都浓墨重色,如彩绘工笔风俗画,可见作者之重于炼字造语。但是,读来不觉窒碍,除转换今昔、实景与梦境外,又与用“而今”、“不是”、“况”、“问”、“但”、“待把”等字词领起转接有关。而且,李佳指出此词的“借音”:“‘羞与闹娥儿争要。’要字叶霜马切。”[5]亦系“调音”之需。可见,此词或非“精深”,却重炼字,也确实是“调音谐畅”。

又如《梅花引》(荆溪阻雪):

> 白鸥问我泊孤舟,是身留,是心留?心若留时,何事锁眉头?风拍小帘灯晕舞,对闲影,冷清清,忆旧游。　旧游旧游今在否?花外楼,柳下舟。梦也梦

---

① 胡适:《词选》,第307页。
② 胡云翼:《蒋捷词钞》,胡云翼《宋名家词选》第九辑,上海教育书店1947年版,第1页。
③ 毛晋:《竹山词跋》,《词籍序跋萃编》,第367页。
④ 永瑢等:《四库全书总目》卷一九九,第1822页。
⑤ 李佳:《左庵词话》卷上,《词话丛编》,第3127页。

也，梦不到，寒水空流。漠漠黄云，湿透木棉裘。都道无人愁似我，今夜雪，有梅花，似我愁。

此词写途中遇雪、泊舟岸边，借白鸥之问以提起全篇，就此时此地之冷清，作以往的回忆，终又回到现实的寒水、黄云，和湿透的衣裘，最后出一“雪”字点题，并明言忧愁。虽非精心炼字，但如“心留”、“旧游”、“梦也”等语，重叠出现而作上下勾连，加以多短句，和用韵的清越，使之能“调音谐畅”，在流动自然中摇曳生姿。

平心而论，蒋捷流传的作品虽炼字却不“精深”，相较之下，笔者以为刘熙载所说更得其实际，即《词曲概》所云的“洗炼缜密，语多创获”[①]。举《一剪梅》(舟过吴江)可见之：

一片春愁待酒浇。江上舟摇。楼上帘招。秋娘渡与泰娘娇。风又飘飘。雨又萧萧。　　何日归家洗客袍。银字笙调。心字香烧。流光容易把人抛。红了樱桃。绿了芭蕉。

此词题旨甚明，多用白描，十分浅显，又因其以物写情，很好地表现了倦游思归之意，传递了人们共有的感受，故流传很广。如李佳就说：“蒋竹山《一剪梅》词，有云：‘银字筝调。心字香烧。红了樱桃。绿了芭蕉。’久脍炙人口。”[②]《一剪梅》有逐句叶韵和六平韵两种格式，蒋捷所用的是前者，每句押韵，而调式为七字句与四字句交替，易于琅琅上口，充分体现了“调音谐畅”。词中还充分利用了这一调式四组排比句的格律要求，且在上下结分别重复出现“又”字和“了”字，虽为常用口语，却极具表现力。因此潘游龙有云：“末句两用‘了’字，有许多悠悠忽忽意。”[③]全词确实是“洗炼缜密，语多创获”。

竹山词多有如上“调音谐畅”、“语多创获”者，但确实也多有因“炼字精深”而太过者，导致有的论者对其评价不高。如冯煦具体指出：

……即其善者，亦字雕句琢，荒艳炫目：如《高阳台》云：“霞铄帘珠，云蒸篆玉”；又云：“灯摇缥晕茸窗冷”；《齐天乐》云：“电紫鞘轻，云红筤曲”；又云：“峰缯岫绮”；《念奴娇》云：“翠簨翔龙，金枞跃凤”；《瑞鹤仙》云：“螺心翠靥，龙吻琼涎”；《木兰花慢》云：“但鹭敛琼丝，鸳藏绣羽”等句。嘉道间吴中七子类祖述之，其去质而俚者自胜矣，然不可谓正轨也。[④]

---

① 刘熙载：《艺概》卷四《词曲概》，第112页。
② 李佳：《左庵词话》卷上，《词话丛编》，第3137页。
③ 潘游龙辑，梁颖校点：《精选古今诗馀醉》卷一一，第331页。
④ 冯煦：《蒿庵论词》，《介存斋论词杂著·复堂词话·蒿庵论词》，第71页。

张祥龄《词论》也说:

尚密丽者失于雕凿。竹山之鹭曰"琼丝",鸳曰"绣羽"。又"霞铄帘珠","云蒸篆玉","翠簨翔龙","金枞跃凤"之属,过于涩炼,若整疋绫罗,剪成寸寸。七宝楼台,盖薄之之辞。吴中七子,流弊如此。反是者又复鄙俚,山谷之村野,屯田之脱放,则伤雅矣。作者自酌其才,与何派相近,一篇之中,又不可杂合,不配色。意炼则辞警辟,自无浅俗之患。若夫兴往情来,召吕命律,吐纳山川,牢笼百代,又非饤饾所知矣。[①]

可见,蒋捷在广为学习、继承中,既有对稼轩的仿作,其炼字用语亦有近于梦窗之处,密丽而入于晦涩。

此外,竹山词又"间有故作狡狯者",《四库全书总目》指出:"如《水龙吟》招落梅魂一阕,通首住句用'些'字,《瑞鹤仙》寿东轩一阕,通首住句用'也'字,而于虚字之上仍然叶韵,盖偶用诗骚之格,非若黄庭坚、赵长卿辈之全不用叶,竟成散体若比也。"[②]此处举其《水龙吟》(效稼轩体招落梅之魂)以观之:

醉兮琼瀣浮觞些。招兮遣巫阳些。君毋去此,飓风将起,天微黄些。野马尘埃,污君楚楚,白霓裳些。驾空兮云浪,茫洋东下,流君往、他方些。　月满兮西厢些。叫云兮、笛凄凉些。归来为我,重倚蛟背,寒鳞苍些。俯视春红,浩然一笑,吐山香些。翠禽兮弄晓,招君未至,我心伤些。

对于此类词,明清的论家有不同评价。杨慎说:"蒋捷有'效稼轩体招落梅魂'《水龙吟》一首云……其词幽秀古艳,迥出纤冶秾华之外,可爱也。稼轩之词曰《醉翁操》,并录于此……小词中《离骚》,仅见此二首也。"[③]《古今词统》也十分赞赏,说"辛之有蒋,犹屈之有宋也"[④]。但是,冯煦则谓竹山:"又好用俳体:如《水龙吟》'仿稼轩体',押脚纯用'些'字。《瑞鹤仙》'玉霜生穗也'押脚纯用'也'字。《声声慢》'秋声'一阕,押脚纯用'声'字。皆不可训。"[⑤]胡薇元以为"忽作骚体,亦自适其意,终非正格也。《词统》讥之,甚当也"[⑥]。贺裳也说:"蒋捷用骚体作《水龙吟》'招梅魂',奇耳,固未为妙。"[⑦]

沈雄论蒋捷之"狡狯"云:"其词章之刻入纤艳,非游戏馀力为之者,乃有时故作狡

---

① 张祥龄:《词论》,《词话丛编》,第4213页。
② 永瑢等:《四库全书总目》卷一九九,第1822页。
③ 杨慎:《词品》卷二,《渚山堂词话·词品》,第90–91页。
④ 卓人月、徐士俊辑:《古今词统》卷一四,《续修四库全书》集部第1729册,第96页。
⑤ 冯煦:《蒿庵论词》,《介存斋论词杂著·复堂词话·蒿庵论词》,第71页。
⑥ 胡薇元:《岁寒居词话》,《词话丛编》,第4035页。
⑦ 贺裳:《皱水轩词筌》,《词话丛编》,第714页。

猃耳。"[①]江顺诒则论道："夫宋人之词，皆可入乐……宋人自度腔皆可歌，后人不得其传。至辛、蒋以豪迈之语，为变徵之音。"[②]这些见解，对于理解竹山或有帮助。

二、词中诚斋体　元调与曲味

由上可见，蒋捷对稼轩、梦窗等都有刻意学习之处，却难以得到一致的认同，人们认可并传诵的，多是他那些清新自然、轻灵明畅，具有自己风格的短制。唐圭璋《读词札记》说："竹山小词，极富风趣，诗中之杨诚斋也。如'红了樱桃，绿了芭蕉'，及'才卷珠帘，却又晚风寒'，固已传诵人口。他如《摘花词》……情景宛然，逸趣横生，至《卖花人》词，则有一首《昭君愁》，亦明白如话。"[③]此说对认识竹山词很有启发。

严羽《沧浪诗话·诗体》以人论体，共列唐宋诗人三十六体，其中宋人七体，北宋有东坡、山谷、后山、荆公、邵康节五体，而南渡后仅陈简斋、杨诚斋二体。杨万里的诗，重活法，尚自然，新鲜泼辣，善于"生擒活捉"，"死蛇弄活"，出入于江西与晚唐，尤长于表现山水风物，而作为诚斋体，笔者以为，其最主要特点是"趣"与"俗"。唐先生所说的"极富风趣"、"逸趣横生"、"明白如话"等，就近于这两点。上面所举《一剪梅》(舟过吴江)、《梅花引》(荆溪阻雪)，都在"明白如话"上体现出"俗"。至于风趣、逸趣，竹山词亦多少可见之。如：

> 挂牵牛数朵青花小。秋太淡，添红枣。——《贺新郎》(秋晓)
>
> 楼儿忒小不藏愁。几度和云飞去觅归舟。——《虞美人》(梳楼)
>
> 据我看来何所似，一似韩家五鬼。又一似、杨家风子。
>
> ——《贺新郎》(乡士以狂得罪，赋此饯行)

竹山与诚斋的时代不同，处境有别，却能以闲适或诙谐对待生活中的苦难，出之于词中。如《少年游》：

> 枫林红透晚烟青，客思满鸥汀。二十年来，无家种竹，犹借竹为名。　春风未了秋风到，老去万缘轻。只把平生，闲吟闲咏，谱作棹歌声。

以宜兴望族出身，又是宋代末科进士，蒋捷却在宋亡后落入艰难处境，二十年来一直过着贫穷的生活，"无家种竹，犹借竹为名"，拿自己所号的"竹山"跟自己调侃，真可谓悲中之笑。而最后的"只把平生，闲吟闲咏，谱作棹歌声"，则是以闲淡、潇洒来写内心之痛了。

---

① 沈雄：《古今词话·词评》卷上，《词话丛编》，第1012页。
② 江顺诒：《词学集成》卷四，《词话丛编》，第3252页。
③ 唐圭璋：《读词札记》，《词学论丛》，第648页。

而早先所作的《贺新郎》(兵后寓吴):

深阁帘垂绣。记家人、软语灯边,笑涡红透。万叠城头哀怨角,吹落霜花满袖。影厮伴、东奔西走。望断乡关知何处,羡寒鸦、到着黄昏后。一点点,归杨柳。　相看只有山如旧。叹浮云、本是无心,也成苍狗。明日枯荷包冷饭,又过前头小阜。趁未发、且尝村酒。醉探枵囊毛锥在,问邻翁、要写《牛经》否?翁不应,但摇手。

宋亡,元兵攻占了蒋捷的家乡宜兴、常州及苏州一带,不久又占领了临安,蒋捷为衣食奔走于苏州等地,此词就是他自写生存状态的流浪者之歌。词的开头回忆往日的生活:在垂着绣帘的深阁中,家人围坐灯边,吴侬软语,红润的脸上笑出了酒窝。但是,骤然发生了巨变,作者不能直写元兵暴行,"万叠城头哀怨角,吹落霜花满袖"的象征性,可令人想见老百姓的遭遇。自此,作者就开始了只有影子相随的流浪生活。下片先表达河山易主之悲,再写自己具体的流浪生涯,以及求取衣食的艰辛。最后数句:"醉探枵囊毛锥在,问邻翁、要写《牛经》否?翁不应,但摇手。"醉探毛锥,为谋生之具尚在而庆幸,但又因以进士欲为邻翁写《牛经》而不售,在细节中写出了苦况和无奈,诙谐中让人读出了带泪的苦笑。

由于竹山毕竟不是诚斋,其生活境遇也难以让其多有风趣和逸趣,因而说其词近于诚斋,当主要在于"俗",而且这"俗"既见语言的通俗,更具如同元曲的俗趣。郑骞云:

元初人词,如刘秉忠《藏春乐府》、张弘范《淮阳词》、刘因《樵庵词》及凤林书院《草堂诗馀》所收诸作,其佳处皆在排比铺叙,层层襞积,而能以流转之气,深沉之思运之,开阖变化,不伤板滞。后来散曲杂剧,皆用此法。竹山为宋遗民,隐居不出,风节似尚高于玉田、碧山;其词却是元调,与南宋面目不同。盖风会所关,有不期然而然者。仇远、张翥辈仍宗南宋末流,遂致索然无生气,此亦所谓"违天不祥"。陈廷焯《白雨斋词话》痛贬竹山,每失过当。①

此说当为的见。蒋捷虽也学南宋诸人之词,但其自有特色者显与宋季主流不同,且不说"排比铺叙,层层襞积,而能以流转之气,深沉之思运之,开阖变化,不伤板滞。后来散曲杂剧,皆用此法"。是否合于竹山词,但竹山确有近于元曲风味之词。如《柳梢青》(游女):

学唱新腔。秋千架上,钗股敲双。柳雨花风,翠松裙褶,红腻鞋帮。　归

① 郑骞:《成府谈词》,《词学》第十辑,第157页。

来门掩银釭。淡月里、疏钟渐撞。娇欲人扶，醉嫌人问，斜倚楼窗。

李调元以之为“工丽”：“蒋竹山词，有全集所遗而升庵《词林万选》所拾者，最为工丽。如《柳梢青》云：‘学唱新腔……’”[①]许昂霄则谓：“《柳梢青》（柳雨花风三句）态浓意远。”[②]潘游龙说：“‘欲人扶’，‘嫌人问’，美人娇女赋当让之。”[③]笔者以为这些评语都是泛泛而谈，倒是陈廷焯所说的“丽语不免于俗”[④]，虽批评却近于事实。词中所塑造的游女形象，确实“工丽”、“态浓意远”，“赋当让之”，但不是其本质特点，而陈廷焯所嫌的“丽语”却“俗”，应是此词的主要点。用于形容游女的诸语，皆纤巧、妍倩、尖新，虽工丽却趣味近于俚俗，这不是宋季风雅词清疏雅远的风致，而是元曲的风味。

再看《绛都春》：

春愁怎画。正莺背带雪，酴醾花谢。细雨院深，淡月廊斜重帘挂。归时记约烧灯夜。早拆尽、秋千红架。纵然归近，风光又是，翠阴初夏。　娅姹。嚬青泫白，恨玉佩罢舞，芳尘凝榭。几拟倩人，付与兰香秋罗帕。知他坠策斜拢马。在底处、垂杨楼下。无言暗拥娇鬟，凤钗溜也。

这也是一首塑造妇女形象之词，《古今词统》云：“妇人美而智者，拈酸时犹然尔雅。若一味凶狠，正坐愚丑耳。”[⑤]这位女子的春愁和拈酸吃醋，实出于对所爱者的爱，相思之由也在于此，原来与之约定在元宵灯夜相见，数着归期，却已近于初夏，于是她既恨又念，又想请人给他带去罗帕，想着想着忽然又想到他可能就在垂杨楼停下马，抱着一个“娇鬟”，使得她的凤钗都从头上溜下了。此词虽多系女子心理活动的刻画，但不仅以其叙述性、情节性近于戏曲小段，而且在用语上兼有元曲中工丽派与本色派的特点，其特殊用语，论家还曾为之讨论，许昂霄《词综偶评》、况周颐《蕙风词话续编》，都对此下过功夫。笔者以为，不仅是“娅”“也”二字，以“嚬青泫白”状女子的皱眉流泪，也不是词的用法，而是曲的尖新之处。

尤其《霜天晓角》极具散曲风味：

人影窗纱，是谁来折花？折则从他折去，知折去、向谁家？　檐牙，枝最佳。折时高折些。说与折花人道：须插向、鬓边斜。

---

① 李调元：《雨村词话》卷二，《词话丛编》，第1412页。

② 许昂霄：《词综偶评》，《词话丛编》，第1563页。

③ 潘游龙辑，梁颖校点：《精选古今诗馀醉》卷一二，第374页。

④ 陈廷焯：《词则·闲情集》卷二，第922页。

⑤ 卓人月、徐士俊辑：《古今词统》卷一三，《续修四库全书》集部第1729册，第87页。

此词不仅有别于词的主观“缘情”惯路，运用了客观摹写、表现人物活动和心理的写法，人物的对话颇具戏曲代言体色彩，而且语言近于口语，极其通俗，节奏轻快，应是作者有意学习当时新兴散曲的结果。

即使是竹山的代表作《虞美人》(听雨)，也具有曲味：

少年听雨歌楼上。红烛昏罗帐。壮年听雨客舟中。江阔云低、断雁叫西风。　　而今听雨僧庐下。鬓已星星也。悲欢离合总无情。一任阶前、点滴到天明。

此词以典型的场面构成画卷，用“听雨”为主线，分别贯穿起青年、壮年、老年三个生活断面，分写青年时的欢乐，中年时的奔波，到老年时的流浪，最后用“悲欢离合总无情”来总括，在忧患馀生的今昔对比中，概括了自己的一生。以之“全学东坡‘持杯篇’”①，却未指出其艺术上的长处。谢章铤云：“蒋竹山《声声慢》(秋声)、《虞美人》(听雨)，历数诸景，挥洒而出，比之稼轩《贺新凉》(绿树听啼鴂)阕。尽集许多恨事，同一机杼，而用笔尤为崭新。”②而笔者以为，稼轩之词与此词虽“尽集许多恨事，同一机杼”，但稼轩所作发扬其“以文为词”的特长，用了赋的铺排手法，而竹山此词的“用笔崭新”却是展现断片、场景，近于现代的电影手法，具有戏剧性。由于此词在语言和形象组织上都有近于元曲之处，王闿运《湘绮楼评词》云：“此是小曲。”③

三、悯世遗俗　托兴遥深

丁绍仪颇有故事性地论述蒋捷词中的比兴寄托：

元刘起潜(壎)隐居通议，录张自明《观邸报诗》云：“西风飒飒雨萧萧。小小人家短短桥。独倚阑干数鹅匹，一声孤雁在云霄。”言见者多不解。一士人独太息曰：“此诗兴致高远，其旨不难见也。盖风雨萧飒，言国事日非。小小人家，言建都一隅。短短桥，言乏济时长策。数鹅匹，言所用皆卑污之徒。雁在云霄，言贤者远举，当时必有君子去国，故为是语耳。”余谓诗意必如此诠释方显，亦太隐矣。然作者不宜如此，读者不可不如此体会。因思南宋末季，士多悯世遗俗，托兴遥深，如蒋竹山《解佩令》云：“春晴也好。春阴也好。著些儿、春雨越好。春雨如丝，刚绣出花枝红袅。怎禁他、孟婆合皂。　　梅花风小。杏花风悄。海棠风、蓦地寒峭。岁岁春光，被二十四风吹老。楝花风、尔且慢到。”《祝英台近》云：“柳边楼，花下馆，低卷绣帘半。帘外游丝，扰扰似情乱。知他蛾绿纤眉，鹅黄小

① 卓人月、徐士俊辑：《古今词统》卷八，《续修四库全书》集部第1728册，第621页。
② 谢章铤：《赌棋山庄词话》卷四，《词话丛编》，第3379页。
③ 王闿运：《湘绮楼评词》，《词话丛编》，第4294页。

袖，在何处、闲游闲玩。　最堪叹。筝面一寸尘深，玉柱网斜雁。谱字红蔫，翦烛记同看。几回传语东风，将愁吹去，怎标向、东风不管。”与德祐太学生《百字令》词，真个恨煞东风同一意旨。彼“天下事、问天怎忍如此。”与“纵使一邱添一亩，也应不似旧封疆。”及“但把科场闹秀才、未必调羹用许多”等语，未免直率。竹山又有句云：“断肠不在分襟后，原来在、襟未分时。”当是入元后作。盖北宋之祸，始於安石之喜更张。南宋之亡，误於似道之讲综覈。竹山追念乱所由起，既往莫咎，故托诸闺襜儿女，慨乎言之。①

对于比兴寄托，笔者在论王沂孙词时已有所辨，对丁绍仪所说，实感不能苟同，其“作者不宜如此，读者不可不如此体会”原则固然不错，但具体用于对竹山词涵义的理解，却近于张惠言、端木埰等人的猜谜式诠释。不过，蒋捷有些词却确实是别有寄托的，且具有很高的艺术水准。其《燕归梁》(风莲)就是一首有寄托的咏物词：

我梦唐宫春昼迟，正舞到、曳裾时。翠云对仗绛霞衣，慢腾腾，手双垂。忽然急鼓催将起，似彩凤、乱惊飞。梦回不见万琼妃，见荷花，被风吹。

上片以梦境写唐宫春昼，翠云对仗、绛霞衣裳，是何等的美丽，而大垂手、小垂手也是舞姿曼妙的著名舞蹈。换头似白居易《长恨歌》的“渔阳鼙鼓动地来，惊破《霓裳羽衣曲》”，梦回惊醒，不见“万琼花”，而只有一塘荷花，被风吹过。唐明皇因逸乐荒政而导致安史之乱的发生，宋末君臣也在“承平”的享乐中，不知元蒙的大军压境，终于亡国。蒋捷熟悉盛唐衰败的历史，又见证了南宋之亡，巧妙地以梦境和风莲，寄托其对宋室覆亡的沉痛和思考，以极其精妙的咏物描写和完美意境，给人以审美愉悦同时，又有“入”而能“出”的领悟。

再如《贺新郎》：

梦冷黄金屋。叹秦筝、斜鸿阵里，素弦尘扑。化作娇莺飞归去，犹认纱窗旧绿。正过雨、荆桃如菽。此恨难平君知否，似琼台、涌起弹棋局。消瘦影，嫌明烛。　鸳楼碎泻东西玉。问芳悰、何时再展，翠钗难卜。待把宫眉横云样，描上生绡画幅。怕不是、新来妆束。彩扇红牙今都在，恨无人、解听开元曲。空掩袖，倚寒竹。

谭献对于词中的寄托有自己的理解，但《谭评词辨》却仅说此词“瑰丽处鲜妍自在，词藻太密”②。无疑，这是皮相之见。倒是不欣赏蒋捷的陈廷焯对此词别有青眼，

① 丁绍仪：《听秋声馆词话》卷二〇，《词话丛编》，第2837页。
② 谭献：《谭评词辨》，黄苏、周济、谭献选评《清人选评词集三种》，第188页。

其《放歌集》云:“磊落真多”,“曲高和寡,古今同慨。”[①]是看出其中托意的,《白雨斋词话》又说:“蒋竹山《贺新郎》云:(词略)似此亦磊落可喜,竹山集中,便算最高之作。乃秀水必谓其效法白石,何异痴人说梦耶?”[②]唐圭璋分析了此词的结构,且道及其托意:

此首感旧词,极吞吐之妙。发端言梦冷尘扑,是一凄极境界。“化作”两句,承上言筝声,仍扣住旧境,语甚奇警。“正过雨”句,顿住,点雨景。“此恨”四句,叹世局改移,令人恨极而瘦。换头,伤旧游难寻。“待把”二字,与“怕不是”呼应,词笔曲折,言描画倩影不能逼肖也。“彩扇”两句,再用曲笔,言知音已杳,物是人非也。末以美人自喻,倍见孤臣迟暮之感。[③]

其实,如仔细体会其所写,当为三重寄托:上片写美人的感伤以寄托自己的亡国之痛,下片以寻觅美人的芳踪寄托对故国的怀念,最后以杜甫的《佳人》形象寄托自己的幽独情怀和守节之志。如果说《燕归梁》(风莲)是“香草”的比兴寄托,那么此词就是“美人”的比兴寄托,蒋捷对《离骚》的创作传统作了很好的继承和运用。

虽然我们难以同意上引丁绍仪之说,对蒋捷词中的寄托是不能字比句附地理解的,更不能过于深求,但他所说的“南宋末季,士多悯世遗俗,托兴遥深”,又确实是见于竹山词中。周济《宋四家词选目录序论》关于“非寄托不入,专寄托不出”之说,是我们寻求词中寄托的最好方法,而因蒋捷的“托兴遥深”,我们也就不难理解为什么周济对其兼有否定和肯定了,因为他的有寄托之词,确实是“思力沉透处,可以起懦”,而刘熙载所说:“其志视梅溪较贞,其思视梦窗较清。刘文房为五言长城,竹山其亦长短句之长城与!”[④]也不算太过。

前面简论了西湖吟社的后期成员,而作为风雅词一派,则决非仅此数人。由于宋亡之时,此派词人中尚多为青年者,如赵孟頫二十六岁,袁易十八岁,创作主要在入元之后,故本书不论。而《名儒草堂诗馀》中的词人如詹玉、彭元逊、姚云文等,均生卒年不详,亦不论。

“一代之文学”的链环虽紧紧相接,但宋亡之后,词并不是即刻就被元曲所取代,元词的创作不仅还在继续,亦甚有可观者。“词在元代文学中属于从属地位,因袭多而创造少,其成就自然不及元曲。但是,它去宋未远,流风尚存,而且词曲为姊妹艺术,相近之处很多。故元代词作,尚有可观的建树。”[⑤]此说甚为公允,而对元代词作,因不在本书范围之内,故当另作论述了。

---

① 陈廷焯:《词则·放歌集》卷二,第358页。
② 陈廷焯著,屈兴国校注:《白雨斋词话足本校注》卷十,第774页。
③ 唐圭璋:《唐宋词简释》,第228页。
④ 刘熙载:《艺概》卷四《词曲概》,第112页。
⑤ 夏承焘、张璋编选:《金元明清词选·前言》,人民文学出版社1983年版,第5页。

主要参考文献

[1]陈匪石.宋词举[M].钟振振,点校.南京:江苏古籍出版社,2002.
[2]陈铁民,侯忠义.岑参集校注[M].上海:上海古籍出版社,1981.
[3]陈廷焯.词则[M].上海:上海古籍出版社,1984.
[4]陈友琴.白居易资料汇编[M].北京:中华书局,1962.
[5]成肇麐.唐五代词选[M].上海:上海书店,1987.
[6]褚斌杰,孙崇恩,荣宪宾.李清照资料汇编[M].北京:中华书局,1984.
[7]邓广铭.稼轩词编笺注[M].上海:上海古籍出版社,1993.
[8]邓乔彬.唐宋词美学[M].济南:齐鲁书社,1993.
[9]方智范,邓乔彬,高建中,等.中国词学批评史[M].北京:中国社会科学出版社,1994.
[10]龚斌.陶渊明集校笺[M].上海:上海古籍出版社,1996.
[11]郭绍虞.沧浪诗话校释[M].北京:人民文学出版社,1961.
[12]郭绍虞.中国历代文论选[M].上海:上海古籍出版社,2001.
[13]何宁.淮南子集释[M].北京:中华书局,1998.
[14]洪本健.欧阳修资料汇编[M].北京:中华书局,1995.
[15]胡道静.新校正梦溪笔谈[M].北京:中华书局,1957.
[16]胡应麟.诗薮[M].上海:上海古籍出版社,1979.
[17]黄进德.冯延巳新释辑评[M].北京:中华书局,2006.
[18]黄昇.花庵词选[M].北京:中华书局,1958.
[19]黄苏,周济,谭献.清人选评词集三种[M].尹志腾,校点.济南:齐鲁书社,1988.
[20]瞿蜕园.刘禹锡集笺证[M].上海:上海古籍出版社,1989.
[21]孔凡礼.全宋词补辑[M].北京:中华书局,1981.
[22]孔凡礼.苏轼谱[M].北京:中华书局,1998.
[23]李冰若.花间集评注[M].北京:人民文学出版社,1993.
[24]梁令娴.艺蘅馆词选[M].广州:广东人民出版社,1981.
[25]梁启勋.词学[M].北京:中国书店,1985.
[26]刘克庄.后村诗话[M].北京:中华书局,1983.
[27]刘熙载.艺概[M].上海:上海古籍出版社,1978.
[28]刘学锴,余恕诚,黄世中.李商隐资料汇编[M].北京:中华书局,2001.
[29]刘学锴,余恕诚.李商隐诗歌集解[M].北京:中华书局,1988.
[30]刘学锴.温庭筠全集校注[M].北京:中华书局,2007.
[31]刘扬忠.辛弃疾词心探微[M].济南:齐鲁书社,1990.

[32]刘扬忠.晏殊词新释辑评[M].北京:中国书店,2003.
[33]刘永济.唐五代两宋词简析[M].上海:上海古籍出版社,1981.
[34]刘永济.微睇室说词[M].上海:上海古籍出版社,1987.
[35]龙榆生.词曲概论[M].上海:上海古籍出版社,1980.
[36]龙榆生.龙榆生词学论文集[M].上海:上海古籍出版社,1997.
[37]龙榆生.唐宋名家词选[M].上海:上海古籍出版社,1980.
[38]龙榆生.中国韵文史[M].上海:上海古籍出版社,2002.
[39]鲁迅.鲁迅全集[M].北京:人民文学出版社,1981.
[40]罗忼烈.两小山斋论文集[M].北京:中华书局,1982.
[41]马兴荣.词学综论[M].济南:齐鲁书社,1989.
[42]马兴荣.龙洲词校笺[M].南昌:江西人民出版社,1999.
[43]缪钺.诗词散论[M].上海:上海古籍出版社,1982.
[44]乔大壮.乔大壮手批周邦彦片玉集[M].济南:齐鲁书社,1985.
[45]邱世友.词论史论稿[M].北京:人民文学出版社,2002.
[46]任半塘.敦煌歌辞总编[M].上海:上海古籍出版社,2006.
[47]任半塘.教坊记笺订[M].北京:中华书局,1962.
[48]任半塘.唐声诗[M].上海:上海古籍出版社,2006.
[49]任二北.敦煌曲初探[M].上海:上海文艺联合出版社,1954.
[50]阮元.十三经注疏[M].北京:中华书局,1980.
[51]上彊村民.宋词三百首笺注[M].唐圭璋,笺注.北京:人民文学出版社,2005.
[52]沈祖棻.宋词赏析[M].上海:上海古籍出版社,1980.
[53]施议对.词与音乐关系研究[M].北京:中国社会科学出版社,1985.
[54]施蛰存.词籍序跋萃编[M].北京:中国社会科学出版社,1994.
[55]施蛰存.词学名词释义[M].北京:中华书局,1988.
[56]四川大学中文系唐宋教研室.苏轼研究资料汇编[M].北京:中华书局,1994.
[57]孙虹.清真集校注[M].薛瑞生,订补.北京:中华书局,2002.
[58]唐圭璋.词话丛编[M].北京:中华书局,1986.
[59]唐圭璋.全宋词[M].北京:中华书局,1965.
[60]唐圭璋.宋词纪事[M].上海:上海古籍出版社,1982.
[61]唐圭璋.唐宋词简释[M].上海:上海古籍出版社,1981.
[62]万云骏.诗词曲欣赏论稿[M].北京:中国社会科学出版社,1986.
[63]王国维.观堂集林[M].北京:中华书局,2004.
[64]王昆吾.隋唐五代燕乐杂言歌辞研究[M].北京:中华书局,1996.
[65]王鸣盛.十七史商榷[M].丛书集成初编本.北京:中华书局,1985.
[66]王鹏运.四印斋所刻词[M].上海:上海古籍出版社,1989.
[67]王学初.李清照集校注[M].北京:人民文学出版社,1979.

[68]王兆鹏.词学史料学[M].北京：中华书局，2004.
[69]王兆鹏.唐宋词史论[M].北京：人民文学出版社，2000.
[70]王仲闻.南唐二主词校订[M].北京：人民文学出版社，1957.
[71]王重民.敦煌曲子词集[M].北京：商务印书馆，1956.
[72]闻一多.唐诗杂论[M].上海:上海古籍出版社，1998.
[73]吴梅.词学通论[M].上海:上海古籍出版社，2006.
[74]吴文治.韩愈资料汇编[M].北京：中华书局，1983.
[75]吴熊和.唐宋词通论[M].北京：商务印书馆，2003.
[76]吴曾.能改斋漫录[M].上海:上海古籍出版社，1979.
[77]夏承焘，吴熊和.放翁词编笺注[M].上海:上海古籍出版社，1981.
[78]夏承焘，张璋.金元明清词选[M].北京:人民文学出版社，1983.
[79]夏承焘.姜白石词编笺校[M].上海:上海古籍出版社，1981.
[80]夏承焘.龙川词校笺[M].牟家宽，注.上海:上海古籍出版社，1982.
[81]薛瑞生.东坡词编笺证[M].西安：浙江古籍出版社，1998.
[82]薛瑞生.乐章集校注[M].北京：中华书局，1994.
[83]杨海明.唐宋词美学[M].南京：江苏教育出版社，1998.
[84]杨敏如.南唐二主词新释辑评[M].北京：中国书店，2003.
[85]杨铁夫.吴梦窗词笺释[M].广州：广东人民出版社，1992.
[86]姚学贤，龙建国.柳永词详注及集评[M].郑州：中州古籍出版社，1991.
[87]叶嘉莹.迦陵论词丛稿[M].上海:上海古籍出版社，1980.
[88]俞陛云.唐五代两宋词选释[M].上海:上海古籍出版社，1985.
[89]曾慥.乐府雅词[M].丛书集成初编本.北京：中华书局，1985.
[90]曾昭岷，曹济平，王兆鹏，等.全唐五代词[M].北京：中华书局，1999.
[91]詹安泰.李璟李煜词[M].北京：人民文学出版社，1958.
[92]詹安泰.宋词散论[M].广州：广东人民出版社，1980.
[93]詹安泰.詹安泰词学论稿[M].广州：广东人民出版社，1984.
[94]张相.诗词曲语汇释[M].北京：中华书局，1959.
[95]张璋，黄畬.全唐五代词[M].上海：上海古籍出版社，1986.
[96]赵崇祚.花间集校[M].李一氓，校.北京：人民文学出版社，1958.
[97]周密.绝妙好词笺[M].查为仁，厉鹗，笺.上海：上海古籍出版社，1984.
[98]朱彝尊，汪森.词综[M].上海:上海古籍出版社，1978.
[99]朱金城.白居易集笺校[M].上海:上海古籍出版社，1988.
[100]朱铸禹.全祖望集汇校集注[M].上海:上海古籍出版社，2000.

后记

我在少年时就喜好唐诗宋词,而以此为业,却是在中年之后了。从初中到大学,亲身经历了"大跃进"、全民"炼钢"、反"右倾"、三年"自然灾害"、反"修"防"修"、下乡"四清"、"文化大革命"。大学毕业后,先在长江边的军垦农场接受解放军"再教育",再到甘肃永登水泥厂,当了多年的职工子弟中学教师,在教育顽童的同时,又接受工人阶级的"再教育"。一直到粉碎"四人帮"后,赶上了1978年恢复研究生招生的时机,才以三十五岁的中年,开始了再度入大学的真正学习,在改革开放的新时期,得以持续从事高校的教学与研究。

本以为自己间歇研治唐宋词已近三十年,认为在个案研究的基础上,由点及面地写出本书不算太难,故在本项目立项时,定在2006年年底完成,预计耗时两年半。而实际上由于受制于目前高校实行的考核制度,很难有集中写书的时间:为使每年的填表考核不至于太难看,我一直都要忙于写作、发表论文,从2004到2006的三年间,我发表了近三十篇论文,实在抽不出时间写书。在通过了特聘教授任期的考核并得以续聘后,终又体会到:即如我这样几无休息天的不间断工作,可要兼顾"短线"与"长线",仍是很困难的。加以要申报一级学科博士点、省重点学科、精品课程等(后来全部落空),耗费在填表、开会的时间委实不少,还有教学、答辩、评审等诸多工作。故直到项目中期检查过后,才意识到时间不够,为此而申请延期十个月。又由于我欲等待原定的合作者写出初稿后再视情动笔,而在等了近一年后始知此事未果,故本书的写作是2007年才正式开始的。要在一年之内由我独力完成,无疑极其困难,于是,在材料的准备上,我只能求助于我的学生:赵晓岚教授为我搜辑了部分音乐资料,张秋娟、宫洪涛两位博士生为我作了主要词人的历代评论资料搜集,这些资料的字数将近五十万,若无他们的帮助,想要在一年内完成书稿,是无法想象的。

这里还要说明的是:书中第一章第二节第一小节的部分,第四节第一小节的部分,第五章第六节第三小节的部分,共约万字,是我的博士生周韬所写;书中论辛弃疾、姜夔的部分文字,分出于赵晓岚的博士后工作报告和博士论文,因曾就我商讨观点,或部分经我修改,今征得同意,经我再改后写入本书。细心的读者还可能发现,书中的不少章节与我以前发表的论文无甚区别,当以为我对学界新出的研究成果不甚重视,未予采用,其实古人有"不悔少作"之说,我的论文虽多是中年之作,亦不悔之,故以此表明自己的独立见解一如既往,并非不求与时俱进。

由于所引用文献多有出于电子版者,故书稿写成后,又得我的研究生帮助核对原文、出处,在图书馆翻阅、校对数百种文献,先后耗时一个多月,才初步完成了这项工作。助我完成此事的是:已毕业的博士生张秋娟,在读博士生夏令伟、王晓东、宫洪涛，硕士生王蓓蓓、张志宁、王腾飞、陈永娟，其中四位博士生用力尤多。

感谢河北人民出版社能将本书列为该社的重点选题，予以资助出版，责任编辑王静先生为拙著的出版耗费了许多心血，在此实在难以表达我的感激之情。

“文章千古事，得失寸心知”，然而，自己的寸心所知还是未免蔽于所私，因此，我诚恳地希望能听到、见到读者的批评、指正！

邓乔彬　2008年1月8日　于暨南大学明湖苑临风轩

写完后记之后，又请张秋娟校稿两个多月，因其本学期任课多，再换请王晓东、夏令伟、宫洪涛三生再校至四月下旬才结束，最后经我定稿。能减少讹误，十分感谢同学们的劳动！

2008年5月4日再记

12月收到了本书的校样。又请王晓东、夏令伟、宫洪涛先看，后由我自己用时一个多月，始得改定。校改完小五号字体的百万字，老眼昏花，非常疲惫，远眺而觉处处皆如九溪十八涧的“重重叠叠山，高高下下路”。确实，此书之成，使我深感脑力与体力严重透支。因此，前年春节，我在寒风料峭的上海，作有七绝《丁亥新春》：“又是新春入眼来，东风拂面漫城垓。心期盛世清平乐，万树梅花一夜开。”而今年春节，在花香摇漾的广州，得周韬在杭州发来的《己丑春正奉贺恩师大人道席》：“一样心肠百样诗，腊梅斜整冷香枝。西湖春影抱寒至，唤醒东风著力持。”我的和诗却是：“开笔新年未有诗，春光渐上小桃枝。少年心绪无寻处，爆竹声中不自持。”

在收到本书的校样后，很快又得到了全国哲学社会科学规划办公室的结项证书，鉴定本项目等级为优秀，使我很受鼓舞。同时也收到了转来的四则修改意见，却因校样已出，无法大幅改动版面，深以为憾。对此，只能希望在出版后能继续汲取读者的意见，若能再版，当作认真修改，以求完善了。

2009年2月12日又记